国家古籍整理出版专项经费资助项目

《四川盐法志》整理校注

[清] 丁宝桢 **纂**

曾凡英　李树民　孙祥伟 **校注**

西南交通大学出版社
·成都·

图书在版编目（CIP）数据

《四川盐法志》整理校注 /（清）丁宝桢纂；曾凡英，李树民，孙祥伟校注. —成都：西南交通大学出版社，2019.11
国家古籍整理出版专项经费资助项目
ISBN 978-7-5643-7291-0

Ⅰ. ①四… Ⅱ. ①丁… ②曾… ③李… ④孙… Ⅲ. ①盐业史－四川－清代 Ⅳ. ①F426.82

中国版本图书馆 CIP 数据核字（2019）第 281399 号

国家古籍整理出版专项经费资助项目
《Sichuan Yanfa Zhi》Zhengli Jiaozhu
《四川盐法志》整理校注
[清]丁宝桢 纂
曾凡英 李树民 孙祥伟 校注

出版人	王建琼
策划编辑	黄庆斌 胡 军
责任编辑	吴 迪
助理编辑	罗俊亮 何宝华
封面设计	曹天擎
出版发行	西南交通大学出版社 （四川省成都市金牛区二环路北一段 111 号 西南交通大学创新大厦 21 楼）
发行部电话	028-87600564 028-87600533
邮政编码	610031
网址	http://www.xnjdcbs.com
印刷	四川玖艺呈现印刷有限公司
成品尺寸	170 mm × 230 mm
印张	52.25
插页	1
字数	833 千
版次	2019 年 11 月第 1 版
印次	2019 年 11 月第 1 次
书号	ISBN 978-7-5643-7291-0
定价	210.00 元

前 言

晚清中兴名臣丁宝桢（一八二〇至一八八六），字稚璜，贵州平远（今贵州省毕节市织金县牛场镇）人，咸丰三年（一八五三）考中进士，历任翰林院庶吉士、编修，湖南岳州、长沙等府知府，山东巡抚，四川总督。丁宝桢在其二十余年宦游生涯中，勇于任事、清廉刚正，备受士民爱戴。特别是任四川总督十年间，他改革盐政、整饬吏治、兴修水利、兴办洋务、筹划边防，政绩卓著。现有《丁文诚公奏稿》《四川盐法志》及丁宝桢手订《年谱》等存世。

丁宝桢任四川总督期间，为清除盐务积弊，防止出现官商贪诈、相率营私、任意舞弊的现象，与时任盐茶道崧蕃、建昌道唐炯等“悉心商酌，稽考成法，仰禀宸谟，仿之各省之成规，准以川省之形势，远搜近考，拟辑《盐法志》一书，期为四川省日后不易之定则”，于光绪八年（一八八二）正式编订刊行《四川盐法志》。该书刻本现存中国国家图书馆、重庆市北碚图书馆、天津财经大学图书馆，二〇〇二年上海古籍出版社影印出版，目前尚无点校本。

该书卷一至卷五为井厂：卷一为井厂图，卷二为井盐图说，卷三为器具图说，卷四、卷五为沿革。卷六至卷十五为转运：卷六为行盐疆域、运道图，卷七为本省计岸及本省行盐道里表，卷八为湖北八州县计岸及八州县行盐道里表，卷九为云南边岸及二府一州行盐道里表，卷十为贵州边岸及行盐道里表，卷十一、十二为济楚，卷十三、十四为官运，卷十五为水利。卷十六至卷十九为引票。卷二十至二十六为征榷。卷二十七至三十一为职官。卷三十二至三十四为辑私。卷三十五至三十八为禁令。卷三十九至四十为纪遗。该书参阅摘录书目多达一百余种，是研究四川经济史和井盐文化史的重要参考资料，具有较高的史料和学术价值。

中国盐文化研究中心是以四川轻化工大学原中国盐文化研究所为基础，于二〇〇五年与自贡盐业历史博物馆、四川久大盐业（集团）公司以“产学研”合作方式共同建设的、围绕盐资源开发利用而产生的诸种文化形态的学术科研机构，是四川省哲学社会科学重点研究基地，四川省人文社会科学重点研究基地。我们组织中国盐文化研究中心部分专家参与《四川盐法志》整理校注，以期进一步推进四川盐业史、中国经济史和井盐文化的研究。点校过程中不免有舛误之处，敬请学界同仁不吝赐教。

凡　例

《四川盐法志》是清代后期四川总督丁宝桢总纂的盐政志书，该书内容丰富，体例严谨，以文图表等方式记述了从先秦到清光绪初年四川盐业发展的历史。整理校注该书对于了解古代四川盐业发展历史、研究中国盐文化以及弘扬中华优秀传统文化都具有重要学术价值，同时对于研究四川特色历史文化“井盐文化”， 实施文化强省和文旅融合发展文化旅游产业也具有重要现实意义。为便于阅读，特叙凡例于后：

一、本次整理校注以《续修四库全书》所收清光绪八年（一八八二）刻本为底本。

二、为适应今人阅读习惯，将底本繁体字竖排改为简体字横排，并加上新式标点。数字用法一仍底本。

三、改底本夹注小字双行为小字单行排；底本引文中同一名称写法不统一者，一般不加辨别、不求统一。

四、志书中引述资料庞杂，能够确定为完整篇章或段落的加引号，引用不完整或扼要略述的不加引号；底本征引书名用简称时，加书名号不补全称。

五、底本中因表示尊崇而空格、另起一行等格式均不保留。

六、底本中讹、脱、衍、倒等错误，于正文中径改并出校记。

七、异体字如非出现于人名、地名等专有名词中，径改为通用字。避讳字、常见的形近易混之字，径改为本字。底本字迹模糊或脱落没法辨认的字，用□表示。

八、底本地图多漶漫不清，整理本对其线条、文字进行了重新勾勒，部分无法识别的字用“□”表示。

九、整理本将卷六《行盐疆域图》《长江水道图》置于插页之上。另，底本因雕板大小的限制，将《长江水道图》分割成九个部分，整理本将其拼合为一图，以便于读者观其全貌。

十、鉴于该志书为行业专书，涉及内容极为广泛，故书中个别地方注释略显繁复。

目　录

奏疏

四川总督丁宝桢片奏

查各盐务省分均有颁发《盐法志》，以资遵守，定制昭然。凡在官商灶户，无不奉行维谨，罔敢逾越，以干刑章。是以各省盐务弊窦恒少，非实在商疲灶困，国家课税无敢或亏。且商灶或致亏课，而部颁引张均系存库，在官在商，均无敢私发私领一引。从未有引张发出百数拾万之多，而课羡亦亏至百数拾万之多者，骇人听闻。转晏然，自以为得计，如川省之昏愦极甚者也。

臣尝推求其故，固由于官、商之敢于贪诈，然亦因盐务初办之时，虽有成法可循，究未经定为志乘颁发通行，以资准则。是以官、商均恃其无籍可考，相率营私，任意舞弊，只知肥己而不知病国病民。迨有人从而矫正之，彼则冥然悍然，不自知其身之罹于法纲也。

臣自创办官运后，将盐务一切积弊，委员确查清理，迄今纲纪秩然，百弊略净。然事久则变，不可不防。因拟为久远遵守之计，与盐茶道崧蕃[①]、建昌道唐炯等悉心商酌，稽考成法，仰禀宸谟，仿之各省之成规，准以川省之形势，远搜近考，拟辑《盐法志》一书，期为四川省日后不易之定则。容俟纂集成编，敬谨缮写，恭呈御览，饬部核议，覆候钦定，颁发川省遵守，庶后来办理者确有率循，不敢稍萌贪诈之弊，是亦考鉴之一端也。

所有拟辑川省《盐法志》，恭进缘由，谨先附片具陈。伏乞圣鉴训示。谨奏。

光绪七年十二月十四日奏。

八年正月二十一日军机大臣奉旨："知道了。钦此。"

---

① 崧蕃（一八三七至一九〇五）：字锡侯，瓜尔佳氏，满洲镶蓝旗人。咸丰五年（一八五五）举人，初入赀为吏部郎中，光绪五年（一八七九）京察一等，简放四川盐茶道，屡署按察使，保荐卓异，后任贵州巡抚、云贵总督等职。

四川总督丁宝桢谨奏

为纂集《四川盐法志》成书，敬谨缮册，恭呈御览，仰祈圣鉴事。

窃臣前以四川盐务为川省第一大政，因向无《盐法志》颁发遵行，以致官吏商民恃无遵守，任意紊乱，百弊丛生，败坏至于不可收拾。是以奏明纂集《盐法志》一书，俾资率循。钦奉谕旨允准。

伏查《盐法志》一书，从前雍正二年，户部以长芦、山东纂辑告成，具题请旨，敕下淮、浙、两广、河东、福建、四川、云南等管盐督抚，一体遵照纂辑。奉旨："依议。钦此。"钦遵通行在案。

是《盐法志》实为盐务省分必不可少之书，兹经臣督同前总办官运局、新授云南藩司唐炯暨四川盐茶道崧蕃等悉心考究，稽古准今，编辑成书，现已完峻。谨缮具黄册，咨由军机处恭呈御览，仰恳敕下户部核明覆议具奏，候旨定夺。饬下以凭钦遵，刊发各属，敬谨遵守，用肃鹾纲。谨缮折具陈。伏乞皇太后、皇上圣鉴训示。谨奏。

光绪八年五月十五日奏。

八年六月二十五日军机大臣奉旨："户部核议具奏，志书并发。钦此。"

户部谨奏

为遵旨核议事，四川总督丁宝桢奏纂集《四川盐法志》书，缮册恭进，请饬覆核，以凭刊发一折，光绪八年六月二十五日，军机大臣奉旨："户部核议具奏，志书并发。钦此。"

钦遵由内阁抄出到部，旋据该督咨送副册前来。

查川省鹾务，疲敝已极。自督臣丁宝桢整顿以来，日有起色，综计已届四纲，所收课款不下五百余万两。兹复恐积久弊生，成法废坠，纂集《盐法志》一书，自系为官商遵行起见，臣等督饬司员详加校核。

该督此书，图说详明，原以志官运之成效，即以著沿革之成规，虽以官运为主，而商运旧例亦在其中。惟井数仍载八千八百三十二眼，查本年六月间该督奏报，据称富顺厂开井二百余眼，究系何年所开，曾否升科①，并未载入。即谓以旺抵枯，以新补旧，亦岂能与旧额八千八百余眼适相符合？应请饬下该督，查明覆奏。倘查系私井，或立为封禁，或酌办升科，先行报部存案，并增入志中，以备稽考。

再，志书所载，率系成法，而徒法不能自行，必得人始可长治。人果事理通达、诚实廉洁，乃堪任事奉法。是在该督随时稽查，虚心求才，勿任诈伪虚浮之辈，庶足资遵守而肃鹾纲。

所有臣等覆核，并恭缴志书缘由，理合恭折具陈。伏乞皇太后、皇上圣鉴，训示遵行。

再，此折应检查历年旧案，是以覆奏稍迟。合并声明。谨奏。

光绪八年十一月十六日具奏。

本日，军机大臣奉旨："依议。钦此。"

① 升科：对新增添的盐灶、开垦的荒地等，满规定年限后，就按照普通收税条例征收钱粮。科，科税。

四川总督丁宝桢谨奏

纂辑《四川盐法志》一书，今属稿告竣，谨进呈者。

伏以皇建有极，五行并重作咸；帝念养民，三事必兼利用。天生水而地生火，井养无穷；乾资始而坤资生，食货攸济。夙沙兴煮海，敢希上治于黄轩；官器与牢盆，用佐大农于元狩。西南乐利，中外胪忭。臣诚惶诚恐，稽首顿首上言。

窃维蜀疆实称陆海。向者，秦时蜀守识咸脉于广都，汉代罗裒专货殖于益部，李唐则疏凿浸广，利遂遍于东川、西川。赵宋则栈闭重开，额乃增于前蜀、后蜀。元修废坏，分隶十二盐场。明广新增都归十七课使，是以，名如琅井、黑井而重费镌修，成比池盐、海盐而各分饴散。且夫山海之藏，宜属少府，漕河而上，此为大经。文学集六十余人，公孙与之论难；平叔疏一十八事，韩愈都为条诘。惟榷蜀肇于宗望，逮赵开变法，而邦赋弥崇；算引始于绍兴，及嘉靖兼票，而鹾纲略备。然而北沙锢利，张巋至于往争；西域筑城，毛璩犹烦设守。淮纲远附，惟传二益一扬；解席兼资，虚除三路六监。卓筒尽榷，递增石脚之钱；两浙代输，至贻灶丁之累。溯源累代已属颓波，综厥大端无非小补。从未有地不爱宝，富媪效灵；井洌寒泉，海王牟盛。不加赋而足用。制轶于唐宋元明；溥美利于无言，惠播于滇黔湘鄂，有如今日之盛者也。兹盖伏遇皇太后治隆娲陛，德曜璇宫；皇帝陛下虞轸阜财，唐茨崇俭。湛恩濛涌，远敷于六合八纮；緫气旁流，勤思乎叁天贰地。闾阎日用，上烦宵旰之经营；财赋纪纲，仰秉圣神之谟训。

庸蜀土膏壤沃，实为近盬之乡。国家薄赋轻徭，犹下恤民之诏。除胜朝之苛榷，闾阎幸免诛求；洗流寇之毒痡，灶井聿开夷塞。岸则转输互异，计济以边盐，则正余兼行，引外有票。傥使推行尽利，已备一代宏规，从此率由旧章，故应万世无弊。

乃者，征输逋积，渐阙正供；引票凌淆，或多贿改；文书蠹蚀，典守不免失传；官吏饕贪，害已将思去籍。凡兹禺策之中，蹶半由文献之无征，况如淮、浙、长芦、粤东、山左，鹾略与鹾志兼名，盐政与盐法并著。举能代增沃卤，上禅司农，莫不部勒成书，弆藏秘阁。乃南中草木之志，繁庑胥登；而益部方物之书，咸鹾独阙。将何以见乾规坤矩，式成法于二百余年；岳贡川珍，效边忱于五千余里。

臣忝总师干，兼权鹾计。陈编搜猎，远征柱史之藏；计簿钩稽，近发官胥之守。部居勿厕，给笔札以分绨；同异宜参，焚兰膏而继晷。若夫宪典悉遵，圣训蠲恤，渥被皇仁。敕书则巽命重申，圣制则天章首焕，特先恭纪用弁于端。泉脉伏地，宜附丽于方州；民食为天，等艰难于稼穑。则以《井厂》次之，而各图说系焉。计边分岸，比飞刍挽粟之劳；水陆交驰，见雷骈云舻之利。再次以《转运》，而疆域运道各图表系焉。盐人楬书，遂沿流为交子；水衡主利，用分佐夫度支。又次以《引票》《征榷》，而《配引》《榷额》二表系焉。然而官司主计，治法必有治人，鬻鬻多私，兴利必先剔弊，则《职官》次之，《缉私》又次之。至若入境问禁，邦有常刑，则《禁令》尤宜共守。援古证今，义资考镜，故《纪遗》用以终编。是则宏纲细目，既征数典无遗；大法小廉[1]，庶备有司恪守。未是元和会计[2]，制限方隅；差如桂海虞衡[3]，学尤弇陋。上供乙览，愿等于《豳风》《无逸》之编；照炳重瞳，敢媲诸虎观、石渠之掌。谨誊写稿本四十卷，奉表恭进以闻。

① 出自《礼记·礼运》："大臣法，小臣廉，官职相序，君臣相正，国之肥也。"

② 元和会计：指唐朝李吉甫撰写的《元和国计簿》。

③ 桂海虞衡：指宋朝范成大撰写的《桂海虞衡志》。

四川盐法志纂辑职名

总纂

太子少保兵部尚书督察院右都御史四川总督管巡抚事臣丁宝桢

提调

四川通省盐茶道臣崧蕃

四川分巡建昌兵备道办理滇黔边计盐务今授云南布政使臣唐炯

办理滇黔边计盐务四川候补道臣夏时

编辑

礼部主事臣罗文彬

校定

刑部郎中臣文天骏

检校

湖南候补知府臣陈鸿作

甘肃候补知县臣钱宝宣

四川什邡县知县臣沈芝田

四川候补知县臣钱保塘

贵州候补知县臣王秉恩

四川候选训导臣韩永暚

采访

四川特用知府臣华联辉

四川眉州直隶州知州臣毛隆恩

四川候补直隶州知州臣阮全龄

四川石砫厅同知臣于德楷

四川叙永厅同知臣华国英

四川候补通判臣刘藻
四川新宁县知县臣赵廷璜
四川岳池县知县臣何肇祥
四川候补知县臣段兴宗
四川潼川府经历臣张炘
四川候补府经历臣张思源

缮写

四川候补盐大使臣沈贤修

绘图

四川候补巡检臣高启文
候选从九臣吴绍伯

督梓

四川候补知县臣余恩鸿

凡 例

上谕专属四川者，自应恭录。其通饬有盐各行省宜共祇遵者，亦得并录。又若中有兼及他事者，惟节盐事起讫，皆就其中片段，不敢增减。刘子玄[①]曰：“凡为史者，国有诏诰，十分不当取其[②]一焉。”荀悦奉敕撰《汉纪》，节略颇多。即今皇朝《三通》于上谕，亦多不全录，谨遵其例。

历代郡县沿革，累牍难详。井厂沿革，以事为主。于历代有盐州县，惟因时标名，谨遵《大清一统志表》，注今地于下，不参考证。间有《一统志》所无者，始取证他籍注明。至叙次亦以《一统志表》为纬，取便溯察沿革，且别其非地志例也。

古者左图右史。郑氏夹漈谓：“史以图为经，以书为纬。”图与书原相附丽，盐事诸图尤繁琐，辄散次各部，而以器具附焉。引票诸式如之，各以类从，取便省览。

州县井厂诸图，惟以井厂去城远近，在何方隅为主。水道亦不可略。如井厂分在四方，则图全境或只一隅，且去城远如犍、富等厂，则只图一二隅，又以井厂为主。

图中凿井、汲卤、鬻盐各厅、州、县不能具图，今最盛者为富厂，图中一切崖略概取之，他厂有互异者，附见说中。

各图说皆辑今昔故说录之，雅俗兼收，但取翔实。虽其人现在而得之身亲目諭者，见闻自必确凿，亦为节入，非如立传及辑古文辞例，必以没世为断也。至各厂录送与夫咨询所得，悉加删润，别为按语系后，重复不免，特不厌详而已。

① 玄：原作“元”，避清圣祖仁皇帝爱新觉罗·玄烨之讳而改。刘子玄，即唐朝史学家刘知几。

② 其：原文无，据刘知几《史通·外篇》卷十五“点烦第六”补。

器具图说诸名目皆方言土语，远则《考工》所未及，近亦《蜀语》所不备，姑从俗称，取与众共。其有俗字及公牍习见字，颇难尽革者，悉仍不改。

史例《艺文》皆散见各部，或系于地，或系于人。兹编自泛论盐事者不具外，其专为蜀盐发者，寥寥无几，辄附入《井厂》，取便稽考。泛者节之，录入《图说》者即不重具。

马班诸史，皆网罗旧事，采掇时论，自铸伟词，以成一家之言，此惟国史可以取裁。其余一方纪载，第备国史要删。凡有征引，皆宜标注所出，以期共信。志中旧事取故书，近事资案牍。故书但注所出，阅者按籍可稽；案牍则全录附后，以为左证。二百余年，陈牍遗佚，院档既多蠹蚀，鹾署又经回禄，搜猎所及，详禀条陈，有关利弊并得著录。惟于公牍程式，烦文缛辞，则从刊落。

淮浙诸志，惟叙录公牍，不著一词，盖彼以各牍完备，自然条贯。此则阙略颇多，非搜间剔隙，参观互见，始末殆难尽具。章氏学诚有言：“食货为经国之要，钱谷簿录虽猥琐，而理不可忽。志者但撷总凡而参以奏疏议论，俾览者有以悉其利弊得失，乃称史裁。”窃取斯义，兼溯故事，断其缘起。即去案牍，亦见太凡。

凡《井厂》《职官》《纪遗》诸部，引用故书，惟取盐事。中有间杂他事者，悉节去之。

引用诸书有数见，则引最初者。若后详于前，则从其详者。其展转援引之书不具，有同异与有按语足证古书脱误者，则加注焉。

凡地名或一代数易，但从所引之书，不拘正史有无同异。

引书初见并系著书人名氏，后即从省。又书名初见从详，后亦从省。

引书以书之先后为次，如取语气联贯者，不拘此例。

凡地志水利都须溯源导流，分支别派。兹以行盐运道，疏凿人工为主，取别地志且无涉于盐事也。

采录诗文，惟酌取有事实备考证者，虽涉俚俗，亦必润节录入。此外虽佳章丽句，概无取焉。

盐官自宋元以上，井监而外，兼官为多，非必专主盐事者。其兼官亦非如今之督抚权总于一，往往一省数使，名位相埒，或因事立名，建置不恒。兹取世次、官制、名氏，事迹相丽，勒为一表。地方有司向有行引督课之责，有事迹者亦附著焉，无事迹者即属盐官，只取名氏，断代附后，略如《景定建康志》《咸淳临安志》例云尔。

律令内如事例有历叙旧定各条，惟录最后改定者，余从略。

征引书目

《圣祖仁皇帝圣训》
《世宗宪皇帝圣训》
《高宗纯皇帝圣训》
《朱批谕旨》
《钦定明史》
《钦定四库全书总目提要》
《钦定皇舆表》
《钦定续通典》
《钦定续通志》
《钦定续文献通考》
《钦定皇朝通典》
《钦定皇朝通志》
《钦定皇朝文献通考》
《钦定满汉名臣传》
《钦定授时通考》
《钦定大清会典》
《钦定大清会典事例》
《周礼》　《广韵》
《史记》　《汉书》
《后汉书》　《后汉书注》
《斠注汉书地理志》　《三国志》
《晋书》　《隋书》
《旧唐书》　《新唐书》
《旧五代史》　《新五代史》

《新五代史补注》　《宋史》
《元史》　《明史稿》
《汉纪》　《资治通鉴》
《通鉴地理通释》津逮本
李焘《续资治通鉴长编》爱日精庐本
《建炎以来系年要录》钞本
刘时举《续宋资治通鉴》
《宪章录》　毕沅《续资治通鉴》
《明纪》　《东观汉记》扫叶山房本
《建炎以来朝野杂记》　《历代名臣奏议》
《林文忠政书》　《陶文毅奏议》
《曾文正奏议》
《皇朝经世文编》　《阿文成年谱》
《华阳国志》　《十六国春秋》
《十国春秋》　王隐《晋书地道记》毕沅辑本
《元和郡县志》岱南阁本　《太平寰宇记》万廷兰本
《元丰九域志》冯集梧校本　《舆地广记》士礼居本
《舆地纪胜》　《明一统志》
《天下郡国利病书》　《读史方舆纪要》
《大清一统志表》　《乾隆府厅州县图志》
《皇朝一统舆图》　《历代地理志韵编》
《黔书》　《蜀典》
《四川通志》各府厅州县志不备载
《江南通志》　《陕西通志》
《湖北通志》　《云南通志》
《贵州通志》各府属州县志不备载
《水经注》赵一清释本　《蜀水考》
《通典》　《通志》
《文献通考》　王圻《续文献通考》
《唐六典》扫叶山房本　《历代职官表》
《唐会要》　《元典章》钱大昕钞本

《明会典》万历本　《世法录》
《大清律例》　《中枢政考》
《吏部处分则例》　《户部则例》
《东华录》　《东华续录》今人
《历代纪元编》　《盐法议略》
《两淮盐法志》　《两浙盐法志》
《长芦盐法志》　《河东盐法志》
《河东盐法备览》　《山东盐法志》
《福建盐法志》　《淮北票盐志略》
《王复斋钟鼎款识》　《涪州石鱼题名记》今人
《隶释》　《管子》
《金楼子》　《能改斋漫录》金壶本
《容斋五笔》　《丹铅录》
《日知录》　《十驾斋养新录》
《梦溪笔谈》津逮本　《东坡志林》
《老学庵笔记》津逮本　《吴船录》
《蜀輶日记》　《天涯闻见录》
《艺文类聚》　《初学记》
《白孔六帖》　《太平御览》
《册府元龟》　《事文类聚》
《玉海》　《录异记》津逮本
《北梦琐言》雅雨堂本　《玉壶清话》金壶本
《太平广记》　《夷坚志》
《博物志》士礼居本　《异苑》津逮本
《酉阳杂俎》津逮本　《杜工部集》
《草堂诗笺》　《杜诗详注》
《丹渊集》　《曾文定公集》
《东坡集》　《鹤山文钞》
《养一斋文集》　《杨升庵集》
《昭明文选》
《国朝文征》

原目录

四川盐法志卷首

圣谕

顺治八年三月初八日奉上谕："各处所报盐课中，每报有余银若干，细思盐课正额，自应征解。若课外余银，非多取诸商人，即系侵克百姓，大为弊政。传户部都察院，通行各盐差御史及各盐运司，止许征解额课，不许分外勒索余银。如有贪纵，御史及运司各官贪纵者，许商民指实，赴都察院首告[①]。审问确实，奏请治罪，用布朝廷恤商裕民至意。钦此。"

顺治十八年十二月二十五日奉上谕："户部盐课钱粮，关系军国急需。闻内外大小官员、势豪之家多有贸易贩盐，倚势不纳课银。巡视盐课官员不畏势力，不徇情面，尽心催征者即能多课银，其畏势徇情者即致课银亏欠。以后管盐各官，多得课银者著以称职，从优议叙[②]；额课不足，亏欠者以溺职从重治罪。其官员贸易，倚势漏课情弊，该管官须严加稽察参奏，本主一并从重治罪。巡盐等官如仍前徇隐，定行一并从重治罪不饶。尔部即遵谕行。特谕。钦此。"

康熙十七年三月十二日奉上谕："吏、户、兵三部，朕统御寰区，孜孜图治，期于朝野安恬，民生乐业，共享升平，乃副朕宵旰励精之愿。不意逆贼吴三桂背恩扇乱，各处用兵，禁旅征剿，供应浩繁，念及百姓困苦，不忍加派科敛。因允诸臣节次条奏，如裁减驿站、官俸、工食及存留各项钱粮，改折漕白二粮、颜料各物，增添盐课盐丁、房产税契、牙行杂税、宦户田地钱粮，奏销[③]浮冒隐漏田亩，严行定例处分。用过军需，未经报部，不准销

① 首告：出面告发（别人的犯罪行为）。

② 议叙：清制对考绩优异的官员，交部核议，奏请给予加级、纪录等奖励。

③ 奏销：指清代各州县每年将钱粮征收的实数报部奏闻。

算。以上新定各例，不无过严，但为筹画军需，早灭逆贼，以安百姓之故。事平之日，自有裁酌。各省督抚提镇[1]大小文武等官，俱宜上体朕意，下念民生，洁己奉公，爱惜物力，务期早奏荡平，与民休息，以称朕乂安海宇至意。尔三部即通行传谕遵行。特谕。钦此。”

康熙二十四年四月二十七日奉上谕：“盗贩私盐，屡经严禁，未见杜绝，皆因地方经管各官，不实心奉行，以致仍多私贩。著九卿詹事科道[2]会同确议具奏。钦此。”

康熙四十四年五月初十日奉上谕：“今看得私铸小钱、贩卖私盐者甚多，如何严行禁止之处，著户部定例具奏。钦此！”

康熙四十四年八月二十一日奉上谕：“旧铸钱展限之事，著另议具奏。其私铸钱之人并贩卖私盐者，断不可宽免。钦此。”

雍正元年正月初一日奉上谕：“各省道员，尔等官历佥司，所以赞襄藩臬、承流宣化者也。分守、分巡，职居协理。粮、河、盐、驿，各有专司。身居是官，必顾名思义。名者实之华也，克副其实，而后名归焉。盐道一官，尤关国课。迩年盐法弊窦丛生，正项钱粮每多亏欠，一由上下各官需索，商人巧立名色，诛求无已。穷商力竭，不得不挪新补旧，上亏国课；高抬盐价，下累小民。至于官盐腾贵，贫民贩卖私盐，捕役斗殴，株连人民，流弊无穷。一由商人用度奢靡，相仍陋俗，不知节俭，致欠额征。尔等运筹盐法，宜将陋例积习尽情禁革。必思何以苏商？何以裕课？上供军国，下利闾阎，方为称职。总之，病官病民，悉缘贪黩。敬尔有官，垂诸古训，‘靖共尔位’，载在《风诗》[3]。尔等各有常职，各守官方[4]，名实二字极宜体认。今以献赂为实，虚誉为名，动云名实兼收。内以欺己，外以负国。有靦面目，其何以立身而抒忠荩乎！皇考御极六十余年，以轸恤民生为首务。各省道员必亲加遴擢，谆谆戒勉，极其详慎。朕缵承大统，翼翼小心，惟仰体皇考爱养元元至意，亦期尔等争自濯磨，振饬风宪，以副朕望。果能肃清纲纪，无致废弛，朕当破格奖励；其或因循不改，朕必置之重法。特谕。钦此。”

---

① 提镇：清代提督与总兵的合称。提，指提督；镇，总兵的别称。

② 科道：即科道官，明清六科给事中与都察院各道监察御史的统称。

③ 出自《诗经·小雅》“谷风之什第二十”之“小明五章”。

④ 官方：居官时应遵循的礼法，为官之道。

雍正元年八月初二日奉上谕："谕各省盐政，国家欲安黎庶，莫先于厚风俗，厚风俗莫要于崇节俭。《周礼》一书，上下有等，财用有度，所以防僭越、禁骄奢也。孟子亦曰：'食时用礼，菽粟足而民无不仁。'朕临御以来，躬行节俭，欲使海内之民皆敦本尚实，庶康阜登而风俗醇。夫节俭之风贵行于闾里，而奢靡之习莫甚于商人。朕闻各省盐商内实空虚而外事奢侈，衣服屋宇穷极华靡，饮食器具备求工巧，俳优伎乐恒舞，酣歌宴会嬉游，殆无虚日，金钱珠贝视为泥沙，甚至悍仆豪奴服食起居同于仕宦，越礼犯分，罔知自检，骄奢淫佚，相习成风。各处盐商皆然，而淮扬为尤甚。使愚民尤而效之，其弊可胜言哉！尔等既司盐政，宜约束商人，严行禁止，出示晓谕，谆切劝戒，使其痛自改悔，庶循礼安分，不致蹈僭越之愆，而省一日之糜费，即可以裕数日之国课，且使小民皆知警惕，敦尚俭约，于民生亦有裨益，庶不负朕维风振俗之意。若仍前奢侈不知悛改，或经朕访闻，或被督抚参劾，商人必从重究治，尔等亦不能辞徇纵之咎。特谕。钦此。"

雍正二年二月初二日奉上谕："各省关差、盐差，从来关榷盐税之设，所以通商裕国，或用钦差专辖，或令督抚兼理，无非因地制宜，利商便民之至意也。朕前于关、盐两差，各下谕旨，诰诫谆切。但旗员向来相沿成习，阳奉阴违，任意侈靡，不知撙节，额外加派，苦累民商。差满之日，惟恐回京。有当差效力之事，每以缺额恳求宽限，希图掩饰。是以不惮丁宁，再加申饬。大抵关差之弊，惟知目前小利，恣意侵渔，听信家丁，纵容胥吏。开关分别迟早，肆无厌之诛求；报单任意重轻，为纳课之多寡。饱溪壑者，则任其漏税，代为朦胧；不遂欲者，则倒箧倾箱，不遗纤细。致商贾畏惧，裹足不前；行旅彷徨，越关迂道。则困商实所以自困也！盐差之弊，尤合重惩。飞渡重照[①]，贵卖夹带，弊之在商者尤小；加派陋规，弊之在官者更大。若不彻底澄清，势必至商人失业，国帑常亏。夫以一引之课渐添至数倍有余，官无论大小，职无论文武，皆视为利薮，照引分肥，商家安得而不重困！赔累日深，则配引日少；配引日少，则官盐不得不贵，而私盐得以横行。故逐年之课难以奏销，连岁之引尽皆壅滞，非加派之所致欤！故关差惟在严禁苛求，使舟车络绎，货物流通，则税自足额。盐差惟在力除加派，

① 重照：盐运的舞弊行为。运商贿通盐官、验卡人员以同一引纸重复两次以上运盐谓之重照，其盐运谓之复运。

使商困少苏，尽复旧业，则课自赢余。至于督抚系封疆大吏，更当仰体朝廷归并之意，关政不得视为带理，漫不经心，误任属员，听其剥削；盐政不得罔恤穷商，独专厚利，硬派州县，计口征钱。夫榷关部属，尚有顾忌，恐督抚持其短长，今归督抚，则何所瞻顾？巡盐御史、地方官或不奉约束，今归督抚，则孰敢抗违？况钦差犹每年更换，而督抚兼理则无限期，若不实心奉行，使风清弊绝，则大负归并之本意矣。至将耗羡充课，固属急公，但恐以耗羡归正额，而正额之外复加耗羡，商民重输叠出，何以堪？此朕深悉盐关扰累之害，垂念商民营逐之苦，特谕尔等经理榷税者，务期奉公守法，遴委得人，知商旅之艰辛，绝箕敛之弊窦。通商即所以理财，足民即所以裕国，如自利自便，罔上行私，责有攸归。其悉遵朕旨。特谕。钦此。”

雍正六年十一月奉上谕：“川省盐、茶二项既经特设道员专司其事，自应责成该道，令其公勤督察，期于清楚。倘不能胜任，即属溺职，当予参黜，另用贤员。今乃言该道亦茫然无端委，则设立专官何为耶？至于差往科道京员，系为清理地亩，以息豪强之争夺，兼安插流民之得所，尽足办理矣。若又将盐茶等事交与经营，便宽予限期，岂如该道之久在川省可比？稽察过急，必致骚扰民间，滋生事故，脱有遗漏，将来反得推卸。且据汝奏内‘搜查、挨查’之说，更属谬妄。盐茶积弊相沿已久，自应商酌从容清理之法，安可如此严急从事！观汝一切料理，处过紧而欠通变，只图己身免咎而已，不肯担承利害，实心任事。于此一奏，心行毕现，非朕委任之意也，嗣后当深以为诫。诸凡必筹画始终，万全方可举行。即欲秉公执法，亦非可乘一时高兴，率意而为之者。敬之勉之。钦此。”

雍正七年二月十一日奉上谕：“盐茶皆民生日用所必需，川省盐课考成，惟责之产盐州县，其余并无巡查之责。且有僻远地方不行官引，以致私贩充塞，甚为盐政之弊。应将官引通行，合省约计州县户口之多寡，均匀颁发，令其各自招商转运。倘有壅滞，责成各州县定为考成，如此则有司等自必加意查察，私贩息而官引销，弊端可以厘剔矣。著该督抚详议，定为成例，使川省盐茶经理妥协，于民生均有裨益。钦此。”

雍正十一年八月奉上谕：“凡一省中盐课引务，莫非汝等督率之责，果曹源邠著有贪婪不法形迹，即当列款纠参；若止改拨不当，汝等何难商酌合宜而更正之。今但云不敢隐蔽，祈朕饬部察议，竟将此事视如无涉，然不知是何意？见览奏，朕甚鄙汝等有玷督抚统辖训饬之任也。”

雍正十二年九月二十九日奉上谕：“各省盐政关系国计民生，所当加意整理。大约盐法之行，必以缉私为首务，私靖则官引自销，转输便利，裕课息商皆本于此。淮南江广口岸宽广，如果私盐杜绝，何虑积引难销。惟是缉私一事，地方督抚大吏非不遵奉办理，但以不关切己之务，有名无实。闻今年江广口岸，盐壅价减，急难销售，皆由邻私充斥之所致。盖两淮行盐地方，江西、河南有浙私、芦私之侵越，而湖广之川私、粤私为害更甚。现今，虽于各处私盐隘口设立巡官、巡役，似为周密，而地方文武官并不肯实力奉行，一任兵役人等避难趋易，罔利营私。如商船夹带原应秉公盘查，而往往视为利薮，多方需索，恣意搜求，以塞巡查之责，转为平民之扰累。至于大伙枭贩，则虑其拒捕，或畏难故纵，或受贿得钱；其拿获到案者，地方官弁又视非专责，姑息养奸，以重作轻，以多报少，朦混草率，不能据实审结，以致立法虽严而邻私之肆行如故。在江南，督臣亦不过责成自己所属地方，至咨会邻省，即未必有呼辄应，此私贩之所以难禁也。年来，朕留心访闻甚确，用是特颁此旨，晓谕各省督抚等务矢公心，以各省之事视为己事。严饬文武官并同心协力，远近愚民，家谕户晓，使川、粤、浙、芦之私盐不敢越界横行，则两淮积压之引易运易销，于国计民生均有裨益。倘既经晓谕之后，仍有失于觉察者，一经发觉，朕必于该督抚是问。钦此。”

乾隆元年奉上谕：“私盐之禁，所以除蠹课害民之弊，大伙私枭，每为盗贼逋薮，务宜严加缉究。然恐其展转株连，故律载私盐事发，止理人盐并获，其余获人不获盐，获盐不获人者，概勿追坐。至于失业穷黎，肩挑背负易米度日，不上四十斤者，本不在查禁之内。盖国家于裕商足课之中，而即以寓除奸爱民之道，德意如是其周也。乃近见地方官办理私盐案件，每不问人盐曾否并获，亦不问贩盐斤数多寡，一经捕役、汛兵指拿，辄根追严究，以致挟怨诬攀，畏刑迫认，干累多人。至于官捕业已繁多，而商人又增私雇之捕，水路又增巡盐之船，州县毗连之界，四路密布，此种无赖之徒，藐法生事，何所不为。凡遇奸商夹带，大枭私贩，公然受贿纵放，而穷民担负无几，辄行拘执。或乡民市买食盐一二十斤者，并以售私拿获，有司即具文通详，照拟杖徒，又因此互相攀染，牵连贻害，此弊直省[1]皆然，而浙江

① 直省：指各省，因直属中央而称直省。

尤甚。朕深为悯恻，著各省督抚严饬各府州县文武官弁，并督率差捕实拿。奸商大枭勿令疏纵，其有愚民贩私四十斤以下被获者，照例速结，不得拖累平人。至贫穷老少男妇，挑负四十斤以内者，概不许禁捕；所有商人私顾盐捕及巡盐船只、帮捕汛兵，俱严饬停止，毋得滋扰地方，俾良善穷民得以安堵。钦此。”

乾隆五年正月奉上谕：“国家一应赋税，无谕正、杂、羡余，凡征之各府者，均系出之闾阎，而究其原则，仍以天下之物力供天下官弁、兵民之用，为上者不过为之权衡调剂于其间，使经理其事者稍有纤毫假借，则大不可为也。前此，各省臣工不能砥砺廉隅[1]，取之民者既极烦苛，而侵于官者又多亏空，计其赃私动逾累万，以致身罹法网，贻害妻孥。仰赖皇考世宗宪皇帝圣慈矜悯，提撕警戒，厘剔肃清所有一切陋规，悉行裁禁，以纾民困。俯允直省督抚所请，将旧有耗羡一项酌定额数，用资各官薪水及地方办公之需。名虽提解耗银，而较之从前私派私收，固已轻减数倍矣。自奉行之后，官员无拮据之忧，百姓免需索之累，吏治民生称为两便，此实中外所共知共见者。朕御极之初，曾降谕旨，饬令督抚毋得重耗浮征，致累商民。凡赋多税重之地，屡加宽减，民捐官垫之款，悉动存公。乾隆三年，又将解部减半，平余[2]一项，扣存司库，以备荒歉应用。盖因各省公用甚烦，而耗羡无几，惟恐所入不敷所出，是以不惜部库之赢余，留备地方之不足。各省督抚藩司皆当加意慎重，不时查核。减官吏一分之浮费[3]，即留一分之实用，此理显然可见。乃比年以来，或无关紧要之事，遽行动用，即例应支给之款，亦有浮开，部驳核减，时见章疏。其扣存备拨平余银两，各省有已经报部者，亦有未经报部者，遇有应办赈务，仍多临时请拨，由此类推，则司库所存公项未必尽得实用。雍正十三年六月内曾奉皇考谕旨，将各省耗羡存公银两，敕令清查，原属防微杜渐之至意。朕嗣位之初，念耗羡不同正项，从前原未定有章程，且历年已久，各省规条不一，官员更换亦多，况复恩谕屡颁，纵有挪欠，亦当在宽免之例，是以谕令暂行停止清查。今看各省情形渐

① 廉隅：比喻端方不苟的行为、品性。

② 平余：清代地方政府上缴正项钱粮时另给户部的部分。

③ 浮费：盐官在应纳课税之外向商人私取的税费。浮费增则成本重，成本重则盐价贵，盐价贵则私盐盛行，私盐盛行则销路滞，销路滞则课额亏。故浮费虽直接取于商，实质上侵蚀国课。

滋冒滥，若不早加整顿，立法防闲，必至挪移出纳，弊窦丛生。一经败露，国法难宽，揆之朕爱养教诲之心，固有所不忍。即经办各员噬脐后悔，已属难追，是及今综核清理，亦预为保全之道也。户部可行文各省督抚，将地方必需公费分晰款项，立定章程，报部核明，汇奏存案。嗣后务将一年之内额征公费、完欠杂支同余剩未给各数目，逐一归款。各官养廉，照依正署起月日，应将分数并扣除空缺，详悉登记。其收数内有拖欠未完者，分别是否著还；其支数内有透动加增者，分别是否应给、有无挪移亏缺之处，俱于岁底将一切动存完欠确数及扣除减半余平银两，造册咨送户部核销。如此年清年款，则民力输将均归地方官实用，而经理之员亦免罹于参处矣。钦此。”

乾隆七年四月奉上谕：“办理耗羡一事，乃当今之切务，朕夙夜思维，总无善策。是以昨日临轩试士，以此发问，意诸生济济，或有剀切敷陈，可备采择见诸施行者。乃诸贡士所对，率皆敷衍成文，全无当于实事。想伊等草茅新进，未登仕籍，于事务不能晓彻，此亦无怪其然。今将此条‘策问’发与九卿、翰林、科道阅看，伊等服官有年，非来自田间者可比，悉心筹画，各抒所见，具折陈奏，候朕裁度。若无所见，亦不必勉强塞责。至外省督抚，寄重封疆，谅已筹画有素，并著各据所见，具折奏闻，务期无隐无讳，以副朕集思广益之意。钦此。”

乾隆七年十一月奉上谕：“钱粮之有耗羡，盖经国理民事，势之必不能已者。未归公以前，耗羡无定制。有司之贤者兢兢守法，不敢逾闲；不肖者视为应得之项，尽入私囊。一遇公事，或强民输纳，或按亩派捐，滥取横征，无所底止。且州县以上官员养廉无出，于是收受属员之规礼、节礼以资食用。而上官下属之间时有交际，州县有所藉口，恣其贪婪，上官瞻徇而不敢过问，甚至以馈遗之多寡为黜陟之等差，吏治民生均受其弊。我皇考俯允臣工之请，定耗羡归公之法，就该省旧收火耗之数归于藩司，酌给大小官员养廉，有余则为地方公事之用。小民止各循其旧有之常，有轻减无加溢也。而办公有资，捐派不行，有司之贤者固无所用其矫饰，而不肖者亦不能肆其贪婪。此爱养黎元、整饬官方之至意，并非为国用计为此举也。且以本地之出产供本地之用度，国家并无所利于其间。然通天下计之耗羡敷用之处不过二三省，其余不足之处仍拨正供以补之，此则臣民未必尽知者，此十数年中办理耗羡之梗概也。朕御极以来，颇有言其不便者。朕思古人云：‘琴瑟不调，甚者则改而更张之。'[1]此事若宜变通，何可固执？是以留心体察，并于今年廷试时以此策问诸生，乃诸生奏对不过敷衍成文，全无当于实事。旋降旨询问九卿、翰林、科道并各省督抚等。今据诸臣回奏，大抵皆以为章程一定，官民久已相安，不宜复议更易。众论佥同，其中偶有条陈一二事者，不过旁支末节，无关于耗羡归公之本务也。朕再四思维，耗羡在下，则州县所入既丰，可以任意挥霍。上司养廉无出，可以收纳馈遗。至于假公以济私，上行而下效，又不待言矣。则向日朕之所闻者，未必不出于利耗羡之在下以济其私者之口。《传》曰：'作法于凉，其弊犹贪，作法于贪，弊将若之何？'[2]朕日以廉洁训勉臣工，今更轻更现行之例，不且导之使贪重，负我皇考惠民课吏之盛心乎！此事当从众议，仍由旧章，特颁谕旨，俾中外臣民知之。钦此。"

乾隆二十七年四月奉上谕："据高恒奏'办理拿获私盐车船变价充饷'一折，船只既可装运盐斤，断无一船仅变价二三钱之理，明系该地方官一任书役估变，不行稽查所致。该盐政已咨商督抚，将各该处拿获船只印烙解交运司，验明船之坚固朽烂，酌量办理。但各省皆有缉私之责，车船变价犹其小者，如此相沿漏弊，必因漫不轻心。私盐充斥，职此之由。著传谕该督抚严饬所属，嗣后务宜实力拿获私贩，其车船务须详验明确，从实估变。如州县官暨胥役等或有变多报少，与将原获车船转售私枭等弊，即行查明参处。高恒折著钞寄阅看，可于直省督抚奏事之便传谕知之。钦此。"

乾隆二十九年八月二十四日奉上谕："阿桂奏'松茂道驻扎茂州，有弹压诸番之责。向来道员每藉口在成都办公，驻茂州之日恒少，殊旷职守，请分别改隶，以杜推托'等语。著照所请，将成都、绵州二属改归驿盐道兼巡，其松茂、龙安、杂谷厅所属，专令松茂道员管辖，并兼兵备职衔改为提调之缺，其松潘镇属各协营都司以下均听其节制。该道驻扎地方所需赏费颇繁，本任廉费之外，应于公项内量为增给之处，该督阿尔泰会议妥协办理。钦此。"

---

① 语出班固《汉书·董仲舒传第二十六》元光元年（前一三四）之"对贤良策一"，原文为"窃譬之琴瑟不调，甚者必解而更张之，乃可鼓也；为政而不行，甚者必变而更化之，乃可理也。当更张而不更张，虽有良工不能善调也；当更化而不更化，虽有大贤不能善治也"。

② 语出《左传·昭公四年》："郑子产作丘赋……浑罕曰：'国氏其先亡乎。君子作法于凉，其敝犹贪；作法于贪，敝将若之何？'"

乾隆四十二年十二月初九日奉上谕："山东曹、沂一带盐枭之案已经屡犯，由于其地与海滨盐场相近，而各场所出余盐，旧例原为赡恤贫民之用，日久遂为奸徒牟利之资。即或严为查禁，非肩挑背负不许出场，而此等枭众无难私顾穷人在场，如数携出，彼此从旁收买。一落其手，仍可积少成多，贩行无忌。是此例不除，流弊终难禁绝，不可不通盘筹画，以期安善也。且此等肩挑背负之盐，期使濒海贫户稍获微利以谋生，乃积久法弛，穷民之沾润有限，奸贩之影射[1]滋多，竟以老少之利源变而为私枭之弊薮，可不急改弦更张乎？朕意与其存此例以滋弊，莫若去此例以防奸。自应将各盐政所出余盐，贫民肩挑背负岁可获利若干通行核计，即照数官为收买，散给贫民，其一切肩挑背负之例，悉行停止，则贫户仍得倚以糊口，奸徒无由藉以犯科，实为两便。其收买之盐或仍给商领销，或并听商买用。务使挑贩之众仍免向隅，而场灶所余亦无狼[2]籍，正本清源之道，莫过于此。传谕有盐各省督抚及盐政等，将如何设法办理之处，就各省实情，公同悉心妥议，详晰覆奏。又如湖广省向多川、广私盐，陕甘省向售蒙古私盐，与此等情形又复不同，或系积久相安，或因另为筹办，务案各实在情形，妥为筹议。朕意筹度如此，但各省地方及各场灶情形未能深悉，其事是否可以行之有益而无弊？著各省督抚会同各盐政按该处情形斟酌妥善，据实覆奏，不得因朕有此旨，稍存迁就也。将此遇各奏事之便通行传谕。钦此。"

乾隆四十五年五月奉上谕："昨和珅回京，面奏'滇省盐务情形，实缘川省私盐不无偷漏，又系白盐，较之滇省所出黑盐，味好而价廉，所以官盐难销，而正课日亏。惟在川、滇二省交界处所，实力禁止偷漏，则小民不能淡食，庶几官盐易销，课项无亏'等语，所奏较为切实。私盐盛行，则官引壅滞难销，自应实力严禁，但川省与云南接壤，私盐既易偷漏，小民贪贱买食，势所不免。即出示严行晓谕查禁，仍属有名无实，多派兵役巡察查拿，又恐徒滋扰累。总之，有治人无治法。应拣选能事地方官，责令妥为筹画，实力清查，俾闾阎不致食私而盐务渐期整顿。所谓'民可使由之，不可使知之'[3]者 。著传谕福康安、文绶等，即遵照此旨，派委妥干员弁，并于川、

① 影射：盐运的一种舞弊行为，意指同一盐引既运此地又运彼地而未按规定引岸行盐。

② 狼：原作"狠"，据文意改。

③ 语出《论语·泰伯篇》。

滇交界处所稽查严禁，毋托空言。钦此。”

乾隆四十六年二月二十六日奉上谕：“户部奏‘清查各省盐务’一折，川省积年欠项虽系羡余，然总应归入盐课正项，乃积欠至二十八万七千余两之多。经部行查，何以该督至今并未咨覆？至该省所产盐斤本旺，尚有私贩至云南、湖广等省，可见并非缺乏，何至四川本省不能销售，致有拖欠？总由该地方官平日不能整顿，以致私走偷漏正课，积欠累累，年复一年，将来何所底止？文绶不应有此！著传谕文绶严饬各属设法实力稽查，使影射私贩诸弊，日就肃清，历年积欠，克期完缴，毋致再有稽迟延宕。并当因何积欠如此之多，及经部行查，又因何迟至半年不行咨覆缘由，据实即行速奏。钦此。”

乾隆五十三年奉上谕：“淮南纲盐向在汉口分销，如果楚省官员实力缉私，何至官盐积滞！此皆由地方官吏平日巡缉不力，以致川省私贩充斥。著该督抚严饬所属梭织巡查，仍时加察访。如有奉行不力，仍前弊混者，即据实参奏。至川省与湖广接壤，虽楚省向有数府例食川盐，自不能禁其贩运，但亦应严清境界，止令于食川盐州县地方贩售，岂容任意侵销。著传谕李世杰帮同严查，除应食川盐州县仍听其运往外，其余一概严行禁止，庶商贩无从夹带，官盐自可畅销。钦此。”

乾隆五十四年奉上谕：“据毕沅等奏‘楚岸销售淮盐，总以缉私为务，现在严查历来私贩，四川则由夔州府入境，业选派参游大员分投南、北二省，改装密缉’等语。著李世杰严饬交界地方各官查禁偷越，以杜私贩之源，不得仅以空言塞责也。钦此。”

乾隆五十四年六月奉上谕：“李世杰奏称‘据夔州府知府穆克登布禀称，五月初三日昏暮，有船三只停泊河干，因值大雨，拟俟次早往查。讵该船均各乘夜偷越，当经于川境追获私盐船一只，又会楚省兵役在湖北宜都县地方拿获私盐船二只，留楚审办’等语。私贩经过，地方官自应立时拿获，严办示儆，况正当严禁私盐越入楚省之际，尤宜上紧访缉。乃该府因昏暮大雨，直至次早往拿，以致私贩船只乘夜逃逸，殊属不成事体。若逃犯在境，亦岂因雨不及往拿，任其脱逃乎？此事非寻常失察可比！夔州府知府穆克登布著交部严加议处，李世杰并不据实查办，亦著交部议处。钦此。”

乾隆五十四年七月奉上谕：“李世杰奏‘据夔州府知府穆克登布禀

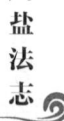

称，五月初三日昏暮，有船三只停泊河干，时因大雨，拟俟次早查验，讵该船均各乘夜偷越'等语，殊属不成事体，已明降谕旨，将夔州府知府穆克登布交部严加议处，李世杰交部议处矣。私贩船只在该府境内停泊，自应立即截拿严办，乃因昏暮大雨，直至次早往拿，以致私贩船只闻风乘夜逃逸，实出情理之外。若次早雨犹未止，岂竟任其偷越而不尾追截拿乎？设遇有盗窃等重犯乘雨夜逃窜，官役等亦岂畏沾湿衣履，听其远飏？该省地方巡缉废弛之弊殆不可问。若非会同楚省兵役截拿盘获，则私贩几至潜匿漏网。该督抚并不据实严参，殊属疏纵，朱字已明降旨矣。但李世杰不应如此！著传旨严行申饬，嗣后务须严饬所属，凡遇劫盗私贩，实力访缉，随时拿获，毋再推委疏脱，致干咎戾，将此传谕知之。钦此。"

乾隆五十四年七月奉上谕："李世杰奏'带征积欠盐课羡银限内全完'一折，声请'富顺县知县潘邦和可否量予议叙'等语。向来经征[1]不力州县，皆例有处分，而认真督催使应征钱粮年清年款，亦系地方官分内应为之事。督抚等或因其办事急公，止可遇有本省应行升调缺出时酌量奏请升调，以示鼓励。若明降谕旨，将该员议叙，恐各州县以征收全完为可见长，过事追呼，甚非所以体恤闾阎之道。昔人有云：'抚字心劳，催科政拙。'[2]是拙于催科，尚当膺上考。而督征全完之员又岂可特予甄叙乎？李世杰或见不到此，故有此奏耶！将此谕令知之。钦此。"

乾隆五十六年三月二十六日奉上谕："姚棻奏'粤、浙两省毗连江境之处堵缉私盐尚易为力，惟建昌府属界连闽省之区，路径较多，堵缉稍难，必须于各要隘添设巡卡，广为堵截，方收实效'等语。各省行销官盐，分疆画界，各销各地，原以杜偷漏引课、越境贩私之弊，但必须酌核地方远近情形，使民间食盐不致舍近求远、去贱求贵，方为妥善。即如姚棻所奏，江西建昌界连闽省，该处私盐多从福建贩入。可见建昌一府虽例食淮盐，而距淮南二千余里，离闽省邵武、汀州等处不过二三百里，运盐程站较之淮南近至十倍，其盐价自必贵贱悬殊，欲百姓之舍近贱而食远贵，原非正道。即禁闽贩之不入江境，显属有名无实，不知从前定例时何以不将邻闽府分就近行销

① 经征：赋役制度名称，指经办征收赋税。

② 韩愈《顺宗实录四》："〔阳城〕出为道州刺史……一不以簿书介意，税赋不登，观察使数诮让。上考功第，城自署第曰：'抚字心劳，征科政拙，考下下。'"后以"抚字催科"指地方官吏的治政。

耶？他如湖南之永顺、湖北之宜昌等府与川境毗连，该处私盐俱从四川运入。以此类推，各省多有，在盐政等各有额定引课，所谓出纳之吝，不肯通融办理。殊不知建昌与闽省相近，永顺、宜昌等府与川省相近，何妨改川、闽引盐所有应征盐课即移在该二省输纳，如此一转移间，不特便于民食，即私贩亦无影射获利，其弊自可不禁而止。即以直隶、豫东、江浙、闽粤、山陕、甘肃、云贵等省向定销盐地方有相离较远之处，或可改归就近省分，均匀搭配，庶于民食国课两无妨碍。但此事行之既久，一涉更张，恐致滋扰，扞格难行。著传谕各督抚酌量情形，悉心核议。如能不动声色，彼此确商调剂，可省许多缉私之繁。著会衔[①]详议具奏，总以不畏难而又以不滋事为要。将此各谕令知之。钦此。”

乾隆五十六年五月二十二日奉上谕：“毕沅等奏‘永顺、宜昌两府每年定额不过各销三千余引，淮商并不争此纲地，实系恃此数处险隘以为敌私之地，如改食川盐，实有扞格难行之处，应请仍循其旧’等语。此事昨已明降谕旨，将各省行销引地[②]悉照旧定章程办理，毋事更张矣。今毕沅所奏永顺、宜昌两府不便改食川盐尚与谕旨相合，自应照旧办理。惟所称‘永顺、龙山等四县如遇淮盐不能接济，仍令零星买食川盐，听从民便，但不得过十斤以上’一节，所言殊属未当！该处毗连川境，小民因淮盐不能接济，零星买食川盐亦势所常有，但不可定以销盐斤数，使百姓以买食私盐业已奉有明文，遂至逐渐增多，无所底止。设如毕沅等所奏以十斤为率，明立科条，不啻导以兴贩私盐之路。况小民趋利若鹜，或于十斤之外加增数斤，地方官岂能按户稽查，逐一秤验。如果私贩盐斤事经发觉，自当按法惩处。若系官盐不能接济，零星买食，地方官只可行所无事。所谓‘民可使由之，不可使知之’[③]。毕沅等所奏永顺等四县买食川盐定以十斤之处不必行。将此各谕令知之。钦此。”

嘉庆十七年十二月奉上谕：“大学士会同户部奏‘议驳常明请将川省计

① 会衔：两个或两个以上的机关或其主管人，共同在发出的公文上签署名衔。

② 引地：亦称引岸，中国旧时指定的引盐行销地区。源于后周显德元年（九五四）的划区运销，所划地区成为“引界”或“引地”。元行引法，商人向政府购引后，即可凭引支盐运往规定地区，独占区内食盐销售，盐商所独占的运盐地区称为专岸。

③ 出自《论语·泰伯篇》。

引[①]盐课改归地丁完纳’一折，所驳甚是！川省盐务，行商等抬价病民，复虑盐不畅销，招集匪徒妄拿滋事，该省无业之人聚充私贩，渐与官商为敌。常明系本省总督，既屡有抢夺案件，自当严行查办，免滋弊端。今据请将盐课改归地丁，听民兴贩，此议若行，不但该省奸民趋利若鹜，为害滋甚，且川省与两湖毗连，私贩顺流而下，浸灌淮纲，诸多窒碍。常明身任封疆，不为地方计及久远，又不通盘筹画于邻省利弊，显分畛域。除所请不准行外，常明仍著交部严加议处。钦此。”

嘉庆十九年八月十八日奉上谕：“御史程赞宁奏‘请严私枭拒捕之禁以靖地方’一折。官引滞销，由于私盐充斥，全在地方官实力查拿，随时惩办，枭徒自当畏法敛戢。近日捕务废弛，遂至私贩日多。著通谕各省督抚、盐政严饬所属文武官员弁，认真查办，如访有窝买私盐枭徒，立即会同擒捕，勿存消弭规避之见。其有兵役包庇者，究明按律严惩，毋稍宽贷。钦此。”

嘉庆二十三年二月二十八日奉上谕：“据御史吴杰奏称‘巫山大宁一带盐埠口岸素有奸商私造引张，名为墨引，串通土豪，勾引私贩各船到彼捏称提载，由水路浸入荆州、宜昌等处。陆路则由灶户出卖与竹溪、房县肩挑背负之民，每日不下数百人，听其贩往楚界各乡村售卖。又闻陕西商南、平利一带私盐，即自潞商各店中贩来，由汉中顺流而下至襄阳之谷城、德安之安陆，分途暗售。河南私贩即自南阳之李官桥店中贩来，亦至谷城、安陆等处。请饬令各督抚查办’等语。私盐充斥以致官引滞销，亟应设法整顿，著孙玉庭、庆保、张映汉、钱臻、阿克当阿会同确查，并将该御史指出开设店铺、兴贩私盐各地界移咨四川、陕西、河南各督抚，一体查明究办。其应如何设法堵缉稽查之处，归入会议章程内一并妥议具奏。将此各谕令知之。钦此。”

嘉庆二十三年四月初四日奉上谕：“据庆保等奏‘查明湖北历来邻私浸灌，各口岸均已添建官厅卡房，并酌给口粮薪水，饬令派出各员弁分率兵役常川[②]驻宿巡缉。其余水陆交冲各处，随时委员巡查，并令各商公举在楚年久、熟悉盐务商人专司缉私，自选商伙分投踩缉，一有枭犯踪迹，随地

---

① 计引：计口授盐的盐引。雍正七年（一七二九），四川巡抚宪德以“川省腹地产盐州县，盐井分散，灶户凌乱，私盐透漏，不易稽查，影响国课”为由，遂奏准改行“计口授盐法”，四川全境推行官督商销之法，此法按各县人口繁稀以定行盐之多寡，将原行的水引、陆引分定某厅、州县，按户口派引，行四川省腹地的盐引称为计引，行滇黔邻岸称为边引，行两湖称为楚引。

② 常川：常规，经常，连续不断。

报官拴拿。如各口岸有疏懈卖放之弊，准其据实密禀，以凭究办，并移咨四川、两广、陕西、河南各督抚一体查缉’等语。私盐浸灌引地，惟在地方大吏督率文武员弁认真缉拿，按律惩办，俾私枭知所畏惧，自能敛戢，岂可以踩缉之责诿之商人，转令各员并兵役有所推卸。试思邻省匪徒成群结党，突入境内，地方官本应严拿惩办，不但堵截私盐，兼可翦除匪类以靖闾阎。若不认真查缉，徒为纸上空谈，于事有何裨益？至界连湖广各省，如四川之巫山、大宁，陕西之商南、平利，河南之新野、唐县以及粤西与湖南接壤各州县，均应认真查禁。除官引之外，盐斤概不准私贩出境，则其源既清，下游自不致受浸灌之累。著蒋攸铦、阮元、叶照桂、朱勋、和舜武各饬所属，于要隘地方实力巡缉，并严查官役包庇收卖之弊，庶关防严密，可收裕课安民之效。慎勿存畛域之见。将此各谕令知之。钦此。”

嘉庆二十三年六月十五日奉上谕：“蒋攸铦奏‘查议川私入楚巡缉章程’一折。楚省宜昌一带淮引界内向患川私灌注，其由川入楚之后，川省官弁自不能越境查缉。然两省毗连之处各有水陆要隘，果能巡逻严密，随地禁遏，则枭徒何从偷越。其楚省鹤峰、长乐、恩施、宣恩、来凤、利川、咸丰、建始八州县例食川盐者，惟在川省于验放之时核明引盐数目定额之外，丝毫不准夹带出境，并严饬州县大使等稽查灶户人等无许私运出场，则川盐入楚，岁有常数，自不至侵越淮境。至宜昌等处，地居楚省上游，官盐惮于远涉，不行运往，民食有缺，川盐始得乘虚而入。乾隆五十五年，楚省既曾定有于宜昌府城拨贮淮盐十万包①减价敌私之议，何以近年并不奉行？著孙玉庭、庆保、阿克当阿查明原定章程，会同酌议具奏。钦此。”

嘉庆二十三年九月奉上谕：“孙玉庭等奏‘请定盐捕通判堕销处分并责令营员一体缉私’一折。湖北宜昌府拨贮淮盐十万包，设立盐捕通判领运分销，向止定有缺销罚扣薪水章程，并未明定堕销处分，以致日渐懈弛，任听川私浸灌。不特宜昌一府销不足额，下游纲引悉受其害，自应严定考成，俾有专责。著照所请，即以每年运盐十万包作为十分销数，责成该通判缉私运售。如销不足额，按照堕销分数据实参奏，分别降革。其宜昌上游归州一带，并著宜昌镇派弁督兵，会同移驻文员，实力缉私。如上游堵截不力，准该通判禀揭查

① 包：成品盐计量单位。清初以一百斤为一包，道光三十年（一八五〇）花盐以200斤为一包，巴盐以160斤为一包。

明该文武员弁，严参究办，务各行之以实，以肃鹾政。钦此。”

道光元年三月奉上谕：“曹振镛等议奏‘两淮盐政缉私事宜’一折。两淮引地宽广，与川、粤、浙、闽等省处处毗连，各邻私四出侵销，致亏额赋，自应加以整顿。著通饬四川、广东、浙江、福建及山西、河南各督抚、盐政，饬令各官商等恪守界址，按制行盐，如有越境私贩及巡防员弁贿纵情弊，立即严拿究办，以杜偷漏。至盐枭拒捕，事所时有，地方文武各官因处分过严，转多讳饰，著照吏、兵二部所议，量从宽减。其拿获人犯，无庸一概解省，分别讯办，以省拖累；所获盐斤等项，即听该兵役自行变价充赏，俾免侵渔。惟是盐务弊窦多端，缉私特其一节。凡官引之夹带，商人之行私，其弊有甚于私贩者，著该督抚、盐政等实力查禁，勿托空言。弊源既清，鹾务自日有起色矣。钦此。”

道光六年三月奉上谕：“御史陈肇奏‘请饬禁盐商浮桩盐斤’一折。盐务积弊已久，近年屡经严缉私枭，官引仍未畅销。如该御史所奏，山东盐引每引浮桩多至三十五斤至百余斤不等，通计山东每年五十万引，多桩五千万斤，抵官引二十余万道。一经控告，或将盐包戳漏，或浇水渗消，官吏得规[①]袒护。一省如此，各省恐亦不免。果有此弊，必当严行剔除。著山东巡抚认真饬禁，并著有盐省分之督抚、盐政、运司各官严行查办。嗣后销引不畅，即将掣盐各官从重议处；查出商人浮桩斤敷，亦著照私盐例治罪，务令浮桩之弊与私枭并除，以肃鹾政。钦此。”

道光七年正月二十四日奉上谕：“御史汪淋奏‘淮盐积滞请严饬’一折。各省行销盐引地方，每因邻私浸灌，以致官盐滞销。如该御史所奏各省偷漏之处，所在皆由两淮引地辽阔，私贩尤多。该地方文武果能认真缉拿，何至私枭充斥？无如派委巡缉之官弁、兵役，始而得规包庇，继而畏凶纵放，转将零星挑负穷民需索扰累，于大伙枭贩则置之不问。即间有督抚奏明设卡缉私，旋即视为具文，有名无实，何以肃鹾政而靖地方？著江苏、安徽、闽浙、广东、广西、湖南、湖北、四川各督抚，严饬印委文武官员认真访察，实力堵缉，将结伙私贩严拿务获，分别功过，以示劝惩，毋再从前疏纵干咎。至商人向有放砠夹带、藉官售私以及违例重斤情弊，责成各盐政及

① 规：即规费，指按陈规所纳的贿赂。

兼管盐政各督抚严饬监掣之员，于引盐过掣时务须核实盘验，如有徇纵，即当严参究办。钦此。”

道光十五年闰六月奉上谕：“讷尔经额等奏，查铜铅船只自四川装运北上，一路收买私盐入楚售卖，经由卡隘并不听候查验，自非督饬严拿不足以资镇压。嗣后，铜铅船经由宜昌府所属地方，著即饬令该镇总兵亲督卡运各员，查验催趱，倘有水手抗拒及逃散挟制等事，即拿交地方官究办。一面代为顾觅水手迅速开行，以符例限，并著云贵、四川各督抚严饬运员，务将船价、水脚①照数给发，不准稍有克扣。运船过境，饬令沿途各州县加意稽查，如有私行售给该船户②盐斤，即行严拿惩治。倘不认真查办，一经楚省查出夹带私情事，著即行知③川省核实查参④。惟铜铅船只，听候稽查，不无停待，仍应严饬卡员查无夹私等弊，立即赶紧放行，断不准藉端勒措⑤，稍有稽迟，致误鼓铸。钦此。”

道光十七年五月奉上谕：“林则徐奏‘铜铅船只夹带私盐，请将运员总兵分别议处’一折，所奏甚是。滇、黔铜铅向由川船装载，藉差夹带私盐，为弊滋甚。前降谕旨饬令经由卡隘认真查验，有犯即惩，原所以杜私卫引，整饬鹾纲。兹据该督查明：云南委员署大关同知彭衍墀领运铜铅并不拢卡，经兵役等追获私盐；贵州委员龙泉县知县童翚，船不泊岸，顺流直下，追赶下游，就彼验放。该运员等于船户冒越避查，均有失察之咎。彭衍墀、童翚俱著交部分别议处。护宜昌镇总兵倭仁布并不遵照前奉谕旨，亲督卡运各员实力查验，迨该船不听搜查，仅以‘赶往截验’一语，含糊具禀，显系意存迁就。倭仁布著交部议处。此次议处各员，著该部专折具奏。至铜铅船只夹带川省私盐，最为淮纲之害，著四川总督督饬夔州府于各船过关查税之便，务将所带私盐一并认真查起，并严饬泸州、酆都、忠州、云阳、巫山各州县随时随地，加意稽查。傥该处场店胆敢将川盐卖给船户，一经查出，即行严拿，按律惩治，毋稍徇纵。该督等惟当以公事为重，不分畛域，实力稽查，

① 水脚：水路运输费用。

② 船户：以行船为业的人家。

③ 行知：公文术语，行文通知。

④ 查参：调查参劾。

⑤ 勒措：强迫。

务期买私诸弊，一律肃清，庶于盐务、铜运两无妨碍。如敢意存膜视，任听私贩充斥，再经楚省搜获，除将失察透私之州县及纵漏之夔关[①]照例查参议处外，定将该督一并惩处，决不宽贷。钦此。”

道光十七年五月十九日奉上谕：“御史袁文祥奏‘私盐充斥，请设法清厘’一折。各省盐引滞销，由于私贩日多。或弁兵遇有盐枭，未能实力捕拿；或兵役得贿纵私，不行阻止。邻私由是充斥，而官引因以难行。又商人于正引外带有私盐，先尽私盐卖竣而后及正引。私贩私带之盐，皆出于场灶，缉私而不究私所自出，则弊源未遏，安望盐务日有起色。著管理盐务各省督抚、盐政严饬所属，务于场灶所在设法认真稽查，所出之盐勿使以多报少，通同隐漏，庶余盐不致泛溢四出，即正引之盐亦不致为私带所积压。其如何酌定章程，实力奉行，可收实效之处，该督抚、盐政等著各就现在情形悉心妥议具奏。将此通谕知之。钦此。”

道光三十年四月奉上谕：“据户部核覆，大学士耆英条奏‘理财之要，以地丁、盐课、关税为岁入之大端，以兵饷、河工为岁出之大端。得其弊之所在，认真革除，害去而利自见’。著各直省督抚、河道、总督、盐政、各关监督，查照该部指出各弊，振刷精神，实力剔除，所有陋规浮费全应禁革，并将现在如何整顿积弊办理之处，据实具奏。钦此。”

咸丰三年正月奉上谕：“罗绕典奏‘现在淮盐阻滞’。著准其以川盐、潞盐接济，迅即咨部办理。俟贼氛扫荡，再复旧规。钦此。”

咸丰三年奉上谕：“前因湖北省淮盐阻滞，降旨准其借销川盐、潞盐，以资接济。兹据张亮基奏‘川盐转运既易，成本亦轻，较之潞盐更为便利’，自系实在情形。著四川总督即饬盐茶道借拨川盐二千引，迅速解赴湖北，以济急需。俟江路廓清，淮引通畅，仍照旧章办理。钦此。”

咸丰十一年十二月奉上谕：“大学士周祖培奏‘请饬整顿盐务’一折。据称‘长芦盐课近年销数短绌，两淮缺额尤甚，皆诿其故于粤匪滋扰。前经

---

① 夔关：康熙六年（一六七七）设在四川东部的夔州府（今重庆奉节），自唐宋元明以来，始终是长江上游的重要榷关，清雍正年间的《四川通志》记载：“货之出荆襄，达吴粤，与夫诸货之为川入蜀者，无不道经三峡，途出夔门。”“川货”在报关纳税同时，其中一部分货品将“滞留于夔州，再分销川东各地”。夔州遂成为“川东一大都会，雄踞川东经济中心之位”。清代的夔关是中国第一大商税常关，其主要职责是对过往川江的商船征收商税，是四川及中央户部财政收入的重要来源，直到鸦片战争前，奉节因通关厘税一直是四川第一大税收来源地，清嘉庆时期其所征商税为全川的80%。

该督臣奏请，于就近地方办理，设场收税，每年收税所得亦属无多。两广、福建、山东、四川、甘肃省等皆销数日短，课项日绌，请饬大加整顿’等语。鹾务为国课大宗，各省额销、应征额银为数甚巨，近年短绌过多，总由该管官不能认真办理所致。当此帑项支绌，宜如何激发天良，力求整顿畅销，以期裕国课而济时艰。长芦近年悬岸甚多，著直隶总督督饬运司严拿私贩，招商认办，勿再任令久悬，以致额征短绌。两淮就场征税，并著核实征收。前经湖广总督官文奏请办理淮盐行销楚岸，江苏巡抚薛焕奏请招商运销湖北、江西，俱由户部议准，均著认真办理，勿许领运行销官吏人等营私舞弊。其两广、福建、山东、四川、甘肃等省，或仍属完善，或军务渐平，尤应早复旧额，并著各该省督抚、盐政痛蠲积习，讲求利病，务期经商裕课，按照例限奏销，不得稍有迟误。倘或不知振作，任令国家正课日形短绌，朕必加重惩治，不稍宽贷。钦此。”

同治二年六月奉上谕：“张亮基奏‘黔省饷需支绌，委员赴川催饷办盐，请饬川省迅速筹拨’一折。据称‘黔省瘠苦，向赖各省协饷[①]。军兴以来协济寥寥，藩粮两库搜括一空，各属地丁类多蠲免，仓谷动用殆尽。现在通省兵练不下五六万人，所用饷糈皆张亮基在川时所集捐款，藉以敷衍。而无源之水易虞其竭，自应及早筹画，以期源源接济。川省历年部拨贵州协饷等银七十余万两，屡催未解，不得已咨明该督，请速拨盐斤合银二十万两之数，以济急需’各等语。张亮基恐川省协济饷需一时无此巨款，拟以盐斤通融抵拨，其需饷情形实为紧迫。著骆秉章转饬司道速拨约值价银二十万两之盐，陆续兑交该省委员承领，不拘川、黔地面，听其变价解缴。经过地方，免其纳税，所需脚价或以盐运盐，或以长价作为运费，均著随时会同酌办，以期川、黔两省均有裨益。将此由五百里谕令知之。钦此。”

同治二年六月奉上谕：“前因伊犁将军常清奏‘部拨川、甘两省有著款项未据报解，请饬严催’等语，当交户部速议具奏。兹据奏称‘该部于上年十月间遵旨筹拨伊犁军饷，当将川省征存正余盐厘项下银及济楚盐厘

① 协饷：清代对地方贫瘠、收支不能平衡的省份，规定由税收富裕的省份拨款协助，叫作协饷。《清会典·户部七·江西清吏司》：“凡各省之协饷，则稽其数。”原注：“每年直隶……贵州不敷兵饷银，由北档房核明，在邻省协拨。”可参阅吴昌稳：《晚清协饷制度研究》，社会科学文献出版社2018年版。

项下银各五万两，行令该督照数提拨。嗣据该督以指拨之饷无从筹解，奏请改拨。复经该部议，令照前拨解所拨之项，准其于欠解咸丰十一年京饷银内扣除，更无所用，其推诿何以半载有余，丝毫未解？请饬四川总督查照前案，勒限筹拨’等语。伊犁为边疆重地，最关紧要，一切饷需全恃内地协拨，藉资接济。该督抚等何得不权衡缓急，任意迟延。著骆秉章严饬藩司迅将户部前拨伊犁军饷正余、济楚各盐厘银十万两如数筹拨，赶紧委员探明道路，解由甘省转解。甘省固不准擅行截留，川省亦不得再事迟延，致误急需。钦此。”

同治二年十月奉上谕：“刘蓉奏‘筹办川省盐厘应由井灶抽收，请旨饬办’一折。前因毛震寿请于川、楚借地抽厘以裕秦饷，当经谕令官文、严树森、骆秉章竭力筹办。兹据刘蓉奏‘川省盐策之利，井灶实居其源，而商贩特承其流。川省盐出于井，井资于灶。虽有官盐、余盐之分，而井灶则乘盐之或滞或销，以低昂其价值，故有亏本之商人，从无歇业之灶户。向来办法仅抽官盐、余盐，从未议及井灶。该抚拟仿就场起课之法，倡为按锅计盐、按盐定厘之议，并拟编联保甲，令十户出具连环保结，稽查偷漏。查川省各厂井灶，秦人十居七八，蜀人十居二三。如抽系秦人资本者，即归陕饷；所抽系蜀人资本者，即归川饷。请添派藩司启芳、署盐茶道吴镐随同办理’等语。刘蓉现办汉南军务，当陕省凋敝之后，无饷可筹。而汉中各军新败，必须添募丁勇，制备军火锅帐等项需费尤巨，自不得不藉资邻省协济。川省灶户，有井以为之本，与他省灶户不同，该抚所陈‘按锅计盐，按盐定厘’之议，似属可行，且系从未抽捐之户。以秦蜀商人，各协本省军饷，自应情殷桑梓，踊跃急公。著骆秉章按照刘蓉所奏，饬令牛树梅等认真兴办。惟事属创始，必须于国用有裨，于灶户无损。仍恐兴办伊始，有奸商劣绅从中阻挠，把持射利，亦不可不严为之防。其未尽事宜，著该督抚饬令该司道等妥为核议，以期万全无弊。至折内所称‘如能岁筹二三百万，不惟秦蜀实赖其利’等语。该省灶户是否能筹此巨款，并著该督酌量办理，断不可竭泽而渔，致使灶户疲敝，或致别滋事端，是为至要。原折著抄给阅看。钦此。”

同治二年十一月奉上谕：“前因毛震寿奏陈汉南艰窘情形，请于川省借地抽收盐厘济饷，当经谕令骆秉章按照所奏筹办。嗣因刘蓉奏称‘川省盐厘应由井灶抽收’，复经谕令骆秉章酌量办理。兹据骆秉章奏‘请免予再抽陕省加半盐厘’等语，自系为体恤商情起见。惟前据刘蓉奏称‘川省各厂盐策之利，井灶实居其源，而商贩特承其流，拟就井灶起课，按锅计盐，按盐定厘’。是骆秉章之所谓盐厘者，系就商运之盐分别按计斤包引数抽收；刘蓉之所谓盐厘者，系就井盐按锅抽收，办法本有不同。现在川省商力虽疲，而各处销盐之路尚无阻滞。刘蓉所称‘有亏本之商人，无歇业之灶户’，原为川省井盐之利计及久远，总须从长妥议。刘蓉前任川藩一载有余，所拟由井灶抽厘之法，自必确有所见。著骆秉章仍按该抚原奏，悉心妥筹，核实定议具奏，以裕度支而资饷源。将此谕令知之。钦此。”

同治七年十二月奉上谕：“前据曾国藩奏‘请禁川私入楚，收复淮南引地，以复旧规’，当交户部议奏。兹据该部‘遵议请旨办理’一折，淮南引地以楚岸为大宗，从前因江路梗阻，淮盐未能行销。迭经湖广总督奏明，借拨川盐并抽收川私厘税，原是一时权宜之计。近年江路早经通畅，自应规复旧制。虽前经酌减淮厘，以轻成本，而邻私未能尽禁，淮盐总难畅销。曾国藩所陈川私病淮各节，自系实在情形。著吴棠、李鸿章、郭柏荫、何璟即将《川盐行楚章程》妥筹停止。其宜昌、沙市等处应如何撤局停税，并稽查偷越之处，著李鸿章、郭柏荫、何璟饬属妥办，并将裁停川税日期截清报部，勿滋弊混。至曾国藩所称淮盐并收鄂厘，淮销果畅，鄂饷即可加增，将来所收鄂厘，较之川税收数能否不至大相悬殊，著李鸿章等体察情形具奏。惟川盐行楚既久，井灶增多，现在既经禁销，自应酌量封禁，并著吴棠妥为筹办。其如何分限、减停及堵缉各路邻私，著马新贻核议章程，奏明办理。自此次改复旧章之后，务当严禁商人夹带，并饬垣商讲求煎炼，其到岸候输之盐，不准私自抬价。该督抚等总当不分畛域，实力妥筹，以绝弊窦而维大局。钦此。”

同治七年十二月十一日奉上谕：“曾国藩奏‘请禁川私入楚，收复淮南引地’，当交户部议奏。兹据该部遵照办理，著即将《川盐行楚章程》妥议停止。至曾国藩所称‘淮盐并收鄂厘’，将来所收较之川税能否不至大相悬绝，著李鸿章等体查情形具奏。钦此。”

光绪元年正月初五日奉上谕：“御史王立清奏‘办理厘盐各局，请明定章程’等语。各省抽厘分局及江、皖、两湖等省督销两淮票盐分局，各该州县往往以本籍绅士经管，弊窦丛生，亟应严行禁止。著各省督抚及盐政衙门，嗣后委办厘盐各分局，不准用本县绅士，其已委者即行裁撤，并将委员职名、籍贯年终报部，以凭查核。钦此。”

光绪三年十月初九日奉上谕：“李瀚章奏‘覆核沈葆桢收复引地，包认饷银章程未能允洽秉公妥议’一折。淮盐规复引地，事体重大，必须筹画妥善，计出万全，方不至戾时宜而滋后患。兹据李瀚章奏称，沈葆桢原奏包完饷银，立限截止川盐，设法严缉私枭，章程或虚数徒悬，或事多窒碍。所虑困运商、病场商、误国计、蹙民生、激事变各条均系为大局起见，自宜和衷商榷，不厌求详。著沈葆桢按照该督所陈，悉心覆核，务臻妥治。钦此。”

光绪三年十月二十四日奉上谕：“据李瀚章覆核沈葆桢奏‘复淮盐引地，立限截止川盐，包完鄂饷’等节，当经谕令沈葆桢悉心覆核。兹据丁宝桢奏‘禁川之举，以时势筹之，实难遽行。惟有俟黔边销路渐畅，使川商渐归本岸，而淮引自复。皖西本两淮专岸，官票不及私贩之多，不若先行整理，则淮盐销路自畅，引课自增’各等语。著沈葆桢汇入李瀚章所陈，一并覆核，妥筹办理。钦此。”

光绪四年二月初一日奉上谕：“丁宝桢奏‘请将贪婪之委员革职严讯’等语，各省承办厘务之员，宜如何清白自持、奉公守法。乃四川重庆盐厘局委员候补知县邹宗灏胆敢留难盐船，需索商人银七百两，实属贪婪藐法。邹宗灏著即行革职，交丁宝桢提省，严行讯办。该部知道。钦此。”

光绪四年二月初十日奉上谕：“所有规复淮南引地，各该省如何办理，不致为难之处，著户部再行妥议具奏，俟议定后仍著沈葆桢、李瀚章、丁宝桢妥商筹办。钦此。”

光绪四年二月初十日奉上谕：“前据李瀚章、丁宝桢先后陈奏淮南规复引地，窒碍难行，当经谕令沈葆桢覆核筹办。兹据奏称‘引地当复与否，请旨定夺，或饬部通筹’等语。淮南规复引地一事关系商民利害，必须疆臣各就地方情形通盘筹画，互相熟商，期于办理无弊。且各该省均有为难之处，朝廷亦所深知，乃彼此各执一说，往复辩论，迄未定议，殊失政体。李瀚章前次所奏不免措词过当，沈葆桢叠次所陈语意亦多不平均，非大臣和衷共济之义。所有规复淮南引地，各该省如何办理不致为难之处，著户部再行妥议具奏。俟该部议定后，仍著沈葆桢、李瀚章、丁宝桢妥商筹办，总期于公事有裨，不得稍存成见，致误大局。将此谕知户部，并由四百里谕令沈葆桢、李瀚章、丁宝桢知之。钦此。”

光绪五年二月十八日奉上谕：“恩承等奏‘川省官运局经灶民呈控多款，请饬妥为区画，或仍由官运，或改官督商销，总期无亏成本，实惠及民’等语。该省盐务究应如何办理方于国计民生两有裨益，著丁宝桢按照该灶民等所控各节，确切查明，严剔弊端，体察商情。或应仍由官运，或应改官督商销，据实具奏，不准稍涉回护。该灶民等原呈，著该督向恩承等咨取阅看。将此由四百里谕令知之。钦此。”

光绪五年闰三月十二日奉上谕：“丁宝桢奏‘四川富顺县灶绅候选道王余照倚恃富豪欺压乡里被控之案，多系私设引局，抽收井厘，侵吞公款，并占买已字民女为妾’等语。似此恃势横行，亟应从严惩办，即著先行革职，交丁宝桢提省，确切审办，以示惩儆。该部知道。钦此。”

光绪五年闰三月二十二日奉上谕：“前因恩承等奏‘川省官运局经灶民呈控多款，请饬妥为区画，当谕丁宝桢确查具奏’。兹据该督奏称‘自上年开办官运后，本年奏销核计边、计各额引，已全数销清，复带销[①]积引一万余张。所收税、羡、截、厘及各杂款至一百余万两，商人从前一切无名使费悉予删裁。民皆食贱，私枭潜踪，实属商民皆便。现经访闻呈控各节，系富厂一二奸灶捏词耸听，意在阻挠。其犍、射两厂及富厂灶户不下千余家，商人则黔边、近边十三厅州县计岸不下一二百家，均无异词’等语。川省从前盐务积弊甚深，亟应力图整顿，惟裕课仍须便民，方可行之永久。既据丁宝桢查明官运商销实为有利无害，成效照然，即著该督悉心经理，慎始图终，勿以浮言而滋疑惧。余著照所拟办理。钦此。”

光绪五年四月初三日奉上谕：“前据恩承等奏‘川盐改归官运，开销糜费’等情，当经谕令确查具奏。兹据奏称‘查明官运局借拨成本数目不符，征收款项亦多牵混，杂款名目烦多，以致商民交困。间支薪水、勇粮等项为数甚巨，提借库款既未归还，应收盐价又不照章汇解，于国计民生两无裨益’等语。丁宝桢前奏‘川盐官运商销，有利无弊，成效昭然’。兹览恩承等所奏‘利少弊多’，与该督原奏情形种种不符。著户部将折内所陈各节

① 带销：由本岸商人行本岸积欠之盐。始于清康熙年间，仿明代的套搭，即视积欠的多少，按纲匀带。结果造成旧引尚未销完，新引复又积滞，新旧搭配往复循环，只得又请展限，造成引目混淆，无以查考。

详细酌核，妥议具奏。另片奏‘黔、滇两省边引[①]宜逐渐整顿，自能畅行，及裁减冗费，抵解部库捐款’等语，著户部一并议奏。钦此。”

光绪五年四月二十九日奉上谕：“前因恩承等奏‘遵查川省盐务改办官运商销，利少弊多’，与丁宝桢原奏不符，当经谕令户部酌核具奏。兹据奏称‘川省自开办官运后，迭据该督奏报边、计额引全数销完，复销滞引至一万余张，所收税、羡、截、厘暨杂款至一百余万两’。是该局之有益课款，似尚可凭。滇、黔引岸久悬，现在开办黔边甫著成效，未可遽行更改。其改包抽厘一节，统核盐价，每斤所加只在毫厘之间，不致遽妨民食。且该省现在办法虽属官运，仍由商销。该督折内既有‘川盐旺销，号商添设’之语，自亦不致病商。再查该督前奏‘边盐增收银两，除本省留支外，尚能肆应有余，即以抵捐拨款二十五万余两言之，是其盈余之数当不止八九万两，请仍饬该督妥筹办理’各等语。即著丁宝桢懔遵闰三月二十二日谕旨，将官运商销各事宜悉心区画，慎始图终。封疆大吏整顿地方公事，固不可动于浮言，亦不可操之过蹙，务令裕课、恤商、便民均无窒碍，方为不负委任。其在事官员尤宜随时督率，勿令日久生懈。设有始勤终怠，或将来征收渐绌不能如前拨款，不能按期解足及不恤商力、不便民用等情，则咎有攸归，必惟该督是问。并著按照户部先后奏咨各案，迅将征收杂款，开支局用，领收运本及拨还借款数目、限期，并新收旧管各款如何分别存局解道及此次恩承等原奏所称不同情节，各归各款，详晰查明具奏。仍一面分造清册，专案报部核销，不得稍涉含混，致滋口实。余依议。钦此。”

光绪五年六月十五日奉上谕：“丁宝桢奏‘查明道员操行贪劣办事朦混，请旨革职’一折。四川盐茶道蔡逢年身任监司[②]，竟有索取盐厘解费及局员规礼，并为亲故勒索帮费情事，采办贡缎被人呈告。该道辄敢向该督索回递呈之人，办理盐务于改配、改代、发引各事又有朦混情弊，实属贪劣不职。蔡逢年著即行革职，其承办引章如查有不实不尽，再行从严参办。余著照所议办理。该部知道。钦此。”

---

① 边引：商人运销货物凭证，亦指所规定的重量单位。元顺帝至元二年（一二六五）始命户部印造盐引。此指引盐的一种，即旧日行销云南、贵州的四川引盐。

② 监司：负有监察之责的官吏。汉以后的司隶校尉和督察州县的刺史、转运使、按察使、布政使等通称为监司。

光绪六年二月十二日奉上谕："前因有人奏'四川修筑都江堰堤工奏报不实'等情，当谕令恒训按照所奏各节确查具奏。兹据该将军先后奏称'勘明都江堰外江淤沙堆塞，地势高于内江丈余。丁宝桢复将内江挖深一丈七八尺，水势全注内江，连年堰工冲塌，实由分水不匀所致，灌县等处并无涸出农田八万余亩之多'。又据恒训奏称'盐务办理官运，实系病商病民，流弊甚大。蓬溪、南部盐厘局改立新章，厘数加增，盐价日昂，小民益困'各等语。丁宝桢叠次所奏'修筑堤工，整饬盐务'各情，均称具有成效。朝廷以该署督办理地方事宜尚能破除情面，认真整顿，故责成始终经理，信任不为不专。丁宝桢若果事事措置合宜，何至人言啧啧？此次恒训所奏竟与该署督奏报情形迥不相同，著丁宝桢按照恒训覆奏各节，据实明白回奏。如敢意存掩饰，贻误地方，恐该署督不能当此重咎也。恒训折片四件，著钞给阅看。将此由驿四百里谕令知之。钦此。"

光绪六年五月初一日奉上谕："丁宝桢奏'修理都江堰工成效颇著'，并复陈'地亩涸复，并无虚饰''川省盐务不致困商病民'暨'遵覆蓬溪、南部厘务情形'各折片，览奏均悉。堤堰保卫民田，大利大害关系甚重，盐务改章创办，尤宜慎始图终。该署督惟当实力实心，认真经理，以期经久可行，固不可忧馋畏讥，稍易初念，亦不可刚愎偏徇，自护已非。朝廷实事求是，丁宝桢将来功罪，总以有无成效为断，不在此时之剖辨也。懔之！慎之！将此由四百里谕令知之。钦此。"

光绪七年十一月初一日奉上谕："丁宝桢奏'重修井神庙宇，请加封号并颁扁额'一折。四川富顺县自流井神庙，前经毁于兵燹，现经该省绅商捐资修建，庙貌重新。著南书房翰林恭书扁额一方，交丁宝桢祗领，敬谨悬挂，以答神庥。余著照所议办理。至所请敕加封号之处，著礼部议奏。钦此。"

光绪八年二月二十八日奉上谕："唐炯现已简放云南布政使，其四川官运局盐务关系紧要，向系唐炯一手经理，颇著成效。现须交卸赴任，所遗差务著丁宝桢遴选妥员，奏委接办。仍著该督随时督饬，认真办理，毋任日久废弛。将此谕令知之。钦此。"

光绪八年三月十二日奉上谕："户部奏'遵拨滇省练饷'一折。云南现在添练防军，著照该部所议，由四川官运局每年拨银二十万两以济饷需。即著丁宝桢饬令该局自本年为始，按年拨解，不得稍有延欠。其常年兵饷及协拨月饷，并著该部催令各省迅速筹解，俾资接济。现在饷项支绌，此次所拨四川官运局银两系属有著之款。刘长佑等务当将增募练军、豫筹边备事宜实力经营，妥为布置，以期慎固疆圉，有裨大局，不得稍涉疏懈，虚糜饷需。将此由四百里各谕令知之。钦此。”

蠲恤恩诏

顺治二年奉谕旨：“各运司盐法，明末递年加增，有新饷、练饷及杂项加派等银，深为厉商。今尽行蠲免，止照旧额按引征收，本年仍免三分之一。钦此。”

顺治六年奉恩诏：“免四川商民盐课。以四川未定，免征盐课，从巡抚赵班玺请也。”

康熙四年三月初五日奉恩诏内开一：“直省顺治十六、十七、十八年催征不得各项旧欠钱粮，著照蠲免。十五年以前钱粮一体蠲免，前侵盗库银不赦，今俱著并免。其盐课积逋催征不得者，著察明亦准酌量蠲免。钦此。”

康熙二十年十二月二十日奉恩诏内开一：“康熙十七年各行盐地方起增闰月课银，除已完外，如有拖欠者，该巡抚御史查明具题，到日豁免。此后闰月停其征收。钦此。”

嘉庆四年奉上谕：“川东、川北地方自贼匪滋扰以来，被难人民，殊堪悯恻。前曾降旨饬查，将本地应征钱粮分别蠲缓。兹据勒保查明奏到所有被贼蹂躏之川东道所属奉节、大宁、巫山、云阳、万县、开县、达州、东乡、太平、新宁、忠州、梁山、垫江、酆都、江北、涪州、合州、长寿、定远十九厅州县，川北道所属阆中、苍溪、南部、广元、昭化、巴州、通江、南江、南充、仪陇、蓬州、广安、营山、渠县、大竹、邻水、岳池十七州县，共三十六厅州县地方，应征本年地丁、钱粮，及近贼之石砫、巴县、壁山、剑州、西充五厅州县，应征本年地丁、钱粮，俱著加恩全行豁免。其本平蠲缓之石砫、江北、岳池、蓬州、南部、涪州、合州、忠州、酆都、垫江、阆中、昭化、剑州、南充、西充、巴县十六厅州县，及去年请缓之黔江一县，均有缓征嘉庆三年地丁钱粮，又定远县未完嘉庆三年民欠，江北、长寿、定远、涪州、合州、巴县、壁山、巫山、云阳、万县、开县、大宁、忠州、酆都、垫江、梁山、达州、东乡、太平、新宁二十州县均有带征嘉庆二年轮免钱粮案内火耗，亦俱著加恩蠲免十分之三。余照所请缓征，以纾民力。再，被贼各州县应征盐、茶税课银两间有滞引未销者，亦著加恩展限缓征，以副朕轸念灾黎，恩施无已至意。钦此。”

嘉庆五年二月初六日奉上谕：“川东、川北被贼之巫山等处各厅州县并近贼之石硅等厅州县，上年应征钱粮业经全行豁免。兹据魁伦将被贼各地方情形查明具奏，所有巫山、云阳、开县、万县、大宁、忠州、梁山、江北、巴州、苍溪、阆中、广元、通江、昭化、南江、营山、广安、渠县、岳池、仪陇、大竹、邻水、合州、定远、南充、垫江、蓬溪二十七厅州县，应征本年地丁、正闰、火耗、银米著加恩蠲免。石硅厅、剑州、巴县、璧山、西充、遂宁、盐亭、平武、长寿、涪州、南部、蓬州、酆都、射洪暨松潘属之南坪营等处十五厅州县营，应征本年地丁、正闰、火耗、银米著暂行缓征，以纾民力。至被贼各州县，内有应征盐、茶课税银两有滞引未销者，均著一并展限。该督务须督饬所属实力稽察，毋任吏胥侵渔滋弊，以副朕轸念穷黎，有加无已至意。钦此。”

嘉庆六年奉上谕：“川省保、达各属刻下贼匪渐次肃清，但念上年被贼较重地方耕种失时，且各属修筑硐寨，团练堵御，俱属认真。兹届嘉庆六年开征之期，自应酌量情形分别蠲缓，以示体恤。所有达州、东乡、太平、新宁、奉节、巫山、云阳、开县、万县、大宁、忠州、梁山、酆都、垫江、涪州、长寿、江北、合州、巴州、苍溪、阆中、广元、通江、昭化、南江、南部、营山、广安、渠县、岳池、仪陇、大竹、邻水、松潘、平武、南平等三十六厅州县营应征本年地丁、火耗、银米，著加恩全行蠲免。其南充、定远、盐亭、剑州、蓬溪、射洪、蓬州七州县应征本年地丁、火耗、银两，著加恩暂缓开征。至被贼各厅州县应征盐、茶课税内有滞引未销之处，亦著加恩一并展限缓征，以纾商力。钦此。”

嘉庆七年奉上谕：“川省地方连年教匪滋扰，凡被贼、近贼各厅州县，经朕叠次加恩蠲缓。现在零匪尚未净尽，若将应征钱粮一律征收，民力不无拮据，著加恩将界连陕、楚之大宁、太平、广元、通江、南江等五县本年地丁、正耗银两全行蠲免。其奉节、巫山、云阳、万县、开县、东乡、苍溪、巴州等八州县本年地丁、正耗钱粮蠲免十分之五。江北厅、长寿、达州、新宁、忠州、酆都、垫江、梁山、大竹、邻水、昭化、阆中等十二厅州县本年地丁、正耗、钱粮蠲免十分之三。至长寿、云阳、万县、开县、巫山、梁山、达州、东乡、新宁等九州县所有嘉庆三年带征二年轮免案内火耗银两，其达州、梁山二处数在一千两以上，加恩缓至来年带征，其余七县银数有限，俱于本年一并带征。昭化、南部、阆中、岳池等四县缓征嘉庆三年地丁、正耗银两，江北厅、涪州、合州、忠州、酆都、垫江等六厅州县缓征嘉庆三年地丁、正耗，并带征二年轮免案内火耗银两，蓬溪、盐亭、射洪等三县缓征嘉庆六年地丁、正耗银两，俱著加恩于嘉庆八年起分作二年带征。蓬州、剑州、南充等三州县缓征嘉庆三年地丁、正耗银两，定远县缓征嘉庆三年民欠地丁、正耗并带征二年轮免案内火耗银两，蓬州缓征嘉庆五、六两年地丁、正耗银两，剑州、南充、定远三州县缓征嘉庆六年地丁、正耗银两，俱著一并加恩于本年起，分作五年带征，以纾民力。内大宁、太平、广元、通江、南江等五州县应征盐、茶税课银两有滞引未领销者，亦著一体展限。该部知道。钦此。”

嘉庆八年二月十五日奉上谕：“川东、川北州县连年被贼滋扰，节经降旨分别蠲免。前因大功戡定，复经谕令该督等查明所属州县带征、缓征、民欠、民借一切银米，自嘉庆元年至七年为止，分别开单进呈，候朕加恩。兹届嘉庆八年开征之期，小民等于本年应征地丁、钱粮自应踊跃输将。念该地方甫经宁谧，生计尚艰，若照例征收，民力实恐拮据。所有从前被贼情形较重之太平、大宁、广元、通江、南江五厅县应征嘉庆八年地丁、正耗银粮，著加恩蠲免十分之五；其情形较轻之巴州、苍溪、奉节、巫山四州县应征本年地丁、正耗银粮，著加恩蠲免十分之三；云阳、万县、开县、江北、长寿、达县、东乡、新宁、忠州、酆都、垫江、梁山、大竹、邻水、阆中、昭化十六厅州县应征本年地丁、正耗、银粮，著加恩缓至秋后开征。又太平、大宁、广元、通江、南江五厅县应征盐、茶课税银两，并著一体展限。俾闾阎渐增乐利，益庆盈宁，以副朕覃敷惠恺至意。该部即遵谕行。钦此。”

嘉庆九年三月二十三日奉上谕：“勒保奏‘请将太平等厅县应征钱粮分别蠲免’一折。川境地方早就肃清，民皆复业，惟太平、通江、大宁三厅县从前被贼较重，刻下尚有筹办善后事宜，民力稍形拮据，著加恩将该三厅县应征本年钱粮蠲免十分之五。又巫山县与楚北毗连，从前亦屡次被贼，民力尚未完纾，著加恩将应征本年钱粮蠲免十分之三。至该厅县应征盐、茶课税银两，并著加恩一体展限，俾闾阎生计日臻宽裕，以示朕恩施无已至意。该部知道。钦此。”

敕

宣宗成皇帝敕一道

敕四川盐茶道：兹命尔管四川通省盐茶道事，务驻扎省城。首在抚绥黎民，勤宣德意，约束衙门官吏、胥役，使之恪遵法纪，无致作弊生事，扰害官民。其经管盐茶道各官听尔统辖。监司本源既正，方可表率属员，用循职守。其通省州县产盐产茶地方及收征边腹土茶引俱属尔该管，必严缉捕以绝私贩，汰虚费以速征纳，剔侵蠹以疏积壅，察照户部议定事宜，著实举行。仍诫谕有司简讼清刑，洁己爱民，生聚教训，共图保障。凡系流移人户，须设法招徕，各复本业，不许奸人借端诈害。如大兵征讨经由地方，粮草舟车皆当通融豫备，以便临时支给，事竣报核，勿容有司朦胧横派，重困小民。所属官员有贪残溺职者，转报该督参处。尔仍听该督节制，年终将行过事迹开送该督，咨部察考。尔受兹委任，须持廉秉公、殚心竭力，使小民乐业，斯称厥职。如或贪黩乖张，因循怠忽，贻误地方，责有所归，尔其慎之！故敕。道光元年十月二十四日。

圣制

高宗纯皇帝《火井诗》一首

羲之广异闻，火井欲具示。
未曾读《汉书》，郡国志原备。
《博物》称投烛，灭绝不复炽。《博物志》云：投以火烛，不复然。
《赋注》家火投，烂然照天地。见《蜀都赋注》。
一灭一云然，定论终谁是？
千秋纪载家，孰能免耳食。
其实至今存，所秉阴精气。

火阳而根阴，离为见周易。叶。

凿井如置产，恒引供烹饲。火井，昔著于临邛。今则富顺山中尤盛，居民每凿一井即擅为恒产。于井旁穿穴刳竹，去节涂以盐泥，可引火供炊爨。其竹不爇也。

亦可用煮盐，盐井则别异。就井列灶，引火至灶中，汲盐井水煮之。水一斛可得盐数斗。然以家火则少减。火井深不过五六丈，盐井深二三十丈。盐井有水而火井则无，其利均溥。

蜀有争产者，是闻问以悉。叶闵刑部狱章，蜀民有争火井伤人议辟者，未悉其制。询诸蜀人之仕于朝者，其言比载籍所传，尤为明确。

评理因志详，究竟非奇事。

四川盐法志卷一・井厂一

井厂图①

蜀盐载籍可征者断自秦始，凿井肇自何人殆不可考。《水经注》："李冰能察识水脉。"意其冰耶！自秦以来，代有衰王。在唐颇著，于宋浸盛，递嬗至今，几二千年。其自凿井以迄鬻鬻，地利实沃，人工尤绝。在昔唐夏侯颇有《盐铁转运图》，《唐会要》，又郑樵《通志・艺文略》。宋有《淳熙解盐图》，六年，右司员外郎周舜元上《解盐图》一册。又高聿《盐池录》一卷，宣和六年考解池事迹，写山川、沟渠、器用等为图，各立说系下方。《玉海》百八十一。元有陈椿②《熬波图》、元统中，椿为下砂场盐司，因前提干旧图补成。自《各团灶座》至《起运散盐》为图四十有七，图各有说，后系以诗。凡晒灰、打卤之方，运薪、试运之细，纤悉毕具。永乐大典本，见《四库全书提要》八十二。姚行简《盐池图》，《河东盐法志》九。明有彭韶《盐场景物八图》，明王圻《续通考》二十五，《明史稿・食货志》有诗。最后，四川则有马骥③《盐井图》、《郡国利病书・四川二》有记。岳谕方《盐井图》，《射洪县志》郭子章有序。他图无征。四川两图最近亦佚，其旨要皆状物力之艰，以比于《豳风》《无逸》农桑耕织之作。窃取斯意，用绘诸图，兼附器具，亦犹曾之谨《农器谱》之例云尔。至若井灶之数，兴废不常。或旧湮而今疏，或向无而今有。用就故籍所见，画代为编，比观参校，可得大略。地仍历代之故，辄注今名于下，以便省览，志井厂。

① 井厂图：原无，据底本目录并参考本书卷二之格式添加。

② 陈椿：原作"杨椿"，浙江天台人，始末未详。参见《四库全书总目・史部・政书类二》。

③ 马骥：四川射洪人，明万历初任射洪县令，任职期间，与岳谕方等详细考察射洪盐井，对井盐生产技术，尤其是井盐钻凿技术产生浓厚的兴趣。因岳谕方绘制的《盐井图》(已失传)而作《盐井图说》。此处《井盐图》当为《井盐图说》，曹学佺《蜀中广记》、顾炎武《天下郡国利病书》均有收录，是极其珍贵的明代井盐生产技术资料。

簡州

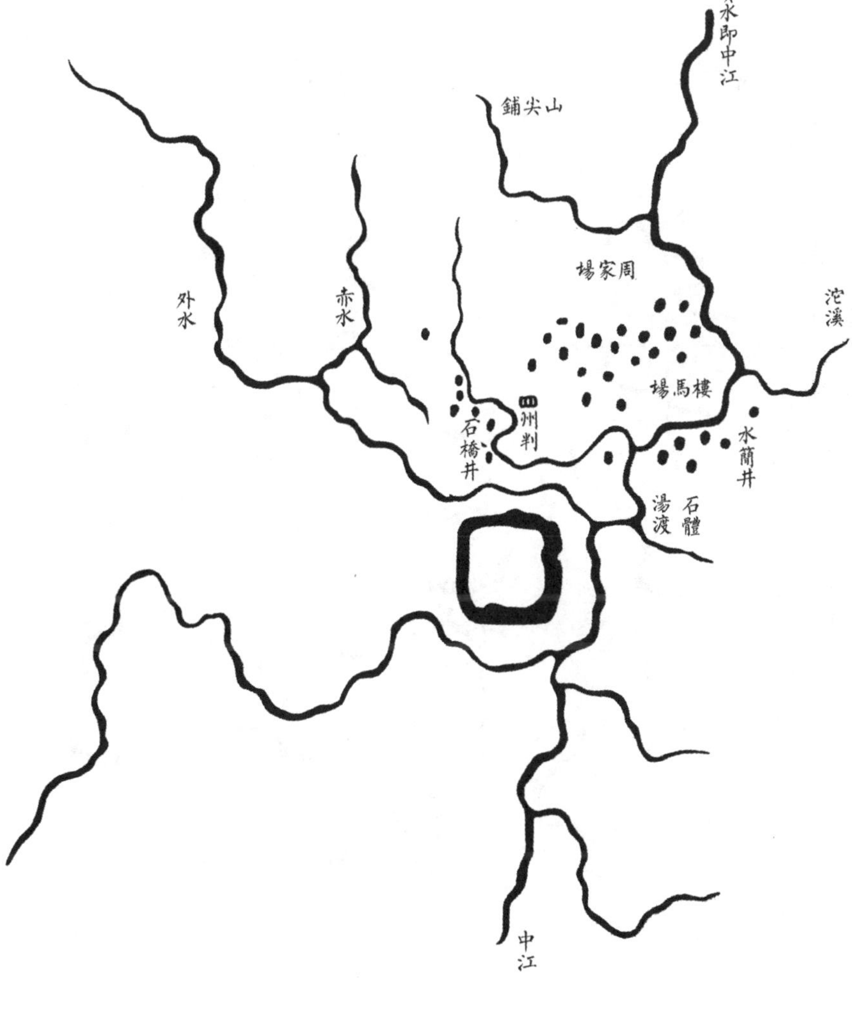

榮昌

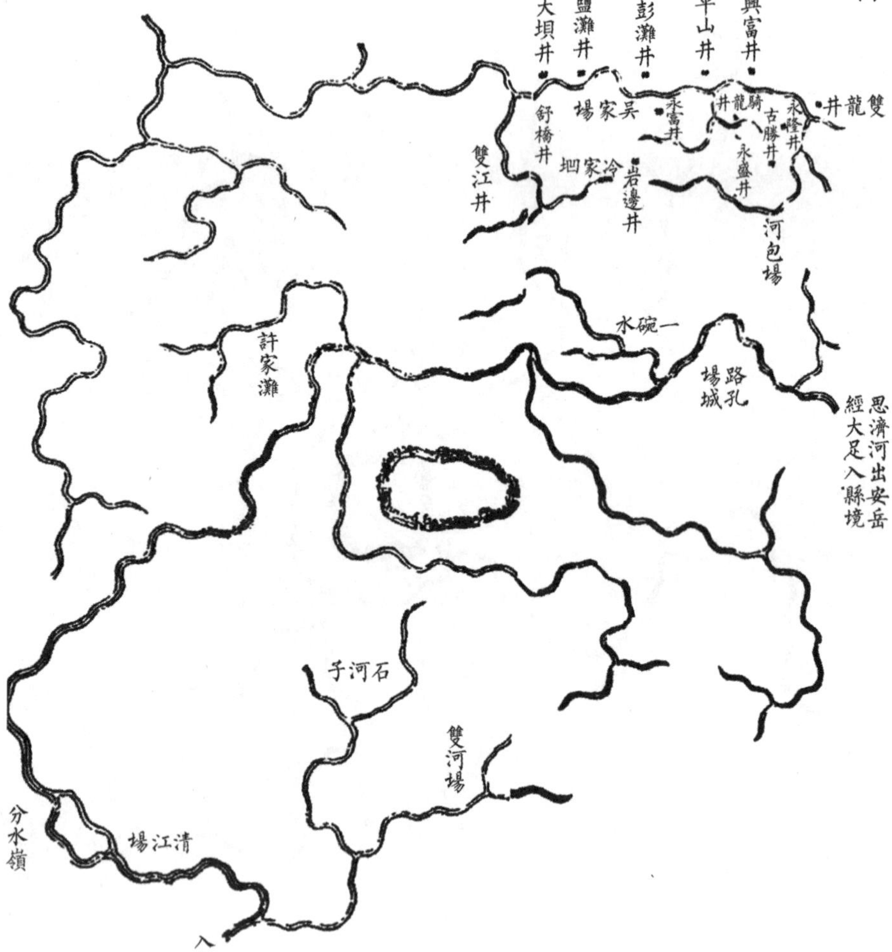

興富井
平山井
彭灘井
鹽灘井
大垻井
雙龍井
永隆井
古勝井
騎龍井
永盛井
永富井
吳家場
舒橋井
冷家坳
岩邊井
雙江井
包河場
一碗水
路孔
場城
許家灘
思濟河出安岳經大足入縣境
石河子
雙河場
清江場
分水嶺
入瀘州

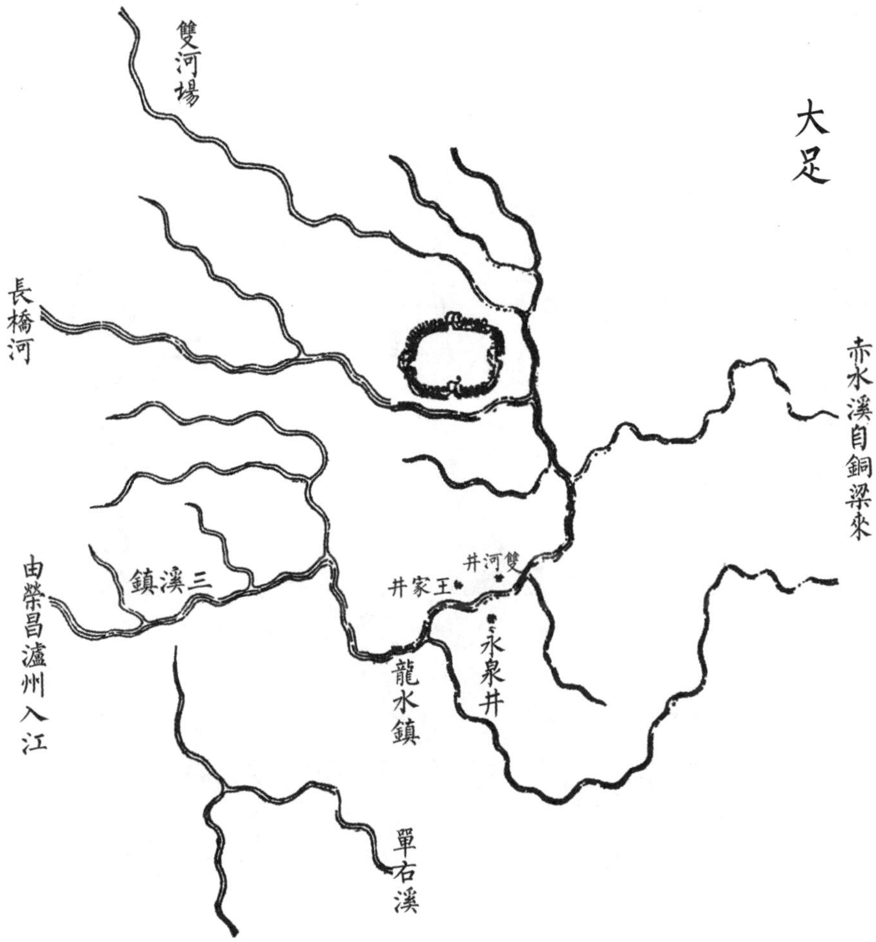
大足
雙河場
長橋河
赤水溪自銅梁來
三溪鎮
雙河井
王家井
永泉井
龍水鎮
由榮昌瀘州入江
單石溪

合州

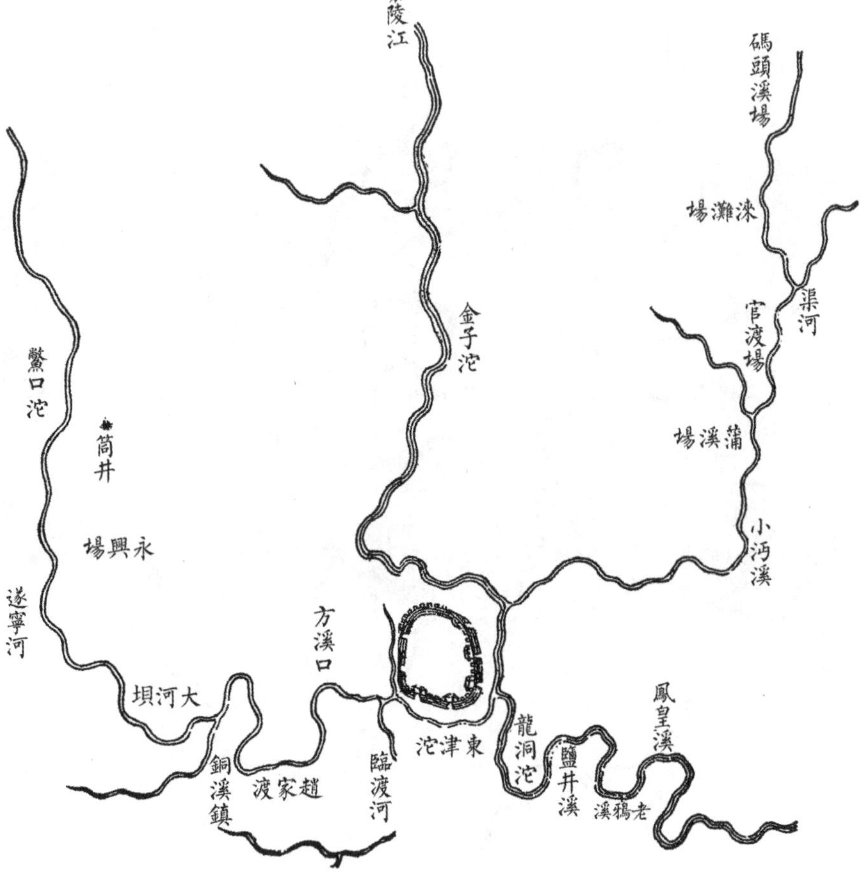

嘉陵江
碼頭溪場
涞灘場
渠河
官渡場
金子沱
鰲口沱
筒井
蒲溪場
永興場
小沔溪
遂寧河
方溪口
大河垻
龍洞沱
鳳皇溪
東津沱
鹽井溪
銅溪鎮
趙家渡
臨渡河
老鴉溪

銅梁

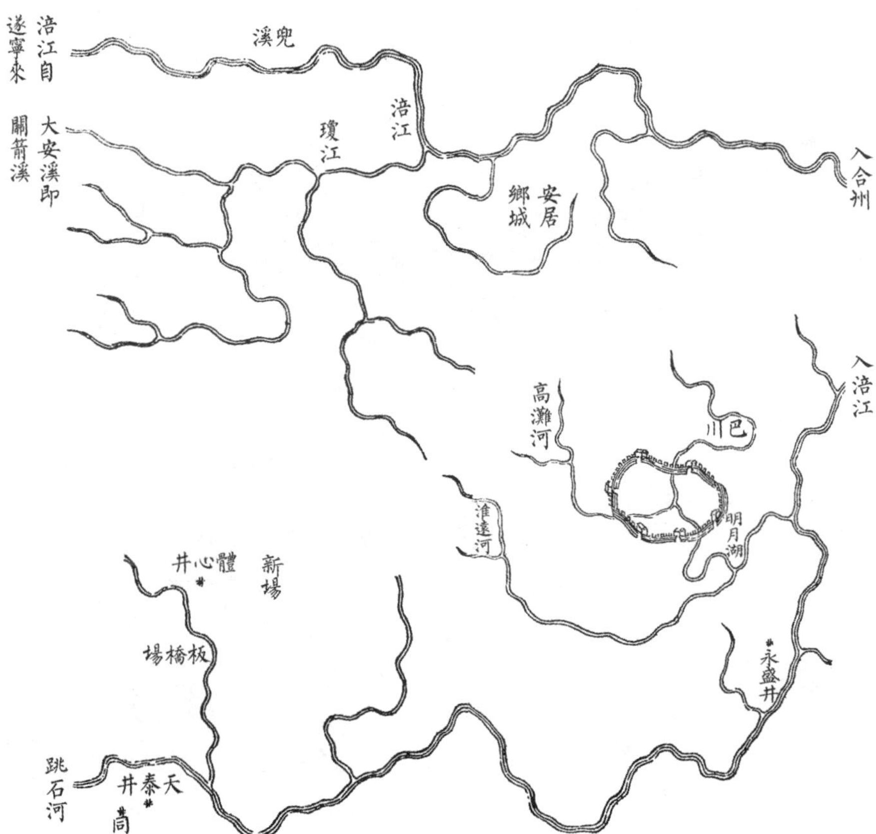
涪江自遂寧來
大安溪即關箭溪
兜溪
涪江
瓊江
安居鄉城
入合州
入涪江
高灘河
巴川
明月湖
淮遠河
新場
體心井
板橋場
永盛井
天泰井
同泰井
跳石河

涪州

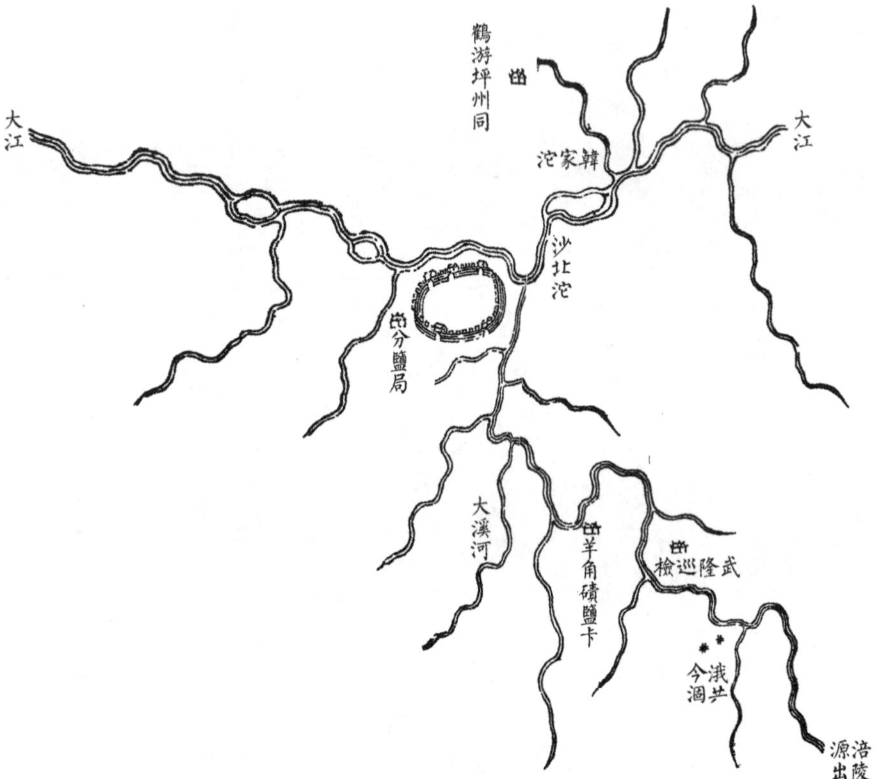
鶴游坪州同
大江
韓家沱
大江
沙圵沱
分鹽局
大溪河
羊角磧鹽卡
武隆巡檢
涐井今涸
涪陵江來源出貴州

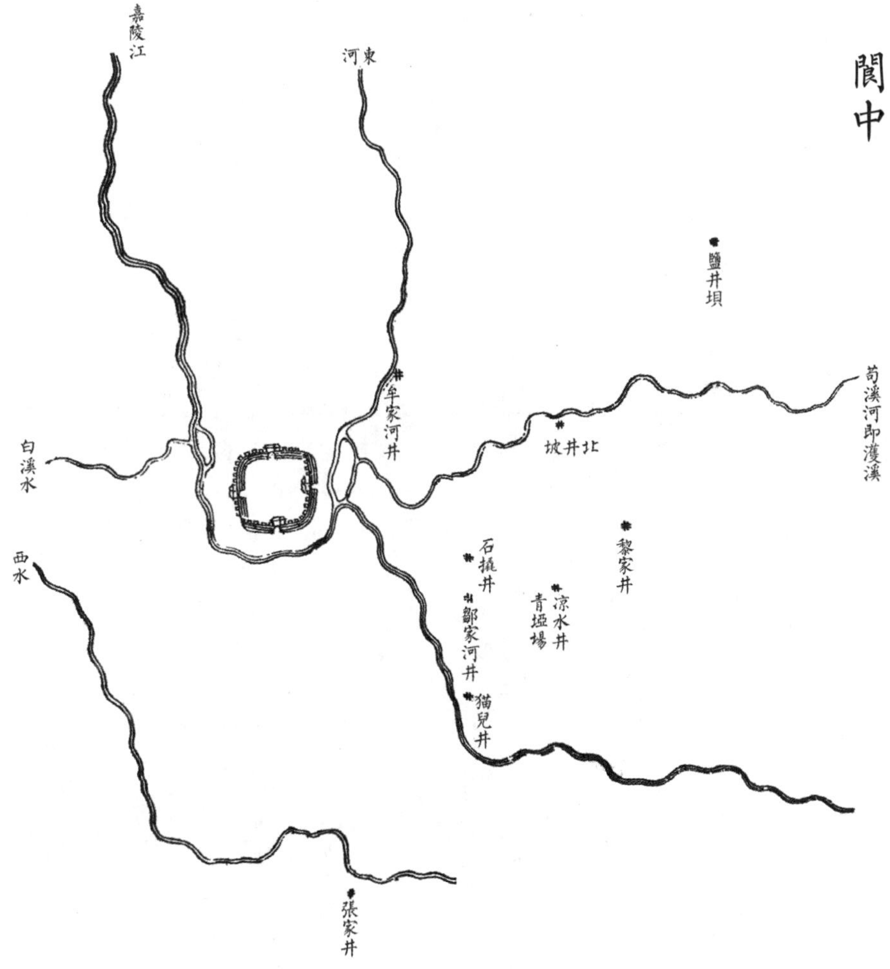
閬中
嘉陵江
東河
鹽井壩
牟家河井
北井坎
苟溪河即濩溪
白溪水
石撬井
黎家井
涼水井
青埡場
鄧家河井
猫兒井
西水
張家井

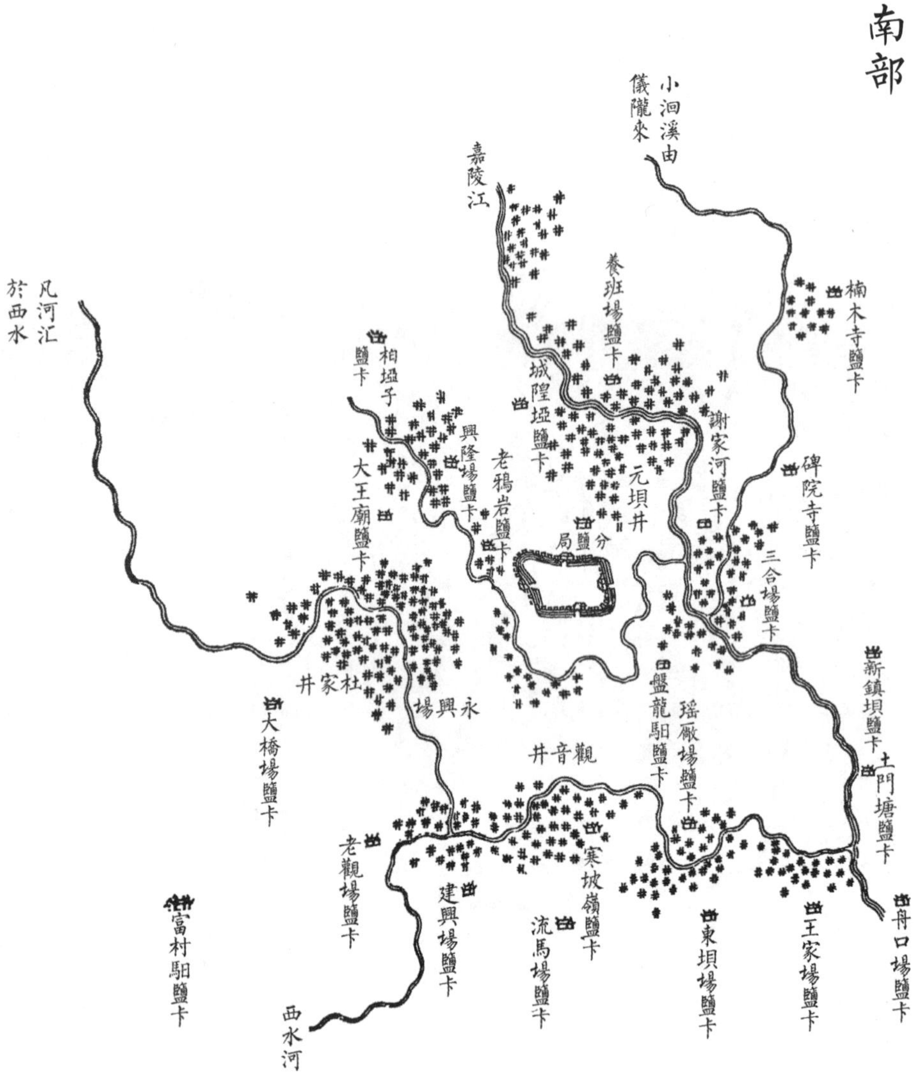
南部
小洄溪由儀隴來
嘉陵江
凡河汇於西水
楠木寺鹽卡
養班場鹽卡
柏埡子鹽卡
城隍埡鹽卡
謝家河鹽卡
興隆場鹽卡
老鴰岩鹽卡
元垻井
碑院寺鹽卡
大王廟鹽卡
分鹽局
三合場鹽卡
杜家井
永興場
新鎮垻鹽卡
盤龍驛鹽卡
瑤廠場鹽卡
大橋場鹽卡
觀音井
土門塘鹽卡
老觀場鹽卡
寨城嶺鹽卡
建興場鹽卡
流馬場鹽卡
東垻場鹽卡
王家場鹽卡
舟口場鹽卡
富村驛鹽卡
西水河

南充

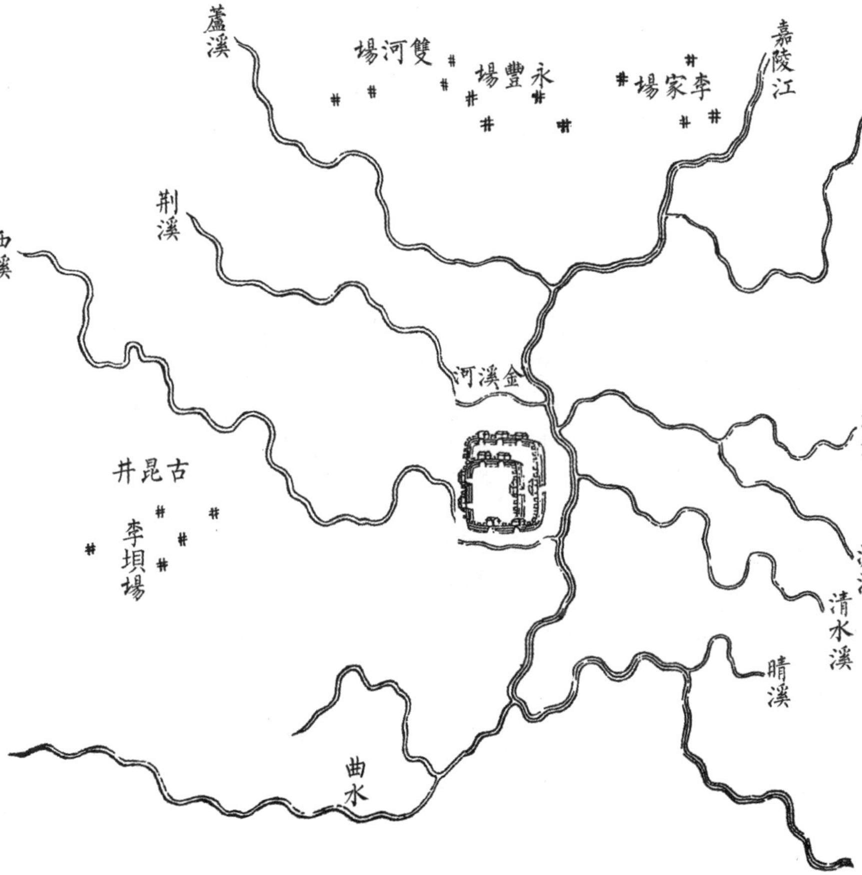

西充

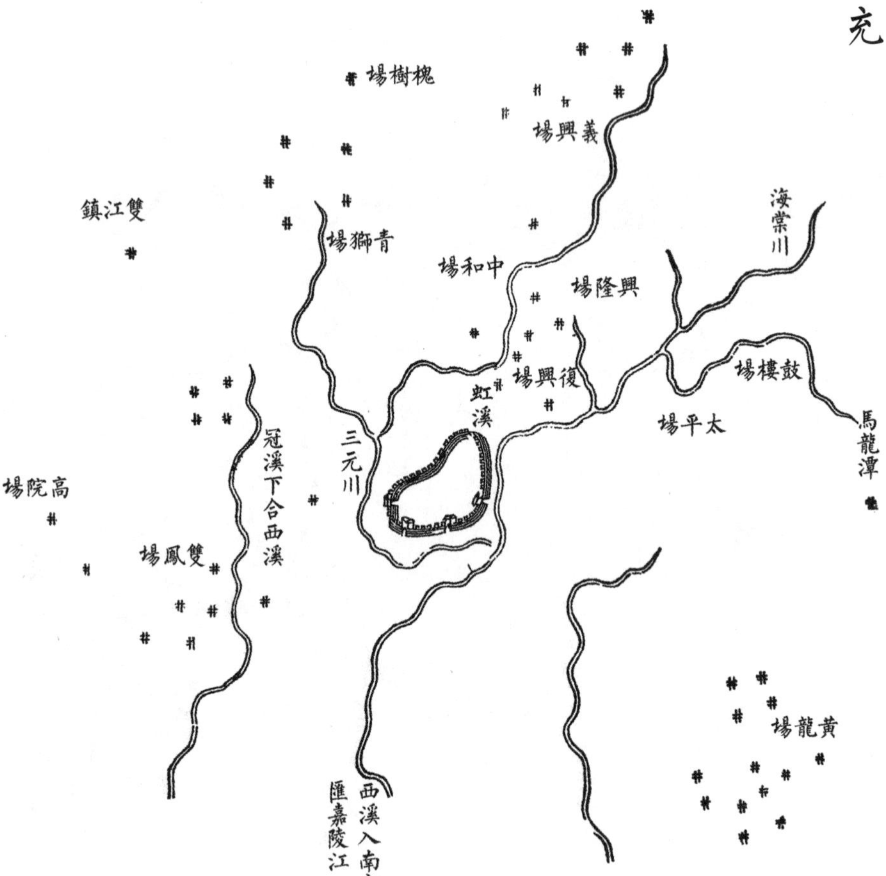
槐樹場
義興場
雙江鎮
青獅場
中和場
興隆場
海棠川
復興場
虹溪
鼓樓場
太平場
馬龍潭
三元川
冠溪下合西溪
高院場
雙鳳場
西溪入南充
匯嘉陵江
黃龍場

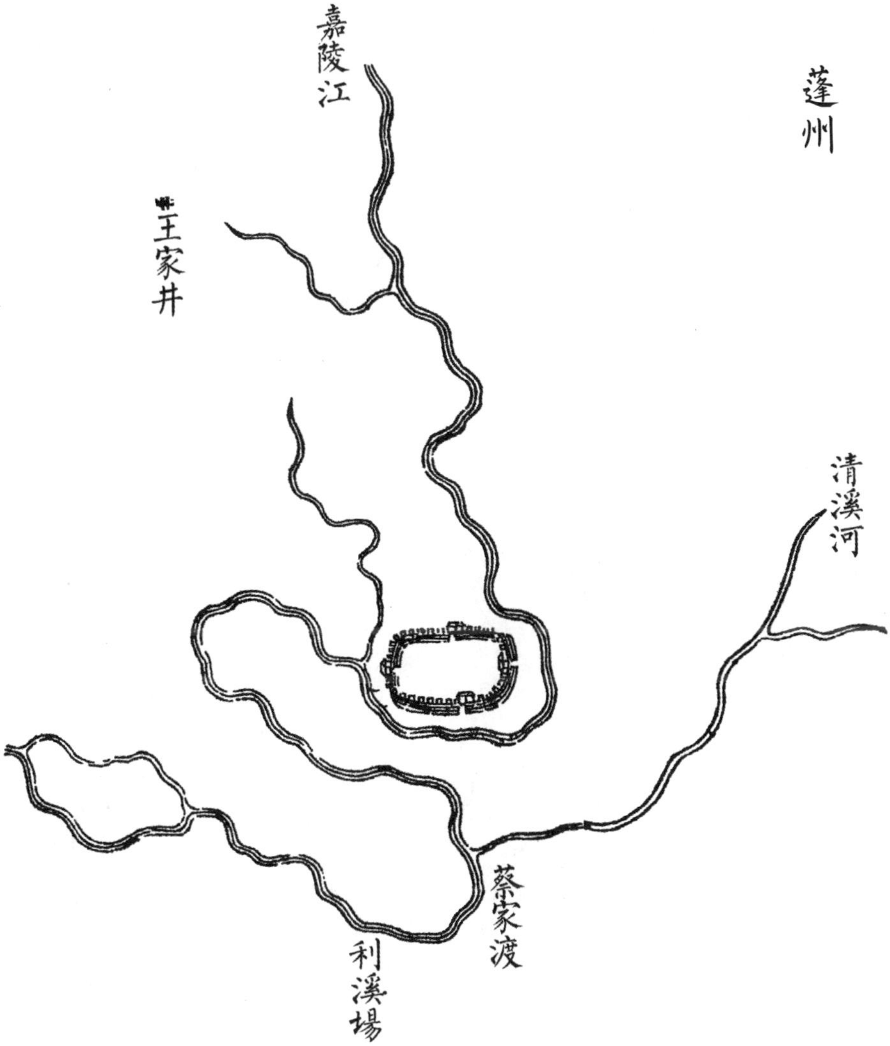
嘉陵江
蓬州
王家井
清溪河
蔡家渡
利溪場

大竹

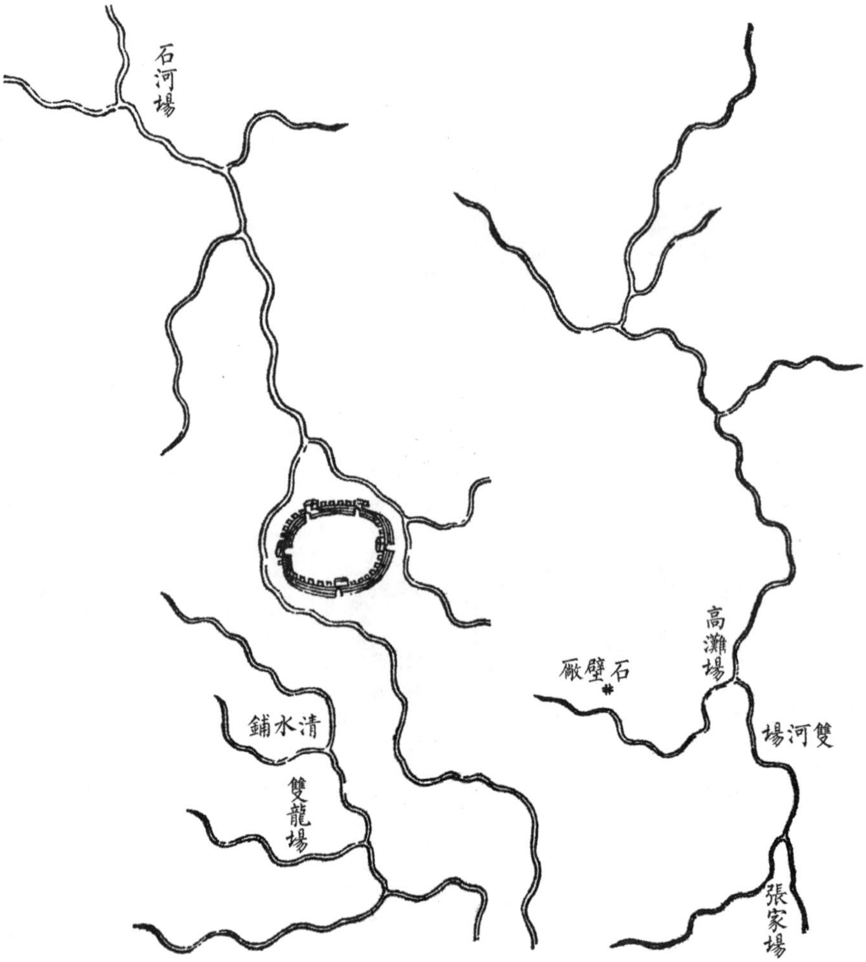

富順

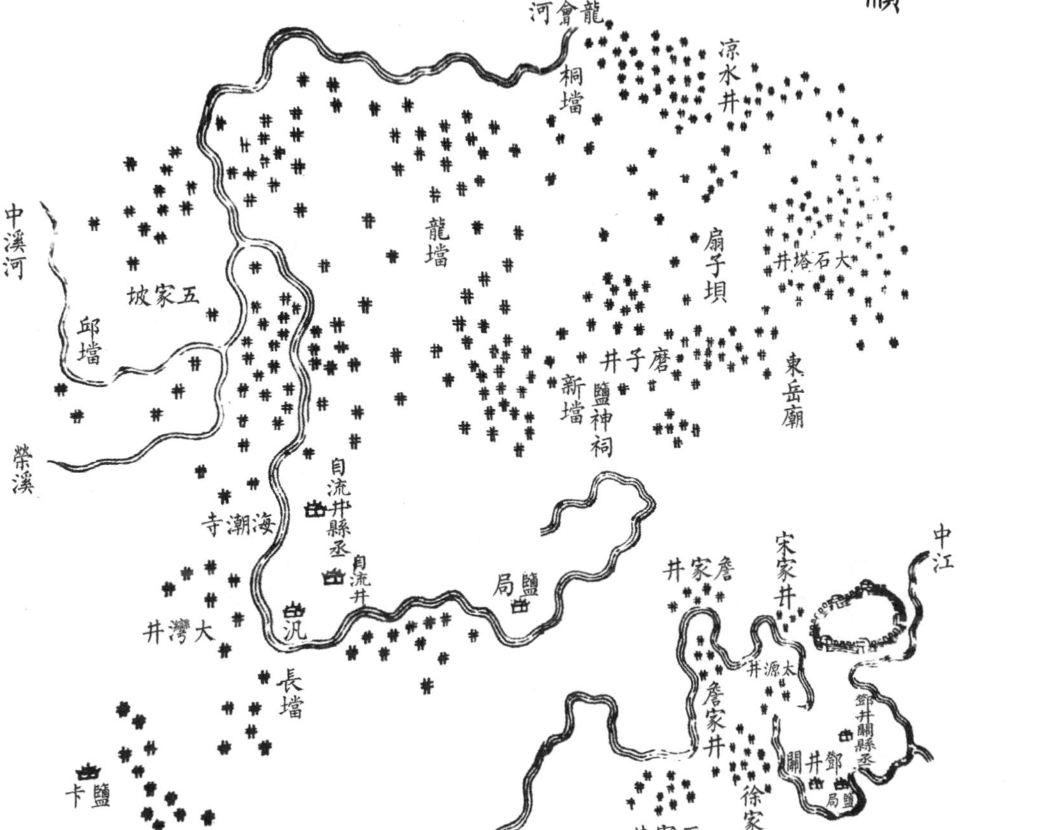
龍會河
桐壋
涼水井
龍壋
扇子垻
大石塔井
中溪河
五家坡
邱壋
磨子井
東岳廟
新壋
鹽神祠
榮溪
自流井縣丞
自流井
海潮寺
鹽局
汛
大灣井
長壋
鹽卡
詹家井
宋家井
中江
太源井
詹家井
鄧井關縣丞
鄧井關
鹽局
徐家井
王家井

大寧

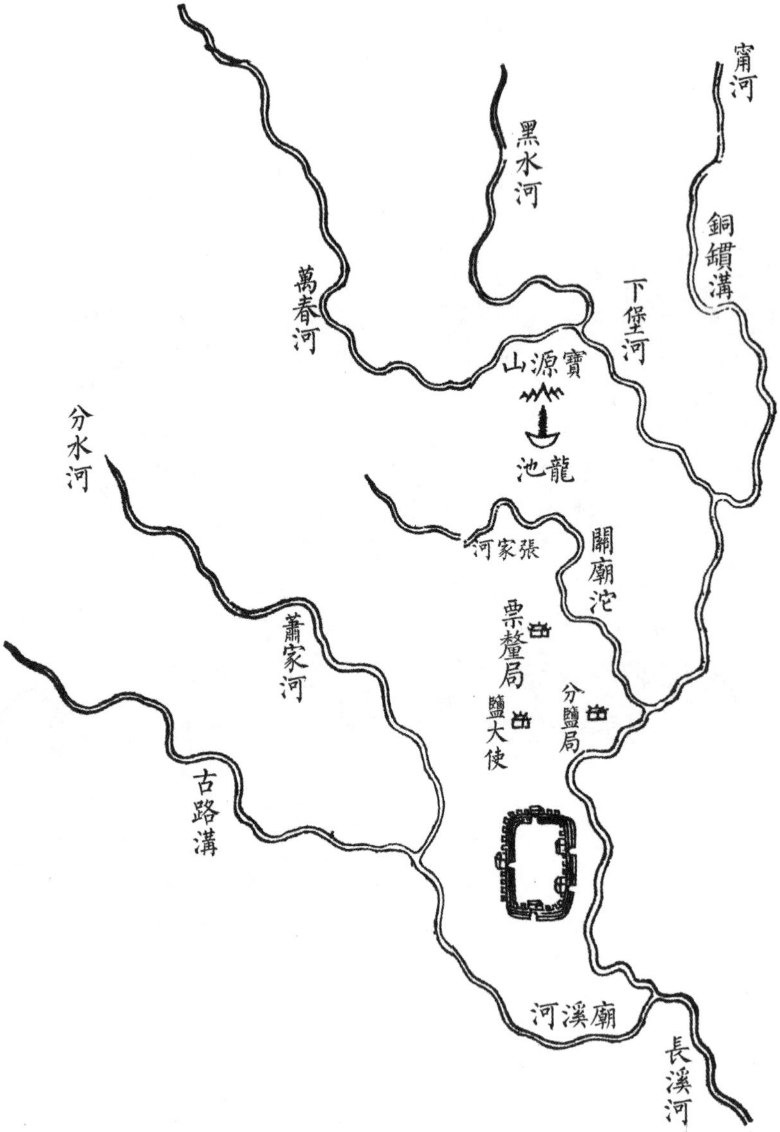

雲陽

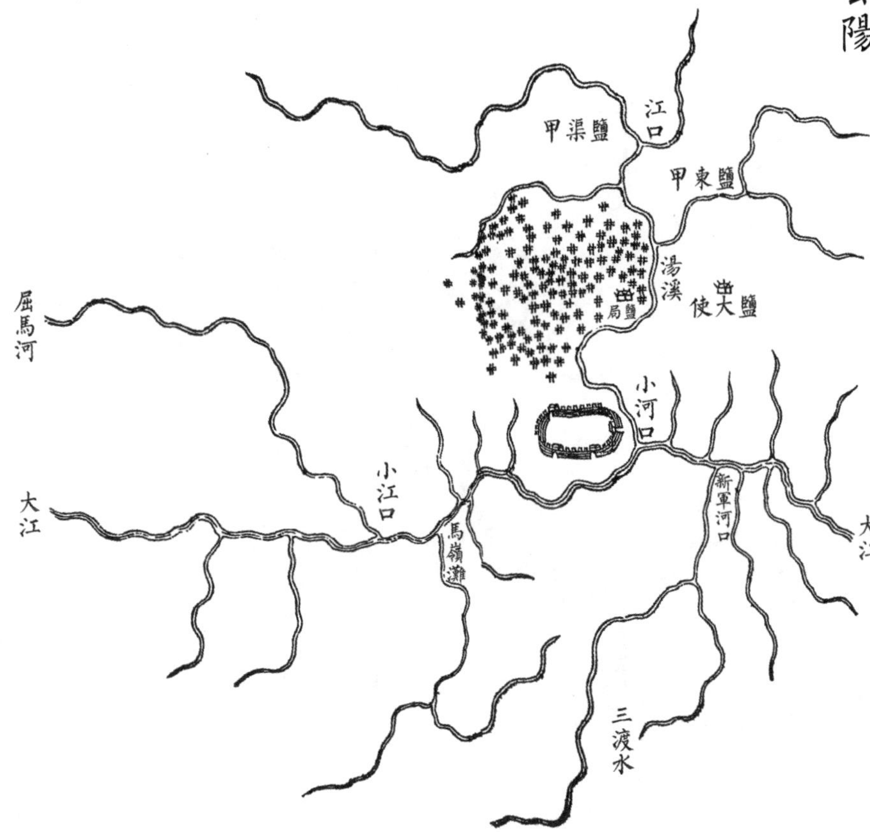

萬縣

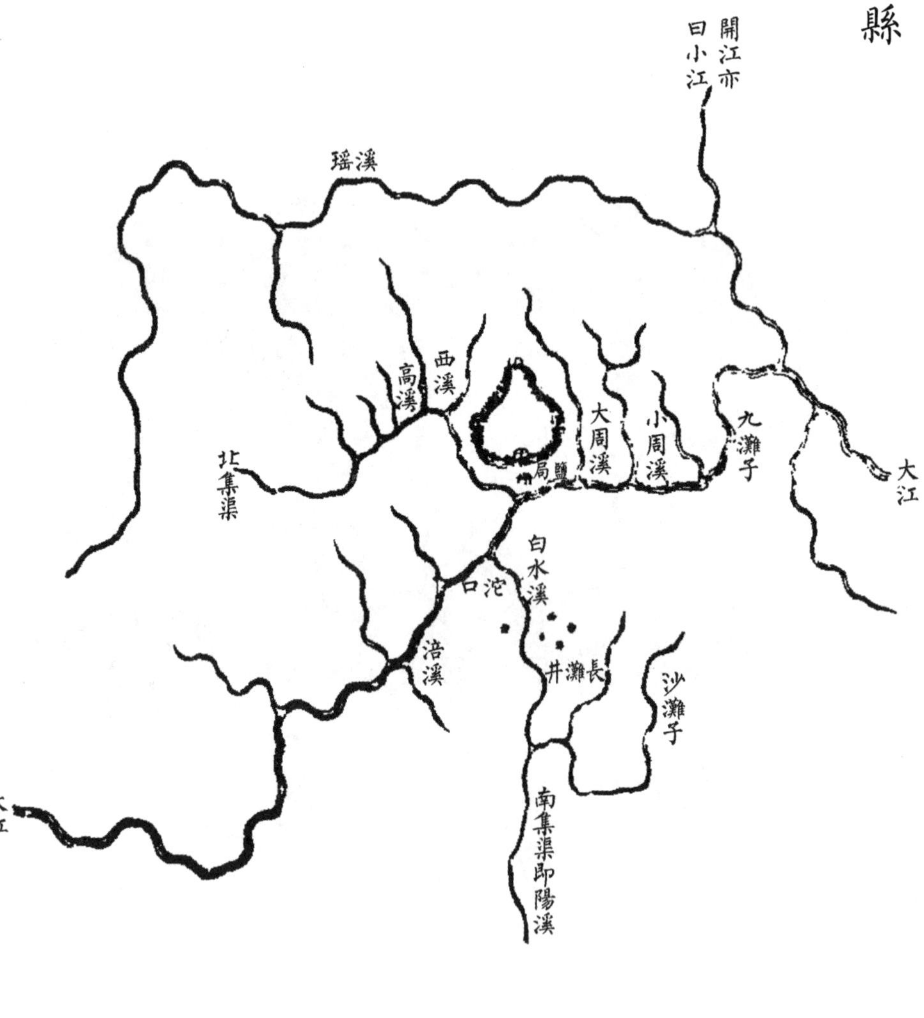

開縣

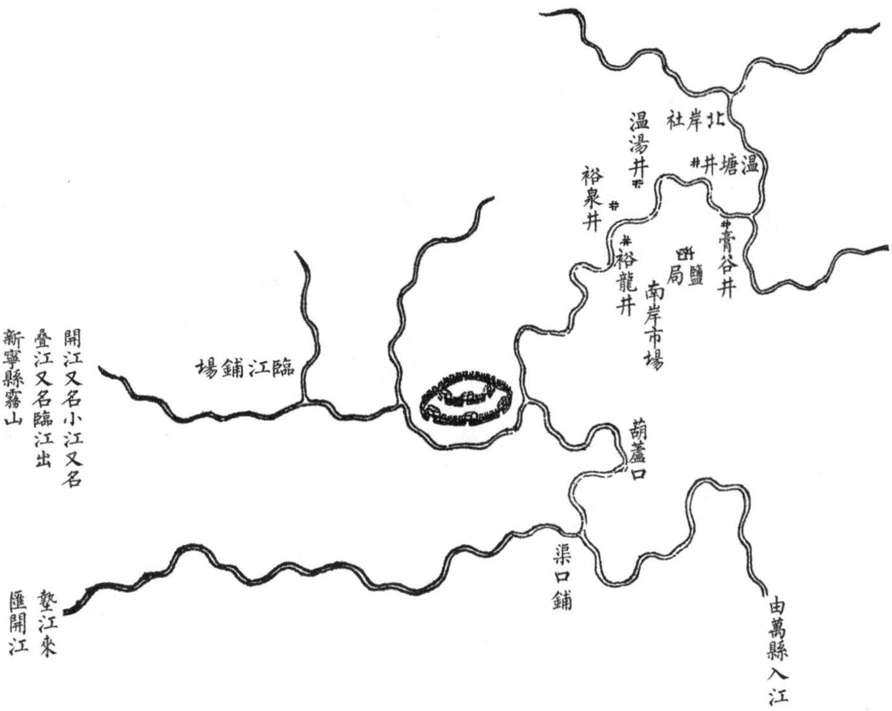
北岸社
温塘井
温湯井
裕泉井
青谷井
鹽局
裕龍井
南岸市場
臨江鋪場
開江又名小江又名疊江又名臨江出新寧縣霧山
葫蘆口
渠口鋪
墊江來匯開江
由萬縣入江

鹽源

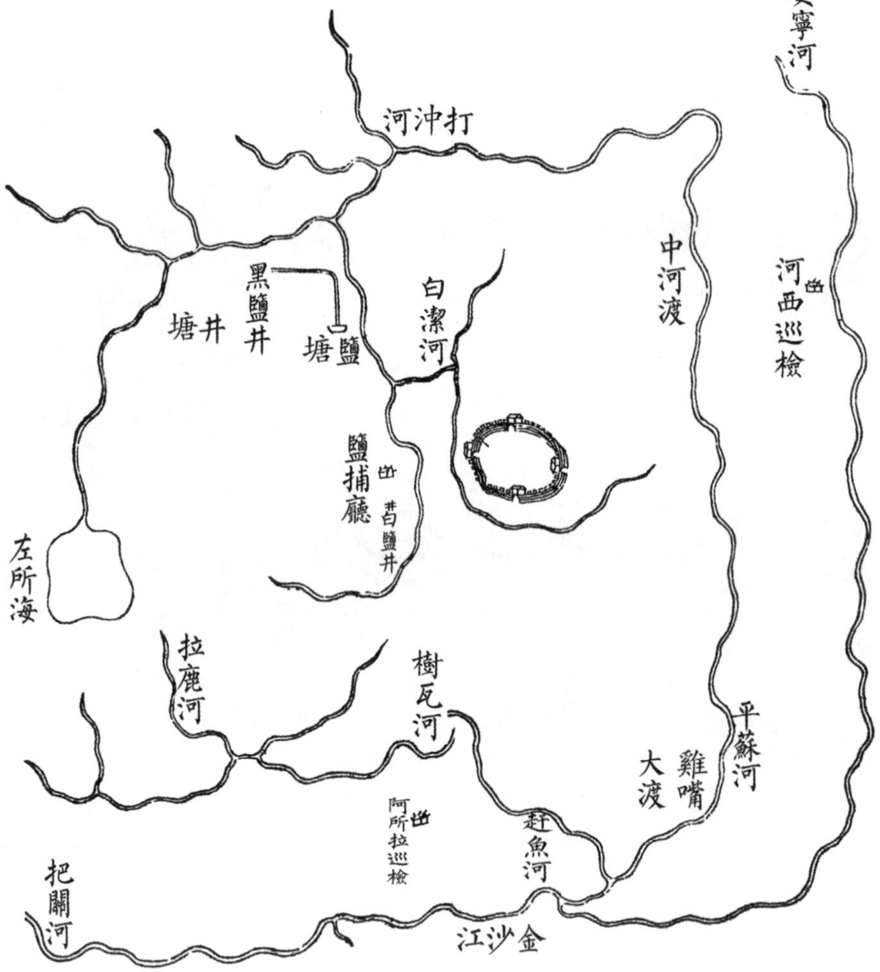
安寧河
打沖河
中河渡
河西巡檢
白潔河
黑鹽井
鹽塘
井塘
鹽捕廳
白鹽井
左所海
拉鹿河
樹瓦河
平蘇河
雞嘴大渡
阿所拉巡檢
赶魚河
把關河
金沙江

樂山

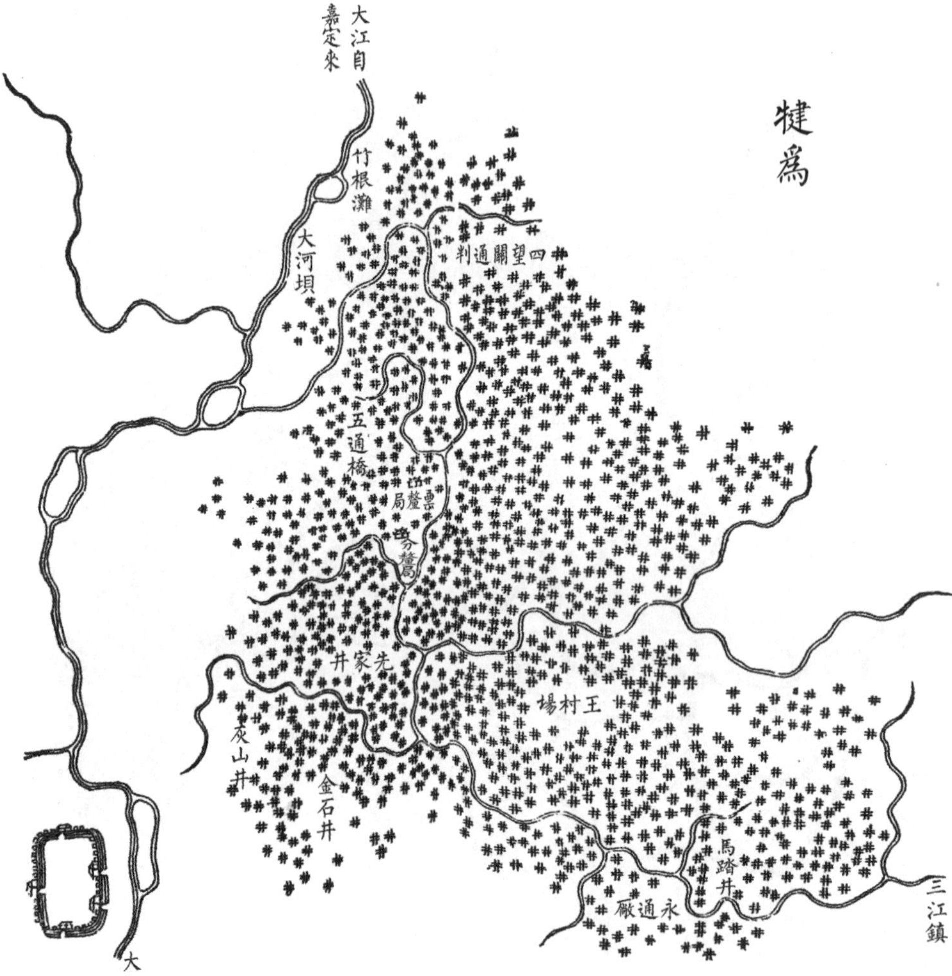

大江自嘉定來
犍爲
竹根灘
大河垻
四望關通判
五通橋
票釐局
分釐局
先家井
王村場
灰山井
金石井
馬踏井
永通廠
三江鎮
大江

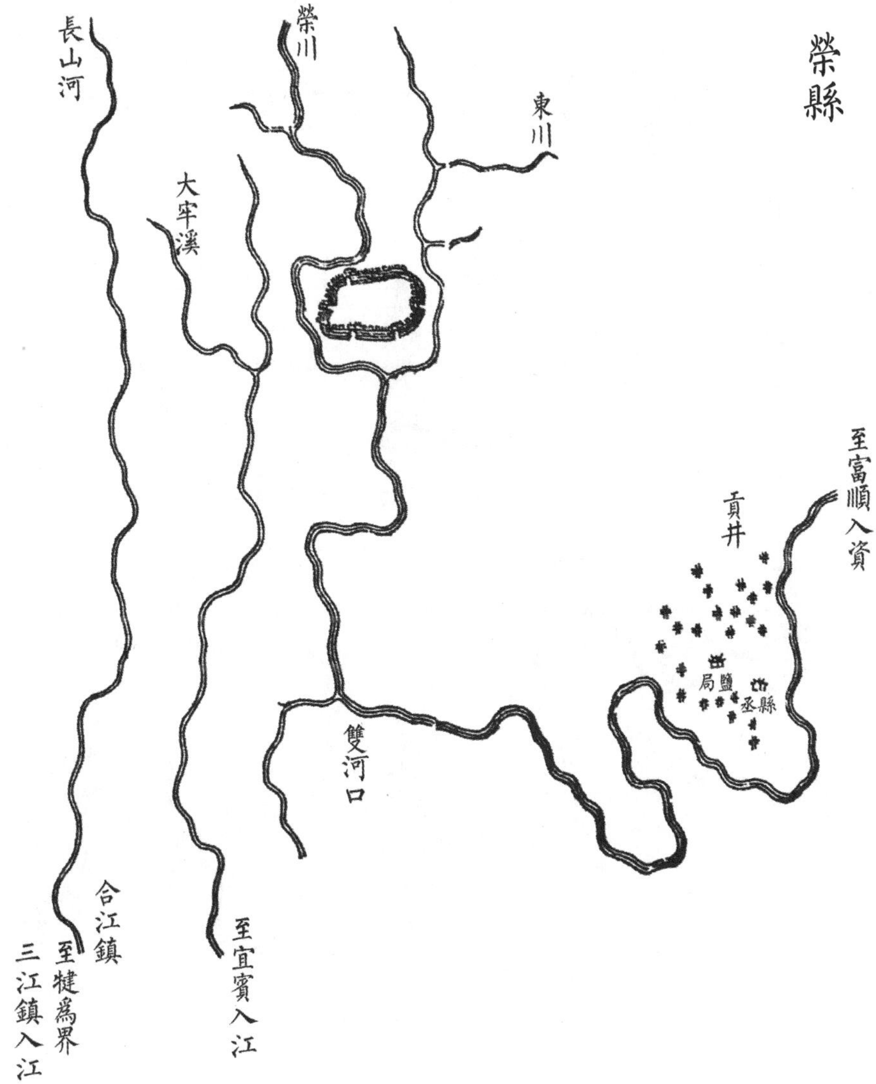
榮縣
榮川
東川
長山河
大牢溪
雙河口
至富順入資
貢井
鹽局
縣丞
合江鎮
至犍爲界
三江鎮入江
至宜賓入江

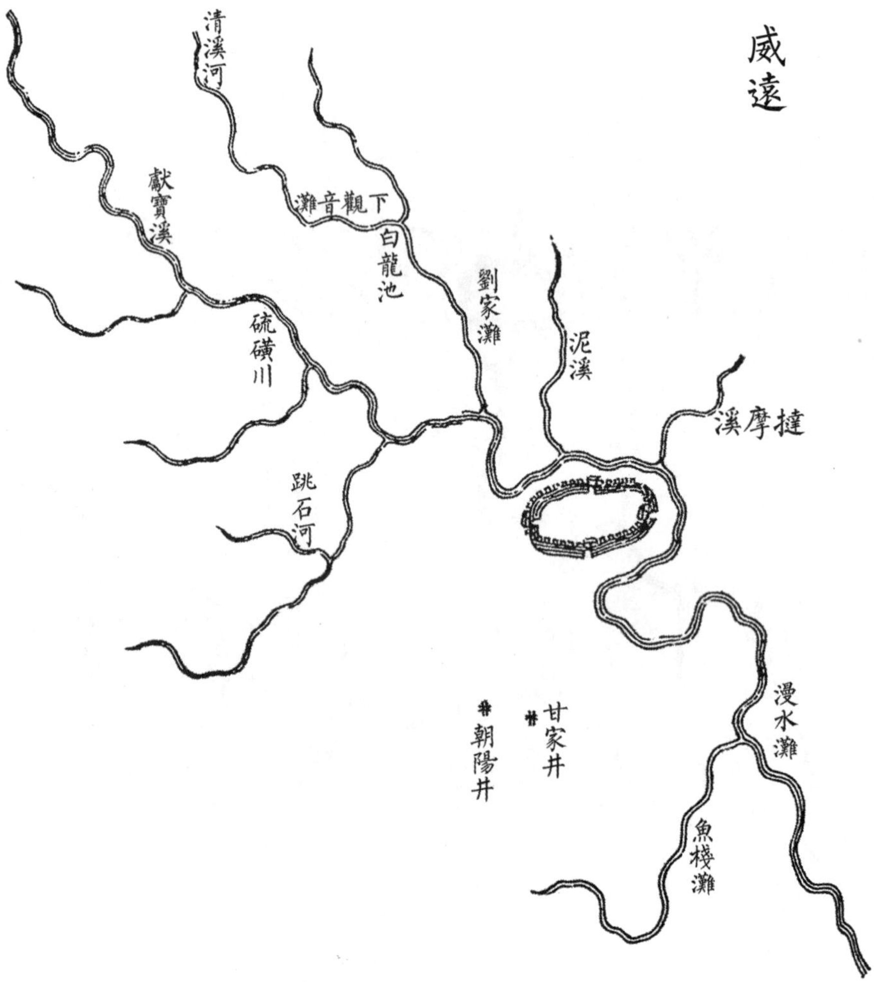
威遠
清溪河
獻寶溪
下觀音灘
白龍池
劉家灘
泥溪
硫磺川
撻摩溪
跳石河
甘家井
朝陽井
漫水灘
魚棧灘

三臺

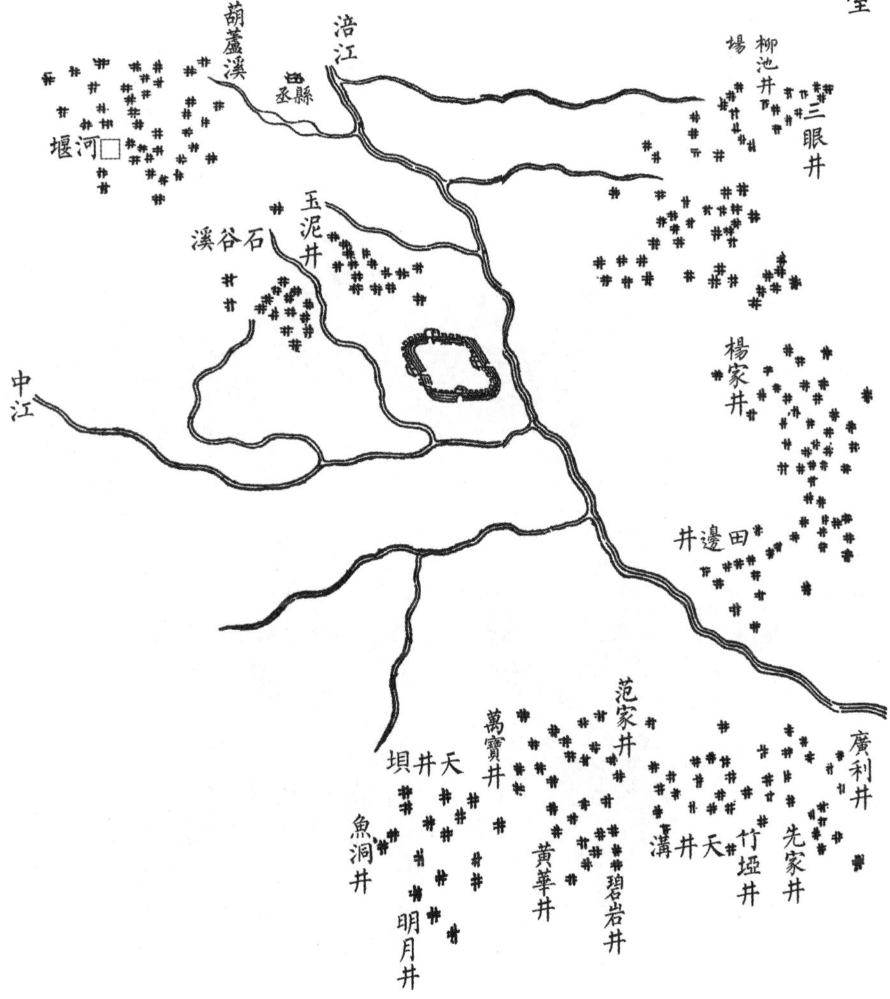
葫蘆溪
涪江
縣丞
柳池井
場
三眼井
河堰
玉泥井
石谷溪
中江
楊家井
田邊井
萬寶井
范家井
廣利井
天井壩
魚洞井
黄華井
碧岩井
明月井
天井溝
竹埡井
先家井

射洪

鹽亭

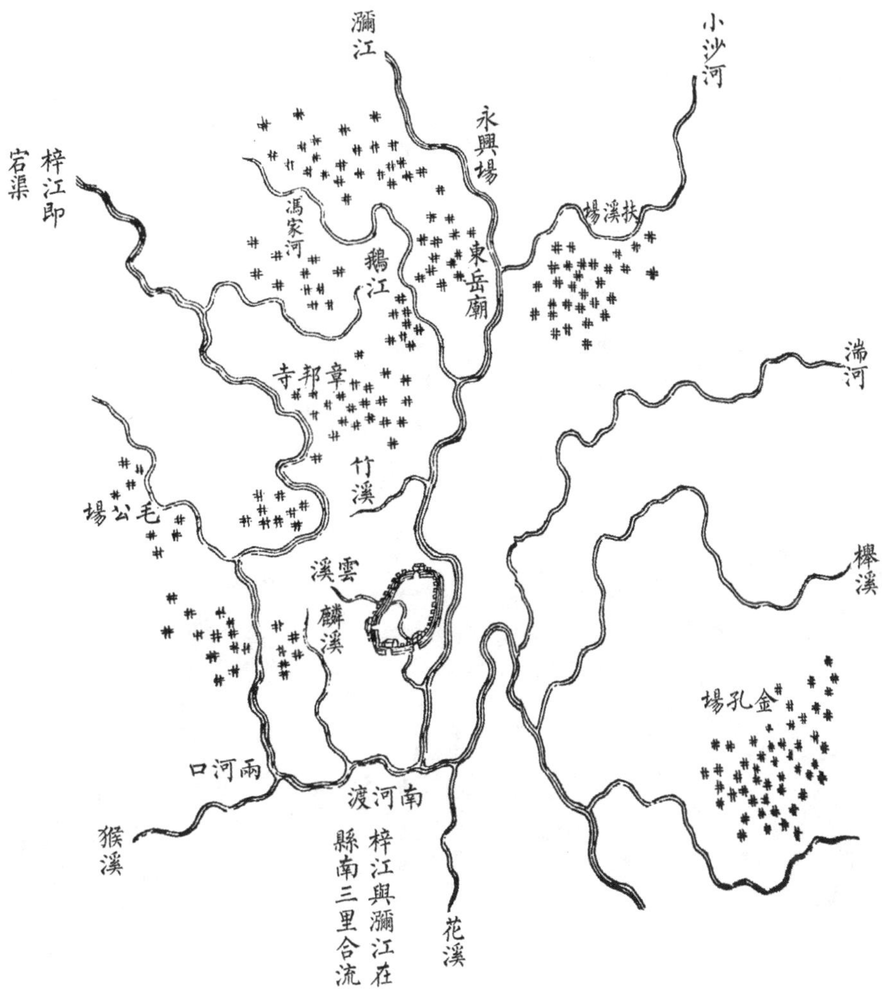
瀰江
小沙河
永興場
梓江即宕渠
馮家河
鵝江
東岳廟
扶溪場
湍河
章邦寺
竹溪
毛公場
雲溪
麟溪
櫟溪
金孔場
兩河口
南河渡
猴溪
梓江與瀰江在縣南三里合流
花溪

中江

遂寧

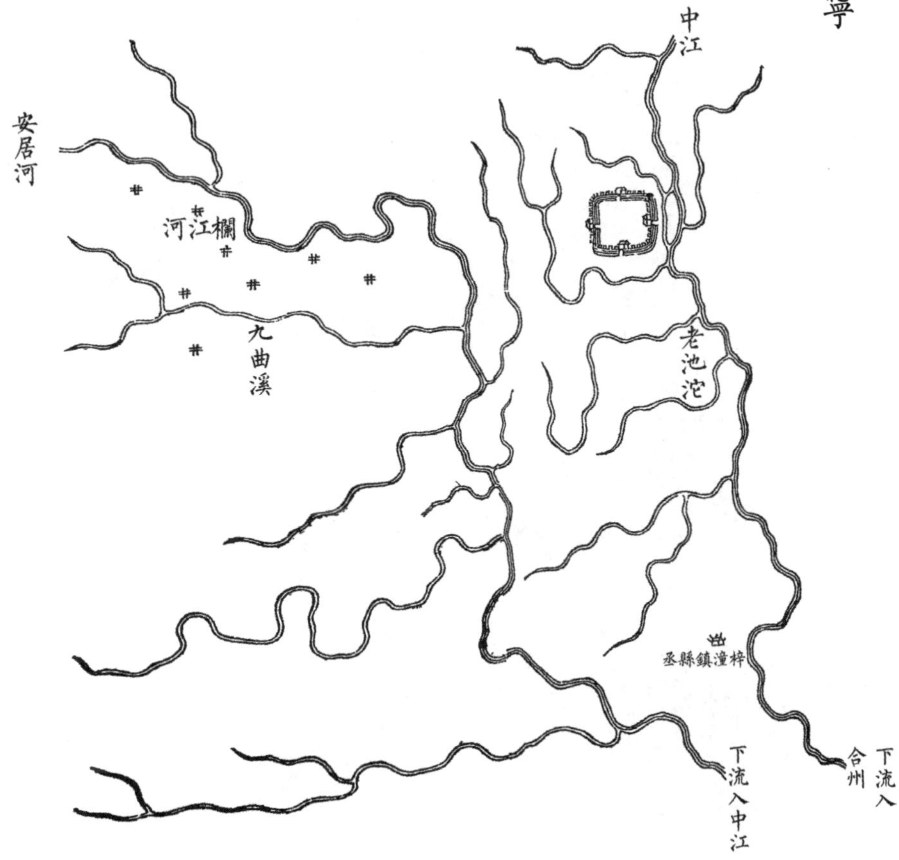

蓬溪

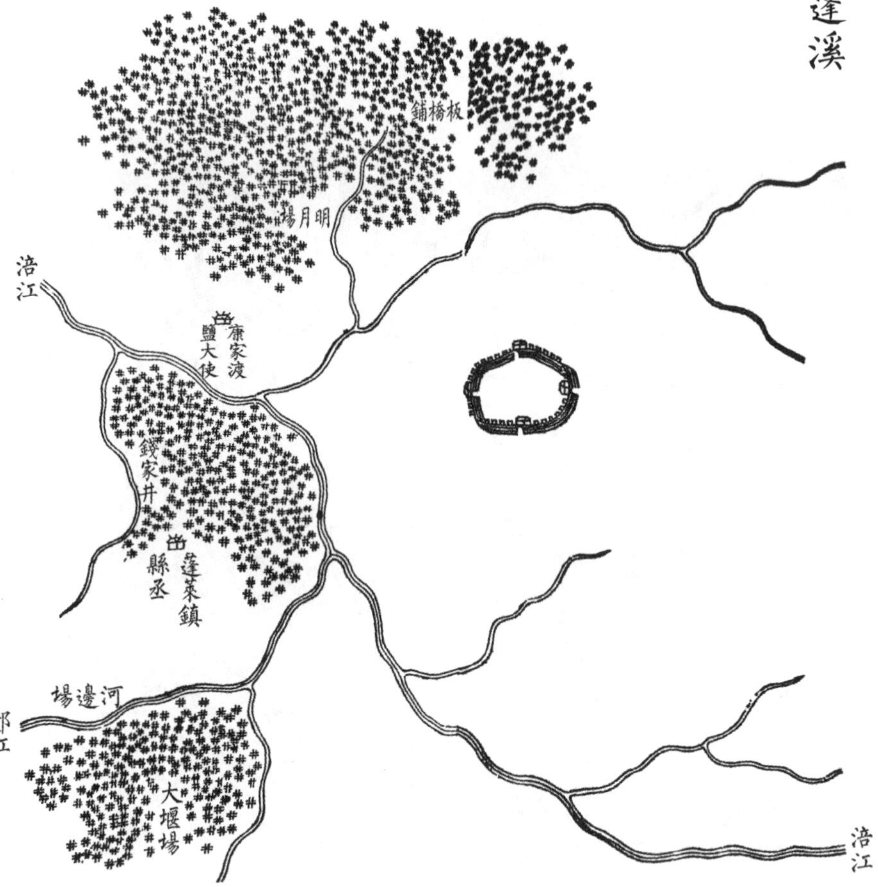

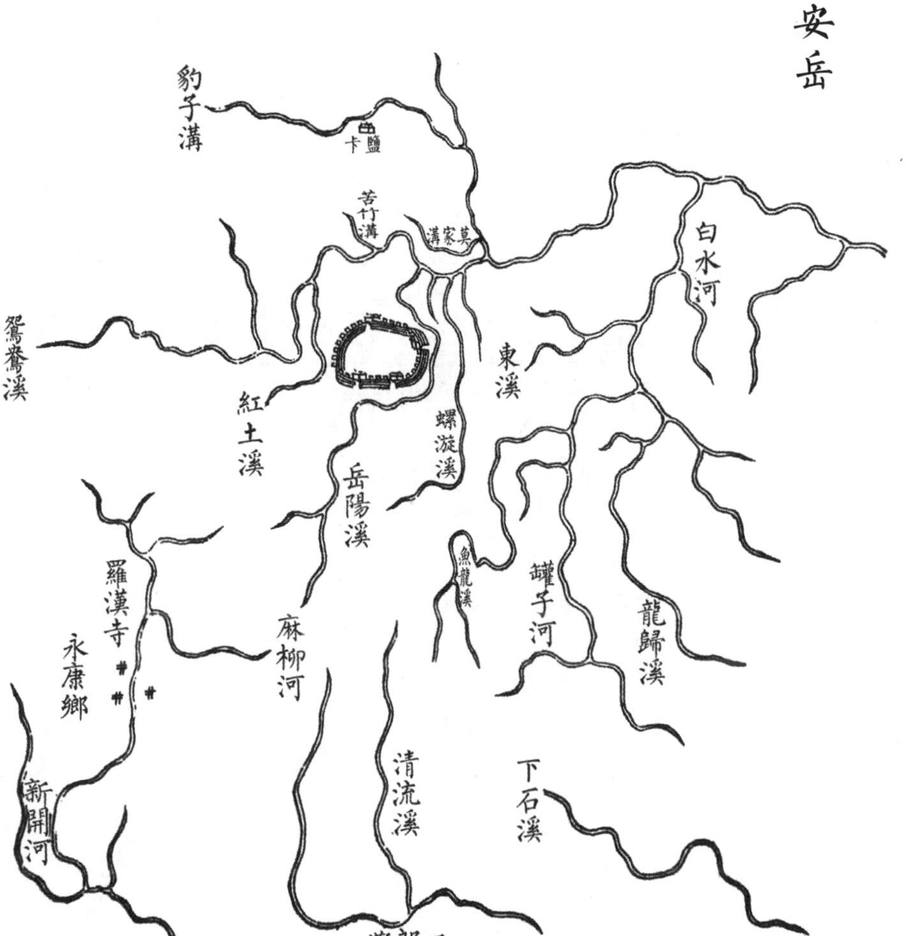
安岳
豹子溝
鹽卡
苦竹溝
莫家溝
白水河
鴛鴦溪
東溪
紅土溪
螺漩溪
岳陽溪
魚龍溪
罐子河
龍歸溪
羅漢寺
永康鄉
麻柳河
清流溪
下石溪
新開河
二郎灘

樂至

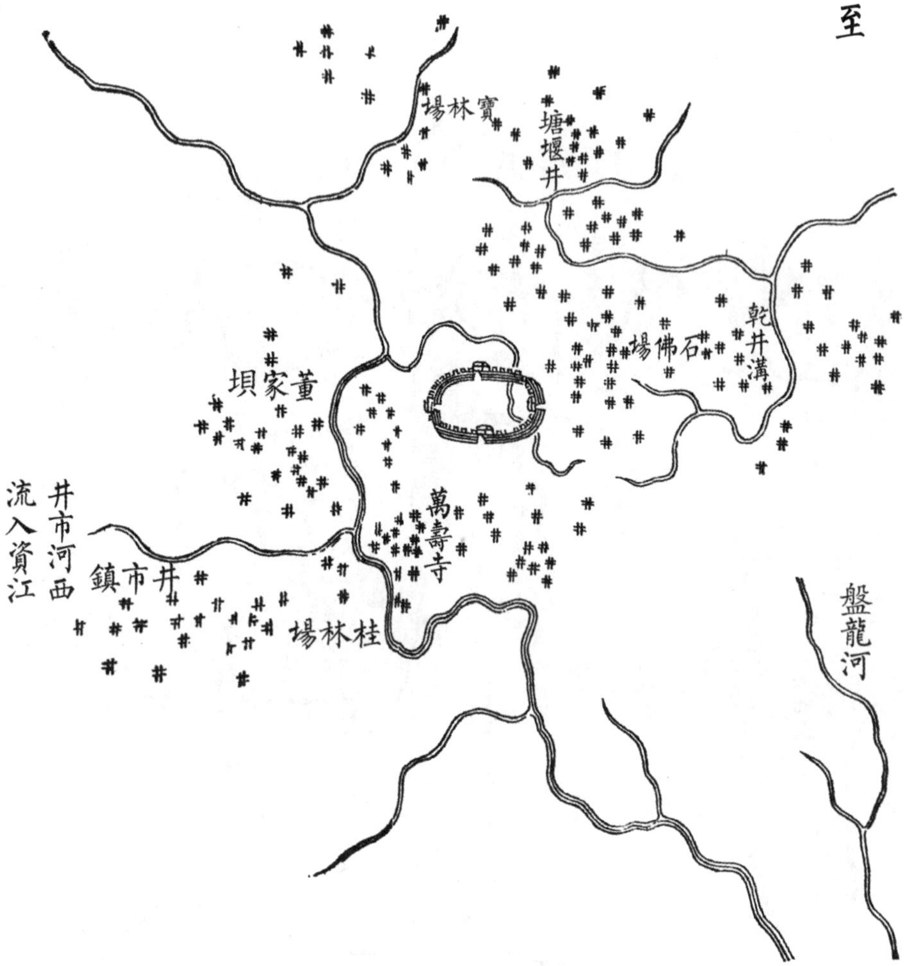
寶林場
塘堰井
乾井溝
石佛場
董家垻
萬壽寺
井市河西
流入資江
井市鎮
桂林場
盤龍河

江安

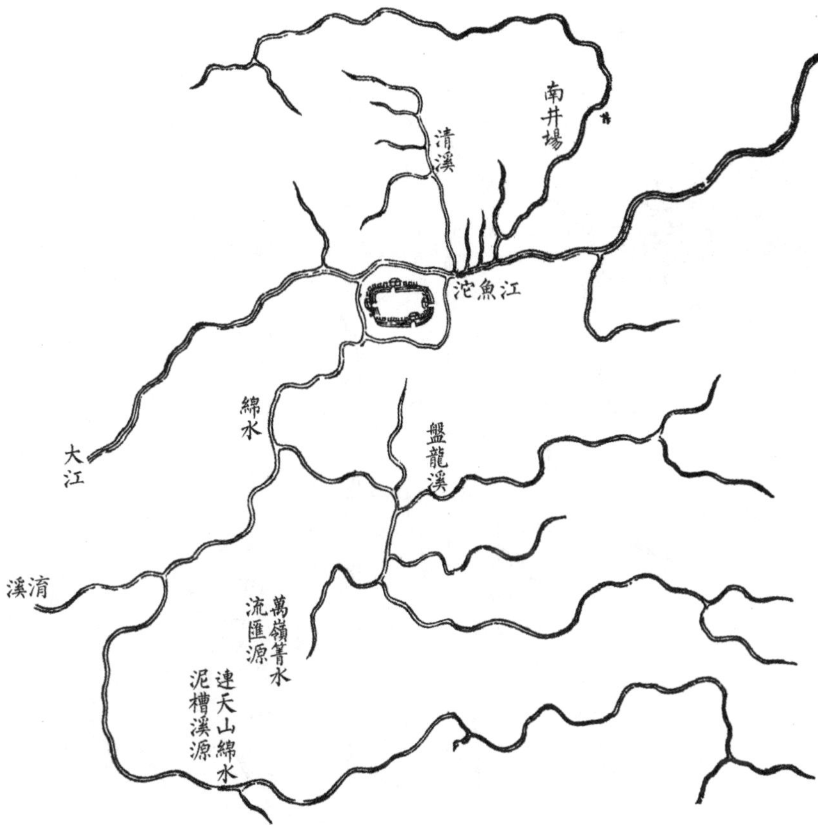
大江
南井場
清溪
沱魚江
綿水
盤龍溪
大江
溪清
萬嶺箐水
流匯源
連天山綿水
泥槽溪源

資州

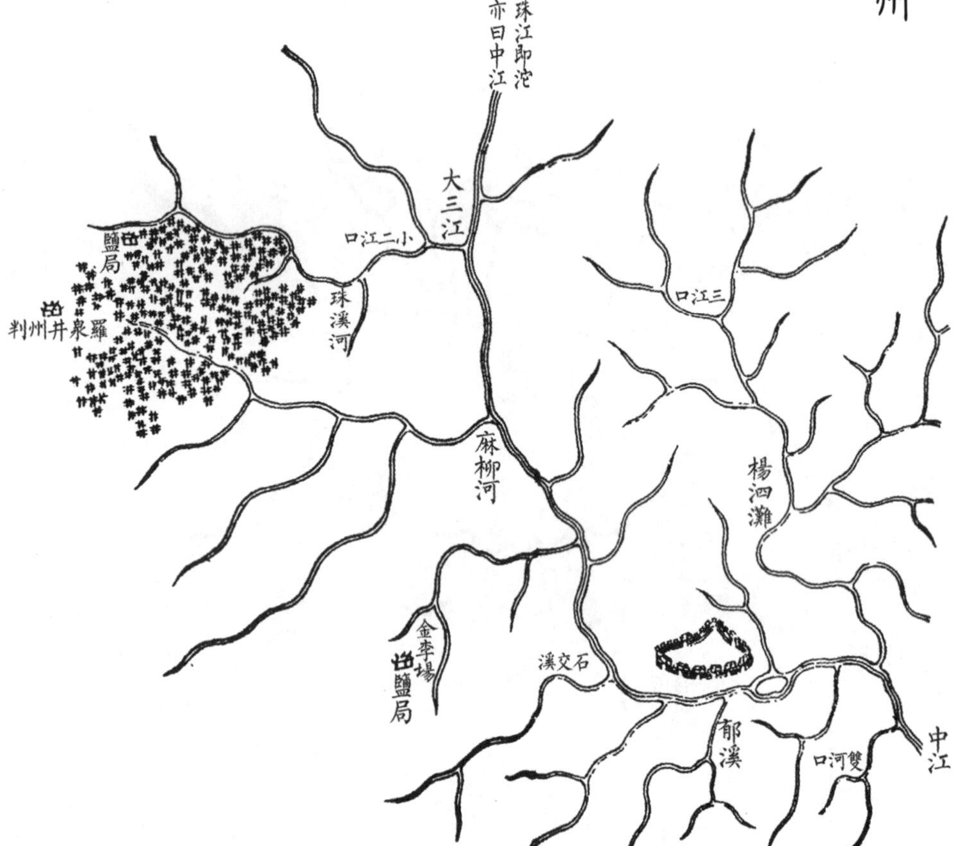

資陽

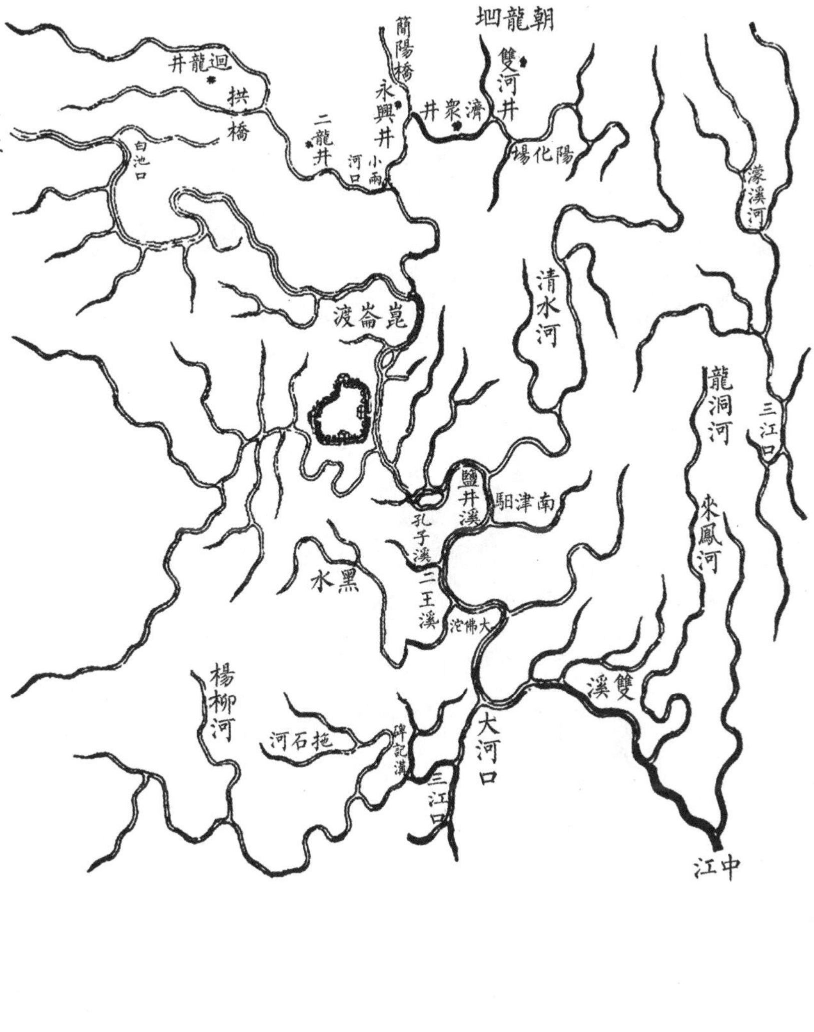

朝龍坰
迴龍井
拱橋
中江
白池口
二龍井
簡陽橋
永興井
小河口
濟衆井
雙河井
陽化場
崑崙渡
清水河
濛溪河
龍洞河
三江口
鹽井溪
南津驛
孔子溪
來鳳河
黑水
二王溪
大佛沱
雙溪
楊柳河
拖石河
碑記溝
大河口
三江口
中江

内江

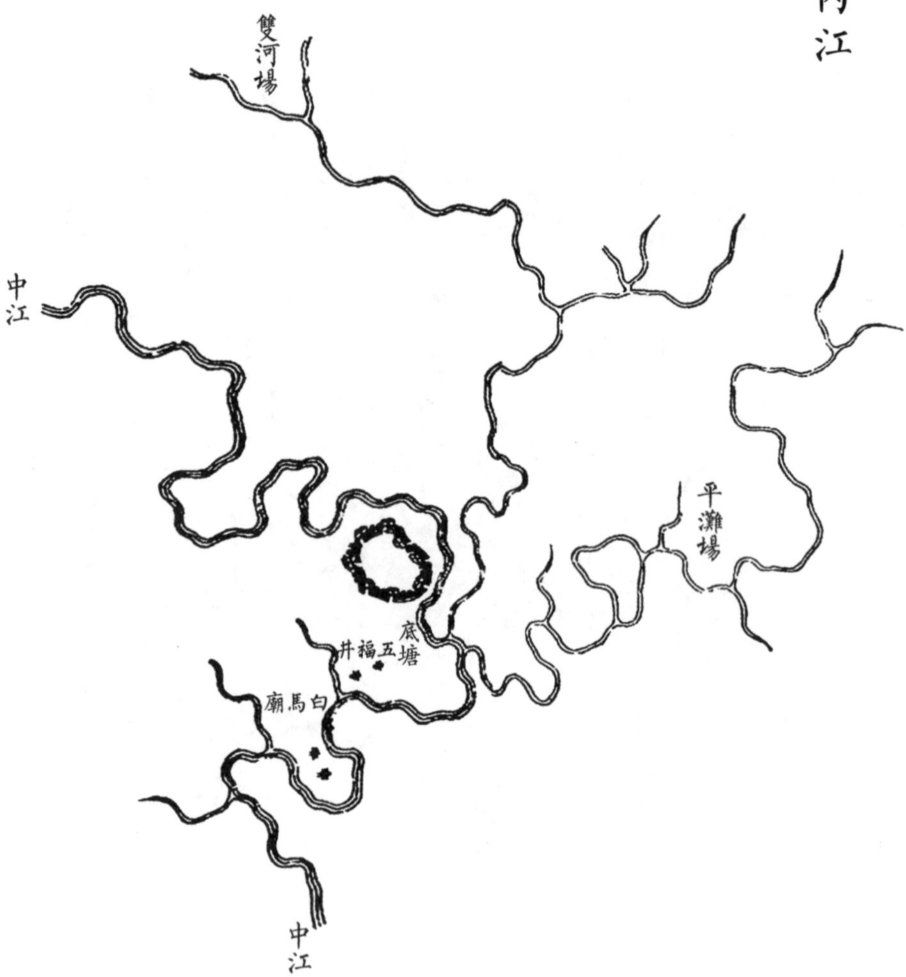

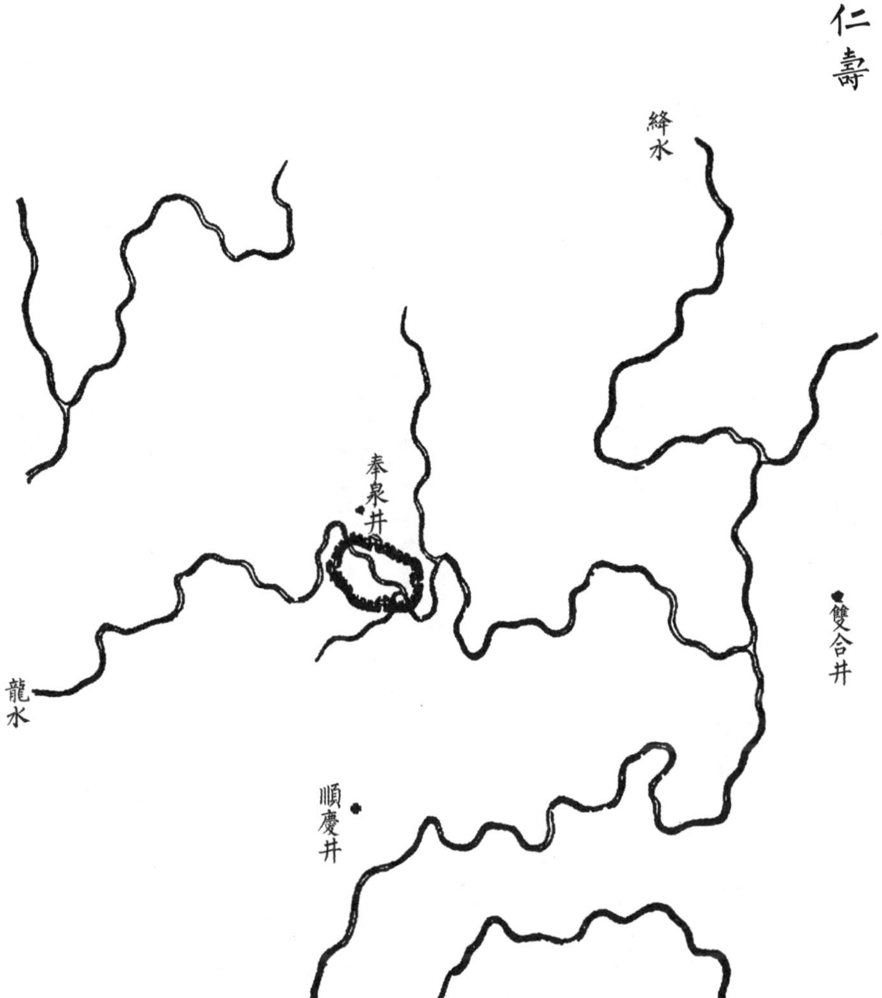
仁壽
絳水
奉泉井
雙合井
龍水
順慶井

井研

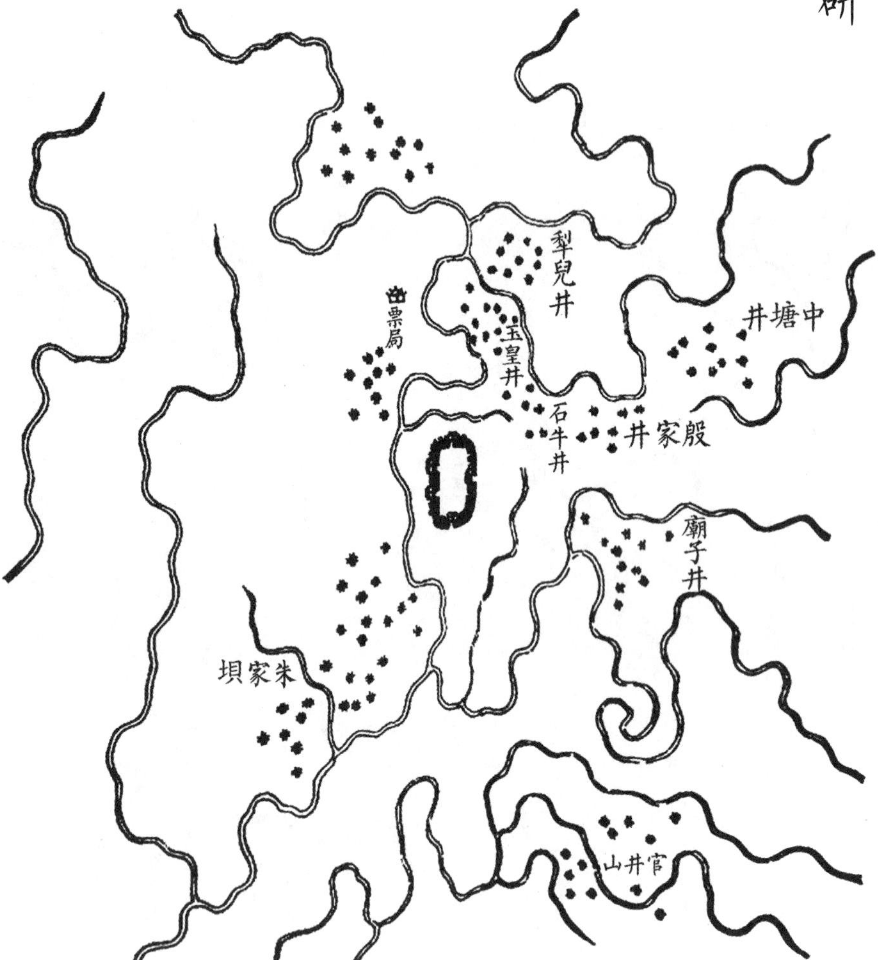

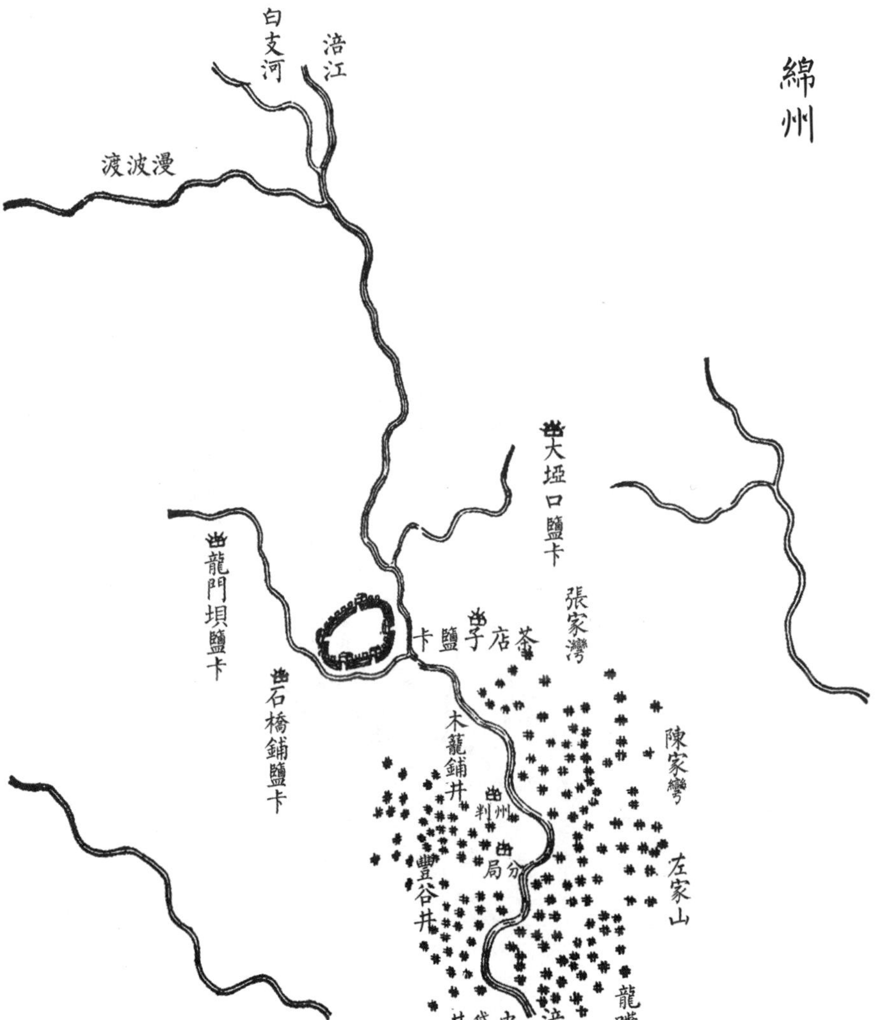
綿州
白支河
涪江
漫波渡
大埡口鹽卡
龍門壩鹽卡
茶店子鹽卡
張家灣
石橋鋪鹽卡
木龍鋪井
州判
陳家灣
分局
豐谷井
左家山
龍嘴
皮袋井
涪江

忠州

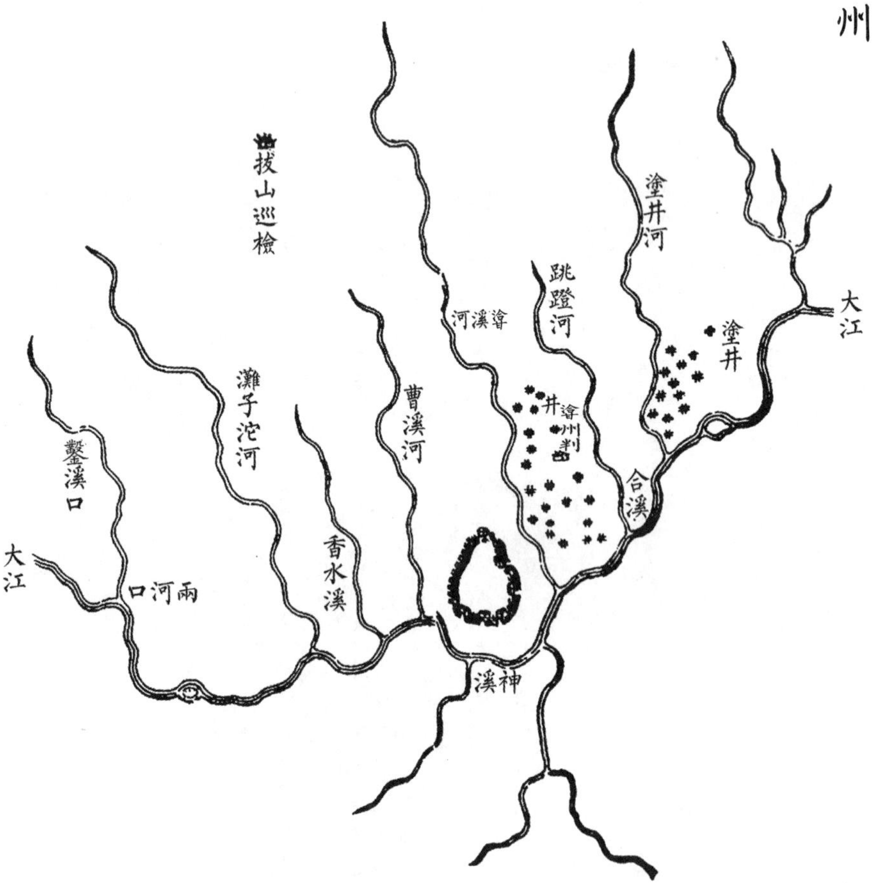

彭水

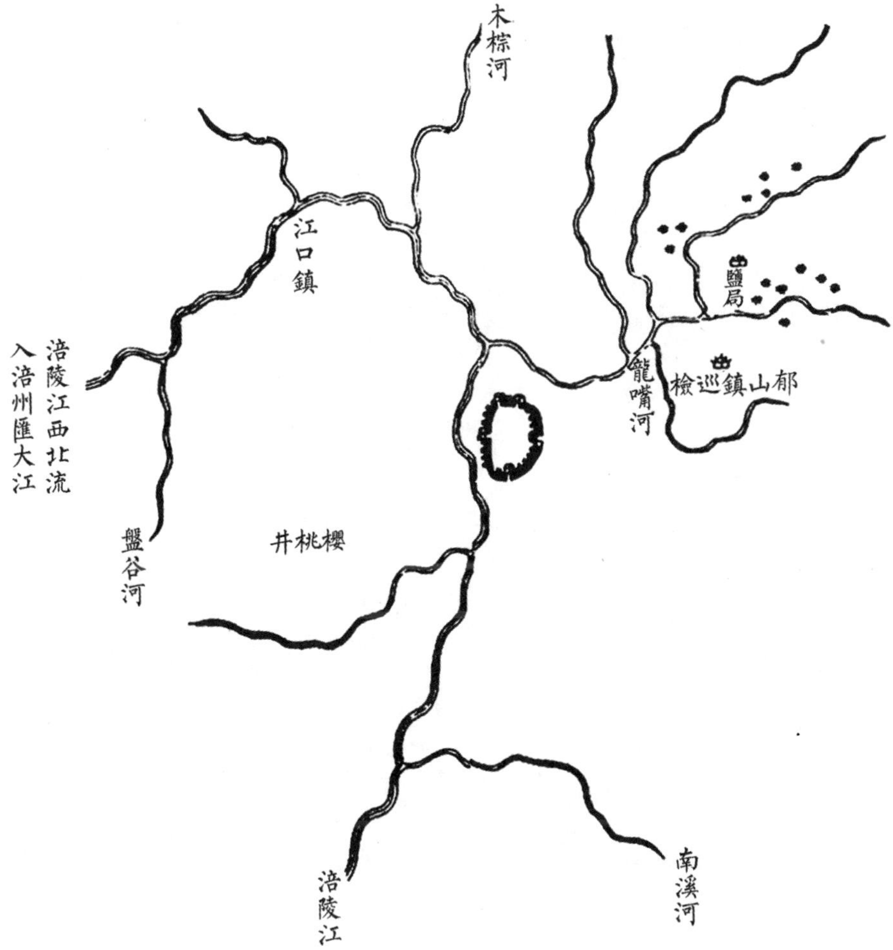

城口

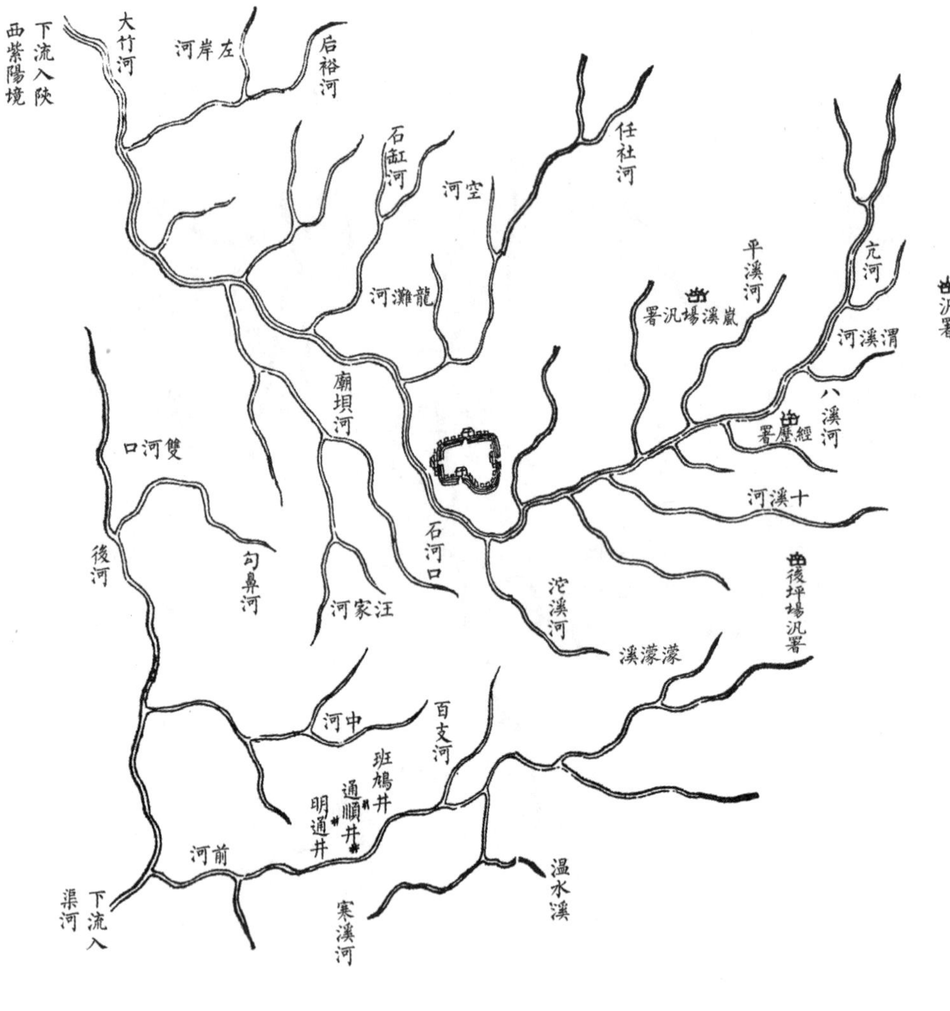
下流入陝西紫陽境
大竹河
左岸河
后裕河
石缸河
空河
任社河
龍灘河
平溪河
嵐溪場汛署
亢河
汛署
渭溪河
八溪河
經歷署
廟垻河
雙河口
十溪河
後河
句鼻河
石河口
汪家河
沱溪河
後坪場汛署
濛濛溪
中河
百支河
班鳩井
通順井
明通井
前河
溫水溪
下流入渠河
寒溪河

四川盐法志卷二·井厂二

井盐图说

初开井口图

《天涯闻见录》："益州产盐数十县，咸泉自涌者：温汤、开县。白龙、大宁。自流井富顺诸厂外，余皆凿地成者也。"《自流井记》："凡凿井，坎径地三尺，围九尺。"按：开井宜择山四旁有井者，居中度地焉。曰看榜样。夙匠就地撷草，拾土嗅之，即知下宜有水火，始鸠工除地。曰初开草皮。初开口，口宜宽，曰开大口。否则浮泥易圮，或碍施工。泥浅则担出，稍深则架木。上置辘轳，下系竹器，两人转而上之。曰槁架。

凿石图

《天涯闻见录》："井体以石为上，坚壤次之，沙泥为下。《南部县志》：'其初掘地，宽约数尺，浅或丈许，深或数丈，见石底为止。'《风物名实说注》：'钻锉大口，宽径三四尺。'"《自流井记》："凡凿井，须审地中之岩。井锉初下为红岩，次瓦灰岩，次黄姜岩，见油；次草白岩，次黄沙岩，见草皮火；次青沙岩，次白沙岩，见黄水；次煤炭岩，次麻箍岩，次黑烟岩，次绿豆岩，见黑水①。凡井诸岩不备见，惟黄姜、绿豆必有之。间有遇绵岩者，凿最艰，一丈可凿一年。"按：泥尽有数尺见石者，有数丈始见石者。数丈须用错，数尺者先用石工椎凿之。石屑多，仍以木架转出之。所引书中"锉"字义为"鍑"，于此无取。取与石相厉，应作"错"。相沿久不能改，仍之。后凡俗字仿此。

① 李榕《十三峰书屋文稿·自流井记》"水"下有"红岩者，红石土也；瓦灰、黄姜、麻箍、绿豆，象其形色也；炭岩之炭可然火，烟岩之烟如细雨"三十四字。

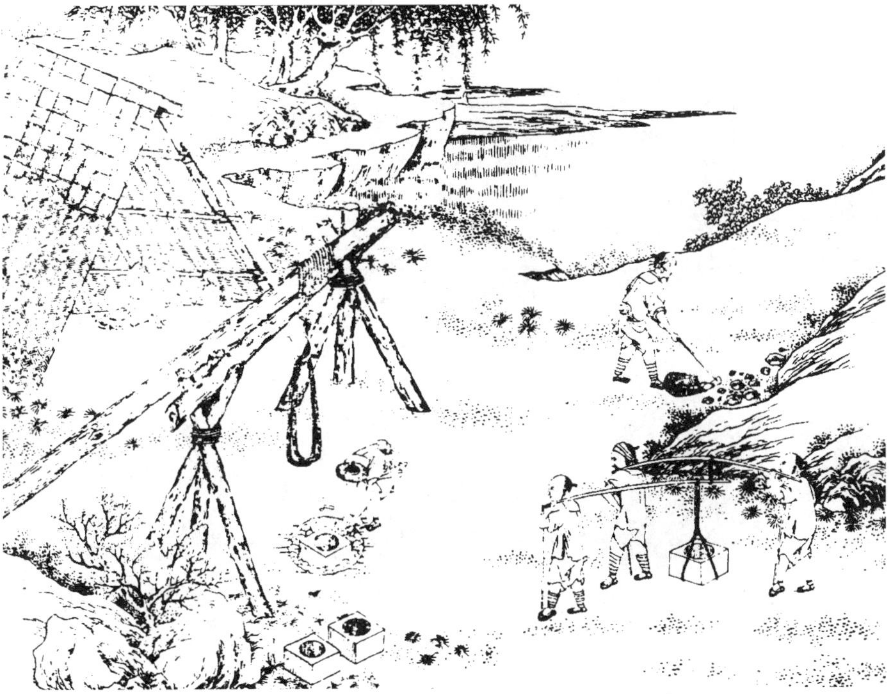

下石圈图

《自流井记》："初下凿石为臼，穴其底，积臼相衔，深可十丈。"《风物名实说注》："钻锉八九尺，下即闭气，甚有白水过多，不能往下再锉，即购坚石为井之舷，名曰石圈。外方内圆，舷口不过一尺一二寸，层叠砌好，谓之为大口。"按：石圈方二三尺，中穿圆径八九寸或尺一二寸，累数石至数十石，为隔白水。岩际水横出，不咸者曰白水。及崩岩坠石，则下易施锉也。石重不易下，置木架二，上横短木，再用长木曰槁竿，又曰提竿衡其上。绳系石圈，木末载重石，缀木杪类桔槔，又如权称物，徐扬其末而下之，以省人力。累与地平，旁用土石坚筑之。

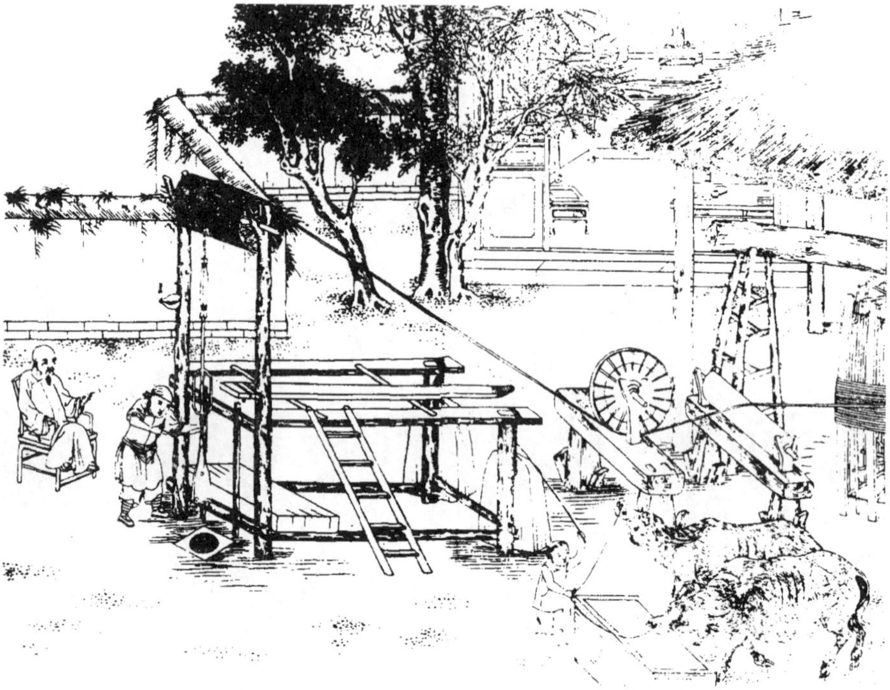

锉大口图

《风物名实说注》："舩口砌好，即置花滚子踩架，中用一坚实之木以称大锉，谓之碓板。人在踩架上往来跳跃，谓之捣锉，又谓之捣碓。新井则以二人在碓上，以一人在井口转锉；深井则以三人或四人在碓上，仍以一人在井口转锉。若不时时转之，其井不圆不直，即为井病。"《南部县志》："上建木架，设一机板，联以麻鞭，转环径寸，斑篾下悬丈余。铁干首大末小，约重三百余斤。干头坚铸方棱，掷入石圈，人乘板上，左右易足踏之，随机转筑，碎石如泥。易者日夜可深数尺，难者数日不能一寸。若筑尺余沙泥淤塞，必拔出大铁干，另用小铁干，约数十斤，干下悬一梯子坠井中揉取泥沙，复用大铁干筑凿。二干循环相用，其下浅深不一，总以阳水尽处为度。此名大窍，亦曰麻头。"按：锉井者先锉大口，利用大锉由石圈下捣，锉系于转槽子，转槽子系于篾，篾上由花滚下达于地滚，环绕车盘大口，自八九丈锉至二三十丈不等。大口以下视崖有白水，则急下木竹以格之。

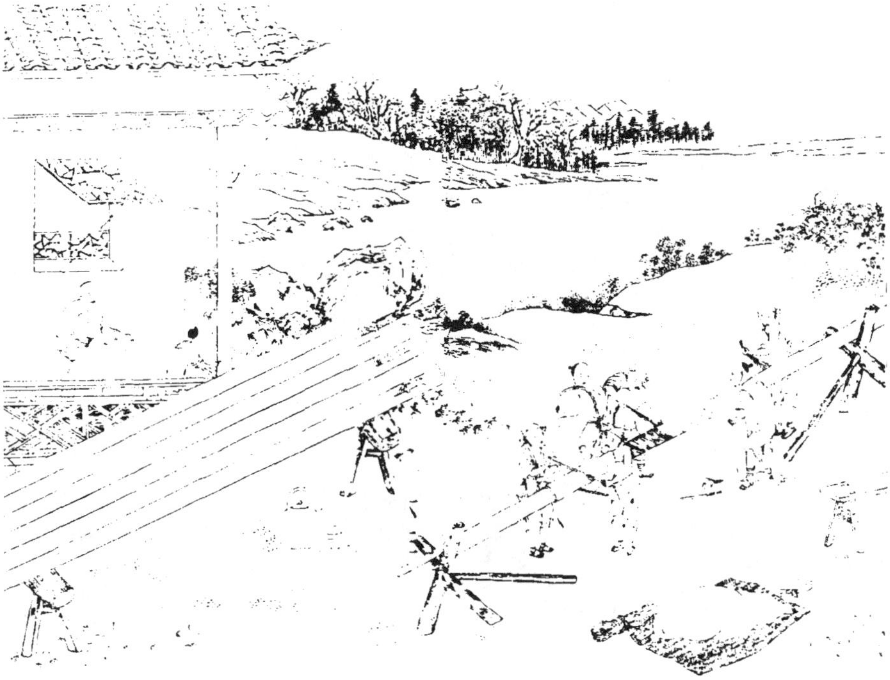

制木竹图

《盐井图记》："竹有木竹、樺竹二种。木竹刳大木二，以麻合其缝，以油灰弥其隙。樺竹出马湖山中。"《风物名实说注》："木竹以隔白水，浅者数丈，深者至三十余丈。浅者以松木为之，深者必用柏木，取其质坚，免崩漏之病。"按：白水，俗曰冒白，锉井最忌。木竹外束以布，继缠以麻，以桐子油舂灰融傅之，使无渗漏。井眼大几何，木竹如之，续处牝牡相衔，本末相接。或曰木中空若竹然，故曰木竹云。

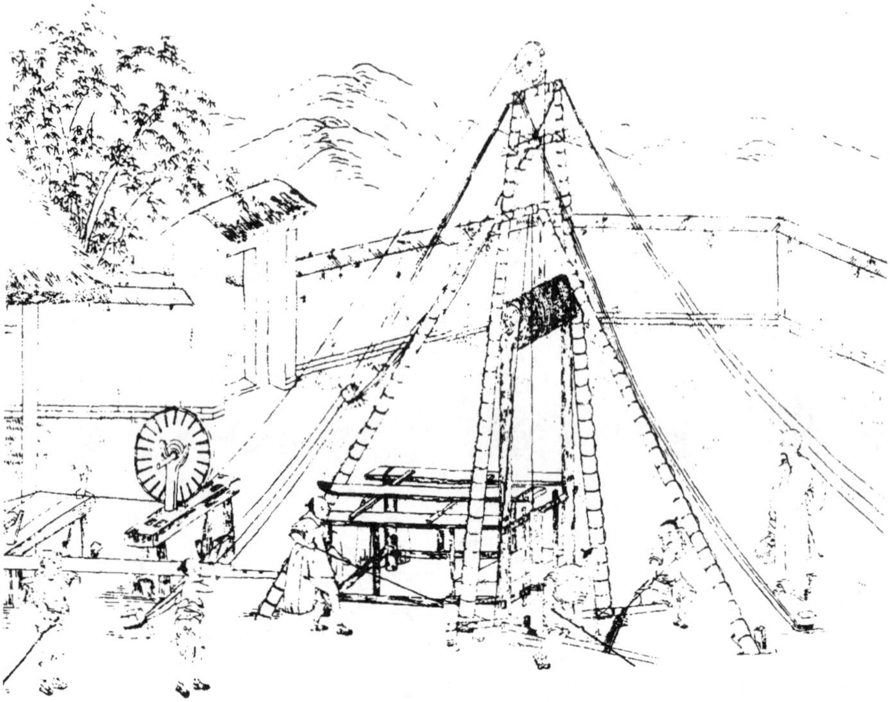

下木竹图

《东坡志林》："庆历、皇祐[1]以来，蜀始用'筒井'，用圆刃，凿如碗大，深者数十丈。以巨竹去节，牝牡相衔为井，以隔横入淡水，则咸泉自上。"《蓬溪县志》："深至二三丈，先得淡水，名阳水。阳水之下，试有坚石，凿之亦碗大。用大竹四五竿凿通，接之使长，接处缠麻，胶以油灰，名隔竿。下井中至所凿坚石穴内，使阳水不得下渗，再用大石板凿井口，扣定隔竹，以竹系铁锥入隔竹中锉之。"按：此是卓筒小井，上不置石圈者。《南部县志》："其下或见红沙岩，或见白沙岩，然后用坚木剖为二，挖空如竹，合而束之，密布棕皮、青麻、蓑草，和矿灰、桐油涂傅，以隔阳水。间亦有用布者。窍之深浅，竹之长短因之。倘下竹筑小窍甫丈余，又有阳水旁出，

① 祐：原作"佑"。

必尽挑起木竹，仍用大干筑过此窍。有再挑再下而成者，有三挑三下而成者。”《自流井记》：“石臼下十丈，再下合木为柱，刳其中，积柱以相衔，深可三十丈，所以隔白水也。”按：木竹下井，先立天车。卓两巨木相向，各距井口八九尺许，曰正桩。高或五六尺至丈二尺，视井之深浅。两木杪联以横木，曰箍头。旁建斜木，前后揞拄之。前曰倒挂，后曰支竿。后微高，前微低下，再横数木。中凿窍，以前后斜木上承窍，下斜卓，去井口丈许，令稳固。又天车绝高，别于两巨木，侧植两木相维持，高及半。俗曰肘脚。天车高视井，井深者汲水筒长。绝顶横木上置小轮，曰天滚子。以圆木二片夹之，以约篾。又有木架，曰踩架。前建两木，高丈二尺许，曰将军柱。后用两木，曰后腿。前后皆宽五尺，四旁联以横木。复剖圆木为二，取其活脱，置架上以阁机板。机板者，长丈许，井浅亦有八九尺者，宜坚木，两端微昂，中微凹，首阔而末削，末束以麻，取足踏其上不滑。数人舂之若碓，故曰碓板也。将军柱上中置一轮，与上天滚遥相承，曰花滚子。又于架后二丈许置一轮，曰地滚。又后二丈许置一巨轮。曰车盘。巨轮者，以坚木一作轴，黄连树为宜。长可六七尺，圆径六七寸或八九寸，至尺一二寸。曰车心。环轴两端凿方窍或十二、十四、十六不一，以木为辐攒贯之，长丈二三尺或丈六七尺，四围复用直木，长与直轴等。仍上下凿窍受辐，上架巨木，一曰过担。中凿窍，置铁管以受轴上端，下承巨石为趺。凹中置铁以受轴下端，然后以篾绕轮，度地滚上达天滚，下接花滚。自下木竹、锉井至汲卤，皆缺一不可。此与后《汲卤说》内《风物名实说》略同，因此图内有天车，故分著之。木竹先下，其一余三尺许于井口外，以花滚篾系之，令勿坠。又以坚木二先约其一端，横缚于天车，两柱张如翦，以木竹挟持其中，再约其一端，一人以铁杖辏两木令紧，一人绳束之令稳，乃加一木竹于上，续牝牡笋，傅灰，束麻，讫稍燥，则尽下。下其一，又续其一，如前法。

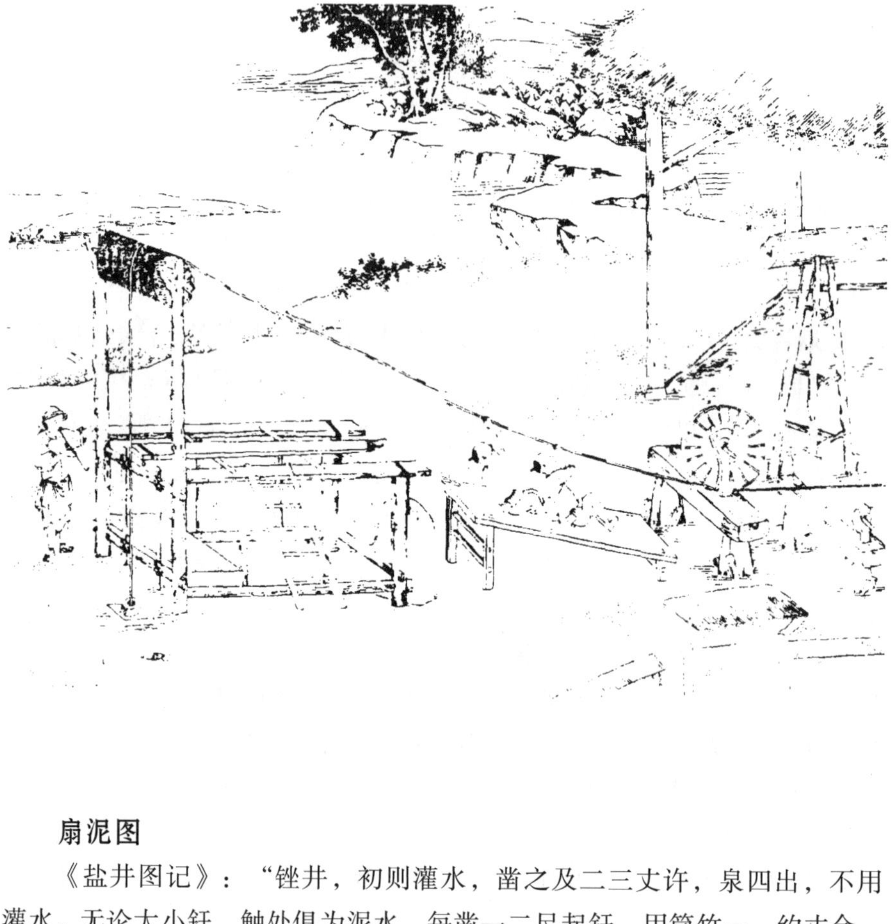

扇泥图

《盐井图记》："锉井，初则灌水，凿之及二三丈许，泉四出，不用灌水。无论大小釬，触处俱为泥水。每凿一二尺起釬，用筒竹一，约丈余，通节，以绳系其梢，筒下为皮钱，掩其底，操绳以缩皮，泥水翕入，浥满提出，渐尽，复下釬凿焉。"按：凡所凿，泥沙积一二日，下竹筒曰吞筒吸出之。曰扇泥。吸时，用篾系筒，悬井中，两三人于踩架后、地滚前攀篾条，低昂摇曳作势，自能将泥沙吸入筒中。吸满取出，再入吸，吸尽又锉。

附补井

《风物名实说》："凡井之病四：有走岩，有崩腔，有流沙，有冒白。有一病必停工，谓之挂井。其无岩、无崩及诸病者，谓之一根笋，井之上者也。”《注》：走岩、崩腔，油灰作丸，以弥缝其阙，无不应者。惟邱垱多流沙，流沙者，水为沙闭遏也，必下木窗以隔之。若冒白，则成废井，法不可医。走岩、崩腔，近用油灰补。按：井有岩石，初锉，第空其中，久之，旁岩往往坠出，陷为穴。曰空腔，又曰走腔，曰崩腔。所谓麻姑岩、拳石岩、绿豆岩、黄泥岩尤易陷，宜亟以油灰补之。然穴率口小中大，灰不易入，法宜先拓口令宽，以铁梗末锐中置二钩。曰独脚棒。剖竹四片，反缚钩际而弸其中，反张若雨伞然。又以麻约竹端，内敛较井口稍缩，再以片竹略加长，同缚其端与麻拒，则悬梗下至底。其一竹上触麻褪而四竹张，因挈梗徐上，计至穴，竹端必发。入试按抑令下，竹为穴抵牾不得下，知为穴所在。数下撞，即可令穴下口渐宽，曰腔盘。而簿记之。又挈梗上，再有穴，亦如之。如是，则下口拓矣。然上口未拓，灰犹未易入也。则仍剖竹缚梗如前法，惟改竹端向上，不用麻约。盖竹端向上入井，其势顺，自为井所约，遇穴竹自张，因数往上提竹，亦抵牾不得上，久之，即可令穴上口渐宽。俗曰腔顶。如是，则穴必外阔于中，然后以油灰下补之。盛灰之器以巨竹，可七八尺，上束把手，把手说见“器具”。下破为二，盛油灰其中而合焉。以软竹片托下口，轻束之，使灰不坠。于是，先束草为结，实井中，在穴下始悬灰同下，度已至穴，即将系筒篾上下作势，令托下口竹褪脱，灰即自出，下有草藉，使灰不坠，平积穴内。外则以提须带竹壳，见“器具”说。置麻筋于壳内入井，以提须将油灰撞实。穴内不实，则又下灰补平。如上有穴，仍实草藉、灰补如前法。补过三四旬后，度油灰干透，始用锉将实草锉通。如穴浅在三四丈内，或用石灰、炭灰、黄泥和舂曰三合土补之。

锉小口图见功

《盐井图记》："下尽全竹四障，淡水不能浸淫，乃截去大釬，换小釬。"《南部县志》："阳水既隔，又别铸小铁干一，入竹腹中，用力深凿。中有腰脉水①下之，多寡咸淡，即此可验。再深数十丈，可得真盐水。"《风物名实说注》："井下木竹既定，须吊锉捣其下。又有麻姑石岩、绿豆石岩，又铁板腔岩。至铁板腔之石，较铁尤坚，必捣过铁板腔，或数尺、数丈、近十丈，则可望见功。又木竹下好，即锉小眼。老井眼径二寸四五，大者三寸二三。惟富顺邱垱之井多半黄水，小眼则四五寸为度。又水、火、油得其一者，谓之见功。纯淡者白水，不及五六分者咸淡水，稍咸者草皮水，得盐者统谓之黄水。半咸者谓之假黑水，惟黑水为井功。黑水，每碗煎盐轻者二两一二，重者二两四五；黄水半之；草皮水一两有奇，或八

① 四川盐井凿至白沙岩，有少量咸水涌出，称为腰脉水。再往下凿几丈深，咸卤便可上涌见功。

钱或七钱或五六钱；不及五六钱者咸淡水也；白水无盐。”《自流井记》：“常程可四五年，或十余年，有数十年更数姓而见功者。若深及三百丈而咸水不旺，谓之弃井。”按：既下木竹，又于木竹下锉小口焉。曰开小口，又曰抽小眼。盖制木竹时，豫度小口大约几何，凡老井口恒小，新井口稍大，约径三寸数分，即接木竹下锉。锉之小者曰银锭，法如前锉大口式，皆以山匠轮班，昼夜为之，以见功为度。见功者，见咸也，然随见咸仍随下锉。见咸时，主者为之祀井称庆。井浅者咸轻，深者咸重。黄水咸轻，黑水咸重。百一二十丈见黄水者，碗咸可一两一二钱，百五六十丈见黄水者，咸可一两五六钱。锉至二百丈，常有出火者；至二百数十丈，或见黑水，其咸可二两有奇。大抵浅出黄水，深出黑水，又深出大火。又有只出水，只出火者，兼出者恒少，今惟富厂有之。出火浅，仅给一二十锅或三四十锅不等；至二百八九十丈近三百丈，见火必大，可给五六百锅，少亦百余锅。井上上费或数万金，少亦万余金。其水、火有久而不竭者，利倍蓰；有见功未几即竭者，利足偿所费而已。有锉至百数十丈略见黄水数石，或二百数十丈见黑水数石而止者，并有深至二百数十丈水、火俱无而废者，一无所获而所费已不赀矣。

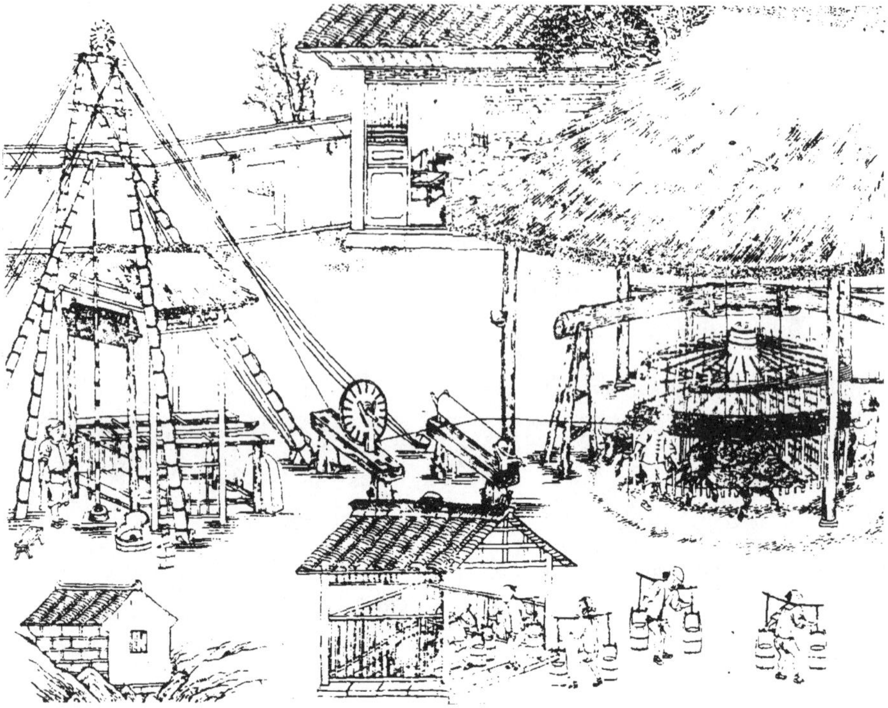

汲卤图

《天涯闻见录》：“开县温汤井，逼东溪旁，溪涨则井浸水中。井形方，面阔三四尺，深再倍之。用竹凿去内节，斜置井中，曳水灌大木桶内。其桶叠累而上，竹亦鳞上，以曳而灌。将近岩巅，则用竹筒牝牡相衔，缀续分注各灶。大宁白龙泉，山皆石壁峭立，炼铁龙头于其上，俾水从龙口喷出，大尺许。下甃石井，井置铁管六十有八。从铁管注竹筒，筒以斑竹连缀，至数十丈或二三百丈，半由溪北接至溪南。竹筒之下，盛以四足竹架，系以篾绳，防其坠也。”《南部县志》：“井成之后，制车房于上。车有十六轮，左右立小桩，车架其上，旁树木杆，名曰楼架。四围系之以绳，杆顶横担一木，木上二叉架一天滚，以为井索上下之轴。贮水用大竹筒，数竿相续，通其中节，筒底用皮钱掩覆，使水汲而能入，满不能溢。绳系于筒，随车转移，其由上而下，车则左旋，一蔑以勒其势；其由下而上，车则右转，两人共挽其轮。按：此盖小井，故不用牛马而以人挽。筒出井口，顺架直立，一人握其筒底，钩启皮钱，则盐水尽出。”《蓬溪县志》：“井上树三木，约长三四丈，上尖下阔如鼎足，尖上置转轮，名楼架。按：此当即前天滚，或称名各从俗耳。去稍远，复以木为圆架，中安枢纽如磨盘，名盘车。将绳度过楼架转轮，系于盘车。汲水使上，则驱牛拽盘车旋转，以牵引其绳；放绳使下，则解盘车之牛绳随筒自下。凡井日夜有水而味咸者，谓之广水井；一日之内按时有水者，谓之歇水井；水少而味淡者，谓之淡水井。广水盐多，歇井、淡井盐少。”按：此乃卓筒小井，今州县此类甚多。《风物名实说》：“汲水者为牵藤，以竹为之，绕于车盘。以四头牛周行，谓之推注。井浅则用三牛，深则用四牛或五牛，无牛者以人推之。邱垱井浅多黄水，可用人力。四垱多黑水而井深，人力不及牛力。其盘距井口四五丈，轮阔四丈八或五丈二，统谓之天滚，置天车上。天车以两大木为正柱，立井口，高者十一二丈，次七八丈，次五六丈不等。正柱附以小木，正柱之端横置木一，曰天箍头。箍头上凿眼，树夹板二，天滚在夹板中。又于正柱两端下丈许，横缚木一，曰斗档。前后以木斜系于斗档撑定，复用风篾牵藤系于正柱两端天箍头处，周围分作六方斜埋桩于地以系之。又置一轮，较大于天滚，曰地滚。用木二，长三四尺，树于地，复以木一横箍于上，曰地箍头，以夹板承地滚，亦如天滚式。又有抬滚，又置一大车轮，轮周三四五丈不等，曰车子。其车子树过担一，中加厚木板一，曰天平。凿一窍，以管车心之上鱼尾。地下以大石一方，曰海底石，中凿方窍，可两寸，嵌方铁一，中微凹，车心下鱼尾即植其中。车心以径尺坚木为之，周围凿眼，贯木十六方或十四方。用长大斑竹剖开椎碎，围车子三面，谓之拭篾，盘于车上，由地滚下穿过，直达天滚，上系筒放井内取水，推出井口，以铁钩顶开皮钱，水直注木盆，谓之地皇桶。旁置木盆一，近井一面高一尺，背面高二尺，大径四五尺，置竹枧引水入皇桶。桶亦以木为之，径一丈六七尺，深八九尺。全井之水均贮此内以备用。”按：井既见功，可以汲卤，是曰推水。推水筒以巨竹相续成之，井深者可十余竹，高与天车等。系筒之篾，上由天滚下达地滚，其端环绕车盘。筒入水，水满筒，则鞭牛转车盘以拽篾，篾尽而筒起。井旁一人急击柝，鞭牛者闻声，止不拽。一车盘有牯牛二至五六牛不等，率三汲一易牛。井浅，天车低，筒短者，可用黄牛。小井出水一二担者，或佣贫人挽之。井上置辘轳，一二人就井旁转之。牛食料多用蚕豆，刍牧鞭策，又复需人费不赀，盐直贵贱恒因之，黄牛稍省。初有用骡马者，力弱，四牛之车六骡乃胜，又数牛一牧，骡则前后各一人，故今率不用骡。贫者庸力挽筒水，只给数钱，以此食力者颇夥。按：挽水用人，先年有庸其力而戕其生者，害最甚。一为乐山牛华溪井户，常以利诱失业游民，至则重扃之，日给十许钱，两日三餐，分昼夜轮次挽水，曰人车。虽病不得息，否，辄施鞭棰，有死者。管事初给草屦小菜，藉扣庸值。犹有支欠，一欠即不得辞，偿又无力。其人皆蓬头赤体，面无人色，至谓之“班房车”。先是，道光十九年调置乐山县知县毛辉凤得檄察核，令各井户具结以上。同治十三年，直隶知州田立慈赴犍、乐察勘盐井，廉得实，始发其弊。资遣扃锢贫民数十人，为定章程六条，岁春秋两次，由建昌道及嘉定府遣官稽察，取盐总结，以上弊始除。一为彭水郁山镇后灶，在镇东一里，有新兴、正兴、鸡鸣、皮袋、鹁鸠五井，地僻远，井户以井付凶徒，曰喊人头，日责水千筒，余者归之凶徒，因遣其党日二卯首于百里外诱致远方贫民庸工，始至则藉饮食诸费重取之，不足则借贷以盘剥之，因而挟持虐使之。推水亦分昼、夜两班，无片刻息。息则敲扑无已时，重者至死，轻者废折。逃者其党追回，辄煮桐子油沸而灌之。责工益剧，人皆偃卧井旁乱草中，雨淋日炙，身无寸缕，役之若畜然，百无一生者。光绪六年，官运方行，有司始上其事，乃取凶徒惩创之，责令井户改用牛车云。又间有冒水井者，卤最旺，自下喷出，若潮汐然，无待推挽。喷出时高可三四丈，昼夜可积千余担。于井口平地置石板，宽以三四丈，就地置石槽，引水注井口坝。又或井口置一盆，如火井之盆，旁置阴枧，水冒出即由桶注枧达皇桶房。此井利最大，然不常遇，遇者盖十无一二焉。以上各有盐州县略同，特井有浅深，卤有多寡，则规模亦异。惟开县温汤井在平地，以竹平笕取；大宁县井由山半下注，以竹续铁笕取；盐源县黑盐井出山洞注于塘，又以巨木作笕，笕取与他厂异。

附井油

《蜀语》：“似沟中臭水而绿，然之，光亦青，微臭，遇水不灭，更增其焰。报人为烛，马上执之，得雨亦然。浸干马矢[①]，或烧柴草于上流然之，置江中，可以烧敌船。正德间，犍为、嘉定出。”《天涯闻见录》：“井油，桐绿色，汲入筒，水与油并浮水上。有能测其入筒深浅者，于筒下井时，如其浅，深吸之，则油充牣其中，无滴水。舀起盛

① 马矢：马粪。《左传·文公十八年》：“杀而埋之马矢之中。”

盎，然之与桐膏若，惟气稍杂硫黄。《自流井记》：'井油凡四色[①]：米汤油色白，绿豆油色青，栀子油色黄，墨漆油色黑。青、黄、黑三者，气熏人如硫黄；白者气较轻，光较明。晒牛、马粪为干饼，以此油浸之，浮水不息，又能疗癣癞，价昂时，一斤可值八十钱。'"按：井有水、油兼出者，有水、火兼出者。出油多在井数十丈间，太深则无油。油、水兼出者，汲出泻于器，水重而沈，油轻而浮，用竹木器轻挹出，用以然灯。如油泡多，不能即然，则用稻草一束浸油内，取出揉搓之，油即澄清。油色暗绿，味臭。江中凿滩石，率用油烧之，石辄裂。

① 李榕《十三峰书屋文稿·自流井记》"井"字后有"之精液为"四字。

置枧图

《舆地纪胜·大宁监·景物注》："绞篊，在盐井引泉踏溪，每一笕用一篊，其笕与篊经一年，十月旦日，以新易陈，郡守作乐以临之，井民歌舞相庆，谓之绞篊节。"按：绞篊专为大宁言。然《类篇》："篊，竹引水也。"《集韵》："笕，以竹通水也。"则篊、笕似亦相类。《天涯闻见录》："大宁白龙泉下甃石井，井置铁管六十有八，从铁管注竹筒，筒以班竹连缀至数十丈或二三百丈，半由溪北接至溪南，径流注各灶煎之。"《富顺县志》："邱垱多水，龙、新两垱多火。邱垱距龙、新垱十余里，邱垱之斜石塔有黄水，亦隔火井十余里，中阻大河，沿途多山，因以大班竹或南竹通其节，用公母笋接逗，外用细麻油灰缠缚，明暗高低相地势为之。或以此山与对山若高数尺，即将枧埋土内，由此山达彼山，谓之冒水枧，不藉人工、马力，亦可冒六七里许。如无对山，不能冒水，则相山之高下，修造马车数坐，逾山越岭，由河底穿过。马车以大木四根，四方矗立，中以小木横逗至顶建楼，覆之以车盘斗子，用马推之，水即运上。地势低者，则树一木条，上加一横木，顶稳枧竹。地势曲者，用大木桶一，或石矼大二三尺，谓之枧窝。以竹枧逗之，即可曲过。水之多者，一窝三枧。沿枧地主数十家或百家，均立约，凭中相地远近，议立佃价若干，一佃六年或十年。”《自流井记》：“小溪之井无火，置笕通水，经十余里至荣溪西岸，覆以石槽，伏行溪水中达东岸，以就龙、新两垱之火。”按：盐井与火井相远者，则有枧户于近河设埠，曰上塘。置巨缸数具，可石可木，曰皇桶。买水储于缸。临水者，则以舟运至河，置翻车，曰龙骨车。挽运入缸。缸四旁累石为基，上构楼，曰上马车。高可四丈许，绝顶为车楼，凌空构木，若长虹，曰乘桥。人挽骡马上车楼，则由之绝陡险。楼上置轮，联木为方槽，数十为一贯，若水车之龙骨，曰水斗，又曰斗子。挂轮腹，驱马转轮，使水斗自水桶逆挽盐水高二丈许，旁置巨盆。曰撑盘。由盘而枧，纵横穿插，逾山渡水，可一二十里，四达旁流。每接续转折处则置盆，曰枧窝。递相嵌接，挹此注彼，不限高下。枧由高而低者，为放水枧，置枧时，剖竹数尺，两端留节而刳其中，注水以测高下，谓之测平水。又曰开河。渡水之枧，则于河底掘沟置枧，凿石为槽覆其上，又用敝盐锅镇之，以防水涨冲激。如南岸高北岸低，水将由北而南，法将北岸枧窝置高，水初注，由高而下，以后之枧即低昂相乘，如此枧昂后而低前，彼枧即低后而昂前。其要在初受水处高于泄水处，低者即少停蓄，高者顺流而下，即可将低者激而上行，然必盈而后进，亦水性然也。农家所制运水连筒，亦能架越涧谷，激起数丈。《钦定授时通考·器具图》内有徐光启说：“曰若能高起，必是上流受处高于下流泄处之故。果高则百丈亦可，不高则分寸不能。但是上流高于下流一二尺，即能取水至百丈之上，此则制作之巧耳。”此谓之冒水枧。北岸受水一担，南岸亦必泄水一石。水达彼岸，平流则置枧窝，低则仍置马车曲折枧。至火井处又设一总埠，仍置巨缸潴盐水，曰下塘。有火无盐之灶户于此市水。某户日需盐几何，则与竹签为验。力者持签运水，担重有至三百斤者。下塘有司事一人，收签付水。曰坐马头。枧户主此者，非数万重赀不能胜云。

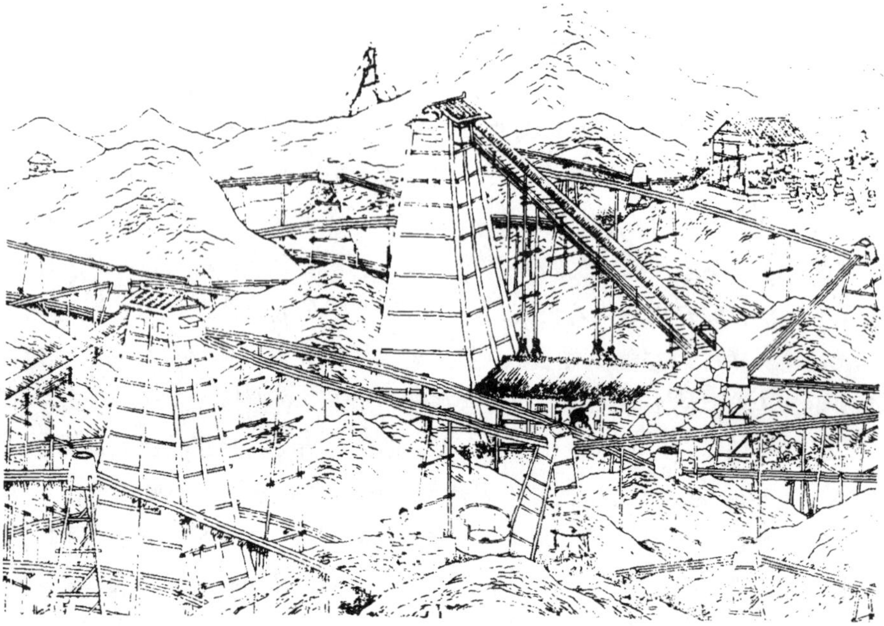

马车图

按：马车兼枧，用法具前说。此专图上、下马车形制。凡枧户多构一马车，费钱近千缗，而人马之费，岁又千缗，赁地费不在此数，其器至巧亦至巨焉。

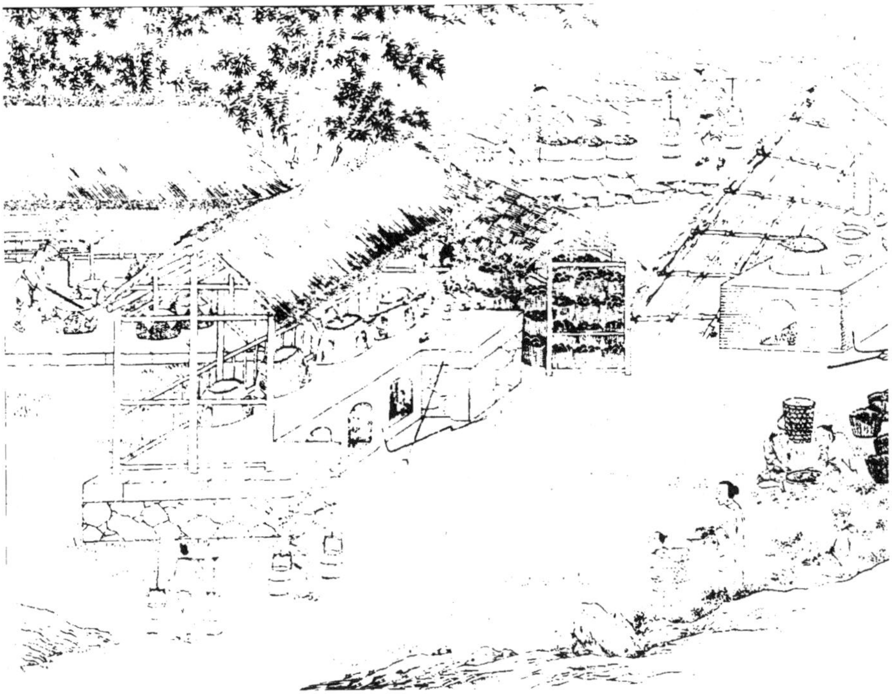

炭火煮盐图

《犍为县志》："前明惟铁山煤，产亦不广。迩者，五通桥盐泉大旺，日需煤数十万斤。三圣站下逮炭坝口，袤延百里，愈掘愈旺，水陆运负，日活数万人，为利甚溥。"《云安场风土记》："穷檐妇孺以拾煤为生计，有蓬首垢面终日坐于涂炭，而嘻嘻然不自知其苦者。"《南部县志》[①]："南部苦不出炭，幸水道可通，炭自广元载舟而来，贫民瘠土无以为业，人物负运，得以养生，灶民藉此稍得省力。"按：炭煮不止此三县，录此可概其余。《风物名实说》："覆灶之屋曰灶房，覆井者曰碓房，统谓之廊厂。"按：今产盐州县，大约煤煮者居多。潼川属及彭水或用草，煤盛以竹器置别室，充栋山积，煮盐功倍于井火，而得盐不及半焉。弃余之煤，犹有贫户妇孺拾取以

① 原文此无书名框。然，后文按语云："炭煮不止此三县。"知三县者乃犍为、云阳、南部也，故《南部县志》应该是独立引证之文献。

爨。其木桶所贮者，咸土水也，别结草为棚，置锅灶而差小者，煮盐渣也。

煮花盐[1]

《富顺县志》："以黄水十之六配黑水十之四，合贮于桶，灶上置千斤锅，四旁枕平，枕高六寸，环以土砖，高与锅等。用盐水泡泥及炭灰傅六七寸，先以火烘干。乃由竹枧运水入锅，毋使溢出，俟水有细盐曰盐渣，则续下生水。如未有渣，下水亦漏也。既碾齐，始下老水二勺，撮其盐泡，随下渣盐二勺半，入豆浆数勺，将水提清，加盖于锅。火大，则盖离锅一指许，水稍结，去一盖，见渣则尽去盖。火小，则盖不留隙，渣见亦去盖，干即起盐。外置石槽一，加二木于上，上置盐篓，起盐盛篓内。俟锅内水煮咸渣净，入豆浆澄过，是为花水。即以沃篓中盐四五度，汰其碱，盐乃白而匀。"《天涯闻见录》："煎盐锅坦如盘，厚寸有四，深如之，宽十倍焉。其边编竹和泥围之，高于锅寸许。正锅旁别置一锅，曰温锅，先入水于内，俟沸乃舀入正锅。其水成卤，与边齐，则必用生豆浆注入，其盐始成。约十分其卤，去九以为用浆之数，沸起遂成白盐，味淡稍苦，此花盐也。按：苦者惟开、射、大宁数厂，宁厂则味与巴等。温汤则先将咸水和泥成饼烤焦，曰泥鹾，决地深尺许为槽，贮诸内，复用咸水浸一日，数次搅焉。俾泥散沈底，始取其浮面清汁煮之，乃成盐。"《盐法议略》："煎盐用煤者多，潼川府厂则用草。其地泉脉稍淡，汲卤于井，煎之使咸，泼浸于草灰中，别以井卤漉之，然后成盐。"按：今潼川亦多用煤，他厂亦有间用草者，不仅潼川也。按：花盐又曰鱼子盐，色白粒大者佳。将煮时，置锅，缭以土砖，再用泥灰围锅口，高二寸许。曰泥围子。火炙，少坚燥，始注水满锅，勿令溢。水十分，黄者七，黑者三。煮许时，稍减火势，以勺挹，视水有盐花。稍缩，又加新水，数加而盐性定不缩，即入豆汁澄之。又煮许时，渣滓皆浮聚于面，随挹出。又入豆汁二三次，渣净水澄。用母子渣盐两勺许，不宜多，多则盐粒过细，煮至竭而盐成，曰母子盐。所谓母子渣者，别

[1] 花盐：以天然气煎烧所获成品盐。早期自贡两场多用炭火产制巴盐，名为"炭巴"，但因火力不均，盐块坚松不一。胡慎怡传人胡汝修始以天然气煎制，因火力均匀，色泽明净，质地坚硬，便于运输，名为"火巴"。自流井（东场）以花盐著名，贡井（西场）则以巴盐为主，史称"东花西巴"。详见刘云生：《自贡盐业契约语汇辑释》法律出版社2014年版，第30页。

煮水，下豆汁澄净后，即减火力，用微火温焊，久之，水面盐结成片，如雪花。待彼锅盐水煮老澄清，挹此入之，盐即成粒。盐成，一锅可百余斤，或百斤，两锅可得盐一包。在井火旺者，一昼夜可煮两锅；火微者，昼夜一锅至两昼夜一锅不等。取出置竹器内，曰篾渊。用花水沃数次，碱随水出，粒匀而色白，类梅花冰片，是为净水盐。花水者，别用盐水久煮，入豆汁后即起之水也。稍次者，不甚成粒，色亦不洁，为中等花盐。又次者，为桶子盐，盖盐沸腾溢出，浸入灶土，即取土盛桶内，曰咸土。用白水浸得咸水，仍和黑水下渣，如前法。煮成，去尽碱水，亦佳。亦有只用咸土水，不加黑水，惟和绵盐，以微火徐徐煮成，色必黄，嗅其气亦微浊，此为花盐之最下者。盖煮渣盐皆以卤淡，故其他厂有卤本淡，辄漉土以煮者，即类是。潼属而外，开县温汤井最甚。温井盐脉出河心，甃石潴之。久雨水泛，辄停煮，挹去淡水，始可用。石旁窍而置竹，就地高下，笕水达灶，置釜煮水。灶后筑土与灶平，中空，高广如灶而长，俗曰垄。下作三穴以达火气，则取水和泥炭屑，刳木作笵。笵之形，圆而长，晒干，再用炭火烘焦。取釜中水，日三沃，咸透则碎之。仍渍咸水，取出漉净入釜，且煮且沃，至六七日，而笵泥尽，曰小翻身。十三四日，则并灶后所筑土悉碎而渍之，曰大翻身。再筑再煮。先年煮以薪，道光末薪少，始改用石炭。其初炭佳，火力猛，十四五日可得盐五千余斤，除工、炭、食费，可赢钱三四十缗。今炭挽运颇艰，力弱只出盐三千斤而已。凡花盐多行本省计岸及商运济楚。旧制，凡配边盐各厂，煮巴盐九引兼煮花盐一引给本县食，不许多煮，防漏楚侵淮引地也。

煮巴盐

《富顺县志》："以黄、黑二水调匀，一两七八咸头，贮桶内。锅用枕，约五寸许，环以卤边，外用砖砌与卤边等，圆如之。枕中使通火气，砖隙用盐水泥及炭灰融傅，卤边外用盐泡子泥，内用渣盐砌，稳火烘干圈子。入生盐水洗渣，渣净续入水。煎水至半，视锅内渣有无，无则再入渣，以保圈子。俟水满，煮至次日，即入豆浆，复煮至夜半。水短，越两昼夜起盐，别以一锅贮之，然后泡碱。此烧上白下黑花锅巴盐法，其一色黑锅巴盐仿此，只不提去面子。总之，水宜清乃成瓦灰色。”按，各有井州县煮盐法不尽同，而莫备于富顺自流井。即自流井与富顺小溪煮法亦微异，以小溪有黄水无黑水也。姑不具录，录此以概其余。按：煮巴盐者，亦用黑水三成，黄水七成。先煮渣，本盐贮于别锅，然后用铁块曰卤边襄锅四旁，锅浅欲令深也。又以盐水浸泥涂之，使无罅漏。又用土砖支锅，四旁与铁块等，亦涂以盐泥，待火炙泥结，先将母盐渣本于锅内渗匀，曰洗渣。徐下子水煮二三日或四五日，视火力之大小。待盐凝如锅笵，成厚四五寸许、大径四尺，重可五百斤。如子母盐未渗匀，或微歇火与盐锅不佳者，如吊肚、滥锅等。则上下虽凝而中疏散，曰夹沙糕。此则煎工不良故。至有盐结于锅两日，盐如炭、色如火，曰红盐。暂不令起，遽以碱水沃之，少干取出，可重十余斤。曰炕胆。其甚者注碱水盈盆，取红盐入盆，浸时许取出，至重数十斤，曰泡胆。弊最难除。近举行官运，令厂局与灶户约，令罢诸弊，商人稍利。巴盐色目颇不一，有黑巴、白巴、亦曰花老鸦巴。雄黄巴。黑巴有二炭煮者，其色自黑，井火煮者略下。窑烟同煮，将成时，用熟猪脂一勺从锅四旁融入盐口，尤光致。盖销地有宜黑巴者，故假色取易售耳。白巴花、老鸦巴者，煮盐功及半，如应煮两日者于一日后，应煮三日者日半后。用豆汁提净锅面盐渣，故上白而下黑。草白者，煮时不用豆浆提，其色微污如草灰，故云。雄黄巴较少，大率井水硝碱重者，煮成色必黄。各厂多纯煮一色，富顺则兼有之。又有厚巴、薄巴。厚者，黑多于白，渣重，味涩；薄者，白多于黑，渣轻，味甘。其销地亦各有所宜，黑巴宜于黔边、涪岸及酉、秀、黔、彭各计岸；草白巴宜泸州、合江各计岸；白巴宜黔边、仁、綦各岸；雄黄巴出富顺小溪者，宜涪州羊角碛。

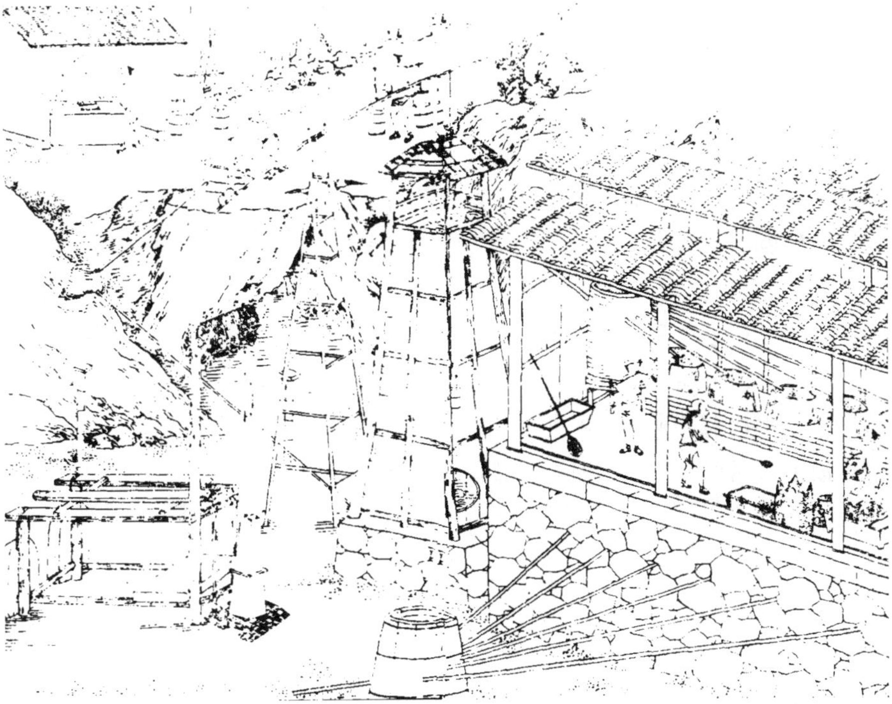

井火煮盐图

《富顺县志》："火井深四五丈，宽径五六寸，中无盐水，气如雾上腾。以竹去节入井中，用泥涂口，家火引之即发，周围砌灶，置锅煮盐，亘昼夜不息。如不用，以水沃之即灭。浅井之火，其色白而不红；深井之火，有二百一二十丈，卤气甚大，熏人眼目，火势强旺，可供数百灶之用。犹恐火势蔓燎，别安一大木竹以泄旺气，谓之冲天枧。"《自流井记》[①]："火以锅口计，火一口年可租四十余金，极旺者可烧至六七百口[②]，以次减至数十口、数口。火枧远者可至百余丈，以次减至数十丈、数丈。……蜀中各邑

① 原文此无书名框，据李榕《十三峰书屋文稿》之《自流井记》补。

② 至：李榕《十三峰书屋文稿·自流井记》作"五"。

抱爪催子

按：一切与四股须同。惟四股须末四齿向上，此略向下；四股须内敛，此外张。用时，外又有长条一，末屈铁作一圈，曰催子。盖须下井皆张，俟将遗物撮起，则用催子由柄套下，须即敛，抱物不遗。

四楞子

按：重百四五十斤，柄用长条，丈五尺，大径寸，把手具。末椭圆而长，略如冬瓜。四楞，楞有齿，向上。开槽眼用，或曰井遗铁器已捣破而平积井底，他器大者捣不入，则用四楞子捣之，尚大，再易三楞子，必捣作坎，方可取之。三楞子，制略同。未图。

虎舌

按：重百四五十斤，柄用长条，丈五六尺，圆径寸，末宽博，下如舌而锐，四面有铁齿。用以拨铁器并坚石。俗又名芝麻杆。

霸王鞭

按：重百四五十斤，柄长丈五六尺，圆径一寸，把手具。末屈曲作数纽，长一尺许，纽皆有齿。力重，能深入，下此尤易见功。或遗梃锉为篾索填塞，亦用此取之。

草鞋板

按：重百四五十斤，柄用长条，丈四五尺，把手具。末一铁板半屈，中偏微弯，略以形似名。两面皆有齿，遗锉及梃子诸铁器与岩渣、篾渣杂塞井中，平结一片，则用此捣之。所遗铁器触齿皆损，便可捣开一隙，然后由此设法取之。

产盐，惟火井烧盐之法最精。澄水下浆，提渣去碱，花盐经昼夜而成，雪白匀净，其味鲜美；巴盐经两昼夜而成，融结为饼……色不甚白，味则胜于花盐。”按：用井火煮盐者，凡火井成，井口尚陷地丈许，上用虚底木桶罩之，曰炕盆。桶式下阔而上狭，大小视火之强弱。桶上覆以木板，中留小窍，上覆片席，席上置木箱一，亦下阔上狭而方，与下井口相承，气由席上达箱。曰冷箱，又曰冲天枧。箱口不见火，惟有气，若在釜上接以家火，光辄上腾，能毁物。故火井常缭以垣，置逻者守之。此惟有火无水之井，如水火兼有之井，则不用冷箱。其桶旁凿窍，以枧端接，穿地中，将至灶，外户又作一桶，凿窍置枧如前，达于灶圈侧小气桶。又由气桶置铁枧，达灶内石火坛，先用阳火引之锅下，四旁用泥作枕，高六七寸，以支锅。灶隅置盐水桶，灶房外置皇桶房，先担盐水注枧窝，由枧泻皇桶。皇桶房一人踞上层，旁置一笕窝，用修绠汲上入枧窝，注灶隅桶内，又枧注于锅内煮之。

票盐小贩图

按：凡计岸近厂州县招商无应者，其引白截留库，率由小贩携钱或负米、豆杂物赴厂易盐，回售给食。旧制仿老少贫民之例，人不得过四十斤。至行官运后，为改设票厘局，奏定人以八十斤为率，别有零盐，不用包，盛以竹器，入市零售者，曰敞口盐。

盐成入载图

按：凡花盐成包，荷以人，巴盐入篛，驮以骡马，运至马头，由官般验后入船，载运各岸。其船官商皆有，以行楚、滇、黔各岸。沿江各厂，近以富顺为大，邓井关设有官运船行，由委员验船之坚朽。犍为大河坝亦盛，云、宁等厂次之。

四川盐法志卷三·井厂三

器具图说

鱼尾锉

《风物名实说》："平地开井用锉，上锐中阔，其末斜而宽，曰鱼尾锉，长一丈。"按：其末广博八九寸，大者尺一二寸，小大因井。柄长六七尺或八九尺，柄中作环，或方或圆，曰寓弓。为山匠用手转旋地。锉上系竹绳，曲屈旋柄而上交于系锉之篾，虑用力猛锉偶折，系之使不脱也。重百二十斤或百七八十斤。下石圈后用此锉大口，自八九尺至三十余丈，然后下木竹焉。

银锭锉

《风物名实说》："小锉，长柄，大末如银锭，谓之太平锉。重百余斤，长丈二尺。又半边银锭者，名为垫根子。"按：其柄上方下圆，剖斑竹或南竹四片，长可二尺，束方柄上。曰把手。上用转槽子或梃子纳把手上口内，束其口，可上下提挈。后凡用把手者视此。银锭一曰吉字锭，高可六七寸或八九寸，前后椭圆，左右中削。曰泥槽。锉井时有泥沙，可让由中出，则锉易下。柄长丈二尺，小者七八尺，重八九十斤或百三四十斤，视井深浅。深宜轻，重则堕；浅宜重，轻无力。下木竹后，锉小口至底，皆用此。

财神锉

按：广博三寸，厚五分寸之一，中曲诘作纽，旁有齿柄，有把手，与银锭锉略同。长丈余，圆径一寸二三分，重百二十斤。开大口后井中走岩、遗竹、绞泥沙则下此，捣之可碎作泥。非是不恒用也。

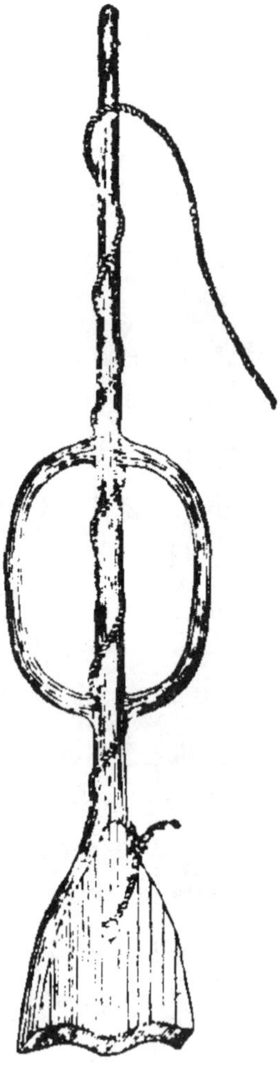

鱼尾锉

银锭锉

财神锉

马蹄锉单马蹄　双马蹄

按：柄及把手略同银锭，唯锉作马蹄式。单者仅起半形，双者两面皆具。锉井不圆则下此，或井中遗石，大如鹅卵，小为蟹眼，须捣如泥，乃能用吞筒吸出。银锭锉小石易走，马蹄形圆，著处无遗。又如井底半软半坚，虑井眼欹斜，则用半边马蹄锉其坚者。

长条

按：铸铁为梗，圆径寸许，长丈五六尺。凡器多用作柄，用何器即缀何器于末。井上皆置冶炉，临时接釬，改用则截去别接。用以取物，其梗必视所取物，长可三尺，乃适宜。

二水镊子

按：柄用长条把手具，丈五六尺，重百四五十斤。镊子末大，上以渐而杀，中屈曲作纽，俗又谓之小大镊子。四旁密齿。凡井走岩、岩渣中窒、下有遗物用以疏浚，再用他器下取。如井底有岩渣，可用捣如泥，始用吞筒出之。

转槽子

按：凡锉皆系转槽子，下转槽子上即悬于花滚篾条。其器铸铁为梗，上广博二指许，取篾片合而束之，有钩距著绳，稳固不脱。末大作方楞，下微椭，俗曰四楞鸡脚杆。以入，把手方口束其上。又铸铁，圆而椭，中空如悬钟，约梗上，活脱能高下转动。俗曰蛋门，又曰鹅公泡，又曰鸡蛋壳。其末既入，锉把手下井中锉及底，则把手上撞，梗上铁必上下作声。如篾短而锉悬，与篾长委井底，则铁无声，即知锉不曾下；或铁空处为泥沙淤塞，亦无声，必取而除之，然后复入锉，盖恃此为消息也。器长四五尺，重可四十斤。

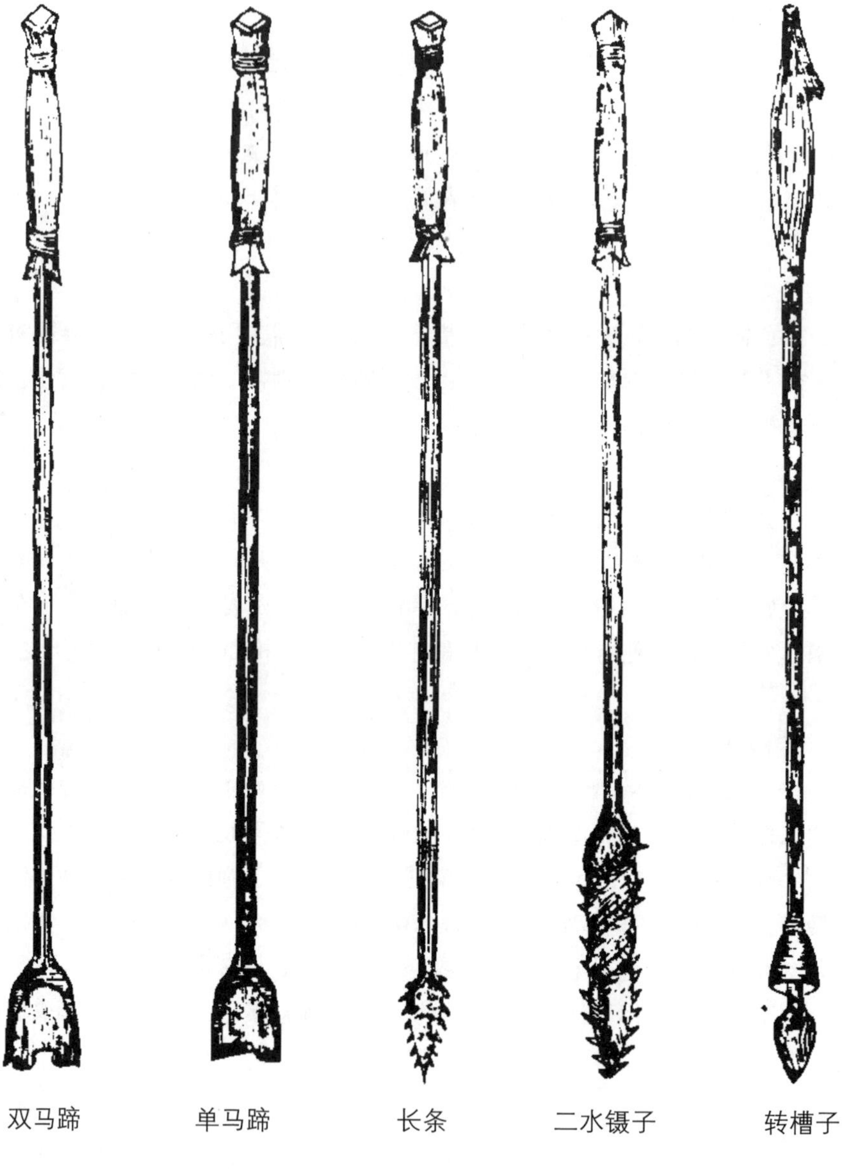
双马蹄
单马蹄
长条
二水镊子
转槽子

梃子

《风物名实注》："长八九尺，略如转槽子。凡扇泥暨用疗井病之铁器，必以此梃系其上，镇之使下坠。"按：转槽子柄末制方而此圜，径六七分。俗曰鸡脚杆。转槽子上扁，而此仍用把手，柄上仍约铁，令作声。重五六十斤或七八十斤，用法略如转槽子。必两具者，转槽子较轻，或遗物有窒碍者，须重乃能陷入，轻则浮故也。

提须子

《风物名实说注》："落篾则用柳穿鱼、提须子、吊脚提须。提须子上剡如圭，下三楞，末作三叉，以疗井之落筒者。"按：重十四五斤，长四尺，大径七八分，上用把手，中剖竹四片束之，曰一笼鸡，又曰竹壳子。上狭而下阔。曰洒拉口，后凡竹壳皆视此。以取物，挈而上，虑旁触物必坠，则击梃子，使竹片徐脱下罩之。故竹片下柄有一珠以距竹口，使适与器齐，不尽脱也。竹下攒六齿，再下一齿，末一齿，左右列齿，皆向上，以取井中篾索者。又有羊蹄子者，柄与提须略同，长五六尺，重倍之。其末如环之玦，中有倒笋，以疗井之落锉者。提须柄，三楞；羊蹄柄，扁。羊蹄上尺许，剖竹之半，衔柄其中。凡井遗竹片与锉与长条，皆用此取之。未图。

提须刀

按：重十四五斤，长四尺许，柄用铁，大径七八分。上用把手，中束竹片，下以次列四刃，刃向上，入井以断篾索，轻重长短略如提须子。

平头提须

按：柄上把手竹壳，一如前提须，惟六齿攒柄末向上。如遗篾渣、麻筋等积井底，以此系梃子下击，齿顺陷入，复逆挈之，诸物随起。又有月亮提须，形圆，连环，提须分而为二，以取筒索并遗者。未图。

桎子

提须子

提须刀

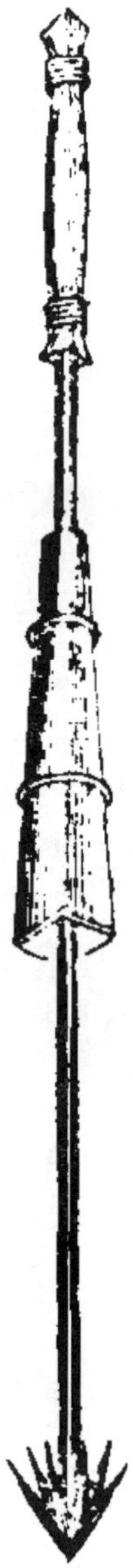

平头提须

柳穿鱼

《风物名实说》："柄扁而阔，下有三叉，左右反张，以疗井之落篾者。"按：长四五尺，重十七八斤。锐下，柄圜，径寸。上具把手，中攒六齿，叉下两骈齿，末一齿。齿向上，左右错出。凡井中走岩，中为泥沙横塞者，用此上下左右疏剔之，曰打空腔。泥沙乃下。如坠篾太多，实井底，末锐入，齿随之顺下而逆取，篾虽重缒不得遽上，亦可提散，再易提须、木龙等物取之，并翻渣浪亦用此。

穿鱼刀

按：重十四五斤，长可四尺，柄圆，径七八分，锐下。上具把手，三刃左右错出，刃向上，为割篾索用。

单刀

按：长与重略如穿鱼刀，把手具，用亦同。惟柳穿鱼柄三齿，此只一齿。井遗筒带绳者，柳穿鱼齿多，转胶辖，则用单刀带起。如绳结滞不得上，则击梃子，索为刀断，作数次取出。

双刀

按：一曰骑马刀，重与长一如单刀，把手具。唯柄下截分两岔，中错列二刃。井中遗篾索及筒，单刀、柳穿鱼齿侧不能致者，用此挟取之。结而滞者，仍割断，作数次取出。

独脚棒

按：斤重、形制一如单刀，唯单刀柄圆，此上圆下扁，广博可二指。单刀柄一刃，此二刃骈列，不参差。剖半竹，衔柄其中，前露刃，竹长可四尺。井遗篾索，下此探取之。又补井拓腔，亦用此束篾其上。

柳穿鱼

穿鱼刀

单刀

双刀

独脚棒

笋壳瓦口

按：瓦口者，末如瓦，凹其里而凸其外。笋壳瓦口者，剡上而长，类笋叶，其柄用铁梗，绝长可一丈四五尺，大径寸，重百四五十斤，把手具。井为岩沙、敝锉淤塞过甚者，用此半衔锉柄或衔锉末下捣，捣散，再用偏尖或木龙取之。如用双瓦口，则两瓦口并下，以取筒、锉，单瓦口只取索篾。

拐角瓦口

按：轻重、大小、用法皆与笋壳瓦口同，惟末屈曲向外，上嵌铁齿，为铲锉用。又别有牛耳瓦口，末如牛耳，用亦同。未图。

偏尖

按：偏尖者，末锐而偏，上峭厉，又如钩，以形似名，炼钢为之。其柄扁而长，可四尺，把手具。中束四竹片，柄有暗槽，槽中嵌一刃，刃尖外出在竹之下偏尖之上，以取坠井之铁锉、长条。其置刃者，虑所坠物或为泥沙铁麻陷没，偏尖锐入亦陷其中，则数用梃子下撞，久之，偏尖竹片所系麻纫为刃割开，竹壳遂张，刃尽出，即可将偏尖挈起。

木龙

按：削坚木为之，亦有铁铸者。柄木椭而大，上有铁齿，皆逆卷。重十四五斤，柄长四尺许，大径七八分，把手具。中束竹片，井中遗锉与长条梃子，皆用此取之。

扫镰

按：重十四五斤，长四尺许，柄宽博，把手具。末半屈如钩，又如农家所用腰镰。井中遗锉或斜欹空腔内，则用镰四旁搅取，用钩扶正，再用他器下取。遗锉柄、篾索皆用此。

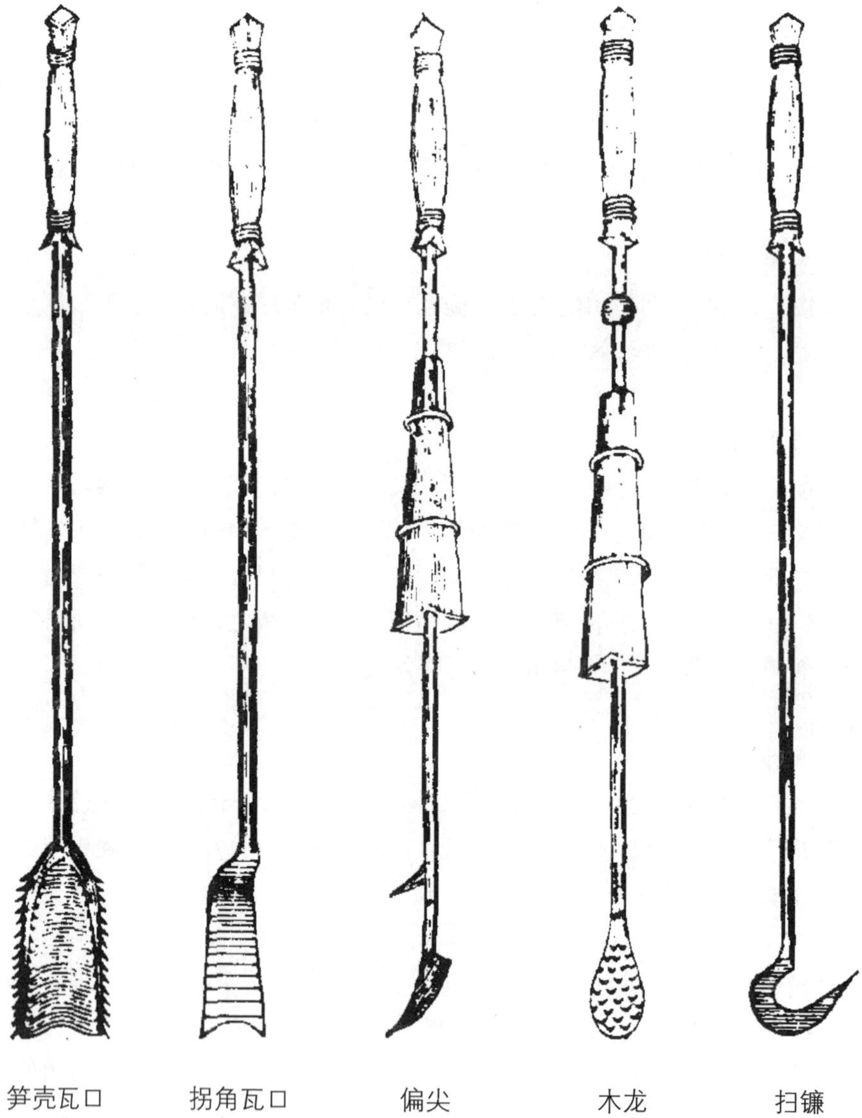

笋壳瓦口　　拐角瓦口　　偏尖　　木龙　　扫镰

一皮草

按：柄用长条把手具，尺度、斤重皆略如镊子。惟广博而扁，下锐如草一叶，旁有齿，齿半向上半向下，不作纽。以搗井泥、篾渣，皆往上提，令勿结。用法与镊子略同。

松球子

按：柄用长条把手具，尺度、斤重与一皮草同。惟末微椭圆，如松树所结实，曰松球。用法与镊子及一皮草略同。

系子

按：重十七八斤，长四尺许，柄圆，径八分，把手具。下束竹片，再下用一铁珠，曰棋子。末又垂一珠，曰铁锭。以取遗井锉柄及小铁器用。

四股须

按：重十六七斤，长三尺七八寸，柄圆，径八分，把手具。下分四股为须，大如指，一须置倒钩二。井遗渣滓，下此取之。

五股须

《盐井图记》："铸铁为五爪，如覆手状，爪背入木数寸。以竹三尺许劈碎，一尺缠扼爪木，令坚致，上一尺，亦劈碎，则活釬半堕，或止堕釬头者，下此取之。"按：此与四股须同，惟柄稍大，可径一寸许，长四尺，多一须，用法皆同。

一皮草

松球子

系子

四股须

五股须

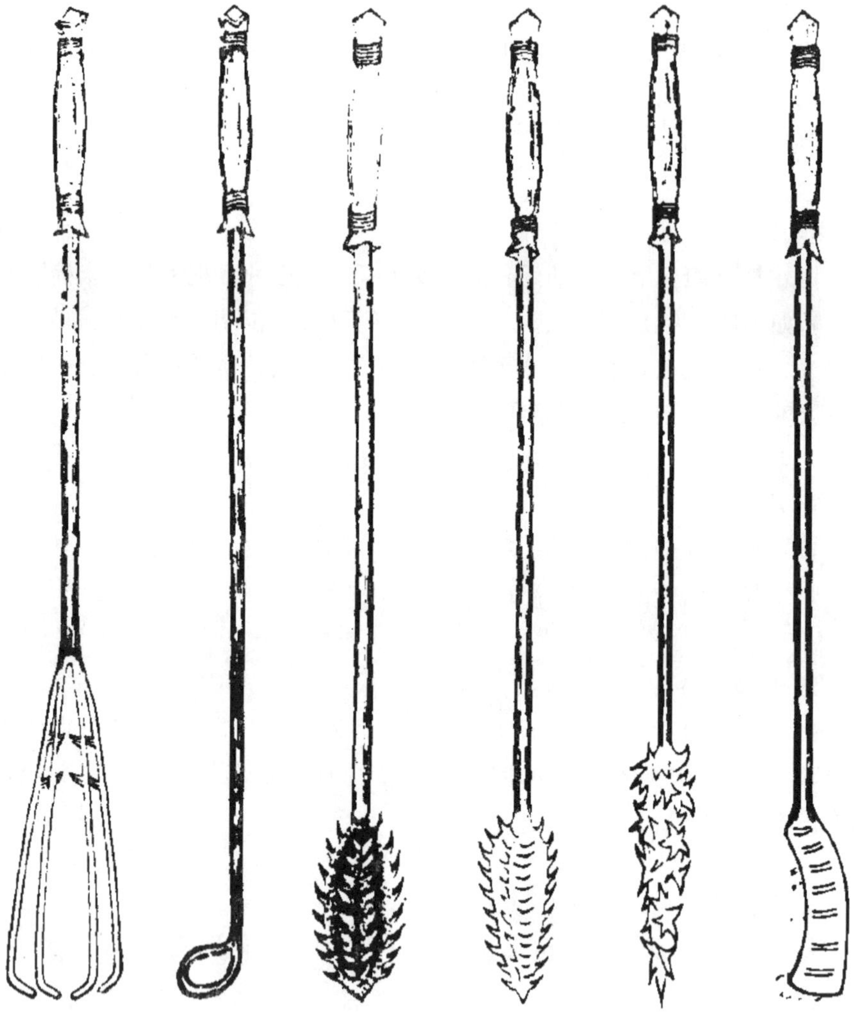

抱爪、催子　　四楞子　　虎舌　　霸王鞭　　草鞋板

萝葡头

按：柄用长条，丈四五尺，把手具。末一器椭圜，形似萝葡，四旁有齿。如遗零铁塞井底，则用此捣之，使中分或偏积一边，俗曰化铁，然后以他器取之。

乌龟背

按：柄用长条，可丈四五尺，把手具。末于左旁屈铁作半环，中直，旁有齿如锯，以其半圆而凸，故以龟背名。凡井遗铁器或断锉头斜欹井底，则用以扶正，始用他器下取。

蛇皮

按：蛇皮长尺余，宽一尺，厚数分，以铁为之。炼钢作齿，两端用麻束锉柄上，或用四片或两片，以备井眼不圆或锉井转动不匀。中稍狭者，俗曰紧口子。或井侧留一梗不平，俗曰干子。则于锉柄带蛇皮而下，皆可治之。深者或别用长条束蛇皮于上，专治之。

吞筒子

按：上用把手及柄如各式，下用铁片卷作两半竹形，上连中分下断，其末各置两齿。泥渣粗不能入，吞筒则下，此合势取之。抑井中岩口黏有胶泥，亦可铲下。

夹签子

按：柄下用二铁条分张之，末锐，其右稍长，平屈交于左，中置两齿向上。篾索遗井，则用此钩取之。

萝葡头

乌龟背

蛇皮

吞筒子

夹签子

泥孩儿木孩儿

按：泥孩儿专为试走岩，其名盖承木，孩儿云其形制则殊。锉井最忌走岩漏白水，然少能免此者，其要在能补。先于锉井时，日下几尺或几寸，皆簿记焉。如此，井甲日前已锉下三十丈，乙日又下二尺，晚扇泥犹燥，则簿记无水；及丙日又下二尺，晚扇泥而湿，则知三十丈有四尺必走岩。然走岩在何方，以及白水之多寡，不知也，于是以此试之。曰试腔。百年前相传用木孩儿，今改用泥孩儿。曰泥娃娃。削木为杵，长可三四尺，半傅泥，外束以麻，大与井眼相若而稍缩。度緪悬而下，如三十丈有四尺緪亦如此。至走岩处，顿许时，取出视其湿，即知其方。湿宽者，即知其腔口大，湿深者，即知其水力劲，然后据以补之。木孩儿者，凿木略如孩儿状，用其柄悬井中，度尺寸详试。孩儿手足略可运动，遇渗漏处必有湿痕；遇腔口处，手足忽入，必多胶輵，亦可揣白水所在而补之。以其不甚确，今多不用。未具图。

推水筒

《东坡志林》：“又以竹之差小者，小于井。出入井中为桶，无底而窍其上，悬熟皮数寸，出入水中，气自呼吸而启闭之，一筒致水数斗。”《风物名实说》：“取坚纫[①]斑竹或南竹除皮通中，筒颠有铁梃使之坠，筒底有牛皮如钱，半翕半张。方入水时，水激钱张，水盈筒内。车一推，则水下坠而钱仍翕。”按：凡汲水者，水率自上入，此独由下入，故曰吞筒。俗曰推水筒。筒无底，置牛革一片缀筒底，半用绳系固，半启闭。筒下水激钱张而水入筒，起水坠钱闭而水仍不泄。筒之长，各厂不一。大率度井之深浅而作天车，又视天车高低而制水筒。竹短则用数竹作牝牡笋[②]，用麻缀续之。其筒杪缀铁梗，长三四尺，重二三十斤。俗曰筒闸子。筒巨者可盛水一石五六分。黑水咸，尤重。用数牯牛始能挽上。俗曰推水。

扇泥筒

按：与推水筒略同，惟水筒下用韦作钱，此用布作钱，小异。又曰吞筒，《盐井图记》曰刮筒。

---

① 纫：同治思源堂刻本作“韧”。

② 笋：通“榫”。清代梁书同《直语补证·笋卯》：“凡刻木相入，以盈入虚谓之笋，以虚受盈谓之卯，故俗有笋头卯眼之语。”

泥孩儿

推水筒

扇泥筒

皇桶

按：桶以潴盐水，木为之。最巨者，枧户用于上塘收水，马车运于下塘卖水。屋以覆之，栅以守之，曰皇桶房，可潴水一二千石。次者，井旁、灶旁皆有，大小不一，小者亦可潴一二十石。亦有用石者，形制稍殊。

盐水碗

按：截巨竹为之，留节作底。碗水咸重几何，积碗几何为一担，今富顺厂以三百碗为一担。皆有定则，各厂不一。

花盐篾包

按：析竹为缕织成，密不漏粒。一包贮花盐二百斤，耗盐二十斤。五十包为一引，一引一万一千斤。包用两层，里层由灶户盛出，外层商人加包，惧损也。

巴盐簕子

按：编竹为之，高一尺八寸，上阔下狭，上口横径一尺，下径四寸许。一簕盛巴盐一百六十斤，耗盐一斤。五十簕为一引，一引八千又五十斤。簕重五斤，皆有定则。

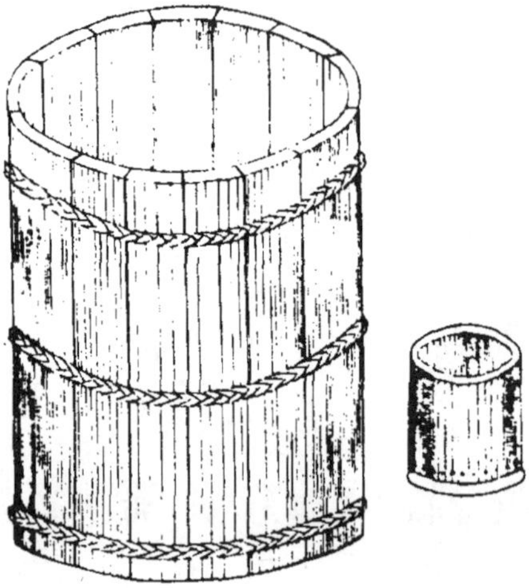

皇桶、盐水碗

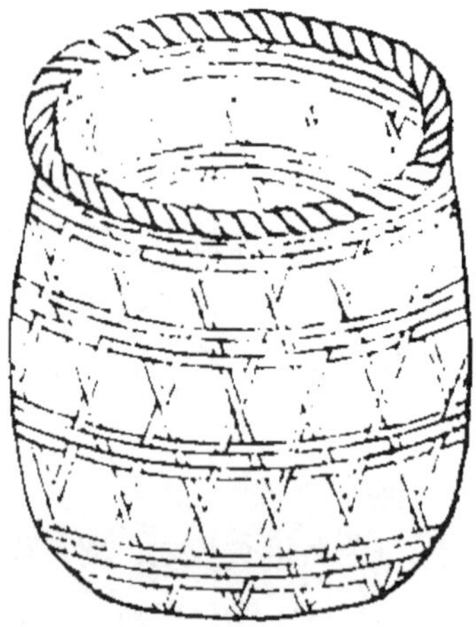

巴盐篰子

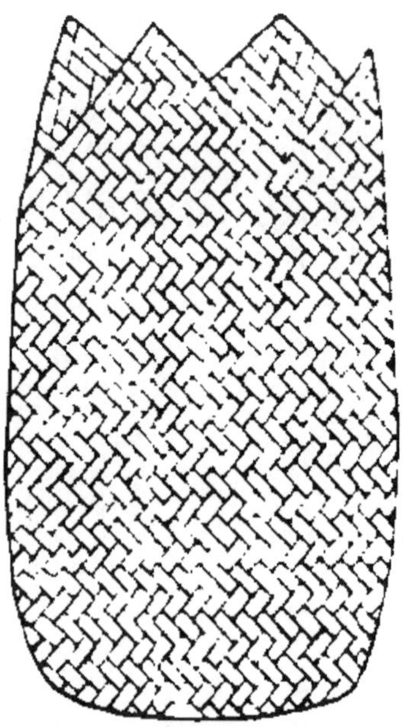

花盐篾包

笤箕

按：析竹为之。锅内取盐渣用，离水而得渣。又曰灶笠子。

锯子

按：炼铁为之。错作齿，以木为柄，用解敞口花盐。

铲子

按：以铁为之。略如蕉叶，曲柄，铲花盐、渣盐用。

盐锅卤边

按：镕生、熟铁各半合铸之，绝大者曰千斤锅。口圆一丈二尺，迳三分。其圆之一深十七分，圆之一边厚一寸，底心厚一寸有半，锅厚而重，势不能铸深。煮盐时，用铁块十二块，重可二十斤，高九寸，上狭下阔，中可一尺。上薄下厚，薄可一分，厚五倍之，曰卤边。植锅四围，盐和泥涂其隙。一锅巴盐可五十煮辄敝，傅以灰泥，加铁块可再煮。五十锅内盐较良，曰红锅盐。五十锅后盐较恶，曰吊肚盐。久煮锅裂，则贱售。小灶户煮渣盐再敝，则还之锅厂，仍可融生铁鼓铸。锅出江津真武场者佳，一锅直四十余金。大率煮巴盐者易敝，煮花盐者一锅可用一年。次大者曰温锅，重可三百斤；又次者曰牛头锅，重五六十斤；小者曰金盆锅，重可三四十斤。此则泸州、酆都等处皆有铸者，灶户用暖盐水暨煮渣盐。洪适《隶续》："《巴官铁盆铭》'厂巴官三百五十斤，永平七年第廿七酉'十六字。建中靖国初，黄鲁直自戎州东归，厥弟叔向摄邑巫山，有大盐盆积水堂下，以植莲芡。鲁直去其泥而识之，其文铸出铁上。"《舆地纪胜·大宁监·景物·咸泉注》引《舆地广记》《图经》《旧志》云："汉永平七年，尝引此泉于巫山，以铁牢盆盛之。今巫山县斋有铁盆。"又《夔州碑记》云："汉盐铁盆记，在巫山县。黄太史石刻云：余弟嗣直来摄邑事，堂下有大盐铁盆，有款识，盖汉时物也，其末曰永平七年。"

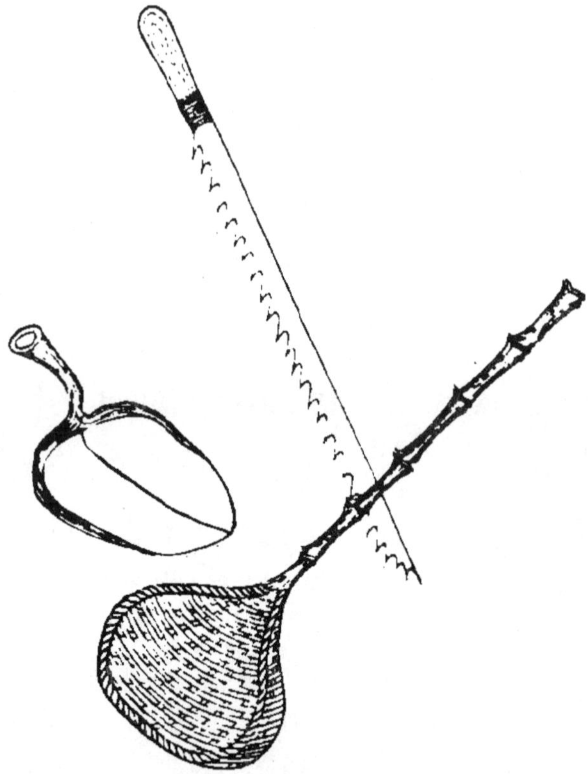

筲箕、锯子、铲子

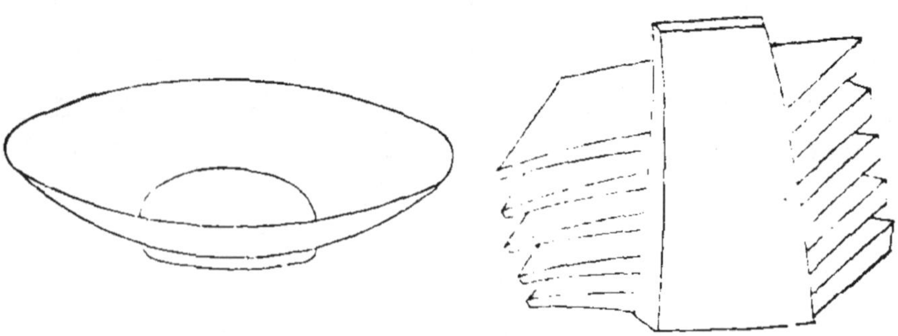

盐锅、卤边

火坛子枕子

按：凿石为之。高七寸，口圆，径三寸五分。置火井灶内，接枧，火由口出，达锅底。外用泥条三，高六寸五分，方一寸八分，曰枕子。用以支锅。

渣渊

按：破竹密编成。如漉米薮，井厂用以漉盐渣。

石槽子

按：凿石为之，形方而长，大小深浅不一。置井旁，水筒出井口即泻槽内，由槽注枧，达皇桶。

篾

《风物名实说》：“或用斑竹，若南竹，破为八或六，去节，谷草然火炙之，曰发汗。削两端，以麻缚而续之。外包牛革，以防磨损。由车子达于地滚下，又达于花滚上，悬锉锉井。”按：篾宽一寸数分，用麻缀续之。长自十丈至一二百丈不等，视井深浅。

索

按：析竹或麻或棕为之。随处皆用，花盐包用尤多。

火坛子、枕子

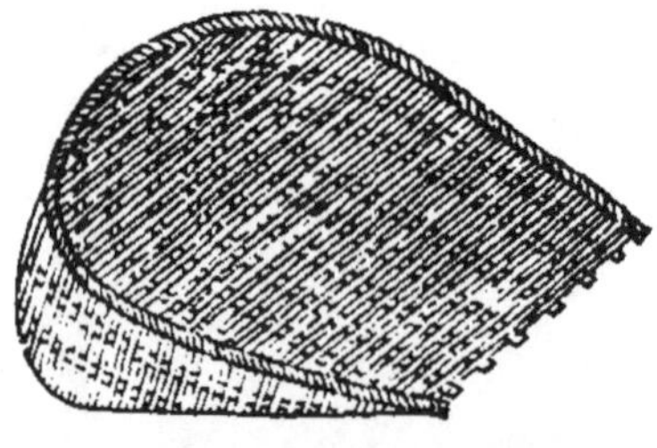

渣渊

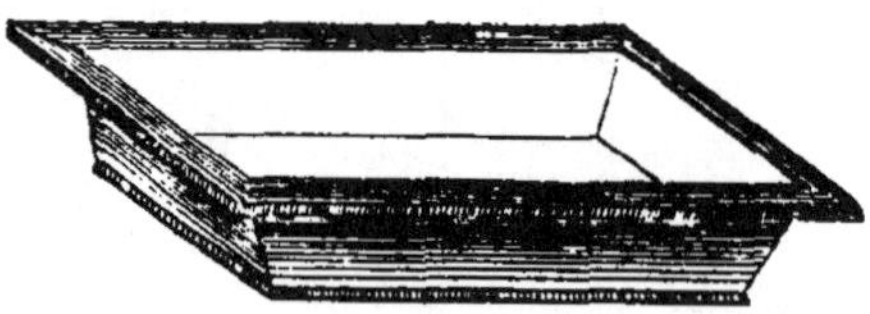

石槽子

索

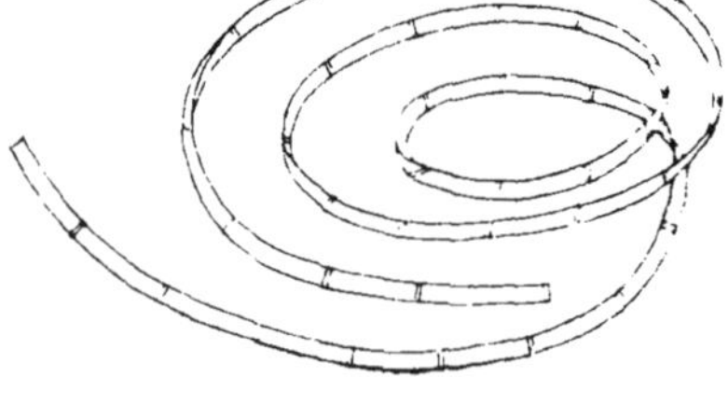

篾

竹枧

按：整竹中通，外傅油灰，束以麻，或有析竹为缕束之者。两制皆适，用注盐水，由此达彼。多行地中，有沿山置架，高下纡折行一二十里者；有置河底，覆以石槽，潜注彼岸者，前马车图已详。运用绝巧。

枧窝

按：凿石或木为之。凡置枧接笋、转折处必用之，所以停蓄盐水，达于四旁也。

火井盖、盆

《自流井记》："井火之发，覆以木盆，其盆高一丈，径一丈，围三丈余。上狭而下丰，以束其气。"按：井见火后，上置巨桶，制以木底。用木条横斜，穿作疏棂，视井火大小为之。桶面列竹枧数十，引火达灶，说见前。桶面覆木，留穴，上用冷箱泄气。其井及桶及枧，人不能见，故图以出之。

引筒

按：以竹为之。筒与盖长相若，表里相衔，外髹漆，绳贯两耳。商人恒用，缀身旁，纳引其中。若行水引，盐即沈没，筒辄浮，引亦不濡。

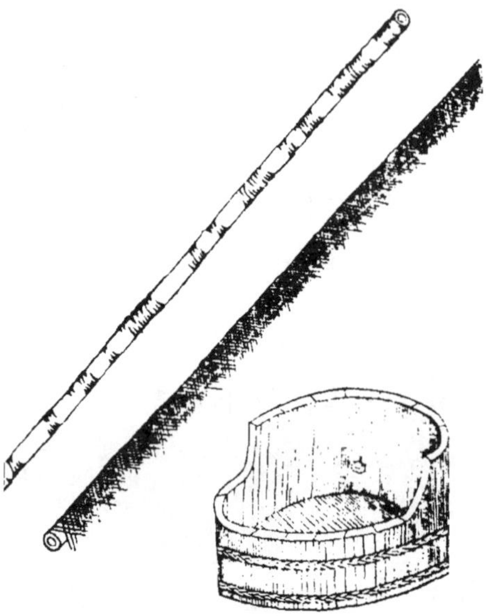

竹枧、枧窝

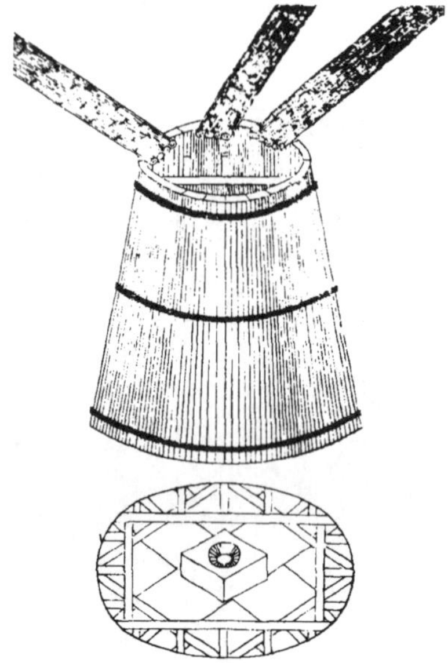

火井盖、盆

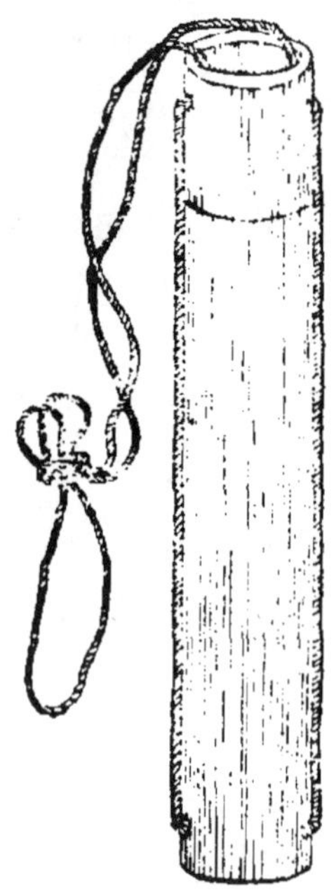

引筒

四川盐法志卷四·井厂四（火井附）

沿革上秦至明。叙次皆遵《一统志·表》，增设者次后。

秦

广都县今成都、华阳、双流等境。按：广都、南安、广汉皆汉郡县名，秦郡县无之。然所引《水经注》元文如此，未便径改。以非地志，故于地从略，惟以所隶事为主。　江水东径广都县，李冰识察水脉，穿县盐井，江西有望穿原。郦道元《水经注·江水一》，刘昭《郡国志补注》引任豫《益州记》作"望川原"。　秦孝文王以李冰为蜀守，冰能知天文地理，又识齐水脉，穿广都盐井诸陂池，蜀于是盛有养生之饶焉。常璩《华阳国志·蜀志》。

南安县今嘉定府属乐山、峨眉、洪雅、犍为、荣县等境。　江水又东南，径南安县西，悬溉，有滩名垒坻，一曰盐溉，李冰所平也。《水经注·江水一》。　郡犍为东四百里，治青衣江会，县溉有名滩，元注：当作"滩名"，误倒，"滩"句绝读，"名"下属。一元注：当衍曰雷垣，元注：当作"坻"。二元注：当作"亦"，皆见《水经注》曰盐溉，李冰所平也。《华阳国志·蜀志》。

广汉县按：广汉地颇宽，据铜山，当在今中江境。中江在唐曾置铜山县，以县西南五十八里有铜官山，因名。　《十道记》云："广汉之地有盐井、铜山之富，本南夷。周末，秦并为郡。"乐史《太平寰宇记·剑南东道一》。

汉

成都县今仍。　成都罗裒，訾至巨万，擅盐井之利。《汉书·货殖传》。

广都县见秦。　郡蜀郡西三十里有盐井、鱼田之饶，大豪冯氏有鱼池、盐井。县凡有小井数十所。《华阳国志·蜀志》。

牛鞞县今简州等境。　去郡犍为三百里。元鼎二年置，相元注：当作"有"，下属阳明盐井。《华阳国志·蜀志》。《简州志》："州东北六十里有阳明镇，即废井处。"

什邡县今仍。 杨氏为大姓，美田，有盐井。《华阳国志·蜀志》。

汉发县未详。据《华阳国志·巴志》："涪陵谢本白璋，求以丹兴、汉发二县为郡。"《吴志·钟离牧传》："魏遣汉发长郭纯试守武陵太守，率涪陵民入蜀。"当不出今涪州彭水县地，而《寰宇记》又引《华阳志》作"汉葭"，疑字误。 有盐井。《华阳国志·巴志》。

南充国县今南部等境。 和帝时置，有盐井。《华阳国志·巴志》。

江阳县今泸州及富顺、隆昌、长宁等境。 有富义盐井。《华阳国志·蜀志》。《寰宇记·剑南东道七》、王象之《舆地纪胜·富顺监》"古迹注"及"富顺县风俗形胜"两引作"富义疆井"，下云："以其出盐最多，商旅辐辏，百姓得其富饶，故名。"按：岑刻校勘记云："疆"字乃"盐"字之误。

大宁监汉为鱼复县地，从所引书。 《舆地广记》《图经》《旧志》载："汉永平七年，尝引此泉于巫山，以铁牢盆盛之，水化为血，卒罢其役。"《舆地纪胜·大宁监·景物注》。

朐䏰县今云阳及开、万等县境。 郡巴郡西二百九十里有灵寿木盐井。《华阳国志·巴志》。顾祖禹《方舆纪要·四川四》：龙洞溪在府西九十里，《志》云溪上产灵寿木。

定莋县今盐源等境。 定莋出盐。《汉书·地理志》。 县在郡越嶲西。渡泸水，宾刚徼白摩沙夷有盐池，《后汉书·郡国志》注引"刚"作"冈"、"池"作"坑"。积薪，以齐水灌而后焚之，成盐。《郡国志》注作"成白盐"。汉末，夷等皆锢之，张嶷往争，夷帅狼岑、盘木王舅不肯服，嶷禽挞杀之。厚赏赐，余类皆安。官迄有之，北沙河是。《华阳国志·蜀志·越嶲郡》，互见《职官·政迹》。

南安县见秦。 汉有盐井。《华阳国志·蜀志》。顾炎武《郡国利病书·四川二》引下云"按：今嘉州之红崖是其故处矣。"

郪县今三台等境。 有山原田，富国盐井。《华阳国志·蜀志》。

临邛县今邛州等境。 孝宣帝地节三年，穿临邛、蒲江盐井二十所。《华阳国志·蜀志》。《太平御览》八百六十五引作"《蜀王本纪》云，穿盐井数十所"。 任豫[1]《益州记》："益州有卓王孙井，旧尝于此取水煮盐。"《利病书·四川二》。

附火井

县有火井、盐水。昏夜之时，光兴上照。《水经注·江水一》。 临邛

① 任豫：原作"杜预"，杜预未尝写《益州记》，后凡此径改。

有火井一所，纵广五尺，深二三丈，有一作“井”在县南百里。昔时，人以竹木投以取火，诸葛丞相往视之。后火转盛，执一本作“热”盆盖井上，煮盐得盐。入以家火即灭，今不复然也。张华《博物志二》。《后汉书·郡国志》注引作《博物记》，《太平广记》《寰宇记》《太平御览》诸书所引均小异。临邛有火井，深六十余丈，火光上出，人以筒盛火行百余里，犹可然也。原注：《蜀王本纪》亦同。《御览》八百六十九又引《博物志》，今据士礼居本《博物志》无此文。蜀郡临邛县有火井，汉室之隆，则炎赫弥炽，暨桓、灵之际，火势渐微，诸葛亮一瞰而更盛。至景曜元年，人以烛投即灭，其年蜀并于魏。刘敬叔《异苑四》。《艺文类聚·水部九》引较略。按：今邛州西犹有地名火井漕，井则久无矣。

汶山郡今茂州、石泉、松潘等境。　地有咸土，煮以为盐，麢羊牛马食之皆肥。《后汉书·西南夷传》。

武阳县今仁寿等境。　陵州在汉即犍为郡武阳县之东境。陵井者，本沛国张道陵所开，故以陵为号。李吉甫《元和郡县志·剑南道下》。　陵州，汉犍为郡之武阳县东境，属益州部，南有陵井。《寰宇记·剑南东道四·陵州》。

临江县今忠州、垫江等境。　江水又东径临江县南，自县北入盐井溪，有盐井营户沿注溪水。《水经注·江水一》。《利病书》引作“溪水，沿注江矣”。　其豪门亦家有盐井。《华阳国志·巴志》。

晋

南充县今仍。按：《晋志》作充国。　昆井，《益州记》云：“南充县西六十里，有大昆井，即古之盐井。”《寰宇记·剑南东道五·果州》。严观《元和郡县补志》、《利病书》作“西南六十里”。

新乐县新乐，未详。　郡江阳西二百八十里，元康五年置，西楚元注：当作“通”僰道，有盐井。《华阳国志·蜀志》。

富世县今富顺境。按：晋未有富世名，至魏、周始有。据《寰宇记》，故系诸晋。　晋富世县，以县下有盐井，人获厚利，故曰富世。《寰宇记·剑南东道七·富国监》。

北井县今巫山县境，晋始置。　江水又东，巫溪水注之。溪水导源梁州晋昌郡之宣汉县，又径北井县注水。南有盐井，井在县北，故县名北井，建平一郡之所资也。盐水下通巫溪，溪水是兼盐水之称矣。《水经注·江水二》。

朐䏰县见汉。　江水又东，右径朐䏰县故城南。江水又东径瞿巫滩，即下瞿滩也，左则汤溪水注之。注翼带盐井一百所，巴川资以自给。粒大者他引有云“方一寸”中央隆起，形如张伞，故因名之曰伞子盐。有不成者，形亦必方，异于常盐矣。按：段成式《酉阳杂俎》十、《御览》八百六十五引《荆州记》、《舆地纪胜·云安军·景物注》小异。　王隐《晋书地道记》曰：“入汤口四十三里有石，一作泉。煮以为盐。石大者如升，小者如拳。煮之，水竭，盐成。盖蜀毕沅辑本有汉字火井之伦，水火相得乃佳矣。”《水经注·江水一》。《利病书·四川二》引《荆州记》：“县北岸有阳溪，汉南有盐井一百二十所。”按：阳、汤字多互异。

南浦县今万县境。　南浦侨县西溪夹侧盐井二口，相去各数十步，以木为桶，径五尺，修煮不绝。《水经注·江水一》。

汶山郡越嶲郡汶山见汉越嶲，今宁远府属境。　任豫《益州记》：“汶山、越嶲煮盐法各异。汶山有咸石，先以水渍，既而煎之。越嶲先烧炭，以盐井水泼炭，刮取盐。”《御览》八百六十五。

姑复县未详。《郡国志》属越嶲郡。　盐池泽在南。《后汉·郡国志注》引《晋书·地道记》。

火井县今邛州，晋无此县名，唐始有之。　任豫《益州记》云：“县西五里有静边盐井，皆邛州地。”《利病书·四川二》。

临邛县见汉。　任豫《益州记》：“益州卓王孙井，旧常于此取水煮盐。义熙十五年治也。”《利病书·四川二》引。

附火井

左思《蜀都赋》：“火井沈荧于幽泉，高焰飞扇于天垂。”吕延济注：蜀有火井，以家火投之，须臾如雷声，焰出通天，言火在井，故云沈荧，荧，光也。刘良注云：蜀郡有火井，在临邛县西南。火井，盐井也。欲出其火，先以家火投之，须臾许，隆隆如雷声，焰出通天，光辉十里。以筒盛之，接其光而无炭也。《昭明文选》。《郡国志》引赋注下有“取井火还煮井水，一斛水得四五斗盐，家火煮之，不过二三斗盐耳”。　郭璞《盐池赋》：“火井擅奇乎巴濮。”欧阳询《艺文类聚·水部九》。　临邛县，郡蜀郡西南二百里有布濮水，从布濮来合文井江，有火井，夜时光映上昭。民欲其火，先以家火投之。顷许，如雷声，火焰出，通耀数十里。以竹筒盛其光藏之，可拽行终日不灭也。井有二水，《方舆纪要·四川六》引有云“一燥一水”。取井火煮之，一斛水得五斗盐；家火煮之，得无几也。《华阳国志·蜀志》。

汉安县今江安县境。　土地虽迫，山水特美好。宜蚕桑，有盐井、鱼池，以百数，家家有焉。《华阳国志·蜀志》。《水经注》较略。

陵州今仁寿县境。晋时尚仍武阳县名，此从所引书。　晋孝武太元中，益州刺史毛璩益西域戍，以防盐井，乃于东西两山筑城，置主将《舆地纪胜》作“自主簿”防卫之。《元和郡县志·剑南道下》。《旧唐书·地理志》、《舆地纪胜·隆州注》、欧阳忞《舆地广记·成都府路·仙井监》、《寰宇记·剑南道·陵州》皆作“置西城戍”。

江阳县今泸州等境。　崔骃《博徒论》曰：“江阳六盐。”《御览》八百六十五。

梓潼县今仍。　《太康地记》：“县出伞子盐。”《御览》八百六十五。　左思《蜀都赋》：“滨以盐池。”刘注：盐池出巴东北新井县，水出地如涌泉，可煮以为盐。　又“家有盐泉之井”。刘注《蜀都》：临邛县、江阳、汉安县，皆有盐井。巴西充国县有盐井数十。李善注扬雄《蜀都赋》又曰：“西有盐泉。”《文选》。

梁

盐亭县今仍。　李膺《蜀记》云：“灵江东盐井亭，古方安县也。”《周地志》《利病书》引作《周地图志》：“梁大同元年《利病书》“元”作‘九’于此置亭。”今之县也，因井为名。《寰宇记·剑南东道一·梓州》。　梁置盐亭县，唐属梓州，以产盐名县。司马光《资治通鉴》二百三十胡三省注。

魏

盐亭县今仍。　本汉广汉县之地也，后魏恭帝改为盐亭县，以近盐井，因名。《元和郡县志·剑南道下·梓州》。

后周

陵州见晋。　周闵帝元年，又于此置陵州，因陵井以为名。《元和郡县志·剑南道下》。《旧唐书·地理志》云：“以州南陵井为名。”《寰宇记》云：“隋大业三年废。”

富世县今富顺县。　后周置，以富世盐井为名。《舆地广记·梓州路》。

隋

阳安县今简州。　有盐井。《隋·地理志》。

人复县今奉节县。　有盐井、白盐山。《隋·地理志》。

仁寿县今仍。　有盐井。《隋·地理志》。　营井在县南二十五里，隋大业元年开，水淡遂废。《寰宇记·剑南东道四·陵州》。

彭水县今仍。　有伏牛山，出盐井。《隋·地理志》。

唐

阳安县今简州境。　阳明盐井在县北十四里，又有牛鞞等四井，公私仰给。《元和郡县志·剑南道上·简州》。《寰宇记》引作“十里”。《舆地纪胜·简州·景物下》云：“今郡北十里，阳明井是也。”　有盐。《新唐书·地理志》。

平泉县今简州境。　上军井、下军井，并盐井也。在县北二十里，公私资以取给。《元和郡县志·简州》。

巴县今仍。　有盐。《新唐书·地理志》。

壁山县今仍。　有盐。《新唐书·地理志》。

阆中县今仍。　有盐。《新唐书·地理志》。

南部县今仍。　有盐。《新唐书·地理志》。

新井县今南部县境。　汉充国县地，唐武德元年分南部、晋安二县，置界，内有盐井。《旧唐书·地理志》。　有盐。《新唐书·地理志》。　新井县，以县多盐井，名之。《明一统志》六十八。

新政县今南部县境。　有盐。《新唐书·地理志》。

南充县今仍。　有盐。《新唐书·地理志》。

西充县今仍。　有盐。《新唐书·地理志》。

相如县今蓬州。　有盐。《新唐书·地理志》。

义宾县今宜宾县。　大秋溪在县东北一十三里，有秋溪盐井，盖因此水为名也。《元和郡县志·剑南道上·戎州》。

富义县今富顺县境。　富义盐井在县西南五十步，月出盐三千六百六十石。剑南盐井，唯此最大，其余亦有井七所。《元和郡县志·剑南道上·泸州》。　隋富世县，贞观二十三年改为富义县，界有富世盐井，井深二百五十尺，以达盐泉，《寰宇记》及《纪胜》作“凿石以达咸泉口”。俗呼“玉女泉”，《纪胜》引作“五安”。以其井出盐最多，人获厚利，故曰富世。《旧唐书·地理志》。

长宁州今长宁县。　《庆元盐官记》，李拽孙撰。但《通鉴》载唐末僖宗淯井盐已给蜀用。《舆地纪胜·长宁军》。按，“拽孙”疑即“贻孙”。李心传《建炎以来系年要录》有作“谊孙”者，当即一人。　唐贞观五年置南通州，析置盐泉县以隶之。王象之谓：“叙州近边之地，别无盐泉。”意者即今长宁之境，唐初必输税矣。《利病书·四川二》。按，《一统志》云：“唐置羁縻淯州，以淯井为名，后又改为羁縻长宁州。”

奉节县今仍。　古盐泉井在县东江心。唐李贻孙云：“白帝城之左五里，得盐井十四。”《一统志》。按，祝渊《事文类聚》、贻孙《夔州都督府记下》云：“居民煮而利焉。”

云安县今云阳县。　云安监城，县西北三十里。刘昫曰：“云安多有盐利。”《方舆纪要·四川四》。

万岁县今开县境。　有盐。《新唐书·地理志》。

昆明县今盐源县。　出盐铁，夷皆用之。盐井在县城中。今按：取盐先积柴烧之，以水洗土，即成黑盐。《元和郡县志·剑南道中·嶲州》。　有盐。《新唐书·地理志》。

卢山县今芦山县。　有盐。《新唐书·地理志》。

旭川县今荣县境。　贞观元年于此置旭川县，县有盐井，号旭井，因取以名县。《元和郡县志·剑南道下·荣州》。

公井县今荣县境。　县有盐井十所，又有大公井，故县、镇因取以为名。《元和郡县志·荣州》。　有盐。《新唐书·地理志》。

应灵县今荣县境。　县有盐井四所。《元和郡县志·荣州》。　有盐。《新唐书·地理志》。

威远县今仍。　县有盐井七所。《元和郡县志·荣州》。　有盐。《新唐书·地理志》。

和义县今威远县境。　县有盐井五所。《元和郡县志·荣州》。

郪县见汉。　县有盐井二十六所。《元和郡县志·剑南道下·梓州》。　有盐。《新唐书·地理志》。

通泉县今射洪县境。　赤车盐井在县西北十二里，又别有盐井一十三所。《元和郡县志·梓州》。　有盐。《新唐书·地理志》。

盐亭县今仍。　有盐。《新唐书·地理志》。

永泰县今盐亭县境。　大汁盐井在县东四十二里，又有小汁盐井、歌井、针井。《元和郡县志·梓州》。　有盐。《新唐书·地理志》。

涪城县今三台县境。　有盐。《新唐书·地理志》。

元武县今中江县境。　有盐。《新唐书·地理志》。

飞乌县今中江县境。　有盐。《新唐书·地理志》。

方义县今遂宁县。　县四面各有盐井，凡十二所。《元和郡县志·剑南道下·遂州》。　有盐。《新唐书·地理志》。

安居县今遂宁县境。　县有盐井四所。《元和郡县志·剑南道下·普州》。　有盐。《新唐书·地理志》。

普慈县今遂宁县境。　县有盐井一十四所。《元和郡县志·普州》。

彭山县今仍。　有盐。《新唐书·地理志》。

蓬溪县今仍。　县有盐井一十三所。《元和郡县志·遂州》。　有化盐池。《新唐书·地理志》。

长江县今蓬溪县。　有盐。《新唐书·地理志》。

安岳县今仍。　县有盐井一十所。《元和郡县志·普州》。　有盐。《新唐书·地理志》。

普康县今安岳县境。　县有盐井三所。《元和郡县志·普州》。　有盐。《新唐书·地理志》。

乐至县今仍。　有盐。《新唐书·地理志》。

火井县今邛州境。　县有盐井。《元和郡县志·邛州》。

临邛县今邛州。

附火井

火井广五尺，深三丈，在临邛县南一百里。以家火投之，有声如雷；以竹筒盛之持行，终日不灭。《元和郡县志·邛州》。　临邛县于今所治有火井，铜官山也。《旧唐书·地理志》。　火井县本临邛县地，后周治火井镇，隋末升为县，唐属邛州，有火井。旧说云：欲出其火，先以家火投之，须臾隆隆如雷声，烂然通天，光耀十里。《舆地广记·成都府路·邛州》。

蒲江县今仍。　盐井距县二十里。《元和郡县志·邛州》。　有盐。《新唐书·地理志》。

江安县今仍。　可盛盐井在县西北一十一里。《元和郡县志·泸州》。　有盐。《新唐书·地理志》。

盘石县今资州境。　有盐。《新唐书·地理志》。

龙水县今资州境。　有盐。《新唐书·地理志》。

银山县今资州境。　县有盐井，一十一所在管下。《元和郡县志·剑南道上·资州》。

资官县今荣县境。　有盐。《新唐书·地理志》。　武德六年改属资州，县有盐，故名。《方舆纪要·四川七》。

资阳县今仍。　有盐。《新唐书·地理志》。

内江县今仍。　盐井二十六所在管下。《元和郡县志·资州》。　有盐。《新唐书·地理志》。

陵州　仁寿县今资州属境。　陵井，本沛国张道陵所开，后废陵井更开狼毒井，今之煮井是也。居人承旧名，犹曰陵井，其实非也。今按：州城南北二面《纪胜》引无"南"字悬岸斗绝，四面《纪胜》"四"作"西"显敞，南临井。《纪胜》作"临盐井"。陵井纵、广三十丈，深八十余丈。益部盐井甚多，此井最大。以大牛囊盛水引出之，役作甚苦，以刑徒充役。中有祠，盖井神道陵祠，在县西南百步。陵开凿盐井，人得其利，故为立祠。陵即张鲁之祖父，学道鹤鸣山。人从受道者，出五斗米，故时人号"米贼"，亦曰"五斗米道"。《元和郡县志·剑南道下·陵州·仁寿县》。　其井煎水为盐，历代因之。唐万岁通天二年，右补阙郭文简奏"卖水一日一夜，得四十五函半，百姓贪利失业"。长安二年停卖水，依旧税盐。先天二年加课，利岁税有三千六百二贯。伪蜀井塞。陵井在州南一百九里，唐时官私日收盐五斗五升。龙朔元年坏，上元元年重开。伪蜀栈塞。蒲井在县南四十里，唐武德初开，水淡遂废。《寰宇记·剑南东道四·陵井监·仁寿县》。　有盐。《新唐书·地理志》。

贵平县今仁寿县境。　平井盐井在县东南七步。《元和郡县志·陵州》。　贵平县一井，上平井在州东北九十三里，唐时日收盐一石七斗五升，与百姓分利。伪蜀废。《寰宇记·陵井监》。　有盐。《新唐书·地理志》。

籍县今仁寿县境。　有盐。《新唐书·地理志》。

井研县今仍。　井研盐井在县南七里，镇及县皆取名焉。又有思棱井、井镬井。《元和郡县志·陵州》。《舆地纪胜》引"棱"作"陵"，"镬"上无"井"字。《方舆纪要·四川二》："井镬山，在县北二里，山俯临镬井，因名。"又研井在县南七里，相近又有思陵井。　研井在州陵州南一百三十三里，唐时日收盐八斗，贞观二十一年崩坏，总章二年重修，伪蜀栈塞不开。《寰宇记·陵井监》。

魏城县今绵州境。　隋大业十年自盐泉井移魏城县理。按：盐泉井在今县东南四十五里盐泉县理是也，东、西井在县东南四里。井西为涪县界，井东为梓潼县界，二县界分境之所，故曰东西。《元和郡县志·剑南道下·绵州》。　有盐。《新唐书·地理志》。

盐泉县今绵州境。　唐武德二年，分魏城置盐泉县，以地有盐井，民得采漉，为四方价售之地。《寰宇记·剑南东道二·绵州》。　阳下盐井在县西一里。《元和郡县志·绵州》。　有盐。《新唐书·地理志》。

巴西县今绵州境。　有盐。《新唐书·地理志》。

昌明县据《一统志》为今盐源县。据《唐·地理志》有两昌明：一隶巂州，一隶绵州。惟绵州者有"有盐"字，今从唐书。　有盐。《新唐书·地理志》。

罗江县今仍。　有盐。《新唐书·地理志》。

薛城县今杂谷厅境。　有盐。《新唐书·地理志》。

盐溪县今杂谷厅境。　贞观三年置，有盐溪村，因为名。《元和郡县志·剑南道中·维州》。　定廉山，在县保宁东十里，《明一统志》六十七作"四十余里"，《方舆纪要·四川二》云："在威州东南四十五里。"定廉水、盐溪皆出其阳。盐溪村，贞观中置县，寻废，此村有盐溪，民得采漉。《寰宇记·剑南西道九·维州·保宁县》。　有盐。《新唐书·地理志》。

宣汉县今太平县。　有盐。《新唐书·地理志》。

临江县今忠州境。　有盐。《新唐书·地理志》。

彭水县今仍。　左右盐泉，今本道官收其课。《元和郡县志·黔州》。　有盐。《新唐书·地理志》。

开元时，蜀道陵、绵等十州盐井九十所，每年课盐都当钱八千五十八贯。元注：陵州盐井一所，课都当钱二千六十一贯；绵州井四所，都当钱二百九十二贯；资州井二千八所，都当钱一千八十三贯；泸州井五所，都当钱一千八百五十贯；荣州井十三所，都当钱四百贯；梓州都当钱七百一十七贯；遂州四百一十五贯；阆州一千七百贯；普州二百七贯；果州二十六贯。杜佑《通典·食货十》。　唐有盐井六百四十，皆隶度支。黔州今彭水县境有井四十一，成州、今甘肃成县。巂州今宁远府井各一，果、今顺庆府。阆、今保宁府。开、今开县。通今达县井百二十三，山南西院领之；邛、今邛州。眉、今眉州。嘉今嘉定府有井十三，剑南西川院领之；梓、今潼川府。遂、今遂宁县。绵、今绵州。合、今合州。昌、今荣昌县。渝、今重庆府。泸、今泸州。资、今资州。荣、今荣县。陵、今仁寿等境。简今简州井四百六十，剑南东川院领之。《新唐书·食货志》。 凡天下有盐之县一百五，山南自秭归至西充十八，剑南自彭州、蒲江至江安县三十九。《玉海·食货》引《唐书·地理志》总括诸道。 唐之盛时，邛、眉、嘉有盐井十五，属西川；梓、遂、绵、合、昌、渝、泸、资、荣、陵、简井四百六十，属东川。东川盐利多于西川者数倍，故知祥争之也。《资治通鉴》二百七十六胡三省注。凡统论不专指一地者，系于各代之后，诗文亦然。

杜甫《盐井诗》："卤中草木白，青者官盐烟。官作既有程，煮盐烟在川。汲井岁榾榾，出车日连连。自公斗三百，转致斛六千。君子慎止足，小人苦喧阗。我何良嗟叹，物理固自然。"《杜工部集》。按：此诗作于发秦州后，似指秦州界内之盐井，然《草堂诗笺》内多引蜀盐井事为论。今甘肃惟漳及西和有井，秦州界内亦无井。而《杜诗集》中言蜀盐井者亦不一而足，如《负薪行》之"筋力登危集市门，生死射利兼盐井"。《十二月一日三首》之"负盐出井此溪女"，《出郭》诗之"远烟盐井上"，《西山三首》之"烟尘侵火井"，《夔府咏怀》之"煮井为盐速"，《滟滪》之"休翻盐井横黄金"，皆蜀中作也。因录此诗，连类及之。又仇兆鳌《杜诗详注》[①]附记云："蜀有盐井，其水下咸上淡。土人取巨竹尽通中节，惟下稍留节，傍凿小孔，用牛皮掩孔，口皮连绳索，下竹之后，牵率转皮，则咸水入筒，仍掩其孔，汲起倾泻，不杂淡水。又有火井，空穴深邃，投草引火，则烟气腾郁，理锅其上，藉以煎盐。此事甚奇，因附记焉。"

蜀

成都今仍。

附火井

宵瞻火井之光。《五代史》彭注引后蜀李昊《筑成都羊马城记》[②]。

大昌县见唐。 夔州大昌盐井水中往往有龙，近者秭归永济井卤槽亦有龙蟠者，与大昌无异。孙光宪《北梦琐言》。

云安军今云阳县。 蜀置有云安榷盐使。据《十国春秋》，详见《职官》。

陵州见唐。 陵州有陵井，伪蜀置监。李焘《续通鉴长编》八，复见《职

① 杜诗详注：原作"杜诗八详注"，衍"八"字。

② 《全唐文》卷八九一收录唐李昊撰写的《创筑羊马城记》。

官》。　陵州盐井旧深五十余丈，凿石而入，其井上土下石，石之上凡二十余丈，以楩楠木四面锁叠，用障其土，土下即盐脉，自石而出。伪蜀置监，岁炼八十万斤。显德中，一白龙自井随霹雳而出，村旁一老父泣曰："井龙已去，咸泉将竭，吾蜀亦将衰矣。"乃孟昶即国之二十三年也。释文莹《玉壶清话》三。

宋

简州今仍。　盐饶而田瘠，贫富不均。《舆地纪胜·成都府路·简州·风俗形胜》。　凡蜀之井，其名存实亡者。淳熙六年有旨：简之井，产盐惟最，虚额[1]尤多。每岁计豁除折估钱五万四千九百余道。同上注。关耆孙诗："况此憔悴州，居人仰煮卤。煮卤数十耳，余者皆贫窭。"《舆地纪胜·成都府路·简州诗》。

昌元县今荣昌县境。　井九山，在县南一百五十里，侧有盐井，土人呼为井九山。《寰宇记·剑南东道七·昌州》。《舆地纪胜·昌元县·景物下》引《寰宇记》云："在昌元县一百五十里。"《图经》："在昌元县西百余里，高险，山侧有盐井，人号为井九山。"与此异。　今为井三百余所，额十万八千余斤，岁计一百三十余万斤。又《景物上》。

涪陵县今涪州境。　白马一盐场。王存《元丰九域志八·夔州路》。　白马寨在州南，宋置，旁有白马盐场。《方舆纪要·四川四》。

武龙县今涪州境。　咸泉在武龙县，距白马津东三十余里，江岸有咸泉。初，康定间有程运使舟次鹘岸，闻有硫黄气袭人太甚，谓此必有咸泉，驻舟召工开之，果得咸脉。是时，两边山川《校勘记》"川"字岑刻作"水"，乃"木"字之讹相接，薪蒸赡足，民未知烹煎之法。乃于忠州迁井《校勘记》衍"井"字灶户十余家，教以煮盐之法。未几，有四百余灶。《舆地纪胜·夔州路·涪州·景物》注。

蓬池县今仪陇县。

附火井

在县西南三十里，水涸之时以火或引作"苐"，《纪胜》作"藁"投其中，焰从地中出，可以御寒，移时方减。若掘深一二丈，颇有水出。

---

[1] 虚额：限额外的数目。《宋史·食货志上二》："先是，刚中奏：'本司旧贮备边岁入钱引五百八十一万五千道，如拨供岁计，即可对减增添，宽省民力。'诏李璆、符行中参酌减放。于是减四川科敷虚额钱岁二百八十五万缗。"

《寰宇记·山南西道七·蓬州》。《舆地纪胜·利州路·蓬州景物注》引小异。

邻山县今大竹县。　卧牛一盐井。《九域志七·梓州路》。

富顺监初为富义，避太宗讳改今富顺县。　管盐井大小六，岁出盐货三十余万贯。《寰宇记·剑南东道七》。《利病书·四川二》作“管盐井大小十，岁出盐货三千余万贯”，小异。　井一盐井。元注：监西阙。《九域志七·梓州路》。　地多咸鹾，故饶沃衍润过于他郡。掘地及泉，咸源遂涌；熬波出素，邦赋弥崇。县有盐井，人获厚利，故曰富世。剑南盐井惟此最大。元注：旧日为额八百余斤，今一千余斤。百姓得其富饶，出盐最多。《舆地纪胜·潼川府路·富顺监》。　三荣、富顺近盐，号其地为贪泉。同上《风俗形胜》。　《九域志》云：“支江利济池，传云：郭下井用此水淋灰，即盐，干白而咸。”《图经》云：“在监之西北，与郭下井相近。”同上《景物下》。按：《九域志》今无此文。　本富义县，掌煎盐，盐井一。《宋史·地理志》。

南溪县今仍。　登元注浙本作“北”井一盐井。《九域志七·梓州路》。　有盐井。《宋史·地理志》。

淯井监今长宁县。　泸州监二：淯井、元注：州西南二百六十三里。南井。元注：州西七十里。《九域志七·梓州路》。　淯井监隶泸州江安县，祥符三年减盐课三之一。长宁，故淯井地。初，人未知有井，俄有二人因牧而辨其咸，告之有司，乃置监鬻盐，其井不凿自成。马湖、乌蛮、安溪、绵水羁縻十州献其盐池，官为淯井监，深入夷腹百二十里。《舆地纪胜·长宁军·沿革·风俗形胜》。　井在盐[①]城北，井之咸脉有二：《利病书》引作“沟井脉二”。按，“沟”疑“淯”之讹。一自对溪报恩山址，“山”一作“寺”。渡溪而入，尝夜有光如虹，乱流而济，直至井所；一自宝屏，随山而入，谓之雌雄水。同上《长宁军·景物上注》。《郡国利病书》云：“沟井在县北宝屏山下。”按：十州，《五国记》：“羁縻十州，献其盐池。”官后为“沟井盐”。　淯井监盐泉有雌雄水，监中雌雄龙君取雌雄水之义。同上《景物注》。

长宁军今县。　唐属贤州之盐泉县。《注》：贞观[②]八年，以石门、朱提、盐泉置抚夷县及开边县，隶戎州，州即今之叙州也。叙州之侧近蛮之

---

① 盐：疑为“监”之误。

② 贞观：原作“正观”，误。

地，别无盐泉，则盐泉之邑，意者即今长宁之境。《舆地纪胜·长宁军》。

奉节县今仍。　八阵图在县西南七里，《元和郡县补志》作“县西”。《荆州图副》云：“图下东西三里有一碛，东西一百步，南北广四十步，碛上有盐泉井五口。以木为桶，昔常取盐，即时沙壅，冬出夏没。”《寰宇记·山南东道七·夔州》。　诸葛盐井有十四，自山下至山上。他引有“其十三井常空”六字。每盛夏水涨，则盐泉迤逦。他引有“迁去于江水之左不没”九字，《苏诗》自注。　盐井江出分崍山茅坡，下岸侧流出盐泉。《舆地纪胜·夔州官吏注》。苏轼《诸葛盐井》诗：“五行水本咸，安择江与井。如何不相入，此意谁复省。人心固难足，物理偶相逞。犹嫌取未多，井上无闲绠。”

大昌县今大宁县。　大宁监本夔州大昌县前镇煎盐之所也，在县西六十九里溪南山岭峭峻之中，有盐泉涌出，土人以竹引入泉，置镬煮盐。开宝六年，置监以收课利①。《寰宇记·山南东道七·夔州路》。《舆地纪胜·大宁监·风俗形胜注》引《晏公类要》略同。　开宝六年以夔州大昌县盐泉所置监，大昌有巫溪盐泉。《九域志八·夔州路》。　开宝六年，有旨以县境近盐井泉十七里置大宁监。《舆地纪胜·大宁监·沿革》。　吴、蜀之货盛萃于此，一泉之利足以奔走四方。同上《风俗形胜》。　井旧隶监，淳熙甲辰，部使者王公辅更法，归之漕司，监不复与。熙宁中岁额四百余万斤，绍兴中以二百四十万斤为额，闰年加十万斤，为二百五十万斤。又《注》。　故老相传云：“宝山咸泉，其地初属袁氏。一日出猎，见白鹿往来于上下，猎者逐之，鹿入洞不复见，因酌泉知味。意白鹿者，山灵发祥以示人也。”又《景物注》。

苏轼《金盐说》：“王莽败时，省中黄金三十万斤，为匮者尚余十许，陈平用四万斤间楚，董卓郿坞金亦至多，其余赐三五十斤者不可胜数。近世金以两计，虽人主，未尝以百金与人者，何古多而今少也！凿山披沙无虚日，縻坏至少，金为何往哉？疑宝货神变不可知，复归山泽耶。吾闻盐亦然。峡中大宁监日有定数，若大商覆舟，则盐泉顿增。乃知寻常随便液出，不以远近，皆归本原也。”《东坡集》卷七十。　春明宋永孚《题盐泉诗》：“一泉流白玉，万里走黄金。人事有因革，宝源无古今。”《舆地纪胜·大宁监诗》又有知监曹绅《题绞箕》：“宝源天富国，咸脉海分潮。”

云安县今云阳县。　章元注：钱本“章”作“军”井一盐场，团云一盐井。《九域志八·夔州路》。　云安监四围九井，岁产盐二十九万二千二百一十斤。云安县

① 课利：定额的赋税。

二井，岁产五万三千七百九十斤。《舆地纪胜·夔州路·云安军·景物注》。 玉井盐场，团云盐井。《宋史·地理志》。

南浦县今万县境。 渔阳井岁收盐十四万六千三百余斤。王圻《续通考》二十三《征榷》。

万岁县见唐。 盐泉在县东二十里平地。《寰宇记·山南西道五·开州》。

昆明县见唐。昆明为唐县名，后废。 盐井在县城中，今邑民取盐，先积薪以火烧之。以水洗灰一引作"烧灰"即成黑盐，炼之又白。此邑川陆有盐铁之利，尤为邦邑之繁会。《寰宇记·剑南西道九·嶲州》。

庐山县今芦山县。 盐井在庐山者凡，阙。在车禄者凡十有八。《舆地纪胜·成都府路·雅州·景物上注》。

荣州今荣县。 有盐井五十七。《寰宇记·剑南东道四》。 蜀食井盐，如仙井、大宁犹是大穴，若荣州则井绝小，仅容一竹筒，真海眼也。陆游《老学庵笔记》五。按，陆在荣有《晚登横溪阁》诗云："煮井人忙下麦迟。" 荣州多盐井，秋冬收薪茅最急。《舆地纪胜·潼川府路·诗注》。

资官县今荣县境。 有盐井。《宋·地理志》。

应灵县今荣县境。 荣德之盐色微赤，资官之盐色纯黑，又非舟楫所载，惟应灵之盐纯白，而商贾最众。以其水通流，朝夕发运，地不爱宝，以资用度，国家之利也。《舆地纪胜·荣州·景物下》。 有盐井。《宋·地理志》。

公井县今荣县境。 熙宁四年省公井为镇。有盐监一，端平三年废。《宋史·地理志》。

郪县见汉。 有三十四盐井。《九域志七·梓州》。 县有盐井四十三眼，二十二眼见煎，余废。又富国监者，本梓州郪县富国镇新井煎盐之场也。皇朝置盐监以董其事，兼领通泉、飞乌等盐井，地去梓州九十里。《寰宇记·剑南东道一·富国监》。

涪城县见唐。 管盐井五十五所。一十眼见煎，四十五眼塞。《寰宇记·梓州》。 二十七盐井。《九域志七·梓州路》。《宋史·地理志》同。

潼川府今仍。 有盐井、铜山之富。《舆地纪胜·潼川府·风俗形胜》。

射洪县今仍。 一盐井。《九域志·梓州》。 有盐井《宋史·地理志》。 盐井在县界。《方舆纪要·四川六》。

通泉县今射洪县境。 管盐井七十四所。《寰宇记·梓州》。

盐亭县今仍。　管盐井三，一井见煎。《寰宇记·梓州》。《利病书》引作“煎一”。　六盐井。《九域志七·梓州路》。　有六盐井。《宋史·地理志》。

永泰县今盐亭县境。　管盐井五。《寰宇记·梓州》。　龙会井在县北四十里，盐井。《舆地纪胜·潼川府·景物下》。

东关县今盐亭县境。　管盐井四，三井见煎，一井废。《寰宇记·梓州》。　有四盐井。《九域志七·梓州》及《宋史·地理志》。

元武县大中祥符五年已改名中江，今仍。　《九州要记》：“盐井二，近江水淡，煎盐不成。”《寰宇记·梓州》。

中江县今仍。　一盐井。《九域志七·梓州路》。　有盐井。《宋史·地理志》。

飞乌县见唐。　管盐井七，三井见煎，四井塞。《寰宇记·梓州》。　五盐井。《九域志七·梓州》。　有五盐井。《宋史·地理志》。

安岳县今仍。　宋盐井三十有八，岁煎盐二十二万九千余斤。《安岳县志》。

长江县今蓬溪县。

附火井

火井在长江县客馆镇之北二里《蓬溪县志》作“县西一百里”伏龙山下，地洼若池。以火引之，则有声隐隐然发于地中，少顷炽炎。夏月积雨停水，则焰生水上，水为之沸而寒如故。冬月，水涸则土上有焰，观者至焚其衣裾。《舆地纪胜·潼川府路·遂宁府·景物上注》。

邛州今仍。　州有二井，宋旧名“金凤”“茅池”。《元史·文宗纪》及《食货志》。

临邛县。见唐。

附火井

火井在县古城八里。《十道要记》云：“火井有水，郡人以竹筒盛之，将以照路，盖似今人秉烛，即水中自有焰耳。”《寰宇记·剑南西道四·邛州》。按：《舆地广记》引《博物志》《蜀都赋》后云：“今无复见矣。”或临邛火井至宋即灭耶。

火井县见唐。　静边井在县西四五里，出盐。《寰宇记·剑南西道四》。

附火井

有孤石山火井。《九域志七·成都府路》。

蒲江县今仍。　盐井一寨，盐井一监，有金釜山、蒲江。《九域志七·成都府路》。 金釜山金凿井、金釜等八井，见岁出课盐六万三千斤。《寰宇记·邛州》。《方舆纪要·四川六》引“金釜山在县南八里”。 上有盐井监、盐井寨。《宋史·地理志》。

苏轼《蜀盐说》：“蜀去海远，取盐于井。陵州井最古，淯井、富顺盐亦久矣。惟邛州蒲江县井，乃祥符中民王蒙所开，利入至厚。自庆历皇祐以来，蜀始用‘筒井’，用圜刃，凿如碗大，深者数十丈，以巨竹去节，牝牡相衔为井，以隔横入淡水，则咸泉自上。又以竹之差小者出入井中为桶，无底而窍其上，悬熟皮数寸，出入水中，气自呼吸而启闭之，一筒致水数斗。凡筒井皆用机械，利之所在人无不知。《后汉书》有‘水鞴’。此法惟蜀中铁冶用之，大略似盐井取水筒。太子贤不识，妄以意解，非也。”《东坡集》七十。

泸州今仍。 南井盐岁计四十一万斤，陀鲁井岁计二万八千斤。《舆地纪胜·潼川府路·泸州·景物上注》。

磐石县今资州，《宋史·地理志》作盘。 有一十八盐井。《九域志七·梓州》及《宋史·地理志》。 宋置磐石县，有盐井一。《方舆纪要·四川二》。

内江县今仍。 有六十六盐井。《九域志七·梓州》及《宋史·地理志》。

陵州又改陵井监，又曰仙井监，又曰隆州。今仁寿等境。 陵井监，井盐一。注：监东三百步。《九域志七·成都府路》。 其井煎水为盐，历代因之。伪蜀井塞，国朝乾德三年平蜀，陵州通判贾连《纪胜》作“梿”重开旧井，一昼一夜汲水七十五函，每函煎盐四十斤，日获三千斤。至雍熙元年，春冬日收三千八百一十七斤，秋夏日收一千四百四十七斤，盖水源之有长短也。陵井、盐井诸县陵井一、仁寿二、井研五、始建一、贵平一计十井，日收盐四千三百二十三斤。《寰宇记·陵井监》。《舆地纪胜·隆州·古迹注》引作“贵平一县十井，日收盐四千三百斤”。 州隆州城南临盐井，郡之盐利冒于两蜀，家有盐泉之利。前距汉嘉，后距广都，分栋、牛鞞在其东，鼎鼻、峄崃在其西，熬波出素，利及全蜀。《舆地纪胜·隆州·风俗形胜》。 天师井，《广记》：“因天师治井。”《晏公类要》云：“本狼毒井。”又《隆州·景物下》。 盐井一。《宋史·地理志》。

沈括《梦溪笔谈》：“陵州盐井，深五百余尺，皆石也。上下甚宽广，中间稍狭，谓之杖鼓腰。旧自井底用柏木为干，上出井口，自木干垂绠而下，方能至水。井侧设大车绞之，岁久，井干摧败。屡欲新之，而井中阴气袭人，入者辄死，无缘措手。惟候有雨入井，则阴气随雨而下，稍可施工，雨晴复止。后有人以一木盘，满中贮水，盘底为小窍，酾水一如雨点，设于井上，谓之雨盘，令水下终日不绝，如此数月，井干为之一新，而陵井之利复旧。”

仁寿县今仍。　聂甘井，古盐井也。其旁有神庙，今谓聂社是也。陵井本狼毒井。《舆地纪胜·成都府路·隆州·景物注》云：“天师井，本狼毒井。”　今名陵井。又仁寿县界别有五井，二井见在。营井在县南二十五里，国朝乾德三年重开，日收盐四十斤；蒲井在县南四十里，国朝太平兴国三年重开，日收盐三十八斤五两。五井废：赖宾井、石羊井、赖因井、仁寿井、奴襄井。《寰宇记·剑南东道四·仁寿县·陵井监》。《舆地纪胜》引“营井、蒲井在籍县，研井、陵井、棱井、律井并在井研县。籍县亦今仁寿县地”。　有陵井。《九域志七·成都府路》。

籍县今仁寿境。　《益州记》云：“县之东、西、南隅，三山相对，去盐井一里，共号‘三隅山’。”《舆地纪胜·隆州·景物注下》。

贵平县见唐。　县一井上平，井在州陵州东北九十三里。伪蜀废，至乾德三年重开，今日收盐一百七十斤。平井，《益州记》云：“官有两灶，二十八镇，他引作“镬”，疑字误。一日一夜收盐四石，如霜雪也。”《寰宇记·陵州》。　贵平县十井，日收盐四千三百斤。《舆地纪胜·隆州·古迹注》引《寰宇记》。按：《寰宇记》见前，“陵州”为“陵井”，盐井诸县收数亦小异。

井研县今仍。　井镬山在县北二里，其山俯临井镬，因以为名。井研县二十一井，五井见在：研井在州陵州南一百三十三里，皇朝乾德三年重开，日收盐四十九斤；陵井在州南一百九里，国朝乾德三年重开，日收盐井三十斤一十两；棱井在州南一百里，伪蜀已前废塞，至太平兴国三年重开，日收盐五十三斤八两；律井在州南九十里，伪蜀已前废塞，国朝太平兴国三年重开，日收盐五十五斤；田井在州南一百五十一里，伪蜀已前废塞，至国朝太平兴国三年重开，日收盐三十六斤。一十六井废：獠母井、还井、赖伦井、石烈井、茫井、宋井、桶井、柳泉井、赖郎井、遮井、新井、董川井、潘令井、小罗井、依郎井、带井。《寰宇记·陵井监》。　有研井。《九域志七·成都府路》。　县界有盐，井研净因名。《舆地纪胜·隆州·井研县》注引《隆山志》。

文同《丹渊集》：“井研县自庆历以来，始因土人凿地构竹，谓之‘卓筒井’，以取盐井，私炼盐色。后来其民尽能此法，为者甚众，遂与官中略出少月课，乃倚之为奸，恣用镌卓，广专山泽之利，以供侈靡之费。豪家至有二三十井，其次亦不减七八。向来朝廷尝亦知其如此，创置无已，深虑寝久，事有不便，遂下本路转运司止绝，不许开造。今本县界内已仅及百家，其所谓卓筒井者，以其临时易为藏掩，官司悉不能知其的实多寡数目，每一家顶役工匠五十人至二三十人，皆是他州别县浮浪无根著之徒，抵罪逋逃，变易姓名，来此佣身赁力。平居无事，则俯仰抵折，与主人营作；一不如意，则递相扇诱，群党哗言，算索工食，偃蹇求去，聚墟落，入镇市，饮博奸盗，靡所不至。已复，又投一处，习以为常。”《利病书·四川二》引[①]。

始建县今井研县境。　始建县七井，一井见在。罗泉井旧废，至乾德三年重开，日收盐三十五斤。六井废：塔泥井、石缝井、赖胡儒井、赤石井、赖子井、赖溲井。《寰宇记·陵井监》。

忠州今仍。　天圣三年戊午，免忠州盐井所增盐。初，夔州路提点刑狱盛京言：忠州盐井三场，岁出三十六万一千四百余斤。近岁，转运司复增九万三千余斤，主者多至破产被系，而不能输。李焘《续通鉴长编》一百三。

达州今达县。据唐宣汉县当即今城口厅。　宣汉井场，元注：在州东一百二十里。地名长腰，咸源洪亮吉《乾隆府厅州县志》引作“咸泉”出大江龙骨石窟中涌出，滩名“羊门”。两面山崖峻峭，盐源出于山下，遂煎成盐。《寰宇记·山南西道五》。《利病书》引作“段氏《游蜀记》云：通、开二州有盐漆之利”云云。　明通院盐井场。《九域志八·夔州路》。　通明院本唐宣汉县地，伪蜀置通明院以催科赋，皇朝因之。有宣汉盐井，地名长腰，咸源在大江龙骨石窟中涌出。《舆地广记·夔州路》。按：“通明”“明通”，两书互倒。据《宋史·地理志》：南渡后增通明县。注云：旧通明院。当是。《九域志》误。

临江县今忠州。　涂井。下阙。《九域志八·夔州路》。按元文下阙当是“镇”，或亦因井名也。

彭水县今仍。　有盐井一，在县东九十里，今煎。伏牛山，在县东一百里，山左右有盐井，州人现置灶，煮以充军用。《寰宇记·江南西道十八·涪州》。　盐井镇。《九域志八·夔州路》。

盐有二类：引池而化者，《周官》所谓盬盐也，今谓之颗盐；或煮海或煮井或煮碱而成者，《周官》所谓散盐也，今谓之末盐。煮井则川陕西路，大为监，小为井。监则置官，井则募土民或役衙前主之。益州路则陵、绵、邛、眉、简、嘉、雅、汉八州。元注《两朝志》无“汉州”，今从《三朝志》。梓州路则梓、资、遂、合、戎、荣、果、普、昌、渠、泸十一州，富顺监。元注《三朝志》无合、戎、荣、渠四州，疑本或脱略也。利州路则阆州。夔州路则夔、

① 引自文同《丹渊集》卷三四《奏为乞差京朝官知井研县事状》，文字略有改动。

忠、达、万、黔、开、渝七州，云安军，大宁监。凡颗盐、末盐皆以五斤为斗。颗盐卖价每斤自四十四至三十四钱有三等；末盐卖价自四十七至八钱有三十一等。至道末，卖颗盐钱七十二万八千余贯，末盐一百六十三万余贯云。元注：《三朝志》无“渝州”。《续通鉴[1]长编》九十七。 元祐四年：“诏成都府路见管盐井一百六十余井，立为定额，不问大井及卓筒，并不禁止。若遇咸泉枯竭，许于元井侧近开卓取水，以补元额井数，依条差官権定，认纳课例。其枯竭元井，却行栈闭，仍不得创于他处及额外增添开卓。”先是，御史吕陶论列陵井监、嘉州等处盐井利害，下转运司相度[2]，故有是诏。同上。 四川三十州岁产盐约六千四百余万斤，后隶总领财赋所赡军。李心传《建炎以来系年要录》十七。 蜀中官盐有隆州之仙井，邛州之蒲江，荣州之公井，大宁、富顺之井监，西和州之盐官，长宁军之淯井，皆大井也。若隆、荣等十七州，则皆卓筒小井而已，《通考》此下云：自祖宗以来，皆民间自煮之。成都、潼川、利路自元丰间，岁输课利钱、银、绢总为八十万缗，比军兴所输已增数倍矣。然井有耗淡而盐不成者，官司虑减课额，不肯相验封闭。高宗建炎二年十一月，德音令逐路漕臣躬亲按视。其用力甚艰。惟大宁之井，咸泉出于山窦间，若垂瀑然，民间分而引之。又有彭山之瑞应井，味近硝，得隆、荣卤饼杂而煎之，然后成盐。元丰、崇宁两尝禁止，以食者多病故也。绍兴末，总领所复弛其禁，隆、简、嘉、荣之人，病其侵射，商贩因代输课息，再行栈闭，今谓之石脚钱。然彭山之民特私煎如故。仙井岁产盐二百余万斤，隶转运司蒲江亚之总领所。大宁盐二百五十余万斤，阙。岁取其四分，元注：一百三万七千余斤。计值九万余缗，亦隶总领所。元注：每斤旧为三百，绍兴十七年，宣司减五十，二十二年十二月辛酉又减十二钱。淯井盐四十余万斤，岁取其赢五万余缗为军食之用。元注：日额四十九万二百斤，取拨钱引四万八千八百五道五百七十文应副[3]总领所。绍兴十六年，实产盐四十一万九千四百斤，内三万三千六百斤犒设，七千八百斤赡学，二三万斤钱本外，余三十四万七千九百斤，每斤二百五文，计七万七千三百十九贯五百文，而本军省计应用二万三千八十七贯八百十二文，余折官价钱引三万七千六百八十三缗而已。每岁大科二万二千余缗，漕司抱其半，尚亏万一千余缗。二十二年十二月，乃尽除之。惟盐官岁产盐计羡缗钱三万，为利州钱监铸本云。然官盐多

---

① 鉴：原作“监”，误。

② 相度：谓详审事理而议。

③ 应副：支付，供应。

恶，杂不可食，往往抑售于民。州郡第利其赢而已，无能正之者。李心传《建炎以来朝野杂记·甲集》十四。　四川石脚井，蜀[①]之眉、彭、丹棱，嘉之洪雅等县皆有石脚井筒，其实硝也。在多悦者谓之山门，在彭山者谓之瑞应，此二井尤盛，然必得隆、荣诸井之卤对炼而后可成盐，元注：隆、荣诸井煎盐既成，其冰石若冽者弃之不用，炼而成饼。食之者得泄痢之疾。官未榷盐时，小民或私煎以求利。元丰三年，立法禁止。崇宁初，张天觉为尚书右丞，建造成都府路常平司勾当公事勾居体，兼措置两川盐事，俾之盐榷。天觉罢，尚书省言丹棱、洪雅等县，多有石脚苦盐，不堪食用，乞依元丰法，禁人开炼，并罢居体，从之。三年十一月戊寅也。绍兴中，瑞应乡民户始有盗贩卤饼，拌和硝石煎成小盐，低价以售者。有司因为勾推一作“拘榷”凡三十六井，岁输官钱万七千余缗。既而总领所以为不便，言于朝，复行栈闭，而以其课额均于邻近嘉、荣、隆、简四州之井户，谓之石脚钱。绍兴二十四年也。及嘉定五年多悦之民有犯法私炼者，州既抵罪。制置大使司闻之，即遣秉义郎新夔州路兵马都监杨仲端者往山门措置。其年九月也。自后月得小盐万五斤，皆不用引钞，径行发卖，岁责息钱万九千二百缗。然盐既苦恶不可食，所以抑售。土居之人盗煎私贩者，因亦肆行，官不敢问。议者谓元丰立法者，参知政事蔡确也；崇宁禁止者，右仆射蔡京也。财用虽乏，可以制有司而为京、确所不为乎，失之矣。同上《乙集》十七。　国朝井八百二十二。又元丰盐额，成都路为井四十二，收二百四十八万九千三百六十二斤；利州路为井一百二十七；梓州路为井四百二十五；夔州路为监三、为井十四。《玉海》一百八十一。　鬻井为盐曰益、梓、夔、利凡四路：益州路今成都府等处一监、九十八井，岁鬻八万四千五百二十二石；梓州路今潼川府等处二监、三百八十五井，十四万一千七百八十石；夔州路三监、二十井，八万四千八百八十石；利州路今广元县一百二十九井，一万二千二百石。各以给本路。大为监，小为井，监则官掌，井则土民斡鬻。如其数输课，听往旁境贩卖，唯不得出川峡。仁宗时，成都、梓、夔三路六监与宋初同，而成都增井三十九，岁课减五万六千五百九十七石。梓州路增井二十八，岁课减十一万一十九石。利州路井增十四，岁课减四百九十二石三斗有奇。夔州路

① 蜀：原作“眉”，据文意改。

井增十五，岁课减三千一百八十四石。凡四川四千九百余井，岁产盐六千余万斤。孝宗淳熙六年，四川制置胡元质总领程价，言：“推排四路盐井二千三百七十五、场四百五，除井一千一百七十四、场一百五十依旧额煎输；其自陈或纠决增额者井一百二十五、场二十四，并令渲淘旧井亦愿入籍者四百七十九；其无盐之井，即与划除；不敷而抱输者，即与量减，共减钱引四十万九千八百八十八道，而增收钱引十二万七千三百四十九道，庶井户免困重额。”四月，蠲四川盐课十万缗，十月再蠲课十七万余缗。七年，元质又言：“盐井推排，所以增有余补不足，有司务求赢余。盈者过取，涸者略减，尽出私心。今后凡遇推排，以增补亏，不得逾已减之数。”《宋史·食货志》。 煮井者，益州路则陵井监及二十八井，岁煮一百十四万五千余斤；绵州二十四万余斤；邛州九井，二百五十万斤；眉州一井，一万余斤；简州十九井，二十七万斤；嘉州今嘉定府等处十五井，五万九千余斤；雅州一井，一千六百余斤；汉州一井，五百余斤；梓州路则梓州一百四十八井，三百六十六万余斤；资州九十四井，六十四万二千余斤；遂州今遂宁县三十五井，四十一万六千余斤；果州今顺庆府四十三井，十四万六千余斤；普州今安岳县三十八井，二十二万九千余斤；昌州今荣昌县八井，四万余斤；泸州淯井监今长宁县及五井，七十八万三千余斤；富顺监十四井，一百一十七万三千余斤。利州路则阆州今保宁府一百二十九井，六十一万余斤。夔州路则夔州永安监，十一万七千余斤；忠州五井，五十一万三千余斤；达州三井，十九万余斤；万州今万县五井，二十万九千余斤；黔州今彭水县四井，二十九万七千斤；开州今开县一井，二十万四千斤；云安军云安监今云阳县及一井，八十一万四千余斤；大宁监今大宁县一井，一百九十五万余斤。以各给本路。监则官掌，井则土民斡鬻，如数输课，听往旁境贩卖，唯不得出川峡。马端临《文献通考》十五。按与《食货志》互有详略，故并录。 熙宁中，忠、万、戎、泸、间夷界，小井尤多。《利病书·四川二》。

元

长宁军今为县。 元岁课办盐三十万斤。《利病书·四川二》。

闰盐县今盐源县。 至元中，于黑白盐井置闰盐县。《明一统志》七十三。 至元二十七年，并普乐、闰盐二州为闰盐县，以境内有盐井也。

《方舆纪要·四川九》。

邛州今仍。　州有二井，宋旧名金凤、茅池。天历初，九月，地震，盐水涌溢。至顺三年，州民侯坤愿作什器煮盐而输课于官，诏四川转运司主之。《元史·文宗本纪三十六》及《食货志》。　盐场十二处，《食货志》云：“简盐场、隆盐场、绵盐场、潼川场、遂宁场、顺庆场、保宁场、嘉定场、长宁场、绍庆场、云安场、大宁场。”俱盐井所出，井凡九十五眼，在成都、夔府、重庆、叙南、今叙州府。嘉定、顺庆、广元、《食货志》《续通考》《钦定续通考》皆无“广元”。潼川、绍庆府今彭水县等路所管州县万山之间。《元史·地理志十二》。　初设拘榷课税所，分拨灶户五千九百余隶之，从实办课。后为盐井废坏，四川军民多食解盐。至元二年，立兴元、四川盐运司修理盐井，仍禁解盐不许过界。三十二年，岁煎盐一万四百五十一引。二十六年，一万七千一百五十二引。皇庆元年，以灶户艰辛，减煎余盐五千引。天历二年，办盐二万八千九百一十引，计钞八万六千七百三十锭。《元史·食货志》。

明

简州今简州。　府境成都有井，大小不一，出其水煎盐，历代因之。简州仁寿为盛，民赖其利。《明一统志·成都府·土产》。　永乐四年七月，通海井民言简县资阳乡旧有竹筒井，乞分丁开煎，岁得盐万余斤。《钦定续通考》二十引《明实录》。　西川盐利，简州为最。上流井，州北十里，产盐，有盐课司。又牛鞞井在州城内，亦产盐。《方舆纪要·四川二》。　明旧有九井，弘治[1]中，水涨岩崩，尽至填塞。《一统志》。　旧《州志》：明有九井，曰上流，曰宝应、曰韭菜、曰水东、曰龙凹、曰永城、曰石马、曰海济、曰窑店，弘治中，水涨岩崩，尽皆填塞。《简州志》。

定远县今仍。　盐滩溪在县南十五里，旧有盐泉。《方舆纪要·四川四》。

南部县今仍。　土产盐，县有井。《明一统志》六十八。　洪武二十九年二月，永城盐井灶户言：“井水涸竭，艰于煎办，乞于附近南部县开大成盐井，以助不足。”《钦定续通考》二十引《明实录》。　县西五十里宗马寺有宝井出盐，日可易一马，人共宗之，故名。《利病书·四川二》引《南部志》。按《郡国利病

① 弘治：原作“宏治”，避讳而改，下同。

书》及《方舆纪要》所载多引明志，今各志中往往有沿引明志者，颇与之合，故两书所载多录入明。

南充县今仍。　府顺庆西六十里，志云：昆井，大井也，即古盐井云。又府境州县俱有盐井，产盐甚众。《明一统志》六十八《土产》。

叙州府今仍。　盐井涡在府北四里，其水咸卤，可以煎盐。《方舆纪要·四川八》。

富顺县今仍。　富顺、长宁二县有井。《明一统志》六十九。　永乐八年三月，南部县言富义井岁可得三万六千五百余斤。《钦定续通考》二十引《明实录》。　《胜览》云：盐井惟富顺监最大，旧日为额八百余斤，今日额止《方舆纪要·四川五》引有"千"字五百余斤。《富顺志》云："富义井在县西一里，近年为淡水渗溢，灶十，淘远近旧井赔课，而此井遂废。"今盐井十四。《利病书·四川二》。

长宁县今仍。　长宁治北，淯井二脉，一咸一淡，取以煎盐。塞其一，则皆不流，谓之雌雄井。《明一统志》六十九。　沟井在县北宝屏山下，元岁课办盐三十万斤。今岁课办盐四十二万五千五百斤。按唐筠州下有盐水县者，是志云："筠连县之南二十五里亭台山，象若亭台形状，溪边有盐井，即木桶井。"《利病书·四川二》。

大宁县今仍。　宝源山在县北二十五里，气象盘蔚，大宁诸山惟此独雄。山半有石穴，出泉如瀑，即咸泉也。《明一统志》七十。《方舆纪要·四川四》作"二十里"，咸作"盐"。又，二仙洞在县东北十七里盐泉侧。《方舆纪要》作"二仙山"。

云阳县今仍。　大宁、云阳二县产盐。《明一统志》七十。　云安监城县西北三十里，明置云安盐课司，即故盐城矣。《方舆纪要·四川四》。

邓希明《云安场记》："云阳县北十五里渡小河，又进五里至洞口，洞口两岸嵂崒中有一线水，可行舟，挽之进十五里，始达云安场。崇祯甲申，张献忠入蜀后，姚、黄、余、李相继为乱，士民逃亡。乙巳，仅存灶户十二。越十三年丁巳，逃徙者渐归凿，益灶户二十二。又有水源出万顷池，绕桃花洞、雪氿山南下，左右碨磊沮，洳水为山束。至此，独缓潴数十里，俾舟得载薪运盐，以活居民。《云阳县志》。

开县今仍。　三潮溪在县东北五十里温汤井侧。志云：井有三，曰杉木、曰柏木、曰龙马，皆开煎盐课。溪水经其旁，一日三潮，冬温夏凉，颇为神异。《利病书·四川二》。

盐井卫今盐源县。　盐井卫出盐。《明一统志》七十三。　卫地饶给，多盐利。

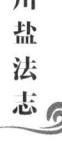

又盐井卫有黑、白二井，又有盐井递运所，在卫东百里。《方舆纪要·四川九》。

雅安州今雅州府。　州南十五里多白石盐，土人钻取之，名曰盐崖。《利病书·四川二》引《雅州志》。按梁元帝《金楼子》五《志怪篇》："白盐山山峰洞澈，有如水精，及其映日，光似琥珀，胡人和之，以供国厨，名为君王盐，亦名玉华盐。"又《酉阳杂俎》十《物异》："白盐岩，有盐如水精，名为君王盐。"两说皆不著地，未知即此否。"玉华盐"，元案：曾慥《类篇》作"玉伞"。

乐山县今仍。　盐场在县东南十五里红崖山。《嘉庆通志·关隘三》。

余承勋《理鹾说》："青衣，非产盐区也，而编户中有灶籍焉。故民无盐井者，而岁额之课不得免焉。刘侯贞斋曰：版籍不可易也。吾喻尔以熟盐之道，可以无惫矣。"《嘉庆通志·关隘三》。按：说中所云，似乐山向无盐利，自刘创始者然，文不了事，与人遂皆佚不可考。

犍为县今仍。　县东山出盐。《明一统志》七十二。　永乐六年正月，犍为县有四盐井，每岁开煎，共得盐十万九千八百斤。《钦定续通考》二十引《明实录》。　盐井溪在县北二十里净江坝山麓，明初产盐，今尽湮没。又九井坳俱有，今亦没。《犍为县志》。

附火井

火井在蜀之临邛，今嘉定、犍为有之。其泉皆油，热之然，人取为灯烛。正德中方出，古人博物亦未及此也。积阳之气所生，固非怪异。《杨升庵外集》四。

潼川州今为府。　本州境及所属七县俱有井。《明一统志》七十一。《蓬溪县志》引下云：旧属华池厂。

盐亭县今仍。　县管盐井三，煎一。《利病书·四川二》。

中江县今仍。　永乐八年二月，通海灶丁李逢青言："禄聚井煎不及额，而中江金佛竹筒小盐井岁可得一万二千六十斤，乞开煎以补亏课。"《钦定续通考》二十引《明实录》。

安岳县今仍。　明初盐井二十有四，岁入课九百五十七引一百六十九斤一十三两二分八厘，折征银七百四十七两一钱一分八厘八毫五丝一忽。天顺后，脉减民逃，无井偿价，谓之干赔，当道悯之，征如前额。万历后，岁入课一百八十一引十斤八两八钱，折征银二百三十六两三分。旧井二十三：高黄、朱福、庙泉、邱家、宋家、邵家、余家、王家川、李喜井、岩屋、懒筒、上宝珠、下宝珠、关家、玉池、茅坝、董家、董磨、龙潭、双筒、大成、岩子、和尚。成化间，双筒以下四井折入乐至，灶户共五十有九。其管辖分隶仙井、富义、华池、黄市、通海五盐课司。新井三十四：曰小鬼塘、金鸡、樊家、金龟、栗材、烂泥沟、两河、滴水、岩谷、楼门、珠林、天王、张家渡、五峰、戴家、长席、椿桐、茅坝、千工堰、石玉、柏林、冯家、石板、昌浩、麻柳沟、杜家、清流、叶家、普照、石桥、土井、立福、回龙、水磨，井久废，俱系干赔。正统间，止有灶丁六七十名。《安岳县志》。

李奇英《请免摊课议》："安岳土瘠民贫，盐课一端，深为民病。查阅盐册，本县实有朱福、庙泉灶籍，井眼俱于正统年间塌废，止有灶丁等每年干赔课银三百二十四两八钱八分三毫二丝五忽。又因通省失额，蒙委岳池张知县、遂宁赵知县前来本地踏勘，未察干赔之苦，惟取国课之盈。又以丁粮加增银三百八十两六钱六分二厘六丝七忽五微，以补老额，遂尔倍重，灶丁逃亡。无怪乎陈万荣有称'本分干赔之外，又苦重征之诉也'。前蒙批令查处，先经本县署印，本州同知陶允肃以通县丁粮每石包银一分五厘二毫六丝八忽，以助穷灶，诚恐启民争诉，计非久远。今欲再议：各灶委实穷苦，量为苏豁，又恐课银额定，似难开除，将欲另行设法弥补。当今民命孔急，财用空虚，将何应派措补，彼此斟酌踌躇。请俯念贫灶倒悬，将原额老课三百余两照旧干赔追解，其岳、遂两知县所摊派者量行豁免，则人心安于额之旧，而干赔之苦少得息肩。不然，原课不敷，洒派复至，派之灶户则干赔且不忍言，何况重复。一兔二皮，不可训也。派之丁粮，则闾里尽已萧条，安可加增！亡羊补牢，诚非便也。"《安岳县志》。按：此则由丁粮摊课，明已有之矣。

彭山县今仍。　县出盐，有九井。《明一统志》七十一。

浦江县今仍。　金釜山在县南八里，下有盐井，亦以金釜为名。《方舆纪要·四川六》。

资县今资州直隶州。　罗泉井在县西百二十里，产盐，有盐课司。《方舆纪要·四川二》。　明有罗泉、跳石、金李、陈福、渊潭五井，俱在县西七十里内。先年，井坍丁逃，课逋额虚。万历间清察，附仁寿、中江外，本县仍该完银四百四两四钱六分二厘，因灶户干赔无抵，召开竹筒小井，兵燹后填塞。《资州志》。

内江县今仍。　永乐八年，内江县言大通、溪口、小皮袋井岁可得四千四百余斤。《钦定续通考》二十引《明实录》。　黄市井在县西南二十里，产盐。《宋志》云内江有六十六盐井，此其一也。今有黄市井盐课司。《方舆纪要·四川二》。

仁寿县今仍。　洪武三十一年四月，成都府仁寿县奏："石基盐井废，宜开益兴井，以助岁课。”从之。《钦定续通考》二十引《明实录》。 西有艳阳洞，亦曰焰阳，即咸泉之源也。亦曰陵井，又曰仙井，宋置[1]监于此。志曰：府境有盐井，大小不一，惟仁寿县及简州所出最多，民资其利。有仙泉井盐课司，在县治南半里。《方舆纪要·四川二》。按《仁寿县志》云：“洞门东至盐井，相距四十一丈八尺。” 明盐井四眼，又中坝井在县北七十里高家场，明废。《县志》。

井研县今仍。 永乐元年八月，户部言：“四川罗片井水耗，其[2]井研县大罗片筒小井，可以开煎。”三年正月，又言：“福兴、思安二井岁额盐五万六千九百四十九斤，今年久，咸水细微，亏一万二千四百余斤。乞开北河井水，咸薪便可增常额一万七千二百余斤。”《钦定续通考》二十引《明实录》。 万历间清察老井二十眼，灶六十九户，灶丁六百六十一丁，共课银四百四十八两一钱四分。又于续开帮纳之小井，亦准课银二百三十七两三钱七分，谓之新井。《县志》引旧志。

太平县今城口厅。 明通井在八保，又名宣汉，凡井十六，明设巡检于此。又斑鸠井在明通井岩畔，其咸源自石穴中流出。《城口厅志》。

彭水县今仍。 明代郁山四井，皆小灶，焚草煎盐。曰郁山井，课盐银三十三两六钱，草船课银五钱；曰鹁鸠井，课银三十二两八钱五厘八毫，草船课银二两；曰鸡鸣井，课银二十一两七钱四分，无草船课；外楠木小井课银二两四钱，岩溻课银七钱。《彭水县志》。

洪武五年，岁办大引盐三万七千八百四十二引有奇，凡辖盐井五十一处。《钦定续通考》二十引《明实录》。 洪武间，岁办上流等今简州九井盐课司盐一百九十一万九千五百七十斤零，永通等今犍为县七井盐课司盐八十四万四千七百七十斤，郁山井今彭水县盐课司盐二十二万六千八百斤，涂甘井今忠州盐课司盐一十六万四千二百斤零，云安场今云阳县等五井盐课司盐二百一十二万四千六百二十斤，通海等三井今中江县。按：金堂县通海镇又有盐课司，金堂无井盐课司盐二十四万四千三百三十斤零，福兴等六井盐课司盐四十九万七百七十斤，广福等今遂宁县三井盐课司盐二十二万四千四百七十斤零，华池等今潼川府三井盐课司盐二十二万四千二百二十斤，新罗等今荣

---

① 置：原作“志”，据文意改。

② 其：原作“井”，据文意改。

县贡井二井盐课司盐七十二万五千五百斤，富义等今富顺县一十三井盐课司盐一百八十八万八千斤，罗泉等今资州五井盐课司盐三十二万一千三百斤零，黄市等今内江县二井盐课司盐六十九万四千斤，仙泉等今仁寿县盐课司盐三万八千八百五十斤。

弘治间，岁办上流等井盐课司盐二百七十九万四千四十五斤零，永通等井盐课司盐二百六十一万八千八百四十一斤零，郁山井盐课司盐七十三万二千二百八斤零，涂甘井盐课司盐二十八万七千八百一十五斤，云安场等井盐课司盐二百四十九万八千四百九十一斤零，通海等井盐课司盐九十二万一千三百三十斤零，广福等井盐课司盐五十五万六千三百二十五斤，华池等井盐课司盐六十三万四千五百三十二斤零，新罗等井盐课司盐九十九万五千八百七十八斤零，富义等井盐课司盐三百六十七万九千二百七十二斤零，罗泉等井盐课司盐一百二十四万四千一百二十七斤零，黄市等井盐课司盐一百七万五千六百一斤零，仙泉井盐课司盐二百一十三万七千六百一十五斤零，福兴等井盐课司盐如旧额。

万历六年，岁办盐九百八十六万一千一百四十斤，岁解陕西镇盐课银七万一千四百六十四两。《明万历会典》二十三。洪武间岁办盐共一千一十二万七千四百四十斤。弘治间，岁办盐共二千一十七万六千八十斤，其福兴等井盐课司四十九万七百七十斤，见办如弘治额。《续通考》二十四。

洪武二十五年，四川盐井五十七处。《钦定续通考·景川侯曹震奏》。洪武间，井二百七十八，额课一千六百零五万九千九百三十斤，以后渐增前额，名新增盐，吹毛剔骨，名埋没盐。

郭子章《盐井图说序》："蜀古井百一，竹井十九。其凿之甚艰，其入之甚深，汲之甚苦。至于铁钎、漕钎、刮筒、吞筒等制，纤悉俱备。予过射洪，同马令明衡三问灶丁、井匠，颇得其详，顾命岳谕方记之。谕方前为图，后记其事，末言苦在灶丁，利入商橐。征输告急，势必流徙，庶几仁人言哉！晋中盐池，出盐可食；东南海滨，民汲海水，甫入铛成盐；乃蜀井之得，勤且苦如此。司盐策者何见晋、齐、越之易，而以概蜀之艰也。"《射洪县志》。

四川盐法志卷五·井厂五

沿革下

国朝

简州 《图经》：旧有九井，填塞，顺治十七年始招灶户重开。《一统志》。 雍正八年，九十三井；乾隆二十三年，选增一百八十二井；五十二年，五百五十八井。《档册》。 嘉庆间，五百三十有三井。《嘉庆会典事例》卷一百八十一《户部盐法会典》。《嘉庆通志》同，以下同则不注。 熊家、青家、梁家、刘家四井皆在州南三十里，王家、阮家二井在州东六十里，渐开迁分四厂：曰海济、曰蓝永、曰姜王、曰田厂。盐甲他方，有白蜡水晶之号，味甘咸，无卤毒，故蜀以简盐为最。《州志》。 今仍五百三十三井，灶五十四条，方言一灶为一条。锅八十四口，温水锅一百三十九口。光绪七年《由单》。以下不再标年。

荣昌县 《图经》：县有盐井五眼。《一统志》。 雍正八年，五井；乾隆二十三年，选增井一十一；三十二年，选废井二。《档册》。《县志》作"原盐井七，新增井八"。 十有四井。《事例》。 今仍十四井。《由单》。按：井今废其五，存九眼，曰盐滩、大坝、骑龙、双江、永富、兴富、彭滩、岩边、永隆，在城百二十里盐井沟，岁只出盐二十万斤。

大足县 《图经》：县有盐井九眼。《一统志》。 雍正八年，九井；乾隆二十三年，选废井五。《档册》。 存朱溪、王家、永泉、双河四井，其盐味苦，多行外境。《县志》。 三井。《会典》。 今仍三井，按朱溪井废。锅十一口。《由单》。

合州 雍正八年犹无井，购盐于射洪县。乾隆二十三年，始有井一。《档册》。 一井。《会典》。 今仍一井。《由单》。

铜梁县 一井。《会典》。 旧无井，购盐于射洪、蓬溪二县。乾隆二十三年，始有一井。《档册》。 明月桥盐井名永盛，近福果场，日可煎盐百斤。又有鲁家岩、卷子湾、盐井坝、李子林盐井俱近板桥场，同治间新开。《县志》。 今仍一井。《由单》。

涪州 白马盐场在州南，《县图经》："涪州东南有咸泉。"《一统志》。 雍正八年，无井，购盐于射洪、中江二县。乾隆二十三年，有井二，锅三百有六口。《档册》。 又有浽江井，为水冲漏，二十五年请缓开淘，别于老井岩上新凿一井，设三十六灶。《州志》。 二井。《会典》。 今仍二井，灶五十一条，锅三百有六口。《由单》。按：今井并坍，皆食他厂盐。

阆中县 雍正八年，旧有井六。上井二，中井三，下井一。乾隆二十三年，迭增井一十三；五十八年，迭废井八。嘉庆六年，又废井一。《档册》。 十井。《事例》。 八井。《会典》。 今仍八井。中井一，下下井七。《由单》。按：今井老水枯，灶户故绝，皆食他厂盐。

南部县 盐厂明末坍塌无存。雍正八年，设立复兴厂纳课。《县志》。 雍正井三十九。上井九，中井二十九，下井一。 乾隆二十三年，迭增井八百有六；五十一年，迭废井四百有九。《档册》。 四百三十有六井。《会典》。 今仍四百三十六井。上井二，中井十三，下井四百二十，下下井一。《由单》。

南充县 县有中井六眼，中下井六眼，下井三眼。《一统志》。 康熙间，十井，中井六，中下井一，下井三。灶户十名。《县志》。 雍正八年，十五井。乾隆二十三年，迭增井一十八。《档册》。 三十六井。《事例》。 二十九井。《会典》。 嘉庆间，二十三井。《通志》及《县志》。 道光七年又废五井。《档册》。 今井十八眼。中井三，中下井十四，下井一。《由单》。据采访，现煮者，屋角井、七儿井、大坝井、中光井、五桐井皆在县西一百里，何家井县北一百里，余水淡停。

西充县 县有上井十眼，中井八眼，下井八眼。《一统志》。 雍正八年，有井二十六。乾隆二十三年，迭增井一百有七；五十八年，迭废井五十四。嘉庆十四年，迭废井三十。《档册》。 六十井。《事例》。 今四十有九井。上井五，中井二，下下井四十二。《由单》。

蓬州 州有中井一眼。《一统志》。 三井。《事例》。 一井。《会典》。 今仍一井。《由单》。

大竹县 盐井在县南。《一统志》。 雍正八年，县属顺庆有石壁井一。

《县志》：嘉庆十八年改属绥定。　一井。《会典》。　今仍一井。《由单》。

富顺县　盐井在县西。《图经》："县盐井，上中五十六，中井二十，下井二百五。"《一统志》。　自流古井，在县富义场荣溪水滨，《县志》相传，井水自然流出，非人力錾凿所成。自崖崩岸塞，乃于他处开凿无算。《通志·古迹》。　厂曰富义，井地分上下五垱。上五垱：曰龙垱、按：三百四十八井，只一百四十五井有水。桐梓垱[①]、按：九十八井，只四十七井有水。新罗垱[②]、按：千五百九十七井，只九百二井有水。邱家垱[③]、按：二千一百五十二井，只五百五十井有水。长坝垱[④]，按：一百八十六井，只六十三井有水。为自流井，井三百余。下五垱：曰詹家井、十六井，县北三十里。王家井、十一井，县西二十八里[⑤]。徐家井、一井，与王井近。太源井、二井，县西十八里。宋井，一井，与太井近。井四十余。《县志》。　雍正间，旧有井二百八十有一，如《图经》数，锅四百七十二[⑥]。上井五十六，设上锅一百有三；中井二十，设中锅三十一；下井二百有五，设下锅三百三十九。乾隆二十三年，迭增井一百一十六，锅二百一十六；又至二十六年，迭废井一十六，锅一百二十三。《档册》。　三百八十二井。《会典》。　今仍三百八十二井，锅五百六十五口。上锅十口，中锅七口，下锅五百四十八口。《由单》。按：富厂今新旧井四千三百有奇，除下锉、停锉、枯废各井，实有一千七百有七。然井之深浅不一，卤之衰旺无常。光绪三年，举办官运，曾一清厘，因用旧课分摊如前林儁法，并摊济荣县等厂，数已相当，未遽增课，恐贻井户后来干赔之苦也。

吴鼎立《自流井风物名实说》："邑西北有盐井五：曰太源、曰詹井、曰王井、曰徐井，四井有盐水，无火无油；最著而生油生火者，为富义井，一曰自流井。""井之分段五，其名谓之垱。由大小坳口、豆芽湾至半边街、韭菜园、齐家平，曰桐发垱；由大冲至香炉寺过河曰龙垱；由东岳庙桥头至大安、久安二砦，由砦至斜石搭，转至马冲口、高洞、沙鱼坝，曰仙骡垱，俗名新垱；由川主庙、内柴[⑦]口至大湾井，曰长发垱；隔岸里许，踞小溪场者，曰邱发垱，邱垱尤近西，与荣场毗连。

① 桐梓垱：又叫"桐发垱"，见同治《富顺县志》卷三十《盐政新增》录吴鼎立《自流井风物名实说》。
② 新罗垱：又叫"仙骡垱"，见同治《富顺县志》卷三十《盐政新增》录吴鼎立《自流井风物名实说》。
③ 邱家垱：又叫"邱发垱"，见同治《富顺县志》卷三十《盐政新增》录吴鼎立《自流井风物名实说》。
④ 长坝垱：又叫"长发垱"，见同治《富顺县志》卷三十《盐政新增》录吴鼎立《自流井风物名实说》。
⑤ 里：原作"井"，据文意改。
⑥ 雍正年间煎盐锅口总数为四百七十二，但下所列上、中、下三种锅口相加，其总数为四百七十三。
⑦ 柴：原作"砦"，据同治《富顺县志》卷三十《盐政新增》录吴鼎立《自流井风物名实说》改。

五垱延袤几四十余里。”《富顺县志》。

附火井

火井一在县西九十里，井深四五十丈，圆径五六寸。有气上腾，以竹去节入井，投火引之即发。初出甚细，至上数尺，光芒异常，火声如雷殷。地中煎盐，昼夜不息。如不用，覆水立灭。或以竹筒通窍引之，可以代薪烛，远行者盛以皮囊，越数千里，窍穴以火引之，光即出。《富顺县志》。

李榕《自流井记》：“火之极旺者曰海顺井，可烧锅七百余口。水、火、油三者并出曰磨子井，水、油二种，经二三年而涸；火可烧锅四百余口，经二十余年犹旺也。德成井火，卤气熏人至死，可烧锅五百余口。……然经年，水火并涸矣。……道光初年见微火时，烧盐者率以柴炭，引井火者十之一耳，至咸丰七八年而盛，至同治初年而大盛。”按：火井有大火、有微火，惟视所煮锅之多寡以为盛衰。今富厂井大率水火兼出者多，未由分计合计，所煮锅至五千一百口有奇，折合足火三千六百口有奇。中以磨子井为最久，亦最盛。又有贫民于大火井旁掘地数尺，辄得火以煮小锅盐，谓之“土洞火”。然兴灭不常，时煮时停，新增常有之。

大宁县　白鹿盐井在县北宝源山下。《图经》：“今有盐井二眼，设灶一百一。”《一统志》。　雍正八年，井二，锅一百有一。乾隆二十三年，迭增灶一百五十，锅三百二十二；三十七年，迭增灶一百八十七，锅五百六十一。《档册》。　二井。《会典》。　今井一眼，灶三百三十六条，一灶煮锅三口。锅一千有八口。《由单》。按：厂距县北三十里，今只一井，由山穴注于池。池分六十八窍，用铁笕引接绞篾，分注各灶。春夏多雨，卤淡辄停，秋冬始煮。灶有煤灶、柴灶。自嘉庆初年水淹后，今只七八十灶，煮一次可二十余日，名一转火，一昼夜可得盐千四五百斤。煮法：埏土作砖，置灶侧，炙燥则沃以卤，日一二次，卤透辄碎，砖浸水，取水煮盐。淡土仍作砖如前法。煮成皆花盐，色黑，味稍苦。

云阳县　盐井在县北。《图经》：“今县境盐井凡十眼。”《一统志》。　雍正八年，井十，锅一百六十五。乾隆二十三年，迭增井一百有二，灶二百五十四，锅八十五；三十六年，迭增井二十三，灶一百有三，锅一百有三。《档册》。　百三十五井。《会典》。　厂曰云安，井曰大井、太和，二井为古井。庆流、关庙、临河、浣泉、石瞿、河边中井、张井、东桥，乾隆前有者。中源、长源、新小、永河、逢源、福德、大成、长安、白泉、新下、泰运、天然、庆隆、中泉、线余、德泉、惠余、自泉、义成、利用、聚泉、安平、合源、顺流、德源、安顺、自然、西成、浣纱、和丰、龙泉、隆盛、凤仪、顺天、通泉、裕泰。乾隆后增者。又白鹿盐井，即大井也，在云安厂。相传昔有人逐白鹿于此不见，掘之得卤，因名，至今县令履任必拜此井。《县志》。 今井一百三十三眼，灶三百五十七条，锅三百五十七口。《由单》。《嘉庆通志》同，惟锅减四。

陶寿彭《云安场风土记》："云安场，古汤溪也。闾阎交错，民居以煮盐为业。盐泉之井古有一百二十八，存强半，其最大者为白兔井。其汲水用绠，绠施辘轳，两头各系一桶，桶之出入任人之上下其手。至引卤入灶，以竹为枧，或近或远，其支分派别者，皆厘然不紊。每灶拽水之人轮流递更，昼夜共三十六轮，轮以尺香为限，香尽则鸣金而止。汤溪水滨有大马头[1]、高马头、火马头，各崇二丈许[2]，广亦如之，皆灶煤余灰积累而成者。其中有火，四时不息，每隆冬盛寒，穷丐多坐卧其上，且因其热以作食。至五六月雨集，河水暴涨，为水冲击，砰然有声如雷，闻数里。穷檐妇孺，以拾煤为生计，蓬首垢面，终日坐于涂炭，不自知其苦。"《县志》。

万县 《图经》："县境盐井凡六眼。长滩盐井在县东北。"《一统志》。 长滩旧井兵燹后淤塞。康熙五年，陆续报开，共十井。盐厂在县东一里。《县志》。 雍正间，六井。采访作十二井。乾隆二十三年，迭增井六、锅六；三十六年，迭废井八、锅四。《档策》。 四井。《会典》。 今仍四井。上井一，下井三。锅二口。《由单》。按：《县志》四井名"长滩、东井、盐井、沟井"。今采访作"老小、白匿、凉水、新小"四井。道光间坍其三，惟存老小一井。

开县 温汤盐井在县东北。《图经》：其井有三："曰杉木、柏木、龙马，今惟存一井。"《一统志》。 雍正八年，有锅一十五。乾隆五十三年，迭增井二十、锅五；五十六年，迭增井二、灶三十四、锅五十。《档册》。 三井。《会典》。 今有温汤、膏谷、裕泉、裕龙、温塘井五眼，灶九十条，锅九十口。《由单》。参《县志》。

盐源县 县盐井二，设灶五十八。《一统志》。 井曰白盐井、黑盐井。雍正八年，灶如故。乾隆二十三年，增灶八条半。《档册》。 康熙六年，题

---

① 马头：旧时水岸泊舟，商船聚会的地方。即现在的码头。《资治通鉴》卷二四二《唐纪五十八》"穆宗长庆二年"载："于黎阳筑马头，为渡河之势。"元代胡三省注："附河岸筑土植木夹之至水次，以便兵马入船，谓之马头。"

② 崇：高也。《尔雅·释诂》："崇，高也。"《广韵·东韵》："崇，高也。"清段玉裁《说文解字注·山部》："崇之引伸，为凡高之称。"宋王安石《上杜学士书》："吏无崇卑，皆得按举。"此指"长"，与后文"广"相对。

准建昌卫开井置灶煎盐，遇闰加课银二十七两二钱。《事例》。 二井。《会典》。 今仍二井，灶六十六条半。《由单》。按：白盐井距县四十里，井口甃石方广三尺有奇。以竹竿系木桶下汲，昼夜可得八百余担，担重百二十斤，煮盐得二百余斤。水色青，盐成色白，井形汲法皆与他井异。黑盐井在中所，距县可二百里，属夷地。康熙十八年，夷人因井构乱，戕卫官。事定封禁后，有司及土司等数请重开，皆不许。

乐山县 《图经》："上井二十八眼，中井四十二眼，下井五百四十眼。"《一统志》。 雍正八年未置县，为嘉定直隶州，有井六百一十四眼如《图经》，锅六百二十六。上锅二十八，中锅五十二，下锅五百四十六。乾隆二十三年，迭废井二百四十四，锅一百五十五；五十四年，迭增井一十三，锅二百有三。《档册》。 五十六年，以安谷井枯，岁输无自，民籍产以偿豁，枯井九十九。《县志》。 三百八十三井。《会典》。 今井四百三十八眼，锅四百三十八口。中锅二，下锅四百三十六口。《由单》。

犍为县 《图经》："上井四十六眼，中井一百一眼，下井五百二十五眼。红壁山，县北一百里地，产白盐。"《一统志》。 井地曰永通厂，为蜀中大厂之一，在王村上游五里，包清、安二乡，绵亘数十里。康熙二十六年至五十七年，旧有井五百二十九眼，煎锅五百九十四口。《县志》。 雍正八年，六百七十二井，锅七百一十五口①。上锅五十八，中锅一百三十二，下锅五百四十七。乾隆二十三年，迭增井六十，锅三百九十四；又至六十年，迭增井三百二十三，锅四百九十二。嘉庆二年，迭增井四十七，锅三十三。《档册》。 井一千一百二十，锅一千六百三十四。《会典》。按：《嘉庆通志》："有井一千一百七十三，锅一千六百八十七。" 计康熙二十六年至嘉庆十七年，新旧共盐井二千有八十眼，锅二千九百有二口，陆续坍除井八百七十四眼，锅一千二百四十八口。国初，王村最盛，今盛于五通桥。深者百余丈，出产之富无逾此矣。《县志》。 今井一千一百九十五眼，锅一千七百二十七口。上锅二口，中锅十二口，下锅一千七百一十三口。《由单》。按：厂被兵后，井厂皆废。光绪三年办官运，始有锅八百余口。

荣县 《图经》："中井六眼，下井十一眼。"《一统志》。 井地有贡井、公井，在县河东，去富顺自流井十里，向为一厂。雍正八年，始分属

① 雍正八年锅口七百一十五，但下列各类锅口总数之和为七百三十七。

荣县。旧有老井十六：曰新盛、恒盛、泰兴、永盛、开泰、四通、五陵、泰亨、永咸、积盛、玉盛、大兴、即兴、福全、荣旺、天荣；新井三：永兴、东兴、和兴。有炭锅一百三十九，火锅四十三。《县志》。 雍正八年，有井十七如《图经》数，锅二百八十三。中锅一百二十、下锅一百六十三。至乾隆二十三年，迭废井一，增锅三十，开火井十；又至五十九年，迭将火井改淘盐井，共增井六，锅一百三十七。又至嘉庆九年，迭增井二，下锅四十九。凡井二十四，火井十，锅五百有九。《档册》。《通志》同。三十三井。《会典》。《事例》同，疑兼火井。嘉庆十七年《县志》作"原额水火井三十三"，同。 今井二十三眼，锅四百九十口。中锅一百二十口，下锅三百七十。《由单》。按：县井累坍，今只存其二，锅亦只数十。光绪三年，察知井灶困累，令富厂岁济荣厂课银八百两。今开新淘旧，期五年，得井旺即停。

附火井

火井九眼。《由单》。《县志》作："火井六，曰玉兴、永盛、和兴、天荣、泰顺、天福。"按：数井火久灭，近年见微火，然不能煮盐。

威远县 《图经》："盐井一眼。"《一统志》。 雍正八年，井如其数，有锅二。乾隆二十三年，迭增井八，锅八；上锅一、下锅九。二十五年，迭废井七，锅八。《档册》。 二井。《会典》。 雍正间所开淘各井，曰焕彩、云开、顺岩、夹兜、童子、游沱、游坝、中盛、永盛、转角、顺坎、回龙、复兴、安石、河坎、小溪、岩头、骑龙、张家、景公、通海、山隆、长福、永兴、长盛、永福、荣茂，皆废，惟存雍正七年所开甘家井、乾隆四年所开朝阳井。《县志》。 今井仍三眼，有锅三口。《由单》。按：甘家井一口，朝阳井一口。

三台县 《图经》："上井三眼，中井九眼，下井二百十六眼。"《一统志》。 雍正八年，潼川直隶州当时尚未置县井二百三十。乾隆二十三年，迭增井九十一；五十八年，迭废下下井四十五。《档册》。参《县志》。 二百七十六井。《会典》。 嘉庆八年，迭废井八。《档册》。 今井二百六十八眼，上井三、中井八、下井二、下下井二百五十五。锅二百六十八。《由单》。按：县北盐厂三：曰槐树湾、柳池井、搭子山，延袤二十余里。县东盐厂二：曰扬匣子、田边井。县西厂二：曰侯丰厂、南河堰，各周四五里许。

射洪县 《图经》："盐井二千三百十九眼。"《一统志》。 雍正八年，二千三百十九。乾隆二十三年，迭增井二百九十；三十二年，迭增井三百九十一。《档册》。 三千井。《会典》。 嘉庆十三年，废井一。《档册》。 旧时，沿江盐井千余，卤泉不竭，民资以为利。今自古井口以上，井老水枯，坍废者大半，灶民虚赔国课，疲于征输。惟瞿家河、金山场、洋溪镇、青冈坝开凿帮井[①]甚多，然不过五六载，咸源即灭。《县志》。 今井二千九百九十九眼。《由单》。

盐亭县 《图经》："中井三眼，中下井四眼，下井二眼，下下井十一眼。"《一统志》。 雍正八年额，井二十。乾隆二十三年，迭增井七十一；四十二年，迭增井一百有五。《档册》。 百九十有六井。《会典》。 今仍百九十六井。中井三、下井一、下下井一百九十二。《由单》。

中江县 《图经》："盐井二百二十八眼。"《一统志》。 县境下村旧产盐，康熙间计新旧井五十六眼。《县志》。 雍正八年，二百二十八井。乾隆二十三年，迭废井二十九；四十五年，迭废井六十三。《档册》。 百三十有六井。《会典》。 嘉庆八年，废井一。《档册》。 今井百二十有五眼。《由单》。

附火井

今下村十一乡，雷家沟、送包沟、龙怀寺等处间出火井，此兴彼灭。《县志》。

遂宁县 《图经》："盐井五十二眼。"《一统志》。 雍正八年，五十二井。乾隆二十三年，迭废井二；五十八年，迭废井三十一。《档册》。 十有九井。《会典》。 嘉庆八年，迭废井一十一。《档册》。 今井八眼。《由单》。

蓬溪县 《图经》："盐井七百九十六眼。"《一统志》。 雍正八年，七百九十六井。乾隆二十三年，迭增井四百六十一。《档册》。 县环郭皆井，余则县西北常乐寺、明月场、天福镇、文井场、锣锅场、板桥场、皂角井、河边场、大堰场、姚家沟、萧家沟、老鼠沟、庞家井、钱家井，而县西河边场各处以庞家井盐为最。《县志》。 厂曰东厂、曰西厂，共十六处。西厂盐行安岳、遂宁、中江，东厂盐行南充、岳池、广安、铜梁、大竹，合州为多。见《奏牍》。 千二百六十一井。《会典》。 今仍千二百六十一井。《由单》。

① 帮井：也叫"子井"。为顶补井老水枯的课井而新开凿的盐井。自明代起，施行于四川的盐业管理政策：凡生产盐井在井老水枯的情况下，允许民间灶户另开新井，以顶补原枯废课井，并代输原井课额。

附火井

火井沟有火井，煮水为盐。《县志》。

安岳县 《图经》："盐井二眼。"《一统志》。 雍正八年，二井。乾隆二十三年，增井一。《档册》。 三井。《会典》。 今仍三井。《由单》。

乐至县 《图经》："盐井一百十六眼。"《一统志》。 雍正八年，一百十六井。乾隆二十三年，迭增井七十三；五十八年，迭废井三。《档册》。 百八十有六井。《会典》。 今仍百八十六井。《由单》。

江安县 盐井在县东北。《一统志》。 宋南井监盛产盐，明万历中井坍。康熙五十七年，知县段允特募凿昔古、裕永、庙坎三井，设锅三，未几废其二，仅存庙坎一井，去城六十里。一锅，雍正八年起课。《县志》。 雍正三年，井一，锅二；八年额井三，锅三。乾隆二十三年，废井二，锅一；三十八年，增锅十二。《档册》。 一井。《会典》。 今仍一井，锅一十四口。《由单》。

资州直隶州 《图经》："州境上井二，下井七十八。"《一统志》。 明井兵燹后填塞。康熙元年，召募开淘，有左脚、顺塘二井；五年，顺塘井坍。《州志》。 雍正八年，井八十；十年，井八十二。乾隆二十三年，迭增井一百有二，锅三十七；三十五年，迭增井五十三，锅二。《档册》。 二百三十七井。《会典》。 今仍二百三十七井，中井二、下井二百三十五。锅三十八口。《由单》。按：州有罗泉井，距州城百二十里。金李井，去罗泉六十里，旧为罗泉小厂，税课亦附罗泉汇解，后因旧井涸，多凿小井帮课。今罗泉有井五百八十，金李有井八十，然井浅水淡，远不逮前，惟将旧课就现井匀摊云。

资阳县 《图经》："盐井四。"《一统志》。 雍正四井。乾隆二十三年，增井一。《档册》。 五井。《会典》。 永兴、双河、二龙、回龙、济众五井在县北。《县志》今仍五井。《由单》。

内江县 《图经》："上井五、下井二。"《一统志》。 雍正八年额井七。乾隆二十三年，迭增井四；五十八年迭废井五。嘉庆十二年，迭增井三。《档册》。 九井，中井一、下井八。《通志》。 六井。《会典》。 曰三元、连滩，康熙元年开淘；曰黄市、独石、顺江、石坝、孟家、双溪，雍正历年开淘；曰顺山、王家、钱家，乾隆间开淘。迭废，今存黄市、顺山、在西乡。独石、顺江。在东乡。《县志》。 今井四眼。中井一、下井三。《由单》。

仁寿县 陵井在县南。《图经》：“盐井四。”《一统志》。 乾隆二十三年，废井一；三十五年，废井二。《档册》。 一井。《会典》。 先有中坝井，康熙二十五年重开。雍正间，五显、渐渐、小沟、堰沱、张家各井迭开迭废。乾隆十六年，开顺庆一井。道光间，复开双合、奉泉、杨泗三井。嘉庆十二年，开贵公一井。今存双合、治东一百一十里金龟山。奉泉、治北关外奉泉山。顺庆。治南八十里桐子沟。县属咸脉微，井深五十余丈辄得水不及汲筒，日三汲未盈锅，锅盐二百余斤，数年而竭。《县志》。 今井三眼。《由单》。

井研县 《图经》：“上井四，中井七，下井二百二十六。”《一统志》。 顺治至康熙三十年，盐井二十四眼。雍正九年，旧新共二百三十七眼。乾隆二十三年，迭废井四十五；三十二年，迭废井七十九。《档册》。 存百十有三井。《会典》。 今仍百十三井，上井十二、中井六、下井九十五。锅六口。《由单》。

绵州直隶州 盐井在州界。《图经》：“今州有中井十一所、下井十所。”《一统志》。 雍正八年额，井二十。乾隆二十三年，迭增井一百二十一；四十八年，迭增井一十八。《档册》。 百五十九井。《会典》。 《旧志》：“有东西井在州东北，井西为涪县界，井东为梓潼界，二县分境之所，故曰东西。州南三十余里盐井二处：一名皮袋井，系老井；一名丰谷井，系新井。有锅巴盐、斗盐、水花盐各名目。”《州志》。 今仍百五十九井。中井十九、下井一百四十。《由单》。

忠州直隶州 盐井在州境。《图经》：“今州上井三眼，中井八眼，下井二十四眼。”《一统志》。 雍正八年，州犹属重庆府，有井三十五。乾隆二十三年，迭增井一十九；三十五年，迭废井二十。《档册》。 三十有四井。《会典》。 井厂曰涂、曰洽。旧作涂、洽，俗加甘。涂、洽古本一监，今分二监，即石桥井。井亦曰涂、曰洽、曰上沙、曰杨、曰古寺、曰箭尾、曰沙平、曰峡口、曰竹筒、曰破缸、曰杨标、曰滩头、曰鹅公、曰杉木、曰蟠龙、曰江心、曰石砼、曰滩心、曰岩下、曰双同、曰汪心、曰溪边、曰灶头、曰小溪、曰盐岩、曰凤碧、曰新开、曰石凤、曰仙女、曰石坝、曰梁头、曰古市子、曰天赐。《州志》。又秦之翰《古市井晏义桥记》：“古市又曰苦市，产盐甚丰，与洽、涂两厂埒，至今有峰蛤井、盐厂沟等名，井脉胚胎于石笋山之胁，父老谚有云：‘两溪夹一梢，昼夜十八包。’”今仍三十四井。上井一、上中井一、中井一、下井一、下下井三十。《由单》。

彭水县 盐井在县东。《图经》："今县有上井一眼，中井二眼，下井二眼。"《一统志》。 雍正八年，县犹属重庆府，有井五眼，锅八十一口①，上锅八十一、上中锅二十一、中锅三十七、中下锅五十五、下下锅一十二。温水锅八十一。乾隆五十一年，迭增井二，锅二十。《档册》。 十有四井。《会典》。 产盐有二地，曰郁山镇、曰咸山峡。但峡滨江，易遭淹没沁淡之患，且石壁险仄，无地煎熬。初，郁山、鹁鸠、鸡鸣、飞水四井，共设灶丁八十一户。康熙间，灶民渐多，续开黄玉、正兴、长寿、逢源、古源、凤仪、皮袋、楠木、新兴、中井，共十井。新兴、正兴、老郁井可煎四季，长寿、鸡鸣、皮袋可煎三季，飞水、鹁鸠、中井只煎一季，楠木仅供一户之汲，皆用炭煎，出附近黄金道、过路滩等厂。《县志》。 今仍一十四井、锅一百五十八口②，上锅八口、上中锅二十一口、中锅三十七口、中下锅二十五口、下锅五十五口。温水锅百有一口。《由单》。按：各井惟新兴、正兴二井稍三汲，用竹筒略如犍、富厂，余太浅，或如流泉，惟用木桶汲煮而已。楠木井在河心，尤易淹，水淡煮盐难成，必大其灶，益其炭，取卤沃灶泥日数次，至十六昼夜，乃取泥浸水煮成盐。一锅昼夜可得盐六七十斤至百斤不等，灶泥则随掘随砌云。

陶文彬《祀四井前记》："伏牛山左右有盐井四，相传唐宋来即有之。明设盐课司征井课，因卤厚薄以定四井之额，迄今不改。郁山镇民多以刈草为业，而衣食于井灶。镇在伏牛山前，庐舍较县治尤繁云。山之左麓去郁镇可里许，曰鹁鸠井，井近镇溪口，可通舟，自清水以上刈草者皆载而售于井。其水计灶而汲，较他井稍赢，故四井灶民籍凡八十一户，鹁井居三十有七，于四井中为上。每征课届期，必鹁井先集而他井方趋事。井在两崖峭壁溪水之中，崖峰对峙，泉出石罅中，穴深尺余，工以竹筒入穴引泉水归井以汲。一穴中分咸、淡二水，如误引其淡者，则煮盐工力均而得盐绌。每溪水涨溢，井辄冲淤。他井灶民购山地画界刈草以煮，其工力甚苦。惟鹁井藉给两河之运载，其得草视他井稍易。然计一煎所得以偿工力之余，不足供数口之食。灶舍滨于大溪之间，淹井时多煮盐时少，欲隶籍于灶者之无困，不可得也。由鹁鸠井溯流而上可二里，曰鸡鸣井，在巉崖万仞之蹊间，泉出溪右洞石罅中，阻于危石，伏流引而左涌。井干经几百年，溪水沁其半，民困于修浚之失。传崖左有小穴，穴上形如覆釜者三。旁有铭记，其文漫灭无可考。飞井，一名中井，井泉出峭壁石罅中，状似铜龙口，遥望瀑布千尺喷泻，溪流如银河下注。溪下大石平如茵，中有小穴，泉泡浡而出，仰与飞泉相应。工以竹空其窍，引泉上涌，注以木桶。灶户以小舟泊飞水下，汲溪泉和而煮之。如止汲一水，则其盐不成。每夏、秋雨集，则水淡不可煮。崖下有小穴曰崖渴，日出水数斗，按户分汲，和溪泉以

---

① 彭水县雍正八年有煎盐锅八十一口，但下列各类煎盐锅总数为二百〇六口。

② 彭水县光绪初有煎盐锅一百五十八口，但下列各类煎盐锅总数为一百四十六口。

煮，泉味咸则弃不取也。他井灶舍依崖谷，汲水稍易。飞井列两崖峭壁间，远购舍于山麓，以舟运水，其工力尤苦。灶民八户，而溪泉汲水止供七户之煮。溯溪而上石塘崖，曰楠木井，日汲水数石，其一户依井而煮云。郁井，井临溪侧，栏石坚固，素无冲塌之患。以修浚失传，淡水沁焉，上浮者味咸，汲深则淡云。”

《祀四井后记》：“彭自唐宋来，沿设四井，俱滨于大溪。时雨稍集，则井淹于水。计一岁之工，淹井时多，煮盐时少。灶之煎水也，先和丸以渍水，复破丸以沥卤，又转而渍、沥而后可煮。其火惟刈茅以烧，先集茅数百驮，以供一煎之火。时逢阴雨，则茅不可刈。合男妇之勤力，殚六昼夜不眠息之工，名曰一煎，多则得盐五六百斤，少则三四百斤。其产盐也，味稍淡，名曰水花。每越宿渐消，不可行远。且盐法例征课税，而四井自明时四井灶丁课额止一百六十两有奇，后以灶丁田粮一百八十石汇征于课内，乃增课一百八两，四井灶课共二百六十八两有奇。迨后，灶田仍归征于正供，而所增灶课已成定额，不可减。彭地界居边徼，明季盗贼蜂起，灶民流离，井盐则在官召煮，给商以售。华池厂盐阻，盐得行于黔省，淮盐禁例弛，盐得贩于楚界。斯时行盐日广，商获其利，税浮其额。至顺治七年庚子，始归版图，征税相沿，遂请领水陆共五百四十九引，额税二百四十九两有奇，附以新增者，又渐益焉。于今则厂盐通，禁例严，井盐不达于黔楚，商引不敢入苗界，正税日缺。征课届期，追呼者号于门，索逋者哗于室。灶民之顿踣蹙迫，以男女质而流亡者相藉也。”《县志》。

城口厅 明通井旧为宣汉井。《一统志》。 雍正八年，太平县旧井一，厅旧为太平县地，嘉庆七年改太平直隶厅，道光元年始分设城口厅。今太平县无井。锅八。至乾隆二十三年，太平县凡井一，锅九；上锅八、下锅一。至三十九年迭增井一，下锅三。《档册》。 乾隆间开淘，先有桂花井，在厅东三十里七保。嘉庆初，教匪乱，坍塌。又有老盐井三，在七保茨塘坝，厅西三里。乾隆间，居民开淘，砌石圈井以避河水。道光初，井圈犹在，居民尝汲井水以代盐食。后河高井低，沙填。一在七保流星坝，厅东一百里，井在大河边，居民汲盐水为食，亦没原额。明通中井一，灶丁八名，煎锅八口。雍正十一年，开斑鸠小井一，增灶丁一，煎锅一。道光二年，复开通顺下井一。《厅志》。 三井。《事例》作太平县，《嘉庆通志》作太平直隶厅，《会典》作太平厅。今仍三井，锅十二。上锅八、下锅四。《由单》。按：斑鸠、通顺二井先后坍，井课并归明通一井，煮盐三百八十一斤。

右产盐厅一、直隶州三、州四、县三十二，为井八千八百三十眼，火井十眼，灶一千四百八十四条半，锅五千五百二十七口，温水锅二百三十八口。从前报部大厂凡五：曰福兴厂，西充、南部二县共之；曰华池厂，射洪、蓬溪二县共之；曰富义厂，富顺、荣二县共之；曰云安厂，云阳、大宁二县共之；曰永通厂，犍为、乐山二县共之。余盐少者，皆未报。雍正七年，四川巡抚宪德覆奏："产盐州县有隆昌、屏山、酆都、长宁四县。"当时，隆昌有井一、锅一，屏山有井一、锅一，酆都有井一、锅一，长宁有井三，久废。今涪州、合州、阆中等处亦名存实亡，而纳课如故。

附祠庙

云安井神 云安厂旧志：汉扶嘉生一女，一日游于溪畔，恍惚有娠，年余产一物，无手足眼目。嘉怒，劈为九段，投之溪中，须臾化为九龙。嘉异之，示云安人不得于溪中取鱼。嘉临终有记云："三牛对马岭，不出贵人出盐井。"没后，其女示以井脉处，掘开遂得盐井九。民共立嘉为井主，至今为云安井神，封为招利广济王，又封九龙为龙王。今为九井之神。《云阳县志》。

忠州井主祠 忠州涂井有井主府。俗传东汉时，关西杨震过此，见白兔饮水，知有咸泉，教民开凿，果得盐利。土人因祠祀之，额曰井主云。《忠州志·艺文·井主庙碑》节。

仁寿县张道陵、中女祠 仁寿县中女祠，盖井神张道陵祠，在仁寿县西南一百步。陵开凿盐井，人得其利，故为立祠。陵即张鲁之祖父，学道鹤鸣山。人从受道者，出五斗米，故时人号"米贼"，亦曰"五斗米道"。《元和郡县志·剑南道下》。

仁寿县玉女庙 《陵州图经》："陵州盐井，后汉仙者沛国张道陵之所开凿，井上又有玉女庙。古老传云：比十二玉女尝于张道陵指地开井，遂奉以为神。又俗称井底有灵，不得以火投及秽污。曾有汲水误以火坠，即吼沸涌，烟气冲上，溅泥漂石，甚为可畏。或云泉脉通东海，时有败船木浮出。"《太平广记》。又《寰宇记·剑南东道·陵州》："《郡国志》云：昔张道陵于此处得盐井，因披排车，引役人唱排车乐，协心齐力，祀玉女于井内。玉女无夫，后每年取一少年掷井中，若不送，水即竭。又《蜀郡国志》云：西山有大蟒蛇吸人，上有祠，号曰'西山神'。每岁土人庄严一女置祠旁，以为神妻，蛇即吸去。不尔，则伤人。周氏平蜀，许国公宇文贵为益州总管，乃改画为神婚，合婚姻，择日设乐，送玉女像以配西山神，自尔之后，无复此害。井本张道陵所开，故谓之陵井。又，丽甘山在仁寿县东二十里。按《图经》：昔有玉女十二于此山汲盐泉煎盐，以玉女美丽，其盐味甘为名，今灶迹尚存。"又《舆地广记·成都路》："陵井，东汉张道陵所开，有毒龙藏井中，及盐神玉女十二为祟，天师以道力驱出毒龙，禁玉女于井下，然后人获咸泉之利。"又《舆地纪胜·隆州·仙释》注："张道陵过阳山，见白气属天，指其下有咸泉，因逐去毒龙，而咸泉始露，誓玉女使不复出，付以煮海之法。"又《古迹·玉女祠》："祀玉女于井内，即盐井也。《舆地广记》在仁寿县，今名灵真夫人。"又《景物》注："聂甘井，古盐井也。其旁有神庙，今谓聂社是也。"又《蜀记》："王蜀时，遣官祭盐井玉女之神，其神出，半面享之。初，蜀主见裸体妇人于盐井，告曰：若当为吾国土地主，富贵至矣。故有是命。"

富顺县金川庙 《九域志》云："盖盐井神也，伪蜀封为金川王。"《图经》云："惠泽庙，在监郭下井地，主金川神，姓王；井主梅泽神，姓梅。梅本夷人，在晋太康元年，因猎，见石上有泉，饮之而咸，遂凿石至三百尺，咸泉涌出，煎之成盐，居人赖焉。梅死，官为立祠，伪蜀封金川王。淳熙中，封金川庙为永利侯，梅泽神为通利侯。"《舆地纪胜·富顺监·古迹》。又《一统志》："金川庙在县西二百余步，盖井神也。"又《富顺县志》："康熙四十年重建，道光七年买地盐水沟，改建。"按，咸丰八年，总督王庆云奏请敕赐封号，并定祀典，礼部议如所请。内阁拟进，朱笔圈出"金川王封号普惠，梅神封号普护"。光绪七年，绅商捐赀拓修，总督丁宝桢奏请"赐额加封"，钦颁"有孚元吉"四字额，封号由礼部议，未上。

新罗僧祠 富国镇旧无盐井。唐时，一新罗僧游蜀，至此指其地，凿之咸泉涌出，因置寺，有塔，奉其遗躯。每岁暮春，鹦鹉群飞塔上，至今犹然。《舆地纪胜·潼川府·仙释》。又按《利病书·四川二》引"梓州旧无盐井，有僧一新者，不知何代人，指地教人凿井，盐泉涌出，为利无穷。及卒，士人立寺奉其遗躯，为塔祀之。"又《明一统志》七十一作"新罗汉"。

贵平县唱车庙 在旧县南九里。《元和郡县志》作"唱车山，在县西南九里"。汉朱辰为巴郡守，有惠于人，吏人送辰到蜀回至此，为辰立庙。以其山近盐井，闻推车唱歌之声为名。今盐井推辘轳皆唱为号令。《寰宇记·剑南东道四·陵州》。按《舆地纪胜》作"宋辰"。又，简州唱车山在牛鞞镇南九里。汉太守朱展为巴郡太守，吏人送展到蜀，回至此即闻有唱推盐水车歌之声，因名。朱展、宋辰字形相似，不知何误！又《明一统志》六十七：山在仁寿县东北六十里，亦作"宋辰"。

大宁监孔长官祠 淳化中，知监雷说见人户汲泉，强弱相陵，乃创为石池以潴之，承以修竹，所谓盐有九色。嘉定中，岁久滋弊，乃遣荣州资官令孔嗣宗措置，有不便于民者悉除去，止存垅户、租、盐三色，除去四色，民以为便至多，为立祠，号孔长官祠。《舆地纪胜·大宁监·官吏》注。详见《职官·事迹》。

大宁县宝源庙 在县北，祀盐泉神。《通志》。

长宁军庙 故老相传，以为井初隶夷之罗氏，汉人黄姓者与议：刻竹为牌，浮大流溪，约得之者以井归之。汉人得牌，闻于官，井遂为汉有。今监中立庙祀之。《舆地纪胜·长宁军·景物上》注①。

永泰县女徒山祠 在县东二十五里，其山从阆州新井县界来。故老相传：昔有女徒千人于通泉县康督井配役，遇贼于此山，乃于山顶置栅御捍，遂以破贼，俗为之立祠。今富国监盐井皆妇人推车汲水，故名女徒山。《寰宇记·剑南东道一·梓州》。

简州石桥井海潮寺 寺祠四神像皆戎装，盐商共祀之。土人相传，其地旧无盐井，有四人来教民辨土色度浅深，授以凿井之术，盐利遂兴，因德而祀焉，姓氏朝代皆佚不传。乾隆甲寅岁，州判张道渥将改祠，梦四神各指其腹若不豫，然未之异也。及毁像，于腹中得逆藩吴三桂昭武二年不奉正朔书四册，盖其时所建也。因仍塑四像，祀如初。《简州志·张道渥四神庙记》。《通志》作"四圣庙，州北十里"。

彭水县郁山厂龙神祠 井灶商民旧祀为井神。按：光绪六年七月，举行官运，改煎巴盐，盐水旧涸而淡，至是忽溢，味且咸。

遂宁县吴伯锜祠 广福县大安井上塑有前明吴伯锜像，建祠未详所始。读祠《吴公减课碑记》及察前明《全书》载：盐课干赔，老课与坍塌小井银先于万历四十三年摊派民粮②，后经吴公于四十七年详免。则民灶戴德必深，疑即当时为公立祠塑像之由来也。乾隆十年，令田朝鼎因事过广福场，询场民，云："大安井开则他井无水，吴公封井③，民德之，塑公像坐井上。"此或兵燹后讹传，记以备考。《遂宁县志》。互详《职官·事迹》。

① 景物上注：原作"景物注上"，据《舆地纪胜》改。

② 民粮：指民众所缴纳的田赋粮。

③ 封井：原作"来井"，据《职官》及光绪《遂宁县志》改。

四川盐法志卷六·转运一

行盐疆域图　长江水道图①

转运之名，昔多主漕，盐铁之事，或兼或否，今之以转运置官者，率为盐设也。往者盐利在淮，蜀盐利鲜，不足佐公家之急，仅以盐道任转运之责。然本省外，于黔于滇于楚，又益以济楚，水陆间关远澹数省。其间江滩险阻，山路攲嶇，口岸丛杂，官私错出，视淮之一水四达，险夷殊矣。官运更设，若网在纲，利入倍差。公私殷繁，运局中变，犹蹶复起。至于水多湍石，功在疏凿，实利运之要图，为智虑所必及焉。志转运。

① 长江水道图：底本无，据底本原目录补。

嘉定府，三十里。牛华溪，十里。老木孔，十里。竹根滩，即五通桥四望关，犍为盐自此出。十里。铁蛇坝，北岸为道士观。十里。木子场，十五里。子云亭，五里。石板溪，二十五里。乂鱼子滩，十里。犍为县，三十里。么姑沱，三十里。乐坡，有箭板河水自南来注之，一名沐溪口。二十五里。磨子场，十五里。泥溪，三十里。乾柏树，三十里。斑鸠石，六十里。猪毛沱，五里。高家场，三十里。牛屎编，五里。红崖寺，一名赤崖，古盐溉滩也。五里。雷劈石，十里。流杯池。十里。

叙州府，上源大水有三：曰打冲河，曰泸水，曰金沙江来会。十里。国公沱，十里。南广，南广水发源吕部蛮部，经豕峨夷界，历庆符县东北而来。四十里。李庄，三十五里。石笋沱，二十五里。南溪县，十里。铜鼓子，十里。孝女碛，十里。木头浩，五里。罗锅编，五里。磨盘滩，十里。香炉滩，十里。江安县，六十里。大角石，二十里。清溪，二十里。纳溪县，永宁河从纳溪城西入江源，出牂牁生獠界。八里。锯梁子，三十里。泸州，江水径州城南至东门外，与中水合，中水即湔、沱、绵、雒之水，流经资中，行一千八百九十里至此入江。二十里。篇口，二十里。罐口，二十里。陡坎子，三十里。弥陀岩，三十里。旧泸州，六十里。牛老驿，三十里。合江县，鳛部水自贵州仁怀县至县境，有水曰之溪流入之，又北径城东北隅入江，一名小江。三十里。王家场，三十里。阳石盘，十里。史坝沱，即十八沱。二十里。洙溶溪，即车对河，永川县水自北来注之。三十里。朱家沱，六十里。石门，二十里。白沙，四十里。油溪口，二十里。龙门滩，四十里。江津县，三十里。江口，有水出仁怀经南川、綦江而来，即僰溪也。三十里。铜罐驿，六十里。鱼洞溪，四十里。佛图关。二十里。

重庆府，朝天门对岸为江北厅，有嘉陵江水来合。十里。观音碚，二十里。铜锣峡，三十里。野骡子，三十里。明月峡，三十里。木洞，三十里。罗碛，三十里。扇背沱，三十里。长寿县，三十里。黄草峡，三十里。蔺市，三十里。李渡，十五里。火烽滩，十五里。涪州，涪江自贵州来，至州境绕城东门而入大江。十五里。群猪滩，五里。陡崖，三十里。皆牵滩，三十里。焦崖，二十里。利市镇，十里。南沱、北碚，三十里。酆都县，三十里。高家镇，五里。銮珠背，十里。虎须子，五里。凤凰子，十里。羊渡溪，十里。鱼硐子，十五里。白马子，南岸曰乌杨镇，北岸曰将军溪。四十里。忠州，五十里。皇华洲，一曰皇华城，在大江中，周遭十余里。十里。折桅子，十五里。曹溪盘，有水从梁山县蟠龙山来，经涂井南入于江，即《水经注》“盐井溪”也。五里。石鼓峡，三十里。武陵集，三十里。冉渡，二十里。大湖滩，《水经注》谓之“和滩”。六十里。蛾眉碛，十里。赤沙碛，三十里。猴子，石入巴峡，二十里。小江口，即开县水，其上源有三：一出梁山县之高梁山，经渠口至开，《水经》谓之“北集渠”，即垫江也；一出新宁之雾山坎，经云阳至开，《注》谓之“鼓溪”；一出大宁之万顷池，经绥定至开，《注》谓之“清水”。六十里。云阳县，五里。宝子塔，十里。东阳子，十五里。庙矶子，十五里。磁庄子，十五里。三块石，四十里。白崖。有水曰头塘溪。三十里。

夔州府，十里。滟滪堆，五里。男女孔，五里。石板峡，五里。黑石滩，十里。戴溪，即《水经》郦注乌飞水，夔峡至此尽。南岸曰门扇峡。五里。小青滩，十五里。龙宝子，五里。焦滩，十五里。三缆子，五里。东竿嘴，五里。虾蟆滩，十里。红石梁，五里。巫山县，大宁河水流经城东，入于江，其上游即马连溪，又曰昌江，源出陕西之平利，《水经》谓之“巫溪”。五里。空亡沱，入巫峡。五里。老鼠错，五里。黄草坡，五里。霸王愁，五里。蒲泊子，五里。小木瀼，五里。美人峰，即神女峰。五里。棺柴峡，五里。培石，五里。万流驿，即鳊鱼溪，发源湖北恩施县。七里。金扁担滩，三十里。卓牛滩，八里。三松子滩，五里。关渡口，巫峡至此尽。二十里。万户沱。

右（上）长江官运水道图，起嘉定，迄湖北巴东县万户沱止，计二千七百有三里，各采访不尽同。以前可考者有范成大《吴船录》、顾祖禹《方舆纪要》、陶澍《蜀辅日记》颇详悉，然亦互有参差。范《录》地名多与今异，顾《纪要》无善本，多脱讹，兹略，本陶《日记》，参今采访著录，以备参考。其间各盐厂出口支水，如犍为、五通桥。富顺、自流井。射洪、杨桃溪。云阳、云安厂。大宁、大宁河。彭水，郁山镇。及滇黔岸入口支水，如宜宾、张窝。南广、落星渡。江安、安宁桥。永宁、永宁河。合江、茅台。綦江、江口。涪州。龚滩。又运入湖北八州县诸道里，分具各表。至图内原以大江为主，各厅州县近江岸者图之，余从略。

水运上滩图

按：凡盐船行大江皆顺流，惟滇、黔常有转江入小河者，多溯流，水浅滩多，艰险尤甚。一船须纤夫数十人，腰负纤绳，高者攀缘岩壁，低者匍匐沙际，两手据地而行。滩深处奔湍成窖，船与水争，至尽数十百人之力仅乃得上，上则额手相庆云。

陆运负盐图

按：凡盐行陆地，骡马驮运最便，人力则计岸多担荷，边岸有用背负者，一人率负百斤，而骡多者几与马力相埒，踯躅巉岩绝壁间，数十百步辄一憩息。夏月挥汗成雨，严冬身不挟纩，劳而忘寒，亦天下之至劳苦者也。

四川盐法志卷七·转运二

本省计岸

计口授盐之法，盖始《管子》所谓“十口之家，十人食盐；百口之家，百人食盐”，以至大男、大女、吾子原注谓小男小女也皆为之商，禺策月人籍钱焉。然齐行之而国霸，后世行之而民病。如宋淳熙间，广东潮、惠、南、恩等州之计口抑售；咸淳间之沿门强委，刻日责偿，是皆责课于民，非犹今蜀计之均课于商也。蜀号称富庶，庶几《管子》“万乘之国”“开口千万”矣。顾赵宋以前，犹往往兼行解盐，议者至欲尽实诸井而辇解盐以给食。详《记事》。明行盐地方，亦只本省成都、叙州、顺庆、保宁、夔州、潼川、嘉定、雅州，见前井厂。及遘张献忠之厄，塞井夷灶，黎民几无孑遗。

国朝定乱后，招集流亡，土著者仅百余一二。既而远人来集，浸成村落，耕凿食饮，荐臻富庶。康熙十二年，乃敝于逆藩吴三桂之乱，八年而后安集，当时以兵燹之余，蜀赋独轻于天下。盐法，蜀利之大者，亦务从民便，久之，引少户繁，官便其私，民竞于利。于是，雍正七年，巡抚宪德与川陕总督黄廷桂尊奉上谕，恭录卷首。始檄驿传盐法道刘应鼎详定章程，按户计口授盐行引，凡有盐井之厅卫州县四十，无盐井者九十有九。又边远之州县四，具籍以闻。约人日食盐五钱，见他禀牍，未见原奏。据《仁寿县志》作“每岁，人十二斤”。又见湖北八州县禀牍作“三钱”。又见咨贵州牍作“人食盐一斤”。得引几何，以授之各州县；又分授之商人而责其引税，民无与焉。并为之择隘口、设巡役，州县销盐各有考成。议既下，时习狃于故常，官私欲阴沮其事者颇多，民籍久不上。应鼎数严檄各属，否者且按布政司旧籍举办，久之，仅乃得行。

黄廷桂、宪德奏略：查川省产盐之厅州县卫共三十五处，不产盐之厅州县卫共八十三处，每岁计行销水陆二引共三万八千三百一十一张，征收课税尽考成于产盐之各州县，其余惟资盐利，并无考成。查附近省会之各州县地势平衍，余皆崇山峻岭，迅流急湍。如将盐引尽责成产盐之州县招商行销，而山川险阻，部引往返，动即违限，商人不敢承领，以致私贩充塞，官引壅滞，甚为盐政之弊。自应钦遵上谕，通行合省，不论有无产盐州县，约计户口之多寡，均匀领发，令其各自招商转运。在商人，于本地方官领引，即于本地方官缴销，自无往返违限之虞，招商行引，事属易便。再于各州县查出隘口，设立巡役，专司稽查，私贩自必敛迹，官引亦无壅滞。惟是，旧日产盐州县原各载有报卖口岸，应饬各产盐州县将报卖之口岸、某处原销水引若干、某处原销陆引若干，逐一报出，各自分认。或其中户口蕃育，所销盐斤不敷食用者，应令查明盐斤实数，再增引目[1]，如数承领，以敷民食。至僻远地方，不行官引之州县，或因途路远难，向未行引，或因人民散处，不易招商，往往盐价高昂，民间食淡，应令该地方官通查户口若干，核定应销盐引若干，即将引目交地方官设法行销，再于招商行引之中酌量因地制宜，以尽疏通之法。又产盐州县即将官引分发各处，是本地人民竟无官引可销，自应计其户口，另增引目。但因其地方产盐，本地居民荷柴负米便于贸易，不另招商，应将本地所增之引，分配上中下井灶，照商人例行销，完纳引税。又，蜀地东接湖广，西通松潘，南连滇黔，北界汉中，西南之打箭炉五处尤为私贩出入之薮，应责令文武官弁设立隘口，实力巡缉，以防越境外贩。至各处行盐之州县，应令各隘口各自巡查，使私贩实无托足之地。合省行销官引州县均定有考成，则不但盐引易销，盐税渐增，而小民亦无不得盐以为日食之用矣。

户部议略：川省产盐系何州县？僻远者系何地方？疏中既未分晰，而地方官如何设法行销，居民如何纳税之处亦未详细声明。

宪德奏略：川省产盐州县，如简州、阆中、南部、南充、西充、蓬州、富顺、隆昌、屏山、荣昌、忠州、酆都、彭水、大宁、云阳、万县、开县、盐源、潼川、射洪、盐亭、中江、蓬溪、乐至、嘉定、犍为、荣县、江安、资州、仁寿、井研、内江、资阳、绵州、太平，以上共三十五州县，并复设之大足、安岳、威远、新报开淘之长宁与从蓬溪

① 引目：古时获准销售的货物凭单，开列有品种、份量等。

改归之遂宁，共四十州县，均系产盐州县。应将原行水陆引张分行各州县招商行盐，如将引目分行各处，该州县无引行销，应计户口另增引目，责另井灶照商人一例行销。如本地出产盐斤不多，不敷食用，仍应分别州县官引以资食用。又如忠州、万县、太平、酆都等四州县，除酆都盐井一眼办课之外，原无余盐，不能增引。其忠州、万县、太平向止榷课，并未配引，亦应查明盐斤，配引行销。至奉查不产盐之州县，如成都、华阳、温江、新繁、金堂、新都、郫县、灌县、崇庆、新津、汉州、什邡、松潘、苍溪、广元、昭化、巴州、通江、南江、剑州、营山、仪陇、广安、渠县、大竹、邻水、岳池、宜宾、南溪、庆符、高县、筠连、珙县、兴文、叙永厅、建武厅、江津、长寿、永川、綦江、南川、黔江、合州、垫江、涪州、铜梁、奉节、巫山、梁山、建始、平武、江油、石泉、西昌、冕宁、越嶲卫、会理州、雅安、名山、荥经[1]、芦山、遂宁、眉州、丹棱、峨眉、洪雅、夹江、邛州、大邑、蒲江、泸州、合江、巴县、纳溪、安县、绵竹、德阳、梓潼、茂州、汶川、保县、达州、东乡，以上厅、州、县、卫共八十三处，又复设之彭县、崇宁、双流、璧山、定远、新宁、彭山、青神、彰明、罗江，并改归之永宁、改设之清溪、改流之天全以及建昌所属德昌所、迷易所、盐中左所，州、县、厅、卫、所共九十九处，俱不出产盐斤，自应分认各产盐州县引目，招商行运。又查僻远州县，如成都所属之松潘卫、保宁府所属之南江、顺庆府属之仪陇、夔州府属之建始，以上四处或地处边远，或治设山僻，途路崎岖，人民散处，招商不易，因而盐价高昂。贪利奸徒，乘机兴贩，每致穷民淡食，且蔓延于邻近州县，有碍盐政。应令地方官查明户口，约计食用盐斤，配定引张，凡一村一庄，设立散商承领引目，赴产盐州县运盐，于各村庄之中自开设盐铺行销，令民买食，但领引完税，必须专人董率。查盐法条例开载，各盐运司设有总催[2]，庶照例于散商之中每年轮流立总催一名，按限催纳引税，按季分发引目，与冲繁之各州县招商分引盐政无不画一，再令该州、县、卫照

① 荥经：原作“荣经”。

② 总催：总管催征钱粮的乡里职役。

例于各隘口多设巡役查拿，如遇私贩，立即擒获送官究治。是该州、县、卫行盐纳税各有责成，既无淡食之虞，亦无私贩之弊，于偏僻州县似有裨益。至奉查应增引目以及各隘口设立巡役稽查，各州县均有考成之处，令逐一定议等因。查各州县应增引目，向因未查户口，难定增数。至州县私贩，向因未设隘口以致漫无稽查。合令各属查报户口及隘口，到日核定应增引目、应设巡役确数，造册另行详请[1]题报。至各州县考成，既经分引行盐之后，倘官引壅滞，课税未完以及招商迟延、私贩发觉均有定例，应请仍照定例处分。再，宁远一府，系新设府治，查所属之西昌县、会理州、冕宁县、盐源县、越嶲厅、德昌所、迷易所、盐中左所俱食盐源县之盐。今查盐源县之盐，但销陆引四百张，尚有余盐，自应查明盐斤，请增引目行销。但查该府所属之八处地方，均属汉番杂处，自来引税俱向买盐人民抽收税银完纳，应将引目交与盐源县，令该县典史驻扎白盐井地方，仍于各属居民买盐时抽收税银，则民不难于完纳，官亦易于办课，似为妥便。又，川省行盐，有例行黔省之贵阳、安顺、平越、都匀、思南、石阡、大定、威宁，并改隶黔省之遵义，滇省之镇雄、乌蒙等十一府、州、县，及川省之酉阳、石砫、明正、木坪、瓦寺、金川、阿口、杂谷九姓司等土司，并新改设立黄螂、雷波等处，发卖者从前引目并未带往各省及土司等处地方，因途遥路险，商人不能前进，皆系沿边州县截角[2]挂验，听彼处商人转运，该地方截角州县换给照票，以为前途盘验之据。但地方官截引换照，或有不肖有司营私舞弊，恐滋私贩。今于此案，俟各属造报户口至日，汇造川省应食盐斤确数，再将应行滇、黔及各土司盐斤核定水陆引张确数，刊设双联引根、引纸，钤盖盐道印信，分发沿边州县。俟商人运盐到日，该州县照部引字号张数填注引根、引纸，于中缝大书运盐斤数，以引纸截给盐商，以备前途盘验，照例截角放行，其引根由该州县同已截角部引申赍盐道查核缴销，以杜影射并填多报少之弊。

曹源郊、刘应鼎详略：查川省产盐州县三十有四，销盐州县、土司

① 详请：上报请示。

② 截角：清代四川盐税的一种附加税。因收取此项税款时需要将引票截去一角，故名。水引每张收银0.5两，行边者1两；陆引每张0.04两，行边者0.08两。

六十有四。迩年生齿日繁，流寓辏集，大州县增至数万户，偏僻州县亦有万千余户，而各属每年盐引不过百余张或十余张，更有经年一引不销者，总由地方官因循积习，一任奸民私买私卖，竟置国赋不问！本道莅任后，虽报增水、陆二引五千六百余张，究竟未增之处甚多，应请通饬各地方官清查户口，计口授盐。合算每年可以食盐若干斤，可销水陆引若干张，据实造册申报请增。并令产盐各州县招商领引，注明销盐地方口岸，按引行销。饬销盐州县将每年应销引盐数目移明产盐地方官，以便互相稽查。又，通饬查川省盐政向无一定章程，本道莅任后，即饬行该产盐州、县、卫、所清查井灶产盐实在数目，配引行销，并令销盐地方各官查明户口之多寡，计口授盐，定额销引，以期私贩敛迹，官引疏通。迩来虽据德阳、梓潼、遂宁、芦山、兴文、安县、雅州、什邡、巫山等属量户议引详覆，其余各州县不过草率塞责，虚应故事，究未将盐政实在利弊，逐细详覆。查各属户口之多寡，计口授盐，虽各州县不肯据实开报，犹有藩司之册籍可查。若该州县不实力奉行，定行揭参。雍正七年。

谨按：疏中酆都一井今坍。建武厅今改汛[1]，属叙永厅。保县，嘉庆六年废，入杂谷厅。建始县，乾隆元年改隶湖北酉阳土司，当时为酉阳、邑梅、平茶、地坝、石耶五土司，土民向食郁山镇盐，与九姓、石砫等土司皆载入边引照验[2]。是年，寻以五土司地改为酉阳一州、秀山一县，始招商认引。石砫土司则乾隆五十四年始改设同知，一律认引。宪德疏中所云“各属查报户口到日核定应增引目，另行题报”，今检此疏未得，惟核定某厅、州、县食某厂盐，计若干引详数，录附配引表后。观曹源郊通饬，仅据十余州县报到云云，于此见当日始事之难。

① 汛：汛地，中国清代兵制，凡千总、把总、外委所统率的绿营兵均称“汛”，其驻防巡逻的地区称“汛地”。

② 照验：查验、勘合。《吏学指南》：“谓证明其事也。”

先是，四川额引岁计水引[①]一万一千一百六十六道[②]，陆引[③]六万一千二百九十二道。雍正九年，宪德为按户计配，奏请岁增水引一千一百三十九道，陆引二万八千五百一十九道，并松潘、平武、江油、石泉、汶川、名山、芦山各沿边州县与僻远之建始县、松潘卫均俟查明户口，一律配引。事下户部，议如所请。四川计引自是定。

宪德、黄廷桂奏略：查川省之简州等三十九州县，又蓬溪盐井改归遂宁一县，共产盐四十州县，凡井六千一百一十六眼，每岁共产盐九千二百二十七万七千八百四十斤，内除每一百斤加耗盐一十五斤，共该耗盐一千二百三万六千二百四十斤不配盐引外，实正盐八千二十四万一千六百斤应配水陆引张，分行不产盐之成都、华阳等县与产盐之简州等厅、州、县、卫、所共一百三十八处，应分水引四千三百四十九张，陆引五万九千八百七十三张。又分行沿边厅、州、县、卫、所。运滇、黔二省府州及川省各土司，应分水引六千八百一十七张，陆引一千一百五十六张。以上共该水引一万一千一百六十六张，陆引六万一千二十九张。每水引一张征税银三两四钱五厘，陆引一张征税银二钱七分二厘四毫。除雍正八年现行原额水引一万二十七张，陆引三万二千五百一十张，共该原额税银四万二千九百九十七两六钱五分九厘，仍令分引行盐外，应请增水引一千一百三十九张，陆引二万八千五百一十九张，共该新增税银一万一千六百四十六两八钱七分零。于雍正九年为始，通行一例，分引

---

① 水引：川盐经水道运输的引盐谓之水引。每引额定为50包。清初以100斤为一包，准带耗盐15斤，领运水引一张，配盐5 750斤。雍正十二年（一七三四）又额定每包增包皮垫草20斤，乾隆六十年（一七九五）减5斤，每包计重130斤。道光三十年（一八五〇），四川总督徐泽醇奏请厘定：花盐每包连皮索200斤，巴盐每包连皮索160斤。光绪三年（一八七七），四川总督丁宝桢始创办官运，花盐每包增耗盐20斤，计重220斤，巴盐每包计重不变。其计引之法，半包为一色，十色为一则，十则为一引，一引仍为50包。其主要产场富荣厂盐，在运输中多以傤计，计花盐9引为一傤，计重108 000斤；巴盐12引为一傤，计重9 600斤。

② 道：盐引计量单位，盐引一张称一道。明万历六年（一五七八）定南京户部引给勘合，以每一千引为一道。

③ 陆引：川盐由陆路运输的盐引。清初额定每包100斤，加耗盐15斤，每4包为一引，每引计重460斤。雍正十二年（一七三四），每包另加包篓草梗15斤，每引计重520斤。道光三十年（一八五〇），花盐以200斤为一包，每引计重800斤；巴盐以160斤为一包，每引640斤。光绪三年（一八七七）花盐于定额800斤外另加耗盐80斤。

行盐，其榷课、征税、销引，照例定为各厅、州、县、卫、所考成。

户部议略：查雍正七年八月内，据该抚宪德疏称川省简州等三十九州县均系产盐州县，将原行水陆引目分行各州县招商行销，如将引目分行各处，该州县无引行销，应计户口另增引目。倘地方出产盐斤不敷民食，仍应分认别州县官引以资食用等因，臣部覆准行文在案。今据该抚宪德将川省原额新增引目分晰具题，应如所请。除雍正八年现行原额水引一万二千七张，陆引三万二千五百一十张，该税银四万二千九百九十七两六钱五分九厘，照旧行销造报外，新增水引一千一百三十九张，陆引二万八千五百一十九张，臣部照数刷印①，俟该抚宪德差役来领之日给发领回，行令该抚于雍正九年为始，分行各州县一例行运。其新增税银一万一千六百四十六两八钱七分零，亦于雍正九年起按年照数征收，造册奏销。至榷课、征税、销引照例分定为分行之各厅、州、县、卫、所考成，于奏销之时查明完欠，造册题缴。又称成都府属之松潘卫，龙安府属之平武、江油、石泉等县，茂州所属之汶川县俱系沿边，与瓦寺、金川等土司相近；又雅州府属之名山、芦山等州县亦系沿边，与木坪、明正等土司相近，向未招商领引行盐，应俟分别之后，饬令各州县查明各土司应食盐斤、应行引目各若干，酌请增引运至各州县，照例截角引纸，转运以资土民食用等语，应令该抚宪德饬令各州县查明各处每年应食盐斤，酌定引目，题请增给。各州县仍照例截给引纸转运，行销完日同部引申缴，解部查销。又称僻远之建始县、松潘卫前议设立散商，今据该县、卫报到商民，应各听招商行运。又酆都向系蓬溪流商行运，梁山、新宁向系云阳灶商行运，据各该县申报无商承认，应照例各令该散商、总催以司分别完税等语。查建始县、松潘卫前据该抚宪德以“或地处遥远，或治设山僻，路途崎岖，人民散处，招商不易，因而盐价高昂。贪利奸徒，乘机兴贩，令地方官查明户口，计食盐配引，一村一庄，设立散商领引运销。但领引完税，需人董率，应于散商之中每年轮流立总催一名，领引征税，分发引目”等因，覆准行文在案。今建始县、松潘卫既有报到商民，应饬该商等上紧行盐办

① 刷印：印刷。旧时印刷，先在刻板上覆纸，再以毛刷刷扫，称“刷印”，也称刷书。

课；其酆都、梁山、新宁等县，亦照例设立散商、总催，以司分别完税，仍将招商人姓名造册送部查核。又称“蓬溪县盐井内有遂宁县界内归并井眼，令应仍归遂宁县管；嘉定、犍为各界内亦有彼此搀越井眼，应令照界清理，以便输将，另题更定”等语，应令该抚宪德将蓬溪县盐井逐一确查，照界清理，具题可也。雍正九年。

旧制：行盐各省皆有定价报部，所以抑居奇、防病民也。四川自定岸后，因地配引，无甚贵之盐，亦无一定之价。乾隆三十一年，户部以为问，总督阿尔泰咨覆：以近厂州县，大率斤六七厘至一分一二厘，远厂者至一分三四厘，边地至一分五六厘而止。州县例月折报省，未尝达部，请仍之。《户部则例》载：“四川盐价，随时长落，并无定价。”

户部咨略：各州县销卖盐斤，有无奏定成价，抑或随时长落，查明报部。

阿尔泰咨略：查得川省盐价，向未报部。自雍正九年计口授盐，招商转运之后，经前道曹源邠通饬各属，查明运费，按其成本，酌中定价，止令按月具折报明，以备查考在案。迨乾隆二年，原任銮仪使黄廷桂条奏羡余一案，经前司道议详，内称川省盐价，其产盐并离厂甚近州县，每斤卖六七厘至一分一二厘；离厂远者，则卖一分三四厘，惟沿边不通舟楫，驮运维艰之处，有至一分五六厘不等，已经官定，商民称便等情，详由川抚硕色具题，奉准部覆，将川省盐价，饬令各商遵照旧例销卖，以便民食等因，是向原未有一定价值。嗣于乾隆十四年八月内，前督策楞通行饬查事案，内经积前道饬行各属，查覆有与原报价值相符及与原报稍减、稍增情由，分晰造册详报，会同布政司确议。随于乾隆十五年五月内，经许前道会同宋藩司议覆，以川省盐斤原就各地方情形酌中定价，未经报部。缘从前经官定，拟时俱系因地制宜，大约通水运者，其价廉；由陆路驮运者，价稍贵；柴草贱时其价轻，柴米贵时价稍长，即在一州一邑之中亦间有不能画一者，然相去不过厘数，究亦为数无多。频年以来，遵照旧例，饬令各属，将盐价按月折报，以备稽查。不许昂价病民，亦不得过抑累商，商民交易，俱各相安。是川省销卖盐斤，历系随时长落，并未有奏定成价。乾隆三十一年。

本省计岸行盐截验道里表

销岸皆就雍正九年所□原案，近以厂衰商逃，暂改归丁，就近买食余盐，不尽照旧厂旧道。然非经制，有商例应改还，故仍其载。唯本厂只行本地者不载，其叙次皆就销岸多寡相附，以免虚占行幅，不能照原次也。

（一）

厂	乐山	犍为	射洪
截	乐山县	四望关 牛华溪上河 犍为县下河	青堤渡十五里，第一角 康家渡三十五里，第二角 梓潼镇二百十五里，第三角
验	牛华溪大使	牛华溪 正阳关 石佛关 四望关 县门关	同
行销	双流三百四十里 温江三百八十里 崇庆三百六十里 新津二百九十里 长宁六百五十里 雅安三百四十里 名山五百二十里 荥经[①]四百六十里 芦山四百四十里 天全四百四十里 清溪四百六十里 峨边三百四十里 峨眉一百里 洪雅二百二十里	成都三百六十里，华阳同 双流二百九十里 温江三百六十里 新繁四百六十里 新都四百四十里 郫县四百四十里 灌县三百九十里 彭县四百七十里 崇庆三百五十里 新津二百八十里 巴县九百八十里 江北九百八十里 长寿一千又六十里 璧山一千二百里	成都三百一十里，陆，华阳同 郫县三百五十五里，陆 崇宁四百里，陆 汉州二百八十里，陆 什邡三百二十里，陆 江北一千二百里，水 巴县一千二百里，水 长寿一千三百里，水 璧山一千三百里，水 綦江□□□□□，□ 南川一千四百里，水 合川一千里，水 涪州一千六百里，水 广安一千四百里，水

① 荥经：原作“荣经”。

行销	夹江一百里 眉州一百七十里 彭山二百三十里 丹棱四百四十里 青神一百一十里 邛州三百八十里 大邑三百六十里 蒲江三百九十里	南川一千二百五十里 定远一千三百五十里 涪州一千四百三十里 广安一千六百里 大竹一千九百三十里 邻水一千七百六十里 宜宾三百六十里 庆符四百四十里 南溪四百二十里 长宁八百二十里 高县五百四十里 筠连八百三十里 兴文七百八十里 屏山二百六十里 雅安三百里 名山二百九十里 荥经四百里 芦山三百八十里 天全三百八十里 清溪五百里 峨边三百五十里 洪雅一百六十里 叙永八百六十里 永宁八百六十里 雷波七百二十里 石砫一千六百四十里 仁寿二百九十里 酉阳二千一百八十里 秀山二千一百八十里 黔江二千一百八十里 彭水二千一百八十里 忠县一千五百六十里	邻水一千三百里，水 德阳二百三十里，陆 绵竹三百里，陆 罗江二百八十里，陆 酆都一千八百里，水 垫江一千六百里，水 达县二千里，水 太平一千九百里，水

行销		酆都一千一百八十里 垫江一千七百四十里 达县二千一百八十里 眉州一百七十里 彭山二百一十里 邛州三百三十里 大邑三百四十里 蒲江三百一十里 纳溪七百八十里 江安七百二十里	

（二）

厂	南部	三台	蓬溪
截	新镇坝县丞九十里		康家渡盐大使二百里，第一角 梓潼镇第二角
验	新镇坝县丞 蓬州舟口二百一十里，般查挂号		天福镇十五里 梓潼镇一百八十里 重庆府经历九百九十里
行销	阆中水一百里，陆七十五里 苍溪水一百九十里，陆一百四十里 广元水七百九十里，陆三百八十里 昭化水六百二十里，陆三百八十里 巴州二百四十里，陆 南江二百七十里，陆 剑州三百二十里，陆 通江三百六十里，陆 南充水二百九十里，陆二百一十里 蓬州水二百一十里，陆一百八十里	新繁四百四十里，陆 新都四百一十里，陆 郫县四百六十里，陆 崇宁四百里，陆 灌县水 彭县四百一十里，陆 汉州三百二十里，陆 什邡三百七十里，陆 巴县水 江北水	江北一千一百八十五里，水 巴县一千一百八十五里 长寿一千三百六十五里 璧山一千二百八十五里 綦江 合州水九百八十五里，陆四百一十里 铜梁一千一百里 定远水一千一百八十五里，陆一百七十里 广安水一千三百八十五里，陆三百四十里 岳池水一千二百三十五里，陆二百八十里

行销	营山水二百五十里，陆一百又五里 仪陇一百八十五里，陆 渠县三百七十里，陆 大竹四百六十五里，陆 平武八百三十里，陆 达县四百六十五里，陆 太平五百六十里，陆	璧山水 綦江七百二十里，陆 剑州四百二十里，陆 平武四百八十里，陆 江油二百九十里，陆 松潘七百二十里，陆 德阳一百九十里，陆 绵州一百四十里，陆 绵竹三百二十里，陆 梓潼二百六十里，陆 罗江二百四十里，陆	邻水水一千二百八十五里，陆四百六十里 遂宁水九十五里，陆一百二十里 忠州一千八百九十五里 酆都一千七百八十五里 垫江一千五百八十里 达县一千九百八十五里 东乡一千六百八十五里

（三）

厂	简州	富顺	云阳
截	石桥井州判	盐关截左上一角 邓井关县丞水二百四十里，陆九十里，截右上一角 泸州截左下一角 重庆府经历截右下一角	本厂盐大使
验	同	同	云阳县三十里
行销	成都一百二十里，华阳同 双流一百六十里 温江一百七十里 金堂一百七十里 郫县一百七十里 灌县二百四十里 资阳一百里 汶川三百九十里	巴县六百又五里 江北六百一十五里 江津五百三十五里 永川四百又五里 璧山五百八十五里 荣昌二百八十五里 綦江七百三十五里 涪州九百六十五里	奉节一百八十里 巫山三百六十里 万县一百八十里 开县一百八十里 石砫五百一十里 达县四百四十里 东乡四百四十里 新宁三百二十五里

行销	理番五百里	隆昌一百八十五里 叙永五百七十五里 永宁五百七十五里 泸州二百七十五里 纳溪三百一十五里 合江四百又五里 资州一百五十五里。以上皆陆路	

（四）

厂	仁寿	井研	绵州
截		千佛寺二十里	
验		同	
行销	宜宾五百里 南溪六百二十里 珙县六百八十里 筠连七百八十里 兴文七百二十里	温江水五百余里，陆三百四十里 崇庆三百四十里，陆 灌县水六百余里，陆四百六十里 新津水四百余里，陆二百七十里 庆符五百二十里，陆 丹棱二百六十里 什邡四百里 茂州七百六十里	平武四百余里 江油一百六十里 石泉二百四十里 彰明一百二十五里 茂州五百六十里 安县一百三十里 绵竹一百八十里 罗江九十里

（五）

厂	西充	荣县	中江
截		本厂县丞	
验		本厂	
行销	南充一百二十里 营山二百四十里 岳池二百五十里 大竹七百二十里	宜宾二百四十里 威远七十里 内江一百二十五里	德阳二百七十里 汉州三百里 什邡三百三十里 罗江三百七十里 金堂一百五十里

（六）			
厂	盐亭	乐至	资州
截			州判
验			大关二里即碑记坎，验资阳引 小关二里，验仁寿引 茯苓坡三里，验本州引
行销	彰明 太平	荣昌二百八十里 大足二百八十里	仁寿一百三十里 资阳一百二十里
（七）			
厂	大宁	彭水	盐源
截	本厂大使	彭水县	
验	大宁县三十里	彭水县	
行销	巫山二百一十里	黔江一百八十里 酉阳三百六十里 秀山四百五十里	西昌三百里 冕宁三百八十里 会理五百八十里 越嶲五百里
（八）			
厂	江安		
截			
验	纳溪		
行销	叙永三百八十里		

四川盐法志卷八·转运三

湖北八州县计岸

湖北在明行省食盐，据《明会典》，隆庆二年议准湖广荆州府属民人买食川盐，国朝以来皆食淮盐。自八州县改食川盐，尤严荆州等处川私之禁。八州县中，建始县初隶夔州府，故食川盐。乾隆元年，改隶湖北施南府，湖广总督迈柱奏“请从民便，仍就近食云阳盐”。事下户部议，令两江总督赵宏恩、两淮盐政尹会一、续任湖广总督史贻直等会议，皆以为食川盐便。自是请以建始县为经征，施南府为督征，部议从之。部覆见《会典事例》。

迈柱奏略：建始县向销云阳县盐引，地近价廉，今若改食淮盐，居民未便，应将额销云阳水引九十三张改颁楚省，听该县赴该管衙门请颁给盐商，仍旧在于云阳县支盐，每年应征税羡课银三百七十余两，归楚完纳，深为民便。

史贻直等奏略：四川建始县改隶湖北，民间所有食盐似应查照湖北之例改销淮南引盐，惟是相距汉镇水陆二千余里，计算淮南来本及水商脚价，每盐一斤价银六七分不等。而建邑离云阳盐场地近价廉，应请照旧行销川盐，实为两便。至额销水引九十三张改颁湖北驿盐道衙门，令建始县领给盐商，在于云阳县掣盐行销，额征税羡课银亦由该县征解，湖北驿盐道衙门转解藩库充饷。照例以建始为经征，施南府为督征。乾隆元年。

明年，贻直复以湖北改土归流之鹤峰州、长乐、恩施、宣恩、来凤、咸丰、利川等县以苗疆故，向食云阳各厂余盐，无官引，今尽归流，又近川；淮盐道远价倍，民弗便，奏请仍照建始县例，同食川盐。事下户部议，请仍下两江总督庆复、两淮盐政三保、湖北巡抚张楷、四川巡抚硕色等密议以闻。旋会奏：请以长乐、恩施、宣恩、鹤峰就近食云阳盐，来凤、咸丰食彭水盐，利川食万县盐，盐课纳于四川报销。硕色则请以鹤峰州、长乐县改食大宁盐，余如议。领引、纳税就近由云安厂同知领其事，惟利川一县近酉阳，即以酉阳州知州领之。又虑川私越境，则置宜昌通判司巡缉焉。

史贻直奏略：盐斤一项为闾阎日用所必需，惟在因地制宜，庶几商民两便。矧新疆规制初定，土民向化抒诚，尤宜循其俗之所安，以期永久无弊。臣查湖北改土归流之鹤峰、长乐、恩施、宣恩、来凤、咸丰、利川等七州县，俱系新设地方，向来民人因与川省接壤，均在云阳等盐厂交易零盐，以资食用，从未派销官引。今既分设州县，土民户口尽入版图，自应查照通省之例，行销淮盐，以昭画一。惟是地处楚北极边，自汉运至此，水陆二千余里，中间宜昌以上悉属险滩，由巴东进山，悉属旱道，人夫挽运，脚费浩繁，合算成本每斤计得七八分以至一钱不等。而云阳等处盐场，每斤不过二分，以淮盐价值比较几增三四倍有余。一经派销淮盐，无论商人不肯抛弃重赀运赴不能行销之地，即或勉力运赴，窃恐土民人等亦必不肯舍贱买贵。夫官引既难运销，私盐即难禁止。与其设引之后滋生弊端，毋宁未事之先详加筹酌。况此数州县至巴东一带地方，山路崎岖，地势悬绝，决无贩私之人逾越重岭，致侵两淮纲地[①]。而现在行销川引之建始县，又与新设各属界址毗连，尤难分晰。所有鹤峰、长乐、恩施、宣恩、来凤、咸丰、利川等七州县民间食盐，应请一例派销川引，并招募商人在于就近之云阳、彭水、万县等盐场掣销，实为妥便。如蒙俞允，查鹤峰、长乐二州县，按照户口派销陆引二百八十张，应征正耗等银九十一两零；恩施、宣恩、来凤、咸丰、利川五县，按照户口派销水、陆引共九百五十张，应征正耗等银四百三十六两零。以上各州县将来招徕劝垦，户口渐多，当随时酌量加增引张，以资民用，其一应事理，均照建始县之例办理。再，鹤峰州向有新拨大崖关外地亩，其各村庄应需引盐，俟勘明定界后，查照户口加添。

---

① 两淮纲地：淮北纲岸与淮南纲岸的合称。淮北纲岸有二：一为皖岸，盐引销往凤阳、庐州、颍州、六安、泗州和滁州；二为豫岸，盐引行销汝州和光州。淮南盐产行销之岸有四：一曰鄂岸，行销武昌、汉阳、黄州、德安、襄阳五府；二曰湘岸，行销长沙、岳州、常德、衡州四府及澧州；三曰西岸，行销南昌、饶州、南康、九江、建昌、抚州、临江、吉安、瑞州、袁州十府；四曰皖岸，行销安庆、池州、太平、宁国四府及和州，唯安庆府属之桐城则销淮北盐。

硕色奏略：查施南府鹤峰等七州县共应行销水引三十四张、陆引一千一百九十六张。川引成例，每水引一张，载正耗盐五千七百五十斤，每陆引一张，载正耗盐四百六十斤，合计鹤峰等七州县水、陆二引共一千二百三十张，共需正耗盐七十四万五千六百六十斤。兹除万县之长滩七井并无余盐外，查据云阳县报有余盐四十六万余斤，彭水县报有余盐一十二万一千九百斤，二共抵盐五十八万一千九百余斤，以之拨配额引，尚不敷盐一十六万三千七百余斤。再四熟筹，非通融酌拨，无以足彼地之民食。查夔州府属之大宁县在巫山之北，可通舟楫，曾于请广额煎等事案内，报有增煎余盐可二十万斤，现在无地行销。按鹤峰等处至大宁县，程途远近与抵云邑相同，合拨宁邑之盐，庶获引盐足额。兹拟以恩施县应销水引三十四张、宣恩县陆引一百八十六张、来凤县陆引二百零九张、咸丰县陆引二百二十二张，共水、陆引六百五十一张，应请配销云安厂井盐；鹤峰、长乐二州县，共计陆引二百八十张，应请配销大宁井盐；利川县陆引二百二十九张，应请配销彭水县井盐。再，各该县所报余盐与拟配引目稍有不敷，应令各该灶户加工增煎，便可足额无误。其行盐商人，悉令楚省各该州县自行招募殷实之人充当，承领引张，至注定产盐场面配盐运销，税羡等银亦令各该行盐地方官按则征解，以专责成。又查先隶夔属改归楚之建始县所销川引，近奉准部咨令，将税羡等项仍解川省报销，遵照在案。今鹤峰等州县新增引目所征税羡、纸脚等项，仍应同建始一例，解川报销；其应需引张，亦应俟行盐各州县募有殷实商人报销川引，题颁给发。再查鹤峰等州县，相距川省会城程途窎远，若令解银领引径至省城，未免苦累。查云安厂现设有专司盐务同知一员，应请将鹤、长、恩、宣、来、咸六州县领引解税等项，俱就近赴该同知衙门请领解纳，令该同知领给转解。利川县领引解税，亦应令就近酉阳州衙门领纳，庶异省书差得无远涉之累。倘蒙俞允，则建始县引税等项，亦改照此办理。倘有无引私盐搀越[1]混卖，已入楚境者，应令楚省地方官查拿，就楚省归结。

庆复、三保、张楷奏略：查鹤峰州附近川省云阳县，应销云邑陆

① 搀越：越出本分。如越职、越权等。

引一百八十八张，每年额征正税银五十一两二钱一分一厘二毫，截角、耗羡银九两二分四厘，纸朱[1]、脚力银一两三钱一分六厘，共银六十一两五钱五分一厘二毫。长乐县附近川省云阳县，应销云邑陆引九十二张，每年额征正税银二十五两六分八毫，截角、耗羡银四两四钱一分六厘，纸朱、脚力银六钱四分四厘，共银三十两一钱二分八毫。恩施县附近川省云阳县，应销云邑水引三十四张，每年额征正税银一百一十五两七钱七分，截角、耗羡银二十两四钱，纸朱、脚力银二钱三分八厘，共银一百三十六两四钱八厘。宣恩县附近川省云阳县，应销云邑陆引一百八十六张，每年额征正税银五十两六钱六分六厘四毫，截角、耗羡银八两九钱二分八厘，纸朱、脚力银一两三钱二厘，共银六十两八钱九分六厘四毫。来凤县附近川省彭水县，应销彭邑陆引二百九张，每年额征正税银五十六两九钱三分一厘六毫，截角、耗羡银十两三分二厘，纸朱、脚力银一两四钱六分三厘，共银六十八两四钱二分六厘六毫。咸丰县附近川省彭水县，应销彭邑陆引二百二十二张，每年额征正税银六十两四钱七分二厘八毫，截角、耗羡银十两六钱五分六厘，纸朱、脚力银一两五钱五分四厘，共银七十二两六钱八分二厘八毫。利川县附近川省万县，应销万邑陆引二百九十九张，每年额征正税银八十一两四钱四分七厘六毫，截角、耗羡银一十四两三钱五分二厘，纸朱、脚力银二两九分三厘，共银九十七两八钱九分二厘六毫。以上七州县应就近买食川盐，其水、陆引张请自乾隆三年为始，派销川引，照建始县之例，引颁川省。令该七州县各募殷实商人，在于就近各盐场领引掣盐运销，课额即赴川省完纳，府州县销引、督催、考成，俱归川省考核奏报，庶新疆规画得宜，商民两俱裨益。至奉查界限，不使川私蔓延之处。查川私之透越淮盐纲地，水路巴东是其咽喉，归州东湖又为门户，现在设立通判一员，专司巡缉，并立总卡董率其事，业已界限井然，稽查严密。若夫陆路，皆系鸟道羊肠，背负无几，川盐纵欲透漏，无利可觅。惟于东湖县平善坝、中水门外二处，严饬卡商，加谨防缉，并饬沿途州县地方文武各官，不时查拿，自无川私蔓延侵透淮纲之虞。再，宜昌府鹤峰州大

[1] 纸朱：四川盐税之一，用于支付印刷盐引引纸、朱红的费用。《清会典》载：顺治元年（一六四四）无论水陆，每引缴纳纸朱银三厘，附正课按年解部。此法始于明代，沿用至清末。

崖关外丁口，俟查明会勘定界后，另行奏咨办理。乾隆二年。

又，查明大崖关外丁口，每口日食盐三钱，每年共需陆引三十一张，应征正税银八两四钱四分四厘四毫，截角、耗羡银一两四钱八分八厘，纸朱、脚力银二钱一分七厘三毫，通共应征银一十两一钱四分九厘七毫，同州属一例在云阳县领引掣盐运销。乾隆四年。

谨按：建始县旧隶四川，领引解税，径达盐道署，与七州县异。云安厂同知于乾隆二十二年移驻，改设石砫厅同知，七州县领解移归夔州府通判，并利川一律管理，惟建始县仍旧例。乾隆三十年，以道远课迟，始并归夔州通判。未几，又以来凤、咸丰二县近酉阳，改归酉阳州。嘉庆八、九年，施南府数请以恩施、利川、建始领缴引课，悉归各地方官。数驳诘，卒不果。又大岩关先属湖南慈利县，并山羊隘，距县远，通容美司河道。设鹤峰州后，续请将大岩关外慈利所辖近关五十里地拨属州。

自是，大率夔州府通判如督催，八州县如经征。嘉庆十三年，湖广总督汪志伊以八州县引率缴川，引盐相离，地方官末由查验。而奏销考成，则仍查取八州县职名，议未允。请领引纳课归夔州通判，缴引于八州县，以夔州通判为经征，而八州县为督催。四川总督勒保议覆，以夔州通判本为督催，不应改，惟缴引于八州县如议。

汪志伊咨略：据湖北盐法道秦维岳详查，建始一县改隶楚省，仍食川盐，其额销引课，原议改归湖北盐道，部议以该县虽归楚辖，而行销之盐系在川省掣支，仍令将盐引课税等项归入川省奏销案内报部。嗣该府属之恩施、宣恩、来凤、咸丰、利川等县，并宜昌府属之鹤峰州、长乐县，由苗疆改土归流，于乾隆三年奏，奉部覆议准均食川盐，饬令该州县各募殷实商人，在于就近各盐厂照例领引，掣盐运销，其课额即赴川省完纳，府州县销引、督催、考成，俱归川省考核奏报，以专责成。惟是原定部案，本令该州县招商配运，无如该州县均属地瘠民贫，并无殷实可募，其所募者皆籍隶川省之人，诚如川省来咨，即使引发该州县，而隔省传唤催征，难免呼应不灵。且楚省征税，又须解交川省，亦觉往返跋涉，多有未便。职道前因叠据该府具详，以各属商人均图便，在就近督催之。通判等衙门领引缴课，不将引盐运赴本岸行销，而奏销、考成则仍取地方官职名册籍，于名实似有未符。查得楚省行销淮盐，例由扬商就近在两淮运司衙门领引、纳课、配盐，运楚销售，其引即随盐到岸，分缴北南盐道衙门，谓之“进引”。于奏销、截角，造册汇解两淮院宪，统发运司衙门造报送部。故淮盐行楚，两淮膺经征之任，而楚省任督销之责，各专责成，是以课无迟误，而岸不缺盐，立法最善。今楚省恩施等八州县引商均隶川省，其盐场均在川地，应请仿照淮盐行销两湖之例，明定章程，永听各州县引商就近在夔州通判、酉阳州两衙门领引纳课，赴厂掣盐，运赴各本岸行销。其所领引张即随盐到岸，呈地方官验收，于奏销时裁角，造册赍报，夔州通判、酉阳州转解川盐道，汇核详请题报。其经征课税考成，即归于夔州通判、酉阳州，而督销额引考成，则归于食盐地方官。至于所配之盐，夔州通判等分司督催，出境应将出境日期飞移楚省入境首站查照，楚省首站一接移会，即差拨兵役查验，押催赴岸，并各将出入境汛日期通报两省各上司查考。倘在川省有透漏之弊，则惟督催之员是问；倘在楚省透漏，则惟楚省地方官是问。

勒保咨略：据四川盐茶道梁敦怀详查，咸丰、来凤二县以酉阳州为督催，建始等六州县以夔州通判为督催，其招商、缴课、缴引例由各该州县办理，其中因所招多系川商，隔省领引缴课，商人多有未便。向来有由夔州通判、酉阳州衙门领缴者，原因楚省州县较远，该牧倅本有督催之责，是以代为经理。其实迟延处分向归楚省，州县开送历有旧章。本年职道议覆楚省来咨，因湖广八州县往往因缴课缴引迟延，查取职名，动辄以商非土著推诿。兼之鹤峰、长乐两州县引张先招川商办理，楚商以为借引行私，有碍淮纲。经前任姚道请由楚省招募，及至楚省招募淮商张立达，数年之久，屡催并不来川领引配盐，以致课引久悬。嘉庆十一年，始据张立达在楚辞退，仍咨川招商办理。川商又以口岸未定，无人应募，课悬引积，有碍盐政。是以职道前议请将楚省八州县引课拨归楚省，自行招商来川配运。今楚省来议，又恐有干部驳，并称该州县地瘠民贫，并无殷实可募，只可仍令川商办理等因。惟查夔州府通判本系督催之员，从前该商等就近领引、纳课、交引，原系代楚省经理，即如川省州县中亦有本处引张改配别处者，其议叙议处仍开本地方官职名，定例如此，与两淮情形原不相同，不能援照两淮之例。应仍照旧定章程办理：所有来凤、咸丰二县及宣恩、建始、恩施、利川四县向由酉阳州、夔州通判督催衙门领引缴课，历年已久，均无贻误，自应仍照旧章办理，毋庸咨部更改，致干驳诘。应令督催之牧倅，于商人领引配盐起运之时，移行原定各县并沿途州县认真稽查，如有借引贩私之弊，即行查拿，按律究办。至各商应缴残引①，现据楚省来议，请归运到州县呈缴，自应遵照办理，俾运到盐斤，楚省得有稽考，尤为周密。

嘉庆十三年。

既盐商往往以滩险道阻，虑失引且得罪，辄就夔州府通判乞缴。建始县仍以引不随盐、官私无据请于四川。于是嘉庆二十四年，总督蒋攸铦议发印票于通判，令商人缴引换票，票缴于八州县，据以稽察，如黔边引例。

蒋攸铦咨略：据盐茶道奇成额详查，湖北建始、鹤峰、长乐、恩施、宣恩、利川六州县例食川盐，其领缴引张、应完课税等项，向均由夔州府通判督催解缴，迄今数十余年，办理并无违误。惟前任道梁敦怀曾于嘉庆十三年奉准：楚省行咨，引随盐运，赴行销地方官衙门缴验，当经札行夔州府通判饬商照办。虽与“盐不离引”之条相符，实与原定部案不甚吻合。维时该商等运盐抵夔，总以川河滩险或山路崎岖，恐有疏虞，不能按引挽运等语，叠次呈恳，经历任夔州府通判，仍准其就近呈缴。在各该员固属俯顺商情，实则系遵照旧章办理，而楚省得有十三年咨准之议，遂为口实。今建始县来详云“川盐尽属背负赴楚，盐引既离，官私难办。请饬商人引随盐运，由该县验截申缴”等语，系为稽查引盐起见。若准其所请，该商等势必借词冒险，畏缩不前；若不予详立章程，该州县又觉无从稽查。职道思维再四，惟有仿照川省行黔边引，于每年给发引张时另给引根引纸章程，饬令夔州府通判于领引时由道按引发给印票，其盐斤包数悉照水、陆盐引之例，分别由夔州府通判衙门填明细数。俟商人持引赴厂，运盐抵关，即一面照旧点验收引，一面换给前项印票，责令该商等随盐运赴食盐地方投验。该县即将印票截角，

① 缴残引：亦称缴残、退引，按引行盐以来的一种定例。始于宋代，在一定期限内，因各种原因会有一些引单未能行盐，即残引。为防止发生重照之类的弊端，官府规定必须限期缴纳残引，称作缴残。至清代，各州县实行按季造册之法，将残引申缴运司，凿孔贮库汇解户部查销。

按年汇齐，径赍职道衙门查销。庶该州县得以按票稽查，不致借口官私混淆，渎请不已，而该商等亦不能以持引冒险为词，越境搀塞。庶为变通之一法。嘉庆二十四年。

初，招商例由八州县。既以地无殷商，大率川商运行及引课迟缴，川询之楚，楚委之商，川、楚交諈，而鹤峰、长乐盐尤易侵淮纲，则议由楚自募徽商，又往往赀匮中辍。道光十三年，湖广总督林则徐、两江总督陶澍始改由湖北委员驻巴东万户沱，用官帑专运鹤峰、长乐引盐。委员安树森复以犍盐味美便私，请专配大宁。先是，归州、巴东、兴山、长阳例食淮盐，自乾隆元年，湖广总督史贻直奏淮盐偶乏，许四州县民赴万户沱市余盐济食，不得过十斤。至是，树森以川盐至沱，辄假鹤峰、长乐名私行归州、巴东、兴山、长阳，宜并购食余盐例禁止，设卡于渔洋关、野花平察验。则徐弗允。

陶澍咨略：据两淮运司详查，鹤、长二州县行销川省引盐，向系川商办运。因川商借引贩私，侵越淮纲，于乾隆五十四年由楚改募徽商代办，往往一二年间即行禀歇，屡次更换，从未能久。缘承充之人多系空手应募，惟赖岸商按年拨给帮费，将就敷衍，旋即以资本亏折，希冀多帮，岸商如未能遂其所求，辄借词禀退。积习相沿，如同一辙。其实在身家殷实者，断不肯远赴川省办运，即使有人愿往，以自己之资本行川省之引盐，必以多销为贵，亦未必甘为淮商通岸作保固藩篱之计，此盐道所称“以切己之人办切己之事”，自知痛痒相关，恐非所望于惟利是视之人。署司再四思维，惟有委员前往确查情形，从长计议。如果行运川盐需费无多，即由委员暂行办理，并查该二州县每年合行引张若干，应完额税若干，自何处运盐到岸，约需盐价、水脚若干，每年实能销盐若干，设立各处卡巡每年需费若干，通盘筹画分晰，开具细折，禀送察核。一面由楚岸先行拨给银二千两，暂时运办川盐，以免该省借口。

又咨略：据两淮盐运司详据委员安树森禀称，查自巴东至犍为盐厂三千二百余里，其间险滩叠出，向来商运，自厂所以及沿途节次，须安人照料，至重庆尚须更换梲夫、水手，经过数十处险滩，又须另顾滩师，淹消之虞，仍所不免。而商运必欲赴犍为请运者，盐色最高，秤斤较大，加耗亦重，沿途起拨，囤揽零收，漫无觉察，竟有成船满载来楚之事。云阳厂盐色最黑，本不合销路，从厂运盐三十里旱路，起夫亦属费事，出江下船距巴东七百里。前商因费大无利，从不往办，只每年照数纳课，或在巫山一带有等包手代销代纳，已成惯常。鹤、长二岸既不能如额行销，而川私又借此百弊丛生。应请将犍为、云阳两厂额行引张暂行停止，只办下年大宁额行鹤峰水引一百八十一张、陆引三百十九张；大宁额行长乐水引四十九张、陆引九十二张，共盐一万三千一百四十四包，应纳税课每包银六分八厘一毫，共计课银八百九十五两一钱六厘四毫，外加朱、力、羡等银约三五厘不等。查鹤、长二州县居民食万户沱川盐，亦仅附近城郭村镇户口约计有六七万人一处，每人日食盐三钱，每日可销千余斤，每年二州县合共可销盐七八十万斤。现计行大宁水陆引张一万三千一百四十四包，每包一百十五斤，共盐一百五十一万一千五百六十斤，诚恐销数尚不能足额。拟请筹发银八千两以作盐价，每斤约一分有余，可买盐七八十万斤；以前奉拨之二千两作船价、水脚、包绳并各项人工，以及安置巡卡、房屋、零星杂费之用，二共请领银一万两，试行办理。再，渔洋关、野花平两处走私要隘，向系本商自行安人守卡验票之所，兹仍照旧，请饬行鹤峰州、长乐县，将各该管地方绘图详注、造册移交前来。凡有来万户沱买盐贩客，指定发卖去处，委员照发截印，注明路程，给票一张，过渔洋关、野花平验票放行，以凭稽查。又，向曾奉有明文，巴东、归州、兴山、长阳等处居民，或遇淮盐不接济时，准其在沱零星买食，不得过十斤以上，似此恐借端售私，应请不准行。道光十三年。

林则徐奏略：宜昌府属例食川盐之鹤峰、长乐二州县，历由两淮委员驻扎万户沱地方代川办运，原为保护淮纲起见，而两淮盐政相距甚远，倘借官行私，无凭稽察。经臣咨前两江督臣陶澍，改为由楚委员驻办，以便约束，并只许就近购运巫山县之大宁厂巴盐，足敷民食，不准远赴数千里之犍为县装运花盐，以致下侵荆州等处。接准。陶澍咨覆意见，亦极相同。道光十六年。

谨按：归州、巴东、兴山、长阳自汉、晋、唐、宋以来皆有盐，考《后汉书·南蛮传》："巴蛮廪君，从夷水下盐阳，射杀盐神。"详《纪事》。《舆地广记·长阳县》引云：即此地。《水经注·夷水》："先与温泉三水合……此泉先出盐，于今水有盐气。

夷水有盐水之名。”《新唐书》：“秭归、巴东皆有盐。”《元丰九域志》：“归州秭归县熙宁五年，有兴山县为镇入焉有青林盐井，峡州长阳县有汉流、飞鱼二盐井，巴东永昌一盐井。”至国朝雍正二年，巴东县北纸倍溪地涌盐泉，居民日煮盐得二千余斤。湖北巡抚纳齐喀奏请照淮盐行引于楚北各州县分销，部议从之。据《皇朝通考》。“纸倍溪”一作“长丰盐井”，岁可得七十二万斤。疏未见。雍正四年，湖北巡抚郑任钥等复为奏请。事下两淮盐政，噶尔泰议恐川私混杂，淮商自愿认课，奏请封禁。户部议行。户部议略：查巴东所产盐泉，先据前抚纳齐喀题请设引增课，臣部议令照淮南盐斤设引起课，会同两淮巡盐御史具题。今据湖北巡抚郑任钥等疏称：据该县府呈详，坚以井居万山之中，煎熬人工费重，行运山险维艰，不能遵照淮盐纳税，固请俯照川引起课。而淮商又以井盐煎运，川私易以冒混入楚，情愿认课，请封盐井。查淮南盐额，楚省行销十居其七，今若以纸倍溪所产井盐行于巴东等县，巴东地连川省，恐川盐借此混入于楚，则淮盐必致壅积，于国课无益。应令湖广督抚将巴东县纸倍溪盐井严行封闭，勿许奸民私行煎贩。倘有偷盗失察，按照律例治罪处分。至两淮盐政噶尔泰所称“情愿认课，请封盐井”，伏思我国家轸念淮商，凡浮费、额加每岁减免七十余万两，今以封闭巴东盐井而令淮商认课，似未公允。夫课随引办，巴东地方既将盐井封闭，自应于楚省纲引之外增添引目，令该御史增引二千五百二十六道，照淮引起课运销。六年，四川总督岳锺琪奏请改食川盐，噶尔泰复奏驳，不果。岳锺琪奏略：川省夔州府之云阳县，私井频开，较之原产盐斤十有余倍。查自夔府以下，即与楚省归州、巴东、兴山二县接壤，此三州县例食淮盐，运脚既重，索价自昂。云阳相距非遥，更兼盐多价贱，因之归州、巴东、兴山百姓往来买盐兴贩，不可禁遏。请将云阳县官私盐井所产盐斤，于原定额引之外酌增引课，余剩盐斤即就归州、巴东、兴山民食之便，在川省认引食盐，将原淮纲引课开除，统归川省办销。令淮商来川与云阳各井户议明，合伙煎盐，运楚发卖。请交盐臣详议。噶尔泰奏略：查湖广一省行销淮盐十分之七，其所属归州、巴东、兴山三州县连界川省，私贩易侵，全赖疆界攸分，以便稽查禁绝。今若改食川盐，则川私乘机透入，难以稽查。况雍正四年，巴东县“地涌盐泉”一案，淮商惟恐川私借名侵越，情愿增引纳课，请将井永行封禁，奉有谕旨，钦遵在案。今又以川省之井盐运于巴东等县，是开贩私之门，诚恐蔓延全楚，必致壅滞官盐。若竟归并川省行运，则井盐所纳之税与淮盐所纳之课轻重不同。且此三州县原额淮盐一千七百六十引，又将归于何地行销，课饷上关国课，未敢轻易纷更。至淮商办运淮盐，世业相承，安居已久，今欲令其舍现在之业，远去数千里与井户合伙煎盐，似非所愿。应请仍循旧制，饬商力运淮盐，随时公平销售，以济民食。九年四川驿盐道曹源郊、十二年四川总督黄廷桂一再奏请，户部数援噶尔泰议驳之。疏未见。乾隆元年，大学士朱轼条奏盐法，亦以为言。署湖广总督史贻直始议同苗疆一例，请遇淮盐偶乏，听民零买川盐，不得过十斤以上，著为令。朱轼奏略：行盐地方宜酌量变通，如湖广巴东等县逼近四川之界而必食淮盐。有一省而各府所食之盐地方不同，有一府而各州县所食之盐地方不同者，俱应就盐地之远近，逐一查明，尽为改易。则一变通于课毫无所损，而民之受福者不少。户部议：查湖广巴东等县向食淮盐，曾经原任川陕总督岳锺琪、原任四川驿传盐茶道曹源①郊、原任辰沅永靖道王柔等屡次条奏，楚属附近川省之州县改食川盐。经四川、湖广督抚及两淮盐政详议，均以湖广行销淮盐十分之七，每年额课约一百余万两，若川私透漏，课帑恐有碍阻，未曾准行，各在案。应再行令四川、湖广督抚及两淮盐政，将巴东等县改食川盐果否与国课无损、与民受福，以及川私不致透漏、贻误淮课之处，秉公详细妥议具题。务期商民两便，永远可行。四川议覆：查巴东等处界连川省，逼近云阳、大宁二厂，道路既近，盐价又贱，以两省情形而论，改食川盐似属便利。但经江南督院、两淮盐院议奏，恐川私直入，蔓延为害，于淮课甚有关碍。经部议覆如所奏，仍循旧制行销，毋庸更张，自应毋庸再议。史奏见《缉私》。其湖南苗疆买食川盐，盖始于雍正三年，湖南辰沅永靖道王柔之请，而大学士张廷玉等所议也。王柔奏：新开各苗土地，食淮盐既以路远而价贵，川盐又以私贩而阻禁，该地食盐每斤价值几至四分，莫若令新辟各地方官赴川省产盐地方办理。张廷玉等议：以湖广行销淮盐十分之七，每年额课约一百余万两，若因应苗土一隅之地领运川盐，将来川私蔓延，淮引难销，因一时苗疆价贵遂堕淮课百余万两，深有未便。张奏未见。是时两淮盐政尹会一复奏请敕湖广督抚，将不销官引之州县彻底清查，或官运官销或酌设总埠。贻直议不便，惟应于宜昌专设巡卡，以杜私销。密谕地方官仍遵旧制，零买给食，免其缉捕，不得过十斤以上，亦不得转相货卖。至乾隆二十九年，两淮巡盐御史高恒复奏请将宜昌通判移驻西坝，每年拨淮盐十万包屯宜昌，减价听民买食，以敌川私。作为十分定

① 源：原作“原”，据上文改。

给，通判薪水银八百两，缺销一分盐数即扣罚一分薪水。疏皆未详。

说者谓当日不封巴东盐井，则以楚人食楚产，或无川淮之竞云。

自是，鹤峰、长乐始以犍为盐色味过淮，便于行私，请禁止，专配大宁。十五年，复以大宁盐苦涩难销，请兼配犍为、云安。陶澍及湖广总督讷尔经额一再咨请，四川总督鄂山许以大宁引改配云安厂，并为封闭巫山属菜子坝、培石私开盐店，惟大昌口、青石、江东觜等处许设。又以委员运滞，议仍招川商运行，不果。

陶澍咨略：据两淮运司详称，查前据委办鹤、长运务委员节次具禀，大宁厂盐味涩而苦，远近人民素不喜食。又以盐块坚，腌菜不能透骨，俱不愿买，以致运岸半年仅销八十余引。询绅耆乡民，皆称犍盐味咸，凡食宁盐十文，犍盐只须六七文。现在沱岸未运犍盐，乡民无可买食，若非配运犍盐，难以补苴，且必课、食两误等情。又经湖北盐道饬令各岸垫缴银二万两，给发该委员办运犍、云厂盐，并经川盐道议明准其改配云阳厂盐运销在案。伏查鹤峰、长乐二州县向系分配大宁、云阳、犍为三厂引盐运沱发售，并不专配大宁引张。如果该二州县岸销畅旺，该三厂额盐原可扫数配运，乃因口岸疲滞，无商承认，不得已而官运试办，本不能遽责照额完课，照额配引。且前据该委员查明，大宁盐味苦涩，民间不喜买食，始据禀请改配犍、云厂引，以利疏销，系属循照川省向例办理，并非该委员创始。今若如川省来咨，仍赴大宁厂配运，必致运盐到岸无人买食，不但旷日持久，徒糜岸费，运本全行亏折，而且民食未便，易启私盐浸灌，岸销短缺，更与该州县考成攸关。而盐未运销，尤恐贻误国课。况岸市疲滞，不能多运盐斤，于大宁厂毫无所益，自应仍照向例，准其兼运犍、云引盐，以利销市而免亏本。

讷尔经额咨略：据湖北盐法道详据委办鹤、长运务两淮候补大使徐锟禀称，窃于上年十月运盐抵沱开售，计至十二月底止，销数疲滞，每日仅销盐二十余包。推原其故，因宁盐不合销路，而巫山从前封禁各私店今复违例开设。窃曾亲赴巫山一带，查明江东觜、菜子坝、巴雾河、大昌、培石、青石、大溪等处各开盐店，广招私贩售卖盐斤，从巴东水陆直灌楚界，以致运到官盐转形滞销。至宁厂，每遇夏秋水涨或阴雨过多，卤淡停煎，必逾数月，维时纵有引张，无从配运。乡僻小民来沱买食，无盐售给，势必因此生事，不得不为预筹。查向来引案俱系犍、云、宁三厂兼配，今试办仅运宁盐，不合销路，且多私贩，若复卤淡停煎，岸务更难支持。应恳檄行夔州府通判，查照川省通融改配之例，准将所领大宁厂引张随时就近改配云安厂盐斤运沱，俾济民食而卫淮纲。

鄂山咨略：查鹤峰州额行大宁厂盐水引一百八十一张、陆引一百张，云阳厂水引二十四张、陆引六百一十九张。前据该委员徐锟议禀，专办大宁厂水陆引张，止领水引一百八十一张、陆引三百一十九张，自应于云阳厂陆引内拨出二百一十九张，以足三百一十九张之数，同长乐县领销大宁厂水引四十九张、陆引九十二张，一并发交夔州通判，转发该委员承领行销在案。兹据该委员徐锟“以宁厂每遇夏秋水涨或阴雨过多，卤淡停煎，必逾数月，维时纵有引张，无从配运。乡僻小民，赴沱买食，无盐售给，势必因此生事，不得不预为筹躇。恳求夔州府通判查照川省通融改配之例，准将该委员所领大宁厂引张随时就近改配云安厂盐斤运沱，俾济民食”等语，自应俯如所请。又该委员所称“巫山一带江东觜、菜子坝、巴雾河、大昌、培石、青石、大溪等处各开盐店，广招私贩售卖盐斤，恳将违例私开盐店查案封禁”等语。查江东觜与跳石仅隔一河，即在巫山县东门外，该商等因跳石地方于乾隆五十八年被水冲成滩口，难以拢埠，始将盐店移设该处，咨明楚省有案。是巫山县属之大昌口、青石、江东觜等处均经咨明，应设盐店。惟菜子坝、培石两处不准开设盐店，自应委员前往查明封闭。

鄂山又咨：查委办鹤、长运务委员屡据禀报，销数甚滞，一切经费均无所出。今若将十五年犍、云引张再归委员办运，必致引盐愈形壅积，有误川省课款。应仍饬川商代办，俟该州县销市稍畅，再行酌量收回办理。至鹤、长二州县征解盐税并缴引迟延，有应议处分。从前既系楚省查办，应仍由楚省查议办理。道光十五年。

十七年，湖北鹤、长委员又以云引仍滞，非兼配犍盐不能补救，陶澍复为咨请。湖广总督林则徐则以犍盐往往由宜昌直灌荆州，不便，宜并绝云、犍，专配大宁。鄂山议以为，如此是大宁将虞枯竭，而云安、犍为盐且滥滞也。明年，则徐固请，以为淮纲所系，间不容发，云、犍销滞请以大宁溢数相抵，即不敷，楚省任之。奏上，事下户部，议如则徐奏。暂停长乐续增犍为引，留部试办一年。自是，鹤、长岁销大宁盐颇如额。二十年，复请将十七年以前云厂积引改配大宁销竣，然终无溢数以抵犍为引课，岁凡二千七十七两，于是岁常由楚垫纳矣。

陶澍咨略：查犍为、云安、大宁三厂引盐遇有不合销路，川省向有通融配销之例，历准咨明改配。今既据安知事树森查明犍盐易销，云盐多滞，似未便仍运云盐，转致销滞课绌。应请将接收未配之云安乙未年积引水引十二张、陆引四百张，新领云安厂丙申年水引二十四张、陆引四百张改配犍为厂水引，以便行销。

林则徐咨略：查鹤、长运务由两淮派员经理，名为行销川引，实以保固淮纲。乃因归、巴、兴、阳四州县有借食川盐，准买十斤之例，遂与万户沱官店影射转贩，浸灌下游。今欲杜绝川私，本应先禁借食，惟念穷民零买已久，骤然禁止，势有所难，自当姑仍其旧。但万户沱配运川盐惟大宁最近，乃反舍近图远于相距三千二百余里之犍为厂运盐来沱，何其不惮烦如是！总因犍盐色高味美，不独畅行宜郡，并可直灌荆州，历年荆属销盐每有退步，未始不由于此。卷查道光十三年该委员安知事初办鹤、长运务，曾据禀请专配大宁厂盐，停办犍、云两厂，以杜假借之弊，所禀本属为公。嗣委盐大使徐锟接办，复经禀准配运犍盐，致滋弊窦。兹仍议专配大宁厂，将犍、云厂盐停止，以绝下游销路。至行引纳课，各厂科则不同。查犍为厂额行长乐引张，应完课银二千七十七两；云安厂额行鹤、长水陆引张，应完课银八百九十三两零，二共应完课银二千九百七十两零。如大宁厂盐岁有溢额，则溢运之盐亦应照数完课，即将大宁溢销课引划抵犍、云之缺，如不能划抵，应请由湖北盐道库贮项下筹款动支，完纳犍、云应纳课项。课银既已筹补，所有鹤、长二州县销盐处分，自应咨部免议。

林则徐奏略：窃照楚省额销淮盐多至七十七万九千九百余引，而与川、粤、潞、黔引地处处毗连，各处盐课皆轻，而淮盐独重。各处盐本皆贱而淮盐独贵，各处运盐皆顺流而下而淮盐独逆流而上，故邻盐无不越疆占卖，而百姓只图贱价食私，堵缉之难，久荷圣明洞鉴。臣既不敢请融重课于他省，又不敢请移食岸于邻封，惟有察其透漏最甚之区，设法严行禁阻。如荆州一府本楚北旺售之地，若被川盐连樯下灌，则淮盐断难行销，故必于荆州上游之宜昌府属节节防堵。而宜昌府所属即有鹤峰一州、长乐一县，照例应与施南全府同食川盐，若论淮界藩篱，固难免开门揖盗。但该处荒山瘠土，穷民粒食维艰，川盐近在咫尺，每斤市价不过二十文，淮盐到彼则卖价约须两倍！定例许其买食川盐，原系体恤之意，第恐川贩乘机浸灌，便无底止。是以鹤峰、长乐二州县所行川引，特由两淮委员驻扎万户沱地方代川运售，意谓两淮所委之员自必保护淮界。无如其地距淮南远至四千余里，委员有无弊窦，在淮难以周知。臣上年察看情形，咨商两江督臣陶澍，改为由楚委员驻办，以便就近约束，并以鹤、长二州县每年额销川盐共止水引五百六十四张、陆引八百十一张，本属不多，虽历办章程，许于四川之大宁、云安、犍为三场盐斤通融配运，然果只济该二县民食，不图越界浸销，则专配大宁一场，已属有赢无绌！盖大宁场距委员驻扎之万户沱仅四百十五里，运售最便；云安厂相距七百余里，其中尚有数十里旱路，委员本不愿运；若犍为厂则相距三千二百余里，更属遥远。然委员不得其人，则转欲远运犍为之盐以图影射，缘犍盐色高味美，于荆州一带最利行销。彼请运犍盐者，乃专图浸灌荆州，并非为鹤、长二州县民食起见也。当咨商两江督臣陶澍，意见极合，即移咨四川督臣，转行该省盐道知照。又恐犍为、云安二厂少配盐斤，或于课额不无稍绌，复经商请以大宁溢配之课划抵犍、云二场，设使尚有不敷，亦由楚省补解足数，总使川课丝毫无短。

鄂山咨略：据盐茶道周培岳详查，鹤峰州额配云厂水引二十四张、陆引六百一十九张，每年应征盐税、截、朱银两，由夔州通判督催征解；其犍为厂额行长乐水引三百一十张，每年应征盐税、羡截由犍为完纳，均经报明大部有案。至四川省每年查办盐课税、羡截银两报销册，定例于四月内出题。如课税未清，应照例按分数开参。若如楚省来咨，将大宁县溢销课引核数划抵犍、云之缺，如不敷划抵，应于楚省盐道库贮项下筹款动支，以补犍、云应纳课项。是每年大宁溢销课引若干，事无定准，且川、楚程遥，补解课项恐鞭长莫及，势必有误销期，造报销册，殊难办理。再，川省盐井或衰或旺，原无一定，改配厂盐亦系权宜补救之计。若如楚省来咨，将犍、云两厂盐斤停止，专配大宁厂盐，设或大宁井盐不旺，窃恐有误配运，而犍、云二厂溢出盐斤势必积贮难销。以川省情形而论，专配宁厂之盐，似难遵议。道光十七年。

林则徐奏略：适准川督臣来咨，以“鹤、长二州县专配大宁厂盐，与该省原案不符，即补解课项亦恐路远鞭长，有误销期造册”等语。复据司道详称“鹤峰、长乐二州县均系改土归流，乾隆初年议食川盐，原派引张本无犍为在内，追乾隆二十二年至五十年始将长乐一县续增犍为水引至三百一十张，而淮界遂为犍盐所灌，兹欲严杜侵越之害，断不可再行犍为之盐，仍请查照办理”等情。臣查川、楚毗连之处，彼此销盐界限，间不容发，若川盐侵越一分，即淮盐绌销一分，此乃必然之理，似未便听川盐之影射而不严淮界之藩篱，况鹤、长原运川盐，本无犍为在内。今议仍还其旧，专配大宁近盐，足济鹤、长民食，禁运犍为远盐，可免直灌荆州。截私疏引之方，舍此并无他术。

户部议略：即将鹤峰、长乐二州县引盐专配大宁一厂，其云安、犍为二场盐斤暂行停运。试办一年，仍令湖广、四川督臣随时体察，果能于该处民食毫无窒碍，淮、川引课均有裨益，届时会议具奏，再行定案。道光十八年。

湖广总督裕泰咨略：据湖北盐法武昌道邹之玉详据委办鹤、长运务委员禀称，窃照宜昌府属之鹤、长两州县例食川盐，向系配运云安、犍为、大宁三厂之引。自道光十七年奉准奏明专配大宁一厂，停运云安、犍为二处，其课额不敷，由道库筹补，如大宁有溢配之引，划抵二厂之课。十八年，遵照奏案，专配大宁厂盐，并请将鹤、长引盐运往鹤、长引地，设店行销，免与淮盐牵混。其归州、巴东、兴山、长阳四州县向有每人借食十斤之例，即在万户沱官店零售，以济民食。彼时，鹤、长地面私盐充斥，以致积压大宁未配引张颇多，嗣将官盐运往鹤、长引地行销，宁引逐渐疏通。至二十年间，前委员吴璪因十七年以前积存云安厂引张不少，详请夔州通判转禀，将云安厂道光十七年水陆引四百二十四张改配大宁厂盐；又道光二十五年，前委员黎道钧援案，请将自道光十八年起历年积存云安厂水陆引张，悉数改配大宁厂盐，详奉批准，咨川暨川盐茶道饬遵照办，各在案。窃自本年六月奉委接办，从前积惯食私盐者近俱就食官盐，惟按年大宁只运额引无多，前次委员所办均有积引，即所改云安历年积引亦已代销渐罄，数只十分之五，殊觉不敷接济。因思犍为厂引张本系长乐之引，现在虚解引课，空累楚省垫赔，则云安之引既已改配大宁之盐，犍为之引，事同一律，亦可仿照办理。应请自本年起，将犍为厂每年额行长乐水引三百一十张，改配大宁厂盐，由沱纳课。道光二十七年。

至三十年，湖北军兴，课积不能纳。咸丰二年，济楚盐行八州县，计岸大绌，课愈无出。九年，湖广总督官文、湖北巡抚胡林翼先后奏请停止垫纳，并请将历岁积欠一万八千八百两有奇豁免，自后长乐引盐，仍专配大宁一厂。户部议以道光三十年至咸丰二年济楚未行以前欠课，宜归湖北；济楚既行，宜归四川，责令补纳；以后垫纳之款，仍责四川就大宁征纳。不果。同治二年，四川总督骆秉章始请罢委员，改由四川招商专运，长乐盐仍配犍厂，四川欠课即责川商分八年内补纳。户部议，从之。其实，商缘为奸，课仍无著，至光绪六年统于四川官运。以后详《官运》。

官文奏略：窃照湖北长乐县地方行销四川所属之大宁、云阳、犍为三处引张，嗣于道光十八年经前督臣林则徐以云阳、犍为二厂之盐色白味美，恐碍淮纲，奏请专配大宁一厂，停配云、犍二厂，其引课由楚省于商解岸费项下筹解等因在案。惟自淮运梗阻以来，淮商应解楚省岸费等款久已无著，而自道光三十年起至咸丰八年止，长乐县认销犍为厂每年未完引税银一千五十五两五钱五分，羡截[①]银一千二十一两四钱五分，羡截内每年共酌留书巡饭食银一百八两五钱，暨二十七、八两年短平申水银一百二十六两九钱九分。以上九年共积欠银一万八千八百一十九两九钱九分，曾经户部暨川省咨催完缴。实因淮运久梗，无从筹解。且长乐县自道光十八年奏定章程以后，行销水、陆引盐俱在大宁厂配，其余云、犍两厂盐斤，停配已久。往时，因保卫淮纲以杜川私浸灌，责令淮商认纳，事属权宜。而自咸丰元年，淮盐改引为票，汉商移岸九江，票商甫经举行，即值粤匪滋扰，江路梗塞，楚民淡食堪虞。经前督臣张亮基暨奴才先后议，楚省借运川盐，酌提税课，岁收钱百余万贯，于济饷便民两资利赖，是川盐之提课弛禁，迥非往时情形可比。其从前借食川盐之长乐、鹤峰州县更无须采配川盐，即不能责令再完引税。兹经奴才咨商兼署四

① 羡截：清代四川盐税之一。四川井盐引税皆有羡余。而引税在羡余之外另征截银，因其在缴引截角时缴纳，故称羡截。

川督臣有凤咨覆，亦以川省办理奏销，虚列此款，应行停止豁除等因。行据湖北盐法道顾文彬具详，前来相应吁恳天恩俯准，饬部将湖北长乐县续增犍为厂引税、羡、截、饭食等银，停止认解，并将咸丰八年以前积欠各款一并豁除，以免徒事咨催。

户部议略：查湖北长乐县续增川省犍为厂引税、羡、截历年应完银两，前据湖北巡抚咨称“现在盐务改章，无从垫解”，当经臣部检查。咸丰七年，盐羡报销册内开列长乐县自道光三十年起至咸丰七年止，每年应完银数，并四川总督于各年报销案内声称系湖北长乐县未完之款，行令速催完报。嗣于本年六月间，据署理湖北巡抚胡林翼咨请，将长乐县续增犍厂盐羡等银停止，并将从前欠课豁除。复经臣部指出各情节，行令查明报部，并转饬将欠课完解，各在案。兹据该督所称，长乐县引盐现在专配大宁一厂，停配云、犍二厂，核与道光十八年前督臣林则徐奏案相符。其所称淮运梗阻、岸费无著，尚属实在情形。惟咸丰三年以前，淮运尚未阻滞，楚省于淮商应解岸费任其延久，并不著力催完，未免懈弛！至咸丰三年以后，淮引不行，商人星散，课项无出。长乐县系配川盐，每年应征之项理应就大宁厂征收，而川省于湖北借运川盐，则知办理抽厘，于长乐县配销川盐并不筹及就场收课，直以该县盐课有无征完与川省无涉，未免膜视盐务，意存推诿。所有该督请将长乐县道光三十年起至咸丰八年止积欠银一万八千八百余两一并豁免之处，课项攸关，未免无著。臣等公同酌核自道光三十年起至咸丰二年止淮运未停以前，长乐县未完之项应由楚省筹补；自咸丰三年起至八年止淮运既停以后，长乐县欠项应由川省筹完。各该省于补完后即行造报，毋得藉词互相推卸。至请将长乐县续增犍为厂盐羡等项停止一节，查长乐县虽不采配犍厂之盐，而专配大宁一厂，同一配销川盐，即应由川省征课。嗣后该县配销大宁厂盐斤，应请旨饬下四川总督按照该县每年应征盐税、羡、截、饭食等银数就厂征收照解。咸丰九年。

官文奏略：窃准户部咨，议覆湖北长乐县续增川省，将犍为厂引税、羡、截、饭食等银自道光三十年起至咸丰二年止淮运未停以前，长乐县未完之课应由楚省筹补等因。行据湖北盐法武昌道厉云官转据鹤、长委员禀称：宜昌府属之鹤、长二州县向系额配大宁，续增额配犍为厂。自道光十八年，经前督臣林则徐奏明，犍盐色白味美，恐碍淮纲，停配犍厂之盐，犍引截角在部，鹤、长口岸未准领引配销，应完犍课，由楚省岸费项下筹解。嗣因淮盐梗阻，盐务改章，岸费无出，无从筹解。又经奏明停止认解，并请将积欠犍课一并豁除。嗣奉部覆饬，据鹤、长运务委员禀，经四川盐道以鹤、长口岸自委员接办以来，仅领宁厂水、陆二引合折水引三百一十八张八分八则，并未领长乐续增犍厂停配水引三百一十张，无从认解，请将积欠犍课豁除，并将犍厂水引三百一十张，自咸丰十一年为始，一并发交委员领行，改归大宁厂就近配盐，庶犍课有著，宁课无碍。其未经奏请颁发以前积欠犍课，应请川省檄饬犍为县查明鹤、长口岸停配后，该厂历年所产盐斤供配何商，行销何岸，责令该厂商灶就厂按盐完缴，以填积欠犍引税项。庶长乐县可免空赔无引之课，而犍为厂亦不得私销无课之盐。同治元年。

骆秉章奏略：窃臣前准户部咨，两湖督臣官文奏请将部中扣存犍厂续增长乐县盐水引三百一十张发川交湖北委员领运，改配大宁厂盐，其以前积欠税羡，饬令犍为县查明著落，行运商灶措缴等因。伏查湖北长乐县续增水引三百一十张向配犍厂盐斤，由犍商领引纳课。嗣于道光十八年，前两湖督臣林则徐以犍盐色白味美，有碍淮纲，奏请将前项引张扣存部中，每年应征税羡银二千七十七两由楚省岸费项下提解。继因淮运梗阻，岸费无著，课羡即未能解缴。复经前湖北巡抚臣胡林翼奏请豁免，奉部议驳行，令将道光三十年起至咸丰二年止淮运未停以前，由楚省筹补；咸丰三年起至八年止淮运既停以后，由川省筹完等因。历年奉部咨催，虽经严饬犍为等县筹解，而引既未行，课羡实无从出，以致日久虚悬。部臣议令自咸丰十一年为始，将引发川交与湖北委员领运，改归大宁厂配盐，自系救课便民之举。第引张既归委员领配，而以历年无著之课责成犍为县归缴，衡情度理，非特商灶不肯无故赔还，即该县亦难设法追取。矧以川省额引发交楚员领运，于定例似亦不符。臣督同盐茶道启芳再四筹商，与其改厂改运而事多窒碍，不若招商领配而事有责成，且鹤、长二州县居民喜食犍盐，因势利导，更觉简便易行。请将长乐县续增犍为县盐水引三百一十张仍行发川，由道札饬[1]犍为县刻期招募妥商领引行运，并责令该认商以领引之日起，将淮运既停以后历年积欠税、羡分作八年弥补清款，庶正供有著而办理亦无窒碍。其引张未经到川以前，如先已招有妥商，即由盐茶道在库存余引项下如数拨出，交商认领赶运，用顾税羡。

户部议略：查湖北长乐县续增水引三百一十张，向配犍厂盐斤，由犍商领引纳课。嗣以犍盐有碍淮纲，因准暂行扣除。现今淮运梗阻，课羡虚悬。若不设法筹销，正课、羡余均归无著。该督以楚员领运于例未符，请仍由川省招商领运，系为利运裕课起见，应如所奏办理。至所称淮运既停以后历年积欠税羡，责成该认商以领引之日起，分作八年弥补等因。查该省历年积欠税羡，臣部前奏自咸丰三年起至八年止，由川省筹补；其九年以后积欠银两，亦应照数筹补。应令该督转饬盐道，饬商将九年以后欠项一并筹补足数，专案报部查核。其淮运未停以前积欠课羡银两，前经臣部奏明由楚省完纳筹补，应仍令两湖总督转饬盐道作速筹补，毋任拖欠。同治二年。

① 札饬：官府上级对下级的训示公文。

湖北八州县行盐截验道里表①

凡水道用阴文，陆道用阳文②。其至某地有分数道者，地名用重书。后云南、贵州同。

采配	犍为厂	云阳厂	大宁厂	彭水厂
截验湖北验卡不具	四望关本厂般验出关	厂大使截验	厂大使截验	郁山巡检验放
	大河坝官运委员提拨换载	洞口滩官运子卡、起载般吊	大宁县官运子卡、般验	彭水县截验
	县门关县东一里挂验	夔州府运判换票		
	江安县般吊所			
	重庆府经历截验			
	夔州府通判换票			
	犍厂官运盐，自厂行二千二百余里，至万县分局发商，凡官运道里具长江图，下惟详商运道里	云厂官运盐，自厂行三十五里，至云阳提拨卡发商	宁厂官运盐，自厂行二百一十里，至巫山提拨卡发商	郁厂盐少，不归官运，听本商由本厂运行

（一）

商发	万县分局	云阳提拨卡
十里		
	沸滩 野土地	庙基子

① 该表“商发”地“万县分局”“云阳提拨卡”“巫山提拨卡”“本厂”底本为一个表，且与四个盐厂对应，因版面原因，今拆分为两个表。

② 本书水道用宋体字表示，陆道用黑体字表示。

	大溪口	**鸭蛋石**		
		小江		
一百里			**夔州府**	
	走马岭		**滟滪石**	
		小帐		
			大溪口	**大溪口**
		云阳县		
				龙宝滩
	马头场			
			庙耳槽	**下马滩**
二百里				
			红村荡	**巫山县**
	磨刀溪			
			杉木架	
三百里				
			建始县	
	利川县			
			龙驹河	
			北岩头	
四百里			向家村	

		恩施县
		天桥
		乾溪河
	黑洞　黑洞	
		抱土垭
五百里		
		宣恩县
		茅坝场
		板料场
六百里	咸丰县	
	中堡	甘溪河
		乾坝司
七百里	来凤县	来凤县

	（二）	
商发	**巫山提拔卡**	**本厂**
十里		
	青石 **青石**	
	万流	
一百里		
	上洋平	
	南木园	
	漆树垭 漆树垭	
	官渡口	
	料箭槽 料箭槽	黔江县
二百里	**巴东县**	
	白鹤溪	
	毛田	
	石垭子 建始坪	咸丰丁寨
	建始县 **洩滩**	
	野花坪	
三百里	崔家坝	

		店子坪	**老归州**	
			新□滩	
	熊家岩			
			通舲	咸丰县
		黄鳝溪		
			曲溪	
四百里				来凤县
	向家村	金果坪		
	恩施县	金鸡口		
			黄陵庙	
		鹤峰州		
	乾溪		**南沱**	
五百里				
			平善坝	
	宣恩县			
			宜昌府	
			虎牙滩	
六百里			**鼓楼背**	

		宜都县	
	清江口	**清江口**	
七百里			
		渔洋关	
八百里			
	湾潭		
九百里			
		湾潭	
一千里			

	长乐县	
千一百		
千二百		
鹤峰州		

四川盐法志卷九·转运四

云南边岸

云南食川盐与贵州、湖北异，贵州、湖北无盐而云南有盐也。其有盐而犹借食邻省者，一以盐绌故，一以改隶故。《明史·食货志》：洪武初，许四川以盐与乌撒、乌蒙、洪武中乌蒙府即今昭通。东川、今东川府。芒部今镇雄州等处易马，马一匹易盐百斤。又，洪武三年，募商纳米中盐，普安、普定、乌撒、乌蒙等处皆杂给淮、浙、四川、安宁等盐。其时，昭通、东川、镇雄隶四川，当是食川盐之始，然易马、中米，皆非令甲也。考《明万历会典》载：云南盐行本省十二府各州县而不之及，则隶川后不食滇盐可知。国朝雍正四年，复以东川隶云南。五年，又改昭通隶之。云南总督张允随疏有“将东川等处原食滇盐改拨”之语，则隶滇后仍食滇盐可知。自后昭通、镇雄改食川盐，未详何时。《会典》：“康熙五十五年，镇雄九姓两土司向无额引，令增陆引一百。”其时犹隶四川也。《一统志》：“镇雄有盐井二，在州北百八十里，或井盐少，不足给州人食，故与东川。”则于乾隆三年，允随以东川铜厂方盛，宣威州曲靖府属方改土归流，商民辏集，滇盐且乏，奏请以四川犍为、富顺盐如昭通、镇雄例，并附近之南宁县、沾益州平彝县皆曲靖属悉改食川盐，原食滇盐拨济盐少州县。从之。

张允随疏略：东川一府隶四川，宣威原系土州，两处均食川盐。近自东川改归滇省，彼处铜厂旺盛，厂民辏集；宣威改土设流，商贾渐通，民间食盐倍蓰于前，以致滇盐不敷民食。经臣移咨川抚，议以犍为县开淘盐井二十二眼，岁产盐斤协济滇省东川、宣威二府州民食，应照昭通、镇雄现行之例，由川省招商认引、征税，配运川滇交界，转运销售东川、宣威二属。既请改拨川盐，其邻近之南宁、沾益、平彝三州县夷民势必仍行买食，难以禁止，必致宣威、东川仍有不敷，应将南宁等三州县，一并改拨川盐。查川省犍为县开淘盐井二十二眼，只增引一千一百八十九张，每引载盐四百六十九斤，每年亦只有盐五十四万余斤，尚有卤耗[①]未曾扣除，实不足以济滇省之用。应请将犍为县现增引张全数招商运滇。闻得川省富顺自流井余盐甚多，再请每年拨盐八十六万斤，一并招商领引纳课，赴滇省行销，以济民食；将东川等处原食之滇盐，拨添滇省食盐不敷之别州县行销。

户部议略：据奏将犍为县新增陆引招商运滇，其应需盐引一百五十张，即于该省余引内照数给发殷实良商，配盐八十六万斤，运赴滇省东川、宣威等处销售，以足民食。如富顺县盐斤不足，在于广产盐斤之区按引配拨，仍照例取具各商保结，盐道加具印结[②]送部。其完纳引税，照川省现行事例就厂交课，该州县销引、督催、考成，俱归川省考核奏报，以专责成。至东川、宣威等五处既经改食川盐，所有原食滇盐一百四十万斤酌拨于民食不敷之州县，均匀领销。乾隆四年。

谨按：昭通、镇雄食川盐不详所始，《会典》亦略，只详东川。据张泓《论滇南盐政》，见《经世文编》，言“滇产盐者九井，岁止三千五百余万，尚不敷九十余万斤，沿边诸处，每有淡食之苦。自庆福、张允随奏请运买川盐一百万，以济昭通、东川府，又请运买粤盐二百万，以济广西、广南两府。于是盐颇充溢”云云。又，乾隆四十五年，四川巡抚文绶奏滇省自雍正七年至乾隆三年先后奏定，令昭通、东川、镇雄、宣威、沾益、平彝、南宁等府改食川盐。疏见《缉私》。则昭通、镇雄当是雍正七年庆福奏定食川盐矣。因疏未见，姑从盖阙。

是时，犍为拨盐凡一百一万一千余斤，富顺盐凡八十六万斤，悉招商运至筠连、长宁、高县截角换引纸，犍盐则运至滇境交滇商接运，富盐则自运入东川行销，既而东川商运颇不足额。六年，云南议委员赴川买运，四川

① 卤耗：盐务用语。清代运盐行销过程中，在按引配盐时加耗称为卤耗，作为对盐商运销中损耗的一种补贴。卤耗多少，视地区之气候、运途之远近等条件而定。例如长芦盐包，每三百斤加耗盐十三斤十一两、包皮耗盐十斤。所加之卤耗盐，商人不必另给灶户盐价。

② 印结：盖有印章的保证文书。结，表示负责或承认了结的字据。

巡抚硕色议不便，请仍交商递运。犍盐则由长宁、高县、珙县、筠连、屏山运至镇雄境落垓塘、罗坎关，昭通境水脑塘、副官村。富盐则运至永宁口岸积贮，以东川铜运率用马载至永宁换舟，则就运铜马运盐回东川至便，价且贱，然后委员以官运镇雄行销。

硕色咨略：据司道等详查，川省盐法并无邻省委员赴川场买运之例，若如滇省所议委员接办，其奏销考核仍责之川省，则呼应不灵，倘归诸滇省，则章程有紊。且现在犍商惟恐夺其世业为词，将来必起争端，更多未便，是滇省委员赴场买配之议诚属难行。至转运之犍商已概全销，直运之富商未免迟滞，是直运之迂远不如转运之便捷，现有明验。况川省行黔边引原俱接运，并无直运之例。该叙、嘉二府，富、犍二县，犍商吴国岐等仍由长宁、高、珙、筠、屏五县运至川滇交界镇雄属之落垓塘、罗坎关，昭通属之水脑塘、副官村等处；富商王命文等运至永宁口岸，各设堆贮等语。查滇省落垓塘、罗坎关、水脑塘、副官村等处与川省接壤，至永宁虽非川滇连界，但东川系产铜之区，每年驮运直省铜斤俱赴永宁交卸，若以滇省运铜之骡马回还即运滇省之盐斤，雇脚甚易，似应俯如该府县所议。犍、富两商配运滇盐时，即查明引号盐数，知会长、高、永宁等县转移，滇省委员照盐收买，移覆查考，倘数目不符，即行严究。至引根、残引于年底移取查封。是川、滇交收转运，均有稽查，沿途自无私卖之弊，而于应行之地方有济，较之赴场买配甚为近便。乾隆六年。

既而东川盐仍不足食。九年，云南总督张允随奏请增引济之，虑水小不能运入口岸，则改由宜宾县截换引纸，运至盐井渡。户部报可，并令将宜宾换截例刊入引纸。

户部议略：四川巡抚纪山奏称，滇省东川等处盐斤不敷民食，经滇省督臣奏请，改拨川盐接济。查犍为各厂现有余盐可以增引行滇，应令照富顺原行水引一百五十张，折增陆引一千八百七十五张，自厂顺流运至宜宾县换截引纸。水小之时，督商运至盐井渡；若时届大水，仍听由筠、高、长宁等县换截引纸，运至川滇口岸，令滇省人民商贩接运发卖。其犍盐入滇，务令川省换截各衙门将截过引数日期移明滇省，查核其应征课银。查川省水引一张征银三两四钱五厘，陆引一张征银二钱七分二厘，今已折征陆引一千八百七十五张。按引征税，应令该抚饬令犍为县照现行折增陆引数目，按则征收造报。至行滇引盐，既于宜宾换截，自应照例刊入引纸，以便换截配运。乾隆九年。

十六年，云南新开安丰、安宁两井，盐稍赡。云南巡抚爱必达因奏请改南宁、沾益、平彝仍食滇盐，其额销川盐二百四十万斤宜并入东川、昭通两府，为昭通近金沙江，方运京铜，患道远，驮足希至，即将盐屯昭通，藉驮盐分运，以广招徕。户部议从之。

爱必达奏略：查乾隆四年滇省黑井所产盐斤不敷销售，具题改拨川省引盐协济附近之东川、宣威、平彝、沾益、南宁等五属民食，通共每年定拨运盐二百四十一万一千斤。继因滇省新开安丰等井，增煎盐额，民食已属有余，而川省私盐又复肆行贩运，频年以来，滇盐壅塞难销，商灶俱累。查昭通府逼近金沙江，开运京铜，因系新辟苗疆，驮脚裹足不前，必令驮回川盐始能接济生理。据昭、东二府查明，请将原题川盐二百四十余万斤著为定数，存留昭、东两郡行销，以济驮足，以足民食。其南宁等处照旧领销滇盐。乾隆十六年。

户部议略：查各属行销盐斤有关课项，如遇壅滞难行以及运销不敷之处，原应该省督抚随时调剂。今昭通、东川两府既须川盐接济，而原食川盐之南宁等处又现有滇盐可以照旧领销，应如该抚所请，将原题川盐二百四十余万斤每年照数留为昭、东两府行销，以济民食。其南宁等处应食盐斤，令该抚仍饬照旧领销滇盐。乾隆十七年。

十九年，爱必达复以近设罗星渡口岸，商贩便捷，贵州威宁盐贩皆由之，不复道永宁、毕节，虑官私混，请罢镇雄官运，仍听商运，而于此榷税焉。户部亦议可。然犍引因是颇稍稍滞。二十三年，四川总督开泰咨，以滞引就昭通属永善县之副官村沿江起，至金沙江厂地止，通融行销。云南巡抚刘藻覆以“试行一年，再定额引”。自是昭通、东川、镇雄、宣威、永善悉食川盐。二十八、九年，东川、昭通盐歉，复请增引盐百六十四万二千二百余斤。见《云南通志》，四川无考。咸丰十年，滇贼走据五通厂，塞井夷灶，商众逃亡，滇引率为他商改配济楚，岸废私斥殆二十年，至光绪四年，遂统于四川官运。以后详《官运》。

爱必达奏略：滇属镇雄州地方历系行销川省边引盐斤，听商贩自行运售，今既官为办销，若听威、宁盐贩经由过往，查察难周，必致贩商充斥，官盐堕销。若概令禁阻，则威、宁川贩虽向由永宁、毕节一路运销，而自开罗星渡以来，即俱由罗星渡转运，享便捷之利已久，一但阻止，令其绕道赴威，又恐于威、宁民食、额税致多掣肘，官商实有不能并行之势。应将镇雄官盐停止，仍听商贩行销，于镇雄总汇扼要之处酌设税口抽收，每驮一百六十斤抽税银一钱八分，试抽一年，再行题请定额。户部议如所请。乾隆十九年。

开泰咨略：据驿传盐茶道卜宁一详查，得川省原行滇边陆引九千五百九十七张，于乾隆十七年先后准滇咨，止留边陆引六千九百八十一张，于东、昭、镇雄及寻甸等处行销，实退回川盐一百二十万三千六百斤，尚存滞引二千六百一十六张，内于乾隆十六年开除坍井案内豁免引一百九十张，实计陆引二千四百二十六张。又于乾隆十九年据犍为县详据，原商吕丕臣等请将退回滞引一千一百七十六张，运赴水脑塘等处及副官村一带地方销售，当经详请咨明滇省在案。又于乾隆二十一年犍为县详报，灶民杨明魁等坍井案内开除陆引七百七十张，尚剩滞引四百八十张，饬令犍为县自行觅地行销。兹据犍为县知县林瑞泉详，于原行口岸永善县属之副官村等处试行，并无妨碍。恳咨明滇省，永为定额。

刘藻咨略：查永善县地方民食盐斤，原有商贩运销，嗣于十九年经川省咨明，饬商运盐五十四万九百六十斤于水脑塘、副官村等处试行，其川商自行销售虽称已有成效，而实计某处若干，前经咨查，迄今尚未分晰知会滇省，以致该地方官无从查察。今又增运滞引四百八十张于副官村一带行销，虽系前县陶令就副官村沿江起至金沙江厂地销售而言；然厂地盛衰难定，且永邑境内所销川盐为数已多，若再增益，遽为定额，似有未便。但今永善县游令既称行销盐斤，无碍铜运，再请试行一年，实可销售若干以为定额之处，似应俯如所请。请将所运盐斤饬商俱由屏山县换截引纸，就近移会副官村县丞衙门挂号验票，以杜搀越。如无边引照票以及盐数不符，并于别路充斥者，即听该地方官严拿，按律究报。并请查明边引在永善县境内实在某处，销运若干，先行咨覆，以便转行查察。乾隆二十三年。

云南二府一州截验行盐道里表

采配	犍为厂旧配犍、富二厂，后并归犍厂，以近滇故。厂在县北八十里	
截验	四望关通判截角、般验出关	
	大河坝官运委员提拨、换载	
	县门关先设县北一里费家渡口，乾隆二十七年迁县东一里黄旗坝截角挂验	
	叙州府经历截角	
	犍厂官运盐自厂行二里至大河坝换载，行七十余里至县门关，又二百四十五里至叙州府官运分局。发商局二：一设宜宾，一设去宜宾十五里南广小河。凡官运道里具长江图，下惟详商运道里	
商发	**宜宾岸局**初设张窝，后移此，分行大小滇边	**南广岸局**行小滇边
十里		**上洞**
	柏树溪	
		泺口 泺口 泺口
		两江口
		大窝
	安边场 **安边场**	
百里		龙洞湾 沙河驿
		来复渡
		黄沙槽 罗喜

	横江场	
	张窝场	庆符县
		庆符县
		高县 珙县
		高县
二百里		
	庙子溪 屏山县	乐应场
		嘉乐场
	两碗溪	
		筠连县
		十里平寨
三百里	副官村	
	滩头汛	
		罗星渡
	普洱渡	
	中村场	

四百里		三岔河
	新店子	黄水河
	老鸦滩	
	桧溪	
		斑鸠沟
五百里		
	锅圈滩	
六百里	新新场	
		镇雄州
	老新场	

七百里		
	黄葛树	
	大关厅	
八百里		
	黄坪	

	永善县	
九百里	昭通府	
一千里		
	昭通府以上为小滇边	
千一百		

千二百		
千三百		
	东川府以上为大滇边	

四川盐法志卷十·转运五

贵州边岸

贵州向无盐，惟《华阳国志》载：牂柯万寿县万寿山沮本有盐井，汉末时夷民共诅盟不开。考晋牂柯治万寿郡，《贵阳府志》引云，当在今石阡、龙泉、余庆、瓮安、开州、修文、平越之间。沮则今亦无据。唐犹无分地食盐之政，吴盐蜀麻颇相交易。宋始有之，而贵州在当时为羁縻州，政令不及。《元史·本纪》：至顺元年十一月壬申朔，云南行省言："亦奚不薛之地所牧国马，岁给盐，以每月上寅日啖之，则马健无病。比因伯忽叛乱，盐不可到，马多病死。"诏令四川行省以盐给之。考至元二年置亦奚不薛总管府，今贵阳省。是为贵州食川盐之始。至明一代，亦无专食之盐。《明史》：洪武三年，募商纳米中盐普安、普定、乌撒、乌蒙等处，皆杂给淮、浙、四川、安宁等盐。然只一隅地，又商或得盐随售，不尽本地民食也。《明会典》：正统二年，令两淮官盐厅各商于贵州地方货卖，盐引于镇远府告销。又《明史·食货志》：正统中，贵州亦食淮盐。而不著其由。考《应履平列传》：正统二年，上书言四事。一镇远六府自湖广改属贵州，当食川盐，以去蜀道远，仍食淮盐为便。度当由此以其别湖广改属而言，则非自湖广改属者皆食川盐可知，故镇远等处，国初犹食淮盐。顺治十二年，湖南巡抚钟保疏请常宁、桂阳二州行销淮盐，内有贵阳例食粤盐云云。《会典事例》：贵州素不产盐，亦无额销之引，民间食盐，由小贩担负四川、湖广引盐零卖。贵阳、安顺、平越、都匀、思南、石阡、大定、遵义以上九府州食四川盐；镇远、思州、铜仁、黎平以上四府，分食湖南所行之两淮盐。又康熙二十五年，覆准贵阳等府、州、县、卫、所兼食粤盐。据此，贵州当时实食四省盐焉。及二十六年，贵州巡抚慕天颜奏以滇盐价昂，普安等处议食川盐，而云南盐课遽短银一万九千两有奇。云贵总督范承勋奏请减免，部议弗允，令云南、贵州、四川三省摊赔，遂仍改食滇盐，而欠课仍无著。三十三年，承勋复为奏请，并请岁减销滇盐一万斤，始奉特旨免赔，且令三省会议普安等处作何食盐。于是，署云贵总督王继文等会奏，食川盐便。明年，覆准普安等处自食云南盐，商民两病，将普安等处改食川盐。无部覆，见《会典》。自是，惟镇远四府如故。至乾隆中，而亦改。卒不食川盐者，惟黎平一府云。见后纪山、保宁奏。

慕天颜奏略：查黔省普安等处，先经行令改食滇盐，准云南抚臣王继文咨，议每百斤定价四两六钱，经臣具疏请议，部覆价值太昂，恐致累民，行令会同川抚查明川盐时价具题，再议遵行。先准云南抚臣王继文咨，称滇省黑井课重，在井盐卤每斤已办纳课银一分六厘，加以煎熬驮运工本脚费，前定每百斤卖价四两六钱，委无浮冒，今再减银三钱，止定四两三钱，以遵部驳等因。又准川抚臣姚缔虞咨覆，川省熬造之盐，本地市价每斤止值银一分五厘，若运贩至黔，需用挑夫脚价应值若干，当听在黔酌议等因。据贵州布政使柯鼎转行普安、安南各州县卫查访市价，则称近日川盐每斤只卖三分及三分四厘不等，以至四分，消长不一，原系因地随时，从不定价。若滇盐定价四两三钱，恐穷荒苗民不能舍贱食贵，莫若仍食川盐，以从民便，详请前来。臣查滇盐价浮于川，既难强民舍贱食贵，若欲将滇盐照仿川值，减价贱售，则又亏损商本，两者均为未便。察往例，普安等处原食川盐，其改行滇盐乃从滇商之请，虽有便于滇课，然将来川课有亏，此盈彼缩，仍无补于公家。况普安一带皆荒瘠苗蛮，食盐为民间日用所必需，岂堪重价抑勒[①]。诚如部覆，价值太昂，必致累民。再四思维，莫若悉遵旧制，仍食川盐，不必定价，听从商便贸易，于以轸恤荒残，利赖不浅矣。康熙二十六年。

范承勋奏略：窃照滇省盐课最重，而黑井尤甚，较之他省竟至二十余倍。查贵州前抚臣慕天颜疏请以普安等处改食川盐，自康熙二十六年扣算起，至二十九年止，亏空课银一万九千余两。部议令川、滇、黔三省赔补，第滇省既未煎盐销售，已无可赔补之项；黔省不过听民零星买食，更无可赔之人；川省虽系煎销，然以该省之课例，势不能照滇省

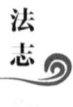

① 抑勒：强逼，压制。

二十余倍之多。所以催追三年以来，各执一词，至今无著。惟有仰恳特恩豁免，三省均沾浩荡之仁。更有请者，普安等处自复改食滇盐，每月议销盐三万斤。及查康熙三十年分，实止销过盐十八万五千零；三十一年，销过二十七万四千零，则每月三万之议势不能行。况盐价最贵，则人甘茹淡，更难计口勒食。今计每月止可销售二万斤，伏乞恩准减免一万。其应销之二万，既从滇省远运普安，又比滇盐加贵，费多价重，民食亦艰。更祈恩免黔省重科税项，则两省鹾政均可垂久无弊矣。康熙三十二年。

王继文奏略：窃准部咨，黔省既已改食川盐为定论，在滇省何能强之仍食滇盐。且即将滇省课税严加核减，以滇盐较诸川盐到黔所卖，斤两悬殊，喜贱恶贵，系一定之民情，应请准照黔省之议。惟是滇省额征课银五千七百六十两，税银二百二十五两，经前任督臣范承勋题请减免。奉旨：普安应作何行盐？四川、云南、贵州会议，随据云南商人张贵等称，普安等处崇山峻岭，夷民零星散处，穷苦难买，年压一年，作何底止！且天下课税，莫重于此：计每盐百斤，滇课一两六钱，税银六分二厘五毫；曲靖府税银一两四钱，薪银九钱，脚价银一两七钱八分，即使卖银四两三钱，尚属不敷！再加黔税银三钱，更无从出。滇商苦于远运，黔民苦于价贵，请酌免。又准贵州巡抚臣咨，据士民陆琎等称，普安等处四面环苗，每年耕作除纳正供之外，所余谷米不足以活家口。川盐不拘斤数，零星可买，而滇盐必须整块；川盐不拘米布，皆可易换，而滇盐必须纹银；川盐价贱，每斤不及三分，而滇盐价重，溢于四分三厘；之外难受派销之苦。今幸议令仍食川盐，川省照依旧例，岁增水引七十二张，增课银二百四十五两一钱。黔省照部颁全书所开，岁征盐税银八十四两二钱五分零，遇闰加银七两二分零。滇省既不行盐，则额征税课照数请豁。又准四川督抚咨，事关三省，若欲轸念黔黎，必致有亏滇课，此丰彼啬，势难两全。权其损益，惟在云贵督抚。如仍食滇盐，是与川省无预；如改食川盐，惟有恪遵川例，庶于黔民有济。臣思改食川盐，课税实有所亏；以量减滇盐额，仍食滇盐，移行云贵两省再加确议。复准贵州抚臣咨，称普安等处蕞尔残区，蒙皇上薄赋轸恤，合计额编地丁银止有三千一百余两。今行盐售价即月减万斤，每岁尚须课税、薪脚等项银一万余两，是较正供竟浮两倍有余，穷黎万万不能取盈此额。况自改食滇盐以来，岁增滇课何曾完解！在滇在川，赢绌虽殊，而在国家必不惜此无征虚额，坐贻边黎永累。仍应改食川盐，豁除滇课，以顺舆情。又准云南抚臣咨，称司道会详，即将滇省课税严加核减，较诸川省所买甚属悬殊，应照黔省之议，将滇省额征课税银两请于全书豁除等因，咨覆前来。臣查滇盐课税，较诸川盐课税相去二十余倍。黔省普安等处远在万山之中，民苗野处，日给艰难，以黑井最贵之盐行于该处最苦之地，不特民苗告穷，即商灶亦受赔累。故令食川盐，即交相称庆；令食滇盐，即环庭泣诉。一闻会议，咸称千载一时。是改食川盐之议，臣等众论佥同。但便民势必亏课，川省久有课额，该省惟循成案，且同食一盐，似难二视，滇省既不行盐，课税无从征收。臣等反覆酌议，若仍食滇盐，则于舆情有拂，即或量减滇额，而合计课税薪脚，尚浮普安等处地丁正供数倍。皇上蠲赋轻徭，频年以来不下银钱万万，何敢不仰体爱民至意，以苏边黎积困。相应[①]懔遵恩旨，议将普安等处改食川盐，川省照依课例，岁增课银二百四十五两一钱零；黔省照依部颁全书所载，岁增税银八十四两零，遇闰加增银七两二分零；滇省无著盐课税，照数豁免。倘蒙俯顺民情，出自皇上浩荡洪仁，非臣等所敢妄邀者也。康熙三十三年。

谨按：贵州镇远等四府，国初虽食淮盐，原只零买给食，并无额引，即不得谓之额地，故当日一议定引设埠，即格不行。《户部则例》载：贵州岁征落地盐税七千六百有奇，率川盐。惟镇远、铜仁征淮盐税四百九十余两。今亦非旧，其不能不尽改食川盐，则以地近且便民情，亦势为之也。附贵州总督张广泗《题覆部议严禁私盐疏》：贵阳等九府所属州县需盐，悉系川省商人领引运黔，听黔民分运各处售卖，并无私贩越境等弊。又，镇远等四府属向系买食淮盐，其盐系本地小贩前往湖南洪江口岸购买，运回零售，并无大商贩卖。部议贵州所食淮盐是否系额内之引，并作何售卖，如何稽查之处，应令两淮盐政会同湖广总督确查，报部再议。四年，盐政三保咨覆：淮南引盐原未载分销贵州之处，惟湖南会同县属洪江地方，距汉口三千余里，水贩运盐赴彼，其地与

① 相应：旧式公文用语，应该、理应。

黔省接壤，或有黔民零星购买，亦未可定。边疆沿习相安，黔省原未巡禁，请遵乾隆二年前湖督题准道州等属零星食盐免其缉捕之恩旨，听从民便交易，似属可行。部议淮引既无在贵州行销之例，自应分别界限，严密巡查，不应听各水贩私相货卖，且以贵州道里之遥，镇远四府之广，岂零星购买可资日用！相应行文贵州总督会同两淮盐政约计需用盐斤数目，加增贵州额引目。八年，广泗复奏：镇远等四府搀杂楚省买食淮盐之处，多属零星村落，夷多汉少，买食不常，非内地民人日用急需，可以按户稽查定额，请令两淮盐政转饬淮商专人前赴，会同洪江等处口岸，将镇远、思州、铜仁、黎平四府属附近掺杂楚省界内零买食淮盐民苗，每年实可销盐若干，稽查登记，试行一年，计其实在销盐之数，再为增引定额。十一年，署两淮盐政吉庆同湖广、两江、贵州总督会题：除镇远府属之天柱、思州府属之玉屏、黎平府属之开泰等县，原系由楚拨归黔辖，本食淮盐额销之引，现循旧制外，铜仁府属之松桃厅系新抚红苗，镇远府之镇远县正东一隅附近河道，零星寨分，暨邛水司与天柱、玉屏、青溪及楚属之花园、凉伞一带连界苗民，并黎平府属之龙泉等十二土司地方，皆因逼近楚省，历来俱食淮盐，从未行销川引，相沿已久，民情称便。兼以苗民不常食盐，每以蕨灰滤汁，或以辛辣代用，并不以盐为必需之物。遇便不过斤两相售，贵则终年不食，非可计口定额。似应俯顺舆情，仍循旧章，均无庸另设商贩，增添引目。惟思州府议请令淮商于湖南会同县属洪江口岸设埠，试行一年，稽查登记，计数为额，增定引目，编为黔引。又该属之施溪司及铜仁府之铜仁县坡头一乡，有掺越湖南麻阳县境民苗二千五百九十九户，约每年食盐七万五千九百斤，以淮盐额重计算，每岁不过销盐二百二十引。查淮盐向止运至湖北汉口镇，听水贩分运两湖销售。今若令淮商越数千里之外，运至会同县洪江地方设埠试销，则必置用房间、器具、人工，为费滋倍，盐商计本逐利，势将加入成本，盐价增昂，边僻民、苗何堪食贵。至计数为额，买卖交易非同关隘，焉能执买盐之人一一究其籍贯居址？况设埠在楚界，又何能止准卖与黔人？且同一黔民而内有本属楚地改归黔辖仍食淮盐者，又何能分别？向食淮盐之黔人不必买，应食川盐而就近食淮盐者方准买，其本食川盐者又不许买，不独事势难行[①]，窃恐混淆壅滞之弊，由此而起！况另编黔引，苟不分疆划界，立法稽查，则责无专属。夷民零星买食淮盐，相安百有余年，一旦加之禁令，保无分扰？更非所以顺舆情而绥苗疆。户既无多，居复掺杂，所居之地买食其例行之盐，亦与侵越有间。请仍循旧贯，毋庸设埠试销，另增引目。部议如所请。

① 难：原作“虽”，据文意改。

初，雍正九年，四川巡抚宪德既定“计口授盐”之法，复以黔、滇及川边土司等处遥远，旧制由地方有司截引换照，虑滋弊，将一律令籍户口以闻，核实引数，为置双连引根、引纸。商盐至，则由沿边州县填引纸割付，商人持以代引备验，引根辄同截引缴销。宪德全疏见《本省计岸》。于是，十二年复同川陕总督黄廷桂奏，贵州贵阳等九府亦请饬贵州巡抚按口计盐。事下内阁，大学士鄂尔泰等议以黔远盐贵，贫民不必尽食，有司将计口勒销，以顾考成，滋扰民不便，惟令川、黔督抚将多寡行销之法，妥议以闻。廷桂、宪德条奏川、黔行盐事宜凡八事：曰设厂官、见《职官》。曰清井灶、见《征榷》。曰变通引目、曰就便行运、曰设埠行黔、曰防引弊、均见《转运》。曰编甲、曰设巡役。见《缉私》。设埠行盐者，请委员于两省交界设埠，责以转运、平价、遏私等事，以黔、滇盐水引五千余斤，小商无力，大商辄藉以重照影射，不变通则引难通行，变通则引犹虚设，亦既设埠属官，宜并罢引纸，人得运行。户部议设埠可试行一年，罢引则官私无别，水引数即多，或参运陆引，其如何运行、盘验、杜私？令川、黔会议。既而贵州巡抚元展成亦以“计口授盐”不便，议由四川委员于接界屯引盐换票，付黔商运行，兼可查私，并商人运费均为核实平价，黔贩盐数年月悉具于票，以备查验。略如四川议。

黄廷桂、宪德奏略：黔省之贵阳、安顺等九府例食川盐，而每岁需盐若干，究未深悉，请令黔抚照川省按口之法，每口食盐一斤酌议，每年实可销盐若干咨明。

鄂尔泰等议略：川盐运至黔省，脚费既多，盐价不贱，边僻穷民，实有无力买食者。若按口计盐定引，恐盐致壅滞。官顾考成，势不得不按户口压派，照数勒追，则课仍无增，而民转受累，此必不可行者。惟是黔省既食川盐，而如何销售并多寡贵贱之数，川省无从稽查，自难经理。应行令黔抚会同川省总督熟商妥酌，定议具奏。

黄廷桂、宪德奏略：查射洪、潼川、富顺、荣县等州县行黔引目，每届奏销，多有壅滞。两年以来，积滞水引一千余张。虽经提拨与川省州县代销，然川省州县既可代销黔引，何难额外请增？而此项引目如果黔省不能行销，自应据实题请开除；如果行销，又当设法运往，以济民食。再四思维，似非设埠不可，应请将行黔引目令该州县广招商人行运，倘不能多得商人，即量动公项，著委干员运至川、黔接壤处所设立盐埠数处，俾黔商就近易于买运。仍请每埠设立专官，如商盐至埠，不时晓谕，令其公平交易；如官盐至埠，即按数收贮，平价转发黔商；更恐近邻私贩偷入黔疆，一并责成该埠员不时稽查，拿交该管有司按律究治。俟试行一年，能否全数销完，临时再行妥酌办理。至现在代销黔引之州县，果系盐不敷用，饬令据实请增引目，于各附近场所买盐配运，不必分别黔引，以免纷繁。倘蒙俞允，其应设埠员之处，另议题奏。再，查从前行滇、黔引目，恐官引带往，有碍奏销，议准照河东督臣田文镜条奏，田房税银设立契根、契纸之例，议设引根、引纸，以引根留于本省同部引缴销，以引纸裁给滇、黔商贩为前途盘验之符。准部议覆，遵行在案。但查水引一张载盐五千七百五十斤，如必有引纸始许运往，其引纸未合盐斤数目者，即不便于发买。如不合引纸盐斤数目亦准买运，是引纸竟成虚设，且恐奸徒执持引纸，亦得重照影射，反滋盐政弊窦。今行黔引目既已设埠，则所往盐斤均属官盐，应将引纸尽行革去。凡有来川买盐之人，无论大商小贾以及肩挑背负，悉准运往，则邻省之食盐甚便。

户部议略：所称设立盐埠招商行运，或动项委员办运以及每埠设官经理之处，应令俟试行一年之后，著有成效，即行妥议题报。其现在代销黔引之州县，果系盐不敷用，饬令据实增引行销。至应设埠员，该督等既称另议题设，亦俟具题到日，交与吏部查议。行黔引目，先经宪德因黔省途遥路远，商人不能前进，系彼处商人转运，该州县换给照票以为盘验之据。但或有不肖有司营私舞弊，恐致贩私，题请设立引根、引纸，钤盖盐道印信，给发该州县，照部字号张数填注引根、引纸，将引纸截给黔商，以便前途盘验。以引根留于本省，同部引缴销，经臣部覆准在案。是行黔之引纸即属部引，若竟行裁革，则行运黔盐官私莫辨，而不肖奸商得以乘机行私，殊属未便。若以水引载盐颇多，难以行运，现据该督等于本案内将通省水、陆二引议令分引行销，其行黔水引何难照例变通，应将该督等所请革去引纸之处无庸议。再，商人执持引纸，若不随地盘验，及时稽查，恐不无奸商夹带营私、重照影射等弊，应令该督等会同黔抚，将如何盘验、如何稽查可以杜绝诸弊之处，逐一妥议。雍正十二年。

元展成疏略：查黔省食盐，除黎平府属现食粤东运销帑盐[1]，思州、铜仁二府属附近楚省，历来买食淮盐，并不行销川盐，无庸置议外，所有贵阳、安顺、平越、都匀、镇远、思南、石阡、大定、南笼、遵义等十府，按前为九府，今增南笼为十府，南笼今兴义府。向来俱系买食川盐，当即行司道檄各该府等，将黔引目如何销售及商人执持引纸如何盘验、如何稽查可以杜绝诸弊之处，妥议详报去后。兹据贵阳府议：黔居边僻，地不产盐。贵阳所属食盐，一产于川省自流井、贡井，载至仁怀县属之猿猴[2]发卖；一产于川省射洪县，载至綦江县发卖。向无商引销售，均系黔地小民到彼零星接买，马载人挑，分途运售。自猿猴至省，计程一十八站，土城、青坑各上税一次，由乌江渡挂号给票，至省上税发卖，随时销售，无大低昂，向无壅滞之患，亦无短缺之虑，相沿已久，官民皆便。自綦江至省二十余站，麻柳湾、遵义府各上税一次，由茶山渡挂号给票，至省上税发卖，照时价售买，与自猿猴运省销售路费亦约相等。至贵阳为省会，民间食盐较之别府虽多，惟是夷多汉少，无力承买者过半，而流寓行商又难定其萍踪，岁需之多寡既难悬拟，而定引销盐更难派给，请仍照旧例，听民贩运，纳税行销。又据安顺府议：府属所食川盐，俱属小贩由四川永宁县并仁怀县之猿猴，肩挑马载，至打鼓新场分歧：一自遵义、岩孔、鸭池、乾沟运至骆家桥，约二十站到府，于普定、安平、青镇三县地方发卖；一自黔西州乌溪河运至平远州三岔河、定南等处，至镇宁、永宁、郎岱、归化地方约二十五六站发卖，其来已久，实无囤户，亦无定数。盐过土城、岩孔、新场、鸭池、骆家桥五处税口，每百斤共纳税银四钱二分七厘，每百斤约价一两有零，再加盘费食用，照时价销售，余利无多。府属各厅州县虽烟户不少，但夷人居多，有盐亦食，无盐亦可，按户行引，民徒受累，势必难行。又据平越府议：府属州县素食川盐，皆小民赴川、黔接壤之区接买商盐，或自喂马匹驮载，或亲自肩挑。每逢场期，零星货卖，计博蝇

① 帑盐：由官府拨发帑币收购的余盐，谓之“帑盐”。主要是为了解决食盐产销供需的矛盾而采取的一项调剂措施。清康熙末年创行于两广盐场，雍正五年（一七二七）两浙更行发帑币收买余盐之法。

② 猿猴：今作元厚。

头，以资糊口。而苗民之售买者数皆斤两，既不可以按口计盐，且无所容其商运。至于官运，尤为不便，官办必有定数，斤两之盐势难售卖。又据都匀府议：黔省崇山峻岭，般运惟艰。本省所卖盐斤，即系川省客商在于射洪、富顺等州县领引赴厂，自运黔省，或止运交界地方转售短贩，总由路远费多，其价不贱。今议于川黔接壤之处设立盐埠，广招商人行运，又设专员经理，平价发卖黔民，由此行盐既广，则引目易于销售。但引税原系本商上纳，所有官引自不便转给，致碍川省奏销。惟是长商短贩既无买盐确数，纵有弊端，亦无可稽查。似应请照部议，添立引根、引纸，将水引改为陆引，一张分为两张，每张注定盐斤，不惮烦细，务期引纸散数与所发部引总数相符，上盖盐道印信，同部引分发，以为长行盘验之据。其埠商引纸，于短贩至埠买盐之日，照依所买盐数，填注姓名，转给收执，庶短贩与长行客商均有所凭，而前途又得一例盘查，试行一年，即可定黔引之多寡矣。又据镇远府议：镇远一府两县俱食川盐，本省人民由川省重庆府贩运，至思南府属之塘头发卖，镇远人民从塘头贩运到府发卖。府属镇、施两县民、苗即于城中市买；村寨居住者，各有附近场市，俱于赶场之日市买，随到随卖，并无行店。总由地狭民贫，销售无多，历来价值亦不甚高昂，食盐亦不致不足，似宜止照旧例为便。又据思南府议：思南各属食盐，系流商、土商每年轮流前往四川所属之重庆府买盐接引，引内即注明盐包数目，载至彭水县照引查明，截角缴引。又从彭水运至川属之龚滩，换船载入黔境思渠关纳税、报验、给票，商贩挽运思南河下，复加查明盐包数目相符，逐包盘称，照例抽收，税银按季起解。再，查婺邑新开濯水税，《会典事例》：濯水税，定于雍正十年濯水地方设立税口，征收盐税，按年依额起解造报，或盈缩不常，据实详报。并非河道，系小贩前往川属之彭水县江口买盐，或小民自行挑运，或用马骡驮运，由陆路经过濯水盘称抽税，给票具报，其各贩运至平越、都匀等府州县发卖。经过濯水盘验之盐，即系官盐，亦无别径行私诸弊。又据石阡府议：府属地方虽有溪河，不通舟楫，商人贩运川盐仅至思南，而思南查验收税，从无执持引张贩运川盐到石阡属境内发卖者。阡属民人不过在思南所属之塘头地方，肩挑马驮，贩运石阡府西门场零星货卖，于民甚便。又据大定府议：所食川盐向无专商，历系本地居民赴川省之猿猴、永宁二处零星贩运销售，民、苗毫无苦累。若招商贩运，不但本地小民借以谋生者竟至绝其生计，而专商盘踞，声气相通，或借销引之名把持行户，高抬时价，是引未必销，而小民之受病已多。今既于川、黔接壤之处委员设埠，似应饬谕黔贩，嗣后无论肩挑马驮，俱投官埠购买，官给印票，载明斤数、月日，付本贩收执。黔省沿途税所查验符合，方收税放行；若无票或有票而数目、月日不符者，即禀官查究。

又据南笼府议：南笼僻居边末，汉少夷多，向无川省商人运盐到笼。至民间所食川盐，原系大定、平远、黔西、毕节、安顺等处小贩自备马匹，或赴川省永宁县向该处盐商买运，或至毕节半途接买，或六七十斤至百斤不等。又据遵义府议：查黔民所食川盐，由府属经过销售者有三：一系富顺县引盐，由重庆府水路载至川属綦江县截角，又射洪县引盐亦由重庆府水路载至合江县截角，各抵黔境，听黔民赴买，以牛马驮载，或人力肩负，所到关口按则纳税，听其销售。又查所食盐斤数目，黔省之民力田者多，如年丰则所食之盐自多，岁歉则所食之盐遂少，原无一定之数，并不因价之贵贱至有多寡之殊，而官能强其画一也。夫川盐有引，黔民赴买，已为川省销引，则所食非无引之盐；黔省有税，过关纳课，则在黔已无不纳之课，是黔民所食川盐于川、黔两省之课税均无遗漏而盐未欠缺。昂贵者，是皆听民贩运，无官私分别之所致也。如谓既已销引，自可设立官商，而又何故听民自买？查黔山险阻，舟车不通，只可人马驮载，其所赴买之处：一自綦江县至府属桐梓县一十二站，桐梓县至遵义、绥阳两县四站，遵义至贵阳省城七站，此自綦江县至遵义府城一十六站，至贵阳省城二十三站也；一自猿猴至仁怀县八站，县城至府城五站，府城至贵阳省城七站，此自猿猴至遵义府城一十三站，至贵阳省城二十站也。两路俱系崎岖山路，以牛马驮载或人力肩负，牛马所驮不过一百二三十斤，人负六七十斤，人、马每口需饭食及草料银四五分。以此计之，民人自养牛马，或用力肩负，其价已倍。若经官商雇人雇马驮载，则又加以雇募脚价，其费用更多，而盐价倍增，殊不便于民生。是以止于过关纳税，听其贩卖，所获不过人力牛马血汗之微赀，故价不高昂，盐不欠缺，且穷民得以资生，不致游手游食，此黔省之所以不设官商行引，而设关收税者也。至若查岁销盐数目，即以各府类计，亦有年岁歉丰以及运销多寡不同，断不能以定额，惟有守此久定之章程，听民贩售，使价不昂而盐不缺。据此，该贵州布政使冯光裕会同按察使方显、粮驿道钱元昌会查得黔省地瘠民贫，夷多汉少，夷民食盐在可有可无之间。家道稍丰者，向商买盐以资食用；其穷夷，则概食山菜所酿辛酸之物，或曰辣子，或曰酸浆，竟不食盐。黔省夷苗穷困者多，且黔地跬步皆山，舟车不通，并无富商大贾。不过穷民谋生，肩挑背负，或养一二牛马，从川省富顺等处驮盐至本地贩卖，少觅蝇头。视天时之晴雨，较农务之忙隙以为贵贱，原无一定之价，亦无过为低昂之时，愿买者听之，不愿买亦不能强。今若计口授盐，按地行引，势必招商领运，设店开行，其一切人工火食费用必多，盐价必增，是黔省夷民先受食贵盐之累矣。贵则贫民无力买食，势更不能行销矣。且既定引认额，官顾考成，必加催比，夷民又受催比之累矣。催比不行，势必派散，计口受食，夷民又有压派烟户之累矣。是按口计盐、定引行销之法，断不可行之黔省也！黔省十府，本地既不产盐，邻省滇、楚之盐即贩至黔，道里遥远，费用不赀，亦倍贵于川盐，是黔省十府舍川盐无食者！应请咨川转饬于产盐处所，严禁私贩，私盐既绝，黔民驮运者不得不尽买官盐。更乞严饬设店、运盐之员，于一切驮费人工加意综核，俾盐价平减，则兴贩必多，售卖自广，官盐无壅，是顺民便而疏销自易，于国课不无裨益。至如何盘验稽查可以杜绝诸弊之处，川省于川、黔接壤处所委员设埠收贮黔引盐斤，正应严行遍谕黔民：嗣后凡赴川贩买盐斤者，无论肩挑、背负、马驮，务投官埠购买，官给印票，载明所买盐数、月日，付本贩收执。各关隘税所查验印票及盐斤数目、月日符合，收税放行；如无官票或有票而盐斤数目、月日不符，即系私贩，立拿送官究治。仍饬川省委员严饬行役人等，于川、黔接壤各要隘口严加盘诘，再请川省将盐斤价值并定制发盐准秤、收银准平明白刊示晓谕，俾黔民赴买官盐踊跃，则私贩之弊可除矣。雍正十三年。

谨按：“换票之议”，据《会典事例》乾隆四十一年犹云“引纸给商，向前途照例截缴”云云，似未照行。《会典事例》。

四十一年，议准四川盐引行销贵州省之贵阳、安顺、平越、都匀、思南、石阡、大定、遵义，云南省之昭通等府州县，四川之酉阳、石砫、明正、木坪、瓦寺、金川、阿日、杂谷、九姓司等各土司并黄螂、雷波等处，该沿边州县于商运到日，将部引截角挂验，另用盐道印领双联引根、引纸，照部引字号、张数逐一填注，于引根、引纸中缝大书运盐斤数。将引纸给商转运，将引根同已经截角部引申送盐道察核缴部，所给引纸由前途照例截验放行，免其缴销。然今官运事宜，即略如黄廷桂、宪德、元展成奏议设埠给票等事，特加详密云。

乾隆六年，陕西道监察御史胡定以贵州盐价加贵，奏请平价便民。户部咨贵州总督张广泗察现行市价以闻。广泗檄察各府，咨川因议增引，以为盐值贵贱率由井厂，均平之法实在四川。四川则以厂价已定，不能再减，增引非即平价善策。惟南笼府近粤，去川颇远，故价尤昂，如改食粤盐，或可少减。广泗再檄查南笼，仍以民情不便咨覆。川、黔往复数商，卒无成议。于是贵州方开毕节县赤虺河[1]行舟，以利仁怀运道，计贵阳等各府盐运可省数十百里不等。详见《水利》。广泗悉具以奏，仍请增仁怀引额，并改永宁陆引悉由仁怀水运，于以平价便民。事下户部，咨四川如所议。广泗奏未见。

胡定奏略：盐为民生日用所必需，宜平其价以便民。近年以来，如贵州省所卖川盐，向日每斤价值二分，今卖至四分或五分，至如南笼一带地方，去川路远，每盐一斤卖至八分或一钱，贫薄之民竟有终年淡食者，而各省盐价亦多加长，岂昔日之盐有余，今日之盐不足哉！其故亦由于官之罔利者多，商人因得以肆其侵削，至所以得肆其侵削者，则皆以羡余为名。如四川自雍正五年征收耗羡不过三四万两，其卖盐每斤多五六厘，合计通省则多取数十万，此百姓所以受盐贵之累也！请申禁产盐地方官吏，不许屯聚盐斤以罔民利；各处商灶交易核定价值，毋许商人扣克；凡州县去产盐地方远者，饬令存贮常平盐以备一时之偶缺；其短少分两、搀和泥沙之弊，严行禁止；至羡余之项，可否于盐价高昂之处酌量裁减。

张广泗咨略：查贵阳府属食盐，并无额引行销，俱系本地土著居民暨蓄有马匹之家，赴川、黔交界各地方零星贩买，来省转售。从前价值每斤贱则二分，贵亦不过三分。近年以来，渐增至四分暨四分五厘不

① 赤虺河：今赤水河。

等。安顺府属食盐，多由川属永宁贩来，亦间有从綦江、仁怀运售者，其价值贱时每斤四分，贵时五分。南笼府属近年盐斤实属昂贵，每斤贱则六七分，贵则八九分不等。一由生齿日繁，贩运不敷；一由川省盐价较前加增，向来贩户在川，每百斤价银一两，今则价银一两四钱，领引二钱。而南笼属州县至川遥远，悉皆丛山峻岭，并无舟楫可通，又鲜大商巨贾，不过穷民零星贩卖，冀获蝇头。查自产盐之富顺至永宁，每百斤须水脚银一钱八分，纳税银五分；又自永宁至南笼府所属，过各税口纳银六钱六分；又往返须五十余日，马脚盘费银三两一二钱，渡船银七分。通算每百斤，贩户已费本银五两六七钱，卖时每斤不过九成，银六七分，贵则八九分不等，所获无几，是以贩运裹足。平越府属食盐，现在每斤价银不过二分五厘，贵则三分四五厘以至四分不等，民苗相安，未有淡食之忧。都匀府属食盐，均系小贩从綦江等处马驮肩挑，转运各场市行销，其盐价之贵贱以道之远近、时之忙闲为差，每斤贱则四五分，贵至六七分不等。镇远府属，其附近通楚河道及与楚省搀杂地方，历系买食淮盐，每斤贱则三分，贵则三分四五厘不等；其不通舟楫，不近楚省各地方，俱食川盐，每斤贱亦三分，贵则四分而止。思南府属安、印、婺三县食盐，俱系客民赴川贩买至府城出售，价平每斤银二分，价贵每斤亦不过三分四五厘，不甚昂贵。石阡府属食盐，系商民赴川省贩买，运至思南塘头发卖，阡属人民均赴塘头贩买，肩挑马驮，分运于各场市村寨，零星售卖。查从前每斤价银二分四五厘，今每斤价银三分二三厘。思州府属并玉屏、青溪二县地方，逼近楚省，向来人民多食淮盐，每盐一包重八斤半，平则价一钱七八分，计每斤银二分二三厘，贵则二钱三四分，计每斤银二分七八厘不等。铜仁府属食盐，系居民赴楚装载货物，零星顺带来铜，每盐一包约重八斤，每包价贱则卖一钱八分，贵则卖至二钱，每斤价值不过二分有零。黎平府属除古州同知并永从县地苗民例食粤盐，部定额价，每斤一分九厘。至府属及开泰、锦屏二县所食，多系小贩顺带淮盐发卖，现今市价每盐一包重八斤半，卖银二钱四分，每盐一斤卖银三分，即偶遇缺乏，亦不过三分四五厘而止。大定府属食盐，向非商人领帑销售，皆系小民往川贩来，随地发卖，每斤卖银三分，价贵则卖三分四五厘至四分为率，价不甚昂，商民称便。遵义府属食盐，系本地小民赴川属地方购买，般运各场市发卖，每盐一斤贱则二分四五厘，贵亦不过三分而止。查黔省各府，素不产盐，且跬步皆山，亦无富商大贾领引行销，凡民间日用盐斤，皆系本省土著居民赴产盐地方贩买，或系肩挑，或系马驮，来黔转售，冀觅蝇头。其价之贵贱，则视地之远近、时之闲忙以为增减。惟南笼距川道路险远，零星小贩计觅蝇头，有利则争趋，无利则裹足，且其势涣散，获利甚微，万难勒令贱售。若招商归官，则所费更多，价必更贵。沿途盐税，事关钱粮，又难以议减，实无均平之法。惟据南笼府杨守详称“贩户在川，向来每百斤一两，今则一两四钱”等语，是源头之盐价贵。又据安顺府崔守详“请于产盐地方，多添盐引”等语，是源头之盐本少。

硕色咨略：据潼川府详称，三台额销黔引二百五张，详定厂价九厘；射洪额销黔引一千五百三十九张，详定厂价一分二毫；中江额销黔引一百二十九张，详定厂价一分；蓬溪额销黔引三百三十四张，详定厂价一分一厘。各运至彭水、綦江等处转运黔贩，计水程二千数百里，滩高水险。转卖黔贩每百斤约一两三四钱不等，万难议减。又据富顺县详称，行销黔引一千六百五十七张，每百斤遵照定价一两三钱，商人运至永宁、纳溪转卖黔贩，路途遥远，每百斤卖银一两八钱，获利无几，实难平减。又据荣县详称，行销黔引一千八百一十一张，遵照详定厂价，每斤银一分二厘，运至仁怀，加以驮脚、船钱、人工、食费，每百斤价银二两二钱，万难议减。又据资州详称，额销黔引二百二张，所属内江县额销黔引一十九张，俱遵照详定厂价，每斤一分二厘，运至纳溪县转运黔贩，每百斤卖银一两四钱，若议平减，事属难行，是川省产盐运销各处实无均平之法。再，查川省额行黔引五千八百九十六张，现据资州各属请增引行黔，饬商源源接运，以裕民食。复思黔省南笼一府价值更贵，该府离川甚远，距粤颇近，可否改食粤盐，以便民食。

张广泗咨略：据南笼府详称，粤盐由百色运至府城，陆路十站，每站脚价折耗盘费合算，每斤不过四分以外或五分即可销售，似不若川盐之贵。惟是粤盐味淡，每斤止可抵川盐十两，计其价值仍与川盐相等。且由府往粤，自府东三十里外地名石门坎，系属瘴乡，水土恶劣，兼之山高箐密，并无居民，亦鲜客店。当夏秋水涨，人马时遭陷溺，加以瘴疠交侵，行商视为畏途，相率裹足，又无别径暨舟楫可通。如改食粤盐，则川盐即应杜绝，当夏秋阻绝之候，一经缺乏，似非远图。且笼民旧食川盐，相沿已久，不便改食粤盐。惟查川省咨开，额行黔引五千八百九十六张，现据资州各属请增黔引，似应即增引张。饬令商贩源源接运，以裕民食。

硕色咨略：黔省盐价昂贵，皆产盐之处价难平减，又因路远费重所致，非由引少盐缺之故。今请增引运售，尚非平减盐价善法。

张广泗咨略：黔省食盐，因由陆运费重，已奏请开修毕节县赤虺河道，下接遵义府仁怀县属之猿猴地方，将来此河开凿通舟，则川省盐斤自可船载通行，大定等处食盐可省陆运四站，贵阳、平越、都匀等府食盐可省陆运七站，安顺、南笼等府食盐可省陆运六站，舟楫既通，运费自轻。再加以川省增添盐引运销，则盐斤较多于前，将来各属买食川盐之价自可平减矣。乾隆六年。

张广泗又咨略：据毕节县详称，赤虺河道直达川江，较之永宁减去陆路三站，于运务民生诚大裨益。但查运京铜铅与川盐往来相资，然后两得其便。若下流之来船无多，口岸之驮马空回，则河道虽通，犹然无济。查赤虺口岸较之永宁陆路减去三站，商贩争趋，彼消此长，永宁引额自必难销，诚宜将永宁盐引改配仁怀，以达赤虺，源头既经充裕，商贾争趋，则往来船马上下相资，运务便利，始为有益。再，照永宁引额，原供滇黔两省食盐另有口岸通镇雄、昭通一路，与黔省食盐同在一千八百七十八张之数。今赤虺新开，商贩行盐不能预定，请酌量预拨一半引额归入仁怀，俟三年销售若干，再行定额。复据大定、遵义二府详查，黔省不通舟楫，仰食川盐，均陆路般运，脚价既重，盐值自增，以致僻处穷民每有淡食之虞。上年奏准开修赤虺河道，现经告竣，上达毕节，下通川江，将来盐由水运，价值自平，黔民无淡食之虞，是为万世之利。但商贩争趋，必得引盐充裕，足供客贩运售，方无引少居奇之弊。复查川省额行黔引五千八百九十六张，内除綦江、彭水等处盐引二千二百零七张系销售于黔地下游者不计外，所有上游买食川盐，一由川省永宁销引一千八百七十八张，系赴大定、黔西、毕节、平远、威宁、南笼、普安以及云南昭通、镇雄等府各地方发卖；一由合江销引一千八百一十一张，系赴仁怀、遵义、修文、贵阳、开州、安顺等处各地方发卖，各引均有定额。今开通赤虺河道，直接猿猴，盐由水道，脚价省便，客贩势必争趋，似应增行仁怀、猿猴之引，招商济运，以裕民食。查仁怀之引既增，则永宁之引似应改配，但查永宁一路大定、昭通等府盐贩，向系自买驮马牛只运盐，以为生计，未必即能改为水运，且现在生齿日繁，盐价昂贵之时，不妨水陆并运，使盐多价减，以惠民、苗。似应咨川于行销猿猴地方每年额引一千八百一十张外，暂为量增六百引，试销一年之后，若仁怀增引与永宁原行之引额无碍，则竟增为定额。倘仁怀之引虽销，而永宁之引壅滞，则请查明改配，以免此行彼滞之弊。如此办理，似于引额、民食均有裨益。

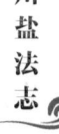

户部咨略：据贵州总督张广泗等疏称“川省富顺、荣县有新井产盐，请增黔引，现在汇案请题。其余如有开井产盐，报增引目，应增添黔引以敷黔民日食，请仍照原议。俟川省酌添黔引若干，行二三年后行之有效，再请酌定引额。至作何行销、纳课，查川省行销黔引，例系商人由产盐该州县纳课配盐，运赴交界黔属换引销售，应照旧例遵行”等语。查黔省各府州县，向赖川盐配运接济，是欲平黔省盐价，自应酌增川省运黔引目，以裕民食。除川省富顺、荣县新开盐井已据该抚汇入各县开淘盐井案内，题增水引三百三十六张，陆引八十三张，由永宁、合江等县专运黔省行销，毋庸议外，如有开报新井盐斤可以拨运黔省行销者，应行令四川巡抚纪山酌量加增黔引配运，以资接济。仍俟行二三年后，将应增引目若干，酌定引额，具题核议。其作何纳课之处，既据该督等查复，例系商人由产盐该县领引、纳课、配盐，运赴黔属换引销售，应令仍照旧例办理。至该督等所称“富、荣之盐向由合江运付黔贩，今赤虺河道已经开通，是船运盐斤既便而运脚又轻，则盐价自可平减”等语。查黔省盐价昂贵，原因该处道路险远、脚费过重所致，今赤虺河道该督既称已经开通，可以船运，且又加增引目行销，应令该督转饬地方官，嗣后黔省盐斤，务令平减销售。乾隆十一年。

先是，四川额销黔引凡五千八百九十六道，由川商运至各岸交黔商运行。由涪州、彭水运销下游，曰涪岸；綦江运销下游，曰綦岸；合江、仁怀运销上游，曰仁岸；永宁运销上游及云南，曰永岸，是为四岸。自胡定之奏，广泗始同四川奏请增引，部议允行，所增富、荣水引三百三十六道、陆引八十三道，盐仍不以时至。十四年，贵州巡抚爱必达咨四川，议以黔商改赴犍厂纳课、领引、配盐，至永宁缴引换票，于是，“增引争岸”之讼自此始。盖自乾隆九年，巡抚纪山以贵州镇远府属之偏桥司、施秉，镇远属之西、南、北三隅及铜仁府属之省溪、提溪、乌罗、平头四土司，思州府属之都素司一司，均食川盐，请一并刊入引纸后，自是三府地因而渐渍，率食川盐，引实不敷，以时递增，至今凡水引一万有六百有奇，陆引一万有奇焉。详《引票》部。五十六年，因姚棻缉私之奏，上谕令各省销盐地方有相离较远之处，或可改归就近省分均匀搭配。四川总督保宁以黔省近淮者食淮，近川者食川，从无缉私之事，民情便习，因止不改。

纪山奏略：川省边盐于雍正八年题准设立引根、引纸，沿边州县换截在案。今行滇引目既添宜宾县换截，黔省施秉县及镇远县属之西、南、北三隅，原系均食川盐，亦应刊入引纸，以便换截配运。

户部议略：前贵州镇远等四府，苗、民搀杂，楚省行销淮引地方请就近买食淮盐案内，据贵州总督题报，镇远等四府之中，有镇远府属之偏桥司、施秉县、镇远县属之西南北三隅及思州府辖之都素一司，铜仁府辖之省溪、提溪、乌罗、平头四土司，俱系黔辖，向食川盐，俱无庸改食淮盐等因。今犍为行滇引盐既于宜宾换截，自应照例刊入引纸，以便换截配运。其黔省施秉县及镇远县属之西、南、北三隅均系沿边地方，买食川盐，应令一并刊入引纸。至从前题报镇远等府于就近买食淮盐案内所开买食川盐地方，尚有镇远府属之偏桥司及思州府辖之都素一司，铜仁府辖之省溪、提溪、乌罗、平头四土司，今止将施秉县及镇远县属之西、南、北三隅刊入引纸，并未将各土司并请刊入，其因何不并请刊入引纸之处，应令该抚纪山查明报部。

纪山咨覆：请一并刊入引纸，以便官商遵照。乾隆九年。

爱必达咨略：查得川盐额销黔引共五千八百九十六张，内有三处口岸：一由川省之彭水、綦江等处行销黔属之下游地方者，共引二千二百零七张；一由川省合江行销黔属之上游地方者，共引一千八百一十一张；一由川省永宁行销黔属上游及滇省之昭通、镇雄等处各地方者，共引一千八百七十八张。此系原定引额，配黔销售。嗣因黔地生齿日繁，民苦淡食，于乾隆十一年川、黔会题，请酌增川省运黔引目，以资接济。奉准部议，川省富顺、荣县二处新开盐井，已据川抚汇入各县开淘盐井案内，题增水引三百三十六张，陆引八十三张，由永宁、合江运黔行销。其余如有新井可以运黔行销者，应令川抚酌量增引配运，仍俟二三年，酌定引额具题等因，遵奉在案。迄今事历三载，所有新井案内题增水引三百三十六张，陆引八十三张，除富顺县增引一百五十张，现由合江运黔配销外，其余水陆引张概未遵照原题如数增配，以致黔地盐斤不敷销售，盐价日增，民食难裕。前据黔民陈光远等请增盐引，批司查议行。据大定府查明，川属犍为盐旺，请咨川省酌量加增，于庚午年为始，在叙永厅税关纳课，舟抵永宁缴引换票，发给行销等情，详报前来。查新井案内，既蒙题增水引三百三十六张、陆引八十三张，自应遵照原题增配足数，以济黔盐，况原奉部议，"除富顺、荣县二处题增外，其余如有可拨盐斤，再行酌增黔引配运"等语。今不特并无外拨之引，而且原题增定引张仍未照数运黔行销，是必川省富顺、荣县二处新开井盐不敷加配之故。既据该府查明，川属之犍为县井盐日旺，应如所议，咨请查照原题增定水、陆盐引数目，即于犍为县如数配足，由叙州、江安、纳溪、永宁一带，转运黔省行销。乾隆十四年。

保宁奏略：查黔省各属尽属山区，素不产盐。因界连川、粤，是以贵阳、安顺、南笼、平越、思南、石阡、大定、都匀、遵义九府属及仁怀直隶同知等处，均食川盐。其镇远、思州、铜仁三府属与楚省毗连，距川亦近，从前系湖北汉口水贩由湖南常德贩运淮盐售卖，嗣因由汉至黔程途遥远，盘费浩繁，是以近年来贩售淮盐稀少，民间愿食淮盐者仍食淮盐，愿食川盐者听其就近买食川盐，并无禁界，亦甚称便。至黎平府属之古州同知一带地方，与广西接壤，广商于古州设有行店，销售粤省引盐，所有附近古州一带俱系买食粤盐。此黔省各属食盐之情形也。臣查川省行销黔省盐斤，系川商由叙永、合江、彭水、涪州、綦江各州县照验换给引纸，运至黔省连界处所贮店发卖，听小贩接买行销，其盐厂引张即在川省截缴；至粤省盐斤，系由黔省之丙妹地方运至古州埠内，听黔贩接买行销，其引张亦由粤商在粤省缴销。臣细加查察，黔省买盐小贩皆系背负肩挑，分赴各府、厅、州、县场集，零星售卖，以资食用，随地均有关隘盘验，照例完税，并无一定界址，非若他省按引食盐，有不准越界买食之例，所以黔省从无缉私之事。盐斤本无壅滞，民、苗亦无茹淡之虞，铺户等并无所施其囤积居奇之弊，地方相安已久。现在盐价已平，似无庸另立章程，转致滋弊。乾隆五十六年。

其盐入四岸，旧制由大江至此换船，溯流折入岸河曰转江。永岸由纳溪转江，自叙永入黔；仁岸由合江转江，自仁怀厅入黔；綦岸由江津之江口转江，自綦江入黔；涪岸由涪转江，自酉阳之龚滩入黔。其先，某厂盐应由某所批验，验讫则由所移送转江，州县纳引挂号，照文察验，填割引纸。其在转江州县换船过载，不许起岸贮店，以防搀越。光绪三年，改行官运，残引皆缴于四岸岸局，而批验所移送之例遂罢。其四岸中，凡某岸行某府盐，皆有定地；其某商配某厂盐、行某岸，亦无有逾越。自雍正八年计口定引，时潼川府属三台、射洪、蓬溪、中江、乐至、盐亭各厂方盛，与富顺、荣县、资州、内江并行黔省。大率潼属各厂盐行彭、涪岸，荣厂盐行仁岸，富顺等厂盐分行綦、仁、永各岸。黔引配盐凡十厂，犍为犹专行滇岸焉。自增引以来，往往以彼商之引行于此岸，初则曰借曰代，继则曰夺曰谋占。始雍正间，射洪商人因岸少引滞，以射盐借行綦岸者二十余年，富商数讼，乃退还。见后黔抚良卿咨。乾隆三十年，射洪井涸，改配富盐，仍行綦岸，再讼而止。至三十九年，富商又增水引四百三十，由彭、涪岸运销正安，射商亦据前案互讼，卒令仍由涪州白马镇转运，则富、射两商争岸之由也。自爱必达咨请增引后，寻以黔商游斯信专配犍为水引四百一十六、陆引五十二，由仁岸行黔，仁商亦以占岸讼。总督开泰咨黔，令仍配富、荣两厂，然后已。既乾隆二十一年，犍商李世兴、何功成等请增犍引三百余行涪岸，自后犍商屈得伸等踵而行之。会潼川各属盐方绌，潼商无如何，然究以误课滞销数讦讼。后有请者，黔为屡争，四川皆沮不行。三十二年，护贵州巡抚良卿初以石阡盐少，川商往往运不及境，请增盐三十四万余斤，令黔商往配犍盐，由涪岸运黔。时潼属方无盐，而又不欲假手黔商占岸，则请仍由潼商借配犍盐以行。会思南盐亦少，则又咨请增犍水引二百，令犍商康龙扬仍配犍盐行涪。四川初议，令酌配他厂或用水票，仍行定岸。既总督阿尔泰以射、蓬尚有积滞黔水引二千五百余，虑黔乏盐不实，因促先将滞引速配行黔，如销竣而黔犹乏食，则仍由潼商自增引运行，抑或如前例自配犍厂余盐，以免争竞。已而三十九年，屈得伸复援例请增犍引行涪，构讼，盐茶道杜玉林遂有犍、潼两商共厂采买、共岸行销之议。四十二年，盐茶道林儁复为犍商请增引行涪，又有潼借犍盐、犍借潼岸之议。迨四十八年，潼商积欠无算，愈讼不已。林儁檄成都、嘉定、潼川各府并所属会勘定议：由犍商借行潼岸，代完潼欠羡截六万八千有奇，以十二年为期，欠完仍以潼岸退还，谓之“和衷代销”。比期满而潼盐愈绌，无以应犍商代完积欠，亦不以时纳。于是，道光三十年，总督徐泽醇为奏，以潼引改令犍、富两商永远分销，而事始定。此又犍商与潼属各商争岸之由也。然自是犍、富两厂盐日盛，黔引皆归之，愈畅行各岸，不复能分竞矣。

射洪县知县陈启泰详：窃查川省行黔引盐各有定地，潼属引盐由涪、彭专岸行黔，富顺引盐由永、綦纳合前进，同一行黔，运道各别，各行各岸，税食无误。嗣于乾隆三十年间，盐商何光升等因本厂乏盐，援照通融，改配富厂，借行綦岸，彼此讦控。该商何光升等将綦江退还，固守涪、彭，相安无紊。迨至三十九年，富商寇丰有等越增水引四百三十张，亦由涪、彭进运，指定原食富盐之正安、水车等处销售。近年，寇丰有等不遵指岸正安、水车发销，蓦搀彭水之江口镇售卖。因富商搀占口岸，以致运号退引不办，积滞难销，该商等应完课税不能按年清款。伏乞札行涪、彭二处，饬令寇丰有等务将引盐仍由指定口岸运赴正安、水车销售，不致混行搀越，以苏额引而免误课。

开泰咨略：查富顺、荣县两厂盐井盐，自雍正八年题定章程，均由合江口岸转运黔省仁怀及茅台村等处售销。该二县递年加增引目，富顺水引一千四百五十张，荣县水引一千八百九十三张，皆系就各厂盐价高低酌定行运，历来商灶配销无误，而两厂共一口岸行销，办纳税课，已属拮据。嗣于乾隆十一年，富、荣两厂因盐井旺盛，据荣县商灶呈请增引，经前总督策楞咨查黔省有无需盐之处，咨覆过川，以便确查认增在案。商民游斯信因贵阳府等处地方，需增引目，探知川省犍为、永通厂新井水浅煤贱，盐价较减，认增水引四百一十六张，陆引五十二张。请咨来川，指定赴犍厂配盐，亦由合江转运至仁怀茅台村等听黔民买食，以该二县两厂引盐，同一埠头[①]销售，其中厂价之贵贱悬殊，因而售销

① 埠头：船行。

之难易各别。且查行运章程，实属搀越，恐致该二县两厂原额引盐积滞难销，有误税课。各商人皆以谋占口岸，纷纷控诉。应将该商游斯信所增行黔水引四百一十六张、陆引五十二张，仍照旧例改归该二县两厂配盐行销，其领引征收课税，即由该二县经理，以专责成。所增引目，饬该二县酌量余盐之多寡，尽数分增，庶部议可守，商灶不致偏枯。乾隆二十二年。

良卿咨略：据石阡府详称，查该府及所属龙泉县户口不下五万余人，又各场集行商坐贾流寓多人，共岁需盐三十四万余斤。请饬边商屈得伸等照每岁需盐三十四万余斤之数派定水陆引张，按时赶运，并请照定例引随盐到，赴该管衙门验票截角，俾有稽查。

阿尔泰咨略：据三台、射洪、蓬溪、中江四县详称，查射洪县额行黔边水引一千四百九十三张，三台县额行黔边水引二百二十一张，中江县额行黔边水引一百二十四张，蓬溪县额行黔边水引三百三十四张，向例俱系运至涪、彭口岸验截缴引，换给引纸，发给黔商转运思南、石阡等府接济民食，原未认定何县某商行销何府。嗣因黔商屈得伸请增犍引三百六十张，亦于涪、彭搀越行销，四县商人深为苦累。继有犍商王洪业等，欲于蓬、射增引，借配犍盐，希图争占涪、彭之岸，详蒙咨覆中止。今黔咨称石阡府属之龙泉县需盐三十四万余斤，核应增水陆引若干张，自应令原行黔引四县商人公同增引接济。第查四县现在之引，俱已改配犍为、富顺之盐斤，本厂焉能再增引配？应请查照乾隆三十一年原案，仍饬蓬、射等边商认增，照票借配犍厂盐斤，由涪、彭运赴黔省龙泉验卖，则黔民无淡食之虞，而口岸亦无搀越之弊。至黔咨令照定例引随盐行，务运到地头验引销售之处，查盐过涪、彭，并无支河可以透漏，向来盐引俱由涪、彭缴销，只因滩险路遥，展转盘拨，未能依限缴引，有误奏销，是以有截换引纸之例。引纸即与引张无异，应请仍照旧例于涪州换给引纸，令该商等运赴龙泉呈验引纸，售给黔商转卖。乾隆三十二年。

良卿又咨略：据思南府详称“查得黔省下游藉食川盐，向系川商运由涪州转江至思，逆流而上，挽舟匪易。一舟甫抵塘头，各郡贩盐之人纷纷争买，后舟不能一时踵至接济，以至思郡人民转多食淡买贵，皆因滋生日繁，而川省边引只有此数，势难供给日增之户口。兹有川商康龙扬呈请增引调剂，计丁加盐，合配水引一千二百张，以敷民食，分给黔商张充元、王大成于川、黔接界处轮流趱运”等情前来。查黔省素不产盐，下游一带仰藉川盐，由涪州转江，运至思南之塘头地方，听各商贩转运。该府属及铜仁、石阡暨镇远府属之施秉、镇远县西南北三隅、偏桥并都素、省溪、提溪、乌罗、平头各司销售，地方辽阔，生齿日繁，额运引盐止有此数，以致缺市价昂，商贩居奇，恒多淡食。似应俯如所请，即令原商增办水引一千二百张来黔接济，亦属因时酌宜之道。

阿尔泰又咨略：据驿盐道详称，查黔省食盐历系川商定厂、认引、配运并行销，口岸不容搀混。荣、富等县分定永、綦、合、纳四县口岸进运；潼属三、射、中、蓬、乐、亭等六县共一涪、彭口岸而进。今核查黔省思南府界连川省彭水县，而彭水口岸系潼属各县厂盐认定之公岸，若再以犍厂贱盐同岸行销，必致潼属课税虚悬，商灶并困，经征各员多干议处。倘黔省思南府如果缺盐，必欲增添引票，应请饬令潼属原行黔盐额商，于井灶繁多之县酌加引张；或本厂缺盐，可就附近邻县借配，或酌加水票，仍由原地口岸行运。庶口岸不致搀越，而黔民亦无食淡之虞。至于康龙扬所请增犍引由涪、彭口岸运赴黔省之处，于盐法章程实有乖违，应无庸议。

良卿咨略：据思南府详称，查黔省下游之思南及各府、州、县各土司地方，近年以来，民、苗所食川盐多系犍厂巴盐，并未有潼属盐斤到黔销售，亦未见有潼属商民来黔接济。前经黔商张充元等接盐至涪，适值康龙扬运盐在彼，以故传唤到思，认增引目。在川省章程有潼属、犍为一定口岸之攸分，在黔商惟知在境接盐，潼盐至境则接运潼盐，犍盐至境则接运犍盐，只期民食无误，市价平减，稽察督催，俾免沿途透漏，并非罔利营私。有潼商、犍商之别，至涪、彭既系潼属专岸，何以犍商李世兴于乾隆二十一年请增由涪、彭运黔犍水引三百余张，即有康龙扬之名在内。如果不许搀越，何以又续请水票一百七十余张，历经十有余年运行如故，并未闻潼商以紊乱口岸呈请撤回，是川省调剂盐务，原有酌盈济虚、通融办理之法。而康龙扬认增济黔水引，并非黔商串通情弊，且系遵照前例，非今日创始。是以谨遵川例，在于本商名下加增引目，听其配运来黔，黔商接运转发各郡，并非若陈夔扬、王秉明等另立新商，赴厂配盐可比。复查思南及铜仁、石阡、思州及镇远府属之施秉县、镇远县西南北三隅、偏桥并都素、省溪、提溪、乌罗、平头各司，地方辽阔，生齿日繁。通盘核算，计口授食，实在需盐，应请加增水引一千二百张，请以三十三年为始，或潼或犍，饬令速配运黔，以济民食。至此次加增引张在于何商名下承认、何厂配盐运黔，应请咨川檄饬下府存案，以便责令接商照旧有新增引数，在于川、黔接壤之处接运来黔接济。至酌加水票，乃川省一时权宜之计，非可久行，应请咨川毋庸议增。

阿尔泰咨略：据盐茶道详称，查涪、彭口岸，原为潼属专岸，虽有犍引，因当时黔[1]省民食不敷，原厂又无引加增，未及檄议，以致递请准增，则犍盐行黔原非题定口岸。自准增之后，而蓬、射等处额商以犍盐搀越口岸、引滞难销为词，讦控不休。复因奏准议设照票案内，合潼属各县行黔额商带销犍票，以盈补绌，控案始息。今犍商康龙扬仍以黔省缺盐，请增引张。查潼属各县额引有二千余张，并犍商李世兴等犍引三百六十张，兼以近年于奏闻事案内犍、潼边商认领由涪行黔水票一千七十余张，增添已多，该商所称黔民缺盐，殊有未确。再查射洪尚积有二十九、三十、三十一二等年水引二千五百余张，蓬溪积有三十一二等年水引八十余张，屡经饬催，并未缴销，则行黔之引盐不能畅销，而黔省不致缺盐，实为明证！所有黔商张充元呈称黔省缺盐，令黔商康龙扬认增水引一千二百张，由涪、彭转运，实属搀越违碍，蓬、射等六县口岸各商必哓哓呈控，殊多未便。现在严催蓬、射商人将积滞引张速行配运，赴黔销售；果能畅销，黔省民食犹属不敷，另行饬潼属各商加增引张，如本厂乏盐，酌增照票带销犍厂余盐配运销售。庶潼属额引不致以壅滞之患藉口，更可免犍商康龙扬计图夺岸、搀越妄增之弊。乾隆三十三年。

林儁详：据犍商以新井见盐，请共认增水引三百六十张，每张征税银三两四钱零五厘，共征税银一千二百二十五两八钱，请以是年为始，

[1] 黔：原作“犍”，根据文意改。

照例在犍纳税领引，赴厂配盐，运至重庆挂验堆店，换船转运涪州，截给引纸起店，仍听黔贩接买，运济黔民。川省行盐成例各有定岸，原有不容紊越，惟是从前潼商配潼厂盐斤由涪、彭口岸运黔接济，迨后潼厂盐斤枯涸，陆续据潼商将额引一千数百余张通融借配犍盐运售，历经详准有案。嗣因黔省生齿日繁，潼商额引不敷供食，犍商因潼属既可借配犍厂犍引，亦可借由潼岸。故于乾隆三十九年，犍商屈得伸等请增边引，亦由涪、彭口岸运售案内，经前升道杜玉林议请犍、潼两商共厂采买、共岸销售，详奉批准，咨增在案。迄今潼商何灿然等因见犍盐日旺，犍商增引，未免稍生觊觎，以致叠有搀越之控。然黔民既需食盐，未便令其茹淡，而犍井旺产盐斤，自应准其增引。民食、课税攸关，潼借犍盐，犍借潼岸，事非创始，且久已遵行，两无阻碍。乾隆四十二年。

又详：查川省由涪、彭州县运盐赴黔[①]口岸，向系潼属商人行运。嗣因潼厂盐不敷配，详请改配犍盐。犍商请增行黔引张亦由涪、彭转运另地销售。运岸虽同，地面各别，事属两便。惟潼厂盐缺价贵，又值军需、工价、柴薪等物加昂，售价如常，以致节年积欠。虽经详奉，将射商欠项分年按引带征，而羡余稍重，凡属潼厂之商，无论引数多寡，均皆有绌无盈，是以积欠愈多，完纳愈难，此潼商等积欠之情形也。迨经追比过严，情急无措，见犍商羡轻无欠，屡以犍商夺岸陷害等情上控，而犍商等亦以岸由题定，并非私增，互相攻讦，先后奉饬发会审。去后，兹据成都府及潼川、嘉定各府转据射洪、三台、中江、蓬溪、犍为各县，据各商等自行和衷公议，具词恳息，并具合约呈验，会讯议详前来。查潼商等积欠羡截银数万余两，屡经饬追，不思上紧设措清完，乃辄迁怒同岸羡轻之犍商，叠次续控，冀图延缓，本应按例革商，监追治罪。但该商等究因厂价、工本加昂，羡余又重，年复一年，以致积重难完，并非花消浪费。且家产无几，即使全行变缴，余欠终归无著。姑念欠出有因，又已具息供明两造各商，还请代销完欠，情词恳切，俱属乐从，以行黔之商代销行黔之引，与通融调剂之例相符，应如该府县所请。潼商等各名下改配并增行犍厂边水引共一千五百八十张，

① 黔：原作“犍”，根据文意改。

暂令犍商承办代销，以乾隆四十九年甲辰岁为始，至乙卯年止，十二年为期，除照例完缴额征税羡截角银两外，并代完该商等共积欠羡截银六万八千五百九十余两。其积欠之银，限本年先分起缴银三万两，分拨归款余欠银三万八千五百九十七两一钱四分四厘，分作四年清完。俟十二年限满，引仍归还潼商承办，嗣后潼商不得再请改配犍盐、添增犍引，犍商亦不得滥请加增。限内，潼商不得争执滋端；限满，犍商亦不得把持潼引。每年领缴完课，犍商赴犍邑请领文批，至省倾销完纳，照例批解税羡，续缴潼商积欠，由犍邑移会潼属四邑备案，所行潼引更换犍商部名，以专责成。俟年满归潼，仍填潼商名姓，各领办理。所有潼商原封产业应行退给，交犍商暂行管押，限满退还。其原配本厂与借配富厂引张，自行完课，无丝毫累及犍商。如再办理不善，致有拖欠，即请革究。乾隆四十八年。

徐泽醇奏略：此次查办积欠滞引，内惟潼川属之三台、射洪、蓬溪、中江、盐亭五县商人引欠最多。溯查潼商自行边引以来，办理早，行竭蹶，前因亏欠日增，积至七万有奇，无力填完，始议潼、犍两商合总行盐，边计和衷。自乾隆四十九年起至六十年止，合总期满，归还积欠。潼商复以著有成效，呈请续合十二年。又以嘉庆元年为始，至嘉庆十二年，二次合总限满，年清年款。潼商复掣引自办，甫经一载，遂欠银二万余两。嗣据六属商众合恳，仍归犍商代行二十年。至道光九年，三次代销限满，毫无拖欠。饬令潼商撤归本厂，自行采办，而该厂柴薪愈贵，工本愈多，仍系按年改配犍、富两厂，并将引张推交犍、富商人代销，以致屡屡亏折，每年仅缴正税，不完羡截，年复一年，积至十三万八千余两。在该商办堆行盐后，办理不善，遇有亏累，即藉人弥补，历有明证，以后引张若再听该商领行，必将以拖欠为得计，别商之代完未清，该商之新亏又起。且委员勘明，三台等县盐斤不旺，产盐散多块少，不能敷配边引。该商改配犍盐，逮今已经一百余载，与其由该商等展转推代，轇轕不清，徒滋延欠，自不如从此分给别厂，妥商认行，以便催征可期，于盐务大有裨益。并现查犍、富两厂产盐甚旺，边岸畅行，其代销潼引绰有余裕，应将本年潼商额行黔边水引二千五百二十二张，拨交犍商一千一百三十七张、给富商一千二百八十五张代行，各运至现定之黔岸销售，俟将来犍、富井厂盐不敷配，再行临时筹酌办理。道光三十年。

谨按：犍、潼两岸事，互见《征榷》部“改配代销”，《征榷》部以配销为主，此以争岸为主，始末较详云。

先是，旧配三台、射洪、蓬溪、中江、乐至、盐亭、犍为、富顺、内江、荣县、资州，凡十厂，自盛衰不常，代销、改配、通融、调剂之例行，各厂歇绝，悉归并犍、富二厂，其初定之岸，亦不能复守。犍商颇行于叙永，富商亦行于彭、涪，川、黔各商多以搀越构讼。徐泽醇因复奏请清厘，为之画地分岸，并咨贵州稽查。泽醇旋去，事亦浸弛。至光绪三年，黔边遂先改为官运，引路合一，而争端息矣。以后详《官运》。

徐泽醇奏略：查边商行盐，向在川、黔接壤设店贩卖，迄后各商直入腹地，搀越构讼，究竟行何州县，并无明文。现经盐茶道督同委员提集犍、富两商，讯令犍商行黔水引，一由叙永，一由涪州龚滩，分运黔省安顺、大定、兴义、普安、思南、石阡、镇远、铜仁、思州等府厅销售。其分给认代之潼水引一千二百三十七张，由涪州挽运至龚滩，转运思南、石阡、镇远、铜仁、思州等府销售，又由婺川之王家沱转运婺川县销售。富商行黔水引，一由合江，一由綦江，一由涪州，分运黔省贵阳、遵义、都匀、正安等府州销售。其分给认代之潼水引一千二百八十五张，由涪州白马镇陆运正安、水车等处销售，又由彭水县江口陆运濯水关，直达平越、都匀等府州销售。至黔商婺川引盐，由王家沱起运，不得侵富商白马、江口地面，富商由白马进运正安、水车引盐，只在马头山过道，不准设店贩卖。又由江口进运濯水关报税，直达平越、都匀，引盐不准在婺川县地面开包挂秤。所有毗连处所，应行委员带同该商前往查勘地势情形，各在要隘设卡，互相稽查，并移咨贵州抚臣转饬各该管地方官会同委员办理。至荣县商人行黔边引，向与富商共岸，应循其旧。其犍、富两厂煎盐，应令该两厂严饬灶户分别形色，以杜搀越。户部议，如所议办理。仍将现在销盐定行口岸各疆界专造妥册，送部备查。道光三十年，互详《行引》部。

盐茶道详：谨将犍为、富顺两县盐商行黔口岸疆界，造具清册，呈祈查核，具奏施行。计开犍为县商引行黔口岸，安顺府普定县、镇宁州、永宁州、清镇县、安平县、郎岱厅，大定府平远州、黔西州、威宁州、毕节县，兴义府兴义县、普安县、安南县、贞丰州、普安厅，思南府安化县、婺川县、印江县，石阡府龙泉县，镇远府镇远县、施秉县、天柱县、黄平州，铜仁府铜仁县、松桃厅，思州府玉屏县、青溪县。富顺县商引行黔口岸，荣县商人附岸行销，贵阳府贵筑县、龙里县、贵定县、修文县、开州、定番州、广顺州，遵义府遵义县、桐梓县、绥阳县、正安州、仁怀县、仁怀厅，都匀府都匀县、麻哈州、独山州、清平县、荔波县，平越直隶州湄潭县、甕安县、余庆县。外黎平府属向食粤盐，不在川盐行销口岸之列。咸丰九年六月。

谨按：黎平府属自雍正十年苗疆新辟，广西巡抚金𬭎始奏请官运粤盐至古州、永从、丙妹三角坉试销。乾隆三年，两广总督鄂弥达奏请招商定额引，四封设总埠于古州。八年，贵州总督张广泗以荔波县改隶黔省，川盐价昂，令县属民、苗得赴古州总埠买食。粤省余盐或难销，埠盐无额引，略如湖北巴东盐缺，听民赴万户沱买食川盐之例云。

贵州行盐截验道里表①

各厅州县不能尽具，所载地道皆有总店之所，可就近分运。

采配	犍为厂	富顺厂	荣厂
截	四望关通判截角般验出关	盐关自流井县丞署北五里截角验放	贡井县丞截角般验
验	大河坝官运委员提拔换载	邓井关县丞验放官运委员提拔换载	邓井关县丞验放官运委员提拔换载
	县门关县东一里截角挂验	泸州知州截角批验仁綦两岸盐	泸州知州截角批验
	江安县截角般吊	纳溪县截角般验永岸盐	合江县南关截换仁岸盐，今罢
	纳溪县收验永岸盐	重庆府经历截角批验涪岸盐	
	重庆府经历截验涪岸盐		

① 该表“商发”地“永岸分局”“仁岸分局”底本为一个表，因版面原因，今拆分为两个表。

	犍厂官运盐出大河坝换载，行八十里至县门关，又四百五十里至纳溪，分路行四百五十里至永岸，陆路二百二十里。又四十里至泸州，又一百八十里至合江，分路□西行一百五十里至仁岸。又三百五十里至江津，由江口□□□六行百四十里至綦岸。又二百一十里至重庆，又三百三十里至涪岸。凡官运道里具长江图，下惟详商运道里	富厂官运盐自厂行二百里至邓井关换载，出大江三百五十里至泸州，以下至岸同	荣厂贡井去富顺自流井十里，至岸运道同

（一）

商发	永岸分局	
十里		
		石梯子
	普市	
		小坪
一百里		普汛
	摩尼场	
	赤水河	瓢儿井　瓢儿井

二百里						
	白岩场					
					大定府	
	金银山					
三百里						
	毕节县	毕节县				
		长春铺				
						茶店
	沙坝	洒那溪			兔场	
四百里						
	兔场	七星关	七星关	七星关		平远州
		牛困塘	菜子地			
	雉沟					
				黑章		

					鸡场		
五百里							
		七家湾	挪呼		崖脚		
	南毗			马姑河		三岔河	三岔河
			水城厅				
		横水塘					
					郎岱厅		
六百里						安顺府	
	水城厅						
	杜店		八家寨				镇宁州
		威宁州					
	鹅脚						
七百里			高石坎				
	鸡官营						
							永宁州
						归化厅	
			崖桑铺		贞丰州		

	以盖
八百里	
	代马
	立碑
	鸡场坪
	岔河
九百里	普安厅
	地瓜坡
	青山
一千里	
	新城

（二）	
商发	仁岸分局
十里	
	复兴场
	丙滩场
一百里	
	胡市场
	猿猴场
二百里	
	土城
	瓢儿井

三百里		
	顺江场	
	二郎滩	
	兴隆场	
四百里		
	二合树	
	禓子林	
	茅台	茅台村
五百里		

六百里					
	鸭溪				鸭溪
		新场			
七百里					
	刀把水				
八百里					团溪
		烂泥沟	烂泥沟	烂泥沟	
			陆广		瓮安猪场
		黔西州		滴澄桥	

九百里	
	安平县
	镇西卫
	平远州
	王家营 □□□□
一千里	
	清镇县
	贵州省

（三）

商发	綦岸分局	涪岸分局
十里		
		小溪场 小溪场
	三溪 三溪	

		白涛溪
	石角镇	**陈家嘴**
	盖石洞	
一百里	青羊石	**边滩** 白马场
		羊角碛
	羊蹄洞	
	白杨坪	
	赶水镇	**羊角碛** 土坎场
		巷口场
二百里	**龙昌子** 湾塘	
		中嶆场
	牛口石	
	虎滩	江口镇
		江口镇
		鹿角场
	三岔沟	
三百里	**於坎**	龙兴场

	蒙渡	安思溪				
	新栈		新栈		高谷场	
		正安州				
					下塘场	
四百里						
		独龙塘			彭水县	
	中冈					
			桐梓县			
		灵官场		**彭水县**		彭水县
			南溪口		暮塞场	
					万足场	
	枧坝					
五百里			四朱栈			
					元滩场	
		谢坝			鹿角沱	
						正安界
			遵义县			
	绥阳县	湄潭县				婺川界
		马头山			王家沱	
六百里			懒板凳			
		偏刀水			龚滩	
			刀把水			
	遵义县		乌江河	龚滩		

	松烟铺　美竹箐	清溪场
	龙平场	
	团溪水　箐口场	
七百里		
	息烽	思渠关
	羊崖关	
	太平堡	
	猪场	
	札佐	
	瓮安县	
八百里		沿河司
	崖坑场　沙子哨　沙子哨	
		沿河司
	贵州省	
	瓮安县　狗场	
九百里	青崖	
	牛场	
	石板哨	

	定番州	
	平越州	
	广顺州	
一千里	大塘	秀山县
		新滩
	麦冲	
	长寨厅	
	平越州	
		潮底场
千一百	都匀府	
		松桃厅
	芭羊	
	都匀府	**思南府**
千二百	独山州	
	罗斛州	

		铜仁府
千三百		**葛关渡**
	红水江	
		塘头场
	荔波县	
千四百		
		石阡府
千五百		

		龙家坳
千六百		
		思州府
千七百		
		龙溪口
千八百		

千九百		
		镇远府

四川盐法志卷十一·转运六

济楚上

雍乾间，两淮盐赋甲天下，而取于湖北者常半，其时，湖北荆、宜两府无日不以川私为言。暨东南兵事起，举一省淡食之民待蜀以赡，淮盐遽蹶而不可复振。当咸丰三年，粤贼遍大江南北，淮盐运楚道阻，于是帮办湖北军务罗绕典始奏借川盐、潞盐以济，事下湖广、四川总督会议。湖广总督张亮基议以蜀盐质良且近楚，较潞盐为宜，应设局巫山，先借二千引由四川委员运至巫山县付局，转运湖北。是时，鄂事亟，亮基以盐少价昂，旋议委员持印文赴川觅引配盐。又议由楚招商，给票赴厂，纳课买盐，皆格不行。于是户部议，仿明王守仁立厂抽税法，随商民贩鬻，勿庸官运，但扼要隘，设关榷税，率十取一二。礼部尚书徐泽醇奏，请饬部先察明湖北额销引几何，由川增引运行。户部以为，湖北岁销淮引五十五万三千五百余道，四川岁有余引五千道。今所行二千引不及半，必私多，故四川宜于夔州府巫山县、湖北宜于宜昌府巴东县驻道府官，商民盐至，则榷税给引，否则择盐赡之井增引运济，两者择利而行之。四川总督裕瑞议，引不宜遽加，辄以票代引，先税后票，竟无效。四年，总督乐斌始如户部初议，檄盐茶道蒋琦龄至夔州府设关卡，委员征收。凡无引余盐，率百斤取银一钱三分，岁可得银十二万两。未几，官商因缘为奸，岁入仅一二万两。是时，湖南亦奏请借食粤盐，然价贵，味又不中食。于是川盐顺流而下，并及岳州、常德、澧州。十年，总督曾望颜始檄川东道王廷植于重庆增榷渝厘，既又于自流井增榷厂厘，两者岁入常六七十万云。

罗绕典奏略：查下游淮盐阻滞，盐价增昂，尤应暂准川盐、潞盐接济，庶小民无虞淡食。俟下游贼氛已靖，然后再复旧规。

户部议略：查罗绕典请以川盐、潞盐接济湖北民食，与湖南省之请借粤盐情事相同，应令遵奉恩旨办理。惟民食固当接济，而国课尤宜统筹，总冀以川、潞两省之溢销，藉补淮南额课之不足，方不致顾此失彼，转便私枭之浸灌。其应如何官为拨运、如何加引征课以至设卡分销、派委员稽查种种事宜，应令该省迅即妥筹，咨报核办！并敕下四川总督、山西巡抚督率各盐道榷查借运湖北盐斤引数，一面咨楚，一面报部，以便稽核，勿任私贩乘虚而入，尽撤淮盐藩篱。转瞬逆匪荡平，仍复旧规，以昭法守。

张亮基奏略：湖北一省，除施南一府六县及宜昌府属之鹤峰、长乐二州县例食川盐，其余州县例食淮盐，由仪征溯江而上，经江南、安徽各州县境入楚。自粤逆窜扰，江路梗塞，转运不前。票商裹足，盐船潜踪，小民无从购买，淡食堪虞。若不筹议变通，徒滋私枭攘夺之风。小民困弊日甚，地方情形将更有不忍言者！臣等前准帮办军务云贵督臣罗绕典移咨，当即会筹办理。查湖北迤北、襄、郧一带，与潞盐引界相近；迤东、荆、宜一带，与川盐引界相近；东北罗田、麻城、黄安一带，与淮北引界相近，当此淮南片引不到之时，亟筹裕课便民之策，自非借销邻引不能，然于权宜办理之中求其变通尽利，则无有如借销川引之善者。潞盐由豫入楚，水陆舟车，脚费甚钜；淮北引盐由安徽北境陆路入楚，山岭重叠，转运殊难，且淮北、山西程途远隔，缓不济急。惟川盐由船装运，从长江上游顺流驶下，由沙市、汉口分运各州府县口岸，处处可通。盐质既良，脚费又省，转运既易，成本又轻。较之借销潞盐、淮北盐，其便利相去何啻霄壤。但自贼匪窜扰，汉口票贩及各巨商大贾久已逃避他方，此时招商领运，无人承办，业经委员设法招集，尚无回楚确耗，而民食又万难刻缓，现在司道库正、杂各项俱已荡然无存，筹办官运又苦成本无从设措。仰恳敕下四川督臣飞饬盐茶道借拨川盐二千引，仍照川砠川包，赶紧委员装载，运至巫山，由楚省委员设局验收，押运来楚，以济急需。至应纳盐引正课及川省成本、水脚、委员薪水等项，均由湖北盐道督同委员按引提存，解交四川，臣等断不任其稍有稽延，贻累邻省。所有设卡缉私、到岸发卖各节，已饬藩臬两司、盐道协心妥议，再为核定。一俟贼氛扫荡，江路廓清，即仍改食淮盐，以符定例。事由官办，欲止即止，不致开后来浸灌之端。现在食盐短绌已极，民间迫不及待。臣等一面奏明请旨，一面飞咨四川督臣迅速借拨引盐，委员解楚，暂资接济。

又咨略：粤匪窜踞金陵、镇江各处，江路梗塞，淮盐片引不至，楚省淡食堪虞，前经本署部堂奏准借食川盐，查陆引一引不及水引十分之一，湖北全省改食川盐，陆引二千不敷数日销数。现在湖北需盐甚急，而川盐来源绝少，即陆引到齐，数日后又将告乏。请烦查照速饬盐茶道遍谕川省盐场卡巡各文武知悉，嗣后遇有楚省商贩持票赴场纳课买盐，请即验明放行，勿许刁难措索，以裕国课而济民食。

裕瑞咨略：查来咨，楚省商贩持票赴场，纳课买盐，即验明放行，则应配何厂之盐既无定所，究行若干之票亦无确数，一任奸商私贩，串通厂员作弊，曾否纳课亦无从稽查。其窒碍难行之处，较前咨所议执持总局印文觅引配盐尤甚！即令照川省章程赴道呈办，而滞引尚有一定之数，票则随发随有，贩运出川过多，殊于川省民食有碍，似仍以拨滞引配运较为妥善。

张亮基奏略：窃上年淮引中梗，民苦淡食。前在湖南巡抚任内，请借粤盐以济民食，嗣臣蒙恩署理湖广总督，因湖北食盐绌乏，亦奏请借销川引，均先后奉旨准行，各在案。兹据广东咨覆，单内每包通计已合银五两八钱一分七厘，每斤合银三分八厘七毫八丝一忽四微，照市价扣钱七十七八文不等，尚有乐昌收秤、运盐解课、设局起仓、辛工饭食银一切经费均未摊入，大约合计发交商贩每斤须八十余文，始可无虞亏折。商贩运销各处口岸、各埠店分售，民间每斤又须沾润数文，是民间买食每盐一斤须钱九十余文，较之现在民间买食粤私市价，几多至一倍有余，此粤东官盐难销之实在情形也。川盐成本课额，臣不知其详。昨据四川兼署督臣来咨，在余引内动用二千张，钤盖陆引字样。查陆引仅四包，较水引斤重不及十分之一。湖北全省民食所需，区区陆引两千，奚裨百一。且据川省钞示片奏，此次采买，成本、运脚等项约需银二万两，计每引须银十两，将来到楚销售价值，视川私亦昂贵倍蓰，此又川省官盐难销之实在情形也。从来裕课之道，莫要于缉私，而敌私之方，莫先于减价。小民计及锱铢，万无舍[1]贱食贵之理；商贩操赢逐利，亦

① 舍：原作“含”，据文意改。

万无贵买贱卖之理。成本轻，则民尽食官盐而课自饶；成本重，则民争食私盐而课自绌。两湖行销淮盐，引地最广。今因淮引不至，借销川、粤官盐，是国家盐利虽失之于淮南，犹可收之于川、粤。如果成本轻减，经理得宜，不独亿万穷民共沾乐利，且当此军需匮乏，搜括无从，与其行一切权宜之政，扰攘而无补时艰，曷若求调剂之方，挹注[①]而可期实济。今川、粤两省官盐价值较私盐贵几倍余，势不至驱民食私不止。查粤盐每盐一包，完库正款只须银一两零九分七厘零，而商支外款则递加至三两一钱三分，实较正款几多两倍。川盐在本地买食，每斤不过十余文，即外款运脚加至一倍，亦不过二十余文。今国课不因借销楚省而议加，而各款反因广销邻省而增长，是无益于国而徒有益于商也。伏恳敕下广东、四川督臣饬属，从长计议，将商支外款各项大加删汰，务与私盐价值足以相抵，申严场灶售私、官吏朘削之禁，以清其源。

户部议略：查川省盐引例无定价，惟该省陆引行盐四百斤，征税银二钱七分二厘四毫，科则甚轻。据原奏称，川盐在本地每斤不过十余文，即外款运脚加至一倍，亦不过二十余文上下，何至成本需银十两！显系官吏、商人因邻省借销，浮加诸费，应令四川总督饬属详查，大加删减，委员赶运，赴巫山交楚，以济民食。其楚员接运，一切脚费亦不得滥行开销。总之，节费以轻本，减价以敌私，均属目前之要务。如果办理得宜，除此次借运外，自无难源源接济，以川、粤之溢销，借补淮课之不足，实于国计民生两有裨益。当赋课支绌之时，各该督身膺重任，务期同心共济，全局通筹，傥各怀此疆尔界之分，以致借运不行，邻私充斥，则责有攸归矣！再，两湖淮票不前，本处民贩未必不变而为私贩，况湖南之桂、郴等州，湖北之荆、宜等府，向为川、粤邻私所浸灌。今因借运两省引盐，设或巡防偶疏，尤恐私盐乘虚闯入，致撤藩篱。应令两湖、两广、四川总督严饬该属，认真查拿堵缉，务令私枭敛迹，不致别滋弊端，以利疏销而肃鹾政。

户部奏略：据湖广督臣张亮基奏称，湖北借运邻盐，其成本均较市价昂贵倍蓰。经臣部议，川、粤两省将商支外款大加裁减。查官盐

① 挹注：即“挹彼注兹”的省称，谓将彼器的液体倾注于此器，后亦以喻取一方以补另一方。

之贵，总由官吏巧立名色，层层朘削，以至末大于本，到处滞销。今川、粤官盐昂贵，即使按数减半，亦仅足以敌私，于楚岸淮课丝毫无补。是邻盐由官借运，其无益而难行已可概见。查原奏称，湖南桂、郴、永州，湖北荆、宜两府，向为私盐浸灌，今官盐虽借运而不行，私盐更畅销而争赴。藩篱一撤，盘踞倍深，即江路将来肃清，而两湖南北亦为私盐渊薮，非复淮南引地矣！臣等体察湖广盐务情形，惟在权宜办理，不可拘执。盖由官借运，则价贵而不能胜私，曷若化私为官，则价平而兼可济课。拟请除川、粤已经借运楚省引盐，照臣部所议，将商支外款大加裁减外，此后湖南、湖北需盐接济，应仿明王守仁"立厂抽税"之法，凡川、粤盐斤入楚，无论商民，均许自行贩鬻，不必由官借运。惟择楚省堵私隘口，专驻道府大员设关抽税，或将本色[1]抽收，或令折色输纳，均十取一二，以为定制。一税之后，给照放行，由各该省妥立章程奏明，权宜办理。惟抽收则偷漏卖放，在在宜防，是在各大吏不拘执、不畏难，行之自有实济。再查，湖南藩司徐有壬精于筹算，相应请将楚岸抽收章程责成该藩司相度机宜，悉心筹办，以求实济。并恳敕下四川、广东各督抚招徕商贩，运赴邻封；此项盐斤，既不在本省引地销售，应令减半完交正课，其商支外款不得私毫摊派，以轻成本。咸丰三年。

徐泽醇奏略：四川盐务，曾经臣于道光三十年十月间，将历年未缴残引二十二万八千余张严行勒限追缴，以杜影射行私之弊；复将历年积欠课银二十三万七千余两，统限二年完清；其从前未行滞引分拨畅销商岸代行，按年代完积欠，各在案。并裁汰陋规，以纾商力。自道光三十年至咸丰二年，已渐有成效。窃惟川省盐务从前滞销，半由于残引不缴，吏役扶同[2]奸商，藉以行私；半由淮盐运行两湖，而粮船复夹带私盐，沿途销售。今淮南之盐路阻梗，既不能行运两湖，又无粮船夹带偷售，则川盐自必大为畅销。因访川省产盐较旺地方，竟有每日所煎盐斤尚不敷所售者。因由经理未能得宜，亦因现在淮盐不能行两湖耳。当此

① 本色：自唐末至明清原定征收的实物田赋称本色。如改征其他实物或货币，称折色。《明史·食货志五》："所收税课，有本色，有折色。"

② 扶同：伙同，串通。

畅销之时，每年所领额引必不敷用，若不严禁夹私，兼筹裕课，则畅销之利尽归于下，殊非因时制宜之道。相应请旨饬部查明两湖每年额销引张共有若干，并令该督查明现在情形，由川江运往两湖盐斤既属踊跃，则引不敷用，应如何请增引张以济民食，以杜私贩并运商夹带之处，详悉确查，据实陈明办理。俟运道无阻，两淮盐务照常运行，即将所增引张停止，以复旧制。

户部议略：查两湖额销淮盐七十七万六千六百余引内，毗连四川之湖北，额引五十五万三千五百余道。现因淮盐不到，借运川盐，而川省仅借陆引二千张，不及百分之一，其为私充官滞，显而易明。该尚书访闻川省产盐较旺地方，竟有每日所煎盐斤不敷所售者，则额引自不敷用，必当有增引裕课之益。顾何以该省现存余引五千道尚不能尽数销售，而拨借湖北之引并未及余引之半？探原其故，总由井灶利于得价而售私，小民利于贱食而买私，官吏利于贿纵而徇私！迨至邻封借运，则又奇货可居，价值昂贵，而遂不足以敌私。今欲冀川盐之增引裕课，当先令川盐之化私为官。查四川夔州府属之巫山县，与湖北宜昌府属之巴东县壤地相连，凡川私船只顺流而下，势不能越巫山而飞渡。若于此处扼要设卡，专驻道府大员，凡遇私贩过卡，但按正引科则收取税银，即便给引放行，无论军民，均许自行贩鬻，一税之后，不准胥吏再有丝毫需索，违者以赃论，此化私为官之一法也。再，川盐产之于井，通省原额盐井八千八百三十三眼，按井眼、锅口各分上、中、下榷课，是产盐之盈虚、运销之畅滞一目了然，非如海滨之散漫无稽者可比。若于井灶旺销之处酌加引张，除正课之外，不再加分毫，则商贩自必不胫而走，此又化私为官之一法也。封疆大吏果能目击时艰，上筹国课，督率属吏激发天良，认真经理，自不难于措手。该尚书徐泽醇曾任四川总督，所奏自系实情，应请旨敕下四川总督裕瑞，迅饬盐道清安泰按照该尚书原奏及臣部指陈各情，力求化私为官、增引裕课之法，速议章程，奏明办理。当此军需孔亟，帑项支绌之时，该督身膺重寄，务期设法通筹，于国计民生实有裨益，勿任奸商贪吏扶同影射，坐视利归于下而不为挽救，则尤臣等所跂望而未能遥制者也。咸丰四年。互见《征榷·夔税》。

咸丰七年，湖广总督官文、湖北巡抚胡林翼以盐运全操之商，丰歉不时，虑难终恃。计湖北月销水引九百道为分：二百引归官运，以道府一人驻川省，就月协楚饷三万两作运本，专运富顺盐；其七百引仍听商运，官商并行。奏入，事下户部，议行。再下四川，力减成本。四川总督吴振棫议，勿专拨富引，恐碍正额，请酌拨各属滞引，并兼配犍、富二厂花盐、巴盐，税厘征收如例。既而各商争趋以积引改代往济，正引转阁。总督王庆云始檄盐茶道张思镗截止专行余盐，卒不果。详见《积引》。

官文、胡林翼奏略：窃照湖广两省，自淮盐阻绝以来，盐法遂无章程，惟藉邻省商贩陆续运到，以济民食。查潞、粤各成本较昂，运贩止及近边，未能行远。惟川盐一水可通，成本较少，是以近年两省食盐，实以川盐为大宗。咸丰三年，前署督臣张亮基奏请借拨川盐引张，派员督运，著有成效。因粤匪上窜，遂未续请。嗣后，两楚食盐皆系私商运贩，经川省之夔关，楚省之宜昌、沙市，抽提课税后即准作为官盐，任其所之。约计入楚之盐，以旺月计算，每月约合川省水引九百余张。此项盐斤，固未定有额数，亦未给有引票，惟视楚省盐价之长落，以卜来盐之衰旺。盐之来楚与否，其权皆操之于商贩，不统于官，利权下移，无此政体！万一奸商欲操奇赢，相率一月不前，民间即虞鲜食。臣等自省垣克复后，即再四筹商，拟仍援张亮基借拨川盐之案而稍变通其法，改为官运官销，仍不夺商贩之利。以每月销盐九百引计算，拟按月官运川盐水引二百张，余七百余引仍听商贩自运，由楚省派道府大员至川，会同川省委员按月督运，仍照川省章程完纳引课，到楚后另派公正委员勒限督销。其运盐资本，即由川省协济楚饷内按月发交驻川委员承领运办。通计四月报销一次，其所销盐价并所获赢余，一并解赴大营作为军饷。似此通融办理，其利实有数端：民运衰旺不常，官运源源不竭，此一利也；经理得人，则赢余颇厚，以实军储，此二利也；川省济楚军饷尽作盐本，在川省所筹仍不过照向月之数，而楚省所获较丰，此三利也；南省米多而缺盐，北省盐多而缺米，运盐易米以作军食，此四利也；民运其七，而官运其二，既非占民之利，且商贩得随官运，可免痞徒讹诈之虞，此五利也。鄂省一隅之地，民力凋残，饷项日绌，凡有资军饷之事，几于搜索殆尽，此尤便民而不病商，实可万全无弊。如蒙俞允，即求敕下四川督臣按月借拨楚省富顺厂盐水引二百张，交楚省委员承办，并就近将济楚月饷发交委员收领，以免往返解运之烦。

户部议略：查运销之畅滞，首在成本之轻重。富顺水引一张，捆盐八千斤，额征杂课银九两六钱，核计每百斤仅该课银一钱二分。此外，只有价银、脚费，并无别项开销。湖北借运川盐，系于无可筹画之中，力求可以经久之道。应请旨敕下四川总督，将川盐成本据实核计，除正杂课款、盐价、脚费照章科算外，其余外支课款，不准丝毫摊入，以期成本轻减，可以源源接运，庶于盐务、军储两有裨益。至所称大利数端，系指办理成效而言，如果经理尽善，自可美利兼收，但行盐常法，私盐多则官盐滞。今楚省每月约销水引九百张，官运其二，民运其七，是官运有额引，民运并无定数。当销畅不能杜私盐之纷沓而来，及销滞又难保官盐不减价而售，其如何分别行销，防其流弊之处，原奏未经议及，应令该督抚于筹画运销章程内一并详议，奏明办理。

吴振棫奏略：当此经费支绌之际，自应同心一意，力筹救补，不能稍存畛域之见。其中稍有窒碍者，亦当斟酌变通，以期妥协。如原奏内称，每月借拨富顺水引二百张，原可照数借拨，惟富顺仅有行销计岸陆引，其所领水引概系额行黔边，若全动拨，必致有误黔省民食，转贻顾此遗彼之虞。臣与盐茶道悉心筹画，拟于各属滞引内每月提拨水引二百张，发交楚省委员承领采买。盖川省行销各岸，则有畅滞之分，而委员持引买盐，则并无彼此之别也。又，如专指富顺一厂采买，恐形拥挤，且易启灶户居奇昂价之渐，不若令楚省委员分赴犍、富[①]两厂，按引采买巴盐、花盐运楚行销，较为妥善捷便。所需成本即将司库月拨楚饷三万两内，按月照数先期发给楚省委员领办，免误急需。俟办理著有成效，饷需充裕，即将川饷停止。所有正杂课款按照科则完纳外，现在川省厂局抽收厘金，实因川库频年动拨各省军饷、办理防堵等项，不能不赖此凑集，以资接济。所有借引运楚之盐，自应一律抽纳，方可折服川省商灶之心，俾免藉口，而拨解亦不致有违误。核算水引一张，按照道光三十年定章，计捆巴盐八千斤、花盐一万斤。富厂例征正杂课银九两六钱，犍厂例征正杂课银六两三钱，厂局每引抽厘银八两，其余外支各

① 富：原作“为”，据上下文及文意改。

款不准丝毫摊入，仍由盐茶道通饬各厂灶不得抬价居奇，并各关隘严行查拿夹带私贩，总期无碍川省盐法，有益楚省军饷，共济以和，行之可久而已。咸丰七年。

先是，前两江总督曾国藩以江南戡定，豫为复淮计，辄重征川盐厘税，而薄征淮盐以敌私。于是川、楚两省岁入川盐厘税二百数十万，然川盐利销而淮盐仍滞。八年，遂建规复淮岸议，奏请令四川、湖广禁止川私。事下户部议，令四川总督吴棠封禁井灶以节源，湖广总督李鸿章罢除局税以绝流，两江总督马新贻煎炼盐色以敌私，整饬盐岸以平价。既而吴棠议复以为不便者有四：商运既停，税欠难偿，一也；指拨各饷，盐厘无出，二也；楚计尚行，官私难别，三也；小民开井不易，封井尤难服其心，且失业滋多，惧流为乱，四也。李鸿章以为不宜遽禁者有六：罢税则本轻，而私贩愈众，一也；黔乱道阻，盐率由楚，不能并禁，禁必滋事，二也；川税不能取偿于淮，行且亏帑，三也；鄂省岁出各款，半出于盐，淮运如绌，即难改拨，四也；井封则失业且众，后患难言，五也；民喜川盐，强所不欲，六也。无已，惟川、淮兼销于荆州、沙市，设配销局，率淮盐二成，川盐八成，以渐图复。

曾国藩奏略：窃照楚省本系淮南引地，定额最多，销盐最广。从前淮纲盛时，岁征各岸课银甲于天下，其征诸苏省者不足十之一，征诸江西、安徽者不过十之三，征诸两湖者则居十之六。军兴以后，长江梗塞，淮盐不能行楚，经楚省督抚奏明，借食川盐，原属权宜之计。臣于同治三年间整理鹾务，将邻盐税厘酌量加重，原冀川私本重而日衰，淮盐渐进而日旺，不谓川贩巧于趋避，百计漏厘，每运两引之盐，仅完一引之税。臣访知其弊，上年曾派委员至宜昌，会同楚省委员公同掣验；本年又减淮厘，期收敌私之效。乃查鄂、湘两局，积压淮盐不下十余万引，存数极多，销数极滞，而川私纷至沓来，较前尤盛。推原其故，鄂省利销川盐，虽有掣验之名，而明让斤两。近闻宜昌抽收川税，不过六七折，以致川贩成本太轻，来盐愈旺。查淮盐逆流上驶，历长江、洞庭之险，每船至少须装千余包，船笨载重，计自瓜州开行，非四五个月不能达鄂，非六七个月不能达湘。川盐则自江顺流而下，势等建瓴，杂用小船，灵便异常。计程途则淮远而川近，论舟行则下易而上难，此运道之捷于淮者一也。淮南之盐，以余东、吕四两场为各场之冠，从前商力充足，本年所产之盐堆至次年始行开售，堆愈久则卤耗愈净。近年盐商疲乏，随收随售，盐色不无稍减。川盐自行楚后，广开井灶，其色白、其质干，川贩因之居奇，淮岸因之日废，此盐色之胜于淮者二也。淮盐定章，以五百引起票，系有鉴于道光末年改办票运不拘引数，听商禀认，厥后承办数千引之大贩，皆为一二十引之小贩抢运所误，故定以限制。一以杜无本冒充之弊，一以验有力承运之资，计请鄂、湘引票五百引，非现银七八千两不办，川则计斤不计引，集资数百千即可办运，盐皆散放，即官私之莫辨，厘不豫纳，亦来去之自由，此筹运之巧于淮者三也。鄂、湘两局售盐，皆以到岸之先后，定出售之迟速，未到轮不准抢售。近数年来，销虽极疲而未跌价，深得整轮之益，但在船守风，抵岸守轮，计一档之盐非一年之久不得脱销。川盐则到处可售，得价即卖，销路广则穷乡僻壤遍地皆私，卖价轻则销户行家无非川鬻，此筹销之便于淮者四也。川盐一日不停，淮盐一日无畅销之望！至湖北军饷，原以川厘为大宗，刻下军事大定，鄂省存营极少，饷项足敷周转，况淮盐内亦收鄂厘，淮销果畅，鄂饷即因之而增。请旨敕下四川、湖广各督抚，停止川私，以复常年之旧制，而收经久之利权。如蒙谕旨准禁川私，如何分定限期，渐减渐停？如何堵缉粤私、潞私[1]、浙私、闽私，不复抽收邻税？由新任督臣马新贻核议章程，奏明办理。

户部议略：查督臣曾国藩通筹淮南全局，议请收回引地，并筹及目前楚饷足敷周转，兼欲以淮盐内所收鄂厘抵川税之不足，自系体察情形，确有把握。所陈川税夺淮四端，透切详明，言皆有据，况恳请规复旧制，并非另议更张。臣等公同商酌，应准如该督臣曾国藩所奏，请旨敕下四川、湖广各督抚臣，将川盐行楚章程妥筹停止，其宜昌、沙市等处如何撤局停税，并留卡巡查，以杜偷越，应由湖广督臣饬属办理，并将裁停川税日期截清报部，勿任局员私征卖放，致滋弊混；至缉私之法，务在清其本源，川盐行楚已阅十有余年，近来广开井灶，添集丁夫，产盐之所较之向年增多数倍，其源一日不清，其流一日不止，应如

① 潞私：产自山西运城盐池的私盐。

何酌量封禁，剀切劝谕之处，由四川督臣妥为筹办。曾国藩原奏内称，如何分定限期，渐减渐停，以及各路邻私如何堵缉，奏交新任督臣办理之处，应请敕下新任两江总督马新贻覆议章程，奏明办理。淮南楚岸既经奏禁邻私，务饬运使严禁商人，不准稍有夹带，并饬垣商讲求煎炼，俾盐色一律干净洁白，足以敌私。其到岸候轮之盐，亦不准故抬盐价，致民间有食贵之虞。否则邻税停收而私盐不绝，川盐虽禁而淮私日增，虽有规复楚岸之名，曾无裨益淮课之实，较之现办情形转属无益有损。该两江、湖广、四川各督抚务当不分畛域，实力妥议，总期弊尽利生，以挽淮南大局，是为至要！

李鸿章奏略：查两湖为淮南引地，销路最广，曾国藩奏复旧制，诚为正办。臣莅任后，遍加询访，众论佥同，谓川盐不可遽禁者，盖有六端。湖北宜昌一带向为川私充斥，虽沿江设卡，而峡江势若建瓴，瞬息百里，人力难施，无从堵截。荆、宜名为淮岸，访之耆民，百余年来从未有食淮盐。自咸丰初年设局收税，化私为官，商民称便，若明示截停川盐，既无可榷之税，成本愈轻，奸贩愈多，势必遍地皆私，无益于淮而有损于鄂。此不可遽禁者一也。鄂省施南一府及长乐、鹤峰两州县，向系川盐引地，归州、巴东又有借食川盐之例，川省犍为厂盐专行贵州，近缘黔省不靖，绕由湖北至湖南常、沅等处入黔，若禁川盐入楚，岂能并向例行楚及应由楚运黔者一并禁止？是以上年秋间，议请停潞盐税，禁止入楚，而川盐未敢议及。臣屡饬弁兵协同淮局委员分赴黄、德、襄、枣等处堵缉北私、潞私，而地痞枭贩，往往纠众拒捕，酿成大案。若再堵川盐，必更哗然滋事。此不可遽禁者二也。淮盐在鄂，每百斤共取课厘银一两二钱；川盐入楚，每百斤取正加税及私费钱一千八百文，其数不相轩轾。若禁川私，而川税又不能取偿于淮盐，每岁徒悬百余万之饷，争引地之虚名，受亏帑之隐患。此不可遽禁者三也。鄂省财赋以盐厘为大宗，川盐课费，其指款坐拨者，每年荆州满营二十余万两有奇、户部十万、内务府五万、固本京饷六万、荆宜水师二万数千两。即停川盐而淮销果畅，淮厘分给数省，现拟每引协鄂约及四两，较之川税收数仍必大减，而本省待用又不可稍减；倘淮销毫无把握，届时改拨为难。此不可遽禁者四也。川盐引额派各州县行销，自行楚后，始不致积压，且于完课外加捐加厘，每引一张银钱并计约六十余两，每年改配运楚，川省可多得银七十万两，为接济邻饷大宗。况闻川盐行楚，并井灶捆载，增至数万人，重庆肩贩[1]、川河纤夫又不下数万人。此辈无业游民，易聚难散，猝议封禁则失业太多，后患难言。此不可遽禁者五也。鄂省借销川引将二十年，川盐色味俱优，价钱随市起跌，故行销甚畅。淮盐色味俱劣，价钱定有额数，故行销甚滞。小民好恶本有恒情，似难以日用细故强所不欲。此不可遽禁者六也。以上数端系目前实在情形，何敢匿不上闻，致误大局。惟既准议复旧制，不得不设法迁就，迭经函商两江督臣马新贻派员在于荆州沙市设局配销，暂定为川盐八成，淮盐二成，试行筹办，以期渐减渐复。如稍有窒碍，再随时会商，变通办理。其川盐收税章程，仍未便遽行停止，转滋流弊。

户部议略：李鸿章所陈六端，自系亲加体察，确见其难，即从前曾国藩及臣等亦未尝不先事虑及，是以上年奏停川盐折内未敢遽议全行禁止，仅饬令两江督臣核议章程，分定限期，渐减渐停，徐图复旧。李鸿章在楚言楚，不得不设法迁就。惟楚岸既分销淮引，则行销之畅滞实关两淮运使考成。近来淮盐行楚能否较前畅旺，并淮商能否煎炼干洁以敌川私各情，当由两江督臣督饬运使妥为筹办，以期整顿。应请旨饬下两江总督马新贻，将现时淮盐行楚情形详晰查明，会同李鸿章逐层筹画，究竟淮盐、川盐如何分成配销，将来如何逐渐减川增淮之处，妥议章程，专折覆奏。并饬四川督臣，遵照臣部前次奏案，即将新开井灶酌量劝谕封禁，以为清源之计，勿稍延缓。至李鸿章职任兼圻于鹾政，缉私保课责无旁贷。应令赶紧饬属认真巡缉，严禁地痞枭贩，以清销路，不得藉口推诿，致滋贻误。总之，淮引期在必复，川私期在必停。惟因势利导，不可以卤莽从事。是在各该督抚无分畛域，实力筹商，务令弊绝利生，以保全纲而维鹾局，是为至要。

吴棠奏略：查川盐行楚已久，商民习焉相安，现在骤议停止，事关数省，不得不通盘筹画。觉川盐难以遽停者凡有数端。川商行盐之地，除本省外向惟滇、黔两边。咸丰四年以后，黔匪猖狂，滇匪相继扇乱，两省

① 肩贩：指肩挑背负赴厂买盐贩卖之盐商。

边地人民流亡，引岸全失，川省井厂亦遭滇匪蹂躏，商号不行，积年引滞税悬，始改代济楚。旋因川、鄂军糈支绌，俱各设局，添收厘税，商人本重利微，办理仍形竭蹶，不但旧引尚未销竣，新引亦多停滞，综计积欠税羡数百万。此时旧岸未复，若又停止济楚，边商苦无销路，所欠新旧税羡势难责令空赔，此不可遽禁者一也。川省本年京饷，两次指拨盐厘共二十三万两。此外，如援黔勇粮、陕甘协饷均取给于盐厘，年以数十万计。如停止济楚，各局厘源顿绝，京外要需无款可以改拨，深恐贻误大局，此不可遽禁者二也。楚民喜食川盐由来已久，官商纵停，私贩势难禁绝，盖利之所在，众所必趋。如欲严塞漏卮，必须于水陆要隘多派丁役，四出阑截，而川、楚交界地方绵亘数千里，处处可通，不但难以悉堵，且恐办理稍有未善，既易滋生事端，复虑扰累行旅。况鄂省鹤峰、来凤八州县，本系川省引岸，官私影射，界限难清，此不可遽禁者三也。两淮煮海为盐，其本甚轻，川省取盐于井，井眼之深浅，自数十丈至二三百丈不等，椎凿甚属费力，须十余年或数十年始能见卤，凿井之费盈千累万，井户类多鬻产借债，以待取给。一旦饬令封禁，恐难甘服。且未禁之先，何处井灶应封，何处应留，官既不能意为区别；既禁之后，或封或不封，又不能逐日监视，若令吏胥查催，势必讹索抑勒，弊窦繁滋。况附厂人夫、丁役以数十万计，一经失业，难保不流而为匪，致贻隐患，此不可遽禁者四也。刻下滇、黔军事，颇有转机，如能一律肃清，人民渐次复业，川省边岸畅销，则行楚之盐将不禁而自减，淮南引地不难仍复旧制。此时未便勉强从事，致多窒碍。同治八年。

十年，国藩再任两江，以为配销局以包论配，而川盐包三百余斤，淮盐包八十六斤，名为二八，淮盐实不及一成，宜淮七八、川二三，画地分任，责在湖广总督。如鄂虑饷绌，则以岁拨江南盐厘还之鄂。事下户部议，仍令国藩、吴棠及湖广总督李瀚章等会议以闻。先是，七年，署四川总督崇实奏，盐井比年获利数倍，富顺为最，议委员往榷井厘。比吴棠以封井不便复奏，户部复议，令查新井封禁，并诘前崇实所榷井厘，奏请饬令报部。

曾国藩奏略：部库饷源以盐课为大宗，盐课又以两淮为大宗，两淮引地湖北全侵于川盐，湖南既侵于粤盐，又侵于川盐。臣初次奏定淮南新章，但重加抽邻税，不遽拒绝邻盐，旋因军务大定，又于七年奏请禁止川私入楚。查川私侵楚，以邻税收数计之，同治四、五年间，其场稍衰，自七年分，逐渐加增，八、九两年，川盐愈出愈旺，照淮南之六百斤成引者计之，每年占销不下二十万引，盖一万二千万斤之多，而绕越夹带、漏税之私尚不在此数。湖北九年分所销淮盐仅七万余引，比川盐销数不过三分之一，喧宾夺主，莫此为甚！运库课厘日减，上年秋冬所收短绌尤甚，以致部拨大婚彩缎之款不能应解。盐积如山，库空如洗，场商数百家艰窘尤甚。现在存堆、在途到泰、到瓜之盐共有五千余万引无处销售。存堆者成本之占阁已多，到瓜栈者有坐食住船之费，有换包折斤之耗，公私亏累，纷纷至臣处呈禀。请令运商先缴买价，运商亦因楚岸不销，观望不前。今年垣产正旺，臣勉强借给银十五万两。盖灶丁卖私通枭，既虑其贫极生变，而船户数千亦因无盐可运，穷迫无聊。淮南官商以至船灶夫役数十万人，此两月间皆皇皇焉若生计之将尽。臣办理不善，咎固难辞，亦实由楚岸引地尽被川盐侵占，譬之农家被人夺去田产，举室无措也。臣于七年九月奏“禁川私入楚”一疏，经户部议准，钦奉谕旨饬李鸿章等撤局停税，吴棠封禁井灶，并令核议覆奏。旋于八年秋冬，李鸿章覆奏川盐未可遽禁者六端，议于沙市设局，以川盐八成，淮盐二成配销。吴棠覆奏川盐济楚难以遽停者四端，而力言盐井之不宜封禁。经户部先后议覆，均经前督臣马新贻力图补救，妥商覆奏。厥后，沙市二八配销之局，初议以斤计，继议以包计。川盐每包三百五十斤至八十斤不等，八成则近三千斤；淮盐每包连包索八十六斤，二成则仅一百七十二斤。名为淮占二成，实不及一成。由此川销日旺，淮销日微，淮商吞声饮恨而无如之何。今欲挽回一二，惟求皇上饬下户部主持全纲，剖断是非，纵不能全禁川私入楚，亦当使淮多于川，以保守国家大经大法，或淮八成而川二成，或淮七成而川三成，川虽极多亦不得满四成。庶几官私判别，成宪常昭。其分成之法，或指名某府某县暂准借食川盐，或鄂省每岁准食川盐若干万斤，不许溢额，但求部臣将大概规模断定，其余细微条目，臣当与川省诸臣妥商章程具奏。凡疆吏办事，全赖各省和衷，江省盐务本仗楚省缉私催销始有起色。道光年间，林则徐、周天爵为楚督时，则淮盐大畅，盖责弁役以缉私，课州县以销数，非本省大吏不足鞭策之也。目今湖广督臣李瀚章，曾在臣营久管粮台，相得益彰，深知其顾全大局，毫无私见，然外间颇议其袒护川盐，膜视淮鹾，非以淮为难也。该督见鄂中水陆各营、京协各饷需款甚钜，恐一旦川盐不畅，饷项骤减，前数任已成之规不欲自己而堕。且见贫民散勇，谋食于川盐者多，恐其失业滋事。此二节筹之愈熟，故于川盐护之愈坚。今欲楚岸鹾纲之平允，但在楚督一心之转移。一心向川，则川销旺而众商有恃矣；分心向淮，则淮销旺而众商亦有恃矣。臣所求者，淮盐堆积场栈者五十余万引，积鄂、湘者十余万引，于此七十万引中稍稍行销楚岸，则运商、场商之气为之一苏，煎丁捆役及谋食于淮之众不至失业滋事，即为大幸，而淮南向来分行之引地不致弃而他属，亦臣尽职之一端。至其饷项盈绌，则臣绝不敢争。昔年初定章程，淮盐入楚，每引拨厘银四两二钱解交湖北粮台，后递减为二两四钱。初章拨厘银六两一钱二分解臣安庆粮台，后递减为三两九钱二分七厘，今欲鄂省减去川盐入款，愿将臣处应得厘银多拨数成归鄂，抑或全数归鄂。如其全数归鄂，则每销淮盐一引，鄂省可得银六两三钱有奇，以近日银价计之，合钱十一千有奇，较之鄂省销川盐六百斤，仅收川厘十千有奇，尚属淮胜于川，于鄂饷有盈而无绌。果能勤缉川私，鄂中应无难办之处。倘蒙皇上乾断，楚省引地必归淮南作主，其余各节，臣当与李瀚章、吴棠妥商通融办理。俟湖北酌堵川盐稍有起色，再商湖南堵川之法，续行奏办。

户部议略：仍请旨饬下两江督臣，会同湖广、四川督臣妥议章程，奏明办理。

户部奏略：再查同治八年十一月臣部核覆，四川总督吴棠奏“川盐井灶未能封禁折”内，议令该督查明该省历年奏销款册，如某处某井系册中所载曾经按则纳课者，自在应留之例。若册所未载，即属续开新井，亟应封禁，纵或变通成例，暂留一二，亦令专案报部，俟核准后，仍应分别等则，按井加课，不得任听随意私开。又查同治七年署四川督臣崇实片奏“四川盐井，近年获利数倍，富顺尤为最旺，委员前往会同抽收井厘”等语，现在该处井厘应已收有成数，其他处盐井自可仿照富顺，一律抽厘。并令该督详查声覆等因，奏准行知在案。迄今事逾两年，尚未据该省查覆，究竟新开盐井、应禁封若干处，酌留若干处，所留各井如何分则交课，相应请旨饬下该督臣转饬盐道遵照臣部前奏，迅速查明，即将未经入册各新井逐次封禁，勿稍隐容。倘查有实系碍难封禁之处，亦令议定课则，据实奏报，仍候臣部核准，再行饬商办理，以杜偷漏而重款项。至富顺抽收井厘，早经该省奏办，应令将该处抽厘章程，及每年收数若干，一并报部，以凭稽核。同治十年。

于是，十一年，国藩等会议同奏：撤去沙市配销局，就湖北九府一州，分武昌、汉阳、黄州、德安四府专销淮引，以安陆、襄阳、郧阳、荆州、宜昌、荆门五府一州借销川引，淮销之地不许销川，川销之地仍兼销淮，淮销大畅，仍全收还湖南，则岳州、常德专行淮，澧州以近荆州故，仍暂行川。并会议章程五条：一核定川盐界限，一分别裁撤局卡，一酌减淮盐售价，一整饬州县缉私地方，一讲求淮南盐色。再下户部，议行。淮引自是稍稍利销，然荆、襄等处淮盐卒不能至。

曾国藩等会奏略：臣等覆查，行盐各有引界，今以川、淮两省之盐同行湖北一界之内，此畅则彼滞。近年，淮南销数日疲，存盐壅积，皆由川盐到处洒卖，淮引之界几被川盐占尽。论盐斤，则色白味咸，川质本胜于淮；论般运，则顺水下流，川路较近于淮；论民情，则楚人食川，习惯已成自然；论官事，则川贩聚楚，骤禁恐生事变。故川私侵占淮岸有万难迁变之势，今当暂分疆界，为徐图规复之计。臣等筹商再四，就湖北九府一州计之，拟将武昌、汉阳、黄州、德安四府专销淮盐，安陆、襄阳、郧阳、荆州、宜昌、荆门五府一州仍准川盐暂行借销。议定淮分之界，不准川盐侵入分寸，川分之界仍可由淮商就中酌设子店，拨售零引，以明本系淮引地方，不可喧宾夺主，一割永弃。前沙市所设配销局，于川贩多所未便，淮销亦并无成效，应将此局裁撤，移设新堤，改为分销淮引。至汉、武、黄、德四府，有湖北所设抽收川税水陆局卡，亦一律裁撤，禁止川盐，不得颗粒侵销四府地界。此会议分界之大略也。淮盐滞销之由，固由川私充斥，而银价日昂、盐价日贵亦属有碍销路。初定章时，湖北每银一两约易钱一千五百余文，今则增至一千八百余文，居民买盐则用钱，局中售盐则收银，水贩成本之暗增，不能不量予酌减。查楚岸定章，每引售银二十四两，递减十九两二钱，现拟每引再减售价银一两二钱，每正引六百斤，定售银十八两。所减之价，在于应解鄂、淮盐厘内各半分扣。将来银价如跌，再将盐价随时酌提，以昭平允。此减价之大略也。地方州县本有缉私疏销之责，若不加意整顿，深恐完税之川盐虽申禁令，无税之川私更多蔓延。加以潞私、北私交相侵灌，名虽定界，仍无补于淮销。除湖北饬派缉私各兵勇照常布置外，所有武、汉、黄、德四府，拟择扼要之地设卡分堵。凡潞私、北私及川盐越界漏税之私，仍由臣瀚章通饬各州县不分畛域，帮同设卡，实力缉拿。每年年终，由督销局会同湖北盐道视销数之畅滞，定州县之勤惰，开具清册，送由臣等会同考核，酌量劝惩，以收实效。一面由臣国藩责成运司督饬各场讲求煎炼之法，务期淮南盐色洁白，与川私相敌。倘有以丑劣低盐运栈，立将场员记过撤委。此又讲求缉务、盐色之大略也。此次分界之后，如果淮厘有赢，鄂厘日绌，即当贴补鄂饷，期与均分余利。如果淮销仍滞，川销大畅，即当严堵川私，期于不侵新界。若军事大顺，滇黔肃清，川盐自有本行之引地，则今日分割之五府一州仍当归还淮纲。总之，随时体察川、淮情形，补偏救弊，务在不戾时宜，不坠宪章。至湖南堵川之法，前经臣国藩奏明，俟湖北酌堵川私稍有起色，续行奏办。现查湘省只有岳州、常德、澧州三属行销川盐，岳州系通省会之门户，常德系入辰、沅之要津，均为淮盐紧要口岸，亦经议定专归淮销。惟澧州与荆州相近，川盐运往路捷价轻，应暂分与川销。其余未尽事宜，俟开办数月，再行酌核续陈。会议章程五条。一核定川盐界限。伏查鄂省淮盐引地，共计九府一州，今川盐到处洒售，以致淮盐引地日蹙，虽川税为鄂饷所关，一时未能全堵，而川盐行销之区，不可不定界限，以示限制。现定将武昌、汉阳、黄州、德安四府专归淮销，设卡分堵，不准川盐阑入，越境即以私论。其安陆、郧阳、襄阳、荆州、宜昌、荆门五府一州，准川盐暂行借销。淮分之界，不准川盐侵入分厘；而川分之界，仍准淮盐就中酌设子店，拨售零引，以明本系淮岸地方，不可全让于客而夺主也。俟数年后，再行察看川淮情形，徐图规复。一分别裁撤局卡。前于沙市设立配销局，按包配成，于川贩既多未便，而淮销亦并无成效，应将此局裁撤，移设新堤，改作分销淮盐局。其武、汉、黄、德四府内，鄂省所设抽收川税水陆局卡，亦应一律裁撤。禁止川盐，不得颗粒侵入四府地界，违者拿获究办。一酌减淮盐售价。淮盐售价，楚岸刊定章程，每引售银二十四两，厥后递减至十九两二钱。现在盐价日昂，银价日贵，水贩成本暗增，有碍销路，应再酌减售价银一两二钱，每正引六百斤，定售十八两。所减之价在于应解鄂厘二两四钱、应解淮厘三两九钱二分七厘内各半分扣，其余斤亦照正引核减。所减之价即归商认，将来银价如跌，盐价仍应酌提，以昭平允。一整顿州县缉私。地方州县本有缉私疏销之责，近虽不严考核，而督销局凡遇缉私、获犯、解审等事，每患州县呼应不灵。除鄂中派出各防兵照常布置外，应通饬武、汉、黄、德四府属，凡潞私、北私及川盐越界漏税之私，均应不分畛域，帮同淮局实力缉拿。遇有解审案件，立时审办，其办公经费不能令州县赔贴，应由淮商按引捐缴，按月解给，仍随销引之畅滞为贴费之多寡。究竟每引应捐若干，何衙门应贴若干，由督销局议禀核办。一讲求淮南盐色。淮盐色不如川而盐质最厚，讲求煎炼干洁之法，未始不可与川盐相敌。近来淮南场垣销数疲滞，商力拮据，不能加意整顿，以至余吕、真梁逐渐低坏。新草等场，前数年办理提尖，颇有成效，近亦停罢，无怪鄂中以淮盐色低藉口。应令各场商多筹赀本，悉心讲求。盐到瓜栈，不论何场之盐，必须逐一查验，倘有丑劣低盐运栈，照章将尖盐低次者降为和盐，和盐低次者全数充公，并将该场员记过，以收敌川之效。

户部议略：查川盐入楚日久，一时必欲概行禁绝，实于饷项、民情两有窒碍，不能不为权宜之计。似此划分疆界，徐图规复，较之按成搭销办法稍有把握，应请准如所奏，暂行分府，各销各界。惟“于川盐界内，分设淮店”一节，既难限以配销成数，且同一官盐，地方官吏又未便显分轩轾，能否彼此相安，不至别启争端之处，应由江、楚各督臣悉心体察，斟酌尽善，再行奏明办理。又节流必先清源，川盐行楚后，该省广开井灶，前经臣部奏令封禁。嗣于八年十一月，据川督吴棠以“未便遽封”等情覆奏，经臣部议，令查明新开私井，仍未逐次封禁。如实有碍难封禁处，即饬专案报部，俟核准后酌留一二，照例分别等则，按井收课。迄今事逾三年，川省新开各盐井灶是否逐渐封禁、酌留若干处、加收新课若干两，该督臣并未声覆。应请敕下吴棠迅饬四川盐茶道，查照臣部奏案，详晰清查新开盐井若干处、封禁之外酌留若干、照何等则征收课银，逐细开单奏报，以杜私商而重课款。同治十一年。

四川盐法志卷十二·转运七

济楚下

光绪二年，两江总督沈葆桢移书湖广总督翁同爵，议先复湖北安陆、襄阳及湖南澧州淮引，同爵报书以徒损鄂饷无益于淮，不便而止。三年，因御史周声澍奏请复淮，户部议定章程五条：一、封私井；一、疏边引；一、复巡卡；一、定限期；一、讲煎炼。下两江、四川、湖广刻期规复，葆桢从而建议全复淮岸，川、鄂饷百六十万，淮商任之。翁同爵复奏以济楚川盐计，川、鄂两省岁榷银一百四五十万，淮盐不过岁榷三十万有奇，而岁出有常，虑碍饷源，封井且滋事变，略如八年李鸿章所奏。前总督李瀚章议亦以川盐所入，两省凡一百六十余万，淮纲旧销引地尚不足额，即武汉四府亦多短数焉，能任此巨款？设有不利，川鄂交困，甚非计，并驳部章五条都宜展缓。护四川总督文格议亦以川省岁入六十万无著而岁出无可减，滇黔则流亡未复，边引难疏，新井虽有，只足抵旧井之阙，封之无以服若辈心，且恐来后日之患，略如瀚章议。

翁同爵奏略：窃臣于接准部咨后，悉心体察博访周咨，札饬司道等会同核议，如果川盐禁止有益于淮，无损于楚，自应遵照部议，迅速举行，乃通盘筹画。其中有万难遽办之处，臣受恩深重，事关大局，不敢不缕晰详陈。楚省本系淮盐引地，禁川复淮以归旧制，诚为不易之法。溯蜀盐入楚前，因粤逆倡乱，长江道梗，淮盐停运，楚民有淡食之虞，经前署督臣张亮基、抚臣胡林翼先后奏请，借拨川盐为一时权宜之计，当时鄂省群盗如毛，无兵无饷，有岌岌不可终日之势。自咸丰六年，前督臣官文议收盐课，抚臣胡林翼创办牙厘[1]之后，饷项有资，军事日有起色。鄂乱既平，劲兵东下协同恢复江皖，其间云、贵、川、陕、甘肃、山东、河南等省有事，协兵协饷，殆无虚日，楚省兵强粮足，极一时之盛，屡蒙天语奖誉，中外皆知，此固庙谟广运，亦商捐济饷之实效也。迨后军事大定，淮纲复兴，前两江督臣曾国藩迭有禁川之奏，复奉上谕谆饬，不敢不设法筹办。始则分成搭配，继又划界分销，川税加重、淮课减轻，以期川盐日久力疲，淮引愈销愈畅，皆为逐渐规复淮引起见。从前淮盐仅销七万余引，今则已销至十万余引矣。从前川课每岁可收二百五十六万串，今则仅收一百六七十万串矣。淮销日畅、川销日滞，已有明验。今年两江督臣沈葆桢咨商以湖北之安、襄二府，湖南之澧州一州先复淮引，当以徒损鄂饷无益于淮，议覆在案。复查淮盐定额以六百斤为一引，每引收课厘银六两一钱有奇，收场地丁钱粮六钱，共收银六两七钱有奇；川盐入楚每斤课厘钱十八文，照淮盐六百斤为一引，每引收钱十千零八百文，以钱一千易银五钱八分，合银六两二钱六分四厘，加以川省每引银三两六分一厘二毫，两省并计每盐六百斤共收银九两三钱二分五厘二毫，花畹冈邻税尚不在内，以此计之，淮课一引较川课一引实少银二两六钱有奇。鄂岸额销淮盐五十五万七千八十四引，武、汉、黄、德四府应销四十三万三千六百八十引；荆、宜、安、襄、郧五府，荆门一州应销十二万三千四百四引。前于同治十年，川淮划界以武、汉、黄、德等府向系销盐最旺之地归淮行销，不准川盐侵入；以荆、宜、安、襄、郧、荆等府州并湖南之澧州归川行销，仍准淮盐兼售，以川盐借销鄂属十二万三千余引之地并澧州之二万三千余引。数年以来，每年约收钱一百六七十万串，以钱合银亦在百万之数，加以川中所收银两五十万两，两省合计每年应收银一百四五十万两。至淮盐武、汉、黄、德等府四十三万余引之地竭力缉私，并无川盐浸灌，每年所销不过十万余引，今即将荆、宜、安、襄、郧、荆等府州十四万六千

---

[1] 牙厘：厘金之制由帮办扬州军备的雷以诚于1853年在里下河地区仙女庙、邵伯等乡镇劝谕米行捐厘助饷，随后东南各省依照实行，1857年又由胜保奏准在全国各省一律办理。因是向日用必需品抽收百分之一税款，名抽厘，也称厘捐，实属变相的捐输。至于“牙厘”名目，则是厘金中一个重要部分，指的是对食物进行征税。

余引之地全归淮销，照武、汉、黄、德四府引地现销之数科算，至多亦不过销四五万引，以淮盐每引课银六两七钱计之，每年所收不过三十万左右，较之川鄂两省收银一百四五十万两均短银一百二十万上下，是其盈绌之数实属相悬；且鄂省指川课坐拨者每年满营兵饷二十六万有奇，户部饷十万两，固本饷六万两，荆、宜留防水师二万数千两皆系盐课专款，丝毫不能短缺。其他各省协饷一百余万，本省营饷八十五万亦大半取给于此，若竟禁止川盐，则鄂省每年短收银百万两，所有京协各饷似难照旧拨解，推之川省情形当亦相同，届时两省奏拨各款若另请改拨，恐部臣亦有为难之处。至滇、黔虽系川盐口岸，现在甫报肃清，人民未复，户口凋零，孑遗之民百存一二，即招之使去而商人疑畏不前，岂能勉强遽欲指为川盐销路，实恐未合情形。鄂省借销川盐二十余年，远近称便，小民好恶本有恒情，今若禁川复淮，则川盐无可榷之税，成本愈轻，本轻则价贱，价贱则销路愈多，私贩愈众。民间贪贱食私，其护私亦必愈力。欲求淮引之畅销，势须设卡派兵四路阑截，而川楚交界地方绵亘千里，处处可通，难以尽堵。若办理过急又将别生事端，是皆不能不通筹熟计者也。至谓淮盐积滞，商贩俱疲，其中资以营生者数万人，不免铤而走险，此诚不可不虑。臣查川中续开之井，亦非寻常私开者可比，当奏明。借拨之后，川中招商凿井，费盈千累万之资，营千百什一之利。今一旦指以为私，饬令封禁，平情酌理，亦觉难服其心。为今之计，惟有严饬产盐各属，不准新开，则旧井日久水涸，出盐渐少，一俟云、贵民气稍复，川中之盐仅能供其正引，不复再图楚岸，此为清源之法。是在川省设法徐图，势难刻期而办，且川盐汲井烧灶以及陆路般运、水路装载、船工纤夫亦何止数十万人，此皆无业穷民恃以为活，易聚难散，骤欲绝其生路，岂肯束手待毙？蜀中山谷深阻，民气浮动，循峡而下，势若建瓴，其患更属不堪设想。总之，盐有川、淮之分，地有吴、蜀之别，而天下一家，惟在上筹国计，下顺舆情，不可稍存私见。臣再四思维，几废饮食，而禁川复淮，讫无善策，合无仰恳天恩饬下两江督臣暨新任四川督臣与臣从容办理，务使川淮两平，饷需无匮，则大局幸甚。光绪二年。

李瀚章奏略：查淮盐定额以六百斤为一引，每引收课厘银六两一钱四分，川盐入楚每引收课厘十千八百文，合银六两二钱六分四厘，加以川省每引收银三两零六分一厘二毫。川鄂两省并计每引实收银九两三钱二分五厘二毫，湖南澧州花畹冈邻税每斤八文尚不在内。淮盐一引较川盐实少收课银三两一钱八分五厘二毫。现准川盐行销荆、宜、安、襄、郧、荆、澧等府州，查旧额销淮数目仅止十四万六千余引，原分界时已准兼售川盐。鄂省岁收川税约钱一百六七十万串，合银百万以上，加以川省岁收六千余引，合计每年应收银一百六十余万两。淮盐行销武、汉、黄、德等府最盛之区，旧额数四十三万余引，不准川盐颗粒浸灌，每年竭力疏缉，所销不过十余万引。兹将行川之地，全数归淮，照武、汉等府现销之数按成科算，每年不过多销四五万引，收银三十万左右，于饷项亏损已巨，徒令两淮有收回引地之虚名而先失川、鄂两省一百六十余万之实款，非计之得也。如沈葆桢所奏，每年令淮商包完鄂饷银九十万两。无论岸课用数向有定款，未可损此益彼。即使如数解鄂，下短之款仍归无著。淮纲于行销多年之区，俱未能征收足额而新议规复之地，又安能必其溢额包完耶？若专责成，淮商人人惟利是图，岂能不顾成本，倾解私囊，年年包完邻省饷需。且票商与岸商不同，票商有利则趋，无利则停，官亦难为驱迫，此等情事应先计及，至部臣谓淮盐课有定额，不能丝毫亏短，如有亏短，不能不查出力追。姑就淮销武、汉等府统计，每年短销额引不为不巨，未闻执法追缴，盖以既改票章，但计课饷盈需，不问销路多寡。今则舍已成之课饷，而令川、鄂交受其困，与其日后纷纭，何如姑守定章？查鄂省川课每年动拨满营兵饷二十六万有奇，户部十万、固本六万、荆宜水师二万数千，其他各省协饷、本省防营大半取给于此，川省行鄂盐课每年动拨京外各饷及本省军饷亦不下数十万，未闻淮商包完之议，此项又将何出？若遽行禁止，两省短收过巨，断然不能照旧拨解，必须另请改拨。恐彼时部臣亦有为难。现在防海紧要，以筹饷为第一要义，为朝廷计，当合天下全局统顾兼筹，纵不能别谋富国之方，岂可以亿万现银付诸一掷。部臣原奏亦称川、淮课厘均为军饷所系，使相较量两无赢缩，何必固为争执，此诚破的透宗之论。惟议覆吴鸿恩片奏，内称："同治十二三年分鄂省收数一百万两，未尝计及川省。”臣今所称岁收一百六十余万两系合、川鄂两省实收现数，部臣又谓引地全数归淮，可收百二十余万，与沈葆桢所云九十万两数亦不符，且属悬揣之词，短绌势所必至。语云：“利不增，法不变。”取鄂省所收之数与淮课较，优绌已分，合川、鄂两省所收之数与淮课较，直有天渊之别。两淮既为鄂计，何不并合川计？现在周声澍、沈葆桢先后陈奏，部臣力主其说，严定期限，已令臣等妥筹。臣何敢故违成议，惟荷蒙圣恩俾任疆圻，明知饷源所系利害所关，苟隐忍不言，将来必至无可补救。仅就所拟章程五条逐细筹度，均觉办理过骤；并据署四川布政使司杜瑞联、盐茶道蔡逢年以川边销路未复，应照旧章暂准行楚，会详请奏，前来理合，具实缕晰陈之：一、请封私井以塞来源。查川省盐井报部总数本有八千八百余之多，额销边引向配犍、富、荣三厂，行楚川盐则专配犍、富两厂。两淮所指之私井，业经护督臣文格委员周历确查，据禀：犍为自遭贼扰，井灶多半歇业，每遇奏销皆系赔缴课税，旧井尚且无力煎烧，岂有余力开凿私井。荣县额井二十三眼，现在井枯灶减仅存十二眼，内有三眼水已就枯，全推之井，实只九眼。富顺盐井除报部额数外，咸丰年间奉文募商开凿，增添新井一百余眼，应照新章封禁。惟犍为、荣县废竭之井百数十眼尚未拟复，正赖通融调剂以赢补绌，彼此相抵，于额数并无浮溢，此系前督臣骆秉章广为设法，竭力招徕，始有成效。地产所萃，人力所营，昔年劝谕而开之，今日强迫而封之，无论势难遽行，亦觉于理未顺。况汲井烧灶何止数十万人，水陆装运又不下数十万人，无业穷民易聚难散，必须妥筹善策，逐渐施行，非二三年所能就理，此必应展缓者一也。一、请疏边引以分销路。查川盐行销本省外，贵阳、昭通向有口岸，滇、黔肃清未久，岸埠、房屋、器具、驮运等项被毁无存，旧商死绝逃亡，间有一二存者，赀本罄尽，骤难整理复充，故近日行边川盐止在川边营运，不能直达本岸，积引七万余张，专赖楚岸分销，藉资挹注。臣去秋今春道经云、贵各府县，往往数十里内罕见人烟，实因户绝丁稀以致销微引滞，兼之舟楫不通，肩负赢驮，利轻累重，沿途局卡林立，咨禁视为具文。边省苦瘠之区专恃此项厘金以充军饷，势不能强令裁撤，故新商莫肯承认，非俟一二十年后流亡复业、丁口滋生不能举办，此应展缓者二也。一、请复巡卡以遏来路。查川盐入楚在平善坝设卡验票，自宜昌纳税，两淮派有监掣委员稽查数目，行之近二十年，商民恪守定章相安无事。今部臣饬令改设巡卡，而列乾隆三十五年成案设卡两处、巡船数只；现在武、汉、黄、德四府缉私分卡数十处，驳船巡勇数百人，偷漏尚多。诚以兵燹后奸匪游勇到处皆有，其肯以贩私为业者尚是自谋生路。倘巡缉过严，若辈转谓官长绝其衣食，或至昧国家之例禁，民情不古，岂能执乾嘉盛时以相比例。若两淮于平善坝设卡不严则有名无实，是变有税之盐为无税，成本愈轻私贩愈重，淮纲现销之岸且不能保。如果广筹经费，分扎重兵实力堵截，必激成事端，扰累良善，后患不堪设想。此外夹带包揽亦有思虑，所宜及而势所必至者，此必应展缓者三也。一、定限期以复旧制。查川省盐井深至五六百丈，井底自能出火，各厂烧盐有用煤炭者，亦有引取地火者，大都逼近民庐、毗连街巷，日久不汲则火发燎原，必须镕铁万斤投入井口，务令卤干火熄方可谓之封禁。现查新井确数虽止富顺界内一百余眼，约计人工、铁价，数已不赀。此项巨款应由官给，一时从何筹措？加以亿万失业之众铤而走险，何所不至？必须滇黔元气大复，边销日广，然后人得谋生。臣此次由鄂入楚，商贩闻信哀求动盈千百，沿江纤夫、船户私忧窃叹，愀然丧其乐生之心，情形岌岌可虑，此必应展缓者四也。一、请讲煎炼以别销路。查此条为两淮专政，沈葆桢折内历指积弊，筹议新章，法良意美，经此一番整顿，敌川自可无歉，惟蚩蚩之氓非目睹其色、口尝其味，岂能家置一喙强令信从。淮盐如果起色，将来运至武、汉等府，自必欢声雷动，行川之地本准淮盐分售，互相比较，美恶判然。民生日用所需，岂肯舍货高价贱之淮盐而食货低价贵之川私？不禁之禁莫善于是，特未可骤而致耳，此必应展缓者五也。以上五条仅就部臣所议，默参时事，平情酌核，实难依限举行。为政在得民心，不宜操之过急，利弊所关尚不止此，未敢琐渎宸聪。总之时局方艰，饷源尤重，伏愿乾纲独断，弗遽信淮商九十万两之虚数，轻弃川、鄂一百六十一万之实饷，弗专顺一隅之商情，致绝川鄂两省之生计，俾部臣可无另筹改拨之劳，疆吏亦幸免贻误颠覆之咎，厎国计民生两有裨益。光绪三年。

文格奏略：查户部议复淮盐引地拟议章程内，以疏通边引、封禁私井责成于川，事关大局，亟宜妥筹办理。当经迭饬司道通盘筹画，并委员赴产盐各属确查边岸情形及新旧井眼数目以凭核办，复督同司道博采舆论，利害兼权，并据委员来禀，覆加确核。既得实在情形，自应缕晰覆陈。且现准部咨兼署湖广督臣翁同爵奏禁川复淮厉害攸关一折，奉旨俟四川等省覆奏到日，著户部一并妥议且奏等因。查淮盐之攸回引地，系属为政之常经，但期有裨大局，何敢专顾一区，稍存己见。惟川省情形现在有窒碍难行而不敢缄默者，溯自咸丰年间，江淮道梗，盐运不通，两湖民嗟淡食，兼以军情紧迫，饷项无出，川、鄂疆臣迭议川盐济楚，招商设卡、抽取税厘以裕饷糈。自同治初年，川省厘金极旺之时，岁收盐厘百万有余，以济楚一项盐厘为最多，是以本省削平大乱以及援陕、援甘、援黔、援滇粮饷赖以无缺，而鄂省之饷尤恃川盐为大宗。迨至同治五六年间，两淮规复楚岸，加重川盐厘金而运商渐觉亏本。嗣复奏定川盐分岸，以下游之武、汉、黄、德四府归之两淮，以上游之荆、宜、安、襄、郧五府，荆门一州及湖南澧州行销川盐，而川引因之阻滞，厘数亦为减色，频年积滞边引至七万余引，而川中近收济楚一项厘银犹不下六十万两，鄂省岁收一百万两有奇，计川、鄂两省所收一百六十万两，京饷、协饷多以此款指拨。兹将济楚之岸全数归淮，即照两江督臣原奏，能使淮商包完鄂饷九十万两，较之川、鄂两省合收一百六十万两之数多寡悬殊。今去实收之厘而谋不可知之课，稍无把握，所失更多，况川省京饷、协饷及各省善后之费奏催，咨催急如星火，若遽少此盐厘以资挹注，更难措手。且禁川复淮则川盐无厘，成本轻而私贩愈众，是不济楚而依然漏楚，恐非设卡添兵所能阑缉。如操之过促且虑别滋事端，是禁川复淮之议徒使川、鄂顿失一百六十万之饷，于淮引未必即有起色。今两淮议及鄂饷，尚未计及川饷，在部臣通筹全局，为鄂谋必为川谋，尤不能不为待厘济饷之各省谋。如果收回引地有益于淮而无损于川、鄂，自当协力图成。无如淮纲之成效未睹而川、鄂先受其困，部臣指拨京协各饷亦费腾挪。臣虽愚昧，窃以济楚之盐未可遽禁也，即以疏通边引而论，川省额行滇、黔引张系犍为、富顺、荣县三县领引责商行销，计行滇陆引二万五千一百五十四张，行黔水引一万有六百七十五张、陆引一百三十九张。如可设法疏销，责商各行本岸，引既不滞，厘课亦必增收，岂不甚善。无如滇、黔被兵既久，户口凋残，土田荒废，各岸店房、器具久已荡然无存，旧商多已绝亡，间有存者亦因失业多年，贫困无力。虽屡次招商代行而若辈惟利是图，有利则不招自至，无利则虽招不来，仅有数家在近边地方零星发贩，无有直达本岸者。每年销数仅及额引十之二三，遂致旧引未销新引又滞。纵不为复淮计，能不为边引计？但疏通之法遽，难强其所不能。惟有俟滇、黔元气渐复，相机逐渐施行，或可冀有转机；若骤以行楚之盐专望边岸行销，殊有欲速不达之势。且川盐顿失出路，不但厘金无著，即正税亦必虚悬，所损更巨。至应封私井亦地方应行整顿之事，惟查川省取盐于井，一井或深数百丈不等，非费数年开凿之力不能见卤，甚有费力多年而竟无成效致亏重赀者，视两淮煮海为盐，工本轻重相去霄壤；且汲井多凭牛挽，又须另建房灶、置备器具、雇募人夫，往往数十家之力鬻产借债，始成一井。川民赖为生计，即滇、黔、陕、甘流民佣工井灶，借以营生者尤不可胜计。查通省额井八千八百三十二眼，历年久远，遂多枯涸。乾隆年间已有议开子井弥补额课之案，现在委员逐县清查：犍为自遭兵燹，井灶多半停废，额课皆系空赔，旧井尚且无力推煎，更无余力另开新井；荣县额井三十三眼，此时全推之井只有九眼；惟富顺一县因咸丰年间奏拨川盐济楚，川中商灶观望不前，迭经示谕招商煎运，该商等不惜工本掘井增灶，因添新井一百余眼，由省委员前往设局查明出盐斤数、引数，分抽厘金，多于额课不止数倍，其未能升于课者课以井计。井衰旺靡常，课一定而不可易，厘从引出，引之销滞无定，厘亦随之而为增减；厘与课名目虽殊，输将则一。且从前报部征课之井，如有枯涸荒废者，即以新井填补，代输额课，实与私井不同。况该商等凿井之工经年累月，凿井之费累万盈千，直与井相依为命。矧当济楚之初，招之使开，兹有禁川之议，勒之使封，似觉难服其心。且汲井烧灶多系无业穷民，一旦无以谋生，安置颇难，亦殊可虑。此川中新井未便强为封禁，及一时未升课之实在情形也。光绪二年。

既而沈葆桢锐意复淮，旋取淮商包认川、鄂饷结奏上，并陈三事：曰包饷宜信。主保旧商不招新商，尽旧引不增新引，而一引率摊捐银二两，岁可得七十万两，课厘税可得九十万两，用以贴鄂百万、贴川六十万。一曰定限宜豫。川有积盐，尽运一年止运，再限一年止销，令川商得以完旧减新，然后淮盐开售，以为包饷之始。一曰用人宜慎。特设缉私局于平善坝，慎择道员一人奏领其事，并讲求煎炼，与川盐埒。是时，四川总督丁宝桢续举滇边官运。户部初令淮商筹银五六十万为运本，葆桢亦请如议。事下户部议以为："不招新商，旧商必将把持。"又舍前奏。淮商报捐，自然之利而行摊捐非政体，其定限认饷必待二年，则川饷停运以后淮盐未开以前半年之饷何出？且先尽运一年，倘闻风麇至何以待之？至平善坝缉私责在楚督，非江督所能遥制，济川、滇边之款必待两年，包饷后亦恐缓不济急。奏请仍下葆桢再筹，勿惑群言、勿护前见、勿堕成规，并下四川、湖广总督议。李瀚章覆奏以为：盐有定价，摊捐二两，本浮于价；川盐骤停，盐贱私集，必困运商；局卡置设，取给场商，盐纲未开，先加朘削，必病场商；包认饷数虚悬无，薄商迫威令临期诿諈，两年期限，一年无认，必误国计。鄂食淮盐非其所欲，川商济楚本由招徕，遏剿不顺，失业可虑，必蹙民生，且激事变无已。请暂配淮盐运至五府一州，于川盐分地并销一年再定，当以川省滇黔课收如额之日为禁川立限之始。丁宝桢覆奏以为：课税正供尚多积欠，饷非应完岂能如约，临事责问必将交諈为论包饷不足恃。边引未能即疏，而封禁井灶，其害乃至不可胜言。并自筹滇边运本，不欲以累邻商。

沈葆桢奏略：窃收回淮盐引地一案，钦奉谕旨令臣妥速会商先期奏定，当经分咨各督抚，一面饬司督同淮商筹议，兹据运使欧阳正墉取具各商切结[1]加结详覆。臣查禁川复淮前督臣曾国藩、马新贻均奉部议饬行而迄未就绪者，滇、黔军务未靖，川盐无归，各省筹饷，同一紧急，为淮计无暇为川、鄂计，顾此失彼，此川、鄂两省所以不得不交章请缓也。现在川省运黔边引，业经督臣丁宝桢筹解巨款，官运商销，在川且

① 切结：表示切实负责的保证书。

存让淮之心，在淮敢吝贴川之费？必须事事为川、鄂设想，方合同舟共济之谊，请缕晰陈之：一曰包饷宜信。淮南闻有加引之说，辐辏而来，虽勒以重捐亦其所甘，然谋夫孔多未必能守此大信，与其招新商终不能为万众无遮之会[①]，不如保旧商可以巩百年不拔之基。臣督运司传集众商，许尽鄂饷原认之引，循环转运，不再另增新引以挠其权而夺其利，该商每引情愿摊缴银二两，鄂、湘两岸本可销淮盐二十万引，禁川后增销十五万引，计之共可销三十五万引，每引二两可得银七十万两，加以原奏课厘九十万，共合一百六十万两。以百万贴鄂，六十万贴川，鄂省向收川厘分正税、加税、公费三项，正税有分解淮局之款，统在此百万两中，查照向章分别抵扣每年包缴之银，由督销局按月分解，责成淮商将年终截数统算，歉则如数包纳，溢则留备滞销，取有各商切结达部，将来短少丝毫，微臣愿当其咎。此恪遵部议，开诚布公，先示大信之办法也。一曰定限宜豫。川盐运鄂所以胜淮者，淮售现钱，川售期票，历时既久，账目滋繁，非宽以岁月无从清理，即川省收复边岸亦非一蹴而成之事。川盐自井次起运，以达宜昌，完税后分赴荆、襄等府，若先禁其出售，旧积者何由归本？若先禁其入楚，已运者势难折回，臣悉心酌议，应以此折奉旨之日期立限一年，截止川盐出运，自截止出运之日起，再限六个月一律运竣，再限六个月一律销竣。倘届期尚有尾数存岸，或由川商核算成本归淮商收买搭销，以免轇輵。截止川盐起运之日即平善坝设卡之始，设卡后限内有来楚川盐由卡验明，仍归鄂省照常抽税放行。淮南应于鄂之宜昌、樊城，湘之澧州等处酌设督销淮盐分局，仍归总局统辖，到岸川盐售销过半，方将淮盐运往各分局，先行储备，全数封存，俟川盐限满销竣，方准接售淮盐。如此宽限两年，则川省旧欠可陆续收回，川井新盐可陆续减运。彼时开办边岸必已著有成绩，此遵部议不求速效，次第就理之办法也。一曰用人宜慎。既禁川盐，必停川厘，川厘既停，贩则利其本轻，民则贪其价贱，难保私枭不乘间

① 无遮之会：佛教举行的一种广结善缘，不分贵贱、僧俗、智愚、善恶都一律平等对待的大斋会。唐代玄奘法师《大唐西域记》谓古印度“五岁一设无遮大会”。中国的无遮大会始于梁武帝，盛行于南北朝。《梁书·武帝本纪》载，梁武帝“舆驾幸同泰寺，设四部无遮大会”。四部，指僧、尼及善男、信女，后用以泛指无所限制的公众集会。清代黄遵宪《感事》诗：“红氍贴地灯耀壁，今夕大会来无遮。”

而来，引地既经收回，责商包饷，淮商命脉在此，川、鄂饷源亦在此，关系甚大，在乎用人。臣拟拣选廉明精细、力持大体道员先行咨商湖广督臣李瀚章，必求彼此深信，再行会同，奏派在平善坝设立缉私局，总理其事。应如何添造炮船、抽调旱队、设立分卡、拣选委员，统由该员届时妥议通禀会办。襄阳一带为潞私浸灌最盛之区，亦应派员前往联络地方官力筹堵缉，以后湖广、四川州县协同淮南缉私，勤者奖之，惰者汰之，此遵部议用人得当，私净官行之办法也。至淮南盐色自去年清理场垣先尽老堆捆运。臣日与场垣各局委员加意讲求，现运鄂之余东、吕四、石堺、金沙、伍祐各场盐斤卤净质洁，渐可与川盐相敌。向来色次场分，饬取原卤用灰重淋一次入鏾[1]试煎，呈验盐样一律洁白，所加工本每斤不足一文，以盐色之高下定售价之低昂，别场员之勤惰，断不任其以低次卤重之质自取滞销。倘禁川后，淮局以低盐充数，致鄂民有食贵食恶之苦，臣愿受湖北督抚参劾不敢置辞。所议各节是否允洽，臣一面具奏，一面咨商湖广、四川、湖南各督抚臣，秉公妥议，迅速覆奏，并咨明臣处，以便会同，次第开办。再，鄂盐占销湘岸应俟川盐禁绝后，查看情形奏请办理，合并陈明又附片再续，准部文令淮商先筹银五六十万解川，以备开办滇岸之用。查部文内有“四川省边课收有成数，或将淮饷减成或全数免解”等语。今川省既将黔边开办，滇边继之，如果淮商之于川饷，只使筹贴一年则时既暂而不常，款虽重而可集。臣当劝令各商指借巨款，分批起解以应急需，倘川省以边岸初开必须淮商按年津贴，渐减渐停为日较长、为数较巨，且平善坝等处造船、招勇；事事皆无米之炊；惟有俟荆、宜等府川盐销竣，开售淮盐之日，为包完川、鄂饷银之始，以顺商情。

户部议略：查两淮夙称财赋之区，比因南鹾[2]滞销，垣厂各岸积存盐包不下二十余万引，困灶穷而灶丁及贩夫、船户之谋生无路者更难计数。沈葆桢目击时艰，急图禁川以冀复淮，原折及附片胪陈各节，自为裕课恤商起见，惟所议有与前奏或不相符者，有与政体似不相宜者，有

① 鏾：灶户经场官发给执照所购买的煎盐器具。

② 南鹾：淮南各场所产之盐。

尚须秉公会议未可独断独行者。鹾课[1]为帑项大宗，今议禁川复淮，创办伊始，必求确有把握，毫无窒碍，方足以保成法而折群心。臣等督率司员稽查例案、体察情形，谨就沈葆桢所陈各条逐款详加核议，原折“包饷宜信”一条，查上年沈葆桢议覆禁川复淮一折奏“以淮商闻收回引地之信，趋之若鹜，请于增引时收捐掣签以昭公允，每票约捐银数千两，集成巨款藉充中外要需”，与此次所称“尽旧商原认引数循环转运，不增新引”办法殊属两歧。夫招徕愈广则资本愈充，商众运多将分买存盐可以苏场灶之困，增认引额可以裕帑课之虚。若楚岸归淮仍不及时，招商增引徒任旧商把持，窃恐原认引数有限，不独定额终难规复，即禁川后增销之五十万引亦尚属虚词悬拟，未必果能如数运销。以商少力微，不如众擎之易举，且兼招新商，旧商并不致失业，专保旧商，新商或不免向隅，是于课有亏而于情亦未尽洽。况该督前言招商收捐每票可银数千两，此次又言勒以重捐亦新商所甘，现在各直省筹赈、筹防需用孔亟，淮商既愿捐资领运，何得没其报效之忱？失此巨万现款尤为可惜，是臣等所谓与前奏不符者也。从来惟自然之利可规久远，若勉强而补苴之，其源易绝，流安得长？两湖额销淮盐岁六十余万引，旧征入奏正杂课银二百余万两，外支杂款不在其内。近以川盐占销致淮引行楚不及向额三分之一，复引地后必须渐复引额，按照旧章以每引课厘银六两一钱四分核计，六十余万引合得银三百七十八万，除川、鄂包饷外，赢款尚二百余万，藉以布置巡防及一切应用公费均可裕如。即使销数较前稍绌，但多增一引便可多得一分课厘。臣部前议必复淮岸者，诚冀川盐停运，淮引日以倍增，征收大加畅旺，所谓自然之利也。沈葆桢不此之图，徒议令各商每引缴银二两。夫商贩以谋利为务，计其买票、买盐、纳厘、纳课，加以水路挑运、绳席包捆需费几何，再令按引摊交，彼岂甘心折阅[2]，若稽察不严将夹带偷漏层层舞弊，觊分外之获以补分内之亏，或从而督责之，转得反唇相稽，谓非此不足供诛求。司鹾务者不几情法两穷乎？南盐[3]分销四路，除湖广外尚有江西、安徽、江苏三

① 鹾课：盐税。

② 折阅：谓商品减价销售，亦谓买主杀价。

③ 南盐：即为淮盐。

路，运商照旧只交课厘，独楚岸遽加摊款，纵在各商别有所图，情愿捐缴，揆之政令，亦觉偏枯；且盐务摊捐只可为暂救一时，计今拟岁取为常舍，应复之额课，新商之捐款别立摊捐名目，使朝廷虚受加派之名而实失旧有之利，已非善策，更恐日后旧商借分摊为垄断，是臣等所谓于政体未宜者也。又“定限宜豫”一条，查川盐之已到楚岸者，势不能任其委弃，亦不能强其运回，宽以两年之限，俾得逐渐运销，为川商计则善矣；第必俟川盐销竣，为淮商包饷之始，其先一年半期内川运未停、川厘尚在；至第二年之后半年，川盐来路已绝，厘税全无，此半年中鄂之饷五十万、川之饷三十万，何从取给，亦不可不早为筹画。至楚岸之禁川销，所冀复淮课昔年之额而救垣灶近日之穷耳。如该督抚所议，恐川商知一年后之不能复运，将尽此一年内蜂拥来楚，盐到倍多，不惟销竣无期，抑将四处浸灌。淮商束手坐待，其一年后之能否接售，皆未可知。即使如期运售而迟之又久，欲以救目前场灶之穷，已如索之枯肆[①]，势将无及，更令收买尾存，川盐成本难免占阁，又从此川、淮套搭尤虑轇轕不清，易启奸商弊窦，是宜如何变通办理之处，必当先事豫筹俾臻妥善。又“用人宜慎”一条，查平善坝为由川入楚要路，向来盐卡皆设于此，惟鹾务责在盐政而缉务责在地方。平善坝属宜管辖，非江督所能遥制，全恃楚督之和同协力、督率有方，方可备而无患。昔曾国藩请禁川私折内已云，事在楚督一心之转移，诚为确论。所有派船、设队暨委员、分卡，一切事宜应由江、楚两督臣妥商会办，仍应责成楚督严饬所属，认办堵缉，无分畛域，以成和衷共济之休。又附片称“前臣部令淮商先筹银五六十万解川，以备开滇之用，诚以边引果得畅销，则川商各归本岸，自不致舍己耘人，否则徒事设卡巡防而不能导之生路，难保无知者之别滋事端，此为川计，实为淮计也”。沈葆桢若照部议，早为招商增引兼收捐款，似此数十万金当不难刻期措集，倘固持己见，必俟两年后始议包饷，殊恐缓不济急，反启川、鄂官商藉口之资而复淮

---

① 枯肆：干鱼店。《庄子·外物》：“周昨来，有中道而呼者。周顾视车辙中，有鲋鱼焉。周问之曰：‘鲋鱼来！子何为者邪？’对曰：‘我，东海之波臣也。君岂有斗升之水而活我哉？’周曰：‘诺，我且南游吴越之王，激西江之水而迎子，可乎？’鲋鱼忿然作色曰：‘……吾得斗升之水然活耳，君乃言此，曾不如早索我于枯鱼之肆！’”后因以为典，比喻困境、绝境。

亦遥遥难必，徒为纸上空谈，是又皆臣等所谓尚须秉公会议者也。以上各条应请旨饬下沈葆桢并李瀚章，前奏查核复引包饷章程，未能允洽一折，一并督同运使再行悉心妥筹，期于国计商情两有裨益，勿惑群言、勿护前见、勿堕成规，迅速议定专折覆陈，并请饬令四川督臣、湖南抚臣查照沈葆桢前奏条款有于各该省关碍难行之处，赶紧核明具奏均无延宕，其余所议如由鄂饷内抵扣，应解淮局款项，及责成淮商年终截算缺溢各节，凡已经湖广督臣于覆奏折分别驳查者，臣部毋庸再议。又原折内称“现在淮盐讲求煎炼一律洁白”等语，查灶户煎盐亦须工本，当此积困甚深，果能捆运有加，俾获渐资周转，自可冀日有起色；若依前堆场莫售则盐且无用色，何必论煎炼乏本，犹恐徒费讲求，其枢纽仍以增引为要。著该督尤当饬司力图整顿，以复运额而保鹾纲。送到各节暂存臣部，统俟覆奏到日再办。

李瀚章奏略：窃两江督臣沈葆桢咨开收复引地包认饷银，业经议定章程，一面具奏，一面咨请，将各节是否允洽秉公妥议覆奏，并折稿一件咨送到鄂，复经檄饬布政司、盐法道核议去后，佥以“未能允洽，仍应变通展缓，详请具奏”前来。臣博访周咨、虚衷参酌，查沈葆桢原奏内称“现欲复淮须事事为川、鄂设想”，臣敢不披沥血诚、处处为国计民生设想，兼为淮商设想，以冀筹策万全，推行无弊。查淮盐以六百斤为一引，五百引为一票，每引商本银十一两四钱三分，课厘银六两一钱四分，共银十七两五钱七分，每引售价银十八两，仅获利银四钱三分，今已包认饷银每引摊银二两，计短银一两五钱七分。商贾惟利是图，断无甘心年年亏折之理，加以淹销滞跌，何处取偿？事不近情，岂能共信！淮商深知其弊，故延宕将及一年，未肯包认，直至部文催迫乃始勉强具结，仍俟两年以后川盐销竣，方为完纳之始，商情之不顺可知。况川厘停后，川盐按淮引计算，每引骤减银九两三钱二分，失业之众觊此厚利，何事不可妄为？曾国藩有见于此，故拟加重川厘，徐与相敌。曾国藩百计增之，沈葆桢一旦停之，是为川商开一利源，必至遍地皆私，淮南并不能保其原有之引地。臣虑其困运商也，运商亏折既多，势必停票不运，场商无奈，惟有减价跌售。沈葆桢札饬运司有“设卡、添巡、办公经费统由场商筹备，由栈扣缴”等语，前项事宜须于引地未复、川私未禁以前预为布置，积存垣厂之盐甫谋销路，尚未开纲，乃使先措巨款，是欲调剂之而反朘削之，臣虑其病场商也。鄂饷百万、川饷六十万均系实收确数，川事且不过问，即以鄂论，凡川盐到岸，必令完清厘税，始准行销淮盐，包认之银亦应于入境时一律预征，以昭公允而示大信，否则以现钱易赊帐，智者不为。沈葆桢前奏九十万之课厘，与此次所定七十万之摊派虚数徒悬，实银何在？臣并决其必至短绌者，以沈葆桢札饬运司有"统于售盐后，由局抽解"一语，该商等迫于威令，其敢于包认者亦恃有此层。将来售出若干、扣缴若干，售不足数即解不足数，该商等亦不任其咎，是有结与无结同，岂能共信？在沈葆桢必谓"淮厘售后完纳系曾国藩所定章程"，不知此乃江路甫通、金陵未复、创办伊始暂予通融，文内声明只有初行时略为展缓，权宜之制未可永远遵循。沈葆桢原奏内称"鄂省川厘加税内有分解淮局之款，统在此百万中，分别抵扣"等语。查鄂省川课十八文向于加税五文项下，分半充饷，分半归淮，最旺之年岁收二百数十万，见于户部原奏。近日收数渐减，而光绪二年分尚收至一百八十八万五千串有奇，除解淮局钱二十六万一千九百串外，实在充饷钱一百六十二万三千一百串零。臣前疏所称一百万两已将解淮之款提出不计，岂可再于此中分别抵扣？目前京协各饷刻不容缓，如沈葆桢所称"立限一年，截止川盐出运，再限六个月运竣，六个月销竣"等语。川盐截止出运以后，来源已绝，课税无出，此一年中鄂省支拨各款已属悬而无薄。沈葆桢又称"包完以后统于年终截数总算，缺则令商补纳"。届时短绌过巨，凭何取扼？盐未售竣，凭何完缴？纵令勉强抑勒其事，已在来年，且来年又有包认之银，旧欠新逋，层累日积，终归无著，臣虑其误国计也。川省井商本由招募，赖其济饷，底定东南。昔也设法招徕，今忽痛加堵剿，于理未顺，势本难行。曾国藩前建复淮之议，奏内亦云"川引归淮虽系纪纲，实有万难遽变之势"，诚笃论也。荆、襄各属军民食川盐已久，今忽改令食淮，以民间日用之需强所不习，必致惊疑。如果加以抑派，势且比户骚然，臣虑其蹙民生也。沈葆桢奏称"两年以后限满，尾数由川核算成本，归淮商收买搭销"，似是两全之计，然川灶盐积如山，万一蜂拥而来，淮商已认百六十万之饷银，又须另筹数十万金以资收买，未必有此巨本，势必抑勒减扣，酿成事端。且从此挽杂不清，贩川则多获九两有零之重利，运淮则坐亏血本一两五钱七分，相去何啻天渊，奸商改贩川私，藉口搭销更难究诘。况川省托业井灶者不下数十万人，无聊者居其大半，间杂苗夷，赋性凶顽，别无恒产，上年一闻禁川之信，蠢然欲动。臣途次目击心忧，不及徐俟，接篆遽有条奏，实由于此若辈知之，始就驯贴。李鸿章、吴棠、翁同爵、文格、丁宝桢历次奏陈以为大虑，今拟堵绝川私，添造炮船、召募旱队，如临大敌，万一铤而走险，计惟悉数歼除，是以百万生灵惨投锋镝，绝民生计，势必至于横决。其为患恐不止川、鄂两省，目下西陲未靖，海防吃紧，甚至借及洋款，何堪再办军需，臣虑其激事变也。伏思《川淮分界章程》，本系臣与曾国藩会商奏定，原议准川销五府一州之地，归还淮纲，须俟滇、黔边引一律畅销以后，而仍以体察情形，不戾时宜为主。现在川省官运黔盐甫经试办，成效未睹。丁宝桢奏济楚销路未可遽停，请俟积引销竣再行办理。丁宝桢籍隶黔中，深知兵燹后，户口荡然，猝无把握，故欲需以数年，诚恐黔销未畅济楚先停，川省亿万众无所归宿，别滋事端，如导水然，支河分泄，巨涨自消，强遏其流，必致横溃。臣愚以为当以滇、黔课收如额之日为禁川立限之始，不当以沈葆桢此奏奉旨之日即为立限之始也。臣与曾国藩昔年奏定分淮之界，不准川盐侵入分寸，分川之界仍令淮商酌设子店、拨售零引，原欲民间习惯自然，逐渐进步，彼此斟酌，具有苦心，乃后任两江各督臣徒慕收复之虚名，不求立法之本意，自曾国藩故后，襄、郧等处遂无人运盐前往，良规中废，人咸惜之。前本因川、淮盐色优劣判然，致难畅销，今沈葆桢奏称“现饬分司场员讲求煎炼，可与川盐相敌”，两淮既有洁白如霜之品，何不早济楚民，必迟至禁川以后？应请敕下沈葆桢，将各场提净之盐酌配引数，运赴襄、郧等五府一州与川盐一并行销作为试办，由臣随时稽查，不准在武、汉、黄、德一带私行洒卖，致侵正引；该商等暂免摊派，成本尚轻，自必踊跃争先，可冀渐推广。川盐价高，难与相敌，将不禁而自绝，实釜底抽薪之妙策，与曾国藩昔年定界初心，实相符合。如数年以后分别川界内布满淮盐，黔、滇、川销亦增畅旺，届期或议禁川或尚须展缓，再行察酌情形，会商奏办。至楚督身任地方，督销缉私是其专责，引地规复以后，一切事宜均应仍复旧制，犹之淮厂课程，职在两江，非两湖各督抚所敢越俎。异日边销课畅，川票果停，旧设各卡应即归两湖督臣派委节制，以一事权而专责其成。光绪三年。

丁宝桢奏略：窃臣接准两江督臣沈葆桢咨送包饷立限、收复楚岸引地并议覆部议，淮商先筹银五六十万两解川，以备开办滇岸之用。各折片稿到川咨明妥议具奏。又准湖广督臣李瀚章咨送议覆江督章程未能允洽，并附奏禁川复淮关系数省大局，各折片稿到川，臣详细批阅，在沈葆桢总理淮纲，亟图规复旧制，遂有包饷立银之议。为淮商计兼为川、鄂计，非不至周且密，臣等何敢不秉公办理、和衷共济。顾作事必准乎人情，则推行鲜窒；求治必因乎时势，斯成效可循。如原奏所称包饷、立限两事，臣愚以为名则是而实则非也。查口岸商人领引认课是其专责，然必引销而后课足；如引销不足额则为积引，盐务定章原准其分年带征，未闻令按年包认。夫课属正供尚无包认之理，若饷则非商人应完之款，款非其所应完而必勒之以按年包认，彼商人持本求利，本一而利十犹将不足；若利未形而本先折，其谁愿之？今日淮商售盐每引获利甚微，兹因复岸而勒令包饷，就现在楚岸计之亏本实甚，亏本以谋利，淮商独非人情乎？顾或者曰包饷，既于商情不顺，该商又何以具结包认？是殆迫于目前之权势，不得不面从以塞责，且亦熟计包认之后即解不足数，官究无法以束缚之耳。商人狡狯伎俩每出恒情之外，以利诱之且故为观望，以势迫之必不能踊跃。现在川、鄂、京协各饷恃盐厘以为大宗，若一旦舍随时有著之款，而仰息于悬而无簿之商，设使包认之后，解缴不足，问之商，商则曰“局中代扣，商不得知也”；问之局，局则曰“盐未售出，银无从扣也”；不得已咨之江督，则又曰“行局饬商赶紧扣解也”；彼此展转推延而指拨凭何？取给急用之时，将何指望乎？此则包饷之说诚不可遽为定论也。至臣兴办黔边，本属川省分内之事，现在始基甫创，一切经营曾无把握，安敢遽作复淮之想。且黔中兵燹二十余年，民靡孑遗，村市为墟，销路尚须新开口岸，岂能骤复。臣此次试办，实因清查边计各引积滞过多，课羡无著，而且川东之私枭日炽，黔省之招复倍难，故极力为此，冀将川商徐导入黔，为得尺得寸之计，以维川黔大局。而创办非易，即运本一项前奏借拨鄂、东两省银四十万，迄今竟成画饼，不得已暂就本省藩盐道、各库暨各州县发商生息项下匀凑银三十五万两，先行开办而持涓滴有限之本银，以筹一万数千之边引，前空后竭，办事之员掣肘万状，即使宽以年月尚恐不能著有成效。是以臣前奏试办黔岸，即将济楚不能遽停，预为陈明。今沈葆桢乃谓臣办黔边已存让淮之心，遽请以此奏奉旨之日即为禁川立限之始，是其急于复淮，遂不暇将今日黔岸之荒废及臣试办之艰难一为深长思耳。且禁川之举以现时情事筹之，实有万难遽行者。臣从前熟闻复淮之议，比到川后，即经派员详查，始知川省井灶盐积如山，而托井灶为生者即自流井一处已不下百余万众，加以船户、水手又不下数十万众，率皆贫极无赖之徒，朝不谋夕，平时即虞其滋事，刻加防闲。至向井商人等，微示以禁川入楚之意，则佥称“川井之开，楚盐之行，从前皆奉文招徕，并非私办，今何以忽行禁止，必无是事”。愚顽之民众口一词，其理似胜。即臣此次议办黔岸，各井商不知底蕴，即谓黔岸举办、济楚将停，万众交哗、讹言四起，经多方示谕始就安帖，而疑团不释，心尚惶惶。夫办理黔边与禁川入楚何与，而井商已刻不自安。若禁川之议必行，则百数十万无业之民生计顿绝，势将铤而走险，川、鄂之祸决可立见。是不惟复淮不能行将，黔岸亦不能办，而乱机一动亦恐非旦夕所能蒇事。方今西陲军务未靖，尚需重饷而北路山、陕、豫各省已成普灾，饥民遍境赈抚无术，逃入川境求食者络绎于途，大可隐忧。川省近接秦、晋，设因此有意外之事，恐一呼四应，其害将不止于川、鄂，大局所关，实非浅鲜。时势若此，更不可不长虑而却顾也。至原奏谓“楚岸为二百年来淮商固有之引地”，而责之以祖制不可违、国计不可误，诚为至论。惟臣窃思：淮南、楚岸当我列祖列宗承平无事之时大经大法，普天臣民同此遵守，谁敢更易。迨我文宗御宇，适值东南不靖淮盐梗塞，楚民淡食，不得不以川盐济之。其后百计招致，商运渐开，又复藉厘助饷，削平大难。由今思之，安得谓率由旧章者为是，而变通尽利者遂为非也。查此次李瀚章覆陈各情剀切周详、洞澈利害，臣亦何庸多赘。惟沈葆桢以臣此次办理黔岸即欲立限复淮，如果事属可行，臣等万不敢稍存畛域，置淮鹾于不问，且臣正拟疏通边引，亦可藉此一举移济楚之商转而运黔，事机岂不甚便，无如时势殊多窒碍，臣实不敢稍为迁就贻患无穷。计惟有实力措办黔边，俟将来销路渐开渐畅，可以与楚岸相敌，彼时川商之济楚者或可使渐归本岸，则不必亟议复淮而淮自复。似较之目前强办形格势禁者，实为有利无害，用力少而成功多也。至另片覆陈部议“淮商先筹银五六十万两解川，以备开办滇岸之用”一节，查沈葆桢所陈情形已有为难之势，臣逆揣淮商亦恐难集此巨款，即使淮商慨允凑解，而川省以应办本岸，累及隔省商人，于理未顺，于心何安？且此时初办黔边、滇岸系属缓图，但使黔岸自此顺手逐渐畅销，则黔岸现在之运本，日后挪之以办滇，亦足资应用，正无须苦累淮商，为此不情之举也。光绪三年。

当是时，各省督抚相持于外，而谏官之主复淮沮禁川者复交争于内。四年，户部奏以川、楚各督固持前见阻挠部议，不曰“饷源不给”，即曰“事变堪虞”。丁宝桢办理黔边岸大著成效，岁入日赢，可罢沈葆桢前奏岁任川饷六十万，惟任鄂饷百万事，无不举促。宝桢接办滇边刻期退还，楚岸盐井不必尽封，新井分别纳税，并令葆桢、瀚章公举廉干道员，赴宜昌平善坝设局，以杜川私。

户部奏略：查行盐有一定界限，众所共知，两楚各口岸例系应销淮盐引地，从前借销抽厘原系一时权宜之计。臣部于议覆川淮分界行销案内声明，“因滇黔两边未靖，川盐一时无本岸可销，暂予照准。一俟滇黔肃清，即令其速将楚岸退还，淮商以归旧制”等因在案，嗣后云、贵两省军务胥平，臣部屡议收复淮南楚岸，乃川楚各督臣固持前见，其所恃以阻挠部议者，不曰“饷源不继”，即曰“事变堪虞”，舍此二者似亦别无他说。自丁宝桢莅川后半年以来，办理黔边盐务大著成效。以言乎饷源，则从前鄂省岁报抽收川厘不过九十余万，川省岁报抽收楚岸川厘亦不过五十余万。沈葆桢前议退还楚岸后，按年包完鄂饷一百万、川饷六十万。今据丁宝桢奏“自上年十二月截至本年四月底止，五月以来已销额引四分之三，除成本五十万不计外，实收税羡等银三十八万两有奇，统计六月底即可将额引销竣，截至年底，一年期满，并可带销积引六七千道，确有把握”等语，是该督臣督率有方、各委员办理得手，盐销自必日见畅旺，课款增多，饷糈有藉，从此川省自顾有赢。将沈葆桢前奏按年协贴川饷六十万，此后可以无须拨给，将来淮南收复楚岸后，尽所入新增课厘专供楚用，楚督可免乏饷之虞矣。以言乎事变，则从前各疆臣所虑，不过川、楚连界处所，藉盐为活之徒户口众多，一旦失业，恐滋意外。今据丁宝桢奏，该督于出省阅武之便，道经犍、乐各厂，传集灶户及诸父老详加察询，均称官运一行，民食顿便，盐价既平，私枭敛迹，商民悦服，并不为国家树分毫之怨等语。是知实惠及民，群情允协，商民既各怀恩，枭贩更无从聚众，沿边之民安居乐业，化莠为良，事变亦无可虑矣。相应请旨饬下丁宝桢，督率盐道乘此可为之机，即与总办委员、候补道唐炯详细筹商，一面先将滇边盐务设法整顿，毋任私商乘隙侵销；一面传集各商贩，谕以各还旧业，方可为子孙久远之谋，毋再侵占淮岸，徒为舍己芸人①，终非长策。即令通盘核计，约何时可将楚地存盐销竣，即将楚岸退还淮商，知照江督转饬淮南旧商赴楚接办，运销仍将酌定章程日期，专折奏报以凭稽核，毋再迟延贻误。至臣部前拟各章程，其第一条封私井，现在边岸盐务业经丁宝桢整理，日有起色，盐销渐广。川省新井虽多，当此丁宝桢委员接办滇岸，正须购盐之际，盐斤应有销路，自可暂准，毋庸一概封禁。惟盐井例有定额，应令查明各路新井，责令照则纳税，以期化私为官，藉充课饷。仍令确查新开各井坐落地方，并井商姓名及各照何等科则交税，分别造具清册报部备查，勿稍含混。第二条疏边引，亦经丁宝桢办有成效，毋庸置议，其置巡卡、讲煎炼各条，系江楚各督臣应办事宜，而淮南系江督沈葆桢专辖地面，尤为责无旁贷。应请饬令两江督臣沈葆桢会同楚督李瀚章，公举廉干大员，前赴宜昌府平善坝一带，相度地势，酌设局卡，严杜偷漏，该督等务当不分畛域以维全局而保淮纲。至淮盐色味素劣于川，嗣后尤须精求煎炼之方，应令沈葆桢严饬司场各员认真经理，此外一切防弊兴利各事宜，均由该督实心督办，以期始终无懈相与有成，不得因前议偶有未行，辄生疑阻，致失和衷共济之道。至严定限期一层，查禁川复淮，事关重大，纵不能刻以时日，亦未可久任因循。臣部前奏曾已言之，以上各节应仍令两江、湖广、四川各督臣，湖南巡抚等汇集臣部前后各奏案，妥速秉公筹商，以期早复成规，毋务虚言，

① 舍己芸人：指看重别人，轻视自己。出自《孟子·尽心下》："人病舍其田而芸人之田，所求于人者重，而所以自任者轻。"

毋执成见，各就地方情形，实事求是，庶可裕课便民，于各该省公事均有裨益，利源实非浅鲜矣。光绪四年。

五年，沈葆桢知济楚事难即停，则移书丁宝桢，议先减引以行，俾有限制。六年，宝桢以为黔、滇岸边引方畅，无难停运，亦无需淮商助饷，而终虑鄂饷百余万无著。因如沈葆桢议奏请，事下户部，议以减引不禁川私，于淮无益，不可；复下两江总督刘坤一，再责淮商以任鄂饷确数具结以闻。然淮鄂议久不决，而济楚各商虑即停运，则愈争市，川盐以趋楚岸。宝桢虑盐积楚岸愈不易停，且彼盈此绌，将碍官运，再奏请暂为变通，定限月行七八百引，事下户部议，可。仍请饬两江、湖广督抚速筹复淮定章以闻。

丁宝桢奏略：从前叠准部咨，饬禁川盐济楚，规复淮岸。查欲复淮，必先开本省边岸，使川盐有路可行，商灶不致坐困，庶办理始能允协。臣于光绪三年仿照雍正年间川省官运商销成法，酌拟章程，具奏咨部照办，于泸州设立总局委员，综理其事。因帑本短绌，先办黔边一岸，开办后销盐颇畅，额引全完并代销积引、征收税羡、截厘各款，著有成效。四年，续经奏准接办滇岸，迄今两次奏销行引俱能足额。各处口岸渐次开通，各厂盐斤渐有销路，此时若令停楚复淮，在川省已可照办。惟念鄂省自川盐入楚，每年抽厘百数十万两，是为饷需大宗。川盐一停，此项即归乌有，应行协拨各款为数甚多，究从何出？拟请饬下部臣及两江督臣议定，每年拨解鄂省有著之款一百二三十万两，俾其支拨稍舒，不致短绌。然后川淮引盐各归各岸，复还旧制以全三省之利。如以议拨鄂饷不能如数，或所拨之款不能尽实，则川盐自未便骤停，致碍鄂省饷需。查上年两江督臣沈葆桢以“济楚如不遽停，拟由川省酌定行销引数，以示限制”函商之臣。臣以现在开办黔、滇两省即是归还淮岸地步，所商酌定行销，以示限制，系属釜底抽薪之法，应可照行。今若因筹拨鄂饷一时不能应手，似可查照沈葆桢所议酌定引数、行销之法。每年川盐济楚，准定行引八九千道，以示定限，不得逾额。俟额饷议有实款再行全数复还，庶三省均无兼顾，鄂饷得以实济，复淮之说，不致徒托空言。

户部议略：查光绪三年十月前，两江总督臣沈葆桢奏遵议收复淮岸、包饷立限各事宜，折内声明“楚省抽收川厘，湖北按年报部收钱一百五十余万串计，合银尚不足九十万两。如楚岸禁川以后，淮商情愿按引增缴银二两，以湘、鄂两省岁可销引三十五万道计，每引捐银二两可得银七十万两，加以原有课厘九十万两，共合银一百六十万两，以百万贴鄂，以六十万贴川，取有各商切实具结送部，将来短缴丝毫，臣当任其咎”等语。夫现时饷项最关紧要，凡入款之盈亏，臣部无不豫为筹画，川盐既停，川厘无出，楚省失此巨款，用项凭何供支？若无挹彼注兹之道，臣部何敢遽请禁川，因于初议复淮时，首先令江督传集众商询明能否包交鄂饷，嗣据江督覆称“各商闻有复淮之信，争趋若鹜，犹恐课厘数有不敷，情愿按引增摊，以补川、鄂饷需之不足，出具切结送部存案，以明大信”。嗣因丁宝桢奏以边盐办有成效，川饷取给无庸借助淮商，始议包完两省岁饷者，今只须专顾鄂省，措置当更裕如。丁宝桢所虑拨解鄂饷不能如数，及所拨款项不能实在有著各节，查淮商前具之结尚存，臣部当不致别滋异议。惟饷需关系甚巨，不得不格外慎重，以期无误，将来应由臣部抄录丁宝桢片奏，行文两淮，并请旨饬下两江督臣，即饬运司传集众商通盘筹画，详加酌议能否如丁宝桢奏拨解银数按年协济鄂省，不致稍有亏短；迅即公同定议，仍令具结送部并详由该督臣覆奏，到日再行核办。又查此项协解鄂饷银数，从前江督奏称“每年只须银九十万两，其时楚省覆折亦无异辞”，乃此次丁宝桢奏称岁约须银一百二三十万，多寡迥殊，应由两江督臣咨行楚督，查明究竟岁需若干，确切咨覆，总须以核与岁收川厘大数不甚悬殊为断。如淮商议定确数，能按年照数协解鄂饷，则禁川复淮在川、淮两省均可照行，不致再有反复，其间设卡缉私诸事宜，全赖楚省布置周妥，方能垂之永久，应并请饬下江、楚各督抚臣，和衷商确，酌拟详晰章程，专折覆陈请旨办理。再丁宝桢所称“由川省酌定行楚引额以示限制”，查前定《川淮分界行销章程》，数年以来川盐之浸灌淮岸者有增无减，故非停运川盐则淮销终无起色。若徒酌减济楚引数，窃虑官盐虽减，而私盐更增，有损于楚厘，并无益于淮运，所请应毋庸议。

丁宝桢奏略：再臣于本年三月内奏以禁川复淮，如因鄂饷一时无著，则济楚自未可即停，或查照前两江督臣沈葆桢所商，减引行楚为釜底抽薪之法，请于行楚引张每月准运七八百引，以示限制，渐为复淮张本。惟昨准部咨以“川盐之侵灌淮岸者有增无减，自非停运川盐，淮销终无起色。若徒酌减引数，恐官盐虽减而私盐更增，有损于楚，无益于淮”等语，是须川盐概行停止，实为正本清源之论。第此时鄂饷无著，济楚尚未能即停，而射利之徒乃因此藉端摇惑，使商人贪多抢买，致楚岸愈运愈多，销路必滞，商本亏折，情殊可悯。且积盐太多，即将来禁楚定局，川盐壅积，淮盐不能畅销，似亦未为得计。又况停楚之成规，日久不定，致厂灶之浮议日久愈多，即官运购配滇、黔各岸，亦因此诸多牵制，部臣所云“济楚不停，不独南鹾受害，实并为川盐巨蠹者”，诚为洞烛隐情，可否请旨饬下部臣查照，再行核议，仍请照臣“酌减引张，以示限制”之奏，暂为通融办理，俾行引确有定限，则浮议不能惑人，井户自无从居奇，商灶亦不致折本。俟日后复淮一定，楚盐既少囤积，淮岸自可望大销，实为两全之策。

户部议略：查该署督所请系为体察现时情形，斟酌变通筹办，一使商人知行楚引盐，月有定数，不致争多抢买，井户无从居奇，滇、黔亦免食贵之害；一使楚岸不致多积川盐，将来容易销竣，禁楚即可早日定局，于淮盐亦大有裨益。且业经该署督将每月川盐济楚，只准运七八百引之数一节，出示晓谕各商，自应准如所奏办理，以示信于商民，兼为渐复淮纲张本。惟臣等前此议驳，诚恐官减私增，有损楚厘而无裨淮运。今丁宝桢既坚请减引试办，应令慎选贤员认真督查，将济楚川盐按月酌定七八百引，严杜重票影射、重斤夹带诸弊，务须澈底清查，不任明减官运、暗增私销，方足以示限制。再查运楚川盐既经减数销运，而楚岸食盐户口并未尝减，则减运川盐以徐图退步，即当增运淮盐以力争进步。前经楚督李瀚章令淮南提取净盐、酌配引数运赴鄂省，现分川销之五府一州地方试办并销。节经臣部奏请，饬催两淮照议速办，乃迄今未据江督声覆，殊属延玩臣等公同商酌规复楚岸之议，不独为遵循旧制，亦可以兴复利源。方今筹饷艰难，则复淮自系急务，其事权属在两淮，而枢纽则兼须责成于两楚。相应请旨饬下两江督臣刘坤一、湖广总督李瀚章、湖南巡抚李明墀遵照臣部于本年三月及从前历次奏案，和衷商榷，将配运淮盐、包交鄂饷及设立局卡、堵缉私枭一应事宜赶紧酌拟详细章程，限此次文到一个月内专折覆奏，请旨核办，以整淮鹾而顾课饷，毋再含混迟延，是为至要。光绪六年。

七年，坤一再奏，以为楚岸旧行淮引引斤六百，川水引花盐至万一千有奇，数当淮引十六倍而赢，请就川盐斤数减如淮引以行。户部再议下，四川减为月六百引。然川盐方富，楚民甚利食而颇厌淮，地利既不可遏，人情又乐趋便易，淮岸之卒复殆，未可以岁月计也。

刘坤一奏略：臣查川盐借销楚岸，曩时连樯下驶，累万盈千，漫无稽考。今既定以限制，足为复淮张本，惟治鹾以疏引为先，而疏引以筹销为急。川、淮同此销路，必须川盐能减一分，淮盐始能进一分，否则徒有减川之名而无销淮之实。当经咨商鄂省，拟由淮南派员前赴平善坝设立稽查川盐局，每月除额销川引外，余均作为私论以符部议，严杜明减暗增之弊。一面咨询川省月销川盐七八百引，是否照淮南六百斤成引计算，抑川省另有科则，满冀川盐斤两与淮盐不相上下，便可提盐配销。即或赢于淮南，但使所赢之数不甚过多，亦尚能逐渐进步。兹准四川督臣丁宝桢覆称：《川省奏定章程》每水引一张配花盐五十包，每包连皮计重二百二十六斤，每引连皮共重一万一千三百斤等，因以淮盐每引连卤耗包索六百八十八斤计之，是川盐一引抵淮盐十六引四分有奇，月销川盐即以七八百引而论，已抵淮盐一万一千四百九十余引，每年共抵十三万七千余引，无怪淮商闻风裹足。溯查湖北五府一州从前皆言每年可增淮盐十五万引，系按六百斤正引计算。臣连卤耗包索，细加覆核并确查，宜昌川盐总局历年呈报加税数目，衰旺不一，大致相同。光绪六年分仅合淮盐十三万三千余引，川省减定之数比实销之数已属有益，况绕越偷漏之盐尤难保其必无五府一州，只此销路已尽被川盐所占，淮盐虽极力经营，既不获盈尺之地，焉能图得寸之功？即甘心亏本亦无路可销，此数年以来，绝无一商认运也。部臣谓其中必有窒碍难行之处，可谓洞见症结。但楚岸引地，上年臣莅任两江后，即派员前赴鄂省与李瀚章详细熟商，一时仍难遽复；而淮南场产日增，岸盐日积，若并此配销亦不能办，不特无以慰众商云霓之望，并有负李瀚章代淮筹运之初心、丁宝桢抑川让淮之美意。臣督同运司悉心妥筹淮南，目前未敢遽存奢望，但求每年实减川引若干，淮盐得有销路。无论路途之险、成本之重，总当责成鄂、湘两局额内各商力任其难，酌提净盐前赴鄂省五府一州及湘省澧州试销。此项试销之引，李瀚章原议虽令暂免摊派，而川引既减，鄂省月收川税未免稍绌，且李瀚章来文业已允准，设局所收前项课厘，不敢留存丝毫，拟即全贴鄂饷，尽收尽解，庶几川商不致骤行失业，淮盐或可循序渐进，鄂省饷需仍归有著，合无仰恳天恩敕部查照，楚省每年可销川盐合淮实数，重加厘订，酌减川引若干、配销淮引若干，行知各省恪遵部议和衷会办，以仰副朝廷郑重淮纲、渐复旧规之至意。

户部议覆臣等：查鄂省岁行淮盐定额，武、汉、黄、德四府应行大引二十八万九千余道，荆州、宜昌、安陆、襄阳、郧阳五府、荆门一州应行大引八万余道，湖南澧州一属应行大引一万五千四百道有零。此次刘坤一原奏内称，确查宜昌川盐总局历年报收税银数目大致相同。光绪六年分仅合淮盐十三万三千余引，是川商占行于五府一州，较淮南定额溢销几倍，而其报局交税之数不符，漏课走私在所不免。此后酌减定限，若如原议月运川盐七百引，已实占淮盐一万一千四百余引之路，通年并计川盐共抵淮盐约十三四万引，核与历年川局报收数目实为有增无减。是川盐依旧侵占[1]淮销，加以绕越偷漏，莫能查禁，无论于淮鹾有碍且暗耗课厘甚巨。当此饷需孔迫之时，岂容以岁入有著之正供，全归于奸商无形之侵占。今即不为淮岸计，亦当为国课厘税计，上年二月，川督丁宝桢奏称“滇黔引路渐通，所行边引足抵从前济楚之数，此时若议禁川复淮，在川省已可照办”等语。是川盐已有旧岸可行，原无藉于济楚。今即勒限令其全停楚运，当亦不难遵办。丁宝桢减引之议，实因淮岸未能遽复，恐楚饷一时无著，为顾全大局起见，非谓川盐无路可销，必须按月运楚七八百引也。兹刘坤一奏请酌减川引，想川督素有抑川让淮之意，必应允为再减。现在究能酌减若干，臣部虽未能悬揣臆断，然以荆、宜等五府一州暨湖南澧州一属额销并计，究令全尽川销计，分川界内按年亦只应销川引六千道，已抵淮引额销九万五千余道之数。际此议复淮岸之时，川商自当多留余地以让淮销，方为两得其平，应请饬下两江、湖广、四川各该督抚，悉心会议，参酌时宜，折

① 占：据文意改，底本为“古”。

中核定，请旨遵行。将来川盐议减可以配销淮引若干，岁应增收课厘若干，能否抵足历年楚岸所收川税之数，使鄂饷不致有亏，应请饬下两江督臣督同运使通盘筹画，妥议覆陈。至川盐之占楚岸，向来官少私多，徒减官引而不能尽绝私盐，则有损于楚厘，徒无裨于淮运。光绪二年臣部奏《禁川复淮循渐布置章程》五条，第三条即请“增添局卡，以遏川私”，兹刘坤一原奏内称已咨商鄂省，由淮南派员赴平善坝设稽查川盐局，每月除额运川引外，余均作为私论，以符部议，严杜明减暗增之弊一节，查平善坝固系由川入楚扼要之区，而宜昌以下江路节节可通，自非多设分卡不足以资扼守淮南，委员未必熟悉川楚地势，应请旨饬下湖广督臣、湖南北各抚臣，不分畛域，协力同心，各饬所属查明旧设巡卡各处所，及川楚毗连各界，酌量设防，认真巡缉，务使层层阑截，毋任川贩片帆只舰得以偷越入楚，民间不能淡食，私净则官必畅行，不特于库帑有益，即楚饷亦可借以周转。且荆、宜等处既能尽扫川私，则武、汉、黄、德境内更无浸灌之虞，亦不难逐渐畅销，复二十九万引之旧额。从此淮纲起色，征收课厘日增，于鄂饷更有裨益。楚督李瀚章身任兼圻[①]，所有楚岸设局堵截川私一事，应请责成该督力任其难，即令将宜昌府一带从前设立局卡、船只，雇役盘查川盐。章程详加参核，或应仍照旧章，或宜随时变通，会商江督刘坤一妥速定议，重整规条奏明核办，毋稍稽迟，是为至要。光绪七年。

① 兼圻：清代总督多管辖两省或三省，谓之“兼圻”。李瀚章时任湖广总督，总管湖南、湖北军事与政事，例兼兵部尚书衔，圻有地区之义。

四川盐法志卷十三·转运八

官运上 贵州 云南 湖北八州县 带本省近边州县

国朝四川盐法，自雍正初年黄廷桂、宪德等定边计、编井灶，规模始具。乾隆盛时，两淮盐利冒天下，于蜀盐不甚措意，法积弊生，改代改配[①]，至于上下相罔。道光三十年，徐泽醇有意纪纲，未竟厥施而去。咸、同军兴，济楚一举，积引利销无算，既乃以套搭丛弊，国计民生因愈蹩，利权旁落至不可收拾，其太甚者尤莫如边岸，或便于此者格于彼，或益于上者损于下，利弊所关，邻疆交諈，盖其难哉！光绪三年，总督丁宝桢因候补道唐炯请变为官运商销[②]法，于泸州居中置官运总局，于井灶所分置厂局，于各岸分置岸局。厂局就井灶籴盐授之岸局，岸局受而粜之商人，凡黔边额引皆令盐道移交总局，并清查以前各积引，以次带销，配运、出纳皆筦其权于总局，又于总局置裕济仓以平价，置大盈库以受各局之转输，于厂局外设押运委员以转运于岸局，外设分卡以查验，其引课、税厘皆销纳于成本中。商无私估、官无外取、引无留滞、课无责负、利归公家而市无腾踊之患。又以贵州征榷无艺[③]，请饬罢盐厘各局卡，由四川岁济银如其榷数。数详经费。请于山东借银三十万两，湖北借十万两，本省筹十万两，率五十万两作运本，先运黔岸并带行近边叙永、永宁、泸州、纳溪、合江、江津、綦江、南川、涪州，又江北巴县及旧行边引之酉阳、秀山、黔江、彭水。本省各厅、州县

---

① 改代改配：即在四川以此厂之引配彼厂之盐，并准许他商配行此厂之岸。

② 官运商销：即在官督商销的基础上，进一步扩充国家对食盐的监控，在运输领域表现为由官督商销，对商人的监管变为更直接的国家管制，官府直接经营食盐的采购、转运，仅在销售领域委之商贩，国家在运输领域内对食盐实行绝对的控制。

③ 无艺：没有定法，没有常道。

以防侵越，其法略如唐刘晏粜商，商人纵其所之，而奏罢州县，率税禁堰埭，邀以利者，为设常平仓诸法。又就雍正十二年黄廷桂、宪德委员转运设埠及元展成议变通而推广之，详定章程十五条：曰裁减浮费，曰清厘积引，曰酌核带销，曰局运商销，曰兼办计岸，曰引归局配，曰展限奏销，曰严定交盘[①]，曰慎重出纳，曰认解黔厘，曰实给船价，曰删减引底[②]，曰添置联票，曰酌留津贴，曰酌给奖叙，奏既上，事下户部议如所请。

丁宝桢奏略：窃照川省财赋，除丁粮外，惟以盐为大宗，从前地方无事，滇、黔两岸多销川盐。就黔省而论，如黔西、大定、遵义、仁怀等府、厅、州、县，川商设号行盐，由永宁、綦江等处转运，其每年所销引数万张，上裕库款、下便民食，地方亦觉安静。自军兴以来，黔地处处被扰，人民离散死亡，十不存一，商人歇业，引滞岸悬，直同废业，而川省之利，尽失所赖。济楚一举，稍资安集，近来两淮议规复淮纲，屡准部咨，令设法筹办停止济楚。虽审时度势未能遽行，然亦终非长策，而清查边计各引，积滞八万数千张，积欠羡截一百数十万余两，虽日事追呼而引既未行，从何筹补？臣到川以后，睹商力之困竭，念边岸之废弛，又见川省私贩日充，地方时虞不靖。窃拟设法整顿，因思滇、黔两边同行川盐，均应举办，然当此课款支绌，成本难酬，若滇、黔同时并举，力量万有不逮。现令先于黔边试办官运，设局分销，俟有规模盐本，可敷腾挪，再筹滇岸期复旧制。惟事属创始，措手殊难，非清正强毅、精明练达之才，不足以资委任。兹查有候补道唐炯籍隶贵州，于川、黔两省边势民情洞澈无遗，而才气亦足以济事，当饬该道会同藩司程豫、盐茶道蔡逢年悉心筹议。去后兹据该司道详称：军兴以后，川省边盐引岸旷废已二十余年，现拟规复，实同创始。就黔岸而论，从前川盐行黔，由永宁县前进者为永岸，由涪州前进者为涪岸，由綦江县前进者为綦岸，由合江县前进者为仁岸，四岸行商各十余家，悉是陕西大贾，资本甚巨。迨值黔乱，相率歇业，秦中又遭回患，家产荡然，不能重整口岸。近年每岸虽有数家，多属川、黔之人凑资朋充，本

① 交盘：前任卸职时把账目、公物、文书等清点明白，移交给后任。

② 引底：清代四川商运时期，运商例向坐商租引配盐，每引一道给银二十两，由商总收租，作为课税羡截，领缴引费，及官吏委员提课规费、商局公费。余数二两，分交各坐商，称为引底。

非殷实，称贷不易，加以水陆险远，输运艰难，此其不能畅行者一。边商行引除本省厘课外，外商人领引有费、引底有息、开签验截有规，踵事递增，任意需索。一入黔境，经过处所，厘卡林立，如布网罗，而黔岸通岁所收厘金并花布木植不逾十万，无补公家。加以关税之重征、官吏之苛派、土豪地棍之把持需索，商本动至亏折，往往视为畏途，此其不能畅行者又一。近边计岸壤地犬牙，计商盐本较轻，辄以计盐侵灌黔地，边贩遂就轻避重贪买计盐，边商亦停阁正引、重照、影射，加以船户盗卖、搀杂泥沙、诳报漂溺，串同为奸，如合江之雷都碛、江津之白沙、毗连南川之木洞、彭水之郁山镇，向为私贩捷径，盘踞透漏。他若黔之兴义、郎岱、独山一带，近滇者有滇盐搀越，近粤者有粤盐搀越，此其不能畅行者又一。今欲重整黔岸，商力既穷，非设局试办官运不可为；力欲办官运，非扫除从前积弊亦不能见效。该司道等博访周咨，酌拟章程十五条，呈请察核具奏，前来臣详加批阅，大要以官运商销、力裁浮费、疏通引岸及禁止一切私索为扼要之图，且清厘积引以杜重照之萌，兼办计岸以遏影射之渐，裁局卡、立船行以畅运销之路，严交盘、慎出纳以绝侵欺之源，而又酌核带销以清积滞，分认奏销以专责成。所议极为周密，果能认真举行，则黔岸自可渐复，边引不致积欠，裕课便民无善于此，自应查照试行。臣现拟于泸州设立办理黔边盐务总局，委唐炯前往驻扎，督办官运商销黔盐事宜，并刻发木质关防以昭信守，所有永、綦、涪、合、江、南六岸及本行边引之酉、秀、黔、彭、纳溪暨近边州县计引，悉提归总局转发配运以一事权，并于产盐之富顺、犍为两厂，每厂设立购盐分局，凡给票、配引、收盐、发商、验票、缉私等事各委干员分司其事，并将局办各岸奏销由局自行专办，俾专责成。其从前各州县积欠改归局办，各边计之，引张及羡截、税课各银两均应随时会同司道核办，由臣饬盐道详细查明引数、银数，分年分成带还，以示清晰，其一切应办事宜统由唐炯调度。惟此次由川办理官运，系为疏通黔岸而设，所有川省关卡一切漏规浮费已详细裁革，而黔中自兵燹之后，由饷项支绌，不得已抽收盐厘，商人运盐到岸，见十抽一，谓之大厘。闻未能悉数归公，且沿途复有半厘、小厘、落地税[①]各名色，又有查局、分局、验票局及各州县私设局卡，层层派索，每引一张运入黔境，实抽厘银不下数十两，以致商贩裹足。综计黔省盐货各厘，岁入不过十万，盐厘仅居其半所得甚微，而于川盐销路大有阻碍。兹拟由川省每年暂行认解黔厘银五六万两，分夏、冬两季拨解以济饷需。以后如销路日畅，盐务大有起色，再行酌量多拨，以昭核实。如此办理则黔饷可归实济，而川引亦可渐复，相应请旨饬下贵州抚臣通饬局卡，凡遇行黔盐厘，一体免收。其报部关税，悉照部则上纳，不许重征，并严禁各地方官设局私派，以通商路，乃为有济。且以目下形势而论，川省户稠人众，黔省土旷人稀，但使边盐畅行，商人趋利若鹜，五六年间黔中人民逐渐复业，口岸亦逐处兴复。其工作力役、藉沿途店栈为生活者，通计四岸引地，不下数十万人，而移家就食、置买田地、招徕开垦相因而至，残破之区或可藉此转为富庶，虽一时未必大效，而异时固可操券，于黔省大有裨益。至现在川中边引积至八万七千有奇，未完羡截一百三十六万六千余两，计引积至四十六万一千有奇，未完税羡四十七万九千余两。现在边岸甫经创办，其济楚销路，臣体察情形，其势未可遽停，免致积欠终悬，且恐别滋意外之事，请俟川中积引销竣后，再行查核奏明办理。至此次筹办黔岸并办计岸引地寥阔[②]、销路纷繁，必须多运盐斤存储总局方资转运而自领引，以致厂灶买盐水陆转运各费并各总局、分局制备一切家具等项，成本甚重，从前黔岸畅行之时，西商[③]设立行号、运销资本合计不下千万，始敷周转，今官为办运是以一局而应无数之商贩，势不能不厚积资本，计非凑银五十万两，不足以资周转，惟此时川省库款一空，各处指拨之款尚属筹措维艰，岂能凑此巨款？而川、黔大局所关，亦万不能视为缓图，自须另行筹措。查臣前抚东时，于粮运两库百计撙节，尚有余款可以挪借，兹再四思维，拟请借拨粮道库银十五万两、运库银十五万两，再由臣商之湖北督抚，臣由该省厘税项下借拨银十万两，其余十万两臣拟就本省各处凑借，以

① 落地税：盐税之一，售盐地所征之税。

② 寥阔：远隔之意。

③ 西商：我国古代陕西和山西的商人团体。

足五十万两之数，至借拨之款分作八年陆续归还，如此一为转移，在东、鄂不过暂时通挪，银两不致无著。而川省得此接济，将黔岸兴复，则可为川省图久远之安，亦可为国家兴百年之利。臣于库款向属谨慎，事求核实，不致丝毫虚糜。此次借款，如果归还一无把握，断不敢以库款有用之财轻为尝试，亦不敢以本省应办之事贻累邻疆。相应请旨饬下湖北、山东各督抚臣，筹拨解川用资措办，想各督抚臣关怀大局、夙著公忠，必能竭力通融，借拨共助扶持。再川省盐课奏销定例于四月内由盐道查明截数，于五月内详明具题，经征不力州县均有处分。此次将引提局，创办官运，一切规模非数月后不能定局，计距来年四月不过半年，期限促迫，黔中道路险远，商人赶销不及，势难于半年之内清一年之课。所有本年丁丑行黔运引及改归边岸计引、新旧课税奏销并请敕部展限至光绪已卯年五月办理，以后即可按年赶办以重考核。其有一切未尽事宜，臣督饬蔡逢年、唐炯随时筹画，总期于盐务有裨。

《奏定盐务章程十五条》：

一、裁减浮费也。查从前商运，每边引一张由县领引，各关投文开签、截验以及落地税、食盐、漱口盐种种规费，共约需银二十余两；恣意剥削，踵事递增，迨入黔境层层局卡如布网罗，每引一张共约需银五十余两，而地方官之需索苛派不与焉；加以本省课羡、厘金、厂价、运脚每引一张，共需银二百七八十两不等。成本既重，利息甚微，商人畏累，裹足不前，即现在一岸行商不过数家朋充承认，大都资本不厚，势不能不夹带影射，挪东补西，私贩因之日炽。额引愈形积滞，是欲疏引必先恤商。此后边计除济楚仍旧外，所有四岸引张无论边计新旧，应由局配运，无须使费。其四望关、犍为关、江安关、邓井关、泸州关、涪州、合江、纳溪、重庆府，经历、开签、截验等费，若全行裁革，无以办公，应酌定每引一钱五分，通饬各关县一体遵照，以归画一。年终由各关县备文赴总局请领，不准地方衙门书巡人等再有索取食盐、漱口盐等名目。至叙永，向抽落地盐税并非正款，应永远裁革。至于黔省除百货厘金外，凡川盐入黔应请敕下贵州巡抚通饬局卡，遇有盐斤经过，不得留难抽厘，其报部之关仍照则上纳，不准重征。商人开设子店，地方官不准需索、苛派，并不准私设局卡抽收，庶成本少轻，销路日开矣。

一、清厘积引也。查犍、富、荣三县积滞边引自道光二十八年、咸丰六年起，截至光绪二年年底止，除认代潼引一万六千八百三十张存盐茶道库未经发领外，实积黔边水引七万零七百零三张，节次展限犹积欠。至咸丰三年起并本年未完成羡截，总共银一百三十六万六千有零。推求其故，一则处分綦严，有官求倖免宁自赔课者，有挪羡厘垫课苟且目前者，而积滞在官；一则商力疲乏无人承认，有由坐商贱卖以纳课者，有行商并完羡截、坐商侵挪亏欠者，而积滞在商。而口岸之废弛、销路之阻塞不与焉。若不澈底清厘将移新补旧，旧者未清、新者又积，挪彼填此，此款未实，彼款已虚，是不但画饼不可以充饥，窃恐展转轇轕，愈积愈深，徒以饱官吏之欺侵、纵奸商之影射而盐法且蹶而不复起也。应饬各该县勒限，将已销未销、在官在商逐年分晰，据实造具清册，并引申送总局查办，分别追赔，停缓另行专案奏咨，此后引张由局配送以断轇轕而免牵掣。

一、酌核带销也。查犍、富、荣三县每年额行黔边引一万零七百七十六张，自道光三十年清厘盐务，犍、富两县共认代潼引二千五百二十二张。咸丰五年以后，黔省糜烂，销路阻塞，遂将边引改配济楚以救课税，截至光绪二年年底止，边引既积七万有零，而潼引一万六千八百有零犹存道库。若复仍前套搭，无从划清界限，又旧引积滞已多，新引例须请领。若再推展敷衍，徒留虚名，羡仍无著，且库款又复纠缠，必至仍前挪掩。应请于总局开运之日起，先行新引，历年积引以次带销。若果黔省照议不再抽厘，不准地方官私设局卡、需索苛派，行销必至倍加，是每年额销外，积引必能带销六分，以后可冀年清年款。至于积滞潼引应全配济楚，庶不占碍新引地步而界限划清，办理亦少轇轕矣。

一、局运商销也。查四岸行商有井有灶者，不过数家，余皆朋充资本，不厚无力者既难周转，有力者又多影射，额引积滞，此其一端。行商自岸入黔，节节开设子店，每店动需一二万金，沿途以盐盘；盐到店则散发小贩赴乡零售，按关收账。今若官运官销费用过巨，稽查难周，在贩有脱空之虞，在局有侵欺之弊。若官商并运，在途则夹带影射；在岸则虞垄断把持，惟有局运商销以简御繁，诸弊可期断绝。且行商藉资周转，获利既多，人情趋利若鹜，承销必众，是亦招商之一法；应于泸州设立总局，叙永、合江、綦江、涪州两井两厂各设分局，给票配引买盐分运，归井厂、分局管理，收储盐斤、发商行销、验票缉私，归四岸分局管理，各专责成，庶免贻误。至于先缴后销抑或先销后缴，甫经创办碍难悬定，应俟一二年再行奏咨立案。

一、兼办计岸也。查边引行黔，向分四岸，由涪州、綦江、合江、叙永进运，接壤地面，犬牙相错，每多搀越，从前计商力乏，多系边商代行以边保计。自黔省肃清，销路渐开，计商又串买他岸计引，以计充边，以致连年讦讼，而合江之雷都碛、江津之白沙毗连南川之木洞、彭水之郁山镇，向为私贩盘踞马头，又复透漏充塞大定、遵义、仁怀、正安、松桃一带边引，所以愈行积滞。应将涪、綦、合、叙、泸州、江津、南川及本行边引之酉、秀、黔、彭、纳溪近边州县，计岸全归官运办理，由局奏销，庶整齐画一，办理裕如，而讼争永息，积滞可疏矣。

一、引归局配也。查行黔边引，向出犍、富、荣三县，于盐道衙门请领回县，发商承销，例应一年一换，随时缴残。道光三十年，清厘盐务，奏定每年销过残引，奏销报完后，扣限一年，全行催缴解部，逾限即为废纸，并饬厂关各员查明扣留申缴。立法本属周密，乃二十余年来积滞引张，竟至八万七千有奇，而官吏之贿纵、商总之侵渔、奸商之影射、私贩之透漏，串成一局，牢不可破。是非法之敝人，人实废法，久之遂败坏不可收拾。诚非区区拘牵文法所能转机，应将此后四岸边计各引，由盐道移送总局，庶事权画一，以便随时随事相度办理，无误奏销。

一、展限奏销也。查川省盐引课税奏销定例，于四月由盐道截数汇详请题经征不力之州县，欠完至二三分以上者，例议綦严。此次开办官运系属创始，一切规模非三数月不能定，距来年四月不过半年，期限促迫而大江既虞漂溺，小河又苦牵挽。及入黔境道路险远，又必待栽种既毕，人夫始多，节节转运甚属艰难，不独各岸一时不能骤销，即各岸捆运亦一时不能齐全，实不能于半年之内清一年之课额，势必捏报全收。若照已收实在之课羡截数造报，难免开商人逋欠之门，启委员挪移之弊。请将本年丁丑行黔边引及改归边岸之计引由局奏销展至已卯五月以后，仍扣满一年造册奏报。饬部定章：所有富顺、犍为、荣县及近边之泸州、纳溪、叙永、合江、綦江、涪州，本行边引之酉阳、秀山、黔江、彭水各该州县处分一律并展。又前欠税羡由局分年带征、完缴、筹销，局员并请免照接征、接催之例，开送职名以免牵顾而归画一。

一、严定交盘也。查川省各厘局向系尽征尽解，每遇交替局中文卷，自行携去，往往亏挪，漫无稽考。此次创办官运，事体重大，款目繁多，应照藩司盐道盘查之例，所有总局正杂收支数目，分年分款，开列四柱，汇造月报，每年奏销及遇交代①之时，详委藩司监察，亏则题参，足则出结。题报如有扶同隐匿等弊，一经发觉照例参处，至各局委员离局之日，照州县交代例，一体造册加结呈详，总局移报藩司查核。若有侵挪亏空情弊，即行严参究追。

一、慎重出纳也。查盐课羡截，向由各州县批解，盐厘由各局批解，均归盐道衙门挂发，此次办理官运成本不厚，若循向章配引若干，即截缴课厘若干批解，必致不敷周转，有碍销运。且既由局奏销严定交盘，所有款项应留总局，分别正杂听候拨解，毋庸更解盐道徒烦案牍。其平余一项，应立专款听候提拨本省公用。至每月销盐若干、收价若干，各岸分局按旬申报总局，总局按月汇详总督衙门并移藩司，庶昭慎重而杜侵挪。

一、认解黔厘也。黔省自兵燹之后，饷项支绌，不得已抽收盐厘，商运到岸以见十抽一，谓之大厘，沿途复有半厘、小厘、毫金、落地税种种名色，又有查局、分局、验票局及地方州县私设卡局，需索苛派，层层剥削，每引一张运入黔境实抽银五十余两，以致商贩裹足，销路阻塞。而黔省厘金并花布、木植、大宗杂货每年通计未逾十万，是盐斤一项不过得半之数。今既请敕下贵州巡抚蠲免盐厘，严禁地方州县私卡苛派，自应由川认解黔厘，以归实济。拟每年认解黔厘五六万两，匀摊于四岸盐本内征收，按夏冬二季拨解。目前为数虽觉减少，但使销路无阻，蜀饷充裕，黔之协饷不致停久。舍此取彼，所获已多，而于两省大计裨益，实非浅鲜。

一、实给船价也。查商户运盐均交船户，并许带私藉减船价，其船

① 交代：指前后任相接替、移交。

只又系商号借本制造，船户亦意图夹带，甘心忍受。每载竟有夹带数千斤、万余斤者，沿江售卖，遂至私贩日炽。应将船价照民间河规平市实发，并明定章程，设立船行，招集船户，编列字号，连环取保，刊刻大票，每船载盐若干张、计若干斤，价值数目、船保姓名由驻厂分局委员于发运时填给船户，收执到岸随盐呈缴，分局查报总局。其沿江关卡照章点验，不准夹私盗卖，并示禁沿江居民不准接买，查出严行惩办并将该保户一同治罪。

一、删减引底也。商运行盐必先向坐商租引，然后赴井厂配盐，每引一张约十余两、二十余两不等，由商总租收作为课税、羡截、领教引费及地方官吏委员提课规费、商局公费，下余之数不过二两，由商总分交各坐商谓之引底。近来四岸悉系行商承运，足知行盐原不须用坐商。历年羡截，行商已缴，全是商总侵挪，乃商总藉兹引底，展转私售如操市券，先正课而坐享厚利，缘积滞而阴售奸私，以致行商成本加重，昂价病民。私贩因之，滋蔓难图，阻塞销路。本应全行裁革，惟念边商受国家豢养已久，此亦其子孙世业，姑准留此引底，以示格外体恤。今引归局配，裁减浮费，应缴课厘、羡截均由总局分款汇解，每引止酌存引底银一两，由成本内拨收，年终集有成数发交商总，按名给领以归核实。

一、添置联票也。盐归四岸分销，日久易滋弊窦，应由总局刊刻双联票根票纸，编列字号，盖用总局关防，发存分局。商人到局承销盐斤，自一包以至数十包、数百包，于中缝正字大书包数、斤数、价值多寡加盖分局关防，票纸截给商人，别于前途扼要之地设一分卡，委员点检后收回票纸，半月汇缴总局一次，即由分卡按包换给小护票，以便商人售销，按季由商人汇缴总局。票根照填，簿册存局，仍由分局按月汇缴总局，以凭核对，庶行销数目、时价涨落，俱可按册而稽，无从欺侵影射。

一、酌留津贴也。查额定每引配盐五十包，每包重一百三十五斤，惟盐质甚嫩，卤耗尤多，加以沿途盘运、解捆、掣验、抛洒消耗更巨，是以商人赴厂捆运，每包加至二三百斤不等。道光三十年清厘盐务，奏定每包连皮索准共重一百六十斤，今由官运，无虞夹带，而盐之消耗与商运无殊。应准照成案每包以一百五十斤为正额，外加十斤以备消耗。

饬四岸分局于销售时多出余盐若干，逐包计簿按旬呈报总局，另立专款，以作支销各局费用等用，仍由总局按月详报总督衙门并移藩司、盐道以资贴补而昭核实。

一、酌给奖叙也。此次办理边岸盐务系属创始，事极繁杂，非群策群力不能有济，而鼓舞造就尤在信赏必罚，此后承办人员如有侵挪怠玩情弊，自应分别参撤停委，其办理一年著有成效，即应量给外奖；如办理二年成效大著，应准奏请奖励，庶足以昭劝惩而策成功。

《续订盐务章程二十条》：

一、盐务款目繁多，不立大纲，不惟厂岸各局积久易于牵混，即总局亦难得其要领。今仿两淮盐法，以甲子为总纲，如本年丁丑，即为丁丑纲，以裕国便民、除弊整纲、恤商疏引、格枭为良、大法小廉、万年永长二十四字为散纲。厂局每月购盐二次，每次一字，总局核本即挨字札发，如以裕字盐为第一纲，国字即为第二纲，直待二十四字行竣，乃合为一大纲，以是周而复始，俾各局咸知纲领，罔有紊乱，局事虽繁，条理自一。

一、富厂盐以引十二张为一载，犍厂每载或十四、十六张或十八、十九、二十张不等，原难一律。厂局发盐只论载数，每盐一载填给船票一张，发交船户，挨次编列号数，号数既有次序，则批数尤易稽查。每批或一号二号或五六号或八九号、十号概不拘定，但须分别岸局，挨次逐批开报总局，并将捆抬、堆拨、驮价运费逐款开载，注明第几批、第几纲、某字盐，以便总局按批核本札发。各岸则由号数而列入批数，由批数而归入纲数，前后款目皆有头绪始无紊乱。

一、厂岸各局汇报款目，除四柱册外，凡有汇报均宜归纲。厂局第一次购盐若干、价值若干，不论多少一并归入裕字，第二次归入国字，第三次归入便字。岸局按月汇报亦须依纲，如第几纲某字盐共几批、计若干张，遵照札核盐本若干，分别注明某行号承销若干，盐数销竣，盐本解清，所有引纸、票根，某号起、某号止共若干张，一并造册随缴。如此归纲办理，不惟厂岸各局得以由繁就简，而总局亦可以简驭繁，不劳而理。

一、盐务除银、钱、盐三大宗外别无账目，应饬局中执事者将银、钱、盐数目出入，逐日登记，不准漏落含糊。每日由局员查封过朱，另立总簿一本挈领提纲，分别款项，俾一切账目能合能分，有条不紊。至于造报四柱格式，非买卖人所习，应饬书遵式造报。所有局中文卷应立档册，一人专司以便检查、移交至厂局采配。岸局售销都须将所存银盐实数按旬呈报，以便总局筹画。先事豫备使厂局购买，不致乏本，岸局销售无虞缺盐，以裕帑项而济民食。

一、厂灶煎熬盐斤，所有米价、人工一切费用，厂局应随时访问周知，每次购盐先期牌示。至期，大小灶商，毕集局中，随市议价，不得抑勒，言定某灶承卖若干张，局员记簿、灶商写立字号。红票议定交盐期限，交局存据，每张富、射两厂先发半价，犍厂先给价七十两，余价按照商规，盐清银楚，即以总局较准厂平所发盐本原封兑给，无得短少折扣。次日即造具清册，详列盐数、价值、灶户花名、某灶买若干张申报总局，于何日起运某岸，即速函知岸局，以便饬行号赶销，行号亦得赶备银两呈缴，不致迟误拖欠。

一、厂局随市购盐，自以定买大灶方能接济，惟花盐可以零售小贩，巴盐则专归局买。该小灶等煎炼盐斤无从出售，势必亏折，殊非纾厂恤商之意，应将小灶巴盐一律配买，银色价值不准短少扣折，仍饬该灶照章煎炼，不准泡胆发汗、嵌渣渗胆。倘该局内外经手人等，欺凌小灶，敢将价值银色私扣入己，不与发足；又或与小灶通同舞弊，一经发觉严追治罪，局员亦照失察详请究办。

一、计商招设行号，有岸租，有年限；行号发卖零贩，有外欠、有抵押，其中轇轕甚多。若骤予更换另招，既非体恤商情，亦复办理棘手，从前行号应仍其旧，如查有把持情弊，或亏累太多、力难承销再行更换，另招殷实粮户承充，不准坐商勒措岸租。倘后销行畅旺，亦不准坐商勒加岸租银两，所有行号更换、承充，该局均不得婪索规费，致干查办。

一、边岸行号向由坐商招设，今荣、富、犍三县边商积欠课羡甚巨，遵照部议奏定章程，引由局配，该坐商已无引无岸，其从前行号如愿照旧领运，听其承销。倘口岸畅行，添设行号，照章不得禁止，惟该行商运盐入黔、沿途设店，非千百金足资周转，必须择其资本厚实、至少亦在万金以上者始准承销，庶该局无亏挪拖欠之累。

一、各岸秤斤轻重不一，今照藩库移送库马[①]以归画一，厂局采买时饬各灶将盐提净，不准泡胆发汗、嵌渣渗胆，定照法马外加一斤，以半斤作船水折耗，以半斤作岸局进仓、出仓折耗。富、射两厂草簕[②]定以五斤为率，犍厂定以三斤为率，不准灶户加重，岸局收盐除船水折耗外，实应收一百六十斤零半斤，收富、射两厂盐连簕共一百六十五斤半，收犍厂盐运连簕共一百六十三斤半，以净盐一百六十斤发商承销，岸局有此半斤敷耗，即不准擅报亏仓、少秤，以滋流弊。至花盐改归旧则二百斤，外加耗盐二十斤、篾包定重六斤，共库秤二百二十六斤一包。厂局饬灶户先将花水透净，于上载时认真选择，到岸折耗大约只在十斤之数，岸局即就原包发商，俾商号少有亏折易于承销。

一、边商转运盐斤入黔，道途远近既殊，运脚多寡不一，应由行商自行随市发卖，毋庸官局定价。至计岸行商有一家承认全岸者，有数家同认一岸者，若不许其获利，则费用甚巨，该商不能承销，若竟听其自卖则价值悬殊，地方必至滋事。今由总局核定成本札发岸局，岸局遵照札饬分发各商，除照本缴银外，每张巴盐许计岸行商长卖银二十两，但每批盐本贵贱不同，而每月钱价长落不一，街市银两不必皆库平[③]、库色，远近销行又加以水脚、旱脚，每批盐到岸，该局应将盐本贵贱、钱价长落加以库平、库色合算，每斤摊钱若干文，由分局随时悬牌晓谕，适符其长卖之数。至该商发贩赴乡、脚价高低，应照程途远近，准该商贩于定价外，每百里加脚价二文，以次递加，毋得抬价病民，该局不得浮收捏报，亦不得受贿擅定高价，有碍行销，致干查办。

一、厂岸各局与灶商行号交涉事件最宜大公无私，开示诚信，如倚势任性，不为商灶所信，终必为商灶所愚，殊非为政之道。厂局购盐约定交价、上盐期限，至期该灶盐已熬齐，厂局虽未及配运，亦宜将余价给发该灶以示大信。至边、计岸发商之盐，概宜按照缴本多寡摊派，以昭公允。计岸呈缴盐本由各局就该处情形，与议期限，每月随收随解。

① 马：今作码。下一行“法马”今作“砝码”。

② 簕（lè）：今作簕，一种有刺的竹子，也写作“簕竹”，俗称刺竹。

③ 库平：部库征收租税、出纳银两所用的衡量标准。

至边岸销行较大，道路甚远，若令按月按批呈缴，则周转殊难，商力亦属拮据，应照商规定以端午、中秋、封印为三大关期，三月、六月、十月为三小关期，小关随收随解，大关则令该行号除缴清盐本外，仍须长缴，遇销行涨市即与多派盐斤，如未能长缴遇销行涨市，即停止不派，以微示劝惩。是即本两淮验资、给引成法略为变通，不独呈缴有定期而商力可纾，销路亦广，与先缴后销部章无所违背。

一、岸局申缴盐本应按收盐批数申解，但申解时该行号或尚有蒂欠[①]未清或先期长缴银两尚未领盐。一涉胶柱，反多迟误，况各局既有四柱旬报，又有按月依纲汇报总数，正不必因此宕延转滋牵掣，至各局请领每月局费、薪水及岸局申解盐本、银鞘[②]、绳索、运脚等费，并补发各批水脚尾数，应由总局请领始归一律。但各岸有距总局甚远者，不免往返耽延，应准于盐本内坐扣支销，汇报时逐款详报以备查核，似此通融，亦归简便。惟开销此数项银两，仍须将长平申报汇缴，庶免款目轇轕。

一、厂局采买盐斤系属库色并无折扣，岸局自应征收库色以备拨解，所有销行征收为数甚巨，自应倾融以归一律，惟库款责任甚重，非一二银匠所能承当，应令行号或一家招一倾融匠号，或数家公设一倾融匠号，由该号赴局承认申请立案，于银面錾某岸局、某行号、年月字样，如有假伪青潮，照例治该行号以应得之罪，毋庸设立官银匠名目，以免日久通同官局行号，滋生弊端，有干例禁。至行号每次赴局呈缴盐本，应由该行号自行平兑封记于纸背，封口处加盖该号图记。局员但眼同[③]监视，加贴印花备文申解，如有定件短少惟该行号是问，不准局中人等经手，以杜高下添平之弊，庶商情无所疑沮，销路自广。

一、厂局设立船行，招集船户取具保结，均照商规所定船价毫无折扣，较之行号尤为从厚；又准带食盐，照定价发商，体恤已至。倘该船户无知，仗恃官运故意占据商船槽口或借事生非，讹诈平民或包揽客货、暗装重载，该局及押运委员应严行约束稽查，如该船户胆敢故违，

① 蒂欠：未予清偿之极少部分本金、利息。

② 银鞘：古时一种解饷银用的盛放物。

③ 眼同：会同、跟同。

一经发觉，分别轻重，斥革治罪。

一、盐船抵岸应补水脚尾数，均由厂局议定详载船票。倘该船户盐未交清或由尾数照发商盐价扣除，或即以耗盐添缴清款，始给收回。但不得偏徇商号，刻薄过称，擅于船票上填写欠盐若干，致船户生怨，开拖欠之端，而此项盐斤以后亦无著落。如交清后剩有余盐，即由岸局饬令行号收买，照发商价给与该船户，以示体恤。亦免岸局领银收买，牵混局中款项，而该船户等余盐既有售销处所藉可获利，亦不至偷盗沿江洒卖，将盐色选枯有碍商号行销。

一、盐船遇滩干水浅或洪流泛涨，意外之虞，所不能免。总局先事预防，每批核本即筹有护本一项，倘沿河失事，无论子局、分卡即就近禀报，由该委员速行查实，如在可免赔缴之列，即由该委员详禀总局，批饬厂局照数补配。距厂近者即以小船赶运添装；距厂远者下批配交与原船户带运到岸，补交所有补配之盐，毋庸再给船价以示薄惩。惟厂局添买补配银两，总局仍由护本项下拨发，如船户有舞弊者，不在此例。

一、盐船抵岸起载，均照商规有一定期限，毋许该船户等需索帮费，自厂局领盐运行经过子局、分卡提拨换船之处，由正载船户将船顾就开单，呈请该处委员过朱，将船查验。如人力不齐全抑或船只坏烂，当即饬令更换以免该船户等贪顾减价、坏船装运、重载失事，始足以昭慎重而利运行。

一、引盐到岸，由分局发商，毋庸开包零售，该各行号承销引盐或就近起岸销售，或换船提拨转运前途，或改换整理篾篰、篾包，一切费用为數无多，而各岸商规不一，碍难核入成本。况盐归各行号承销，此项包篰即归行号所有，应将换篰、加篾、提拨各项零用，饬商号自行开销。该局毋庸管理呈报，如遇行销疲滞，当起盐存局即照商规起载，嗣后发商仍由行号承认。此项不得归局开销，惟由纳溪转运叙永、由涪州转运彭水系尚未到岸发商之盐，所有改包、换篰、加篾一切应由涪纳分局代为办理，每张费用若干呈报总局，以便核入成本，到岸发商仍即遵照办理。

一、厂局应将各灶户花名、某灶篰上系写某字样、船户认状一并移知岸局存查。岸局将向来行号几家、添招行号几家、银面錾何字样以及某灶盐色难销、某船户交盐狡猾、船只烂坏随时寄知厂局，俾厂岸各局联为一气。如船户狡猾、船只坏烂则暂停其领运，灶户奸欺、泡胆、嵌渣则暂无与购盐。如此潜移默化，积久诈伪自泯；况产盐多少、销盐畅滞，厂岸各局均宜熟习周知，始能权衡缓急因时部署。商号消息向来至速，各局均有健步反令消息不通，难免不受其愚弄。此后厂岸各局彼此通信，以五日为期，若有紧急要件限期健步飞投，经过各局不得延缓迟误。

一、衙门陋习，凡遇公事一入家丁之手即立陋规。此次办理官运各局款项出入甚巨，若不预行禁止，厂局必向各灶需索，岸局必向各商营谋，弊窦一开为害胡底。况每日在局中出入无非灶商、行号、船户，局员应随时接见以通商情，遇有公事，面为定夺，不得假手家丁致多贻误。至各局现用有火夫、小工人等足备使令，凡局中执事不准另用仆从，以免滋事而节糜费。

户部议略：查光绪二年五月，御史周声澍奏请禁止川私收复淮岸，当经臣部酌拟循渐布置，《章程五条》第二条“疏通边引”声明“滇、黔两省例食川盐，口岸前因边界不靖，川盐无本岸可销，暂准借行楚省，今云、贵久报肃清，应令川督转饬盐道查边引旧额，赶紧配运，以广销路而复成规”等语。诚以边引一日不复，则川盐壅积，仍必占销楚地，故欲收淮纲必自清厘边岸始，第边岸废弛几数十年，一旦欲剔除积弊、兴复利源，非有认真督销、不避劳怨者不足以总其成，亦非有熟习边情、深明鹾务者不足以襄其事。兹据丁宝桢议复黔岸，从此可冀边销日广，渐将楚岸退还，是诚鹾业之转机而复淮之先务。国家二百年经久之制，东南十数郡大利之源，兴废举坠，胥此之赖，自应即准照行，以观后效。臣等详阅该督臣原奏，其悉数边盐滞销之由，无不切中时弊，酌设总局、分局、各处所，亦皆就地扼要联络周密，所拟《章程十五条》大要在官运商销、革除浮费、力疏引岸、禁止需索，并清厘积引、兼办计岸以防影射，严定交盘、慎重出纳以绝侵渔，带还旧欠以清积滞，归局奏销以专责成，其余置票给奖、定船价、筹津贴各款立议均尚详妥，除督饬司员逐款细核、另列清单，于各条下分别议覆外，相应请旨饬下丁宝桢督率该司道等即照所议举行试办，惟局务创始，全恃经理得人；倘分局委员偶有不慎，难保立一法不滋一弊，诚在该督臣慎选贤能、广资群力。如各员中有始勤终怠者，立予撤参，毋稍徇庇，以期相助为理，弊绝利兴。至川省既议按年协解黔厘，则凡川盐所过黔省地界，除例应报部关税岁额七千余两，仍令照则完纳外，其余一切抽厘名目概行停革，抽厘委员概行撤回，丝毫不准再有重征。应令贵州巡抚通饬晓谕，以杜浮收而轻运本，所需筹办黔岸运费等银五十万两。既据丁宝桢奏明，前在山东巡抚任内，于粮、运两库百计撙节，均有余款可拨，该督臣离东未久，于东省度支情形自必周知无遗。应请旨饬令山东巡抚文格查照丁宝桢原奏，即饬该运司、粮道于属库存款项下各拨银十五万两赶紧委解川省备用，并饬湖北巡抚、两湖总督迅于所收厘金内，筹拨银十万两，一并限于年内解川接济，毋任违逾。此项系为筹拨边岸盐本，将来边引畅行，不独有利于黔、滇、四川诸省，但使淮南自此收回楚岸，实于鹾纲、饷项均各大有裨益。各该督抚务当不分畛域、共矢公忠、勉图接济以维全局，仍令丁宝桢将此次借银四十万两分作八年，照数归还，俾符奏案。其川省自凑银十万两，究系筹拨何款，并令随时奏报，藉凭稽核。际此帑项拮据，该督臣筹集巨款，亦当深体时艰，严饬该委员等核实支放，毋任浮冒，仍将收支各项总散数目及各委员、丁役人数、每月每各薪水若干并盐价、运脚、零星局用，分款造具，详细清册，按年送部，毋稍遗漏，以重奏销。再查原奏内称“川省边引积至八万七千有奇，未完羡截一百三十六万六千余两，计引积至四十六万一千有奇，未完税羡四十七万九千余两，边岸甫经试办，济楚销路未可遽停，请俟积引销竣再办。又成本难筹，滇、黔一时并举，力有不逮，拟于黔边先行办运，俟盐本可敷腾挪，更议滇岸”各节。查疏通边引川省固当急办，而收复楚岸淮商亦难置缓图，现既试办黔盐兼办计引，自应将边计积存各引张分别搭销，就黔、滇两边计算，黔边口岸较多，应分滞引七成先归黔岸，分年带还；余存三成，一俟滇岸办运，再归滇岸，分年带还。如此办法自不致旧欠久悬，且积引已归两边带销，亦不必再议济楚，徒为舍己芸人，终非长策。况疏通边引正所以为复淮地步，今运黔业有定章，应令两江、四川各督臣悉心会议，即将两湖借销川盐之安、襄、郧、荆、宜五府，荆门、澧州二州酌定陆续退还淮商，以冀渐归旧制，不令禁川复淮之议徒托空言。若川盐既有黔边可行，而所借楚岸五府二州仍前不能退还，于淮鹾毫无利益，则此时动款借拨数十万金，徒为边岸一隅之计，将来岁收黔盐课税几何，万一本重利微，未免得不偿失。又川盐若不早清引界，窃恐牟利，取巧名领边引，实侵楚岸，其间挪移、影射流弊尤不可胜言。各该督务宜恪遵奏案，即将运楚川盐勒限截停，此后川淮各销各岸，庶鹾纲得以大定，实不可再事迁延。至臣部前议淮南收复楚岸后，川省进项大减，应由淮筹款协贴川饷，每年五六十万金，以补盐厘之绌。迄今半年，未据江督奏覆，殊属延宕，并请旨饬下沈葆桢，查明前议协川之项能否照行，专折奏明办理。如淮南能遵部议，按年协解川饷五六十万两，即令江督转饬运使，上紧筹措一年协饷银两，分批解交川督，将此项协贴专款存储，为筹办黔边盐务之需，或招商、或官运，迅速妥筹定议，克日奏陈，俾边引全归旧额，而淮岸归复之期，亦庶几不远也。谨将四川总督酌陈《黔边盐务章程十五条》逐款核覆：

一、"裁减浮费"一条，查浮费愈多，盐本愈重，私橐充则官销滞，盐务积弊莫此为甚。该督拟将边计、新旧引张统归总局配运，裁革一切使费名目以利疏销。应如所议办理，其酌留开签、截验等费用，每引一钱五分，系为藉资办公起见，为数无多并应准令各该关、县等每届年终赴局请领。此外如有苛派、需索及经过关口重征、留难等情，应饬盐道局员等认真查察，随时随案，严加惩究，毋稍宽纵。至所请盐入黔境，各局卡免抽厘税一节应归"认解黔厘"条下详核。

一、"清厘积引""酌核带销"二条，查川省新旧积引，自道光三十年清查案内奏明：潼厂滞引七千九百余张，欠课银十六万六千四百余两，拨交犍、富边商代销分作十二年弥补。迨同治二年届限，前督臣骆秉章又以滇、黔匪扰道梗滞销，犍、富、潼积引四万余千张、欠税银三十一万余两；荣厂积引五千余张，欠税羡银五万余两，议分八年、六年带销。同治八年又届限满，前督臣吴棠复请将各厂自咸丰八年至同治四年积存旧引三万余张，再予展限五年，同治五、六、七三年积存旧引五万余张，再予展限八年分销，计自同治八年扣至本年所请递展之限又复逾期。节经臣部奏咨行催，总未据开报续完其各年未完积引，并经行令将堕销职名报部议处，该省亦迄未遵办，兹据该督条议，请将富、犍、荣三县除认代潼引存库未领外，实积黔边水引七万七百零三张，由局查明分别追赔停缓，又请以次带销。查亏欠盐课税羡，在官者固例应追赔，在商者亦未便率请停缓，致令百万巨帑虚悬无著。应令丁宝桢迅饬各该县，将积年滞引已销未销、在官在商分年据实造册，随同引张一并封送总局查核，如系官亏，应即查明某任某员欠数若干，按名追缴；若属商欠，准如所议，以次带销仍不得漫无限制，即令酌定销数年限，自总局开办之日为始，每年带销旧引若干，分作几年，一律销竣，专案报部备查。倘届期满再有蒂欠立予严惩，不准续请展缓。该督臣务当督率盐道局员上紧催征早完积欠。此后黔厘已免抽收，浮费亦均裁减，该官商等毋得藉词延宕致亏额课。其楚岸业经定议复准，所有川省积滞潼引，应令查照此次正折内所议带销边计积引章程，分成搭配，滇、黔两边立限带征。该督请将潼引全配济楚之处应毋庸议，以杜侵越。

而“清引界一局运”“商销引归局配”二条，查川省盐务至于官吏、商贩串成一局不可收拾，自非设法更张、立祛积弊，不足以冀转机。今该督请试办黔岸改为官运商销，于泸州设立黔盐总局，将边计各引由盐道移送，随时筹办，并于四岸、两井、两厂设立分局，经管发票、配引、收盐、缉私诸务，系为整顿边鹾起见，一切应如所议办理。惟各局员既有配运、发商之责，应以分局为经征，总局为督征。嗣后每届奏销，即令开具各该员完欠分数、职名，照例具题分别惩劝，俾符定制。其领引、缴残各节，仍令恪遵成例，按年赴部请领新引，并将各残引依限缴销，毋稍延误。至所称“先缴后销或先销后缴，再行奏咨立案”等语，查盐务凡先课从盐省分，多能年清年款，若先盐后课则商人售盐得价易致随手挪移。迨交课时筹措稍艰，辄启亏欠之渐，于商无益而于课有碍。应并令转饬该盐道等查照先缴后销，章程传谕各商遵办，以保课款。

一、“展限奏销”一条，查四川盐课例定，次年四月奏销，此次开办官运，一切规模不能遽定，且距例限不过半年，以半年清一年之课为期太促，该督拟请推展尚属实在情形，惟展至己卯年五月以后，限期又觉太宽，未免有亏额课。计该省官运九十月即可开办，年终自当办有规模，应令将本年盐课展至戊寅年十二月，截数造报予限一年有余，应不难从容就理，不得再事迟逾，漫无限制。其富顺等州县及近边泸州各属处分亦令展至十月开报，以归一律。此后每届奏销务令按年趱早一两月，逐渐归复定限毋任久延，至积欠税羡究定分限几年，由局带征，各局员承销。前项银两如有未完，例应议处似未便率准免送，应令该督查明覆奏再行核办。

一、“严定交盘”一条，查盐引课既归局办，各委员均有经手款项，今该督请照盘查定例，于奏销及交代之日，总局、分局各令造具收支、清册移报藩司核察，查有亏短，题参追究，藉严考核而绝侵挪，立法尚属周妥，应照所奏办理。惟查川省盐务，不但各厘局委员所收钱粮，向无交替报部案据，即各州县经征盐课，亦并未将收支四柱清册[1]照例交代，实属有违定章。并令该督转饬盐茶道通饬各属，嗣后各州县如遇交代，务将应征正杂盐课已完未完数目，另造清册，出具甘结，由该盐茶道加具印结，照例报部查核，毋任仍前含混。

一、“认解黔厘”一条，查黔省藉厘济饷，今川督议请由川按年协贴黔饷，免抽盐厘，实于边岸有裨，而黔饷仍不致无著，应准如所奏。请旨饬下贵州巡抚通饬各州县，凡遇川盐经过地方，除例应交税报部之关仍令照则完纳外，其余一切盐厘名色永远禁革，各局卡不准留难重征。并川商在黔开设子店处所，亦不准该地方官需索苛派，以轻商本而利行销。至川省认协黔厘，务令按年按季如数解交以济边饷，勿稍迟误，仍将解过银数随时报部备查，勿任遗漏。

一、“实给船价”一条，查船户运载盐斤沿途盗卖例，有治罪明条，至商人通同夹带尤属大干法纪。该督拟请设行编号及刊票开载盐斤数目、船保姓名填给船户，收执过关，点验各节，系为防弊起见，立法均尚周密，应准照办。经此定章之后，倘再有前项情弊，务令照例重惩，毋稍姑容。其每船实给运价若干，并令查明报部备核。

① 四柱清册：我国古代重要的会计结算方法。唐宋以降，随着社会生产力发展，我国古代会计工作者在核算中，逐步形成了一套记账、算账的古代会计结算法，即“四柱结算法”，亦称“四柱清册”。所谓“四柱”是指旧管（相当于“上期结存”）、新收（相当于“本期收入”）、开除（相当于“本期支出”）、实在（相当于“本期结存”）四个部分。“四柱结算法”把一定时期内财物收支记录，通过“旧管+新收=开除+实在”（即上期结存+本期收入=本期支出+本期结存）这一平衡公式，加以总结，既可检查日常记账的正确性，又可系统、全面和综合地反映经济活动的全貌。这是我国古代会计的一个杰出成就，即使在现代会计中，仍然运用这一平衡关系。

一、“删减引底”一条，查边引向有行商、坐商、商总之分，商总包庇课羡、坐商分肥，盘踞弥众、剥削弥甚，实与课款有碍。亟应查明禁革，以绝弊端，今引归局配课羡由局汇解，业于总、坐商绝无干预，亦何得滥支津贴？若每引仍令拨出引底银一两，殊非减轻成本、核实办公之道，应饬毋庸给领，以裁冗费而肃鹾纲。

一、“添置联票”一条，查此条系为稽核销数、豫防流弊起见，所拟刊票盖戳书明盐包斤数，设卡点验及换票、对簿，各章程尚属详妥，应准照办。仍令该督转饬局卡各员实力稽查，毋得日久生懈。其双联票根应令销完后汇缴总局，转解盐道衙门，随同残引按年送部缴销，俾资稽考。

一、“酌留津贴”一条，查包运盐斤例有定数，岂容任意加增。今既奏明每包照案以一百五十斤为正额，外加余盐十斤，应令转饬局员等认真查察，务照定额按包配运，如有重斤夹带，立予严惩。至余盐既经留为局用专款，所有各局卡一切经费，应就余盐售价项下，撙节动支，不准另有开销，以示限制。仍令将余盐若干、售价若干、作何动用按年造具收支细册，报部查核。

一、“酌给奖叙”一条，查局务试办伊始，全赖用人得当，尤贵信赏必罚，藉昭激劝。如各局员果能始终奋勉办理，积有成效，应请准如所奏，酌量给奖。倘查有侵挪、怠玩情弊，令立予撤参，毋稍回护，以示劝惩而资整顿。

一、“兼办计岸”一条，查边计各盐亟应划分界限，以免侵越，应准如该督所议，嗣后统归官运，由总局办理奏销，以一事权，并清引额。惟是否仍归边计各商分认行销，原单未及声叙，应令查明登覆。

一、“慎重出纳”一条，查该省设立官运各局，散处诸州县，存储课银，易滋意外。应照该督所议，将每月局收盐价，由总局汇集成数，随时酌委员弁护解道库，无得积存局卡，以昭慎重，仍令该总局督率稽查各局员，如有延不照章申报，至启亏挪情弊，立即据实撤参，毋任贻误课款。光绪三年。

丁宝桢奏略：再臣于去秋间奏办黔边盐引改归官运商销，案内声明将界连黔边之泸州、合江、綦江等十余州县计引并归官运，复因永宁、江津、南川三县均与滇黔犬牙相错，亦改由官运，以杜计商私贩搀越。边岸之路自开办以来，边、计两岸均有一定界限，不致混杂，私贩既少浸灌，销路自觉畅行，惟查重庆府属之巴县、江北厅界在泸、合、涪、綦之中，近年乏商领引，均暂交行号代销，本非长策，而代销之行号又多系教民承充，现值教民多事，亦不可不防其渐。此时上下游泸州、江津、涪州等处引盐俱归官运，则中间之巴县、江北厅计引均应一律归官，以免错杂而滋引弊。臣已檄行盐道，将巴县、江北厅未行光绪四年分引张提归黔边盐务总局，定于光绪五年正月初一日为始，改归官运，仍照黔边章程发商行销。光绪四年。

谨按：疏内借拨湖北银，寻以无款可拨，复山东仅借银八万两。宝桢乃就藩库、盐库及川东道盐厘、夔关盐税、富荣盐厘及当商生息银集足五十万两，举办一年后，即由官运总局随时解还。当是时，户部以积引多，议于黔岸官运带销七成，留三成于滇岸。丁宝桢以从前积引皆以套搭滋弊，特置官引局领其事，专销潼积，以次计积，毋相牵混。行之期年，黔岸岁销额引、外带销积引且八成，税羡、截票厘[①]及各杂款衡之他日，岁赢九十五万有奇。于是四年十月宝桢复奏，请举办滇岸，仍带行近滇边之宜宾、南溪、屏山、庆符、长宁、高县、珙县、筠连、兴文、江安、马边、雷波，本省行计引者凡十二厅县、厂局与黔岸共之，增置局岸六卡。如之，先是云南自军兴后榷川盐厘百斤至银一两有奇。至是宝桢移牍议减为百斤榷三钱以利商运。云南移复如议，又综计犍、富两厂出盐赢绌分界配引，令其适宜。

丁宝桢片奏略：再前准户部咨滇边，向系川盐口岸，应上紧设法办运，以杜私枭而保川纲等。因查滇岸盐务，前臣于筹办黔边折内业经声明，运本无出，须先将黔岸办理就绪，再行以次接办。现在黔边奏销已著有成效，亟应乘时办理。臣现与总办黔边盐局候补道唐炯力筹运本，拟于十一月内即行开办，仍委任该道就近在泸局兼行综理俾省经费，其一切应办事宜，唐炯熟悉情形，臣令其查照黔边章程，斟酌该处时势，统归官运商销。如实无商承领，即归官销，以免停待。惟查滇岸额废已逾二十余年，川省私贩视为己物，动辄挟众抗拒，而滇省之白盐、黑

① 票厘：清代四川盐税的一种附加税，即对余盐征收的课税。从咸丰五年（一八五五）开始征收，光绪三年（一八七七）改为票厘，花盐每斤征钱十文，巴盐每斤征钱四文。

盐、琅盐各井盐亦复从中浸灌，是该岸两路皆私蚀利已久，一旦规复旧制，办理似较黔边颇为棘手。且运道又复分歧，尤虞阻格。臣与唐炯日夕筹商，此时开办滇岸应将川边私枭先行堵遏，使川盐之行滇者先有藩篱可恃，然后查明滇私来去之路，再行设法清理，俾界限分明，两省私贩不致牵混，斯销路乃不虞阻滞。兹拟将川省界连滇边之宜宾、南溪、屏山、庆符、长宁、高县、珙县、筠连、兴文、江安、马边、雷波十二厅县，各计岸并归官运，用作藩篱，以杜内地枭贩搀越之路。先饬盐茶道查明滇岸本年之引及历年积引各若干张，暨十二厅县已领、未领新旧计引各若干张，开具清单，连引张一并交付泸州黔边盐务总局赶为部署，并筹办、购运一切事宜以免延误。第冬月开办，必须先行购盐，并确查水陆运道难易以及试办有无商人承销各事，大约开运行销必俟明春正二月内，乃能一律就绪，将来奏销期限应限至六年二月作为一年期满始能办理，至运行章程现在查照黔边试办，以后如应有变通之处，容臣督同唐炯于行运时再为查看。滇岸详细情形悉心妥筹，随时奏咨，期臻周妥。光绪四年。

户部议略：查道光三十年，前任四川督臣徐泽醇奏《酌拟整顿盐务章程》案内第四条“请清厘边岸”，经臣部议令将现定行销边引口岸各疆界专造妥册送部备查。又本年五月丁宝桢奏请援案，宽免滇岸经征，处分案内，复经臣部议令，将向行边引之各州县，于奏销册内分晰滇、黔，一律注明，究竟认办黔引者共有几县几商，行滇引者共有几县几商，并令分别开列各州县及运商名姓清单，先后专案奏报，以凭稽核，各在案迄今未据声覆。兹丁宝桢片奏接办滇边盐务，查该督上年奏办黔边盐务折内声明，该省计商盐本较轻，边贩多贪买计盐，停阁正引，今欲清厘边岸，必须兼办计岸以遏影射之渐等。因此次接办滇边，仍将近边各计岸积引，一并归入官运总局，查销办法系与黔边相符，应请准如所奏办理。惟滇岸本年新引及历年滞引各若干张，十二厅县新旧计引各若干张，应令转饬盐道查明确数，先行报部备核，毋任新旧边计互相套搭，致滋朦混影射诸弊。其用过残引务令转饬遵照臣部本年七月奏案，将各府州厅县应缴水陆残引全数缴销，并将以前缴引迟延，各职名查照堕销盐引定例，补参以杜弊混而肃鹾纲，仍一面设法运销，务期引课两完以清额款。至滇岸废弛二十余年，久为私商占销，自应确查各私贩来去道路，从严堵遏。该督所称详查道路及招商、购盐，布置一应就绪，须俟来春方能开运，请以六年二月作为一年期满之处，应如所请核办，届期务令核实报销，勿任迟逾。其设局行运各章程均令查照黔边试办，以归一律。如有应行变通之处，仍令随时奏明办理，并令该督遵照臣部各前奏，查明行销边引各口岸地方暨各厅州县名目、认商姓名，妥造详细清册专案送部，藉资稽考，毋稍含混。

丁宝桢奏略：窃臣接据总办黔边官运局、建昌道唐炯详，川省每年额行黔边水陆盐引共折合水引一万零四百八十一道，额引近边之叙永、永宁、泸州、纳溪、合江、南川、綦江、江津、涪州、酉阳、秀山、黔江、彭水十三厅州县，计水引三千八百六十三道，两共应征税羡截银十一万九千四百六十六两二钱三分五厘，从前商运行黔及济楚引张边计套搭，每年约共销黔边额引五六千道，积滞黔边额引自三四千道至五千道不等。今计改归官运后，自光绪三年十二月十五日官盐到岸起，截至四年十二月十五日一年期满，除綦岸分局另有额行，富顺、三台、射洪、蓬溪四县计水引一百八十五道；永岸分局另有水引三十道；泸州分局另有额行水引五十六道；南川分局另有额行射洪县计水引四十七道；涪州分局另有犍为县额行水引一百二十道，暨另有发商领销各引三百八十三道，均系在官运未办之先，已由盐道发商运销应由盐道奏销以归划一外，总计丁丑全纲额行黔边水引及兼办近边之十三厅州县额行计引均已全数销竣，并带销光绪元、二年分边积引一万零二百八十四道八则四色[①]，例应照案由局奏销等情。前来臣查前年《奏定黔边盐务改为官运商销章程》，声明丁丑纲行黔边引及改归边岸之计引，由局奏销，请展至已卯年二月，扣满一年造册奏报。兹届官运一年期满，据该局详明丁丑纲边计额引，业已销竣，带销额引已至八成，将销过引数、征收正款税、羡截各项及应征引厘、黔厘引底暨筹备护本、勇粮、局

① 则、色：盐斤计量单位。清代四川推行官运制，规定花盐每包二百二十斤、巴盐每包一百六十斤。按四川计引之法，半包为一色，十色为一则，十则为一引，花盐九引为一傤，巴盐十二引为一傤。

费各杂款银数及经征职名具详到，臣确加查核无异，除册结另行题销[①]外，谨恭折具奏并分缮清单恭呈御览。互见征榷。

又奏略：再，川省饷项、津捐[②]而外，全恃盐厘，而盐厘一款，计通省只收银九十余万两，臣心窃疑之。因查明，盐务从前富、犍各厂商人领引配运皆以边、计、潼错杂套搭不清，朦混滋弊，乃于开办黔边之后奏明，于该厂改设官引、票厘，各局以严考查而资整顿。现已一年期满，臣逐加考核，除黔边官运局应销光绪三年正额边引及近边十二厅州县计引，一律全完，并带销黔边积引已及八成，所征正款、税羡、截厘银计六十四万九千余两，而杂款所收之黔厘、引底、护本并自行筹备，安定营防边勇粮及局中公费暨奏明提作道府公费、积凑平余共银三十余万两，尚不在内。较之未办官运以前，边楚兼行每年销引不过七八千张，多销几及三倍。现经另行奏咨核销，其改设至富荣官引局。查从前边、计、潼三项引张，套搭领配，每年所销济楚潼引不过二千数百张，合之边计各引每年行销至多不过一万六千余张。自光绪三年十一月开设官引局起，至四年十一月底止，一年期满，除黔边引张全数提归官运局认销外，现查官引局潼引一项实已销过九千六百六十余张，计多销潼引七千余张，合之计商已投验之引六千四百八十余张，共计潼、计两引行销已至一万六千一百四十余张，共收厘银二十九万七百余两，连潼引项下征完税羡截银八万四千三百余两，二共收银三十七万五千零二十两，是全除边引一项，其所销引数与所收银数已与往年相埒。若连官运局所销丁丑纲边引并计，收数实较从前倍加。至犍乐官引局所收厘银除去边引归官运不计外，实收银至十万七千九百九十余两，亦较从前边计兼行收数加多。又查渝城盐厘局为运楚商盐及下游边计各局运盐总汇之区，向来运楚每引完厘银三十七两五钱，边、计两商每引完厘银二两。未办官运以前，渝局每年验放边、计楚各引多不过一万四五千张，收厘银不过二十六七万两。自三年十一月将黔岸及近黔边十三厅州县计引改归官运，渝局专验商运之潼引及下游未归官运之各州县商运计引，

① 题销：指上奏经皇帝批准报销。

② 津捐：津即“津贴”，捐即“捐输”，两者合称“津捐”。

因盐包改归旧则，不准照前任意加斤，其时楚商皆以滩险费重、销路狭滞，纷纷恳求酌减以顾成本。臣查其情形属实，因盐斤大包之弊已除，厘数自应递减，方可以对商人，当为核减银十二两五钱，每引完厘二十五两，边计各商原定厘数本轻，仍照前每引完厘银二两计。自光绪三年十一月起至四年十一月止，共验过运楚潼引及湖北长乐八属楚商盐引一万二千一百八十张，下游各州县计引五千四百七十余张，共收过盐厘银三十四万二千零八十余两，较往年销引又多至二千余张，其运楚每引酌减厘银十二两五钱计，尚多收银七万余两，尤属有盈无绌。此改设官引局后，富、犍两厂及渝城验引收厘加多之实数也，又查富、犍等厂向章抽收引外，余盐厘金：巴盐每斤抽钱五文，花盐每斤抽钱四文。彼时富厂所收余盐厘钱，每年极旺不过十三万串，犍厂所收余盐厘银每年亦不过一万余两。自上年改办票厘收数核实，因各处穷民过众，小本谋生糊口倍难，乃酌减为巴盐每斤抽钱四文，花盐每斤抽钱三文以恤穷苦，计富厂自光绪三年十一月开办票厘之日起，至四年十一月底止，共抽收厘钱十五万五千五百余串，犍厂自四年正月开办起，至十二月底止，共收厘银五万七千五百余两，是富厂酌减之后，较之前未减时所收钱数加多至四万五千余串，犍厂所收银数则多加至四倍。此又富、犍各厂引外余盐抽收加多之实数也。至此项厘金，连官运局收款，均存储该局，添作本年开办滇岸成本，其官引各厘局所收各款，仍随时分解盐道库在案。窃查川省盐务自咸丰初年以来，因滇、黔边岸全失，部引滞销已越二十六七年，此后边计各引牵扯轇轕，迄无考核，虽经督臣骆秉章、吴棠于同治二年八月两次奏准展限勒销，毫无实济。前经查明截至光绪二年年底止，边计各引积至八万数千张，积欠羡截银一百三十余万两，较之同治二年，原奏积欠羡截银三十六万余两，几增四倍。良由频年边计套搭、引目混淆、奸商巧遇营私、贪吏肆其需索，自充商领引、开签以至沿途盘验、到岸开包，处处索费，官取于商，不问国计；商取于盐，不知畏法，故改包添斤、任意加重，配一包而载两包之盐，行一引而夹数引之私。其潼属一处，甚至盐船经过，盘验委员不验包重全系估堆，官则估多以便索钱，商则争少以图减费，但将使费说定，无论包重包轻，即便放行，蔑视典章直同儿戏。关卡贿赂公行，私枭群起争夺，于是官商私贩互相龃龉，沿江列舰排炮抢劫焚掳，肆无忌惮，莫可收拾。臣到任后，将潼属严加整理，又督同唐炯议办官运，定章奏办，力禁官吏之娄索，严杜商人之夹私，包斤改归旧则，为之酌减厘金，以救商穷，边计不容搀混，为之划分引岸以清销路。一面饬派营勇实力查拿私枭，由是引岸分明、运路疏通、商贩畅行，挑贩穷民亦得各安生理。兹查明官运总局共收税羡截银二十万三千两有奇，富荣官引局征收潼引税羡截银八万四千三百余两，比较从前多收税羡截银约二十万两有余。又各局厘金除潼属及各州县小厂分局分收灶户商贩盐厘不计外，专以官运及富、荣、犍、乐、渝城数局收数银钱并计已共收厘银一百三十余万两，而官运局所收杂款之黔厘、引底、护本等项暨自行筹备，安定营防边勇粮并局中一应公费及积凑平余等项，均各有专支，不在正款数内者，又约银三十数万两，比较从前通省抽收盐厘九十余万两，实已多收银七十余万两，通计一年实已增收税羡、截厘及各杂款银约九十五万余两，洵属大著成效。至臣此次办理，其销引之日畅、征收之加多者，并无分毫多取于商民，干犯古人聚敛之训，其得要全在禁盐包之加斤，而尤在严官吏之娄索。盖商人于盐斤加重，非不自知犯法，徒以索费过多，藉以塞其欲壑耳。兹官吏不容娄索则商无浮费而成本轻，成本既轻则既不乐犯法以加斤，亦不须抬价以取盈而民食贱，故自官运开办数月后，臣查访黔边及近边各计岸，民间食盐从前价贵至一百数十文者，今则落至七八十文；贵至七八十文者，今则落至四五十文，是以商民称便，引销自多。臣初与唐炯定议，谓此次办运要在以利民者利商、即以利商者利国，即今可验然，此皆由唐炯心精力果、守洁才明、矢志公忠、破除情面，故能兴此大利，不加赋而财自足，若使无此赞助，实非臣才力所能及此也。伏念道光年间，前两江督臣陶澍以淮引积滞改办票盐，其时宣宗成皇帝力为主持，然犹谤议沸腾，至于诅咒。况臣与唐炯碌碌庸才，欲夺贪奸数十年之侵吞而又举之于兵燹废坠之后，若非我皇太后、皇上乾纲独持于上，臣等亦且相率畏难，何能稍有建白？迄今幸奏成效，钦服圣明在上，百度维贞，不禁感激涕零也。现任饬唐炯力守初意，总期便商便民以济川、黔，日后之穷以溥国家自然之利，冀以不负委任于万一。

又奏略：再，据唐炯等详，犍为县之五通桥一带，从前产盐极旺，甲于通省。迨道光、咸丰年间，井老水枯，出盐顿少。继遭兵燹后，人民流亡，近虽渐次复业，厂市倍觉萧条，自前年开办官运，多方体恤设法招徕，始增锅数百口，商灶渐有转机。然合计每年所产之盐仅敷配引一万余张，行销黔岸已形不足。戊寅纲复兼办滇岸专销黔盐，添配边、计水陆各引共折合水引四千余道。以后若能畅销，势须加倍，犍厂五通桥之盐断不敷配。查附近犍厂之牛华溪系犍、乐两县交界之地，所产盐斤向只专配上游计岸，第盐质稍逊，行销边岸未甚出色。惟当此滇岸开办之后，盐不敷配，亦须豫为筹计，以免掣肘。兹拟定以该厂之盐与桥盐搭配行销，现已劝谕该处灶户煎炼好盐以凭搭配，同销滇岸用补不足。至涪、黔边岸，向本多销犍盐，去年劝令富厂灶户多煎黑盐试配边岸，黔民亦多购食。近来富厂产盐之多远过犍厂，俟滇岸畅销后，拟令涪、黔边岸专配富厂黑盐，将犍厂之盐专配泸州以上之滇、黔各岸，庶使盐旺之厂可以多销，盐少之厂足敷购运，各得其平等情请奏。前来臣查该道等所详系通筹盐斤之盈绌以定配销之界限，使边岸不致缺盐，自应如议办理。光绪五年。

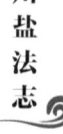

四川盐法志卷十四·转运九

官运下

官运既行，陋规悉罢，官胥交怨，而井灶奸商夙擅管山海以役利，细民者又不能轻重其利权，则以蜚语腾京师，风闻者交章弹奏。会朝廷方遣礼部尚书恩承、都察院左都御史童华出按他事，而群小阴列诸灶户、边商名，多言官运不便事，诉于恩承、童华。恩承及华率据以闻议改官督商销法，事下宝桢按验，诸灶户、边商，皆无知者，且惧将罢官运，则相率吁请。五年，宝桢据以复陈并权官督商销、官运官销与官运商销三者利害得失奏上。恩承、童华议复劾其出纳不实，宜照旧章便。户部议则以运销征收皆有可凭，宜仍官运便。再奉上谕如部议，事始定。然自黔、滇兼举以后，是年，带销潼属积引且尽，岁入之数，视四年赢二十万有奇焉。

礼部尚书恩承等奏略：再，兴利除弊，务穷致弊之源，时弊则但理其时，法弊则全革其法。若好革而专务取盈，不恤民隐必致救跛成痿、展转增剧。如川省边计各引积未畅销，始由军务倥偬、人民未复，继由因陋就简，苟且目前，所谓时之弊，非法之弊也。时有弊则但拯其时，法无弊则仍循其法。查据司道覆称“黔省兵燹之后，人民多未复业，同治年间每年行销不过五六千引。迨光绪元年已销至六千六百余引，二年，人民渐复，食指渐繁，则销至七千七百余引，每年边引自能逐渐畅行”等语。是边引之是否畅行，全视边省人民之多寡，食指繁则销引自畅，不在乎法之变与不变也。现在黔省人民日众，滇省久报肃清。滇、黔边岸本系川省引地，亦无所谓开办也，要在守成法、体商情、节冗费，因势而利导之。无欲速，无见小利，逐渐整饬，则滇、黔各引自能畅行，渐归旧制，滇、黔既复，则楚岸亦可退还。前户部议复内称，若川盐既有黔边可行，楚岸仍前不能退还，于淮鹾毫无利益，则此时借款，动拨数千万金，徒为边岸一隅之计，将来岁收黔盐，课税几何？万一本重利微，未免得不偿失，此诚度支持重之论。与其徒增冗费又病商民，何如恪守旧章，渐图规复。一俟引地划清，淮鹾日畅，则朝廷享有自然之利，库储得维正之供，较之责效目前，似为有益。

户部议略：查盐务之利病，当视运销之畅滞，又以征收之盈亏为断。上年丁宝桢奏边盐局试办一年期满，除额引销竣外，尚可带销积引万余道。本年闰三月，丁宝桢又奏自开办官运后，本年奏销边计额引全数销完，复销滞引至一万余引，所收税羡、截厘暨杂款至一百余万两，就其收数之盈，可知其销数之畅。即此次恩承等折内历举收支各款目与该督臣原奏不符，以为官运局利少弊多之证，而于该局销引之畅旺，亦绝无异词，是川省开办官运局之有益于课款，似尚可凭。至川盐自借销两楚以来，几于有厘无课、边计套搭全行运楚，至边岸盐课之有无、边民之食盐食淡，久已无人过问。自丁宝桢莅川以来，毅然创议先办黔边，奏准设局委员，举行名为规复旧制，而引盐改归官运，事事均需另设章程，实与创始无异。光绪三年，臣部覆议，丁宝桢奏请试办黔岸，折内谓“鹾业之转机、复淮之先务，与废举坠，胥此之赖，亟应照行，以收后效”。是边岸之开办，自丁宝桢奏之，臣部议之，特旨允之，丁宝桢自应遵照本年闰三月二十二日恭奉谕旨，悉心经理，慎始图终，俾行之永久保全局务，正以固全饷需也。兹恩承等奏称“滇、黔久报肃清，人民日众，边岸本系川盐引地，只须守成法、体商情、节冗费，因势利导，无所谓开办”等语，措词殊未允协，从来有治法，尤须有治人，孟子亦言徒法不能以自行，可知必有办事之人乃有更新之法。滇、黔自遭兵燹，川盐久不到岸，此时若再无人开办，必致徒守成法、因循坐误，边岸悉成悬岸，利归私商而后已。此臣部所以议准丁宝桢开办黔边之奏，急令举行也。至商情固须体贴，惟丁宝桢前奏官运甫著成效，未可更改。折内所称官运引由局配、盐由局运，商只销盐，无一切领引、过关、岸规各浮费，大不便于贪污者之所为，是以怨极生忿，肆浮议以思动摇成局。此种情事亦属势所不免，商民无利可沾，难保不多方簧鼓，是浮言未可遽信也。臣等于川省盐务情形，未经目睹，在丁宝桢则云自有官运而商民交便，恩承等则云自有官运而商民交困，及川、黔盐价之贵贱，都中亦复传闻异词。臣等安敢偏听偏信，惟思盐务者，所以充库帑而便民食也。盐引畅销则民食必便，课款多征则库帑渐充。今以川省奏报官运局销数之渐旺，及拨款之有著于国计民生，未必竟无裨益，且滇、黔边引日开，则淮盐引地可复，此一定不易之理。臣等公同商酌应令该督臣恪遵前奉谕旨，悉心经理，务求实效，更宜转饬在事各官商激发天良，实力运销，务令裕课便民，两无窒碍。设有始勤终怠，或将来征收渐绌，不能如前拨款，不能按期解足，及不恤商力，不便民食等情，不独该委员等罪有攸归，亦将惟该督臣是问。丁宝桢务当慎始图终，庶几无负委任，仍令查照臣部先后奏咨各案，迅将征收杂款开支、局用领收运本及拨还数目限期并新收各款如何，分别存局解道。暨此次恩承等原奏所称种种不符情节，各归各款，详细查明，逐细开列，分造清册，赶紧专案，一并奏报核销，以昭核实，仍遵照臣部前奏奉准试办三五年，再行随时奏明，请旨定夺。

丁宝桢奏略：伏查川省盐务，积弊甚深，业经臣于开办黔边官运各折内历次陈明，实无一字虚捏。其开办官运一切办理章程，均系力除夙弊，为疏引裕课、利商便民至计，亦经开办前详晰奏陈咨部核覆。上年十二月，官运一年期满，例应奏销，复经臣将一年征收税羡、截厘及杂款各饷缕陈奏报，并将册结咨部核销各在案。窃臣开办黔边，议设官运，实为川省力救时弊，并隐为黔省办理招徕起见。当甫经议办之初，诚以国家至计，事体宏大，未敢狃一己之见、徇一人之私，冒昧从事致误大局。是以先行传知各商到省，咨询利病，然后与道员唐炯及熟悉川省盐务各员，将应办事宜逐日集议筹画，确查弊端之所在，曲体商情之所宜。计自光绪四年三月起至八月底，历时五月之久，诸凡审定，知无滞碍。至九月初乃敢奏定，设局开办，创办之初，其难、其慎如此。至开办后，臣复随时随处体察，凡有详牍皆思之累日，手自批答，甚至澈夜不寐，必期事归妥协，力图百年经久之规。兹据恩承等奏灶民呈控多款，请饬妥为区画，仰蒙圣谕，令将官运及官督商销情形查明据实复奏，臣谨将二者得失情形两相比较，为我皇太后、皇上详陈之。查川省盐务向章办法，商人领引配运则归盐道，税羡经征则归州县，而总督则考其成，此则官督商销之微意也。夫官督商销，宜可以疏引而裕课矣，乃至今考之积年停引至数十万，欠课至一百数十万而已，领未行之引及拨厘填补之课，尚不知凡几。虽经前督骆秉章、吴棠两次奏明展限督销，而积引益多，欠课益甚空，有督销之名毫无行销之实。驯至私枭四塞、商困岸疲，因易而为改代改配，官吏籍此婪索，商人遂违禁加斤，计每包二百斤私加至三百数十斤及四百数十斤不等。官以得其使费，明知之而故纵之，以致一引行两引之盐，举国视为固然，毫不知惧，以致引张因之日滞、课税因之日绌，则官督商销之有病于国，固昭然可睹矣。又川省盐务需索甚多，商人领引配运则有费，运盐过关截验则有费，盐斤到岸售销则又有费，而费之至重而无定者，则尤在改代、改配、引张套搭。此外，如厂灶买盐之欺诈、江河行驶之覆溺、船户沿途之偷卖、私枭纠众之抢夺不与焉。夫商人持本求利，先则自顾成本，次则希冀获利，至使费过重，则商力不支。于是将前之花费者，转而取偿于加斤，而加斤又属违例；关卡倍肆留难，于是加斤犹不足以获利，又因而取盈于民食。此种弊端作之者商人，而所以使之作者全在官吏，则官督商销之有病于商与民，又昭然可睹矣。况所谓官督商销者，必须各岸皆有正商，各商皆归本岸，乃可按名而督。今川省口岸半多废弛，不惟黔、滇荒废之处，无本商可指，即本省计岸各商皆时时更易。现在商多歇业，即屡饬地方官招募承认，竟有十余年无一应者。是既无商可稽，官虽欲督之，究从何而督之？此又官督商销之徒托空言也。自臣上年开办官运后，本年奏销核计边计各额引已全数销清，复带销积引至一万余张，所收税羡、截厘及各杂款至一百余万两，是皆以国家无用之废纸，易而为有用之正供。而边计各商无不自以为得利，民间亦无不称为食贱者，推原所自，盖由官运之，事事核实，所有商人从前一切无名使费悉于删裁。而口岸又为划清，销路不相掺杂，其自买盐以至销盐，凡以前厂灶侵欺之弊、行运沉溺之险、船户偷漏之苦、私枭抢劫之害全行扫除，商人无私毫受累。而每引一张，该商坐获二十余两之利，盐价涨落则照市价公议核定，由局悬牌晓谕万众共知。故民间食盐悉照定价承买，而商人以各有自然之利，亦不肯暗为抬价。是以自官运以后，民皆食贱而私枭因商盐价可敌私，别无可图，无能搀越，相率敛迹。是以官引日销，税厘日旺，由于此则官运商销之有利于国与商民，又昭然可睹矣。又况官运之责任甚大，如现在之道府公费十数万皆取给于盐务，平余不另筹款而自裕，是不病商而吏治赖以整饬。京饷、滇黔各捐之抵拨皆取给于带销，税羡无待借捐而自足，是不病民而饷项可以供支，而安定营防边勇粮每年节省正款饷项又约十余万。凡此亟需之款，试问之官督商销能乎？否乎？臣恐必不能也。且部议复淮已数年矣，夫部臣之定议复淮者，原因两江督臣沈葆桢奏明令淮商筹银数十万以助川饷，而复淮之后，又令于平善坝设勇以杜川私，合计两者所费，已不下一百数十万两。臣深念复淮本为至计，而窃虑淮商筹助川饷，其事甚难；至平善坝设勇杜私，其患且不可测，是以于上年覆奏复淮折内曾经附片奏明：容俟臣开办黔边三四年后销路大畅，俾楚商有生计可图，然后渐次导之入黔，庶两淮无助饷之苦，鄂省无设勇之费，斯为善计。现在黔岸办理甫经就绪，滇岸亦举行，事机已有可为。臣前复奏明于涪、綦入黔，河道开凿险滩，俾利官运以备黔岸畅销，即徐导楚商归彼，冀复淮岸于无形。现在又准部咨催办此而问之官督商销，能乎？否乎？臣又有以决其必不能也。臣窃维盐务一事，官督商销则不能行，官运官销则必不可行，至官运商销则是权操之上、利溥之下，尚为公允，盖官督商销则一切之规费，既不能少亦不能查其利，全归于官吏奸商，而国计民生同病此，川盐以往之前车可鉴矣。官运官销则利全归于官而转以阻小民谋生之路，其弊必极于掊克而国与商民均不受其利，此臣前会计及之而不敢妄行者也。至官运商销，则官商之情通，官欲作一弊而商不愿从，商欲作一弊而官即示禁，彼此可以钳制，弊窦无自而生。惟官运则引由局配，盐由局运而商只销盐，无一切领引、过关、岸规各浮费，大不便于贪污者之所为，是以怨极生忿，故大肆其浮议，以思动摇耳。然臣受国厚恩，身膺疆寄，兴利除弊，事期有成。朝廷之所以责臣者在此，即臣之所以力求尽职以图报称者亦在此，决不敢以浮言而昧大计，历蒙圣明，俯鉴愚忱，部臣又复洞悉情事，俾臣得所措手，一无牵制。日前奏销出办，成效已收，私衷窃幸。每与唐炯议及，谓非圣人主持于上，不克臻此，窃不禁感激奋发也。至该灶户所控各节，臣已向恩承等咨取阅看，情词实为矫强，且经访闻系富厂一二奸灶，恃富豪霸，习惯自然，深恨官运之利于商民，不便己私，故捏词以为耸听阻挠之计。若使官运果有不便，则官运交涉之处尚有犍、射两厂，何以并无一名呈递？即富厂灶户不下千余家，亦不闻有人出名。至于商人，则黔边及近边十三厅州县，计岸不下一二百家，亦未闻有一人呈诉。而本年开办滇岸告示一出，认岸之商数日内已有二十余家，缴本领盐异常踊跃。如果官运不便，则该商等必有鉴于黔边之害，群相裹足，不肯自蹈汤火矣。今各处灶商均无异词，独此数名呈控，其情亦大可见。臣现已委员前赴该厂，提集该灶户等来省，虚衷查讯，明确核办，容俟讯有实情，再行据实奏明办理。兹谨将官运现已办有成效、未可更改各情形，先行覆陈。再官运上年领引行销极为畅旺，方期本年更有起色，乃自有官督商销之说，浮论纷起，黔边各商群怀疑畏，以致正、二、三三月销数顿不如前，此则关系大局并各岸委员分销考成，殊非浅鲜。臣现已出示晓谕各商，令其照常行销，万不可误听人言，自误生理。但望该商等见有此示，行销能照前踊跃，则所定抵拨京捐各饷及勇粮、公费各款均不致误，实为大幸。然即此观臣等办事之难，至此已极，不免私心惴惴耳。现在事机甚顺，惟祈乾纲独断但责臣等以实效，俾臣与唐炯暨各委员共矢清白，慎始图终，俾国家自然之利不致堕于垂成，臣虽身为怨府亦不敢避。又况腾口者要不过十余辈贪奸之徒，于臣毫无所损也。

又奏略：再，官运盐务，去岁已见畅销，讵自本年正、二、三及闰三四个月，外间均以官运有停办之说，商情渐沮，咸怀疑惧，不敢承领，盐斤行销甚滞。臣恐前功废弃，深为焦急，曾经据实陈奏在案。兹自四月以后，钦奉谕旨责臣认真经理，臣即出示晓谕，一时边计各商号均各欢欣鼓舞、踊跃领销。臣确查四、五两月该局详报销引清册，行销又复渐畅。以后若无异议，则销引自日有起色，课税、厘金必可益行充裕。臣因盐务办理，屡烦圣虑，蹴踖不安，兹因局势一定，销数渐畅，上慰宸廑，谨附片具陈。

又奏略：窃臣接准户部咨议覆，尚书恩承等奏陈川省官运局征收支发款项不符，请饬详细查覆一案，钦奉上谕“详晰查明具奏等因，钦此”。钦遵知照前来。伏查川省于光绪三年奏明开办黔边官运盐务，其时以本省协拨过多，库无存款，成本无可筹办，原拟请借拨山东粮运两库银三十万两、湖北厘税银十万两，再由本省凑借银十万两，合成银五十万两作为官运盐本，分作八年归还，经部臣核议奉旨允准，臣即于是年九月委员试办。讵开局时，别省借款不能预，必乃暂于藩、盐两库陆续垫借银二十四万两，先行发局购盐。而行销口岸繁多，盐斤必须接济，计所借之二十四万两尚不敷购盐成本，而自厂至岸千数百里，沿途舟运之费无出，万难停待其时，东、鄂借款尚无消息，而川库协拨不遑无计。及此不得已，乃暂拨借各属寄省间款银一万两，又陆续就近凑借犍、富各局余盐票厘银十四万六千六百五十四两零，暂时作为运费。此项借款，当时议定成本领，到后即行陆续拨还，且款系随运借拨或一月一次，或二三月一次，每次或二三千两，或千数百两，零星凑集，银无定数、拨无定时，故未能先事预计成数具奏。嗣后鄂省奏明无款可借，东省仅允借八万两，是年亦未解到，而局已开办数月，其通行黔省全岸及近边十三厅州县，各岸地广岸多，前垫借成本杯水车薪，万不能济，急须添筹，而藩、盐两库，一空如洗，实无可挪，又不得已在于川东道夔关盐税、富荣厘金并省城当商生息各项下到处挪凑，借银二十六万两，连司、盐两库前借之项，先后合计，勉足原凑五十万两之数。嗣于四年三月，始准山东解到借款八万两，维时司库待拨、协饷正急，即将此八万两扣留七万七千两，抵作官运局拨还司库垫款，除扣抵此款外，官运局实止借拨本省银四十二万三千两。原奏将司库扣收山东解款一层，漏未开除，是以局本多开出八万两，实在官运局止领到本省、别省借拨盐本银五十万三千两，与三年分奏请借拨五十万两之数只多三千两，是综计盐本连暂行、随运、凑借运费两款实共发银六十五万九千六百两零，并无七十三万六千两之数。迨四年十二月，官运局即拨还当商生息借款银六万两，连司库扣收山东解款银七万七千两，共已抵还借款银十三万七千两，此开办黔边盐务领收运本，并暂行借拨及已还借款之实在数目也。四年冬季，臣准部咨，催令开办滇岸，复经奏明接办，归并黔边官运局经理。查滇岸及近滇之宜宾等十二厅县计岸，每年水陆额引约计二万数千余道，黔边成本以岸多道远，一时不能挪移，又须另筹成本银数十万两，始能周转开运。虽先时曾经部议，由两江总督饬令淮商筹拨银六十万两解作滇岸运本。臣以为淮商无此大力，奏请停拨。且开办在即，现在官运局征存正杂各项约计银数，可敷周转，是以筹议，与其远待他省不可必得之款，不如即将黔边盐务征存正杂各项，暂为截留局中，以作滇岸运本，较形便捷，立可举行。前于奏销时已随折奏明，丁丑纲黔边盐务共征税羡、截厘银六十四万九千九百一十七两零，全数截留局中，暂资滇边购运，此兼办滇边盐务，截留运本之实在数目也。复查黔边局办理官运亦系仿照两淮办法，如购引盐一张或用盐本银一百两，即将应征税羡、截厘各项，按照定章如数加入合为一百数十两发商售销。不独成本万无亏折，即应征之税羡、截银各项亦无丝毫蒂欠，确系先课后盐办法，又所购之盐系按照实价买卖，价值公平交易，并无分厘浮取于商灶，而商人踊跃领销，买卖亦有定限，并不致有妨于民食。惟黔局创办之初，以五十万两运本而应贵州全省及本省十三厅州县计岸商贩待购之盐，实属不敷周转，且款非一时承领，开办时跋前疐后，亦极为难。幸彼时各商踊跃认销，争先缴盐价银，约五十余两，然后官局陆续领到之盐本银五十万，始能接续开运不致间断，民食亦不致缺乏。至此项帑本前于开办时奏明，分作八年归还，原系从宽筹计，但计四年分官运局已移还藩库银十三万七千两，是一年几已清还两年之款。以后如能照此畅销，计四五年内即可将借款尽数归还，不必拘八年定限，其本年接办滇岸截留运本六十四万九千余两，事同一律亦应援照黔岸，自本年始分作八年定限清还，以归画一。惟八年以后，领收截留各运本，均已归还该局，即无官本，凭何购运？查此八年中应征之税羡、截厘各项正款，除每年原拨部库仍抵作滇、黔两省协饷及支拨本省饷项外，所有余存银两应请报明，尽数存留该局，仍作滇、黔两岸接济运本借资周转。据黔边总局委员唐炯详请奏咨，并据声明尚书恩承等前奏“该局原报各册内有局费四万八千余两并未入奏”一节，查原册即官运局造呈丁丑全纲收支四柱总册，将局中各项出入数目，无论已除、未除悉数开列无遗，以清眉目。至奏销时划除局费一款，原因前已奏明，请免造报，自应候部议覆另办，故未遽列奏销册内。又恩承等奏称“原册内护本一款前后数目不符”一节，查此款原报三万五千余两，系每引一张摊银一两五钱，以一两作为护本，又因川省穷民极多，议以五钱作为隆冬施粥经费，以安饥民。因施粥系另归外销，故于奏销册内每引划除五钱，共划除银一万一千九百余两，未便并列，以杜牵混。又恩承等奏称“总局前呈清单列有开支水脚银六万两，此次又复删除”一节，查此项水脚银两系盐船到岸，由岸局补发水脚尾数，随时支发，随即摊入盐引本内，发商收回，并非实在开支之款。但岸局既报明开支，总局即不能不另立此一款，以期出入账目针孔相符，用杜委员挪移掩饰之私，而既经摊入盐本收回，若销册内不为删除，又恐启以后冒销之弊，所有水脚一项系随时支发、随即收回，自不应列入奏销册，方免牵混而昭核实。至本年春间，奉文查办盐务，该局两次呈递清折：一系按丁丑全纲，将官运局一切循环出入总数，无论内销、外销、已还、未还之项逐一开列，所以昭清晰；一系查照奏销报部清册，分晰应征应支实在之项，核实开注，所以符原案。合观似觉参差，分计各归实数，绝无丝毫含混。再富荣、犍乐各官引局征收盐厘历系径解盐道、转解司库，其重庆盐厘向系解存川东道库，听候藩司指拨各处协饷，均与官运无涉等情具详。前来臣复查前年拟办官运之初核计，贵州全省及本省近边十三厅州县所需盐本甚巨，因本省款无可筹，是以奏请借拨山东、湖北四十万两，本省自行筹借十万两，时因开局期迫，别省借款急难指望，本省库款又复久虚，几有空拳徒奋之势。臣因事经奏准局已开办，不能中止，督同司、道尽力筹画，在于藩、盐两库陆续暂行借垫二十四万两。原议俟东、鄂两省借款解到，先行归还，嗣鄂省咨覆无款可借，东省虽允借八万两，未经解到万不能敷，始陆续凑借川东道库厘金五万两，夔关盐税五万两，省城存当商生息银六万两，富荣盐厘银十万两，先后合成五十万两之数作为盐本。迨四年分东省解到银八万两，即由藩库扣收银七万七千两，实发官运局三千两，复以盐船由厂赴岸，道远费重，前借成本原非一时全领，而局已开办，既须来回购盐，又须发给运脚，彼时实费周章。臣因在省，借拨各属存寄闲款银一万两，又饬唐炯就近在富、犍各局余盐票厘项下，先后暂行凑借银十四万六千六百余两以济一时之急，此项票厘原议一年之后随时拨还归款，不准久延。现已陆续筹拨还款。至原领之成本五十万两，本系奏明按八年归还，现计四年，分一年内即以扣还司库银七万七千两，又归还存当商生息银六万两，合计共已扣过十三万七千两，是奏明八年归清之款，办运甫及一年而归还之数几及两年，不可不谓踊跃。以后如能照此畅行，则原借成本可不必届八年之限，计四五年内即可全数还清。本年滇岸所借之本亦可照此归还。此系实在情形，将来每年报销到部，自可一览而知，决不能丝毫含混也。至唐炯督办局务、综核款项、稽查委员，极为精核，臣随时复加详察，断不准稍有弊端，致滋口实。兹据查复各条核之原案历历有据，如使稍有朦混则款项攸关，臣断不敢代为掩饰，致负圣主高厚之恩。光绪五年。

又奏略：窃臣据滇、黔官运局建昌道唐炯详称，该局于光绪三年冬间开办黔边及近黔十三厅州县计岸，官运盐务前已将丁丑纲行销额积引数、经征款目分晰造报，详请奏销。五年正月，复兼办滇边及近滇十二厅州县计岸盐务，并将附近黔边之巴县、江北厅计岸提归官运，并入黔边局戊寅纲办理。黔边自四年十二月十六日起，截至五年十二月十五日止，应行边计额水引一万四千零三十五道，陆引一万三千一百六十一道，均已销竣，并带销积水引六千九百二十五道，陆引一百二道。滇边自五年正月初一日开办起，至十二月十五日止，应行边额陆引二万五千一百五十四道，计额陆引一万三百四十五道，水引一千一百五十一道，俱已销竣，并带积陆引二百五十一道，以上各引应征税羡截银二十一万三千一百三十一两零，应收各厂局边计引厘银四十七万六千一百五十三两零，代收黔厘护本引底、防边勇粮、签验局费等杂款银五十一万零二十四两有奇，统共征收正杂各银一百一十九万九千三百余两，一律全完无欠。伏查滇边额引自道光以后从未能按年全数行销，历年积滞引数甚巨。今甫试办官运即将全年额引销竣，实非始念所及，至滇、黔两岸合计戊寅纲，共销边计水陆额引六万三千八百四十六道，又销水陆积引七千二百七十八道，该局请一律截至五年十二月十五日止并案造报，系为便于稽核起见，应请敕下部臣查照立案。征榷互见。

又片奏略：再，据滇、黔官运局建昌道唐炯详称，该局曾于光绪五年正月间将富顺、犍为各县自三年十一月改办官引票厘各局起，至四年十一月底止一年期满，比较从前，销引甚多、收厘倍旺，详蒙具奏。查光绪四年十二月接办起，截至五年十二月十九日封篆日止，又届一年期满，应将各局征收引厘、票厘各数目比较上年，有无盈绌，以昭核实，迭据各局按月册报。自四年十二月起至五年十二月十九日止，富荣官引局共行潼水引一万六千四百七张，共收厘银二十九万五千三百二十六两；又行计岸水陆各引折合水引三千六百零二张五则二色，共收厘银六万四千八百六十三两三钱六分，两共收过引厘银三十六万一百八十九两三钱六分，又带收潼引税羡、截银一十四万三千二百两零，总共收银五十万三千三百八十九两有奇，比较四年分征收引厘及带收税羡、截银共三十七万五千二十余两，计多收银十二万八千三百六十余两。犍乐官引局共行水引三千六百五十八张，陆引一万七千六百五十九张，共收厘银九万一千二百四十四两一钱六分，比较四年分收数相去不远。渝城盐厘局自五年正月初四日开关起，至十二月十九日止，共验过潼水引一万三千九百七十七张，又代销水引四百八十一张，陆引一千四百五张。又各计岸水引三千六百四十九张，陆引六千一百六十九张，共收厘银三十六万四千七百一十七两零，比较四年分收厘银三十四万二千零八十余两，计多收银二万二千六百三十余两，统计三局共收银九十五万九千三百五十两零，加以官运局征收黔、滇边计厂渝厘银四十七万六千一百五十三两六钱五分，总共收银一百四十三万五千五百零三两六钱五分零。不特较未办官运以前，通省厘数几至加倍，即较四年分核实抽收，亦多收二十余万两之数。现在停积潼引业已销竣，臣拟令以次行销历年积引实为成效倍著，又查富荣票厘局接办一年期满，共收盐厘九七市平银十二万六千八百零二两二钱零，比较四年分收银九万五千五百六十三两计，多收银三万一千二百三十九两零；犍乐票厘局共收厘银六万一千八百九十六两零，比较四年分收银五万七千五百余两计，多收银四千三百余两等情，由该局会同盐茶道松蕃详请具奏，前来臣覆加考核无异。至官引各局，原由盐茶道委员经理，其银两系全数解交盐道库，兑收拨解藩司，以供年中协拨各饷之用。臣上年因力求考核，复饬令各局委员将收数按月分报官运局与盐道，互相较核，以昭确实。其票厘局抽收厘银，前因三年初开办官运时，盐本一时不能凑集，而局已开办购盐，发运脚费无出，且井厂易钱较难，乃令该局将每月零星所收厘钱暂行拨解，接济运费，曾经上年明晰奏咨有案，现在官运局两年以来，征收正杂甚多，盐本运费足资周转。现据道员唐炯详称，于本年二月起，即将此项借拨运费之票厘银两陆续分起如数解还道库，听候拨用，以免轇轕。光绪六年。

六年，边商以贵州税敛繁重，吁四川代请减征，宝桢乃与贵州巡抚岑毓英议就官运局一水引税银十两，岁解贵州，罢各关税及一切杂征，会奏著为令。是年复以石柱厅、忠州直隶州，酆都、长寿二县计引与边盐混，请并归官运。

丁宝桢、岑毓英会奏略：再，黔边盐务上年改办官运，因黔省凋弊之余，盐厘过重有碍销路，当经奏定每年由川认解黔厘银六万两，计每引不过摊银四两，俾成本轻减，商贩易于行销，冀可渐次归复旧岸。嗣开办后叠据各商呈称"黔省厘卡虽已裁撤，厘金由川认解，而运盐入黔经过各关卡，征收盐税及各项经费合计每引共须纳银四五十两不等，商力实难支持，恳请咨商裁减"。臣伏查黔省盐税部定科则每年只七千余两，惟地方向来瘠苦，又经兵燹之后，办理一切抚绥善后事宜，如各处旧设书院、义学、孤贫、义助、栖流所、育婴堂、报资、站费、硝磺工本、缉捕经费、修河修路以及塘卡哨房等项经费均需筹款，罗掘为难，不得不设法征收，籍资挹注。第不议裁革则成本过重，加以官吏需索、书役留难，各商畏阻不肯运盐直入腹地销售，荒废口岸终不能一律开通，于川省引课既多停积，亦于禁川复淮大局有碍。若尽予裁革，则黔省各项经费均无所出，地方公事又无从措手。三月间臣与岑毓英在赤虺晤面，再四筹商并核算黔省各项经费，每年需用实数计连税银七千两，每水引一道，须共征银十两，始敷分拨。议即于川盐入黔之永、仁、綦、涪四岸按引总征，解黔一税之后，黔中各关卡概不准分厘重征、需索、留难，庶能涓滴归公，不致别生弊窦。第此项收数虽较以前裁减三分之二，必须出自各商情愿始能照办，若商情稍有不顺即不能稍事抑勒。当饬唐炯传集边岸商号到局公（共）同妥议，该商等深明大义，佥以为现议收数较前已减去大半。黔省地本瘠苦，若不稍资商力，地方公事亦难办理，商等具有天良，岂敢不思急公？遂各欣然乐从，颇形踊跃。今试办两月，销引较多、盐价亦减，商民毫无闲言，并据各该商情愿永远遵守官运，并现议税厘一切章程办理，呈恳唐炯详请具奏立案，以资恪守。臣等查现在时势艰窘，官吏之浮收亟宜严禁，而办理地方一切亦实有不能不稍为变通之势，但商情一有不便，诸事即滞碍不行。今盐税复归定章而各项经费又照从前裁减三分之二，又不受各关卡需索刁难，商人暗中多获便宜，是以群情大顺，争先领运，以期深入行销，使黔民得以食贱，而黔省办公经费有著，不致动形掣肘，自可永远遵行。至征收税厘及各经费既议由四岸总收，本应由黔委员办理，惟现属试办，一切情形黔省委员或不能熟悉，现议仍由川局代为征收分解，俾免展转以免商情疑惧，所有会同妥议，黔省总征盐税及各项经费银两，商号乐从试办，两月均无异议。

又奏略：再，官运盐务，臣既灼见从前积弊，因遵照雍正年间成法办理，又复上秉宸训、下集群力、苦心经营、今将三载，商乐价轻、民喜食贱各有实据，而职司度支之司道亦共见其推行无弊，深资周转。乃局外不知，凭空横议。臣忝任疆圻，非无知识，频遭诬诋，能弗腆颜自顾清洁之身，亟思将一切帑本及两年来征收各款一百数十万两全数缴还，以明心迹。惟臣自念受恩深重，分有当为，况值时势艰难，公用竭蹙，今每年不事他求而坐获百万自然之款，殊非易易。且现在盐务官吏亦深知前日之非，渐次转移，惟王余照等一二奸猾之徒，挟其多赀，仍冀官运不行，复得垄断独登，肆其横霸。臣前参革拿办，以其避匿甚巧，未据弋获浮议之生，外间传言皆其私造，或非无因。仰维朝廷洞鉴万里，极为主持，然后川省数十年糜烂之盐务与国家数十年已失之大利，臣赖以一力廓清而收回之，此后极望循章办理，则民生国计更当蒸蒸日隆，不止如今日之充裕，是臣之所以上报主恩而亦即以下对商民者也。如或虑事有难行，则此二年征收各项以及帑本百数十万，臣即于数月内饬令各岸局承办委员一面将应发之盐毋庸再运，即一面将应交之款悉数归还，绝不分毫短绌。惟惜已成之局既坏，即难复振，而国家百余万正供随之而去，欲求此日之循法恤民而帑项自足，或恐不能。天下事为之甚难，言之甚易；成之甚难，堕之甚易，由今溯前，确有明征，犬马何知，惟思顾主实不能不抚膺增痛也。拳拳愚忱，惟恳圣明洞察，不胜愧汗惶悚之至。

又片奏略：再，据总办官运盐务唐炯详称，重庆府属长寿暨忠州直隶州及所属酆都县民间食盐，向由计商承领额引。采配行销各处，地方辽阔，均与巴县、涪州犬牙相错，巴、涪盐岸现归官运，查官运之盐较该州县计岸每斤贱售十余文之谱，附近穷民多赴局购买官盐。而各该州县计商，动向平民任意搕诈[1]，甚至以涪州之民买涪局官运之盐。经过酆都等处地方，亦被计商指为私盐截拿押搕。各处受害之民纷纷赴局，呈诉改归官运，以免受害。又川东道属石柱厅，久无正商，积滞引张甚多，历年课税均由地方官吏卖引得银完解，本觉不成事体，引既散售、盐不归岸，官运地面亦被充塞，且查有石门坎、黄水坝等处均与湖北连界，漏楚道路甚多。该厅行贩及下游各州县计商引张每多舍云阳等厂就近之盐，而改配千数百里之犍厂，推原其故，盖计引过渝城照章纳厘，较行楚盐轻减十倍。各该商领配犍盐过渝后，并不运回本岸即改旱挑，取道石柱厅属石门坎等小路，浸灌湖北施南府属计岸，并偷漏湖北宜昌厘金，道路既捷，成本又轻，趋利若骛，其取巧舞弊，实属大坏盐法。当此整顿鹾务规复淮纲之时，亟应先杜私贩入楚之路，应请将石柱、忠州、酆都、长寿四岸自光绪六年正月为始，一并归入官运，以便民食而杜漏楚，并饬嗣后犍厂盐斤专配上游滇黔边引，不准仍前改配重庆下游计引以免搀越等情，详请奏咨。前来臣思创办官运，原为疏引、裕课、恤商、便民起见，涪岸既归官运，附近百姓愿买官运贱售之盐，自应俯顺舆情，凡接连涪州之忠州、酆都、长寿等处自可归入官运，以便民食，并除奸商搕诈害民积弊。至下游州县商贩及石柱无商引盐，多由小路赴楚私售，漏厘误饷，亟宜并归官运以固藩篱而肃鹾纲。复查滇边引张，向系采配犍盐，自同治年间滇、黔纷扰，边岸引滞，犍厂盐有余积，是以渐准各计商改配犍盐。乃改配之后，漫无定制，每多任商随意请改。从前滇、黔引岸不开，尚可听其通融，现在两省边岸均经开办且销数渐畅，计犍厂所出之盐，实不敷官运局应配之引，若仍准各处计商任意改配，非特灶户居奇，而官运黔、滇边引之盐先虞短缺，必致停引以待，课税虚悬，自应准将犍厂所产盐斤仍专配滇、黔边引购运以免停滞；其下游各岸计引如各处应配厂盐实有不敷，准令改赴潼、射各厂采

① 搕诈：敲诈之意。

配，俾得划清界限彼此兼顾，除咨部查照外，理合附片陈明。光绪五年。

六月，宝桢以湖北八州县计引积滞，复奏请如黔、滇边岸例，并归官运商销，分置岸局于万县，置卡于大溪口、上洋平、万户沱，罢湖北万户沱委员，带行巫山万县计引仍统于泸州总局。事下户部议如所请。于是，是年官运局岁入税羡、截银正杂各数凡百二十七万六千六百有奇，于上纲增行引三千四百余道。

丁宝桢奏略：查湖北所辖之鹤峰一州及长乐、恩施、宣恩、利川、建始、咸丰、来凤等七县于乾隆二年奏定川盐额行计岸，每年共额领水引一千一百九十九张，又陆引四千七百十五张，历配夔州府属之云安、大宁两厂，酉阳所属之彭水一厂盐斤运往八州县以济民食。如有堕销，即咨查湖北八州县职名咨部议处，立法本极周密，自道光以后该八属正商亡故，盐务废弛。咸丰年间川盐济楚多系犍商捏名将此项引纸领出，呈由盐道改配。犍、富两厂之盐，重价转卖楚商洒售。该省各岸并无一引运归八州县本岸行销，其鹤、长两岸则由湖北委员将引领出，在巴东所属之万户沱设店行销，并于正引三百一十八张八则八色外，复增行票盐四百张。嗣犍商何继祖互相争利构讼，始由湖北查明将委员增票撤去，令与该商在万户沱、湾潭、渔洋关、长乐城等处公同凑本，设立总店配销，其实仍将引纸转卖楚商改配漏楚，不惟紊乱盐法，亦复不成政体。而湖北八州县既未承领引纸，又无正商运盐到岸，故川省每届奏销咨查经征不力职名，鄂省仅以空文回复，以致正引停积，课款虚悬。现已查明恩施等六县自咸丰七年起，至光绪四年止，各商领积未行水引七千六百三十一张，陆引九千六百四十九张，又积存夔州府通判衙门未发水引四百三十四张，陆引三百二十九张，而鹤、长及六县积存盐库未发之引尚不在内。该八州县数十年来已无正商，招募无人，现值整饬鹾纲、议复淮岸之初，若不亟筹善办之法，一任其日积日深，敝壤伊于胡底？由盐茶道崧蕃商明官运局唐炯会同悉心核议，请将湖北八州县计岸改归官运，并入总局办理，并咨明鄂省，将万户沱委员即行撤去，以正引岸而符定制。又查八州县引盐起埠转运之处，不外万县、巫山所属之两大溪口，巫山所属之上洋平，巴东所属之万户沱数处，均系报部埠口。今八州县即归官运，若经过之万县、巫山仍听商运商销，则官商混淆，势必影射搀越、展转漏楚，防不胜防，亦为大害，并恳将万县、巫山两计岸一并提归官运以作藩篱，即于万岸设立分局委员，照章办理。至于大溪口、上洋平、万户沱等处设立分卡，专司稽查，以固门户，而维鹾政等情，会详请奏。前来臣查川省边计各岸现已厘定章程，剔除诸弊，实已纲举目张，秩然不紊，川省盐务为之肃清。惟湖北八州县引积课悬，官商通同舞弊积习甚深，若非改归官运办理，则盐道距该处穹远无从稽核，而该官商因仍作弊，徒有整顿之名，毫无行销之实，是以一隅而渐坏全省盐纲，殊为可惜。臣再四体察情形，自应如该盐道等所详办理，而后历久可期得手。至该八州县口岸既已改归官运，则八州县运盐必由之万县、巫山两计岸，自应一律提归官运，以清界限而肃鹾政。惟此次开办湖北八州县及川省万县、巫山官运盐务计委员到局已在五月下旬，而一切设号、招商、运盐到岸尚须时日，约在八月以后始能售销官盐，是时距已卯纲奏销之期仅止四月，为时过促，断难全纲运齐，相应请奏明，请旨饬下户部查照，准将湖北八州县及万、巫两县各计岸官运盐务奏销推展至庚辰纲归并办理。

户部议略：查湖北宜昌府属之鹤峰、长乐县二处及施南府属之建始、恩施、宣恩、利川、咸丰、来凤六县，向为川盐额行计岸，应领水陆引共五千九百一十四道，如有堕销，咨取湖北八州县职名送议，从前并无蒂欠。自嘉庆二十四年以后，川省盐务逐渐废弛，课款屡有拖延。迨道光三十年，以前督臣徐泽淳奏整顿川鹾折内声称“湖北宣恩等县积滞引张，屡催招募，无商接充，其鹤峰州向系楚省委员办运，积欠课厘应咨湖北饬解”等语，是川省盐法之紊乱，自嘉、道年间已然，湖北八州县既数十年无商办运，若非急筹变通，敝壤伊于胡底？现值丁宝桢整顿川盐，设局督办官运商销于边岸，已著成效，各属计岸亦渐就清厘，历据奏明改归官运者计三十余处，均经臣部核准。兹又据该督臣以盐茶道崧蕃会同官运局委员唐炯核议，请将湖北八州县计岸改归官运，并入总局办理，咨行湖北将向设办理委员撤去，以正引岸，并查转运八州县引盐必由万县、巫山两处经过，应将万县、巫山两计岸一律提归官运，俾清界限等情具奏。前来臣等查运盐交课向有定额，天下无不食盐之人，自无不销盐之处，何至湖北之鹤峰等八州县独无认引之商？历次臣部咨查湖北，令将各该州县堕销职名开揭送议。该省总以无商到岸，居民食盐皆系自行赴川零星购用，致各州县无凭督销等词，空文搪塞，以致引积课悬，滋生百弊。既经丁宝桢饬将各该县未领积引查明数目，拟请自后改归官运局办理，并将运盐必由之万县、巫山两计岸一律提归官运，以清界限，自系为整顿边岸维持盐政起见。所请将湖北八州县并万县、巫山两计岸提归官运，及咨明鄂省撤去旧设办运委员并于巫山所属之大溪口、上洋平，巴东所属之万户沱，凡运楚盐包经过之处，各设分卡专司稽查各节，立法尚为周密，应请准如所议办理。惟有治法尤赖有治人，必得熟悉盐务廉干之员前往督办，庶到地之运销、沿途之稽察均收实效。相应讲旨饬下丁宝桢督率官运局总办道员唐炯认真经理，即速选委贤员办运以济民食，毋稍迟误。并将历年积引设法分年带销以裕课饷，仍请饬令湖北督抚各臣，严饬鹤峰、长乐等八州县照例督销，遇有私贩即行会同委员协力缉拿按律究惩。嗣后各该地方倘有私充、官滞之处，应即责成湖北盐道查取各该管官职名送部议处，总当和衷共济，期于商民两有裨益，毋得以事隶隔省稍存膜视。至鹤峰、长乐两岸旧由楚省委员办运，核与定例不符，应令楚省督抚，迅饬盐道立将各该委员暨各局卡一并裁撤，统归川省官运以符定章。又查原奏内称“委员开办尚需时日，距己卯纲奏销之期，仅止四月，为时过促，碍难运齐，请将湖北八州县及万、巫两县各计岸官运盐务奏销展至庚辰纲并办”一节，亦系实在情形，应并请准如所议核办。光绪六年。

先是，五年，丁宝桢奏以官运总局向用木质关防为符信，自运行以来，岁出纳数百万，公牍往还，周于三省，请敕部颁铜关防一用，昭慎重且规久远，事下户部议驳不行。七年，奏报己卯纲应销额引、带销各属积引，于前纲又赢三千余，岁征各款称是，于是以三纲奏销实征银三百五十万有奇。仍奏请敕部颁铜关防，再下户部议，始如所请，铸颁文曰“四川办理滇黔边计盐务关防”。

丁宝桢奏略：窃查泸州设立官运局、创办黔边盐务一年以来，已著成效。现复添办滇边并附近滇边之各厅、州、县计岸，地势既属寥阔，事务倍极纷繁，挈领提纲，措置匪易，而每年应行边计正额引张并带销以前积滞各引均数万纸，其应征之税羡、截厘及应行筹备之防边勇粮、公费各款约计一百数十万两，其入款一项几与司库之地丁、税羡、津贴三项相等，是其款项繁巨，实为川省大宗。况现在拨抵京饷及滇、黔各省捐款，尤须规画久远，非暂顾目前之急可比，且事涉三省，文移往来动关紧要，而年中应办报销册结各项，尤与寻常局务仅司收支者不同，事体既极重大，若仅用一木质关防诚不足以资信守，拟请旨饬部铸造铜制满汉篆文“四川办理滇黔边计盐务局关防”一颗，颁发该局应用，俾昭慎重。至该局款巨任重，且事涉经始，不比藩、盐各库一切均有成法可遵，全在审度时势，因地制宜，以期推行尽利。若非得操守谨严、条理精密而又明足以察奸贪、毅足以除瞻徇者承任其事，办理必不胜任。拟请嗣后该局每遇更换局员，应于通省候补道员中拣择实在经练可靠之人，先行出具切实考语奏明委办以专责成，不准视为调剂差使，庶已成之功不致废弃，而国家自然之利亦可垂诸永久，实于今日事势大有裨益。

户部议略：查各直省自军兴后，因饷需不足，设局抽收百货厘金，其有盐务省分亦多改章，课厘并征，分设局卡、委员经理，如安徽、江西、两湖各处均经设有督销总局，每年出入款项均在百万以上，按年奏销册结皆由各该省运司盐道总司其成，具详各该督抚奏报，并无办过颁发局员关防成案，未便率准。臣等公同商酌，该省边引现虽由局员办理，其奏销册藉仍令会同盐法道核实，具详该督奏报，以符定制而资考核。所请颁给局员铜制关防应毋庸议，仍请旨饬下四川督臣随时认真稽察，三五年后，该局果能查照部议还清运本，并按年如数拨解，协饷无误，办理实系得手，届时再由该督酌量情形，如边引局事务较烦，查明盐法道实系不能兼顾，必须另委干员前往分办，即照所请于通省候补道员中拣选贤明谙练、结实可靠之员，出具考语奏明委办，总期于鹾务饷需，两有裨益，是为至要。光绪五年。

丁宝桢奏略：窃臣据滇、黔官运局署盐茶道事、建昌道唐炯详称该局办理戊寅纲滇、黔两边岸及近边之二十七厅州县计岸官运盐务，前已将行销引数、征收银数详明奏销在案。光绪五年复蒙奏准，将附近黔边之长寿、酆都、忠县、石硅四厅州县计岸提归官运，并入总局己卯纲办理，计自五年十二月十六日起，截至六年十二月十五日止。一年期满，应行黔边计额引，除未归官运以前忠州、酆都之引另行商销不计外，实行水引一万五千四百五道、陆引一万三千五百一十一道均已销竣，并带销黔边积水引七千三百七十四道、陆引九十五道，应行滇边计额水引一千二百一十四道、陆引三万六千四百道亦已销竣，并带销积陆引二百七十五道，以上各引统计应征税羡、截厘等正、杂各款共一百二十七万六千六百两零，一律全完。较之上纲实增行引三千四百四十六道，除造具销引经征细数各册另送分咨外，先将大概情形开单详请具奏。前来臣查滇、黔边岸荒废已二十余载，每年额引行销不及一半，近边计岸则为私盐充塞，每年额征从未具报全完。自丁丑纲创办官运，剔除积弊，不但额引全行，并能带销积引，总计丁、戊、己三纲实征正、杂各款共银三百五十万七千四百余两，厂纾商裕，闾阎食贱，未尝丝毫掊克，与民争利。现在规模具备，局势稳定，此后但能委用得人，恪守成法，更得本岸邻疆各督抚臣不存意见，共维大局，必能行引日增，征收益巨，实足以济川、黔两省之穷，溥国家自然之利。

丁宝桢奏略：窃查泸州设立官运总局已逾三载，始则创办黔省全岸，嗣复添办滇岸，并将毗连滇、黔之各厅、州、县计岸及湖北例食川盐计岸共四十余厅、州县一并归入官运，统计黔、滇、川、楚四省地界均饬该总局委员设立分卡、颁移文告、招募商人、配发引张、分收税羡、严禁贩私、明定界限、时有禀移邻省督抚、司道、府县互商事件，案牍之烦，较盐道加至倍蓰，而催提各分局税羡、勇粮、公费及批解数省协饷每年共百数十万两，途长道远，关系更形重大。若仅用木质关防，文书通行数省地面，当盐岸荒废年久之后，事多创行，沿途邮驿及隔省官兵不免疑信参半，虑有贻误。而总局离省尚远，若每办一事必俟移商盐道盖用印信，则往返周折，动形迟滞，势实难行。数年来详细体察，该局事烦款巨，规画久远，现在奏销已办三纲，共收税厘等项三百数十万两，实为西南数省另开大宗饷源。以后但能恪守定章，即成国家久远之利，迥非寻常公局只办一省一时之事可比，不能不格外慎重。况木质关防摹刻甚易，行之日久，难保无以伪乱真之弊，似未便泥于成案，致废远图。再四思维，惟有仍照前议，请旨饬下部臣铸造铜质满汉篆文“四川办理滇黔边计盐务局关防”一颗，颁发该局应用，俾得永昭信守，臣为慎重帑饷起见，理合恭折具陈。

户部议复：臣等查同治二年，前大学士、湖广总督官文奏请添铸“湖北新关税务关防”，钦奉特旨允准，奏敕礼部铸造清汉文铜制“督办湖北新关税务关防”一颗，颁发应用。兹丁宝桢请颁盐局关防，系为慎重边鹾起见，似可循照同治二年颁发湖北新关关防成案办理。臣等公同商酌，拟如所请，颁给川省官运盐局铜制关防，俾资信守。如蒙俞允，即由臣部行文礼部，咨令铸印局迅速铸造清汉文铜质关防一颗，文曰“四川办理滇黔边计盐务关防”，一俟照式铸妥，知照到日，再由臣部行文四川总督派员赴部领回，仍令该督臣发给盐道，只领[1]移交该总局委员敬谨收用，即将领到前项关防及开用日期专咨报部，藉凭稽考。嗣后该总局核办一切事宜，如招商、配引、收课、缉私暨领移文告等件，仍令该委员会同盐道认真经理，俾符体制而专责成。光绪七年。

礼部奏略：查例开各省守巡道关防，清汉文钟鼎篆铜质直纽长三寸、阔一寸九分等语，今四川官运局既经户部议准，铸给“四川办理滇黔边计盐务关防”，该局局员据该督声称奏明“于通省道员中拣择委办，永远遵守”。所有此项关防，应请比照守巡道关防式样铸造，以符定制，谨照户部奏定字样，缮写黄模，恭呈御览，俟命下之日，臣部即行铸造颁发。光绪八年。

① 只领：底本作“祇”，应为“祗”。祗领，敬领之意。

四川盐法志卷十五·转运十

水利

蜀自李冰凿离堆穿渠溉田，民享其利，史常称之。夫水，天下之利害；盐，又民食之急者也。四川盐行本省多陆引，行滇、黔及楚多水引，长江为堑，疆域画然，水引盐艘率自井厂出小河，陨大江，溯邻水以达于岸。滇、黔、楚配盐以犍、富、荣为最，盐运分内江、外江，外江起嘉定讫夔州，内江起荣县讫泸州，其间湍石悍激，十里九滩，轻生冒利，商贾寒心。是以乾隆五年，云南总督庆福奏请开凿通川河道，自云南东川府由小江口入金沙江，溯流至新开滩，径达泸州，费帑金数十万。九年，云南总督张允随又以大关境内盐井渡通川河道，与金沙江表里，疏请开修，阅三载而工竣，亦费不赀。初皆为铜运计，而盐运实受其利焉。其为盐运计者，十年，贵州总督张广泗奏开毕节赤虺河道，川盐由合江入，可直达仁怀猿猴，陆行大定盐可省二百余里，行贵阳、平越、都匀盐可省四百余里，行安顺、兴义盐可省约四百里。凡疏水道五百余里，镌广六十八滩，费帑金四万七千有奇，盐运至岸辄运铜、铅以往，而运铜、铅羸马即运盐回。于时仁岸为请增引行盐，独多公私便利，费用约省，然岸善崩，数载复壅。十四年，贵州巡抚爱必达檄大定知府四十七[①]履勘作《赤虺河道记》，以上议仍疏浚，请定岁修法。会有梗议者，事格不行，于是良规卒废，盐仍陆运矣。

庆福奏陈《金沙江六事略》：

一、金沙江绵亘千三百余里，大小滩八十五，下游可通船，施工较易，应先就上游开修。

① 四十七：系人名。

一、上游自金沙江溯流至小江口六百余里，两山夹而成湍，毋庸大修，其应开凿者亦分上险、次险，即石大水涌，重任为难，亦可用江浙般坝之法般运。

一、安吉、热风、红崖、者那等处有小溜筒滩，开凿水漕上下可通，其余各滩凿过二、三、四分者，逐段接修。

一、站船载盐米而上，试运石块而下，俱平稳，应排定站船半年上下二次运盐米及铜，较陆路脚费有无节省，核定报部。

一、工匠饭食、盐米、顾船运等项，造册核报。

一、工程责在滇省，约束夷寨责在川省。臣衔命赴粤恐属员意图诿卸，请令署督臣张允随严查，军机大臣议行。

张广泗奏略：黔省威宁、大定等府州县不通舟楫，所产铜、铅陆运维艰，合之滇省运京铜每年千余万斤，皆取道威宁、毕节，驮马短少，趱运不前。查大定府毕节县属赤虺河，下接遵义府仁怀县，属猿猴地方，若开凿通舟，顺流直达四川重庆，水程五百余里计，应开修大小六十八滩，需银四万七千余两。此河开通，每年可省脚价银一万三四千两，以三年之节省即可抵补开河工费。再黔省食盐例销川引，若开修赤虺河，盐船亦可通行，盐价立见平减。大定、威宁等处即偶遇丰歉不齐，川米可以运济，实为黔省无穷之利，工部议如所请。乾隆十年。

四十七《赤虺河道记》：赤虺河发源云南镇雄州，自万山中一线溪流由毕节经行黔西、仁怀以达川江中，自天鼓岩至鸡心滩共六十八滩，巨石巉岩，两岸壁立，滩高浪激，势险路纡。乾隆十年，总督张公因滇、黔铜、铅每岁由陆路转输，运艰费巨，又黔不产盐，率从川负运至猿猴转贩，议将河道开通，俱由水运，上既节省国帑，下亦利济民生。具疏入告，经部议准，随即勘估具题动款三万八千六百四十二两零。天鼓岩至新滩二十七滩委大定府知府王允浩分办，盐井滩至鸡心滩四十一滩委遵义府知府陈玉壂分办，于乾隆十年十月初一日兴工，至十一年闰三月初一日工竣，张公亲行履勘题报，既蜈蚣崖滩复壅塞，乾隆十四年十月，抚部院爱公委予率同毕节县凌均往勘，自天鼓岩至白沙河六十余里有张会、新亮、长滩、老虎等滩，水高石大，吊放艰难。毕节至老虎滩无陆路可通，须以白沙河为口岸，货皆于此上船，自白沙河至鱼塘河，河身稍窄，红崖梁、猪棬、门庙、儿雄等滩，乱石堆积，水势陡险，船户输流吊放一日行二三十里。自鱼塘河至新龙滩三百余里，河宽水平行舟无碍，新龙虽名一滩，实则连接六滩，每滩相去一二丈，下又紧连上长、中长、下长三滩，九滩相接，中无停桡之所，每多失事；下又有殷胡子沱，大白汾，小白汾，文公下滩、上滩，螺蛳等滩。黔岸形如刀削，蜀岸文公庙一所溶口窄狭，螺蛳滩亦甚危险，历台盘子、虎跳石、滋湾洞、黄连、大洪至二郎滩，抵猿猴鸡心滩一百六十里，河宽水平，舟行无虞。总之，极险处须盘运，次险及不险仍舟载。自乾隆十一年至十四年三月，运铅三百四十七万斤，每百斤节省银二钱一厘四毫，计省银六千九百八十八两零，盐价亦渐平，详请增引者多。河中客船名曰鳅船，约一百余艘，每艘可载铅一千余斤，自鱼塘顺水至新龙滩，水脚银四两二钱二分；自二郎滩顺水至猿猴，每千斤水脚银四钱。若载盐每艘可载九千六百斤，自猿猴上至新龙滩，每包脚银二钱；新龙滩上至茅台村，每包脚银三钱五分，揆此日情形，于国于民均有成效，但民耕种山上，人牛垦挖，石即滚下，有滩之处，旁有溪沟，山水陡发冲激山石填积滩路，难保开者不复壅、通者不仍塞也。是必定为岁修之法，每年水涸之时，饬该地方查有淤塞之处详细勘估，于节省项下动支顾夫检修，工完报销，立定章程，庶前功不致废弃而利赖及万世矣。

其后百三十余载，今光绪三年，四川总督丁宝桢檄建昌道唐炯改行边岸官运法，为先设船行招各商船编号取保，船有票，盐斤、盐岸船保姓名悉具，以备察验；又小河水浅狭，大江盐船不能溯入以达井厂，辄用小船运出易载。富顺厂盐则出邓井关，犍为厂盐则出大河坝，当时滇、黔、楚盐多配此二厂也。易载时先由委员验船之坚朽，又檄委员押运，或有沉溺，则由总局以护本银买补。当夏秋之交，水涨湍怒覆没者，往往而有，因有恃官不责偿，辄阴坏其朽船，假沉溺为盗窃者矣。

丁宝桢奏定《官运章程》：

一、实给船价。查商号运盐均交船户，并许带私，藉减船价，其船只又系商号借本制造，船户亦意图夹带，甘心忍受，每载竟有夹带数千斤万余斤者，沿江售卖，遂致私贩日炽。应将船价照民间河规平市实发，并明定章程设立船行，招集船户，编列字号，连环取保，刊刻大票，每船载盐若干张，计若干斤，价值、数目、船保姓名由驻厂分局委员于发运时填给船户，收执到岸，随盐呈缴分局、查报总局。其沿江关卡照章点验，不准夹私盗卖，并示禁沿江居民不准接买，查出严行惩办，并将该保户一同治罪。

官运商务总局详定《邓关船运章程十条》：

一、井河运盐由大板主顾船运至邓关交卸，以四月至八月为洪水月分，每载议船钱六十五串；九月至三月为枯水月分，每载议船钱九十串。上脚由厂局给发，每载酌留水尾钱五串，由邓关补发；巴盐每载仍给橹船耗盐三百斤，花盐流胆、走卤每包折耗不得过三斤，连皮应交二百二十三四斤，如有交盐短秤，均惟橹船是问。至板主承运不力，藉口水枯宕延迟误，由厂局随时禀请斥革另募，所有船票引张，除由厂局发交橹船并先行移知岸局外，盐船抵关后由船局按载点收清楚，给发收回，分别岸数，月填船票点引，发交长船开运。

一、邓关船局司事，除原定之管理银钱账目杂务照常办理外，所有原设秤手二名，改为验船司事清书一名，不敷办公，原设之上灶一名，改为经书一名，以便填写船票、编联轮次、造具旬月报清册。每月原定火食、新[1]红纸张银两现经改定新章，事务较繁，不敷支出，每月酌添给银十两，以资办公。

一、船局招募本关家道殷实、熟习船务五人承充，会首除具切实认状备案外，所有认保长船顾觅、拨船，招集可靠管事押运皆责成会首，如船户有偷走情事，惟会首是问，管事押盐到岸交收后，守取回票销差。至江行失事，遵照原章，船户就近禀报，核夺其补配。各岸盐斤无论橹船、长船，随时随船，分别岸数，酌派多寡，携带运往，不得另开脚费。

一、邓关支发水脚，各岸补发水尾，通以井九七平兑发，由总局较准砝码，颁发各局，一体遵用。所有各岸长船议定大小水月分船价，并到岸补给水尾银数，除通饬知照外，仍由邓关船局分岸牌示，俾众咸知。至耗盐，除井河橹船每载仍给三百斤外。各岸长船均照章每载给予船号三百斤，惟永、綦两岸皆有小河转运，折耗仍照旧规，每载加给耗

① 新：通“薪”。

盐三百斤，他岸不得援以为例。

一、长船初次到局，认定轮次，不拘何岸船户，取具连环保结。由会首出具认识保状，到局凡装运盐斤，船局先将船户名次逐一开单，发交会首眼同，押运委员验船只之坚固，定提拨之多寡，由长船自向橹船盘吊收盐装载后，长船户亲同会首到局领银，以免挪移。

一、长船运盐，每载实得耗盐三百斤，足敷亏折，交收时如有短少，责成船户补缴，不敷即以水尾抵扣。大凡岸局收盐，不论提仓、发商，准该船户先将砝码较准过秤，以免争多论寡。船户不得任意短交，秤手亦不得刻薄过秤。

一、长船抵岸，如一时提拨不及，停泊河干，以二十日为率，过期即应提仓，至迟不得过一月不提。倘一月不提，准船户赴总局呈诉，听候查办。虽盐应提仓过秤，亦须公平，不得预为出仓地步，听凭秤手高下其手，刻薄多收，有碍船运。

一、富厂配运某岸、某纲、某批、某载花盐及黑、白巴盐均有一定，不可淆乱，盐船到关提拨时，局员及押运委员须亲临河干，督同会首、船户，查照厂局来文，分别各岸，纲批、盐色逐细检点，装载运往。倘有错误，惟该局及押运委员是问。

一、仓耗半斤系备存仓折耗，嗣后盐船到岸，如系发商对船提拨，准将半斤提出存仓，不得遽行变价；如应提仓之盐不准先将半斤提出，即以原包一百六十五斤零半斤全数存仓，俟出仓过秤时无耗，始准提出，有耗即以此半斤弥补。倘半斤尚不敷补，即以前提存仓耗盐拨补，必俟全纲盐斤全行发商都无折耗，始准将余存耗盐变价，作为本局公用。至花盐到岸，无论折耗几斤，总应遵照定章即以原包发商岸局，不得扣提耗盐。

一、长船在邓关装盐，除亲领正价到岸收取尾数外，所有邓关提拨船价、管事身工，由会首领出，妥顾发给，以免贪装重载不肯提拨，贪顾滥船希图省价，甚至待水开运宕延时日。如当拨价过昂，每包花盐至一百九十文，巴盐至一百二十文以外者，仍照原章由船局查实给发。倘水竭断流，商号过坝，官盐不能听其久积，仍由局员据实禀明，查照旧章办理。

《救护盐船章程》四条：

一、运盐船只如在滩失事，船户即当立刻飞报附近局卡委员前往查勘转报。如船户有敢乘机偷盗盐斤，藏匿两岸居民之家及邻船舱内，而将失化盐数以少报多，或故意将船在滩碰坏窃匿盐斤诳报失化者，一经查知或被告发，定将该船户严拿追赃重办，即偷盗商盐亦一体究治。

一、盐船一有失事，附近之居民地主即速飞报保甲，该保甲即派人将船看守，以免乘间窃盐。一面催令船户速报委员查勘，如该保甲能报在船户之先者，照路远近由委员禀明总局给赏。倘保甲人等坐视不理，以及任听偷窃而不禀报者，一律查究。

一、盐船在滩失事，相近之渡船、渔舟务即帮同救护及飞报委员，如能将官盐救取、不致失化者，由委员查明救起盐包多寡，禀请总局酌量给赏。

一、小河两岸居民以及渡船、客舟有敢通同舞弊，将船户所窃盐斤代为藏匿、寄顿、坐地分赃者，一经查出或被人告发，即拿，案照窝盗分赃例，从严治罪。若明知系船户偷窃官盐，而贪其价钱买食者，亦照知情接买贼赃例惩究。如有探知船户盗窃官盐，并居民邻船代为藏匿，分赃转售，在局卡委员处出首者，即由总局从重给赏，决不食言。

又饬沿江严禁卖私，札官运盐船行驶江河，遭风遇险在所不免，其中有事出无心，一时疏忽，虽失化盐斤，本总局皆格外施恩，免其赔缴。乃船户多贪诈不法，有失事虽出无心，而辄复乘间作弊，窃取官盐，固属可恨。更有一种船户，见其船只已旧，所值无几，故意在滩将船撞坏，诳报失事，籍此偷盗盐斤，其心尤为可诛。此等窃盗之盐，船户不敢公然出卖，皆恃两岸奸民及邻近渡船、客舟为之窝藏、转卖。乡曲愚民贪其盐价便宜，私相接买；船户恃寄赃有人、销赃有所，于是互相勾串作弊，不止在途之官盐，即商盐皆受其害。虽经本总局随时查获、从严惩办，乃若辈贪利玩法技巧智熟，竟自怙恶不悛，实堪痛恨。除本总局派人密访查拿，并通饬沿江各州县外，合行札饬。为此札仰该厅、州、县县丞，即便遵照出示，晓谕沿江两岸保甲人等，嗣后如查有官运盐户偷盗官盐卖者，即一体捉拿送案，照监守自盗例严惩，具禀核夺。如两岸居民以及渡船客舟有敢通同舞弊，将船户偷盗之盐代为窝藏、寄顿、坐地分肥者，一经查知或被告发，亦即提案照窝盗分赃例治罪。如明知为盗窃官盐贪其价钱买食者，亦照知情接买贼赃例惩究，均无徇纵，以维鹾政。光绪三年。

于是首以富顺自流井小河四百余里，起小仙滩，讫大梁子，滩多湍急，水涸益甚，船至辄阁，必募役负盐，逾险行二十余里般滩过坳。而土豪复假作堰名，私敛以病商民，乃檄官商会勘修治，为筹岁修而禁借堰埭以邀利者，又为定官商船过先后以次，勿有逾越。

官运盐务局行邓井关县丞厂河，自小溪以下至邓井关，滩多湍急，每交冬令水势枯涸，般滩过坳，节节耽延，盐船往往二十余日始能出关。现今奏定开办官运，库帑攸关，必须预筹妥慎，以利转输。本道前已委员查明河道四百余里，相度水势高下，自小仙滩起至大梁子止，应修堰闸处所，高低尺寸粘单，开仰井绅遵照，认真迅速修理，所需工料核实估计，不得浮冒，呈候酌核，由官商两运滩派。至每年岁修，虽属无多，亦当预筹，并仰公议章程，呈候核夺。其向派堰厘，永远禁革。

官运盐务局详：去冬案奉示谕，不论官商，只以到堰先后次序启放，当经张贴晓谕，并饬驻滩接运委员遵办在案。职道于本月初九日自富厂起程，沿河查看，至邓井关水势偏枯，较之往年尚多数寸，而各滩船只拥塞邓井关、大梁子尤甚。查问本年正月初八日，头批官运尚停泊大梁子内，未经提拨出关。伏查宪示，只论先后、不论官商，原虑官运欺压商人，故示体恤，然亦系指大梁子以上各堰闸启放而言，至于大梁子提拨，固未谕令定依先后次序，乃奸商藉示暗肆阻挠，每过一堰加价短般，故将官运压阁在后，以官运水脚议有一定，船户不肯赔垫短般也。又或因宜沙口岸疲滞，遂于上游所在迟留以待翔贵，又或号伙有得力不得力，顾得船只有早有迟，前船未开，后船便滞，以致愈滞愈多。大梁子以内停泊官商船只五六百号，现在销路通畅，各岸催盐甚急，若似此节节阻滞，百数十里河道月余不能出关，诚恐黔民淡食，有碍大局。又查楚计两岸商运计少楚多，楚岸需盐不若黔边之急，若不变通定案，官商均属有损，拟请十、冬、腊、正、二、三六个月水枯月分，大梁子以上各滩堰闸启放，仍旧官先商后，若商船本在前堰者，毋庸停待以让官运。至于大梁子提拨圆载，无论官商各听其便，毋庸定依船到先后轮次，似此变通庶于官商均有益无损。光绪三年。

又详：窃查川省大江眉州以上尚属平水，嘉定以下节节皆滩，每遇险阻之处，客船经过必添顾本地熟悉水性之人，帮同扯纤，名曰“拉滩”，或将重载提拨装运，名曰“般滩”。土棍因之纠集滩夫多人，盘踞滩头，勾结衙门差役，把持刁难种种需索。更有沿江痞匪一见船只失事将覆，即驾小船，藉救生为名，蜂拥过船，将财货掠抢，一哄而散。遇有滩夫或因纤路险滑失脚，或被纤绳弹打落水因而毙命，该痞匪等冒称地主，唆使尸亲，恣意勒措，种种恶习，大干法纪。永宁所属前任恩道曾经整顿，拟定滩规，通饬查禁川东所属，亦经前任姚道因控案，屡屡委员查明，拟定滩规，示谕严禁，而各地方官奉行不力，为日未久，诸弊旋生。职道履任后，各帮首事船户复纷纷禀恳，当经通饬查拿究办，诚恐上游一带积久未加整饬，不免有前项情弊。现值办理官运，各岸盐船回空装载客货，亦往往因此耽延，不能迅速接运。应请通饬沿江州县一体严禁，遇有痞棍把持刁难，一经船户禀呈，立予严拿究办，务期有害必除，以清江面而安行旅。光绪四年。

又以邓井关内江至泸州百数十里，险滩十余，复为筹费遣员修淘，初以水涨工艰，仅疏富顺属棹子角、牛皮滩、双冠子，泸州属大滩、通滩，然犹时利时壅，水涸仍往往坏舟。六年复遣员勘出险滩十余，功布滩、湖布滩、大流滩、熨背、竹角、荔支滩、通滩、大滩、观音滩、崖漕、莲花滩、石口子、龙首滩。于是七年二月为补修黄泥等十余滩，黄泥滩、周家碛、棹子角、公婆滩、荔支滩、瓦窑嘴、包通滩、杨公、马踏、庙基子、露水岩、鹅公、大漕、大流滩。今稍稍利运矣。

官运盐务局行犍为、富顺、泸州各州县，查内江自邓井关以下至泸百余里，滩险甚多，本年官运往往失事，前经委员查勘，除小滩不计外，尚有江水、洪枯最险之十五滩，并查明所需经费无多，急宜趁此春水未发，分段开凿，以收事半功倍之效。除委员一自邓井关以上，一自小市以上督率勘修，并仰该州县即便遵照，如该员开凿该州县险滩，应用差役、地保、乡约，仰即派拨听候该委员驱遣，事关运道，务期共济。光绪三年。

边岸最要者为入黔之永、仁、綦、涪四岸，峡隘湍激，多沮舟行，盐从大江水陨直下，自转江入岸，河则溯流而上益艰险。四年，唐炯言于丁宝桢，请为之镌漕口、除乱石、挑积沙、修纤路，因势利导，颇有中流阻阂，如綦江羊蹄洞、仁怀吴公崖之类，盐至又须舍舟而陆，或数十里乃复舟运。如前所谓般滩过坳者，则凿而通之，俾一水径达运省，则盐值自贱。宝桢据以入告部议，报可。

丁宝桢片奏：再，据官运盐务总局详窃查，川盐入黔向分四岸转运，一由纳溪泝至永宁小河二百余里，为永岸运黔要道；一由合江溯至贵州茅台村小河五百余里，为仁岸运黔要道；一由江津江口溯至贵州松坎小河六百余里，为綦岸运黔要道；一由涪州溯至贵州龚滩小河八百余里，为涪岸运黔要道。此四小河发源滇、黔，分流川江，皆窄峡崩崖，激湍乱石，节节有滩。自去年开办官运以来，盐船经过，每至险处触石即漏，必须提载加纤，万分艰难，非议修淘，难期畅利。现据绅耆商民等禀，自愿捐资集款，因势利导，酌加修治，以利舟楫，俾官商均可畅行，盐船无虞失事，而沿河穷民更可以工代赈，于边地商民大有裨益。俟此工告竣，如果经费有余，再妥议岁修河道及四岸陆行险路，以便行旅而期久远。该局现已委员分岸查勘，并传询商民众议佥同，惟茅台、松坎等处均系贵州地界，现拟兴工一律修淘。虑黔中官吏未悉底蕴，应先行奏咨等情，前来臣查川省各岸运盐入黔河道，多系滩高岸窄、乱石纵横，久未修淘，舟行实形滞碍。现据商人自愿捐资修治以通运盐之路，自应如议照办，以重盐务而畅销岸，惟此次工程系属商捐商办，分厘不关公款，自可勿庸造报，相应请旨下部臣免其报销，仍由臣檄饬局委各员督率商人一体，认真办理，使工归实济。光绪三年。

于是遣官视工，绅商毕赴，辄发难民以工代赈。永岸由纳溪溯永宁小河二百余里，自石阑溪至鹅公疏凿者凡二十余滩，石阑溪、亚阑子、乐道子、�子、盘母猪嘴、中不算，鸭阴滩、海蚌漕、竹林角、江门、石灶、头湾滩。叙永新修者七滩。天池口、磉磴子、汗得紧、艾口子、红白沙、侯家滩、燕儿窝。永宁新修者七滩。铁炉滩、夹门坎、壁佛崖、虎跳子、三闯辕、大风路、鹅公滩。仁岸则由合江溯仁怀村茅台小河五百余里，自吴公崖至茅台村疏凿者凡三十余滩。吴公崖、二郎滩、三鸭岭、胡盧脑、鸡心、猿猴、黄泥、泥堰滩、小甏、大甏、落昧脑、沿滩、鱼锦、花滚滩、白鱼口、溪口、火烧崖、石水岡、水泥沟、黄连、鱼跳湖、水口、阴福子、沙牵、长沙坝、望乡台、新龙滩、豹子、马崖心、三锅庄、小铜鼓、鲤鱼陶、洪上口、马黄沟、茅台村。綦岸则由江津江口溯松坎小河六百余里，又由松坎至新栈可六十里为先，疏凿江口石梁数滩，头梁、二梁、三梁、上水槽口。而綦江起界石洞、羊蹄洞、龙昌子至新栈小河二百里中，盐船至此率般滩起店三次始至松坎。松坎以前辄改陆运，至是为开新栈河，盐船出松坎仍可水运，惟界石、羊蹄虽凿，仍颇淤塞；龙昌子巨石中梗，称天险，盐至此仍般运，以虚舟行石上，人力推挽，乃得过讫，不能凿新栈一带，两岸奔崖坠石，动塞漕口，旋疏旋遏，船运仍艰，费与陆等，工讫不就。涪岸则自涪州溯龚滩小河八百余里，自鸡翅滩至庞滩疏凿者凡五十余滩，鸡滩翅、白崖口、鹦鹉三峡、上下边滩、黑羊庙门滩、曲尺子、小角梆、万卷书堆、磨船背、廖氏溪、牛矢滩、三眼洞、羊角迹、雷劈石、石床、武隆滩、靴桶石、二口滩、横梁子、官滩、金刚背、土闸子、慌张背、铁漕口、咸山堆、新滩、木棕滩、猪儿堆、帽梁子、钜梁子、下崖、老下崖、高谷长滩子、下塘口、狗跳崖、猪牙子、老虎口、观音梁、韭菜梁、笋洞、磨寨谷、鱼子沿滩、偏石面、石板滩、鹿角沱、福滩、庞滩。而涪州之羊角迹、彭水之鹿角子为尤险，盐船至则般滩，游民藉以牟利者无数，商费不赀，至是稍稍省矣。四岸中滩险工巨，仁、涪为最，仁岸治滩，其崩崖巨石，锤凿所不济者，辄穴石实以火药灌水银泥封，留窍置药线而火以裂之。又为闸坝数重，束水而后施工，涪州因用其法，工颇便利。然仁岸犹费金二万有奇，涪岸一万有奇，永、綦两岸殆不及半，所费咸由商捐，摊入盐引，用是官不费而民无扰焉。其外，潼川所属各厂运道率由阳桃溪至梓潼镇四百余里，中六十余滩，滩多淤，而黠桀土民复有意壅塞，因以要利，六年，为檄有司，凡射洪、新灶房、镫蓬子、白流寺、花园寺、白鹤林、新漕、马到子、焦巴石。蓬溪、洞孔嘴、王家漕、周家浩、黑白碑、平望子石龙江、然川浩、张家漕、泥窝、石马碾、庙溪子、清石枧。遂宁，亲家角、上下营盘、黄练沱、孟家平、孔家浩、严家湾、柑子平、古坟包、丢底滩、麻柳湾、狡猾滩、广羊平、碓窝石、木碑滩、黄盘石、鹅项岭、麻柳林、鸡滩、老池沱、却弓溪、荷叶溪、鹅蛋石、顺水寺、芋荷湾、三脚蝉、菜篷子、沙蜂子、毛菴子、白女观、金马蹬、狮子崖、铲锁窑、奚家槽、红崖子、雷打石、油榨碛。一例淘修，其工视四岸盖十不逮一二焉，而江安、猪棬门、坝子滩。长宁、大拨空、蠢滩子、揽耳子、上拨鱼、下拨鱼。宜宾偏仓子。所属亦一时偕举，工虽莫足数，亦盐运利也。又由金沙江安边入小河纡折溯流五百余里，凡七十余滩，滇岸盐运恒必由之。今方鸠工而未集事，盖蜀多石峡以束江流，小河亦然；两岸土石往往崩圮，夏秋迅涨辄与泥沙俱下，疏遏不常，难以时计。欲求不敝，莫如岁修之法，当时官运盐务每一兴作，常用断断，然集资有常而又能以时修举，则仍在良有司与商民之善与图终而已。

四川盐法志卷十六·引票一

颁行

秦汉之盐禁，则募民自给费，因官器鬻盐，官与牢盆；罢禁则纵民自鬻，以税县官，如故事而已，无所谓引也。唐始行两税，然如刘晏变法所谓一税之后，纵其所之，犹无引尔。宋始有引、有引税，至元而有卖引之法，引之旨浸失已。明洪武中为刊铜版，犯私盐者罪至死，伪造引者如之。又盐与引离，即以私论，法綦密，已而重复、影射诸弊亦即随之。今引中所载各禁令亦肇于明，然民日手一律而身罹之而不止者，何哉？夫惟国家设引，特以导盐，而昭符信、重法守也，有司不知其意，或且因缘为利焉。彼既有以取盈于引之外，民亦安能不思遁于引之中？顾欲其知之而不由之也，得乎哉？今引外有票，票厘之票即所以代引而济引之穷也，故得与引并著于篇，而他票亦附见焉。志引票颁行。

自宋淳化三年，令商人输粮塞下，授以要券，谓之“交引”，移文江淮、荆湖，给以颗末盐，自是始有引之名。及蔡京变法，又有长引、短引，其用皆颇与今异。绍兴二年，四川总领赵开初变引法，置合同场收引税，详纪遗。当是四川行引之始。元太宗二年定引四百斤，四川岁煎盐万四百五十一引，天历间浸增至二万八千九百一十引，详井灶总额。其法不详，大率仍循宋旧。明景泰四年，令四川盐课提举司于每年三月以前具上、中、下三等盐课司并商名、引盐数目，以次扣课均派，开报布、按二司并巡盐官，定于三月初一日，会同照引唱名，给散以引目，连各商通帖、散帖封发各盐课司收贮，分派各井，逐月支盐，随时批讫退引给付各商。限次年三月终送提举司汇总转达布、按二司并巡盐官，比对相同照数，完造岁报。若遇急用边粮开中务，亦先年出榜，次年三月唱名支盐，其法为备。嘉靖三十七年，议从引定银通计五十七州县、一所、一场，共盐八万九千二百六十三引一斤互详征榷。此历朝四川行引之大略也。《明会典》、王圻《续通考》载明“岁办盐数，各省皆以引计，惟四川及陕西以斤计，据此共行引一也”。

国初犹行明旧引，顺治二年凤阳巡抚赵福星言“盐课为军需所关，今各商皆故明旧引，其中不无混冒，请速给新引以裕国课”，此或为淮浙言，其时四川犹未定也。八年，始题准四川盐票四千九百四十纸，每票填盐水运五十包，陆运四包，税银六分八厘一毫。至二十一年，题准增票二千二百八十八。是时，盐票率由四川布政司照部引式刊票，申送巡抚挂号，即授盐法道转授各属计票支盐，计盐征税盖犹行票而未议引焉。康熙六年，户部始以考成无稽，议令四川行大引，引凡二万三千斤三千或作二千。时以大乱初定，井厂地少，蜀民食仅给，惟设小票授民交易。四川巡抚张得地[①]议以有万难行者二，有不必行者一：数多必合众商始行一引，一难也；地阻则负贩非二三百人就道不能举一引，二难也；又井灶夷塞、户丁稀少，一引之盐亦难即煮，三也。以是覆奏而罢。

张得地奏略：奉部行查，议川省大引一款，据夔州府查得万、云、宁、太有井四县，具属新经开淘，所产之盐无几，即今日所出盐斤尚不足本地易食之用，即有引亦多盐可填，更无处可卖。且各县旧制，原无大引行盐之规，似难轻易举行。潼川州查得盐引之设，必地方全盛，行盐既多，盐课繁溢，恐有私贩纵横，国课短少，故非盐引不足以督考成、别殿最[②]。今蜀省户口寥寥，非期之百余年之后，断无生聚骤蕃之理。况盐井尽为贼填，开淘原复不易，只此小票，听民自领自卖，颇为简便。若额定每州每县行盐若干、派引几许，反致行盐无民、岁课有亏。据犍为县查得，节年俱小贩行盐，或借本或合本，不过数百斤而已，俱请领小票负运驮载，取其就便、本少利捷，以省顾船顾夫之费，是民之朝夕养命者恃有小票。且小票招商，节年奉行之数尚已难销，兹欲行大引，恐大引未行而小票亦停，所误盐税、民生不小。阆中

① 张得地：应为张德地，初名刘格，汉军镶蓝旗人，清朝官吏，初以通晓满文在吏部学习。顺治九年（一六五二）授宗人府主事。康熙初军官四川巡抚，招民承恳，累加工部尚书衔，三藩之乱时，以御吴三桂部将彭时亨失利，夺官。

② 殿最：古代考核政绩或军功，下等称为“殿”，上等称为“最”。泛指等级的高低上下。

县查得，盐政关乎国课，务在通商便民、因时制宜，然后行之经久，可以无滞大引之例。前因时势难行，遂议通便之法：大商每票五十包，小贩填盐四包，每包额定税银六分八厘一毫，不拘大商小贩通行无滞，裕国通商法尽善也。蜀省川北人民稀少，食盐无多，且产盐之井又仅存昔之什一，若复部颁大引，必致商民交困，殊非长久之计。彭水县查得郁山镇所产之盐，原听思南、婺川、黔江、酉阳各土司商贩零星易卖，或一二十斤，或三五十斤，多则不过一百斤，况系南北东西之人，焉得久住井场，以待合引贸易？前奉颁盐票河引一张载盐五十包，旱引一张载盐四包，商贩始得称便，通行无滞。若举行部颁大引，则郁山零星小贩坐守经月，难合一引，必至病商损税，恐非良策。忠州查得各省盐引州县俱载额数，课则办之，商引则缴之，官按其完欠以为考成。至于忠州虽有盐井二处，水既不佳，产亦无几，灶户各照人丁岁纳课银，从无纳课之外又行大引之法。若谓稽核考成，则岁课完欠即有司之殿最矣。臣看得大引之设，原蒙内部为普天率土裕国、通商、剔弊而专考成之善策也。但省分有凋残、繁庶之不同，故大引有可行、不可行之异。今揆情度理，大引有万难行者二，有不必行者一：历年商贩本少利微，所贩盐斤多则不过数百斤，少仅数十斤耳，今欲举行大引，旧例每张必盈二万三千斤之数，非穷年经月，何能得多商凑集，合一大引之数，此必不能行者一也；又川省产盐地方，辽阔零星，俱系深山峻岭，即滨江通水道者不过五六处，其它尽陆行背负，若必欲举行大引，则二万三千斤之盐，非二三百人不能运动，此必不能行者二也；再查川省之井盐，尽为寇逆填塞，开凿万难，此日之灶民不过单夫只妇，即尽力经营，不但煎烧有限，且以所出者半供衣食，半供纳课，较之他省晒海煎池不及百万中之毫末，若举行大引，又安能骤得二万三千斤盈足之灶户以给之乎？此不必行者三也。历年小票行盐久经，额有税课，一旦变为大引，商灶畏难不前，是本欲增税而不免反至亏税也。盐政为国课重务，引票为盐法纪纲，但地方有荒熟，故立法有经权。目前川中既无昔时蕃盛灶户，亦无凑集烟民，是以因时变通填给水陆小票以便通其商灶；今若骤改大引，不惟零星小贩既无一引之资，即寥寥灶户又无一引之货，势必商灶俱困而课税交亏。至于稽核考成，则递年开淘井眼与行票收税按年俱有册报，而拨充兵饷亦年终皆有奏销，是稽核考成又不必在大引之设与不设也。康熙六年。《经世文编》作十一年。

谨按德地疏中，大商票当即顺治八年题准之件，故包与税数皆同，然此所谓引票皆由布政使造非必部颁，多少可以取便且绎《会典》。顺治年间，四川布政使照部引式刊票云云，是终顺治之世必皆行票，四川颁行部引当以康熙二十五年为断始，故二十六年即议增行盐引。

康熙二十五年，《会典事例·盐法》作二十五年，后引目由单又云三十五年，覆准铸盐引铜版四川一块，今从二十五年，以四川二十六年初议行引也。始令宝泉局[①]铸铜版印发，据《会典》。初颁引式犹颇简略，六十年始换铸，乾隆六年、十三年一再换铸，四川版皆一，五十三年始题准换铸，六、十八四川版二，六十年又一换铸，据《会典事例》。先是五十八年户部奏定新式，长芦盐政穆腾阿复奏请，取行盐各省盐法更革，并贩私七条厘正增入。总督福康安又以旧载行盐府厅州县未备，咨部补载，即今式也。

穆腾阿奏略：查得商人行盐引，目前经户部题定式样、刊铸铜版、刷印颁发、护运行销。惟查盐法事宜经更改，而盐引所载尚系旧日条规，应请敕部将行盐地方应增应删以及贩私七款逐一更正，请自乾隆五十九年为始，新定式样刊铸、刷印、颁发、护运。乾隆五十八年重造引式。

福康安咨略：查四川行盐地方现行引内，四川止载成都、重庆、保宁、顺庆、叙州、夔州、雅州、宁远、龙安、嘉定、潼川共十一府州，贵州止载贵阳、安顺、平越、都匀、思南、石阡、大定、威宁八府州。其四川之潼川州升为府，尚未改正，又有直隶松潘厅、叙永厅、石砫厅、资州、绵州、茂州、邛州、眉州、泸州、达州、忠州、酉阳州十二厅州；并续增例食川盐之贵州遵义府、南笼府，并施秉县、镇远县属之西南北三隅偏桥司、都素司、省溪司、提溪司、乌罗司、平头司两府二县六司；云南之昭通府、东川府、镇雄州、三府州；湖北宜昌府属之鹤峰州、长乐县，施南府属之恩施、宣恩、利川、建始、咸丰、来凤八州县均未增入引内。但应销地面繁多，引内恐难备载，应否只将行销边引

① 宝泉局：明清时管理铸造钱币的官署。

之贵州遵义、南笼、施秉、镇远县属之西南北三隅，云南之昭通、东川、镇雄，湖广之鹤峰、长乐、恩施、宣恩、利川、建始、咸丰、来凤一并刊入引内，其余行销计引之四川直隶松潘厅等十二厅州仍照旧例，毋庸添载。乾隆五十八年。

领引有期，先是率以八九月咨部请颁，引至常迟，雍正七年，巡抚宪德始请于四月奏销时随领引，还部议，从之。

宪德咨略：旧额引目，若照往例，于八九月给咨送部请颁，实有行销不及之处。请以每年随奏销时，将次年盐、茶二引应解纸朱银两如数解部，于奏销差役回川之日，将来年部引颁发到川照例编号，于本年十月内行文各属催领，陆续给发，至次年正月，该地方官即可有引给商行销。如此则商人得以及时行引，课税易于办理，盐茶无阻滞之患，似于裕课、通商两有裨益。雍正七年。

总督以引授盐道，盐道以授所属厅州县官，乃以授商，商持至厂配盐运行曰采配，其配小灶零盐，无使有溢额，惟归丁州县招商未得，则留引不发。

宪德咨略：据驿传盐茶道曹源郊详称，川省地处边隅，盐井灶户住居零落，其灶户之中，或能逐日煎烧、凑成一引货卖者，亦或有不能凑成一引、日煎日卖者。商贩执引赴井配盐，灶户惟知见引卖盐，而此引已经零星买过盐斤若干，在灶户茫然无知，以致商人领引一张，于赵甲处配二百斤，再于钱乙处配三百斤，又于孙丙配四百斤，如陆引一张只应配正耗盐四百六十斤，而已配至九百斤。究其每灶所卖之盐分而计之，尚不敷应配正耗之数，合而执之，夹带私盐四百余斤。迨至隘口，盘出余盐，禀官究治，讯其灶户，则见引货卖，其中受奸商愚弄委不知情者固有，而通同卖私串供混赖亦难必其竟无。再四思维，查阅部引墨匡内外有空白之处，嗣后商人领引赴厂零星买配者，如向赵甲买配盐二百斤，即令该灶户于空处注明“某日灶户某人卖盐若干斤”，陆引一张至四百六十斤而止，水引五千七百五十斤而止，如有多余，即究后卖人之罪。如此在商人既不能多买，而灶户亦不能多卖。部覆如议。雍正十一年。

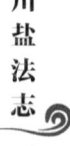

谨按：此或当时盐少之故，自后盐常浮于引，此不足虑矣。

凡某商配某厂盐，行某地，某地行引几何皆有额，详引配表。商名必具于引，毋有模糊。

户部咨略：查得各处行销盐引，国课攸关，未便任其破损、模糊，致滋弊窦。但从前刷印、颁发盐引纸张，未免浇薄，致易破损，兹于雍正二年刷印乙卯引张，俱用坚厚毛头，相应通行。各该管盐督抚及盐政严饬领引差役并行盐各商，嗣后引张务须谨慎收藏，毋致稍有破损。其各该管商人名字及行盐字号，务于引内填写明白，毋致模糊。如有违误等情，即行斥革治罪，可也。雍正十二年。

徐泽醇奏略：向来发给正引及引根、引纸并无某商行销某处字样，以致奸猾之徒得租借引纸，随处影射、搀越，口岸不清，实由于此。拟请嗣后发给引张，由道查明行销口岸，盖用墨戳，并将年、月模糊之引填注明白，发交地方官添注车商姓名，询明何时可以配销完竣，随时填注缴残，限期转给，庶影射、搀越之弊，不禁自除。道光三十年。

计商运行四川十二府、六直隶厅、八直隶州、百三十余州县及湖北八州县者曰计引。边商运行贵州十三府、三厅、一直隶州，云南二府、一州及四川近边之酉阳、石砫、明正、木坪、瓦寺、金川、河口杂谷九姓司等土司并黄螂、雷波者曰边引。此据《会典》，今酉阳、石砫等改土归流皆一律行计引。岁行额引曰正引，外请部颁五千道、存总督署以备请增曰余引，其为部引则一也。

宪德奏略：行盐以部引为凭，自应请领行运，但各府州县卫请领，多寡不一。如必逐案差人赴部请领，无论奔驰往返，且与民生日用，鲜克有济。请于本年额引之外，预颁盐引五千张，改贮巡抚衙门。俟有请增州县，一面题报、一面将部引给发。其纸朱银两，请于盐茶充公项内垫解，于请引州县征解还项。部覆如议。雍正十一年。

其行引，引盐不离，所过必有稽察，曰批验，又曰挂验，又曰般验，详转运部，般验字案牍皆作搬或作盘，宋有转般法与此同义，《通鉴长编》作般，他皆作搬。其引或由场员，见雍正十二年黄廷桂等条奏。或由沿途州县，如云南引由宜宾截角之类。或由销岸有司截引一角有递，截至四角者曰截角，盐至销岸或中途克期缴官曰缴残。惟本省至岸，湖北、云南、贵州引不必至岸始缴。其弊则一引而既行焉、又行焉曰重照，行于此焉又行于彼焉曰影射，于是盐茶道官运盐务各于岁奏销时，随册缴户部，户部为验其数符而后毁之。

黄廷桂奏略：查水陆引目奉部颁发原有字号，而收买发卖原有截角之例，以杜影射。惟是奸商领引入手，行引州县，既未将商人所领之引移明产盐州县，商人到井买盐亦不将引目呈明地方官验截，任其于各井灶收买盐斤，或引外夹带，或买贿巡役承领，一引往回驮运不可底止。应将部颁引号于盐道衙门发引之日，即将各州县厅卫引内部号，造册发给场官，其商人领引买盐之日，亦令各该州县将引内号数及该商领引起程日期移明场员，由场员按册查对。俟商人至场配盐足数，即将所领引张截去一角，俾商运往，仍将商人至场起程日期移覆各该州县查察，免中途逗留、长装短卸等弊。户部议如所请。雍正十二年。

外有引根、引纸，始雍正八年，巡抚宪德虑黔、滇边商险远，部引多失，截引换照又滋流弊，则请照河东总督田文镜条奏田房税契根、契纸例存引白截，由盐道印发双联引根、引纸，中空处阔书“部引”字号、运盐实数，剖而为二，半附引纸付商代引备验，半留引根，同边引缴部。十二年，总督黄廷桂及宪德奏设官埠，议罢引根、引纸事，下户部议驳不果。乾隆九年，巡抚纪山复奏请增定滇、黔食盐州县。见贵州边岸。嘉庆二十四年，湖北八州县计岸，以缴引不于销岸，而于夔州相诿諉，总督蒋攸铦从盐茶道奇成额议，亦于夔州通判缴引换票根、票纸，如滇、黔引根、引纸例。蒋咨见湖北计岸。

宪德奏略：川省行盐有例，行黔省之贵阳、安顺、平越、都匀、思南、石阡、大定、威宁，并改隶黔省之遵义、滇省之镇雄、乌蒙等十一府州县及川省之酉阳、石柱、明正、木坪、瓦寺、金川、阿日杂谷九姓司等土司并新改设立黄螂、雷波等处发卖者，从前引目并未带往各省及土司等处地方。因途遥路险，商人不能前进，皆系沿边州县截角、挂验，听彼处商人转运，该地方截角州县换给照票，以为前途盘验之据。但地方官截引换照或有不肖有司营私舞弊，恐滋私贩，今于此案俟各属造报户口，至日汇造川省应食盐斤确数，再将应行滇、黔及各土司盐斤核定水陆引张确数，刊设双联引根、引纸，钤盖盐道印信，分发沿边州县。俟商人运盐到日，该州县照部引字号张数填注引根、引纸，于中缝大书运盐斤数，以引纸截给盐商，以备前途盘验，照例截角放行，其引根由该州县同已截角部引申赍盐道查核缴销，以杜影射并填多报少之弊。部议从之。雍正八年。

谨按：引根、引纸，《会典事例》作乾隆四十一年议准，《事例》四川盐引行销贵州省之贵阳、安顺、平越、都匀、思南、石阡、大定、遵义，云南省之昭通等府州县，四川之酉阳、石柱、明正、木坪、瓦寺、金川阿日杂谷九姓司等各土司并黄螂、雷波等处。该沿边州县于商运到日，将部引截角挂验，另用盐道印颁双联引根、引纸，照部引字号、张数逐一填注于引根、引纸，中缝大书运盐斤数，将引纸给商转运，将引根同已经截角部引申送盐道查核，缴部所给引纸由前途照例截验放行，免其缴销。今既于雍正八年已经议准，并十二年黄廷桂等议罢，亦不果，岂中间复议罢耶？抑废弛不行。至乾隆中重申旧令耶？然自光绪三年举行官运，凡黔、滇、湖北引由局配运盐到岸，即由各岸局汇缴总局，换护票发商，随盐备验引根，至是亦罢矣。

引式

字　　號

鹽器　　此處原引模糊不能辨識從闕

定鹽斤

給付客商

一 四川省

引行鹽肆包每包重

給半印引目每包納完引價

一 凡客商興販鹽貨不許鹽引相離

如賣鹽畢十日內不繳退引者笞四十

鹽貨同私鹽論罪僞造鹽引者處斬

一 行鹽地方

四川成都府　重慶府　保寧府　順慶府　敘州府

夔州府　雅州府　甯遠府　龍安府　嘉定府

潼川府　綏定府

貴州貴陽府　安順府　興義府　都勻府　思南府

石阡府　大定府　遵義府

湖北施南府　宜昌府屬鶴峯長樂二州縣

右引付客商　　收執照鹽准此

引

年　　月　　日

部　　押

邊岸引根引紙式

引　根

四川鹽茶道爲頒給引根以便行鹽邊遠事照得川省鹽法事宜前
於欽奉
上諭事案內奉
總督川陝部院 巡撫四川都察院會 題准
戶部議覆奉
旨依議欽遵奉行在案內有川省引鹽例應行銷滇黔兩省各府州縣及
川省各土司並新設地方請照田房契根契紙之例刊刻雙聯引根
引紙鈐蓋鹽道印信分發沿邊州縣照部引字號張數並註明中間
大書運鹽斤數俟商人引鹽到日將引紙截給鹽商以備前途盤驗
照例截角於行其引根由該州縣同已截部引申賫鹽道查核繳銷
以杜影射並換多截少之弊 奉准
部覆准行併令不時查察如有營私舞弊以致興販私鹽者即行指
名題參等因嗣經清釐鹽務時查出犍富兩商行黔口岸並未指定
某商行某府州縣往往彼此搶越爭控不休經
總督部堂徐 委員帶同犍富商人前赴黔省將各商行鹽口岸逐
一清釐分晰畫界以杜爭執詳蒙
奏明奉准
部覆准行等因通飭遵照在案合行另刊引根引紙指定各商行鹽
口岸給發換截備驗爲此仰沿邊州縣俟商人引鹽到日將引根部
引截回引紙給商收執遵照前去照指定口岸發賣施行須至引紙者
一川省產鹽之犍爲縣鹽水引張行銷黔省之安順府普定縣鎮
寧州永寧州清鎮縣安平縣郎岱廳大定府平遠州黔西州威
寧州畢節縣興義府興義縣普安縣安南縣貞豐州普安廳思
南府安化縣婺川縣印江縣石阡府龍泉縣鎮遠府鎮遠縣施
秉縣天柱縣黃平州銅仁府銅仁縣松桃廳思州府玉屏縣青
谿縣由川省之永寧縣彭水縣涪州等處轉運截給引紙其永
邊認代之邊引一千二百三十五張由涪州撥運至龔灘轉運
思南石阡鎮遠銅仁思州等府屬銷售又由龔川之王家沱轉
運龔川縣銷售又水引行銷九姓土司由納谿縣轉運截給引
紙又陸引行銷滇省之昭通府鎮雄州東川府由川省之宜賓
屏山高縣珙縣興文筠連長寧等處轉運截給引紙
一川省產鹽之富順縣榮縣鹽水引張行銷黔省之貴陽府貴筑
縣龍里縣貴定縣修文縣開州定番州廣順州遵義府遵義縣
桐梓縣綏陽縣正安州仁懷縣仁懷廳都勻府都勻縣麻哈州
獨山州清平縣荔波縣平越州湄潭縣甕安縣餘慶縣由川省
之綦江合江涪州等處轉運截給引紙其富順縣永邊認代之
邊引一千二百八十五張由涪州白馬鎮陸運正安水車等處
銷售又由彭水縣江口陸運灌水關直達平越都勻等府州屬
銷售
一川省產鹽行銷黔省之樂至縣水引十張由涪州彭水等州縣
截給引紙內江縣水引七張由納谿縣截給引紙轉運黔省銷售
右引紙仰行 沿邊 截給引紙准此
年 月 日
鹽茶道押

引紙

四川鹽茶道爲頒給引紙以便行鹽建運事照得川省鹽法事宜前
於欽奉
上諭事案内奉
總督川陝部院
巡撫四川都察院 會 題准
戶部議覆奉
旨依議欽遵奉行在案內有川省引鹽例應行銷滇黔兩省各府州縣及
川省各土司並新設地方請照田房契根契紙之例刊刻雙聯引根
引紙鈐蓋鹽道印信分發沿邊州縣照部引字號張數並註明中縫
大書運鹽斤數俟商人引鹽到日將引紙截給鹽商以備前途盤驗
照例截角於行其引根由該州縣同已截部引申賫鹽道查核繳銷
以杜影射並填多截少之弊 奉准
部覆准行併令不時查察如有營私舞弊以致興販私鹽者即行指
名題參等因嗣緣清釐鹽務時查出犍富兩商行黔口岸並未指定
某商行某府州縣往往彼此搀越爭控不休經
總督部堂徐 委員帶同犍富商人前赴黔省將各商行鹽口岸逐
一清釐分疆畫界以杜爭執詳蒙
奏明奉准
部覆准行等因通飭遵照在案合行另刊引根引紙指定各商行鹽
口岸給發換截備驗爲此仰沿邊州縣俟商人引鹽到日將引根部
引截回引紙給商收執運赴前去照指定口岸發賣施行須至引紙者

一川省産鹽之犍爲縣鹽水引張行銷黔省之安順府普定縣鎮
寧州永寧州清鎮縣安平縣郎岱廳大定府平遠州黔西州威
寧州畢節縣興義府興義縣普安縣安南縣貞豐州普安廳思
南府安化縣婺川縣印江縣石阡府龍泉縣鎮遠府鎮遠縣施
秉縣天柱縣黃平州銅仁府銅仁縣松桃廳思州府玉屏縣青
谿縣由川省之永寧縣彭水縣涪州等處轉運截給引紙其永
遠認代之潼引一千二百三十七張由涪州提運至龔灘轉運
思南石阡鎮遠銅仁思州等府屬銷售又由婺川之王家沱轉
運婺川縣銷售又水引行銷九姓土司由納谿縣轉運截給引
紙又陸引行銷滇省之昭通府鎮雄州東川府由川省之宜賓
屏山高縣珙縣興文筠連長寧等處轉運截給引紙

一川省産鹽之富順縣榮縣鹽水引張行銷黔省之貴陽府貴筑
縣龍里縣貴定縣修文縣開州定番州廣順州遵義府遵義縣
桐梓縣綏陽縣正安州仁懷縣仁懷廳都勻府都勻縣麻哈州
獨山州清平縣荔波縣平越州湄潭縣甕安縣餘慶縣由川省
之綦江台江涪州等處轉運截給引紙其富順縣永遠認代之
潼引一千二百八十五張由涪州白馬鎮陸運正安水車等處
銷售又由彭水縣江口陸運濯水關直達平越都勻等府州屬
銷售

一川省産鹽行銷黔省之樂至縣水引十張由涪州彭水等州縣截
給引紙內江縣水引七張由綿竹縣截給引紙轉運黔省銷售

右引紙仰行 沿邊 截給引紙準此

年 月 日

鹽茶道押

四川盐法志卷十七·引票二

配引表

厂岸配引，损益因时，盖厂有衰旺，岸有畅滞，法成不变，势所不能。故改配改代，善行之则为救时之良法，不善行之则为丛弊之阶府。今取现行额数勒为一表，具前而附以初额，次以增引，然后盛衰因革之数，可据而考也。

厂	本省计引	湖北八州县计引	云南二府一州边引	贵州边引
简州	本州陆一千六百又一引 成都陆二千一百七十五引 华阳陆二千一百又六引 双流陆八百一十二引 温江陆八百六十一引 金堂陆一千三百六十五引 郫县陆二百又七引 灌县陆五百五十二引 资阳陆五十三引 汶川陆一百六十二引 理番陆一百三十五引			
荣昌	本县陆九十四引			
大足	本县陆八十六引			
合州	本州陆九引			
铜梁	本县陆二十二引			

涪州	按涪州井二眼久坍，近皆配食射洪、犍为、富顺、中江等县盐，以井课犹未间除，故仍列之			
阆中	本县陆八十四引			
南部	本县陆一千四百六十八引 阆中水二引，陆六百五十三引 苍溪陆三百五十七引 广元水六十五引 昭化水二十六引陆三十引 巴州陆一千又十六引 南江陆一百六十五引 剑州陆四百二十四引 通江陆三百七十九引 南充陆六十引 蓬州水九引，陆二百又七引 营山陆五百又一引 仪陇陆三百五十七引 渠县水六十引，陆七百五十二引 大竹陆一千四百又八引 平武水六引，陆五十引 达县陆七百五十二引 太平陆一百七十引			
南充	本县陆一百三十七引			
西充	本县陆四十七引 南充陆三百又二引 营山陆七十引 岳池陆一百引 大竹陆二百七十引			
蓬州	本州陆二十引			
大竹	本县陆十九引			

富顺	本县陆二千一百二十六引 认销三台水七十五引 认销射洪水七百四十七引 认销蓬溪水一百六十七引 认销中江水三十七引 认销盐亭水八十五引 认销犍为水一百七十四引 认销兴文水六十四引、陆二百又四引，官运 巴县水五十引，官运 江北水五十引，官运 江津水三百六十引，官运 永川水一百六十二引 璧山水三十一引 荣昌陆三百二十引 綦江水一百四十六引，官运 涪州水五十引，官运 隆昌水三十四引，陆五百四十四引 叙永水一百四十五引，官运 永宁水六十四引，官运 泸州水二百九十二引，官运 纳溪水二十五引，官运 合江水一百六十六，官运			水三千九百八十六引，又任销资州水二百一十五引，内江水七引，陆五十六引
大宁	本县四百六十三引，陆二千一百九十五引 巫山水五百七十引，官运	鹤峰水一百八十一引，陆一百引 长乐水四十九引，九十二引 宣恩水二百四十二引		
云阳	本县水九十六引，陆一千二百又七引 奉节水一百七十七引 巫山水二百一十七引，官运 万县水五百三十一引，陆九百四十八引，官运 梁山水四百四十五引，陆一千三百四十九引 开县水三百一十六引，陆九百六十二引	恩施水二百又三引 利川水一百三十引，陆六百引 建始水二百二十六引		

云阳	石硅水二百又八引，官运 达县水五十引、陆一千又七十五引 东乡水六十四引、陆二百二十八引 新宁水二百八十八引、陆三千二百三十八引	鹤峰水二十四引，陆六百一十九引 宣恩水六十四引，陆一百八十六引		
万县	本县陆七十二引，官运			
开县	本县陆一千六百七十二引			
盐源	本县陆二千四百八十引 又打箭炉、越儁、会理、西昌、冕宁亦食盐源增灶盐，未定额引			
乐山	本县陆一千一百三十三引 双流水四引 温江陆三十三引 崇庆水一百四十四引 新津水五十引 长宁陆一百引，官运 雅安水八十五引，陆一百二十七引 名山陆四百九十六引 荥经水七引，陆三百六十二引			
乐山	芦山水五十六引 天全水二十引，陆六百八十三引 认销雅安水七引 清溪陆四百五十引 峨边水二十九引，陆八十七引 峨眉陆三百九十七引 洪雅水一百一十七引 夹江水三十三引，陆三百一十七引 眉州水八十七引 丹棱陆四十三引 彭山水四十八引，陆三十八引 青神水三十八引，陆一百一十引 邛州水一百八十七引 大邑水九十九引 蒲江水二十二引，陆一百六十八引			

犍为	本县陆二千四百九十七引 增行石砫水四百九十二引 增行纳溪水五十引 增行忠州水一百四十八引 增行长乐水三百一十引，按此系行湖北以犍商增行，未入楚额引，故仍附此 回认犍厂潼水二百一十引 认销珙县水一百引，官运 认销三台潼水七十六引 认销射洪潼水七百四十六引 认销中江潼水三十七引 认销蓬溪潼水一百六十七引 认销邻水水一百二十引，按此系行黔引以犍商增行，未入黔额引，故仍附此 成都水一百四十一引 认销增行宣恩水六十引 华阳水一百七十一引 认销增行宣恩水九十引 双流水三十六引 温江水一百五十九引，陆六百三十九引 新繁水二十五引 新都水四十引 郫县水二十引，陆三百七十五引 灌县水一百四十二引，陆二百七十五引 彭县水七十四引 崇庆水八十七引，陆八百九十二引 新津水四十九引，陆三百三十引 巴县水二百引，官运 江北水一百二十引，官运 长寿水三十引，官运 璧山水五十引 南川水四十四引，官运 定远水三十引 涪州水八十引，官运 庆安水四十引 大竹水九十六引	咸丰水八十引 朱凤陆一千九百四十一引	陆二万五千一百五十四引	水四千三百八十一引，陆八十三引

犍为	宜宾水一百九十引，陆一千三百四十四引，官运 庆符水二十五引，陆五百三十引，官运 南溪水一百九十一引，陆七百八十七引，官运 长宁水七十二引，陆一千二百八十九引，又原配仁寿，借配犍为一百又七引，官运 高县水一百六十引，陆一千四百二十六引，官运 筠连水三十二引，陆八百一十引，官运 珙县水九十一引，陆一百四十九引，官运 兴文水八十引，陆四百四十三引，官运 屏山水八十八引，陆五百六十六引，官运 雅安水四十六引，陆二百六十一引 名山水三十八引，陆三百六十八引 荥经水六十四引，陆二百六十三引 芦山水六十七引 天全水二十九引，陆五百二十四引 认销雅安水三引 清溪水三十引，陆一百六十二引 峨边水二十引，陆一百二十五引 洪雅水四十八引 叙永水二百八十引，陆二千五百引，官运 永宁水二百引，陆三千三百引，官运 马边陆八百引，官运 雷波水五十引，陆三百五十三引，官运 石砫水一百四十二引，官运 仁寿陆二百六十三引 酉阳水二百九十一引，陆八百五十引，官运 秀山水四十引，官运			

犍为	黔江水一百一十二引，官运 彭水水五十引，陆三百七十五引，官运 忠州水二百四十七引，官运 酆都水二百二十一引，官运 垫江水二十五引 达县水二十引 眉州水四十引 彭山水二十四引，陆一百八十引 邛州水一百又六引，陆七百七十五引 大邑水一百引 蒲江水四十九引，陆二百五十引 江安水七十引，陆九百九十八引，官运			
荣县	本县陆六百九十八引 宜宾陆七百引，官运 威远陆一百九十五引 内江陆三百二十引			水二千又八十六引
威远	本县陆一十二引			
三台	本县陆三百八十五引 新繁陆八百二十四引 新都陆八百五十二引 郫县陆一百九十四引 崇宁陆一百八十九引 灌县陆一百五十八引 彭县陆一千六百一十一引 汉州陆一千六百一十一引 什邡陆一千又八十八引 巴县水七引，官运 江北水二引，官运 璧山水一引 綦江水十二引，官运 剑州陆一百引 平武水四引，陆三百一十一引 江油陆一百七十三引 松潘陆二百九十引 德阳陆五百八十引 绵竹陆六百五十七引			

三台	梓潼陆二百六十三引 罗江陆五引			
射洪	本县陆一千一百三十九引 成都陆二百五十引 华阳陆二百五十引 郫县陆六百六十三引 崇宁陆七百三十七引 汉州陆二百三十八引 什邡陆四百六十三引 江北水一百五十一引，官运 巴县水二百又六引，陆六百五十引，官运 长寿水二百二十九引，官运 璧山水七十五引 綦江水五引，官运 南川水四十七引，官运 定远水六十六引 合州水二百五十七引 涪州水四百四十一引，官运 铜梁水八十一引 广安水一百八十引 邻水水三十引 德阳陆一百引 绵竹陆七百五十引 罗江陆五十引 酆都水一百九十八引，官运 垫江水一百八十六引 达县水一百七十三引，陆二百引 太平水二百引，陆一百引			
盐亭	本县陆五百又七引 彰明陆二十五引 太平陆六十引			
中江	本县陆一千又五十六引 郫县陆一百三十七引 崇宁陆一百二十六引 汉州陆一百三十六引 涪州水二引，官运			
遂宁	本县陆一百三十二引			

蓬溪	本县水三百三十四引，陆五百九十一引 江北水三十四引，官运 巴县水八十二引，官运 长寿水七十引，陆三百五十引，官运 璧山水一十引 合州水四十引 铜梁水四十四引 定远水六引 广安水六十引 岳池水四十二引，陆五百一十七引 南充陆一百三十四引 邻水水七十二引，陆五百引 遂宁水十九引，陆一百引 忠州水五引，官运 酆都水三十九引，官运 垫江水一十六引 达县水六十引 綦江水二十二引，官运 东乡水五十四引，陆一百五十引			
安岳	本县陆一千一百七十三引			
乐至	本县水十引，陆一千二百四十一引 荣昌陆二百七十九引 大足陆四百二十六引			
江安	本县陆六十七引，官运 叙永陆六百五十引，官运			
资州	本州水三引，陆二千九百二十七引 资阳陆三百二十三引 仁寿陆一千三百八十四引			
资阳	本县陆四十九引			
内江	本县陆二百三十六引			
仁寿	本县陆十五引 宜宾陆二百五十引，官运 南溪陆一百二十五引，官运 筠连陆三百五十引，官运			

仁寿	珙县陆五十引，官运 兴文陆一百一十引，官运			
井研	本县陆二百七十九引 温江水一十七引，陆八十七引 崇庆水五十三引 灌县水四十二引，陆六十三引 新津水一十一引 庆符陆八十八引，官运 丹棱陆一百四十八引			
绵州	本州陆九百二十六引 平武陆一百二十五引 江油陆一百四十八引 石泉陆一百三十五引 彰明陆三百五十五引 茂州陆四百五十一引 安县陆九百八十七引 绵竹陆四十引 罗江陆三百五十九引			
忠州	本州陆六百一十九引			
彭水	本县陆三千三百六十一引，官运 认行黔江陆一百五十七引，官运 黔江陆五百三十九引，官运 酉阳陆六百四十引，官运	咸丰陆五百九十六引 来凤陆五百八十一引		
城口	本厅陆三百引			
	右配本省计岸水引一万八千二百九十四，陆引十万八千二百二十一，内盐道实行水引一万又五百二十八，陆引八万二千一百八十三，官运局分行近边三十三厅州县水引七千七百七十六，陆引二万六千又三十八	右配湖北八州县计岸水引一千一百九十九，陆引四千七百一十五归官运局	右配滇岸陆引二万五千一百五十四归官运局	右配黔岸水引一万又六百七十五，陆引一百三十九归官运局，外有乐至黔引十张归盐道

附：计口授引初额

雍正八年，巡抚宪德遵旨奏行计口售盐之政，始分定某厅州县配某厂盐，额引几何，增引几何。今生齿日繁、引额倍差，并各厂亦复转徙改配，非复旧制，要以初定规模，不应数典忘祖，用特汇录复著于篇。

成都县。简州陆引一千八百五十四。华阳县。简州陆引二千一百。双流县。嘉定、简州水引四，陆引六百八十七。温江县。简州井研水引一。陆引八百又七。新繁县。潼川陆引三百八十六。金堂县。简州陆引六百二十一。新都县。潼川陆引四百五十九。郫县。简州、中江、潼川陆引五百一十二。崇宁县。潼川、中江陆引三百一十五。灌县。简州井研水引四十二，陆引三百六十三。彭县。潼川陆引八百九十八。简州。本州陆引三百九十。崇庆州。嘉定、井研、犍为水引九十五，陆引九百二十一。新津县。嘉定、井研、犍为水引五十。陆引一百三十八。汉州。潼川陆引一千有一。什邡县。潼川陆引六百有四。巴县。潼川、射洪、蓬溪水引五百二十八。江津县。富顺水引一百六十七。长寿县。蓬溪、射洪水引一百五十五。永川县。富顺水引七十六。壁山县。富顺水引五十三。荣昌县。本县并乐至陆引四百一十八。大足县。本县并乐至陆引五百九十六。綦江县。富顺、蓬溪、潼川水引五十五。南川县。射洪水引四十二。合州。射洪、蓬溪水引一百有七。铜梁县。射洪、蓬溪水引七十八。定远县。射洪、蓬溪水引四十六。涪州。射洪、中江水引一百四十七。阆中县。本县并南部陆引七百五十。苍溪县。南部陆引三百五十七。南部县。本县陆引五百有四。广元县。南部水引六十，陆引十一。昭化县。南部水引二十三，陆引四。巴州。南部陆引一千四。通江县。南部陆引四百二十五。南江县。南部陆引百三十八。剑州。潼川南部陆引五百二十。南充县。本县并蓬溪、西充、南部陆引六百五十二。西充县。本县陆引四百六十二。蓬州。本县并南部水引八，陆引二百有七。营山县。南部陆引四百七十八。仪陇县。南部陆引三百四十九。广安州。蓬溪、射洪水引一百二十一。岳池县。蓬溪水引四十二，陆引四百五十七。渠县。南部水引四十，陆引八百一十九。大竹县。南部陆引一千四百有八。邻水县。射洪、蓬溪水引三十，陆引八百九十五。宜宾县。犍为水引三十，陆引七百九十四。富顺县。本县陆引九百四十六。南溪县。犍为水引二十、陆引二百三十七。长宁县。本县并犍为水引二十二、陆引一百三十一。高县。犍为水引二十八，陆引三百一十。筠连县。犍为陆引三百三十二。珙县。犍为水引七，陆引一百三十一。兴文县。犍为陆引一百六十。隆昌县。本县并富顺陆引八百四十一。庆符县。犍为陆引二百八十九。屏山县。本县水引八，陆引四百二十。建武厅。犍为、富顺陆引一百四十一。按建武今改汛属叙永厅。奉节县。云阳水引九十三。巫山县。云阳水引九十五。大宁县。本县水引八十六。云阳县。本县水引五十，陆引四百六十一。万县。本县并云阳水引一百，陆引三百八十七。开县。本县并云阳水引五十，陆引七百三十九。建始县。云阳水引九十三。平武县。绵州、南部、潼川陆引五百四十三。江油县。绵州陆引一百四十三。彰明县。绵州陆引一百四十五。松潘卫。潼川陆引二百一十九。西昌县。盐源陆引五百五十四。冕宁县。盐源陆引二百。盐源县。本县陆引三百二十四。会理州。盐源陆引三百四十六。越嶲卫。盐源陆引二百。德昌所。盐源陆引一百有九。迷易所。盐源陆引七十。盐中左所。盐源陆引一百有五。雅安县。嘉定、犍为水引一百二十，陆引一百三十八。名山县。嘉定陆引五百九十八。荣经县。嘉定水引七，陆引五百一十六。芦山县。嘉定、犍为水引三十，陆引三百有一。天全州。嘉定犍为水引九，陆引八百三十二。清溪县。嘉定、犍为水引五，陆引四百一十二。嘉定州。本州陆引九百八十二。峨眉县。嘉定水引二十七，陆引四百五十九。洪雅县。嘉定、犍为水引五十五，陆引七百四十。夹江县。嘉定水引三十三，陆引三百一十七。犍为县。本县水引八，陆引六百二十四。荣县。本县陆引三百九十三。威远县。本县并荣县陆引二百有三。潼川州。本州陆引三百三十八。射洪县。本县陆引三百有八。盐亭县。本县陆引三百五十六。中江县。本县陆引五百一十四。遂宁县。本县水引八十四，陆引二百四十一。蓬溪县。本县陆引四百九十七。安岳县。本县陆引一千一百六十八。乐至县。本县陆引五百九十六。眉州。嘉定水引六十，陆引八百一十二。丹棱县。井研陆引二百三十八。彭山县。嘉定水引三十，陆引三十五。青神县。嘉定水引三十，陆引一百一十。邛州。嘉定水引五十三，陆引一千一百二十。大邑县。嘉定水引五十五，陆引四百六十二。蒲江县。嘉定水引十五，陆引一百六十八。泸州。富顺水引三百三十七。纳溪县。富顺水引二十一。合江县。富顺水引一百四十一。江安县。本县并犍为水引三，陆引五百有五。资州。本州水引四十，陆引三百九十三。资阳县。本县并资州陆引一百九十六。内江县。本县并资州、荣县陆引七百九十三。仁寿县。本县并资州、井研陆引二千五百二十二。井研县。本县陆引二百六十八。绵州。本州陆引三百四十一。德阳县。潼川陆引四百二十八。罗江县。绵州陆引三百六十四。安县。绵州陆引六百九十七。绵竹县。潼川陆引六百九十七。梓潼县。潼川陆引二百五十三。茂州。绵州陆引三百三十八。保县。简州陆引一百五十五。汶川县。简州陆引一百六十二。达州。云阳水引六十，陆引一千三百五十一。东乡县。云阳陆引六百有三。太平县。本县并云阳陆引二百五十。新宁县。云阳水引三十五，陆引八百八十八。忠州。本州陆引七百五十八。酆都县。本县并射洪、蓬溪水引四十三，陆引六。垫江县。射洪、蓬溪水引五十八。梁山县。云阳水引五十，陆引九百一十二。黔江县。彭水陆引三百三十四。彭水县。本县陆引一千一百九十九。直隶叙永厅。富顺水引一百三十五。永宁县。富顺水引四十。

右本省计引额，湖北八州县，时犹未议食川盐。行酉阳邑、梅平、茶地坝、石耶等土司。彭水水引三十二，陆引四十九。行石柱等土司。云阳水引二百有二，陆引三百。自纳溪县行九姓司并贵州威宁各府州县，富顺水引一百八十六、资州水引二十七、内江水引七。自永宁县行贵州威宁各府州县。富顺水引一千一百二十七。自合江县行贵州遵义各府州县。富顺水引四百二十四。行威宁、黔西各州县。荣县水引一千四百五十。自綦江县行贵州遵义各州县。富顺水引二十二。自彭水行贵州威宁、黔西各府州县。射洪水引二千二百有四。新增水引一百二十。又中江水引一百四十九。蓬溪水引四百一十二。乐至水引一十二。潼川水引二百六十三。自涪州行贵州遵义、黔西各府州县。蓬溪水引一百有六。自兴文县行九姓司并贵州威宁府属。犍为水引十一，陆引一百。自屏山县行云南乌蒙府属。犍为陆引二百有二。自建武厅行云南镇雄府。犍为陆引四百。

右本省沿边州县各土司及云、贵各府州属，共原额水引六千六百九十七张、陆引一千一百五十六张，及分引行盐又请增水引一百二十张，引税共银二万三千五百二十六两七钱七分九厘四毫。

以上边计总计原额水引一万零二十七张、陆引三万二千五百一十张，又请增水引一千一百三十九张、陆引二万八千五百一十九张，共引税银五万四千六百四十四两五钱二分九厘六毫。

历年增引

四川额引当顺治初裁，行票四千九百四十纸，昔票一当今一水引数。至雍正九年计口授（售）盐时，合边计水引亦仅万有二十七道、陆引三万二千五百一十道，其时惟湖北八州县不与焉。今岁行水引额数至三万八千有奇、陆引至十三万有奇，视初行票时，盖什倍而赢，抑亦盛已。溯其历岁递增之故，则井养无穷，民生繁庑，两者实相资。今取《会典事例》所纪为纲见于陈牍者附注，其即在《事例》所纪之中，抑在《事例》所纪之外，档案寥寥，覙稽无所，坍除数事，亦就《事例》所有者，附著篇末云。

顺治八年题准：四川盐票四千九百四十纸，每票填盐水运五十包、陆运四包，每包税银六分八厘一毫。

康熙六年至二十一年题准：增盐票共二千二百八十有八，均照额征课。

二十六年至四十九年议准：四川增行盐万五千一百二十五引，均照例征课。

四十九年题准：增边引八百，每引征税银四钱七分二厘。

四十九年至五十四年题准：增行盐千四百十有一引，均照例增课。中有五十三年巡抚年羹尧题，成都府属犍为等七州县，请增陆引一千一百四十五。

五十五年覆准：镇雄、九姓两土司向无额引，今增陆引一百，纳税行盐。

五十七年至六十一年题准：增水陆千一百四十引，均纳税行盐。

雍正元年覆准：乐至、潼川、绵、井研、资、嘉定等州县增陆引三百有四，每引征银二钱七分二厘四毫。又覆准：潼川府增水引四十二，每引增税银三两四钱五厘，每引配盐五十包，每包重百斤，外加耗盐十有五斤。

二年覆准：井研、射洪、中江、资阳等四县增水引二百十有六、陆引九十四。

三年覆准：丰、玉新旧盐井四十，增水引四十。又覆准：邛州增边引千三百，共征税银六百十有三两六钱，永为定额。又覆准：中江、潼川、井研、乐至、嘉定等州县增水引九、陆引百有三。又覆准：上丰、玉增水引六十。

四年覆准：射洪增水引二百十有五。又覆准：中江、绵州、潼川、乐至、射洪、蓬溪、井研、资阳、富顺等九州县增水引三百九十有一、陆引百有八。又覆准：资阳县增水引十。又覆准：犍为县增水引七、陆引二百二十七。

六年覆准：富顺等州县增水陆二千九百二十六引。

七年至十三年：共增水引二千八百九十四、陆引四万七千一百五十二。中于九年有巡抚宪德奏定计口分引行盐，岁请增计水引一千零十有九，行沿边州县各土司及滇黔边水引一百二十，增计陆引二万七千三百六十三，行沿边州县各土司及滇、黔边陆引一千一百五十六。

乾隆元年至三年题：增水引六百九十二、陆引八千八百八十八。

四年至十三年题增：水引千七百四十九、陆引万八千八百六十五。

又十一年于富顺、荣县新开盐井汇入各县开淘盐案内题：增水引三百三十六、陆引八十三，由永宁、合江转运黔省行销，是时黔省额引通共五千八百九十六。

十四年至二十二年题：增水引四千六十有二、陆引八千三百二十有五。中有二十年巡抚纪山题垫江、酆都、犍为、涪州等四州县商人请增水引九十五，征税银三百二十三两四钱七分五厘。又七年富荣厂旺，总督策楞咨询黔省有无需盐，黔覆以商民游斯信认增水引四百一十六、陆引五十二。又二十年，盐茶道详：犍为县灶户新井榷课请增水引三百五十八，据边商认增纳税，领引转运黔省行销，未见题案。二十年，总督黄廷桂题：富顺、阆中、南部三县灶民开淘盐井四十九眼，设锅七口，共产盐六十四万七千六百八十斤，应配水引一百，陆引一百五十八。又二十二年总督开泰题：绵州、蓬溪、忠州、犍为、井研等五州县灶民等开淘盐井六百有九眼，设锅一十八口，共榷课银一百三十四两四钱一分七厘，岁共产盐一百九十九万七千七百八十斤，应配水引二百四十六、陆引一千二百六十八，共征税银一千一百八十三两三分三厘零。

二十三年至二十五年题：增水引一千八百九十四、陆引二千七百八十五。中有二十三年湖北长乐县因原引不敷民食，请于犍为县新井见鹾榷课案内，认增水引一百三十二，由四望县门、重庆等官验放，在奉节县缴引换文运至巴东堆店转运长乐县济食。

二十六年至二十九年题：增水引一千三百有九、陆引一万三百四十七。中有二十八年，总督开泰题：犍为、南部二县灶民等开淘盐井五十八眼，煎锅六十七口，岁产盐一百九十四万五千斤。又资州灶民等额境内岁产盐二十三万斤，共产盐二百一十七万五千斤，应配水引一百四十三。又二十八年，犍为县详：以新井榷课增滇陆引六百五十。又二十九年，总督阿桂题：犍为县灶民等于额井内各填锅一口，又开淘盐井四十九眼，设锅五十五口，共锅六十三口，岁产盐一百六十七万九千斤，应配陆引三千六百五十。又二十九年，盐茶道详：据绵州灶民开淘盐井三眼，每井榷课银四钱三分，产盐六千九百斤，应配陆引十五。又富顺县额井增锅一口，产盐四万六千斤，应配陆引一百，移准荣昌县商人认增。又简州灶民开淘盐井三十一眼，每井榷课银一两二钱，岁产盐五万一百四十斤，应配陆引一百有九，该商人认增一百有一。温江县商人认增八。又云阳县云安厂灶民于额井内增灶十坐、锅十口，每口榷课银二两五钱，岁产盐四十六万斤，应配水引八十，移准开县商人认增。又犍为县牛华溪灶民开井五眼，设锅五口，岁产盐六千九百斤，应配陆引十五。又资州灶民额井内共产盐二十三万斤，应配陆引五百，商人全数认增，均未见题案。

三十年至三十三年题：增水引一千二百十五、陆引二千四百六十九。中有三十年，总督阿桂题：富顺、犍为、南部、西充、盐亭五县开淘盐井五十七眼，煎锅四十九口，岁共产盐二百五十二万五百七十斤，应配水引四百一十七、陆引二百六十七。又三十年，犍为县详：以边商认增滇陆引一千八百，未见题案。又三十二年，盐茶道详：犍为县新开井十七眼，煎锅三十二口，岁产盐七十三万六千斤，据滇商请增行滇陆照票一千六百，每张征公费银七钱二分，后改陆引一千六百，未见题案。又三十二年，贵州巡抚良卿咨：以石阡等处需盐三十四万余斤，请照增水陆引由潼商用照票借配，犍厂盐运赴龙泉县行销。又三十三年，盐茶道详：犍为县灶户新井见鹾，请增水引二百九十，边商认增纳税领引转运犍岸行销，未见题案。

三十四年至三十七年题：增水引一千六百十二、陆引六千四十有一。中有三十五年，总督阿桂题：犍为县灶民等开井八眼，煎锅十三口，岁产盐二十八万七千五百斤，应配水引五十，据咸丰县商人全数认增，纳税领引配运行销。又三十六年，总督桂林疏题：犍为县灶民开淘盐井五十五眼，添设煎锅二十九口，每口榷课银二两，共榷课银五十八两，岁共产盐一百五万五千二百四十斤，应配水引三十、陆引一千九百一十九。据长寿县商人分认水引三十，该县边商等分认陆引一千九百一十九，共征税银六百二十四两八钱八分六厘，征课纳税领引于长寿及滇省行销。又盐茶道详：犍为县商人以新井见鹾认增边陆引一千二百五十，照例在犍为县纳税领引配盐运，由屏、珙、兴等县转运川滇边界接济，请题未见题案。又三十七年，总督文绶题：犍为县灶民开淘盐井十八眼，设锅二十六口，岁产盐一百一十五万斤，应配水引二百，据边商全数认销、纳税、领引、配运，由永宁口岸转运黔省行销。

三十八年至四十年题：增水引一千有二、陆引一千三百六十有九。中有三十八年，署总督富勒浑题：犍为县灶民开井十七眼，设锅二十五口；又大宁县灶民增灶二十四坐，设锅七十二口，二县共岁产盐一百三十五万一千一百五十斤，应配水引二百三十五。据酉阳、秀山、黔江、巫山等州县商人分认行销。又题犍为县灶民开淘盐井三十四眼，煎锅四十二口，岁产盐一百八十一万一千二百五十斤，应配水引三百一十五，忠州、江北、大竹等商分认行销。

四十一年至四十七年题：增水引二千三百有五、陆引三千三十有一。中于四十一年，总督文绶题：犍为县灶民开井十八眼，煎锅二十五口，岁产盐一百二十三万五百斤，应配水引二百四十，据边商分认，由涪州转运黔省行销。又犍为县以灶民新井榷课认增水引二百有八，纳税转运黔省行销，未见题案。又盐茶道详：犍为县灶民新井榷课据边商认增水引二百六十，纳税领引由涪彭口岸转运黔省行销，未见题案。四十二年，总督文绶疏题：犍为县灶民新开井五眼，设锅十口，岁产盐四十六万斤，配水引八十，据黔江县商认增行销。又题：犍为县灶民开淘盐井六眼又一眼，共设煎锅十三口，照下井锅则例每口榷课银二两，共产盐五十八万六千五百斤，应配水引一百零二，据石硅厅商人全数认增，每张征税银三两四钱五厘。又盐茶道详：犍为县商人灶民新井报课请增行黔水引二百，据边商认增纳税转运黔省行销。四十三年，总督文绶题：犍为县灶民开井六眼，设锅六口，岁产盐二十四万五千斤，应配水引六十，据酉阳州商人全数认增行销。又题：犍为县灶民开淘盐井十六眼，共设煎锅十九口，请照下锅例每口榷课银二两，每岁产盐一百九万二千五百斤，应配水引一百九十，据酉阳州彭水县商人全数认增行销。又题：犍为县灶民开淘盐井十八眼，共设锅三十六口，每口榷课银二两，岁产盐二百七万斤，应配水引三百六十，据边商全数认增领引转运黔省行销。又四十六年，总督文绶疏题：犍为县灶民报开盐井十四眼，共设煎锅十八口，每口榷盐银二两，岁产盐八十二万八千斤，应配陆引一千八百，据额商全数认增纳税领引转运滇省行销。又四十九年，湖北长乐县额引不敷，于犍为县新井案内增水引一百七十八。又犍为县灶户新井见鹾，据边商请增水引一百五十，纳税领引转运黔省行销。

五十一年至五十二年题：增水引二百有十、陆引三百十有五。

五十四年至五十九年题：增水引四百六十、陆引三千五百七十有一。中有五十九年，总督孙士毅疏题：犍为县灶民开淘盐井十三眼，设锅二十六口，每口榷课银二两，每岁产盐一百一十九万六千斤，应配陆引二千六百，据商人全数认增领引转运滇省行销。又纳溪、犍为新商于灶民新井榷课案内请增纳溪水引一百四十五。

六十年题：增水引一百十四、陆引一千七百。中有总督和琳题：犍为县灶民淘井三眼，煎锅三口，岁产盐二十二万斤，应配水引四十。又射洪县灶民因额井卤旺，岁产余盐二十三万斤，应配水引四十，俱据酆都县商人全数认增纳税行销。又题：犍为县灶民开井九眼，设锅十七口，岁产盐七十八万三千斤，应配陆引一千七百，据行商全数认增纳税领引转运滇省行销。又盐茶道详：犍为县灶民新井见鹾，认增滇陆引一千六百，转运滇边行销。

嘉庆元年至四年题：增水引六百八十有九、陆引四千。中有总督孙士毅题：犍为县灶民开井五眼，煎锅五口，岁产盐四十六万斤，应配水引八十。又富顺县灶民开井五眼、煎锅五口，岁产盐二十八万七千五百斤，应配水引五十，俱据涪州商人全数认增纳税行销。又题：犍为县灶民新井见鹾应配水引一百八十，据石柱厅商人认增行销。又犍为县以新井增课，请增滇陆引二千一百，由县详请具题。二年，总督宜绵题：犍为县灶民开报盐井三眼，共设煎锅三口，每口榷课银二两，岁产盐二十八万七千五百斤，应配水引五十，据纳溪县商人全数认增纳税行销。十年，总督常明题：犍为县灶民开井十眼，设锅十口，岁产盐一百一十九万六千斤，应配陆引二千六百，滇商全数认增纳税领引配运原岸行销。十六年，总督常明题：犍为县灶民新开井七眼、设锅七口，岁产盐八十五万一千斤，应配一百四十八，据商人全数认增纳税领引配运忠州行销。十七年，总督常明疏题：犍为县灶民开井十眼，设锅十口，岁产盐一百一十五万斤，应配陆引二千五百，移准叙永厅商人全数认增纳税，运至永城设店，听从忠义九里地民买食行销。十八年，总督常明疏题：犍为县灶民开淘盐井六眼，设煎锅六口，岁产盐六十九万斤，应配陆引一千五百，移准永宁县商人全数认增纳税领引，运至永城设店，听从永盛两里民食行销。十九年，总督常明疏题：犍为县灶民开淘盐井五眼，共设煎锅五口，共产盐一百一十五万斤，应配水引二百，移准永宁县商人全数认增领引，运至永城设店，听从永盛宁和两里地民行销。二十年，总督常明疏题：犍为县灶民开淘盐井十眼、设锅十口，岁共产盐一百六十一万斤，应配水引二百八十，移准叙永厅商人全数认增领引，运至叙永城乡设店，听从永城忠义清化等九里地方买食行销。

附豁除

乾隆二十三年至二十五年题准：南部、阆中、绵州、西充、仁寿、井研、内江、威远、长宁、荣昌等十州县盐井坍废，豁除水引六、陆引九百八十。

二十六年至二十九年题准：万县等十一县盐井坍废，豁除水引一百十八、陆引二千一百六十。

三十年至三十三年题准：中江、南部、绵州、荣昌、隆昌、内江、井研等七州县盐井坍废，豁除水引十一、陆引一百三十有五。

三十四年至三十七年题准：乐山、犍为、威远、忠州、西充、阆中、遂宁、中江、仁寿等九州县盐井坍塌，豁除水引十三、陆引一千四百七十八。

三十八至四十年题准：犍为、南部、阆中、西充、遂宁五县盐井坍废，豁除陆引三千九百三十三。

四十一年至四十七年题准：南部、阆中、遂宁、中江、绵州、富顺、酆都、彭水、乐山九州县盐井坍塌，豁除水引四百五十三、陆引一千五百九十一。

五十三年题准：犍为、西充、三台、南部、内江五县盐井坍塌，豁除水引三百有六、陆引一千六百七十有四。

五十四年至五十九年题准：三台、遂宁、乐至、阆中、内江、西充六县盐井坍废，豁除水引三十有一、陆引三百四十有五。

嘉定元年题准：西充县盐井坍废，豁除陆引二百五十有五。

四川盐法志卷十八·引票三

积引 改配代销 归丁积引 引根引纸

残引未缴，往往累数十百万而不止，或失于水火者，可随时报验也；或由商人匿以为重照、影射者，可因关卡截验而知也；或实有商故与贫而典质、展转无著者，可以清厘追缴，抑或奏请豁免也，是三者为之杜弊而济困，法犹易易。惟有井衰岸滞，引尚未行，课负而不能缴者曰积引，又曰滞引。积滞最甚欲销引以为补课计，于是有借配、有改配、有带销、有代销、有认销。大率本商行本岸积引者，带销也；此商行彼岸积引者，代销也；以本商本引而配他厂，如长、鹤、施、建州县引之于犍为等厂者，改配也；以此厂引配他厂，许他商配行此厂之岸，如犍、潼、黔引之于富厂者，改代兼改配也。此外，又有通融行销、和衷代销、永远认销等色目，共初因水陆不便或应远近相权舆，于雍正十年巡抚宪德奏定代销通融、行销认领改配者，凡二十余州县。十二年，复同总督黄廷桂条奏改拨代销之法，于是滥觞，所流遂纷纷矣。

宪德奏略：川省地方辽阔，人民散处，户口之中，来去靡常，是以州县内有详请额引不敷民食者，间有申报分引太多者，再有井灶遥远繁剧，州县管理不及。应责成佐贰管理之处，亦应因地制宜，又陆引应由陆运，而夏秋雨水连绵之时，或有便于水运而艰于陆运，自应将陆引改为水引，更有舟楫难通，易于陆运，自应将水引改为陆引，设法变通，无误行销。经臣兹准部复行令确议具题等，因行据该盐道详称，遵将各州县水陆盐引，裒多益寡，分给代销。并准因地配盐行运成都、华阳二县，代销射洪县水引各二十张，温江、彭山二县代销射洪水引各二十五张，郫县代销射洪水引三十五张，崇宁代销射洪水引三十五张，汉州代销射洪水引十六张，什邡代销射洪水引二十一张，营山代销西充陆引七十张，广安州代销射洪水引九张，大竹代销西充陆引一百四十张，庆符代销井研陆引八十八张、射洪水引四张，南溪代销射洪水引九张，长宁代销名山陆引一百张，雷波卫代销洪雅水引三张、陆引一百一十九张，永川、资州代销射洪水引各十张，合州代销射洪、蓬溪水引各十张，涪州代销射洪水引十五张。平武额引分给改隶彰明、石泉、江油三县行运代销射洪水引十张，石泉、罗江二县代销射洪水引各四张。又仁寿裁去水引一十四张，陆引一十七张，归回资州通融行销。又内江原请行运贵州水引七十张，归回本县行销，将认领资州陆引三百张，荣县陆引四百五十张，改配水引于贵州行销，资阳代销金堂陆引五十三张，金堂就近代销射洪水引四张，绵竹代销射洪水引六十张，德阳代销射洪水引八张。又嘉定州愿将额发水引七十八张改给邛州，陆引九百七十五张改回嘉定州行销。雍正十年。

黄廷桂奏略：查川省水陆二引原有定数，某州县食某州县之盐，亦有定地，近因射洪、云阳等县引张积滞，势不得不将旧行原额之外于新经请增引张之州县改拨代销。水陆相左，舍近就远，则往返费多，盐必昂贵，均为商民之累。现在严饬清查，分别远近，宜于水路者，给与水引，宜于陆路者，给与陆引，其于产盐之州县，应于附近产盐之地方配运，如果附近产盐不足，然后赴次远州县行运，庶盐价不致昂贵。

户部议略：水陆二引，自应因地制宜，就近配运，应令该督并饬令各该商务须公平销售，毋致高价累民，仍将各州县行销盐斤及配给水陆引张各数目逐一查明，报部审核。雍正十二年。

乾隆七年，巡抚硕色始以蓬溪、泸州、仁寿、松潘积引二千余，奏请改拨德阳各属，就近认销。四十六年，各属积引未缴凡五万三千四百有奇。户部尚书和珅条奏诘问，总督文绶始责限促缴，缴不及半，辄请以富顺未缴积引二千余，令犍商通融代销。自是始定五年，由户部开单清察一次。《会典事例》：四十六年奏准各省盐务应完杂项、应缴残引，如有历欠堕积并未勒限完解者，每届五年，由部汇察一次，开单具奏，以示清厘。

硕色奏略：查蓬溪一县于雍正九年计口授盐时，原额只陆引四百九十七张，嗣复增一千三百五十二张，又增水引一百七十八张，较原额三倍有余。又泸州、仁寿县、松潘厅均有积滞引张，难以行销，共四厅州县积引二千二百五十一张。今查有德阳等十三州县，均以食指渐繁，额盐不敷，情愿各就近便认销，户部议如所请。乾隆七年。

和珅等奏略：查四川盐务虽正课无亏，而办法稍觉不及，谨分款酌议。一、残引宜速行催缴，遗失者宜慎重查核。查定例商人领引运盐后，该省督抚、盐政等将残引截角，于每年奏销解部缴销。如有逾限不解者，将迟延职名送部查议，原以防商人重复行盐，暨影射私贩等弊。四川省自三十八年至四十四年，每年俱有未缴残引，共积至五万三千四百余引，且三十八、九年等更宜早为清楚，何得迟滞至今？而该省引目仅十四万八千二百余道，亦非若两淮之一百六十八万、浙江之一百万五千三百、广东之八十六万四千五百，引目繁多，地方辽阔可比。诚恐年复一年，或稽迟延宕，或影射私贩，诸弊均在所不免。应请敕下四川总督，将该省历年未缴残引，统于接准部文之日，勒限二年，汇行解部查销。倘仍有逾限不解者，查取职名，较定例加倍议处。再查十年以内各省呈报引票遗失者，不过偶有其事，亦惟有四川一省，历年共失引六百三十余道，据称或被火毁、或被水湿及种种遗失等情，虽属事之所有，但别省查有历年不失一引者，比较之下，殊属过多，恐日久漫无稽查，难保无藉端影射诸弊。如前经湖广总督舒常等，以由川入楚船只，购买食盐每船不得过十斤，经臣部覆准，在该督等之意恐川盐价贱，若私贩入楚，有妨该省纲盐，况四川又与云南接壤，滇省盐务情形实缘川省私盐，不无偷漏。四十五年五月，内钦奉谕旨交云南督抚与四川接壤之昭通等处，妥为设法，实力稽查，是川省之残引不可任其因循不缴而遗失过多，亦宜严饬各该属实力稽查，以防弊窦。在此次查办之后，臣部每届五年将各省盐务汇查一次，开单具奏以示清厘。

文绶奏略：窃臣钦奉上谕，并将发下户部原折详细阅看，所有积年未缴残引五万三千四百七十七张，已据缴到引二万一千七百六十二张，尚有未缴水陆引三万一千七百一十五张，通饬遵照勒限二年全行缴销。至历年遗失引张，俱经迭次，严查属实，并无捏饰，现仍分饬各属详慎稽查，毋滋弊窦。再川省与云、贵、两湖接壤，上年钦奉谕旨，业于各总路要口设卡巡查，责成该管地方官实心稽查，务期私贩尽绝，盐政日就肃清，不致稍有疏漏。并富顺积引二千余张，请在于犍为余盐内，饬令犍商通融代销，仍照富顺完纳羡截银两。

户部奏略：前项代销引张应完羡截银两，是否在该县积欠银一十三万七千余两之外，及何时代销完竣之处未据声明。应令分晰报部查核。至该省历年未缴残引五万三千四百七十七张，已据缴到引二万一千七百六十二张，尚未缴引三万一千七百一十五张，遵照原奏"勒限二年全行缴销。其遗失引张，严查属实，并无捏饰"等语，除将已缴残引统于缴销残引案内查核外，仍将遗失引张饬属稽查，毋滋弊端。可也。乾隆四十六年。

谨按：改代案最夥，率多官商胥吏因缘为奸，上则并未入告，下则由本商径请盐道、州县有司，罔或闻知，兹惟取曾经奏定者著录，余胥略焉。

道光六年，总督戴三锡奏，以为代销改配不宜滥许，至二三十年请自今定制，迟不得逾二三年，以滞引销毕为率。及三十年而引积，凡二十二万六千有奇，湖北八州县居十一焉。总督徐泽醇又以改代之法，所以救课便商，从前并无定期，近率以一二年或二三年殊，于课于商两无所益。因檄盐道查核，实属无盐无商之引，定以二三十年为期，届期之先一年再行查办，或竟永远改代。旋奏请定章责限察缴积引，先后凡缴二十一万三千有奇，然虽缴而实未行者，水引凡万一千有奇，陆引凡十一万五千有奇。于是泽醇复为奏请拨代行销，有仍就本商认销者，有计边交相认代行销者，有实因井衰岸滞而责令永远认代者，请自后残引一年不缴部者，以废纸论。并定章程六条，曰：稽查井灶、钤束关隘、酌加斤数、剖分地界、勒限缴残、严缉私贩。令代商纳课、裁胥吏糜费，事下户部悉议行。明年而泽醇用礼部尚书，受代去，认代虽定，卒未尽销。

戴三锡奏略：再，川省产盐井厂，衰旺靡常，行盐口岸亦畅滞无定，是以各商有因，本岸滞销请交他岸代销者，亦有因本厂枯涸，请改彼厂采配者。自雍正十年题准改代至今援照办理，又有附近厂灶之一二州县偶因民间就近买食，老少余盐，无商完课，粮户暂为代纳。州县以民情称便、课食无缺，将引张白截详缴，此盐务之实在情形也。兹查湖北之宜昌、施南二府，云南之昭通、东川[1]二府例行川引，口岸甚不充畅，惟贵州一省，尽食川盐，生齿日繁，引不敷食，所有各处滞引，专赖黔商代销。今若加增黔引，则川省之滞引无销，倘即将滞引裁撤，必致逐案多私，有紊盐政。惟从前改代，或有滥准至一二十年者，于畅滞情形毫无稽查，不足以昭慎重。臣现饬该管盐茶道花杰随时确查，实有滞销之处，方准循照旧章变通改代，庶无误于国课而有便于商民，但须定以制限不得过二三年之期，以滞引配销完竣为率。一面查明无商州县，饬即实力招商领引承办，以归核实，而杜流弊。道光六年。

徐泽醇奏略：查川省产盐之地不一，井灶纷沓，枭徒易于贩卖，关隘懈弛，盐船每多夹带或一引而行数引之盐，私自加重；或此商而占彼商之岸，任意搀越，且有稽留残引、影射、重照、觅代正引、只图收息、拖欠税羡以及地方官懈于缉捕，致令私充引滞，并奸胥蠹役需索各弊，于盐务大有关碍。查川省每年额行边计水陆盐引一十六万八千九十七张，其二十七年以前水陆盐引合二十八年分未缴引张，查核三十年奏销案内除已缴外，尚有未缴水陆盐引二十二万八千五百八十一张。自通饬严行追催后，又据陆续申缴二十二万三千三百零二张，并据巫山县报明商故无著引九十六张，计未缴之数现止五千一百八十三张，所有缴到引内查有未行滞水引一万一千七百七十五张，滞陆引十一万五千二百八十七张，皆系泸州等厅州县滞引，若不设法融销[2]，则积欠归补无期，必须体查商人之贫富、口岸之畅滞，酌拨代销，经该盐道等提集各商到岸，饬令量力认代。其犍为增行宣恩水引一千一百张，有成、华两县商人永远认代行销，并认代二十九、三十两年分未行水引三百张，其犍为县计口滞陆引二万二千五百六十张，荣县边商认代行销。又犍为县滇边计口两岸并代行马边、珙县、宣恩滞水引二千四百四十张，陆引五万八千三百八十九张，有犍为县黔边商人愿代行销。又三台、射洪、蓬溪、中江、盐亭滞水引六千一百零九张，有富顺、黔边商人认代行销，并另行认代二十九

① 底本无“川”，据文意改。

② 融销：通融销售。

年分水引一千八百二十二张。又湖北咸丰、来凤两县滞水引六百四十张，滞陆引二万二百八十八张，仍交本商领行，统予展限十二年，按年代征还款俱自咸丰元年起，各按限完银缴引，不许稍有蒂欠。至此次查办积欠滞引内，惟潼川属之三台、射洪、蓬溪、中江、盐亭五县商人引欠最多，湖查潼商自行边引以来，办理早行竭蹷，前因亏欠日增，积至七万有奇，无力填完，始议潼、犍两商，合总行盐，边计和衷。自乾隆四十九年起至六十年止，合总期满归还积欠潼商，复以著有成效，呈请续合十二年。又以嘉庆元年为始，至十二年二次合总限满年清年款，潼商复掣引自办，甫经一载，遂欠银二万余两，嗣据六属众商合恳仍归犍商代行。二十年至道光八年三次代销，银两毫无拖欠，饬令潼商撤归本厂自行采办。而该厂柴薪愈贵，工本愈多，仍系按年改配犍、富两厂，并将引张推交犍、富商人代销，以致屡屡亏折，每年仅缴正税不完羡截，年复一年积至十三万八千余两。在该商办堆行盐后，办理不善遇商亏累，即藉人弥补，历有明证，以后引张若再听该商领行，必将以拖欠为得计，别商之代完未清，该商之新亏又起；且委员勘明三台等县盐斤不旺，产盐散多块少，不能敷配边引，该商改配犍盐行边已经一百余载，与其由该商等展转推代，轇轕不清，徒滋延欠，自不如从此分交别厂妥商认行，以便催征，可期于盐务大有裨益。现查犍、富两厂产盐甚旺，边岸畅行，其代销潼引绰有余裕，应将本年潼商额行黔边水引二千五百二十二张，拨交犍商一千一百三十七张，给富商一千二百八十五张，代行各运至现定之黔岸销售。俟将来犍、富井厂盐不敷配，再行临时筹酌办理，至犍为增行湖北宣恩水引一百五十张，自宣恩县商人李蔡盛病故之后，屡催该县招募，无商来川领办，引税虚悬。现在虽将道光三十年以前滞引积欠设法弥补，而以后仍属无著，不过奏销案内虚列一款，于国课民食两无裨益。应请饬部将此项水引一百五十张，自咸丰元年起，停给不发，以免有名无实。又历年缴引册内尚有嘉庆年间未据缴销之引，事远年湮，商人留存亦属无用，询厥由来不无因水陆通道山危滩险，中途遗失，畏累不敢呈明。现在饬属确查实系无著者，即取具本商及同商切结，另行详请咨销，如此则无不填之欠，亦无不缴之引。

《缴引章程》：查积年未缴引张压阁累累，总由奸商任意稽延为重照、影射地步，除验明各商未行滞引，业经盖用墨戳仍给商配运再行缴销外，嗣后每年销过残引应俟奏销报完后，扣限一年全行催缴解部，逾限即为废纸。并饬知厂、关各员，一体遵照，查明扣留申缴，庶免观望滋弊。又查向来发给边商引纸并无某商行销某处字样，以致彼此借用，百弊丛生。并请嗣后引纸由盐茶道查明行销口岸，盖戳发交地方官添注商名及缴残引限期，再行给商配运，庶重照、影射之弊可除。

户部议略：查例载各省商人领引卖盐后，各该管盐政、督抚将截角盐引于本年奏销后，解部缴销。如缴引迟延，除将经销州县送部议处外，并将督催运司、盐道各职名，一并查参，分别议处。川省积年未缴引张压阁累累，固由奸商任意稽延，为重照、影射地步，其盐道督催不力，咎亦难辞。兹据奏称"除验明各商未行滞引，盖用墨戳，仍给商配运再行缴销外，嗣后每年销过残引，应俟奏销报完后，扣限一年全行催缴解部，逾限即为废纸，并饬知关厂各员查明扣留申缴"等语。查奏销后勒限一年，催缴解部，为期已宽，岂容任意逾限。若谓逾限即为废纸，仅责成厂关各员扣留申缴，势必扶同弊混，应令嗣后奏销报完后，准于一年内将残引悉数解部查销。倘逾限不缴，即查取该盐道及该州县各职名照例分别议处，所请引纸由盐茶道查明行销口岸盖戳发交地方官，添注商名及缴残限期，再行给商配运之处，均准照办。道光三十年。

咸丰四年，诏以川盐济楚，总督裕瑞令凡边计积引均许改代运行，商人争趋，本岸正引转为滞阁，关税因之日绌。咸丰七年，总督王庆云檄盐道张思镗令专以余盐济楚，截止积引改代，以救税课。然积引殊多，未能即止，既而滇、黔交乱，边引为沮。又滇匪入蜀大掠云宁、潼川，犍、富、荣等厂塞井夷灶，商号多逃。同治二年，总督骆秉章为计犍、富、潼引已积四万余千张，乃奏请分为新、旧引，旧引以八年、新引以六年，仍改代济楚，期于尽销。部议从之。既仍无效，新旧愈积滞至九万余千矣。八年，总督吴棠复建议请展限五年，以边计引分成搭配运楚，弊滋甚。旧引既不能代销，额引且滞积无算。

张思镗详案：奉札开照，得夔郡设立盐关，实因私贩人等恃众闯越，是以议令输将多除皮耗，原于加意体恤之中寓化私为官之意。今值余盐下楚业已收税之时，究不能不无妨碍，缘无引余盐，每一万斤须完税银十三两，较之引盐，每张轻则完银六两有零，重则完银九两有零，已属悬殊。道光三十年，定立章程，水引一张配盐五十包，计重花盐一万斤。虽花巴随配，终不免花多巴少，是改一水引较余盐完纳，便宜税银七两有零，即最重者亦便宜税银四两有零，而津贴等项尚在外。利之所在，人所必趋，设余盐尽成改代，岂不有妨关税乎？虽改代所以救课，余盐亦属收税，二者均关国储，然当军饷支绌之时，自不能不两害相衡权其轻者，两利相衡权其重者。又况余盐之税，随到随收，指日可拨用，而引盐之羡截则有两年限期，断难年年清款。倘舍现在之多而就将来之少，窃恐江河日下，此关必成虚设矣。又如富邑盐井烧巴盐者，向有七百余户，今则争熬花盐，其灶增至一千七百口之多，而巴盐之锅仅一百二十余口。花盐工少利多，巴盐工多利微，此畅滞之明验也。巴盐既无可配商人，必至将正引停阁，纷纷改代，故向来具领引张分为四季者，今则春夏应领之引，屡催不应，且闻上年完课未销之引，尚积至三千六百余张。种种积弊，不特关税日形疲乏，而全蜀鹾务攸关所系，良非浅鲜，自应将运楚改代引盐即行停止，以期税务充盈，用资接济军需，合亟札饬。札到该道速将运楚改代即行截止，并查明上年某月某日改代起，至本年某月某日奉文截停止，共计水陆引若干张，开明计商、代商姓名具详，来院以凭核夺；一面札饬该委员随时查对。如停止之后，倘该道衙门书吏复敢私行改代，希图渔利，即由该委员查明禀请，从重惩究，并将盐船截留，以杜阳奉阴违之弊。想该道蒿目时艰，定能力祛弊窦，俾征收多一分拨用，即可藉伸一分报效也，仍将遵办。缘由限五日内具报查考等因，奉此伏查，自咸丰三年三月间，湖北以淮盐不至，奏请借拨川省余盐，经前升道清安泰详拨余引二千张，委员采买运至巫山，交湖北委员验收运楚。是年九月，又奉湖北抚部院崇纶咨以前拨陆引二千张不敷民食，请筹拨键为水引数千张发交委员，余牧督率楚商配运等因，经前署道马秀儒酌拨开县、崇庆等州县水陆滞引，合折水引一千张，饬发该委员承领，买配改运楚省，先令将课税等项代完，此运楚改代所由昉也。嗣据成、华两县盐商陈肇基等呈请，将道光三十年清查案内承认代填，故商积欠行湖北宣恩县滞水引四百二十张改配济楚，清前道查，系以楚济楚并得早清无著，积欠事属可行，准如所请。以后各前道俱照案发给引张，改配运楚。又奉部行知川盐入楚，商民均许自行贩鬻，并有招徕商贩之议，于是楚省行商纷纷来川觅引，改配代销。而川省口岸疲滞，各计商因而呈请将积引推代，济楚救课者遂多，职道到任，凡遇呈恳推代、改代等词，察其向来盐岸有无疲滞、现推引张是否壅积、应纳课税已未完交，稽查明确，分别准驳，其准行者，分饬各关隘严加察验。原于权宜救课之中仍寓核实防弊之意。昨因富顺县边商以苗匪未平、蜀黔道梗、引盐不能运销等情，先后联名吁请改行楚岸或黔楚兼行，节经职道批斥，并谕以奉准黔省行知思南府等处，路已肃清，需盐孔亟，宜趱配运赴，以顾课食，切毋歧误，自撤藩篱。乃该商等复以认行潼属引张暨代销潼积引壅滞，屡求调剂改楚，并举各计商改代之案为口实，哓渎不已，致犍边商亦多萌改楚念头，固由时势所迫，究非正办。职道欲遏其觊觎之私，原拟一概暂停，使无可藉口，而又虑实在滞引若不量予疏通，既难强该商白截空赔，又别无融剂之法，迨至引积税悬、正课短绌，有误奏销限期，咎有攸归，非若未定额数之税，行止自由，是以踟蹰未决。然自本年六月初六日以后，却未准改一起，兹奉前因，遵将运楚改代引盐即行停止，查职道任内自本年正月二十六日起至六月十四日奉文截停止，除计商陈肇基等代完无著积欠，改运水引六百张照案给发不计外，共计改代运楚水引二千七百六十九张，陆引一万九千六百九十七张，遵照开明计商、代商姓名呈送。咸丰七年。

骆秉章奏略：查川省产盐之区以犍、富两厂为最，潼、荣次之，所产盐斤，向供滇、黔，并计岸额引采配，余盐运行归丁州县济食。四厂之中，犍、富井多水旺，商灶素称殷实。犍厂每年额行黔水引四千六百一张，滇陆引二万五千一百五十四张；富厂每年额行黔水引三千九百八十六张，陆引五十六张。道光三十年，前督臣徐泽醇奏请清厘弥补，惟犍、富边商永远认代潼引并荣厂额行黔水引。先以黔地静谧，均各畅行，税羡亦年清年款，并无违误。讵至咸丰四年，黔匪倡乱，运道中梗，商号不敢冒险而行，歇业居多。嗣又滇匪窜入川境，流毒犍、富、荣三厂，塞井夷灶，行号逃亡，以致边引连年积存在库，地方官非不勒限严催，无如商人迫于无岸，孰肯白截空赔？数年以来，总计犍、富、潼未行滞引已积至四万数千张，共欠税羡银三十一万余两，荣厂未行滞引五千余张，未完税羡银五万余两，地方官经征不力，处分綦严，始犹挪款垫解暂顾考成，继且无款可挪，奏销期届不能不一再呈请展缓。迄今奏展之期复至，新引复又颁发，旧引阁压如前。臣督饬盐茶道启芳再四熟筹，若不穷流溯源，亟图补救，则日引月长，伊于胡底。现在川省情形虽李卯各逆业已就戮，而发匪尚待歼除，且滇、黔军务均未告竣，水陆运道通塞不恒，若令新旧引张一概行边，是犹责罢者以举千钧，不惟情有不愿，抑且势所不能。查化私为官案内，因淮纲久阻，楚民嗟淡，经前督臣裕瑞通饬各属积引无论边计，均准改代济楚，而楚省咸来、鹤峰等州县向食川盐，是以楚商陆续来川觅引配盐，连樯东下，川省岸疲之引，藉以疏通。因调集各该厂商人到省面询利弊，通盘筹画，欲其有裨于课无碍于厘，而又积引可销，商人无拂。惟有济楚行边通融办理之法，分别新旧，新引责成该商照例行边，旧引暂准改楚，但旧引为数过多，早逾缴残之限迭据该商等纷纷呈恳，臣体察情形，若不假以岁月、宽以日期，势必仍前宕，无补于正供，合无仰恳天恩，俯念川省自滇匪窜扰，犍、富、荣三厂受害最深，商力困惫，引滞岸疲，将咸丰八、九、十、十一等年犍商积引为旧引，自同治二年起，予限八年；荣厂积引尚少，请将咸丰十年、十一年并同治元年积引为旧引，自同治二年起，予限六年，均准其陆续采配运楚售销。犍、富两厂自同治元年以后，荣厂自同治二年起为新引，照常承领采配至本岸发卖，完税济食。至引张税，则犍、富、荣各厂轻重不一，楚商往往避重就轻，犍盐行楚不及富、荣，若犍厂积引只准配犍，更恐因循日久，成效难收。此次并饬犍、富、荣各商与楚商和衷合办，不分畛域，将递年积引通行清查年分、号次，挨顺登簿，尽最久之引先行，总以销竣为率。如逾所定八年、六年之限仍未销竣，即作废纸，不准再展。所欠税羡著落犍、富、荣、楚四商赔缴，取具各该商等，认保切实，甘结立案，似此分清眉目则口岸可以畅行，宽以限期则售销不虞竭蹷，四商合伙则彼此均有责成，无从推诿。部议如所请。同治二年。

吴棠奏略：前经督臣骆秉章奏明，展限八年、六年销完积引，逾限即作废纸，商赔税羡，奉部核准在案。维时川、鄂军饷支绌，俱各设局，分收厘税，前两江督臣曾国藩整顿淮纲，复将川省盐税加厘，每水引一张，鄂省共征正税及公费钱一百数十千文，川省应征税厘尚不在内，税重利微，办理竭蹷。去年两淮又有停禁川盐之奏，引商观望不前。加以滇、黔运路，仍多梗塞，边岸未复，旧引尚未销竣，新引尤多停滞。臣督同署盐茶道孙濂详细清厘，犍、富、潼旧引尚存三万数千张，荣厂旧引尚积存一千余张。同治二年以后，犍、富、潼又积滞五万数千张，荣引又积滞五千余张，统计积滞新旧引九万数千张。此时若因八年、六年之限届满，照原奏勒令空赔税羡，不但终归无补，揆诸恤商、救课之意亦多未协。惟有仿照上年成案，拟将同治元年起至同治七年止，犍、富、荣滞引均为旧引，与咸丰八、九、十、十一等年未销胜引，续请分别展限济楚，以接准部覆之日为始，挨次行销，限五年内一律销竣，完税缴残；如再逾限，无论已销未销，引作废纸，商赔税羡，断不准再展。其同治七年以后颁发之引作为新引，仍令行边销售，取具各商不敢违误，切结送臣衙门存案，仍通饬各关卡严饬贩私、查禁夹带、裁革冗费，以期引可畅行，税厘兼顾。至积引既须议展，前附参迟延应议各州县职名，并乞查销。户部议如所请。同治八年。

盐茶道傅庆贻详：窃照孙署道详定《五边一计搭配行楚章程》，原以更定新章程后，旧日所改之引一时不能销竣，是以分别在新章以前，令其仍旧行销。查旧章起于启前道议详犍、富、荣三商合办案内，先议"计四边六"搭配，又因行号改引，力有不能代销十张者，改为潼边，各引与计引对成搭配，合之为"三边三计"。此边计对搭之旧章所由始也。嗣因荣商未搭，富、犍、潼边引又改富、犍厂配运，经犍、富商等以荣商等以少害多、以轻害重呈控，复经启前道传集各商覆议以后，荣商若改富厂，应遵新章，将荣积引与富、犍积引税本轻重均匀搭配，彼此和衷合办。无如章虽议定，详定而商人朦改之案仍不能免。七年内曾据荣商呈恳，以荣引改富专行荣引，不搭富潼边计各引。职道以改富而专行荣引，亦与议定章程不符，且税本轩轾迥殊，必致此疏而彼滞，即照章批饬不准存案，惟商人趋利，仍不免援照已办之案违章呈改。查八年清厘积引展限奏销案内，犍、富、潼旧引积存三万数千张，新引积滞五万数千张；荣厂旧引积存一千余张，新引积滞五千余张，是边引之积以富、犍为最多，荣边积最少且税本较轻。今欲筹疏边之策，自应以富、犍为急，即启前道之详定章程，荣引若改富厂，应与犍、富积引均匀搭配。孙署道新定之章程“五边”中，荣边仅准搭一，虽章程前后不同，而荣与犍、富轻重之分皆厘然各判，其立法未尝不善，只因商人避重就轻，遂使旧章淆乱，改引搀杂之弊历年莫禁。今新章已定，无论何商行楚，皆令其一律照“五边一计”搭配。同治九年。

谨按：搭配在同治八、九年法三变而奏未详，其始为盐茶道启芳之“计四边六”对成搭配，继为孙濂之“五边一计”搭配，而分犍商则犍边二、犍潼二、荣一、计一；富商则富潼二、富边二、荣一、计一，荣引销毕，则以计积代之。既为傅庆贻仍孙濂之“五边一引”计，而分富引自配富厂盐者，富边一、犍边一、富边一、犍潼二、荣一、计一；犍引自配犍厂盐者犍边一、富边一、犍潼二、荣一、计二；富引改配犍厂盐者，富边一、犍边一、富潼二、荣一、计一，共八州县；商人改引配犍、富盐者，无论是否改配，犍边一、富边一、犍潼一、富潼一、荣一、计一。其中边计错杂，课则低昂，厥弊维钧为载，最后一详，不尽著录。

光绪三年，总督丁宝桢檄候补道唐炯行黔边官运，先举道光二十八年以来陈陈相因之犍、富、荣三县行黔积滞水引七万有奇，仍行黔岸，岁于额引外带销六成。其徐泽醇旧定犍、富永远认代潼商边引，率因岸滞不领积存道库者，凡万六千有奇，则专改济楚而设官引局司领发焉，期以销毕再销计积，大率先行额引，带行积引，不使新旧凌杂，画定边积行边、潼积行楚，不使改代无常。官运局所行残引，悉由局缴部。于是明年带销积引一万有二百余道，五年，又兼行滇岸仍带销滇边积引。凡带销黔、滇积水引几七千，陆引三百五十余道，潼属积引至是而毕。六年，以次带销各积水引七千有三百余道、陆引三百余道。先是五年冬，宝桢廉发盐茶道蔡逢年行引重发涂改，水陆假易，且饬关吏勿稽查，又引不存库而授科房吏胥诸积弊，奏夺逢年职，发往军台效力。因设局清厘定《善后章程六条》下部议行，百余年盐务积弊至是廓清。七年，宝桢复从署盐茶道唐炯请，举道光以来遗失及商故无著水陆引，凡三十一万八千有奇，奏请咨部注销，有著边计积引，凡八十一万有奇，仍令由官运局岁为代销，奏上得旨允行，由是公私井然，官商无累矣。

丁宝桢片奏略：再，川省盐务向有以此岸之商而兼领彼岸之引，又有以此岸之引而配彼岸之盐，其初意原系视商力之厚薄、厂盐之盛衰为变通办理之法，讵相沿日久，猾吏奸商即从此因缘为奸、把持渔利，遂至句[①]串朦混，弊端不可究诘，即济楚盐斤从前系以边计潼、套搭配运，本属含混而贪奸之徒觊其轇轕不清，易于骫法因而重照、影射，无可稽核，甚至改包加斤、一引行两引之盐，历年偷漏课厘不可胜计。臣自到川，灼知其弊，是以前拟章程于清厘积引条内，请将积滞过多之潼引专配济楚，以后专俟潼引销竣，再准依次带销计岸积引，使引张与年分截然不紊，然后能杜其混淆，以绝欺侵之路。并将犍、富两厂厘金局酌改为官引局，凡有商人请领引张，即向官引局具呈，由官引局员据呈禀送臣署，臣即饬知盐道，将应领之引查明号数，转呈到臣，刻即饬发官引局，限定时日转发各商具领到厂采配，不准稍有稽延，以禁书吏人等需索、留难之弊。俾引张日臻畅销，其课厘一切即于领引时向本厂、局随呈缴纳，解赴盐道库兑收。一面严饬各关卡认真盘验，不准仍前改包加斤，自是以来，凡以前宿弊，一律扫尽，近日课厘亦渐起色。臣惟严饬该局员及犍、富两县催促各商赶领潼引以利行销而清积滞。光绪四年。

又奏略：再，查川省盐务，自道光三十年，前任督臣徐泽醇清厘之后，迄今届三十年，溯查引张之积滞，年多一年，款目之混淆，日甚一日。除滇、黔两边本属废岸，上年已奏定章程，另行设局办理外，惟查盐道衙门历年编发盐引，并不分清界限、年限，挨次顺发，既将边计各引互相套搭，又将咸丰、同治年间之引与光绪年间之引一并套搭，随意混发，颠倒错乱，毫无次序。而改代改配又复多方作弊，以致书吏、家丁、奸商皆得因缘为奸，弊窦丛杂。现在查对各关册报，以前验放引张有年分、号数相同先后重发者，有涂改上年存库陆引抵作水引，由道移送黔边总局者。夫引盐之号数有定，水、陆两引轻重悬殊，何得由道署擅自涂改，即行备文移送，可见以前积习太深，竟以骇人听闻之事视

① 句：同“勾”。勾串，暗中串通、勾结。

为固然。至历年款课率多挪彼填此、移东解西，历年既久，轇轕愈甚，一切亏新掩旧之弊，势更无可稽考，所关尤重，而其尤可异者。盐道署总司鹾务，其紧要关键全在引张，故请引须由部颁领引，又须由总督过印，然后发交盐道收存，以备地方官请领，发商行运，层层稽核，所以严防诈伪。乃查盐道于请颁引张并不入库，仍令存放科房，即此玩泄昏愦，尚复何弊不作？若再不澈底清查，则以后盐务直无从整顿。惟盐务之坏已历数十载，引纸案卷尘封山积，且历年引张有积存道库者；有已发各属而乏商承领者；有已经发商尚未行销而商人竟至携带回家者；又有已行而未截缴者。事关通省百余州县，清查殊非易事，臣现酌定《清厘章程七条》檄发藩、臬两司暨新委盐茶道董润，会督成都府责令分年、分地、分款详细确查，并添派明白公事之候补道锦瑞、马映奎二员督同府州县数员，赴盐茶道署设立清查公所，逐一检齐卷宗，挨次清理某年某岸应领额引若干、存库若干、已发若干、未销若干，此案之引改配彼岸者若干、已缴若干、未缴若干，各属应解羡截、朱力、厘金各款何处，欠缴何项若干，或欠在商、或欠在官、或欠在引，收解之款，何款实由省支，何款由外提拨，通计收发数目是否相符，务须一律清楚，俾积弊藉可厘剔，鹾纲赖以整顿，所有现在委员清理盐务情形，理合附片具奏。

《清厘盐务积弊章程七条》：

一、划清起讫。川省盐务自道光三十年整顿之后，迄今日久，弊窦丛生，今欲彻底清厘，应自咸丰元年始按年挨查，每年部颁边计水陆引纸若干张，以年分为总纲，以各州县为细目，某年某州县应行额引若干、某州县全行销完、某年某州县积滞若干，此项积滞引纸在官在商，分别登注，残引一律挨查。

一、严核引余。川省每年部颁额引外，复发余引若干张，系备额引残缺补换之用，例应随残缴部。应查明道光三十年以后，共部颁余引若干张，是否按年缴部若干张、补换若干张，有无将此项引纸发商行销，逐一登注。又川省归丁州县引纸例应白截白缴，有由库核销者、有领回截缴者，参差不齐。应查明道光三十年以后，共归丁引纸若干张，于奏报归丁之外，续有归丁州县若干处，此项引纸是否按年按县一律缴齐，有无发与别县商人带销，逐一登注。

一、核定原岸。川省盐务其弊全在改代，向来盐道衙门书吏如此引改销彼岸，此引之禀故意粘入彼卷彼商代销，此引彼商之禀又不粘入此卷，两卷各不相侔清，此必致遗，彼应无论改销、代销，统以原岸为主，分注改代于原岸两旁。查明此案之引，推与别岸代销，而此岸本年所行又系何项引纸，此厂之引改配别厂盐斤，而此厂本年所配又系何项引纸，须调每年各州县领引文及各关卡验引册，逐一核对登注。

一、分别年限。盐法例应年清年款，而川省向来办理并不按年分，多系寅年领引、卯年行销、辰年缴残，其行销又非尽系本年之引，辄将咸丰、同治年间引张各行数纸套搭参错，紊乱无章。套搭不已，又请展限，以致引目混淆，弊端百出。应每岸各立一册，首标某州县，挨年顺编以本年额行之引为纲，再分别已行若干张、未行若干张，其未行之引是否仍归本县行销，抑系推与别县行商代销，是否全完，抑尚积滞，逐一分晰登注。

一、标明款项。盐务款项虽多，不外课、税、羡、截、朱力、引厘、余厘七项，应分为七册，各以一项标于册首，查引之时即按年挨县分别已收、未收调各州县解批与盐道销册，逐一核对登注。

一、著落积欠。盐务积欠有四款：已收而引未销由官垫解者为引欠官，由商垫解者为引欠商，拨厘填税则欠在厘，挪羡解税则欠在羡。将来须收某款以还某项，此次必虚某项以待某款，应另立引欠、税欠、羡欠三册，仍于查引时，逐一调各州县解批盐道销册、各官厂征解厘金底册、盐道收发厘金底册，分别核对登注。

一、核实支拨。盐款有由库支者、有由外拨者。库支应即入以稽其出，外拨应就出以考其入，出入相符，收支始实，应调各州县各厘局文册及盐道销册并藩司盐道往来收支文册，逐一核对登注。

又奏略：再查川省盐务，自道光三十年清查以后，历久弊生，现存道库及各属积滞水陆引张不下十万余道，连各商已领、未缴残积各引，共有一百余万道，积欠羡截正款至一百四十余万两，盐法之坏几于无从补救。推原其弊，约有二端：一为引目混淆。查盐法行引具有定岸，配盐各有定厂，界限极为分明，应完税羡均须年清年款，功令昭然。川省自创为改代改配之说，以此岸之商代行彼岸之引，又以彼岸之引改配此岸之盐，其初原因井水荣枯、口岸衰旺，数十年中，时有迁移，不能不酌盈剂虚。由盐道确查情形详咨请改，讵相沿日久，流弊丛生，盐道衙门据商人一纸之词，只图多得改费，绝不查厂盐之盛衰、商力之厚薄、口岸之畅滞，无不准改后并不行知各州县，督催亦不详明。总督查核以致蠹吏、猾商因缘为奸，多将本岸额行正引置诸高阁，而竟改别岸之引或将本厂例配之盐停积不配而竟配别厂之盐。各处代行商人多系异县隔籍，不归本岸地方官管辖。改配之盐，朝东暮西，变迁靡定，漫无稽查。州县经征税羡虽有考成，而苦于改代之案，全无知觉，及知之而呼应不灵，提商不到，奸商即以亏欠不完之税羡，视为固有之私利，争趋若鹜，愈准愈改，愈改愈欠，营私废公，漫无底止。此弊之在引岸不清者也。

一为款项轇轕。查盐法每引应征之款曰课税、曰羡截，课税关系最重、处分綦严，而每引应完羡截银数或多于正税，于是有此商已缴羡截而州县挪作彼商未缴课税者；有此县已解羡截而盐道挪抵他县未解课税造册报部者；有正商将引售与代商，得银以纳课税者；有代商清完羡截而正商挪作课税完缴者，以致羡截一项名为正款，实同虚设，遂置诸不问，用是日积月累，遂成巨欠，国课大亏。此弊之在款项不清者也。现经臣督同司道悉心筹议《善后章程六条》，嗣后发引必先新后旧，不准新陈套搭，征税必先课后引，不准挪移亏欠。收发盐引，责成盐道不准假手吏胥；改代引张责成州县，不容奸商朦混；缴残则严定限期以杜重照影射，办公则优给公费，不准暗收陋规，庶为正本清源之计。至从前羡截之积欠，实由额行之停滞。现查未行积引多至数十万张，积欠羡截正款多至一百四十余万两。此时若将以前积引照例均作为废纸，固属简截，但积引不销，则羡截悉归无著。且商人因从前官吏皆以牟利为事，引张可以妄发、口岸可以混改，于是始不惜花费，乘便图利，冀博厚利。今若将积引照例作为废纸，则商人从前所用使费及其中有已完税羡者，为数颇巨。虽花费系属舞弊，咎由自取，无足深论，而税羡空完赔累，亦实可悯。况此事皆由于官之营私废公，而后商人从而趋之，弊在官而不在商，情亦觉有可原。又况积欠羡截正款亦应设法归补，而归补之方银数太多，措置匪易。臣维归补积欠舍带销积引，无可措手，盖积引能销，则积欠各款亦有指望。现拟酌议分年带销积引之法：如未行积引从前有完税课而拖欠羡截者，即免其再交税课，专收羡截；如有税羡均已全完而引张未行者，则免其重完税羡而专收厂厘。总使积引不成废纸而欠款可以收回，商人可免赔累。多销引张一分，则欠款可以收回一分，庶上可以增库储之亏，下可以救商人之困，公私两利莫过于此。至各属未缴残引仍应照章勒限追缴，俟缴齐之日，确查实欠款目在官在商、有著无著再为分别追赔豁免，毋许仍前含混，似此事事核实，虽不敢必异日永无弊端，而目前急务实属秩然不紊。

《善后章程六条》：

一、每年行引宜先新后旧也。查盐法部颁引纸例，应年清年款勒限缴残，乃川省向系寅年发商、卯年行销、辰年缴残，而商人于本年新引又不全行，辄以远年积引参差套搭，加以推代改配，旧引未销，新引又至，于是重照影射、挖补字号、夹私漏楚，百弊丛生。不惟各州县无从清查，即各关卡亦无从盘诘。是因套搭而始混淆，因混淆而愈积滞，因积滞而请展限，因展限而益滋弊端，盐法败坏，莫此为甚。应请通饬各关卡，将光绪五年以前推代改配之引，一律截留申缴，定自光绪六年始先行新引。如某县五年分新引销完，尚可带销若干张，即由地方官具禀候盐道，查明该县四年分积引，札发带销四年积引，销完再发三年分积引，以次递推，一律办理。如本县并无积引或积引业已销竣，即由盐道查明附近州县积滞较多之引，札发带销，仍按年递推，不准淆乱。至本县、本年新引尚未销竣者，一概不准带销积引，如此办理庶可划清界限，斩断葛藤，一切弊端无从舞弄。

一、州县领引宜先课后引也。查盐法，各州县领引发商后，即应将经征之课税、羡截扫数全完，一届奏销；查明未完分数，分别参处，定例綦严。乃川省报部有名之正商无力自行，大都将引岸转佃行商，议有岸租、有月息、有引底，一切应完税羡等项，仍由行商措交、正商上纳，而正商又往往亏挪羡截，仅缴正税或并正税不缴，甚至无行商认岸。正商即将额引转售他岸行商率请改代，而于本岸招致私贩，挂秤抽厘，即使守提追比而辗转拖延，迄难缴清。又有正商税羡全缴，而州县将此商所完羡截，挪填彼商正税以避处分，有州县税羡全解而盐道将此县所解羡截，拨填彼商正税以顾奏销，不独羡截多无著落，而款目亦极混淆，以至历年积欠至一百四十余万之多。若不明定章程势必愈积愈深，不可收拾。应请嗣后除官运、官引两局，应行黔、滇、潼计各引应完课税、羡截，现已由两局随引征收报解外，其余各厅州县应札饬于具文领引之前，查明应行水陆引若干张，应征引税银若干两、羡银若干两、截银若干两、朱力银若干两，分别春、秋两季各共应缴若干两，先期传集行商如数缴齐，造具清册，随领引之文，批解盐道。如有永远推出之引，亦于册内注明原额水陆引若干张，推交某县若干张，实行若干张，实应征税羡截银若干两，分别两季扫数全完。如有永远认销之引，亦于册内注明原额水陆引若干张，认销某县若干张，共行若干张行，共应征收征税羡截银若干两，分别两季扫数全完，由盐道查核数目相符，始将引纸给发承领回县转发行商。如所解不能足额，即由盐道查明欠解若干两，照数扣存引纸若干张，仍饬速行批解，到日再行补发。如将届奏销尚未扫数批解，即将引纸存留道库作为积引，无庸再发，照例开参。如此办理，在行商既不受坐商亏累，而缴课时日又复宽展，自必踊跃乐从，不致延误，实足以顺商情而顾国课。

一、收发引纸宜郑重办理也。查四川通省每年额行水陆盐引十六万八千四百零七道，户部颁发盐道，由盐道申送督署，盖用关防，檄发道库分饬各厅州县具文请领，发商行销。立法原极周密，乃每岁部引颁到仅由盐署书吏开捆清数，往往抽匿正引，捏报短数，每束自一二张至八九张为动用余引补数地步；又将抽出引纸夹入正引之中，朦混过印，并有挖补水陆字样、以余引混作正引者，而边旁字号挖补重复，更不胜言。及送督署钤印时，又不一总汇送，随时或一二万张、或三四万张陆续赍院，亦仅有总数申文并无细数清册。至转发各厅州县，又并未分晰造册详报，是则某州某县额引若干、增引若干、推出若干、实发若干，无从稽考，即有重发、混发等弊，猝难查出，实非慎重盐引之道。应请奏明嗣后余引停止不发，其正引颁到严封存库，由盐道详请委明干州县数员督同盐书挨捆细查是否足数，取具切结备案。如额引实有短少，即将确数禀由道详由督署发给关防大票，按束填补，即时咨部立案，日后缴残即照咨查考。至归丁引纸例应截存道库，即由盐道查明现在归丁州县若干处、水陆引纸若干张，如数提出，按县编列字号存库，随残汇缴无庸送院钤印。其应送院钤印之引即由盐道按照各厅州县名编号，由一号至十百千号止，一总送印，不准分为数次，并将某县水陆引若干张，系编为某字号，造具详细清册，随文申送。至每年引张发竣，即由盐道造具详细清册三本，详报督署，以官运行销水陆引为一册，截存归丁水陆各引为一册，发商行销水陆各引为一册，分别注明发讫、截存字样。其发商册内并须注明原额水陆各引若干张，增行水陆引若干张。如遇永远推认之引，即于推出县分项下注明原额引若干张，推交某县引若干张，尚存若干张，照数发讫，并于认销县分项下注明原额引若干张、认销某县引若干张，共计若干张，照数发讫。设有积滞未发县分亦须逐县分注，并将发引月日按县登记，以为督征张本。如此分晰造册，不惟引张已否发竣，总督衙门得有稽考，即有重发、混发等弊亦立时可以查出，无从掩饰，庶足以昭慎重而杜弊端。

一、推代改配亦兼责州县也。查盐法行引有定岸、配盐有定厂，界限本自截然，乃川省创为推代改配之法。本县额引尚未全销，复认销别县之引而本县之引转多积滞；本厂之盐本足敷配，复改别厂之盐而本厂之盐遂致卖私，厂困课悬率由于此。然从前尚有限制，自川盐济楚以来，奸商纷纷请改富、犍两厂漏楚行私，有指请认代某县之引改配者，有预请改配某县几年之引者，有改配后而又请减半纳厘者，有认代后而又转售引纸射利者，有年限已满而又请一展再展者，不独各本厂有盐无引、私贩充斥，而各本案亦多荒废，无商承认，实属不成事体。应请嗣后除永远认代奏咨有案外，其余各归各岸不准代改。如口岸实在疲滞，每年只能销引若干，必须推出若干，由各地方官据实禀候盐道，查明附近行销畅旺、额引全完之州县饬发代销；如口岸畅旺、本县额引全完、又无从前积引、必代销别县之引若干始能接济民食，亦由各地方官据实禀候盐道，查明附近州县积滞之引，饬发代销，概不准任听该商等自行指明县分，呈请推代认销，并须年清年款，不准展限。即有各商自愿呈认代销别岸，亦必由盐道先行饬查该州县是否全无积引、是否畅销，再行详明批准认销，仍将该商呈请缘由，并领到引张若干数，行知该州县，查照定限一年内销竣，缴回残引，如逾限不缴残或缴不足数，即惟该州县是问。至于改配相沿已久，若骤令各归原厂，或恐民间食惯，一时未能禁绝，而水陆通道亦实有距岸纡远，各商转运甚难，应于限制之中示以体恤。除犍厂产盐仅敷官运采购，奏明川东下游州县不准改代外，其余责成各有厂州县悉心确查所产之盐如配运有余，即饬原行各县之引仍照旧归还原厂，不准擅改。如实系井老水枯不敷配，或原行某县运道艰难，应改附近别厂，即由该厂地方官先行禀明，每年产盐若干、配引若干、不敷若干、应改若干，饬委廉明之员覆加确查，会禀立案，以后改配，即以此案为率。倘原禀盐不敷配而该厂私盐仍复充斥，则是有心徇隐，即将印委各员分别参处，至各商请改，仍由盐道查明附近产盐较旺之厂，批令改配，不准该商等自行指场，以维盐法，而纾厂岸。

一、追缴残引宜各专责成也。查盐法销引缴残，例有奏销期限，不得逾年。乃川省各商有准展至来年奏销，前者亦有展至来年奏销后六、八、十月及十一、十二月不等者。限期既无一定，且一展之后复准再展，该商等有恃不恐，或将积引重价转售，以为漏楚之需，或将残引设法重配，以为影射之具。推原其故，皆缘推代改配向于盐道交替时，各商串通家丁私相授受，行知文件概交商手，地方官既不得知而盐道衙门亦无案据，而且既改代又套搭复展限，甚至将引作货抵押当卖、展转交易竟不知引落谁手。不惟引纸已行、未行漫无查考，即税羡已完、未完亦漫无著落。应请嗣后各计岸额引照例于奏效报完后扣限半年，由各州县追缴残引，永远不准展限。至改配推代既定，由各州县禀准盐道承领转发，不准各商私相授受，立有案据，各地方官即不得借口推诿。改配之引，仍责成本县地方官追缴；改代之引，即责成代销县分地方官追缴；均以八个月为限，一律办理，逾限不缴，无论已行、未行，一概作为废纸。严饬各厂关随时查明扣留申缴，并将承追不力之地方官分别参处，以儆玩延。如此办理则各引先有著落，已行未行、已缴未缴均不难于稽查，不致仍前混淆重照、影射，推诿贻误。

一、盐道衙门宜优给公费也。查从前盐道衙门领引有费、缴残有费、推代改配展限有费，种种需索，猾商、蠹吏因缘为奸，盐法紊乱，几至不可收拾。职此之故，然若一概裁革，则盐道公务较繁，不惟办公无资，即阁署、书役亦不能责其枵腹从事，自应酌定优给公费，以资津贴，庶免弊窦别开。查川省向来各商领引其正用使费，本属无多，应仍其旧，惟实不敷办公。若酌量加增，取盈于商，不独有拂商情，亦且无此政体。应于本省筹备办公项下，酌量优给盐道署，作为办公经费，至各州县请领带销积引，每水引一张，应照现在官引局章程办理，随文呈解盐署，以资津贴。此外一切不经名目，概行永远禁革，不得格外需索分厘，庶盐道衙门办公，有资而成法，可期永远遵守。光绪五年。

又奏略：窃臣上年督饬司道，在于省城设局清查通省残积各引当经《奏定章程六条》，嗣后各计岸额引于奏销报完后，扣限半年，追缴残引，永远不准展限。从前改配推代之引未经缴残者，责成地方官追缴，均以八个月为限，逾限不缴无论已行、未行，一概作为废纸，严饬各厂关卡随时扣留申缴，由部臣议准覆奏，奉旨依议，钦此。钦遵严饬照办，臣复先后出示，剀切晓谕各属商人，如有收存光绪四年以前积滞盐引，已行缴残、未行缴引，依限赴各州县呈明造册通报。准将所缴未行各引发局，以次带销，收回税羡，由局查明，凡有从前由商垫完课税、羡截尚未行销之引，仍准商人赴局请领归还垫款。一面行知各州县厂局关卡认真盘验，如有前项逾限积引，随时扣留申缴，并迭次催传商人勒限全缴。迄今原限早满，据各州县将遗失引张分年造册，详送盐道，逐细勾稽查明。光绪六年办理四年奏销案内声明：未缴部引一百十万五千九百三十三道，余引四千三百四十道，又加五年分全额十六万八千四百七道，总共一百二十七万八千六百八十道。内除黔、滇盐务总局丁、戊两纲已缴行过残引外，实存总局未行水陆引五十一万一千九百九道，官引局已行水引五千四百六十八道，陆引三万四千七百零二道，道库存留积引、残引水陆共三十万一千七百七十七道外，综计成都等八十二厅州县，自道光年间起至光绪四年止，实共未缴无著水陆引三十一万八千八十三道。或因商人配盐失事落河漂没、当时漏未呈报者；或因军务时配盐在途，被贼焚截无存者；或因推行楚省历年过久，商引皆无著落者；或因展转改配，不知商人存亡及押引抵债为债主遗失者，实在无从著追。经该道崧蕃唐炯会同逐细查明，按年分县造具清册，恳请奏咨注销，仍严饬各关卡认真盘验，如有前项引张，随时扣留，以杜重照等情。前来臣查此项遗失引纸，从前应由地方官及盐道加具印结，始能咨部注销，但现远年商人均已逃亡故绝，无从传訊。间有近年商人大都素乏资本，早将此引押人抵债，而各债主展转推[1]出，迭易数主，究竟在何年、在何处遗失，盘诘本商，均无从知悉。虽地方官严行追问，而该商等终茫然，惟有俯首认咎，无从訊取确供，即无从平空取结，若久押待质，徒开差役诈索之端，仍于公事无补。况引纸既多，历年又久，未便再任迁延拖累，现在惟严饬各关卡认真盘验，如有商人夹带此项遗失之引影射私配，即将原引商人一并扣留，从严究办，追出废引，随后送部毁销。倘关卡员役查有贿纵含混情事，一并从严参办，似此力杜弊端，自无虑重照私配。除将清册咨部立案查销外，所有历年遗失无著盐引，造册咨部注销，缘由理合恭折具奏。

又片奏略：再，川省屡追无著残积盐引、积欠无引羡截银两，屡经臣督率盐道及各厅州县确切查明，无从再追。现在分案奏请注销、豁免其历年开报缴引迟延，及经征羡截不力各厅州县职名，事历数十年，多系早已离任，或物故回籍，或因案参革，后来接任人员展转更易，相隔数任，并非原案经征、接征及接催不力之员，若以远年陈案并罹参罚，本觉偏枯。此时无著残积盐引既请注销，无引羡截均请宽免似未便，再将以前缴引迟延、积欠羡截之案，空言咨参，致通省官员代人受过，合无仰恳天恩，饬部准将以前缴引迟延及接征羡截不力之各厅州县职名已开送者，并予查销免议，未开送者均免再参，俾昭核实，以宽既往而励将来。

户部议略：臣等查川商积欠羡截至一百七十余万两之多，节经臣部按年奏咨追缴，迄未据报完补分毫。本应照数著追，以弥课亏而清欠项，惟据丁宝桢奏称“前因军兴口岸废弛，益以官商舞弊，历数十年，厂困商亡，实已均归无著，且有代赔旧商欠款在内，军兴后更无人可追”等语，亦系实在情形。臣等公同商酌，与其空追旧项，启吏胥以搕诈需索之端，何如特沛殊恩责商民以感激图报之效。所有

① 推：疑为“退”。

川商积欠羡截银一百七十七万一千八百七十九两零，除各官局已收回代销银四十八万六千五百七十二两零，并由该督责成官局陆续分年带销，约可收回银七十三万一百四十八两零外，实尚欠查明无引羡截银五十五万五千二百三两有奇。合无仰恳恩施，准如该督臣所请，一律豁免，以绝轇轕。仍令该督严查未缴残积各引，并饬各关卡认真盘验，倘有商人夹带前项引张，随时扣留惩办以杜重照、影射积弊。至此后该省既无无著之引张，自无虚悬之课羡。自宽免旧欠后，应由督臣督饬盐道，晓谕该商民，激发天良，即自本年为始，恪遵先课后盐章程，每领一引务须先完一引之课羡，无论正销带销，正课杂课，均不准有丝毫蒂欠。总当年清年款，并饬各局委员悉心经理，俾课款涓滴归公，仍按年造册报销，以符定制。又查丁宝桢另折奏请，饬部注销历追无著残积各引，钦奉谕旨允准饬下臣部知道。应令该督臣转饬分年分岸造具遗失无著残引数目清册，咨送臣部以凭核销，其已据各厅州县缴送水陆引张，并令即饬送部验销，毋任再延。光绪七年。

归丁积引

凡归丁州县无商领引配运，详征榷部。有司惟虚具领引缴引公牍同呈盐道实不领，然特一二州县行之，余率照式领存待纳课时白截同缴。因有转售他州县或阴售商代销者，他商利其廉，亦往往代行而转阁其正引，故归丁引率多未缴者。道光三十年，徐泽醇严檄催缴，除故商名籍，自后归丁诸州县引截存道库不发以待招商。泽醇旋去，不果行而弊转甚，归丁引故与常引无别，盐道往往不收入库，存诸吏胥手，纵贿售私，上下缘为奸利。盐道受代时，旧任辄尽取归丁引，贱售牟利谓之“放炮”。光绪三年，总督丁宝桢廉其弊，奏定领引，至豫为提出注归丁字，于引勿印总督关防，白截存库，用杜流弊。

徐泽醇札照：得川省盐务弊窦多端，而归丁之引，仍复给商行销，其弊尤属显然。必须将此项废引全数追回，方可次第清厘。惟是四川州县盐课归地丁征收者，有汉州、平武、江油、彰明、石泉、茂州、井研、荣昌、大足、定远、铜梁、仪陇、阆中、通江、巴州、昭化、剑州、安岳、罗江、绵竹、梓潼、新宁、什邡、安县、苍溪、德阳、隆昌二十七处，若俟各该州县查覆，既觉耽延月日，如有改代，更恐各州县未能悉其详细。即如现据犍为县具禀该县盐务情形，所有隆昌等县道光二十七、九两年废引，新宁县道光二十九年废引，茂州、罗江道光二十七、八、九等年废引，均经该县边商罗永怀等代销。折开禀该道札知有案，该道任内如此，历任可知。而折内未经全行叙及，难保不系遗漏。因思该道衙门为盐务总汇，各州县盐引如何行销按簿可考，查覆极为便易，合亟札饬。为此札仰该道督同查办盐务各委员，将盐课归丁之汉州等处额引各系若干张、自何年改代若干张、何年之引未缴数目若干张、其引是否系本处商人自行配运、抑系推归别处代销、认代之商，系何姓名，逐处逐年，确实查明，详细造具清册，于奉文十日内禀覆来院，以凭核办。

又通饬：盐课税羡，丝毫皆关国帑，岂容稍有延欠。兹查川省盐课不能年清年款，而羡截则积欠至三十三万两有奇，犍商拖欠将及八万，潼商欠至十余万，且有三十年以前之积欠尚未完解者，各州县有经征之责，何以一任奸商如此疲玩[①]，深堪诧异。至改配、改代之法，本为榷课疏滞而设，酌盈剂虚，通融办理，然所代者必须实系课羡无著之滞引，则滞者疏通，积者自少。兹访得各属奸商因代销滞引需费较多，废引所费较少，其所代者仅系盐归地丁之废引，并非改代税羡无著之积引，以致额引益行积滞，而税羡之拖欠愈多，即如富厂一处额销水引不过三千余张，每年改代之引竟有一万余张，代销如此之多，而于税羡分厘无补，以疏通积欠之举，反成奸商营私渔利之端。此弊不除，税羡愈累愈重，伊于胡底？现在查得川省盐归地丁者已有二十三处，此外尚复有遗漏，即此二十三处内，除井研、梓潼二县每年于赴省领引时，随备缴引文书，将引张截角存贮盐茶道库，俟奏销时呈院送部缴销，余皆每年仍将引张领回，于解税时始行申缴，更有迟至一二年及三四年尚不缴销，藉称课税不足，将引转售别县或觅商代销。试思川省地丁历系年清年款，从无蒂欠，盐既归丁，所有课税、羡截自系随粮交纳，扫数全完，何得诿之课税不足？如果尚有拖欠，其为州县侵亏显而易明，况归

① 疲玩：懈怠玩忽。

丁之引尽成废引，乃任转售推代，不知售获之价究归何用？所征税羡作何下落？诸如此类，竟成假公济私，殊属不成事体。转瞬即届奏销，亟应澈底厘剔以除积弊而肃鹾政，为此札仰该道查照转饬遵办，仍由该道将川省盐归地丁之处，共有若干州县各属改配推代之引共有若干张，系何处之引、由何商推给、何商认代、已有若干年内中改代归丁之引各有若干张、其归丁州县将道光三十年引张领回者已有若干处，逐细查明，造具清册具覆，以凭查核。如有归丁之处，该州县已将本年引张领回，即由道飞速撤回，其未经领去之引，即行截存，切勿再行转发。一面将各属延未解缴课羡残引，勒限于三月二十日以前悉数解缴，如有迟逾，即由道详参办。道光三十年。互见征榷部。

四川盐法志卷十九·引票四

票

引外有票，始见《明史·食货志》，所以济引之不及也。隆庆初，尝行之于潼、嘉等处。见纪事。

国朝顺、康间，布政使所造大票。见前颁行及张德地疏。既罢后，行诸票最要者，大率为余盐设，盖始雍正五年，巡抚宪德以简州等十余州县盐浮于引，就所余盐行票而纳公费焉，曰照票。当时户部议以为权宜计，不恒用也。

宪德奏略：查成都府属简州盐井原额行陆引四千张，除配额引外，各井约产余盐三十六万八千斤，应增陆引八百张，每张征征税银二钱七分二厘四毫，共征税银二百一十七两九钱二分。请自雍正五年为始，纳税行销除纸朱银两另咨解部外，但新颁部引往返需时，不无有误。行盐征税请将所增陆引八百张照数，暂用照票行销，仍候部引颁发，至日即按照行销月日填换部引，同本年奏销盐引，将照票一并送部销毁。雍正五年。互见票厘。

又奏略：查富顺县原额水陆二引共二千七百一十六张，而各井灶每年所产盐斤实多浮余，额引不敷行运。前任富顺县知县朱缁衣将引外余盐私行墨票，侵引税银，经前抚臣马伯会题参在案。兹据按察使葛斗南详据富顺县详称，从前墨票既已革除，自应请颁部引，所有富邑配引行销各井灶通计每年实有余盐八百九十七万斤，应配水引一千五百张，请自雍正五年为始，纳税行盐，至应解纸朱银六两七钱五分，另咨解部。再查该县额引以外余盐系民间食用，不可一日不行，若候新颁部引，恐致稽延，有误行盐征税。应请一并题明，将该县所增盐引二千二百五十张照数暂用照票行销，候部引颁发到日，填换部引，同报如前。

户部议略：前项照票为一时权宜之计，理应俟部颁引目到日，即行销毁。若待奏销之时始行送部，恐有不肖官商将票引影射，以致重复私行等弊。应令该抚俟部颁引目到日，即将照票注明已未行销数目，作速送部查销可也。雍正六年。互见征榷。

谨按：宪德当日举劾各出盐州县余盐陋规，尚有大宁、开县、嘉定、绵州、中江、资州、西充、南部、内江、彭水、乐至、潼川、犍为、蓬溪皆有之，特举此二件有部议者以见例，余略，具增引。

自是乾隆三十年，总督阿尔泰以犍为、富顺二县余盐多，因仿行之为水照票，六年即就票盐数改增额引。四十二年，总督文绶仍于犍、富用之，有水照票、陆照票，又有孤贫口粮照票，于四十三年罢，改为报验注册。《会典事例》：四十三年议准四川省富顺、犍为二县产盐较旺，配引之外不无余盐，向有老少贫民易米养赡之例，奸犯因而零星收买，积少成多，私行贩运在所不免。应将余盐尽数报官，给与照票，交商代销，缴息归公，将老少盐之例，概行停止。仍饬该二县查照旧时报验注册，老少贫民共有若干名，每名酌给银二分，于前项所以息银内核实支销。疏详征榷部。四十九年，总督李世杰复以富厂余盐，设孤贫口粮四十二口，增陆引照票四百八十张。《会典事例》：由盐道按年给发，令计商随同陆引并配富厂余盐运赴各场口岸销售，亦系照票陆引斤数购盐，疏未见。自是余盐有票相承不废。咸丰元年，总督骆秉章从何咸宜，议以余盐罢票设垣，辄滋弊。见征榷盐厘。

阿尔泰奏略：查夷性贪鄙，见利则趋，近年委员分赴夷巢，于战胜之时量加犒赏。是以九土司攻金川较前奋勉，正宜乘机鼓励，勇往克攻。现在赏需虽有带销，余茶息银凑解拨用，而赏项繁多，应行宽裕筹备。查得川省惟犍为、富顺二县近年盐井旺盛，除足敷额引之外，各灶户每有存剩余盐，虽为零星不敷配引增课，而偷卖私贩实属有碍官引。莫如饬令各灶户将零星余盐尽数报官登册，由盐道查明各属引商行销额引之外，可带销余盐若干发给印票。请按照引张税则，每斤牵算量征公费银一厘五七毫不等，如果疏通畅销每年约可征银万两，内外汇解盐道库，备充夷务赏需之用。俟试销一二年后，果有成效，另行增引定课。如此则现在余盐既可杜绝私销，而赏需亦有余裕矣。

户部议略：据称议设犍、富等厂试销余盐水照票，题定科则每盐一斤纳公费一厘八毫，合计每票纳公费银九两，如果试行有效，更为部引领销。乾隆三十年。互见征榷。

文绶奏略：富顺、犍为余盐，乾隆三十年间曾经前督臣阿尔泰奏明，将所出余盐设立照票交商代运，每斤息银一厘五七毫，解交充公。三十六年，将照票停撤改为部引，近年余盐较多，而零盐之不敷配引者，仍不无余剩。仍应饬照旧时填给照票之例，交商代销缴息归公，富顺水票缴息银八两、陆票六钱四分、行边水票九两、陆票七钱二分；犍为水票缴息八两五钱、陆票六钱八分、行边水票九两、陆票七钱二分。乾隆四十二年。详见征榷。

于是光绪三年，总督丁宝桢檄唐炯为设富、荣等票厘局以行余盐，用双连票根、票纸，各厘局皆如之。

《富厂票厘局章程》：

一、总局刊刻双联验票、护票，编列字号，发存厘局，由局委员加盖关防，登记簿册发交总绅分发大小灶户，某灶若干，开单呈交局员存查，护票发交验卡委绅。小贩到灶买盐，所有斤数价值多寡于盐票中缝大书，加盖某灶字号戳记，票根按五日呈缴厘局，厘局按半月汇缴总局。纸票截给小贩收执，到前途验卡委绅点验后收回票纸，按挑换给护票以便小贩售销。其票照填簿册，按月由验卡委绅径缴总局，以凭核对。

一、富厂水火日旺，盐多于引，凡来厂贩买皆系贫苦无资、安分营生之人，与枭匪不同。所有票据应将某州、某县、贩户姓名填注，以便该贩收执，经过地方查有票据，不准兵役、商巡、土豪留难鱼肉，倘敢故违，准该贩执票赴地方衙门禀究，如无票据，即以私论。

又《犍乐两厂厘票章程》：

一、招店收盐应征厘金，即由该店收缴，并于两厂设立票厘局，专司查核盐店簿据。

一、官店售盐由局发给厘票，每票定以八十斤。该店按十日将厘银并票根呈缴，由局核收造报。

一、鹰嘴岩等处验卡查无厘票，饬令补厘；其有票者，概令呈缴，由该局另换护票，所有收回厘票一月汇缴总局一次，以凭查封票根。光绪三年。余详征榷。

厘票而外则有官运局，边盐之票根、票纸犹之引根、引纸也，自有票根、票纸而引根、引纸遂罢。引根例缴部，票根从丁宝桢奏，免缴。

丁宝桢条奏《黔边盐务章程》：

一、添置联票也。盐归四岸分销，日久易滋弊窦，应由总局刊刻双联票根、票纸，编列字号，盖用总局关防，发存分局。商人到局领销盐斤，自一包已至数十包、数百包，于中缝正书大字包数、斤数、价值多寡，盖加分局关防。票纸截给商人，别于前途扼要之地设一分卡，委员点验后收回票纸，半月汇缴总局一次，即由分卡按包换给小护票，以便商人售销。按季由商人汇缴总局票根，照填簿册存局，仍由分局按月汇缴总局，以凭核对。庶行销数目、时价涨落俱可按册而稽，无从欺侵影射。

户部议准照办，其双联票根仍汇缴总局，转解盐茶道衙门，随同残引送部缴销。光绪三年。

丁宝桢片奏略：再，据黔边盐务总局建昌道唐炯详窃查，四川盐务甲年所行之引于乙年奏销，丙年缴残历归盐道办理。今将行黔边引及近边之叙永、永宁、泸州、纳溪、合江、南川、綦江、江津、涪州、酉阳、秀山、黔江、彭水十三厅州县计引奏改官运，自应由局缴残。惟丁丑纲销引甚多，内有运行到岸尚未发商之盐，所行残引势难一律缴齐，应请援照向办成案，归入己卯纲奏销时，悉数缴部以符旧章。至总局所设联票，前经部议，令将票根随同残引缴部，查此项联票每盐一包填给商贩护票一张，每引用票五十张，计本纲行引二万三千八百余道，给票至一百数十万张之多，所给票根汗牛充栋。川省距京较远，长途盘运匪易，脚价亦觉不赀，应请免其送部，以节縻费。且此项护票系黔边商贩，陆运时须拆包驮载，是以用此护票，以为该商等过境验放之用，与盐法实无妨碍。户部如议行。光绪五年。

别有小护票，盖始雍正三年，巡抚杨馝从达州商人请一为之，为小贩护盐备验用者。今票厘余盐，小贩略视，此各厘局皆有之，惟黔边四卡用联二，一随商，一缴局。

杨馝通饬：据布政司盐茶道议复，据达州知州详称“商人自设小票一款”，查浙江等省商店买盐即给小票一纸，载明商号盐斤以为查考之据，兵役验票放行，如无票者即行查拿，实属良法。似应俯如该州所请，除官给墨券仍严行禁止外，应请通饬各商自行刻于板上，横写某字号，官盐店下写坐落某州县城内。或某场镇或街、填明月日及盐斤数目，并买盐人姓名住址，由店至所住村若干里，用纸红戳记。凡乡民买盐二十斤以上即用此票，如遇盘查执此为据，倘无小票及月日、盐斤不符并越境买食盐者，兵役即行查拿禀究，庶官私不得混淆，稽查亦易为力。至若州县集场或有犬牙相错之处，如此县之盐必由彼县经过者，并令各该地方官豫为查确，移明彼县兵役，验有小票，一并放行。雍正三年。

其旧行今罢者，若咸丰四年，总督裕瑞以夔税三联照票如水引额，令商贩先纳税，然后予以配盐，经年商多不至。六年，总督乐斌始改为联二，税票稍稍利行。及光绪三年，丁宝桢奏设官引局，撤夔卡，并联二票亦罢矣。

包斤

引以包积，包以斤积，故合而为引，分而为包斤。宋初行引，率以斤计，惟广州淳熙十五年有拆卖包盐之制。元时，在河间曰袋，袋六石凡三百斤，在解曰席，席二百有五十斤。《通考》又作二十。西京曰石，广东曰箩。皆据王圻《续通考》。明始通行包，包外有余盐，各省包斤不一律。两淮并包索余盐五百五十斤，两浙二百五十斤，山东长芦四百三十斤。而余盐包索之数，往往有与包埒，四川独不详。

国朝顺康间行票亦以斤计，雍正十二年，总督黄廷桂条奏：水引正耗盐凡五千七百五十斤，陆引四百六十斤，以水引五十包、陆引四十包计之，包得百一十五斤，盖百斤正数、十五斤其耗数也。耗盐之制，自宋相沿，即赵开初行引法，所谓每百斤为一担，又许增十斤勿算，以优之之意也，既又兼权包皮，垫草增二十斤，为百三十五斤未入告。乾隆五十九年，总督文绶请刊入引纸；六十年，户部覆咨令察缘起；署总督孙士毅再奏，入户部以前未经奏定，下议核减，士毅覆请减五斤，包百三十斤著为令。

黄廷桂奏略：查川省水引一张配正耗盐五千七百五十斤，为数甚多。商本微薄，一人不能办运，必须合伙始能领引行销，所有水引多有壅滞。陆引一张配正耗盐百六十斤，较水引之数虽少，但山路崎岖，驮运不能重载，如牛驴等牲畜须用三四头匹，又须数人伙买，然后可以照看，领运均属不便。似应略为变通，行令各州县厅卫具改水引为陆引，或陆引一引为两张者，听其详明更改税项，正耗盐斤仍照现行科则分摊纸朱银两，请按引张数目解部，则一转移间原于正项耗税无损，而商贩承领较易。户部议如所请。雍正十二年。

福康安咨略：据代办四川盐茶道邱之棻详，遵查川省先行盐法，有水引、陆引之分，水引例配正盐五千斤，陆引例配正盐四百斤，每百斤为一包，水、陆二引每百斤均准带耗盐十五斤。嗣因各商配运，间有浮额，经各关隘盘获报究。于雍正十二年十月内，议以川省商人配盐每多逾额，此积习相沿，固当严行禁革。惟是盘盐之时，势必连包称验，该商等珍惜盐斤，惟恐抛散，外则坚固其包皮，内又厚垫以草梗，约计每包包皮重七八斤，垫草约重六七斤，连正耗盐一百一十五斤，共应有一百三十斤。再盐斤粗货，不比称兑银两毫厘不爽，是捆包之人与报秤之人不能保无间有，不一之处，掣挚之时，或有多出一斤二斤，亦未可定，总不许过五斤之数。应定就一面止足一百三十五斤之秤，每于隘口盘查之时，按包称验，合于此数者立即放行，过于此数者，即将该商以夹带私盐治罪，验放官员以纵放私盐议处。是以川省自雍正十二年详定之后，商盐每包连皮包草垫，总以一百三十五斤为率。乾隆五十九年。互见颁行。

户部咨略：饬将每盐百斤加耗盐、包索等项三十五斤酌减，妥议报部，以杜夹带混冒之弊。

孙士毅咨略：川省行盐运道与别省地方险夷迥异，陆路则崇山峻岭，驮负维艰。水路则层次皆滩，转运不易，且逆水挽运随处盘剥，兼之夏秋水涨，春冬水涸，沿途耽延，远近不一，或二三十日，或四五十日方能到岸。各商配盐之时，势不得不外坚其包篓，内厚其草梗，重叠包护，方免流卤折耗，虽原议包斤约重四五十斤，而商人珍惜盐斤，每每厚加捆载，重有二十余斤，通计正耗净盐尚不足一百一十五斤之数，委无夹带混冒之弊。此皆因地制宜，相沿已久，商灶皆安，似难酌减，应仍照前议配运验放，每盐一包正耗包索总以一百三十五斤为准，庶于商民无累。

户部议略：查该省每盐百斤既外加耗盐十五斤，是陆引每张行盐四百斤，已加耗盐六十斤，较之各处引盐每张正盐三百余斤，仅加包索耗盐十斤、十五斤、二十斤不等者，为数大相悬殊，且该处每百斤加耗盐十五斤已足济其沿途盘剥耗折之资，尤不得以山岭水滩必须包皮坚厚为词，而商人藉以耗外加耗，遂致公然捆运无课之盐，漫无顾忌，殊多未协。至该督前称系雍正二年详定，但当时并未报部，殊不足为案据。应咨该督遵照本部前行据实酌减，报部核办，毋任支饰，致干未便。再例食川盐之云南昭通等处及楚省之鹤峰等处，其原案始自何年，该督既称历年久远无案可查，应免开送，至例食川盐之贵州各属现在共有几处，应咨贵州巡抚查明报部查核。可也。

孙士毅咨略：川商资本微薄，运道又险，厚包护盐，势所必然。此种情形实与他省运盐迥异，确核情形每包仅可酌减五斤，应请嗣后每盐百斤加耗盐一十五斤外，准加包篓、草梗一十五斤，共计每盐一包总以一百三十斤为准。户部议如所请。乾隆六十年。

既而关吏纵贿废弛，商人贪得，辄私增至二三百斤。道光三十年，总督徐泽醇条奏盐务积弊，始分别厘定花盐包二百斤、巴盐包百六十斤，以花盐颗末质轻易耗，巴盐整且坚故耗少也。事下户部如议，及同治间加抽厂厘，官吏辄私增为三百四十斤，其弊至损正课以益厘，商人无厌，益为奸利，因私增至四百余斤矣。

徐泽醇奏略：查引盐包口连皮索，向以一百三十五斤为准，商人因银价昂贵受累，每包私加至二三百斤不等，实于引课有碍。惟川省引张悉交陕贾代办，有利则行、无利则止。若予尽革，窃恐裹足不前，或加增价值，反致贫民艰于买食。与其暗听加增，曷若明予限制。臣前在东省，奏准每包加盐七十五斤用示体恤，行之已有成效，自可仿照办理。川盐向分花、巴[①]二样，巴盐整块坚凝、折耗较少，花盐零散如雪，流沙走卤折耗较多，显有区别。应将花盐每包连皮索准重二百斤，巴盐每包连皮索准重一百六十斤。该商自不致畏累停运，倘仍前加多，一经盘获即照例惩办。

户部议略：查盐包加重，溯自道光二十八年王大臣查办长芦盐务，

① 花、巴：巴盐指凝结为块状的成品盐，以煤炭烧成的为“炭巴”，以柴火烧成的花盐为“柴巴”，以天然气烧成的为“火巴”，又称“火花”。花盐是以天然气煎烧所获成品盐，自流井（东场）以花盐著名，贡井（西场）以巴盐为主。

请每包加盐一百五十斤，嗣后山东、浙江、两淮、河东均以此为调剂之法，该督援案声请所增斤数比较，私加二三百斤业已减少，应准照办。惟经此次加斤之后务令认真稽查，倘再有夹私，从严惩办。道光三十年。

光绪三年，总督丁宝桢檄唐炯改行官运法，奏革其弊，花盐覆减，仍二百斤如泽醇时，而外增二十斤作耗盐。巴盐初议减为百五十斤，以十斤津贴局中经费。既炯以官运耗颇少，久将滋弊，请悉以归公。宝桢为留二斤备局耗，商人复请不已，因仍并为百六十斤为一包，半包八十斤，为一包亦如泽醇时。积五十包为一水引，积四包为一陆引，四十包不及引者为一则，如陆引一张为八包，十引为八则，水引折计。

总办官运盐务唐炯详卷：查咸丰四年创办盐厘，遵道光三十年奏定章程，巴盐每包计重一百六十斤，凡采配巴盐一引合五十包，共盐八千斤，抽厂厘银七两五钱；花盐每包计重二百斤，采配花盐一引合五十包，共盐一万斤，抽收厂厘银八两。迨同治元年议加厂厘，详定章程，有引巴盐包口仍旧每斤加抽厘银一厘五毫，议加厘银十二两，连前抽厂厘银七两五钱，每引共抽银十九两五钱。惟花盐包口议加一百四十斤，每包计重三百四十斤，每斤抽厘银一厘，以五十包合计重一万七千斤，议加厘银十七两，连前抽厂厘银八两，每引共抽银二十五两，历经遵办在案。兹查花盐加包其弊实甚，现闻每包递加至四百余斤之多，漫无限制，是一引而行两引之盐，商人只需一引之费，其名则按引加厘，其实则多积一引而税羡厘金反少收一倍，以致计引积滞四十六万一千有奇，得不偿失，显而易见。且花盐济楚并本省计岸销路甚宽，而厂渝各厘乃反不旺。职是之由，伏思川省饷源以盐厘为大宗，其积弊亦以盐务为尤甚，除各岸私盐并滇、黔边引重照、影射、夹带、漏厘不计外，止以每年楚计两岸行贿花盐极少而论，配引不下十万张而加包则多万引之盐，以厂渝各厘约计，透漏税羡盐厘何止数十万斤？当此库藏支绌，奏拨纷纭，支款日见其增，入项日形其短，若不及早厘剔，将何以裕度支？再四筹商，拟请将花盐包口查照道光年间定则，每包二百斤，每引以五十包共重一万斤为正外，加五包免征课厘，以备商人折耗敌私。此外不准加重丝毫，但包口既归旧则，每引少配花盐七千斤，其同治元年议加厂厘自应递减七两，以开局之日起，凡采配花盐一引仍按每斤抽收一厘，合五十包计重一万斤，只抽银十两，连前抽厂厘八两，每引共抽十八两，至渝城抽收厘银，检查原案系按二百斤一包，每包抽收厘金钱一千二十五文，应与未加包口之巴盐，抽收厂渝各厘，均仍其旧，毋庸另议更张。其关卡、州县开签截验等费，统照边岸官运，每引存留一钱五分，由商人呈缴总局，按季札发。此外需索，一律裁革，以示体恤。如此一转移间，明则减厘，暗则疏引，而税羡厘金不啻倍加，实于饷源盐法大有裨益。光绪三年。互见征榷部。

丁宝桢奏略：再，臣开办黔边盐务，前经拟定章程，议于每包正额一百五十斤外，酌加十斤以备卤耗，于销售时如有剩出余盐，即逐包分记呈报，另立专款以作津贴局中各项公用支销，业经奏明，奉部覆准，遵行在案。查此项耗盐十斤，当时议办之初，原以官运虽可免夹带之弊，而由厂买盐捆运，以及沿途起拨，暨到岸后起载、上仓、盘吊等事，展转费手，卤耗必多，与商行无异。且官运系属创始，一切无所遵循，各局厂委员均系初次经办，于盐运事宜尚未穷原究委，亦虑消耗稍多关系成本，不得不加意慎重，是以酌议加耗，实以备不虞也。兹据总办黔边盐务局候补道唐炯详称，该道于开办时即剀切示谕，厂灶俱煎红锅好，盐官局照色加价收买，盐质既好，卤耗自轻，至捆运、押运、起拨、上仓、盘吊等事，又严督各局员事事躬亲，力求真实。自上年十二月盐斤捆运到岸后，该道即逐细稽查，折耗不过十分之一，当于初次核本时即将此项耗盐十斤，应征正杂各款，均摊入每包一百六十斤内，到岸后即以净盐一百六十斤照价发商承领。是此项耗盐十斤悉数作为正额，全归公款，并未提出另立专款作为津贴公项之用。计自开办起截至十月底止，此十个月内，历次详查所有卤耗及运盘各项折耗，为数实属无多。应将此项耗盐十斤，永远归作正额核算，归入公款，俾免日后别滋他弊等情，详请具奏。前来臣查唐炯所请，实为核实办公，杜绝隐弊，亟应照行。惟思盐斤卤耗，断难保其必无，即捆运拨载等事，水陆兼备，意外折耗亦恐不免，若如该道将耗盐十斤悉数作为正额核算，俾涓滴皆公办理，诚为结实，第恐日后或稍有卤折则局中无款弥补，即各局员竭力趋公，若以卤折之余，责令赔偿，亦殊失情理之正。且明春开办滇边，商力疲惫，所有运盐水路久为两省私枭盘踞充塞，官运初行之时，非得炮船往来巡护，则银盐经过，在在堪虞。现饬该道酌量制造舢板船十号，选募得力水勇驾驶，沿江防护以遏私路。此项师船经费亦须自行筹拨，不准再动正款。臣拟即将此加耗盐十斤，先以八斤作为正额核计，悉数归公，暂行酌留二斤，藉备各厂局盐运，或小有意外折耗，稍资帮补，并开办滇边，顾募炮船水师之费，均归此项动支，庶几事归实际，而于办公一切差觉裕如。以后仍饬该道再行随时详查情形，如盐斤实在无甚卤折，仍即将此项酌留二斤加耗，除支销水师炮船外，余仍悉数入正归公，以期尽绝弊端，永昭核实。所有加耗盐斤，悉作正额全数归公，并请暂行酌留二斤，以备公费，缘由谨附片具陈。光绪四年。

又奏略：再，臣前以黔边局详称，官运盐包奏定酌加卤耗十斤，原以备盐包折耗之用，现查历次所运之盐折耗无多，应请奏明全数归公核算，以昭核实。臣时以该局现在开办滇边所需一切运费、局费为数较多筹办为难，因奏请将卤耗十斤以八斤归公，提出二斤暂行留备局中公费以资津贴在案。兹复据道员唐炯详称，该局此次办理官运实事求是，略无丝毫牵混，所以杜日后流弊。若以此二斤耗盐酌留津贴，则核算盐包斤重时颇滋轇轕，且易开将来朦混侵渔之窦，仍令全数归公，方为正办，恳请再行奏明办理。臣查该道系为核实杜弊起见，自应准如所请，以昭清晰，除咨部查照外，谨附片具陈。光绪五年。

附由单

康熙十七年台臣奏：场灶地丁钱粮，请照民户地丁刊刻由单，户部议行令盐臣查覆两淮巡盐御史郝浴奏言，刊刻由单则总灶无包揽之隐情，散灶知正供之确数，亦有裨盐政。部覆如所议。二十八年，饬各行省造《赋役全书》①，户部议场灶向无全书刊刻，易知由单②易于稽核，不必再造赋役书。至乾隆十三年议定各省由单，均解交户部以备稽查，今各产盐行省皆遵行焉。

① 《赋役全书》：明清记载各地赋役数额的册籍，是官府公布的征收赋税税则。

② 易知由单：旧时征收赋税的通知单，也称由帖、由单。单上开明应征款额和起交存留等各项，发给纳户。

官運黔滇岸分局票式

票根

四川總辦官運鹽務局　爲存查事據　岸商販
赴局承銷官鹽　百　拾　包共重
萬　千　百　拾斤所有課釐羨截業已由局
完納准共運　行銷並給驗票外留此票根存
照須至票者
計繳價銀　千　百　拾　兩　錢　分
光緒　年　月　日
右給　收執

字號鹽　包計重　斤共收價銀　千　百　拾　兩　錢　分

局卡驗票

四川總辦官運鹽務局　爲驗換事據　岸商
販　赴局承銷官鹽　百　拾　包計
共　萬　千　百　拾斤每包淨鹽壹百陸
拾斤所有課釐羨截業已由局完納准其運
行銷合行給票以便該商販持赴　岸分卡驗
明存留中繳總局另行逐包換給護票運至前
途　省局卡照驗放行須至票者
計繳價銀　千　百　拾　兩　錢　分
光緒　年　月　日
右給　收執

官運滇岸分卡票式

存　查

四川總辦官運鹽務局　爲存查事。遵奉
四川總督部堂丁　奏准疏通滇引歸
并黔邊總局官運商銷一案，今據商販
運到官鹽　包共重　百　十
斤，准其販運售銷，除給護票外，存此備
查。須至票者。

光緒　年　月　日

右給　收執

字第　號

護　票

四川總辦官運鹽務局　爲給發護票事。照得滇
邊引岸總
四川總督部堂丁　奏請官運商銷歸
併黔邊鹽務總局辦理在案。茲據商販
運到官鹽　包共重　百　拾斤，
盤驗相符，除本省稅羨截釐業已由局
完納外，所有應納滇省稅釐，該商販自
行照例完納。倘地方土豪敢於把持刁
難，致阻運銷，許該商販執票指名呈訴，
詳請究辦。須至護票者。

光緒　年　月　日

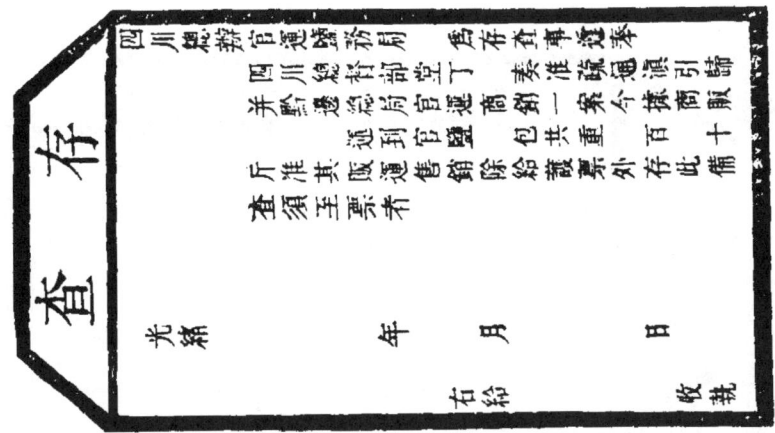

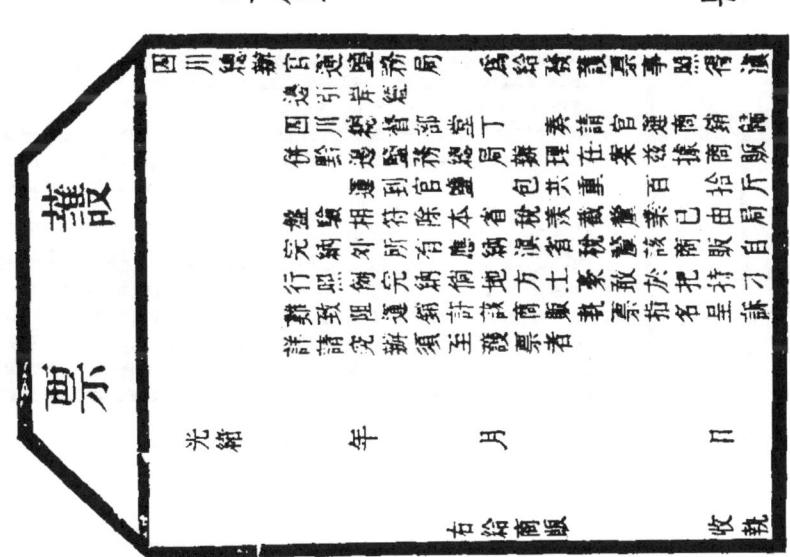

右給商販　收執

官運黔岸分卡票式

存查

總辦官運鹽務局　爲存查事遵奉
四川總督部堂丁　奏准疏通黔引官運商
銷一案今據商販　　運到官鹽　　包
共重　百　拾　斤准其運黔售銷除給護
票外存此備查須至票者
光緒　　年　　月　　日
右給　　　收執

字第　　　號

護票

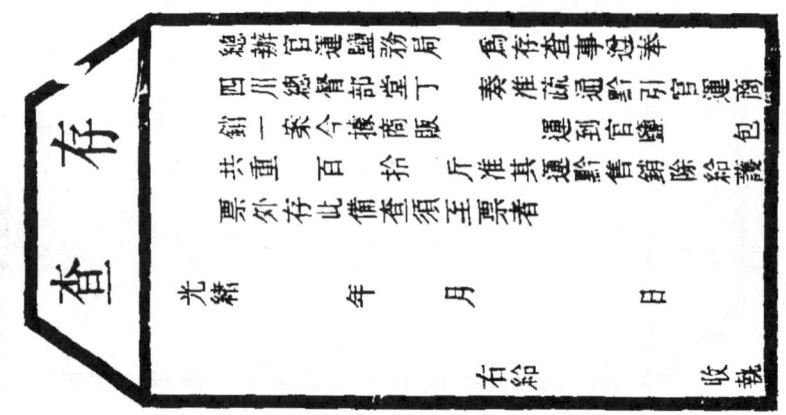

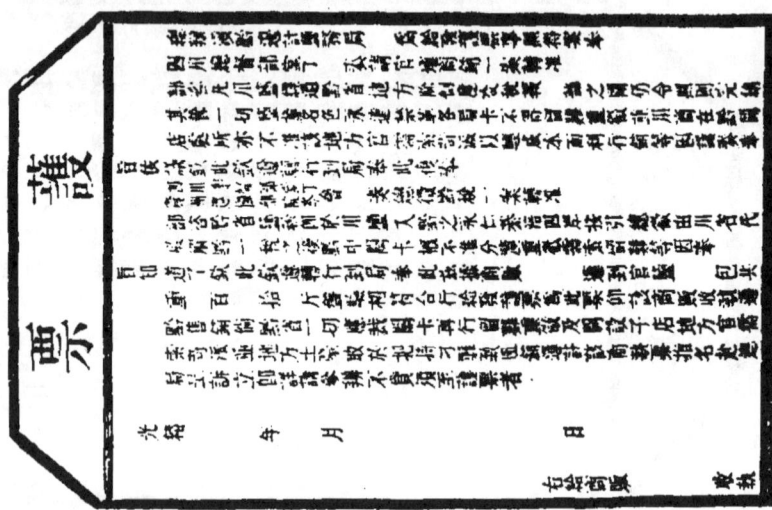

總辦滇黔邊計鹽務局　爲給發護票事照得案奉
四川總督部堂丁　奏請官運商銷一案轉准
部咨凡川鹽運黔省地方除例應交稅釐　論之關仍令照例完納
其餘一切鹽釐名色永遠禁革各局卡不得留難重徵並川省在黔開
店處所亦不准該地方官需索詞訟以輕成本而利行銷等因議覆奉
旨依議欽此欽遵轉行到局奉此復奉
劄川鹽督辦丁會　奏整頓黔稅一案轉准
部咨黔省鹽稅向於川鹽入黔之永岸綦岸涪岸仁岸四岸按引總徵由川省代
收解黔一稅之後黔中關卡概不准分毫重徵需索留難等因奉
旨知道了欽此欽遵轉行到局奉此茲據商販　　運到官鹽　　包共
重　百　拾　斤業經照章給發護票爲此票仰該商販收執運
黔售銷倘黔省一切應裁關卡再行留難重徵及開設子店地方官需
索苛派並地方土棍敢於把持不肯銷售者許該商販稟明指名赴總
局呈訴立即詳請參辦不貸須至護票者
光緒　　年　　月　　日
右給商販　　　收執

官運近邊計岸票式

存查

奏辦官運鹽務總局　爲存查事茲據
計岸行商　到局購鹽運赴
場鹽店發售除填票給運外存此備
查須至票者
計購　鹽　十　包
收鹽價銀　百　十　兩　錢　分
光緒　年　月　日

給票

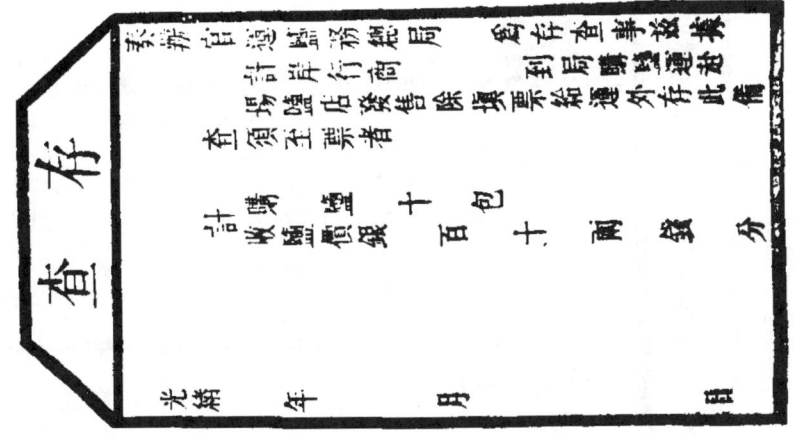

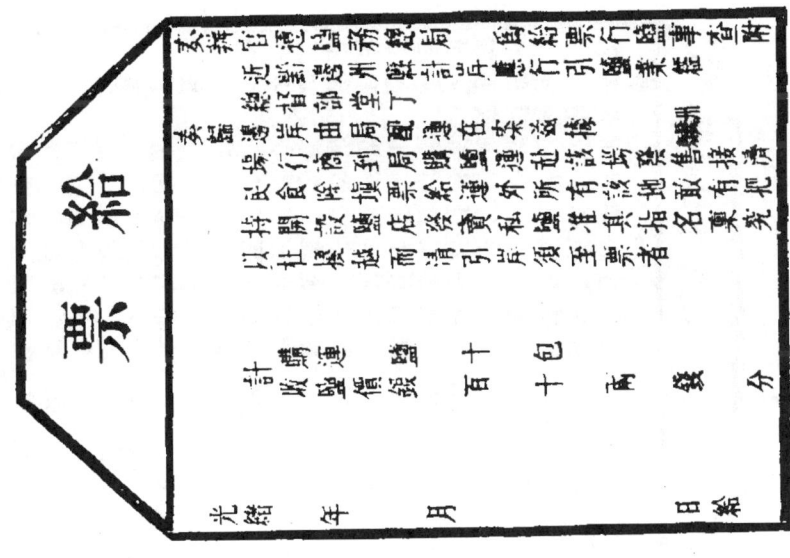

奏辦官運鹽務總局　爲給票行鹽事查附
近黔邊州縣計岸應行引鹽業經
總督部堂丁
奏歸邊岸由局配運在案茲據
場行商到局購鹽運赴該場發售廳州接濟
民食除填票給運外所有該地敢有把
持開設鹽店發賣私鹽准其指名稟究
以杜侵越而清引岸須至票者
計購運　鹽　十　包
收鹽價銀　百　十　兩　錢　分
光緒　年　月　日給

陸行餘鹽截票式

乾隆四十年餘鹽行陸照票根

四川通省驛傳鹽茶道林　爲遵
旨等事案照川省餘鹽於停止老少貧民挑負之例
案內蒙
總督部堂文
奏准富鍵等廠餘鹽由道給票交商帶運繳息散給
貧民等因奉此除刊刻行陸照票根每百張編列
川餘大號仍同票根按年另編小號鈐印稽查以
防詐僞將照票裁截發給配運徵息外合存票根
以爲收繳殘票時查對之據須至行陸票根者

川　餘　字　號

右　票　根　存　查

乾隆肆拾年　月　日

道

乾隆四十年餘鹽行陸照票

四川通省驛傳鹽茶道林　爲遵
旨等事案照川省餘鹽於停止老少貧民挑負之例案內蒙
總督部堂文
奏准富鍵等廠餘鹽由道給票交商帶運繳息散給貧民等
因奉此合給照票領運爲此票仰　即便轉給引商承
領繳息運售每陸照票壹張配正鹽肆百斤耗鹽陸拾斤
仍照該商原行引張詳定地頭配鹽沿途經驗一體挂號
截角放行不許鹽票相離運至原定行銷地面出售將票
於各該廳州縣衙門投收年底彙造本道衙門查銷如有
夾帶影射及匿票重照等弊查出嚴究具報須至票者

川　餘　字　號

右票給　引商　准此

乾隆肆拾年　月　日

道

現行仿鹽釐局票式

存查

總辦官運鹽務局　爲存查事茲據
廳州縣商販　到廠承買　竈　鹽
拾觔完鹽釐錢　百　拾文如數收訖
到卡除收回釐票另填給護票外存此按
月徑繳總局查對須至票者

光緒　年　月　日

護票

總辦官運鹽務局　爲照驗事茲據
廳州縣商販　到廠承買　竈　鹽
拾觔完繳鹽釐錢　百　拾文如數
收訖到卡收回釐票另給護票隨鹽運
赴　廳州縣售銷如敢越境充塞他縣計
岸仍以私論加倍納釐須至護票者

右給商販　收執

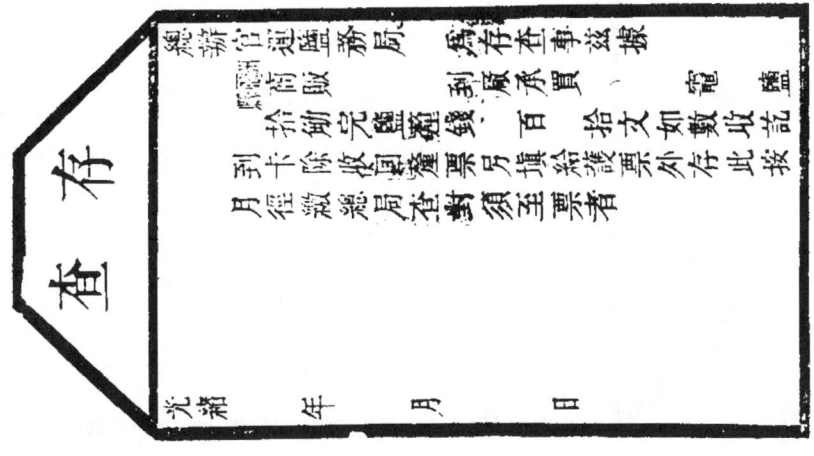

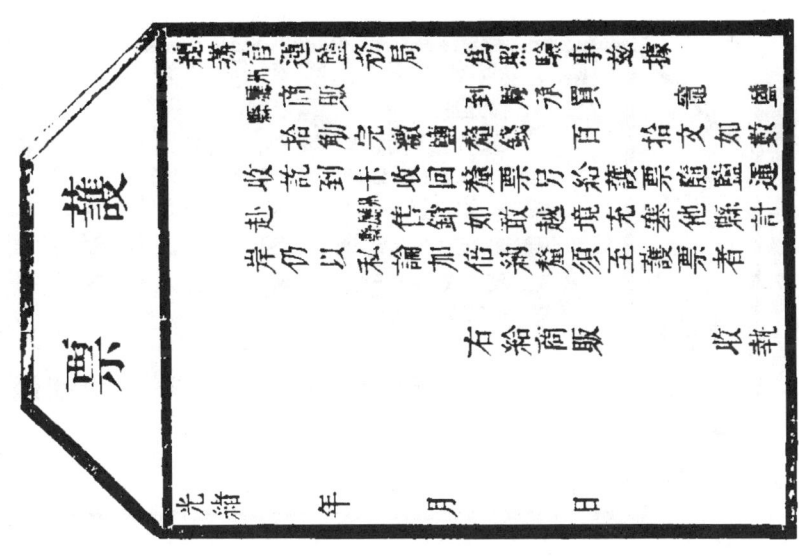

光緒　年　月　日

現行餘鹽釐卡票式

存　查

總辦官運鹽務局　爲存查事茲據
州縣商販　到廠承買　竈　鹽
拾斤完納鹽釐錢　百　拾文如數
收訖彙繳除填票給運外存此備查須
至票者

光緒　年　月　日

驗　票

總辦官運鹽務局　爲照驗事茲據
州縣商販　到廠承買　竈　鹽
拾斤完繳鹽釐錢　百　拾文如數
收訖給票飭運該商販行抵　驗卡
由卡點驗後另換護票隨鹽運銷如無
護票即以私論照例治罪所有收回驗
票即由驗卡按月徑繳總局查對須至
照票者

右給商販　收執到卡呈繳

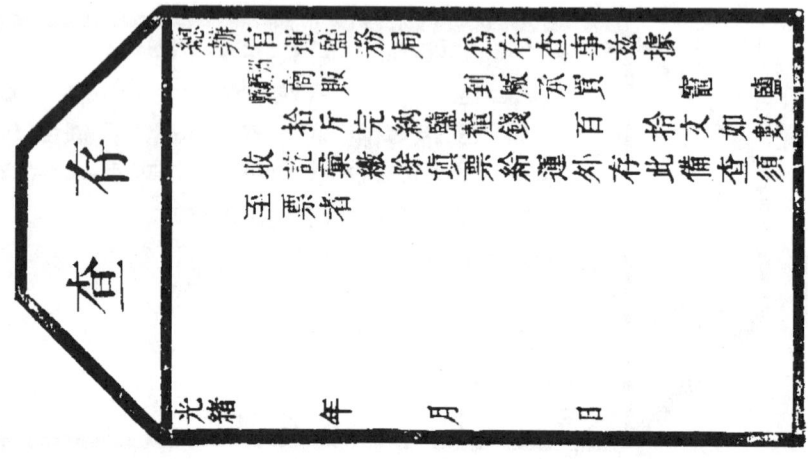

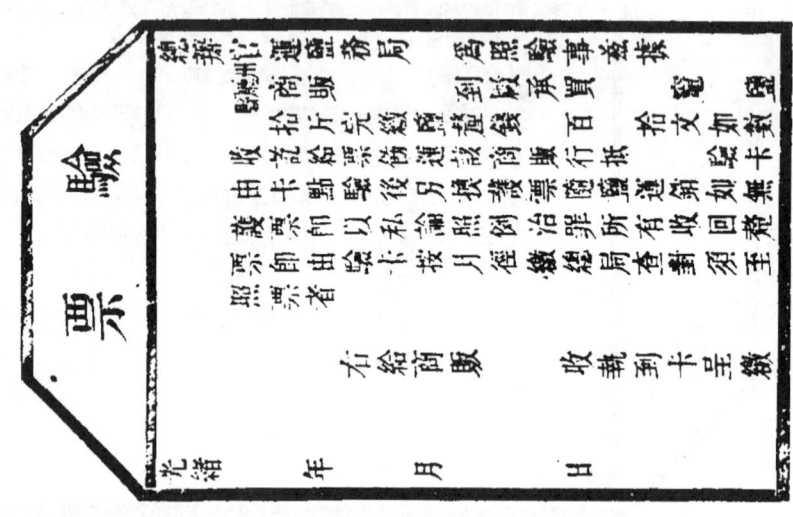

光緒　年　月　日

富廠運鄧井關船票式

存查

總辦官運鹽務局　爲深奉
總督部堂丁
奏准官運商銷事茲有船戶　承運　岸第　運第　斤
批　字綱　鹽　百　拾　包連皮共重
由富廠運至鄧關總共船價錢　除給發船票留
此存查須至票者
計先發船價錢
至關補發錢五千文
右給船戶　收執
船保鋪民
光緒　年　月　日

船富字第　號

船票

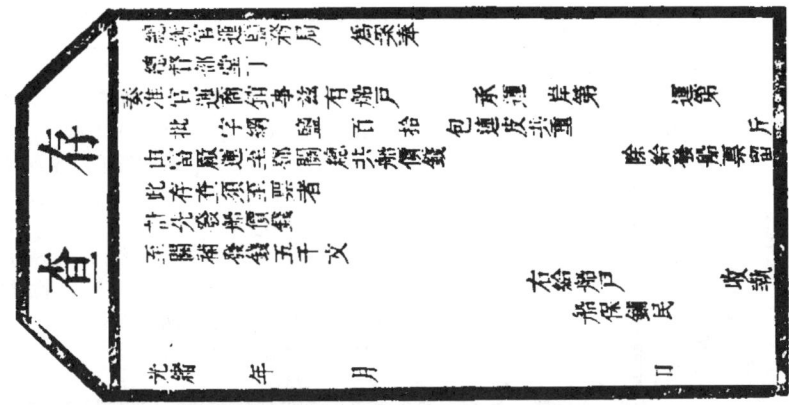

總辦官運鹽務局　爲給發船票事照得本局案奉
總督部堂丁
奏准疏通黔引官運商銷一案茲有船戶　承運　岸第
運第　批　字綱　鹽　百　十　包連皮共重
斤由富廠起運至鄧關議明總共船價錢
由富廠先發船價錢　至鄧關補發
船價錢五千文合行給票爲此票仰該船戶收執於運到鄧關時並
驗相符將原票驗鹽斤繳鄧局核轉總局另由鄧局填發船票運赴
岸局沿途關卡照章查驗如有夾私盜賣以及短少鹽斤攙雜泥沙
等情弊一經查出嚴行懲辦並將該保戶一併治罪各關卡亦不得
藉故留難需索致阻行運有干查究須至票者
右給船戶　收執
船保
鋪民
光緒　年　月　日

各厰運各岸船票式

存查

總辦官運鹽務局　為稟奉
總督部堂丁
奏准官運商鹽事茲有船戶　將　字第　號鹽船一隻承
載官鹽　百　十　包連皮共重　萬　千　百　拾斤由
運至　岸總共船價銀　千兩除給發船票外留此
存查須至票者
計先發船價銀　千兩
右給船戶　船保　收執
光緒　年　月　日

船　字第　號

船票

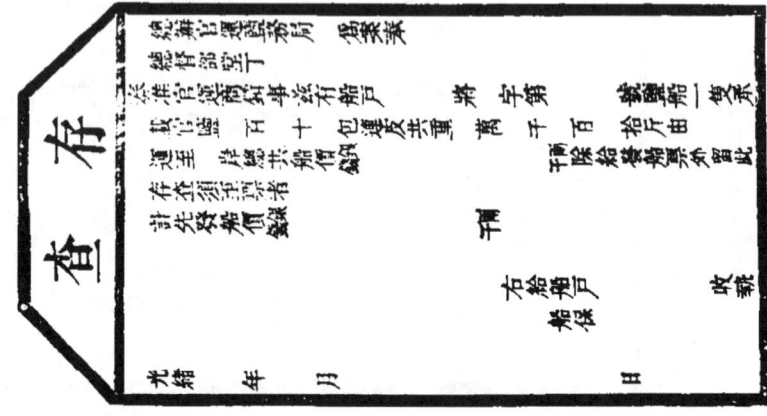

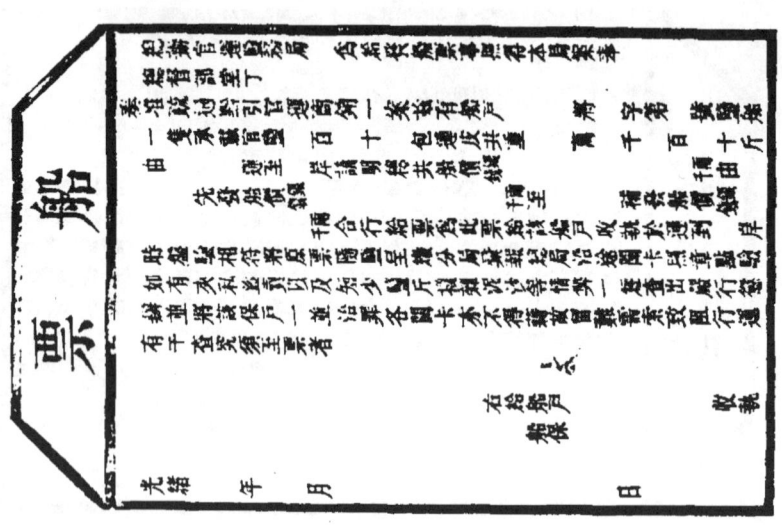

總辦官運鹽務局　為給發船票事照得本局案奉
總督部堂丁
奏准鹽改官運商領一案茲有船戶　將　字第　號鹽船
一隻承載官鹽　百　十　包連皮共重　萬　千　百　十斤
由　運至　岸請明總共船價銀　千兩由
先發船價銀　千兩至　補發船價銀
千兩合行給票為此票給該船戶收執於運到　岸
時盤驗相符將原票隨鹽呈繳分局彙報總局沿途關卡照章點驗
如有夾私盜賣以及短少鹽斤摻雜泥沙等情弊一經查出嚴行懲
辦並將該保戶一並治罪各關卡亦不得藉故留難需索致阻行運
有干查究須至票者
右給船戶　船保　收執
光緒　年　月　日

附官運各廠分局報單

廠岸總報單

廠岸五日報單程單以各廠　月　日起接到之日為度　日各岸廠報單到局日期參差不一

富廠	新買	巴花鹽	千　百　十　張	每張　百　十　兩　錢
	起運各岸	巴花鹽	千　百　十　張	
	存舊新買未起運	巴花鹽	千　百　十　張	
犍廠	新買	巴鹽	千　百　十　張	每張　百　十　兩　錢
	起運各岸	巴鹽	千　百　十　張	
	存舊新買未起運	巴鹽	千　百　十　張	
射廠	新買	巴鹽	百　十　張	每張　百　十　兩　錢
	起運各岸	巴鹽	百　十　張	
	存舊新買未起運	巴鹽	百　十　張	
雲安廠	新買	花鹽	百　十　張	每張　百　十　兩　錢
	起運各岸	花鹽	百　十　張	
	存舊新買未起運	花鹽	百　十　張	
大寧廠	新買	花鹽	百　十　張	每張　百　十　兩　錢
	起運	花鹽	百　十　張	
	存舊新買未起運	花鹽	百　十　張	

岸	五日內發廠鹽	除發存新舊到倉鹽	收商繳現存銀	除收外各商欠銀	總局核本札發
涪岸巴花	張	巴花　張	萬　千　百兩	萬　千　百兩	巴花　十　張
綦岸巴花	張	巴花　張	萬　千　百兩	萬　千　百兩	巴花　十　張
仁岸巴花	張	巴花　張	萬　千　百兩	萬　千　百兩	巴花　十　張
永岸巴	張	巴　張	萬　千　百兩	萬　千　百兩	巴　十　張
江巴巴花	張	巴花　張	萬　千　百兩	萬　千　百兩	巴花　十　張
南川巴花	張	巴花　張	萬　千　百兩	萬　千　百兩	巴花　十　張
涪州巴花	張	巴花　張	千　百兩	萬　千　百兩	巴花　十　張
江津巴花	張	巴花　張	萬　千　百兩	萬　千　百兩	巴花　十　張
綿竹巴花	張	巴　張	千　百兩	千　百兩	巴　十　張
張窩巴	張	巴　張	萬　千　百兩	萬　千　百兩	巴　十　張
南廣巴	張	巴　張	萬　千　百兩	萬　千　百兩	巴　十　張
李莊巴	張	巴　張	萬　千　百兩	千　百兩	巴　十　張
江安巴	張	巴　張	萬　千　百兩	千　百兩	巴　十　張
納溪巴	張	巴　張	千　百兩	千　百兩	巴　十　張
清溪巴	張	巴　張	千　百兩	千　百兩	巴　十　張
萬縣巴花	張	巴花　張	萬　千　百兩	萬　千　百兩	巴花　十　張
郁山巴	張	巴　張	千　百兩	千　百兩	巴　十　張

光緒　年　月　日

由單式

徵解鹽茶正耗由單

四川通省鹽茶道　爲續給由單以便徵解事照
得各廳州縣額定鹽茶引目並課稅羨截等項
事關錢糧川省原定井竈鍋口課則各自爲例
耗羨截角亦多異同每有批解銀兩時將尾數
外錯登填需另發連批更正之處恐致牽混參
差合將各州縣應徵鹽茶各項按年續給由單
於請領新引時附發照單徵收以歸畫一批解
報銷須至單者

計開

某廳州縣　某　年　分

原額鹽井　眼每眼榷課銀　共銀

額行鹽水陸引　張每張徵稅銀　共銀

以上鹽課稅共銀

每正課銀一兩徵羨銀　共銀

配某廠水陸引每張徵羨銀　共銀

每水陸引一張徵　截角　銀　共銀

以上鹽羨截共銀

通共鹽額正耗銀

年　月　日

鹽茶道

四川盐法志卷二十·征榷一

井课　引税　羡余

言盐利者自齐管仲始，后来为国者恒因之，史称秦盐铁之利十倍于古。汉兴，循而未改，然自公孙宏[①]、贤良文学相难以来，亦复时榷时罢。蜀盐秦汉有之而利未著，司马迁谓“蜀地饶姜砂石、铜铁、竹木之器”，独不及盐；唐始有井课，然史所谓四场、十监、十三巡院，盐廪至数千、赋抵数十州，皆不出吴、越、扬、楚间。蜀惟大昌一监，与十监之数殆无损益于国计已。宋侍御史朱熠言，蜀、广、浙数路盐不及淮盐额之半，吕氏东莱亦言蜀中盐井最擅一方之用，于大农国计不与。熙宁中常患井盐不可禁，欲尽实私井而运解盐以足之，卒不果。盖当时解盐利方大，转虑蜀盐为沮，犹今之淮蜀交争然，然亦可见蜀盐稍稍盛矣。元未得宋时，江南盐未入，颇资蜀盐，特置四川运盐司，设拘榷课税所，分拨灶户五千九百余隶之，徒实办课，后渐废坏。至顺以前，添办解盐一万引外，又带办两浙运司五千引，元统间始罢。《明世法录》：洪武年间就井设十七盐课司办课，岁入率有增。万历间课外复岁解陕西镇盐课银七万有奇，行引缉私，法为加密，大率自秦汉以来，始则夺灶户之利而官自煮之，继则夺商贾之利而官自卖之，行引以后，至并引亦官自卖焉。

国朝辄因明法而去其烦苛，顺治二年即谕各运使司蠲免明末递年加增新饷、练饷、杂害加派等名，六年又以四川未定特免商民盐课，恭录首卷。诚哉！其政平而害息矣。志征榷。

① 公孙宏：本作“公孙弘”，因避讳乾隆皇帝弘历名写作“公孙宏”。

井课 锅灶

榷于井者曰井课，井课之名目自唐始，《通典》：蜀道陵、绵等十州盐井总九十所，每年课盐都当钱八千五十八贯，闰月有加。元注陵州井一所，课二千六十一贯；绵州井四所，课二百九十二贯；资州井二十八所，课一千八十三贯；泸州井五所，课一千八百五十贯；荣州井十三所，课四百贯。梓州课七百一十七贯、遂州四百一十五贯、阆州一千七百贯、普州二百零七贯、果州二十六贯。宋以来，大率以官盐煮就，所出盐计斤而榷之，所谓监则官掌，井则土民斡鬻，如数输课，听任旁境贩卖者。庆历中，益、梓、夔路转运使乞增井课，主计王尧臣力争而罢。元丰中，夔州路转运使王宗望始置场于两蜀，产盐之地置榷盐司于成都，尽榷其井于官，然后售之民，利入颇增，然于国计犹未甚措意也。至绍兴二年，总计赵开复改法令，井户但如额鬻盐输土产税，其法为备朝议数欲夺之。张浚方倚以为利以治军，力持不可，自是以来相承不废。元设拘榷课税所，但招灶户往煎盐，责以岁煎盐几何即纳课，以盐而计钞焉，勒令灶户承认，至有见户包煎者、有买盐纳课者，往往至于逃亡。如至顺四年，勒令添办余盐五千引，又带办两浙运司五千引，灶户为最罢矣。明承元制，井率办盐纳课，正德元年始以大宁课少，场分不拘年月久近，但征银二两，其余井场立定上、中、下三等，历年远近亦作二等，谓为征银，存留本省以备接济松茂运粮脚价者，今井锅率有等或即权舆于此。又嘉靖三十七年，议四川盐课从引定银，盖就某井，岁办盐得若干引，即以定课犹今之榷井，亦就咸源定等差焉。今榷井之法，始顺治十七年四川巡按张所志奏定，凡井成报部三年乃榷，就其咸源之盈朒、卤之厚薄而定为则，曰上、曰中、曰下，又曰上中、曰中下、曰下下，凡六等。榷数无等，不惟上与中与下异，即上与上中与中下与下亦各不一。凡榷井之厅州县二十有五，曰铜梁、涪州、大足、合州、阆中、南部、南充、西充、蓬州、大竹、万县、三台、射洪、中江、遂宁、安岳、蓬溪、乐至、资州、资阳、内江、仁寿、井研、绵州、忠州。榷数详见榷额统表。其先规模草创，壤地错杂，往往有此界之井而榷课配引征税于邻界者。至雍正九年，巡抚宪德乃通檄各州县以闻，咨户部厘正之。然新井报部既以三年起课，而旧井或有须淘补者，盐未即出课如故，以是民率匿新井不报。十二年，总督黄廷桂、巡抚宪德奏请清厘淘补者得随时报闻，暂免纳课，而新井见咸即课，亦勿得尽俟三年。事下户部议行，惟淘补旧井者，不得暂免。

张所志奏略：蜀省之盐出产于井，必相山寻穴、凿石求泉而井始成，开凿艰难，每井常费中人数家之产。应照开荒事例，三年起课，以广招徕。新凿盐井，仍令每年报部，武弁抽索灶丁应严行申斥，题参重处。贫民易食盐斤，应令四十斤以内者准免课税，四十斤以外者仍令纳课。

户部议略：查明季万历年间，额盐九百八十六万一千二百四十斤，岁解陕西省银五万余两，岁留本省备用银二万一千余两，其行盐地方系成都府、嘉定州、叙州府、潼川州、顺庆府、保宁府、庆元县、夔州府、广安州、雅州也。其告运行盐事宜、锅井征收则例，应行该御史斟酌损益，具题。顺治十七年。

宪德咨略：查川省各州县内井产盐斤，有此界井眼在彼处，榷课配引征税者。若不各清各界，恐经征收纳弊窦丛生，而商民无所遵守。随令各州县会勘，明白各清各界。据查犍为县地嘉定州课三十四井，课银七十四两，改归犍为管辖；荣县地嘉定州课一井，课银二两，改归荣县征解；嘉定州地犍为县课四十五井，课银一百一十八两，改归嘉定管辖；蓬溪县属井盐向有遂宁县界内，归并五十三眼，课银八两六钱八分四厘零，应归遂宁县管辖；征解安岳县，向归乐至县，有盐井二眼，课银三钱二分七厘零，今复设安岳县管辖；征解归并奉节之大宁县，原额盐井二眼、灶三十四座、煎锅九十八口，榷课银一百九十六两，又增灶一座、煎锅三口，共榷课银六两，今复设大宁县，仍归大宁县征收；归并荣昌之大足县，新旧盐井九眼、榷课银二两七钱零，今复设大足县，应仍归大足县征解；威远县向系归并荣县，有盐斤一眼，课银四两，今复设威远县管辖征解；又荣县井产盐斤原水引一千四百五十张、陆引六百五十七张，向与富顺、同江行运，系富顺征解，今应仍归荣县经管；南部井产盐斤除配额颁水陆引目外，向有阆中县井盐不敷，配行水引二十四张、陆引四百零三张，向在南部买运，今仍归南部照引分行；阆中县盐井六眼，岁产盐斤止配陆引九十七张，向有额颁水引二十四张、陆引五十张，内除盐井配行陆引九十七张，外除水引二十四张、陆引四百零三张，向在南部买运，今应仍归南部县令其分行；彭水县原额郁鸡、飞鹅盐井四眼，额载煎锅八十一口，共榷课银二百六十八两八钱五分四厘，内有楠木小井一眼，载锅一口，因井窄狭且与飞井脉相通，此井有余、彼井不足，故向未经开报井名，止附与飞井榷课共银四十八两二钱二分，今查明飞井煎锅七口，各灶户原完课银四十二两二钱四分，楠木小井煎锅一口，灶户原完课银五两九钱八分；再查该县郁鸡、飞鹁、楠木各井有煎锅一口，即有温水锅一口，共煎盐锅八十一口，温水锅八十一口，应一并入册，报部征解。以上各分引认销在案，相应将灶民姓名、井眼、锅口、榷课并水陆引张造册咨送。雍正九年。

黄廷桂、宪德奏略：川省产盐各井，率皆依山滨水，易致坍塌水湮，有等竹筒小井各深数十余丈，亦有渗漏停煎，修补动经岁月。又或开井初成，出产盐多，汲煎既久盐水不足，该管官俱因已经报部，不敢轻议裁减，井则责民开淘顶补，引则责商设法配运，徒有累于井灶，无益于课税。应令该管官据实清查，凡有废坏、无用、坍塌、渗漏、修补不能复旧之井，开明引盐数目，出具印甘各结，详赉送部，照重粮例，分别开除。倘从前井口或有多报之处，亦令一并查实取结，照例开除。嗣后有枯涸、损坏盐井仍令陆续详报，咨部开除，岁底汇总具题。其有修补复成者，另作新井升课配引。倘各官查勘不实，朦混捏结，井灶奸民规避虚报，一经发觉，严加参处治罪。其各产盐地方，凡有隐漏之处，并报课之井产盐多而配引少者，皆当照漏户之例，按照实数增引。至新报之井开淘见咸升课，虽定有年限，亦有不俟年满即可煎熬者，亦不必拘定年限即行配引行运，以绝私贩之弊，如有扶同隐漏情弊，事发之日，一并严行参究。

户部议略：查计井配引，乃井盐定例，若该井坍塌则引盐亦属虚悬，其井存而水涸者，即与坍塌者事同一体，应令该督抚饬查明确，取具该管官并该盐道印结具题开除井课，并将额引扣销。如有新开盐井即行题增引升课，倘其中有隐漏以及产多报少盐井，亦即按照实数增引行销。倘有查勘不实，朦混捏结、井灶奸民规避虚报等弊，应准该督抚指名题参，至于渗漏修淘之井，总系随修随煎，毫无妨碍。若使修时报除、修后报增，反多展转且开隐漏之端，应将所请渗漏、修淘、增报除之处毋庸议。再新开盐井，该民必有确见方可用工本，开出其水，即可煎盐，原不应以年限配引，致滋私贩弊端，应如所请。令该管官查实配引行销，如有扶同隐漏情弊，一并参处。雍正十二年。

井外有锅课，在齐曰釜，《管子》。在汉曰牢盆，《史记》。在宋始曰锅户，《通考》引朱熠疏。又曰铛户，《通考》。又有镬子盐，《朝野杂记》。在明曰盘铁，《世法录》。又曰盘鏾，深为盘，浅为鏾。亦曰锅户，《明会典》。皆无专榷。今锅有煎锅、有温水锅，煎锅如井，凡六等，课无定额；温水锅无课，故事得并报闻。凡榷锅之厅县十，曰：富顺、大宁、云阳、开县、乐山、犍为、荣县、威远、彭水、城口厅。《户部则例》尚有酆都、屏山二县，今井久坍豁除，太平榷数今入城口厅，详见榷额统表。

井锅外有灶课，均征灶户，自唐始，盖昔之灶皆官置，而募灶丁煮盐办课，故井灶不分纳课，在商少而在灶户多。今井锅分课，灶不属官，恒无课，惟盐源县始。康熙六年奏准建昌卫置灶煎盐，遇闰加课银二十七两二钱。据《会典》县旧属建昌卫，雍正六年始罢卫置县。今一灶曰一条，率课盐百斤，斤改征银一分二厘，盖犹有古法焉。

谨按：井、锅、灶三者不兼榷，榷其一免其二，其中有井灶兼具者，井户自煎也；有有井无灶者，鬻卤于他灶户煎售也；有有灶无井者，置锅买卤以煎也。

引税 纸朱 脚力 截角

榷于引者曰引税，四川行引始宋绍兴二年，总领赵开初行引税，令商人入钱请引。详见《纪事》。王圻《续通考》载：元世祖中统十九年，议设盐使司卖盐引法，其数不详。明嘉靖三十七年，议四川盐课从引定银，大宁等场每引折银三两，云安等十四场每引七钱五分有奇，以次量减，计五十七州县一所一场，共盐八万九千二百六十三引，征银六万九千一百七十二两有奇。详《纪事》。今制有水引、陆引，一水引税银三两四钱五厘，一陆引税银二钱七分二厘四毫。

引外则纸朱有榷，始明正统三年，各运司给商引目引纳中夹纸，一至关引时缴户部，四川及陕西、云南中盐客商免纳。至成化十九年，始令各盐运司征解商人引纸，每百张征银三钱。国朝顺治元年，定宝泉局刊铸铜版刷印盐引，引纳纸朱银三厘附正课，按年解部，以供刷印。今如其数，一引无论水陆，征银三厘。

脚力有榷，为每岁差役于八九月赴部请颁引目、路费并引箱、毡包等用，初无定额，自雍正七年宪德始罢专役，请以奏销时领还。九年，为奏定一引无论水陆，纳银四厘。

截角有榷，一引无论水陆纳银四分八厘，奏定与羡余入公。元疏未见，不详始于何时，附见雍正九年部覆内。

羡余

凡井课引税皆有羡，有井者井引兼征，其数视盐丰啬，井课一两羡一钱二分，量增至一两为率。引羡分上、中、下三则，上则视税倍之，中则减倍之半，下则无羡。无井而行引者惟征引羡，一水引征羡银六钱，一陆引征羡银四分八厘，边引分行滇、黔者，一水引征羡银一两，一陆引征羡银八分。各土司地僻远，盐直贵者羡与截角无征，九姓土司地近，征如例酉阳、秀山及石柱，虽改流仍免征。盖始雍正间，官吏取盈无节，或倍增，或再倍焉。八年，巡抚宪德廉其弊，于是奏请就其取盈之数约之，而定为则，随课税纳公。事下户部议，以为正羡并纳，州县又将苛敛，是羡外有羡也，其与课税分纳，亦勿庸定则。明年，宪德再请，以为不定则终不能杜弊，于是部议试行一二年，有效再定，既遂著为令。乾隆中，盐茶道卜宁一欲综计合省均摊画一，事格不行而罢。原案佚见乾隆四十八年，犍为县禀覆潼犍争岸五条内。

谨按：井课羡数，各州县不一。详榷额统表。水陆引羡及边引今皆如其数，无有差忒。

宪德奏略：查川省盐茶课税，正额之外，倍有赢余，据驿传盐法道刘应鼎详，蜀省盐务向因兵燹之余，民物凋残，课税俱从轻定制，历任地方各官因循旧习，率多额外加征，墨票滥行，重照影射渔利，以致商民各怀欺隐。如盐每水引一张额征税银三两四钱五厘，陆引一张额征税银二钱七分二厘八毫，乃历年来各州县竟不按额征收，有每张水引征至八九两或五六两并四两有零不等，陆引每张征至六七八钱或四钱并三钱有零不等。此外又有各衙门使费、领架各种名色。臣查水引每张原额税银三两四钱五厘，陆引每张原额税银二钱七分二厘八毫，今潼川、富顺、奉节、中江、蓬溪、射洪等六州县，水引每张征银七、八、九两不等。简州、潼川、富顺、开县、中江、乐至、蓬溪七州县陆引每张征银六、七、八钱不等，均应定为上则，比原额量加一倍，外水引应征银六两八钱一分，陆引应征银五钱四分五厘六毫。嘉定、犍为、南部、彭水、乐至、井研等六州县每水引一张征收银五六两不等，陆引一张征收银五钱上下不等。绵州、井研、南充、彭水、西充、南部、犍为等七州县，每陆引一张征收银四钱五厘不等，均应定为中则，比原额量加半倍，外水引应征银五两一钱七厘五毫，陆引应征银四钱八厘六毫。资州、内江、阆中等三州县水引每张应征银四两八钱九分零，嘉定、资州、蓬州、资阳、内江、仁寿、阆中、盐亭、中江、一作江安。理番等十处陆引每张征银三钱九分零，除应征额税之外，所收羡余无多，均应定为下则，水引每张仍照原额征收银三两四钱五厘，陆引每张仍照原额征收银二钱七分二厘八毫。统以雍正七年为始，归入正税征收，通计征税新旧原额征收税银四万一千三十二两二分六毫，今加一倍、半倍共加征三万二千三百两六钱九分七厘，原额并加增共余银七万三千三百三十余两，其余羡税悉以充公。再查行盐各州县均有清查井灶，并盘验回销、缉拿私贩之事，则书巡、饭食、纸张等项需用自不可无请，以盐羡内每年留银四千二百余两，令各州县即在充公羡余项下扣存为一应公费，此外不得丝毫派取。刘应鼎原详：查雍正六年分各属通共原额税银四万一千三十二两二分六毫，今加倍征收银三万二千三百两六钱九分七厘，尚盈余银二万五千六百三十余两，内解支院司道养廉银及都部院衙门规例，留充公用，共余银二万四千一百四十八两零，实余银一千四百九十余两，并茶羡银共二万三千余两，再请于各属每水引一张量留羡余银三钱五分，以为巡役饭食、纸张等项公用，其余解贮藩库充公。抑臣更有请者，雍正五年，查出盐茶羡余五万五千余两，内除题充公用并支给养廉外，剩银三万五千余两。又雍正六年，查出盐茶羡余八万余两，内除题充公用并支给养廉外，余剩银五万五千余两。又雍正七年，盐茶羡余尚未征完，然雍正六年查出已有八万余两，则七年之数谅自有增无减。请自五、六两年为始，凡收贮盐茶羡余并动用款项支存数目，俱照岁岁报部之例，造册咨部存查，如将来额税有增加，则羡余亦有增加，俟积有成数至五万两以上，或酌情题拨充饷，或收买谷石。

户部议覆：查盐税额征科则遵行已久，是以福建等省盐课正额归入正额报销，盈余银两归于盈余题报在案。今四川省如将羡余归入正额征收，或有行盐州县藉其名色，又行额外科派，以致赔累商民，亦未可定。应令该抚将川省行盐水陆引张仍照原额征收，造册奏销，其羡余银两每年查明确数另行造册题报，其所请一倍、半倍加额征收之处，应毋庸议。余如所请。雍正八年。

宪德奏略：据驿传盐法道刘应鼎详，每年各州县盐茶规例银二万七千七百三十八两零，于雍正五年九月内会核奏明，除两院及臬司养廉外，余俱全数归公并严饬各州县地方官，将向日所得盐茶羡余俱令据实禀报。查五年分共首报①盐茶羡余银两，除两院及前后正署臬司养廉之外，实查得银三万五千余两，移解藩库充公。六年分澈底清查，应有盐羡余银五万八千余两，茶羡余银二万一千余两，盐茶二项羡银共银八万余两，内除抚部院养廉银一万二千四百四十九两，按察司养廉银五千两，本道养廉银四千两共除银二万一千四百四十九两，内有总督部堂衙门规例银二千六百九十九两零，经部院公岳题明留充公用，仍有盐茶羡余银五万五千八百余两。查六年盐茶羡余共银八万余两，已完银五万二千一百六十余两，内解支院司道养廉银二万一千四百四十九两，并移贮藩库充公银二万四千八百九十六两零，存道库银五千八百一十八两零，各属未完银二万七千八百三十余两，现在陆续催解。惟是盐茶积弊相率因循，若不清源节流，何以定规立法？查川省引税定制原轻，水引每张配盐五十包，重五千七百五十斤，征税银三两四钱五厘，陆引每张配盐四包，重四百六十斤，征税银二钱七分二厘四毫，较长芦、两淮每引配盐二百八十五斤，征税银一两一钱一分一厘之例，大相悬殊。历来地方各官私征倍于正额，而商民习以为常。自雍正五年，始将此项羡余银两逐一清查，全数归公，但各州县仍照向时各项陋规名色征收，若不酌定章程，恐将来不肖有司藉名科敛，亦未可定。应请自雍正七年为始，即就各州县现征水、陆二引羡余之多寡，分为上、中、下三则，上则州县比原额引税量加一倍；中则州县比原额引税量加半倍；下则州县仍照原额征收，是引外之赢余，仍入于引税之内，正项既增，商民永便，革除陋规名色，而不肖有司亦不得假借营私。今查行引共二十七州

① 首报：出头报告。

县内，除云阳一县向不以引税，每盐一包重五十斤，征税三分五厘，额税止一百八十余两，盐四十二万包，已于特参欺侵案内查出，悉数配引请增纳税，连旧额共征银四千二百两，此外并无羡余，毋庸再议。

宪德咨略：查通省盐茶税课，必须定则颁行，方可杜绝弊窦。应请以从前报销之额数，为输将永远之章程。如行盐之水引，每张征银五两至九两不等，行盐陆引每张征银四钱至七钱五分不等；除行盐水引每张正税银三两四钱五厘，陆引每张正税银二钱七分二厘四毫，至有盐课，各州县正课之外，征收羡余自一钱二分至一两不等，以上通省税课羡余，俱应按现在额定之数颁为科则，令各州县随同课税完解。又分引行盐之州县，截角羡余应酌，中定额每水引一张收羡余银六钱，陆引一张收羡余银四分八厘。又资州等州县分行滇、黔两省水、陆引张，应定额每水引一张收羡余银一两，每陆引一张收羡余银八分。又彭水、富顺、云阳水陆引盐有行于土司地方，惟九姓司接壤泸州与内地无异，应一例征收验截引羡。其余各土司俱僻处深山，脚价倍于资本，应请饬令行销土司引商，免其完纳羡余，俱请自雍正九年为始，永为定额。

户部咨略：查羡余银两，非正项可比，若遽定为科则，恐日后商民稍有未便，复议更张，殊多纷扰。且行销盐茶州县或奉行不善，仍藉名定额复行加征羡耗，以致分外科派，亦未可定。应令该抚将咨请之处试行一二年，如果商民均便，著有成效，另行具题。至彭水等县引盐行销于土司地方，除九姓司接壤泸州与内地无异，应一体征收外；其余各土司，该抚虽以僻处深山，脚价倍于资本，应将截角羡余银两，免其交纳。但截角羡余银两系题明归公之项，不便据咨遽议，应令该抚一并具题，到日再议。又称“纸朱、脚力二项，一为解部刷印引张之费，一为每年差役进京请颁引目、一路盘费之用，均不可少。除纸朱每张征银三厘外，其脚力向未按引，亦属多寡不均。今雍正八年纸朱、脚力银两已据报完，九年引目已经颁发，应以壬子年为始，不论水陆边腹土引，每张以四厘为额”等语。查盐法定例，每引征纸朱银三厘，应仍照例征收解部，外至脚力银两亦应同盐茶羡余等项，一并具题定夺。又称“川省去京师程途远隔，每年请引往返约需半年，是以每年奏销时，将下年引目给咨赴部请颁。前项纸朱脚力，按引每张七厘，既为解部刷印及差役请引各项费用，则乙年应行引目所需纸朱、脚力银两，应于甲年春季全数批解，以备解支，即于雍正九年春季预收壬子年纸朱、脚力二项”等语。应如所请，将壬子年应征纸朱、脚力银两，于雍正九年春季预收，以备支解之用。雍正九年。

阿尔泰咨略：查石砫厅所属地方向隶土司所辖，所有民间食盐引税责成云阳县代征代解，嗣于乾隆二十七年，据前总督开泰将该处改土归流，设立同知管辖。惟时甫改流官，盐引征税一项未经议及，今该地改流已历五年，一切征粮收税俱按内地州县一律办理，所有盐引税银若仍听云阳县代领代征，未免与各属互异。应请将云阳代征石砫水引一百八十张、税银六百四十两一钱四分，于乾隆三十二年为始，归并石砫同知领缴，征解之员每年按其全完，不及之数照例办理。再查内地州县每水引一张俱征截角银六钱，惟石砫向隶土司管辖，所销此项引张向例不征截角检查。雍正九、十两年请定盐茶课税及引税科则太重等事，案内彭水、富顺、云阳等县引盐于土司地方行销，除九姓土司接壤内地应一例征收，其余各土司因僻处深山，脚价倍于资本，题定免征截角在案。今石砫虽改土归流，但其运道如故，自应仍照原议，免征截角，以杜商人藉口昂价病民。户部复如议。乾隆三十二年。

四川盐法志卷二十一·征榷二

榷额统表 票厘以下非经制，惟著于篇，不与榷额数。

州县	井锅灶课	水陆引税	井课羡引税	水陆引截角纸朱脚力	总额
	课因地定，有上中下及上中、中下、下下凡六等，无定则	水引一，税三两四钱又五厘；陆引一；税二钱七分二厘四毫，各引一律	井羡因课，课一两，少者率羡银一钱二分，多者至与课等；亦间有一二以井计者，引羡无定因厂之赢绌未等，凡配何厂引如何厂羡	水引截角六钱，边者一两；陆引截角四分八厘。纸朱引四厘，脚力引三厘，水陆同	
简州	**井**凡五百三十三，井课一两二钱共六百三十九两六钱	**陆**一千六百又一引，税四百三十六两一钱一分二厘四毫。凡配本井引者不更注何厂，下同。凡有陆无水、有水无陆即不书水有、水无，陆即不书陆，下同	**课**一两，羡一钱二分共七十六两七钱五分二厘 **税**一引，羡二钱六分七厘六毫共四百二十八两四钱二分七厘六毫。凡各岸配何厂引羡，如其例，水陆有配则注羡，无则不注	**截**共七十六两八钱四分八厘。凡纸朱、脚力不尽有无则阙	共一千六百五十七两七钱四分

荣昌	**井**凡十四，一井三钱，共四两二钱	**陆**九十四引，外配乐至七十九引、富顺三百二十引、税一百八十八两七钱七分三厘二毫	**课**一两，羡一钱二分共五钱四厘 **税**一引，羡一钱二分七厘六毫，乐至、富顺引羡如其厂例，共二百五十七两七钱八分六厘八毫	**截**共三十三两二钱六分四厘	共四百八十四两五钱二分八厘归丁
大足	**井**凡三，一井三钱，共九钱	**陆**八十六引，外配乐至四百二十六引，税一百三十九两四钱六分八厘八毫	**课**一两，羡一钱二分共一钱又八厘 **税**一引，羡一钱二分七厘六毫，乐至引羡如其厂例，共一百六十七两五钱七分一厘二毫	**截**共三十四两五钱七分六厘	共三百三十二两六钱二分四厘归丁
合州	**井**凡一，一井三钱	**水**射洪二百五十七引、蓬溪四十引，税一千一十一两二钱八分五厘 **陆**九引，税二两四钱五分一厘六毫	**课**一两，羡一钱二分共三分六厘 **税**一陆引，羡一钱二分七厘六毫，射洪、蓬溪水引羡如其厂例共一千四百三十七两五钱六分三厘	**截**共一百七十八两六钱三分二厘	共二千六百三十两二钱六分八厘归丁
铜梁	**井**凡一井三钱	**水**射洪八十一引，蓬溪四十四引，税四百二十五两六钱二分五厘 **陆**二十二引，税五两九钱九分二厘八毫	**课**一两，羡一钱二分，共三分六厘 **税**一陆引，羡一钱二分七厘六毫；射洪蓬溪水引羡如其厂例，共五百九十五两五钱四分二厘二毫	**截**共七十六两又五分六厘	共一千一百又三两五钱五分二厘归丁

涪州 官运按凡标官运者，引税羡、纸朱、脚力归之盐课，羡仍归本道	**井**凡二，一井十二两四钱三分，共二十四两八钱六分	**水**射洪四百四十一引，犍为八十引，富顺五十引，中江二引，税一千九百五十一两六分五厘	**课**一两，羡二钱二分共五两四钱六分九厘二毫 **税**各厂羡如其例，共二千六百三十两又二钱三分五厘	**截**共三百四十三两八钱	共四千九百五十五两四钱二分九厘二毫
阆中	**井**凡中井一、下井七，一中井二两，下井七钱五分，共七两二钱五分	**陆**八十四引外，配南部六百五十三引，税二百两又七钱五分八厘八毫；水配南部二引，税六两八钱一分	**课**一两，羡一钱二分共八钱七分 **税**一陆引羡一钱二分七厘六毫，南部水陆引羡如其厂例，共一百五十一两四钱七分一厘二毫	**截**共三十六两五钱七分六厘	共四百又三两七钱三分六厘归丁
南部	**井**凡上井二、中井十三、下井四百二十、下下井一，一上井三两、一中井二两，一下井一两，一下下井六钱，共四百五十二两六钱	**陆**一千四百六十八引，税三百九十九两八钱八分三厘二毫	**课**一两，羡一两共四百五十二两六钱 **税**一陆引羡二钱七厘六毫，共三百又四两七钱五分六厘八毫。凡配南部陆引羡同一水引，羡二两五钱九分五厘	**截**共七十两四钱六分四厘	共一千六百八十两又三钱又四厘归丁
南充	**井**凡中井三、中下井十四、下井一；一中井五钱，一中下井四钱五分，一下井四钱共八两二钱	**陆**一百三十七引，外配蓬溪一百三十四引。西充三百又二引，南部六十引，税一百七十二两四钱二分九厘二毫	**课**一两，羡一钱二分，共九钱八分四厘 **税**一陆引羡一钱二分七厘六毫，各厂羡如其例，共一百二十八两四钱五分又八毫	**截**共三十两三钱八分四厘	共三百四十两四钱四分八厘

西充	**井**凡上井五、中井二、下井四十二，一上井二两一钱三分，一中井一两六钱二分，一下井一两五钱，共七十六两八钱九分	**陆**四十七引，税十二两又八钱二厘八厘	**课**一两，羡一钱二分，共九两二钱二分六厘八毫 **税**一陆引羡一钱二分七厘六毫，共五两九钱九分七厘二毫	**截**共二两二钱五分六厘	共一百又七两一钱七分二厘八毫归丁
蓬州	**井**凡一，井五钱	**水**南部九引税三十两六钱四分五厘；陆二十引，外配南部二百又七引。税六十一两八钱三分四厘八毫	**课**一两，羡一钱二分共六分 **税**一陆引羡一钱二分七厘六毫；南部水陆引如其厂例，共六十八两八钱八分又二毫	**截**共一十六两二钱九分六厘	共一百七十八两二钱一分六厘
大竹	**井**凡一，井五钱	**水**犍为九十六引，税三百二十六两八钱八分 **陆**一十九引外配南部一千四百又八引、西充二百七十引，税四百六十二两二钱六分二厘八毫	**课**一两、羡一分二厘，共六分 **税**一陆引羡一钱二分七厘六毫，外厂水陆引羡如其厂例，共五百四十九两四钱九分七厘二毫	**截**共一百三十九两又五分六厘	共一千四百七十八两二钱五分六厘

富顺	**井**无课榷锅 **锅**凡上锅十、中锅七、下锅五百四十八；一上锅五两、一中锅四两、一下锅二两共一千一百七十四两	**水**本县无水引，未行黔边三千九百八十六引。又认销资州二百一十五引，又认销潼属三台、射洪、蓬溪、中江、盐亭、犍为一千二百八十五引；又认销兴文六十四引，以上皆由富顺纳税共一万八千八百九十七两七钱五分 **陆**本厂行本县二千一百二十六引；又行黔边五十六引；又认销兴文二百又四引，皆由富顺纳税共六百四十九两四钱六分四毫	**课**一两，羡一钱二分共一百四十两八钱八分 **税**一水引，羡五两五钱九分五厘；一陆引羡四钱四分七厘六毫。认销资州水引羡如资州厂例，又认销潼属五县水引羡，如五县厂例，内又认销犍为及兴文如犍为厂例。以上皆由富顺纳羡二万九千三百九十两又五钱二分二厘六毫	**截**边计共五千六百四十两七钱二分，内行黔边及认销贵州并潼属五县皆照引截角例	共五万五千八百九十三两八钱一分九厘
大宁	**井**无课榷锅 **锅**凡一千又八，锅二两共二千一十六两	**水**四百六十三引，税一千五百七十六两五钱一分五厘 **陆**二千一百九十五引，税五百九十七两九钱一分八厘	**课**一两，羡一钱二分共二百四十一两九钱二分 **税**羡免征，分配免征引羡三厂仍免征羡，照征纸力，下同	**截**免征，纸共十两又六钱三分二厘；力共七两九钱七分四厘	共四千四百五十两九钱五分九厘
云阳	**井**无课榷锅 **锅**凡三百五十七，一锅二两五钱，共八百九十二两五钱	**水**九十六引，税三百二十六两八钱八分 **陆**一千二百又七引，税三百二十八两七钱八分六厘八毫	**课**一两，羡四钱四分，共三百九十二两七钱；税羡免征	**截**共一百三分一十五两五钱三分六厘；纸共五两二钱一分二厘；力共三两九钱又九厘	共二千又六十五两五钱二分三厘八毫

万县 官运	**井**凡上井一、下井三，一上井十二两四钱三分、一下井四两一钱四分三厘，共二十四两八钱五分九厘	**水**云阳五百三十一引、税一千八百八两五分五厘 **陆**本厂七十二引，外配云阳九百四十八引，税二百七十七两八钱四分八厘	**课**一两、羡二千二分，共五分四钱六分八厘九毫八丝 **税**一陆引羡一钱二分九厘六毫共九两三钱三分一厘二毫，云阳引免征羡	**截**共三百六十七两五钱六分 **纸**云引五两九钱一分六厘 **力**云引四两四钱三分七厘	共二千五百又三两四钱七分五厘一毫八丝
开县	**井**无课榷锅 **锅**凡九十，一锅二两五钱共二百二十五两	**水**云阳三百一十六引，税一千又七十五两九钱八分 **陆**一千六百七十二引，外配云阳九百九十二引，外配云阳九百九十二引，税七百二十五两六钱七分三厘六毫	**课**一两，羡一钱二分共二十七两 **税**一陆引羡一钱二分七厘八毫共二百一十三两三钱四分七厘二毫，云阳引免征羡	**截**共三百一十七两四钱七分；纸云引五两二钱三分二厘；力云引三两九钱二分四厘	共二千五百九十三两六钱二分八厘八毫
盐源	**井**无课榷锅 **灶**凡六十六条半，一灶按月榷盐课一百斤，斤一分二厘，月课七十九两八钱，除正月不煎免课，岁计八百七十七两八钱，闰月照增	**陆**二千四百八十引，税六百七十五两五钱五分二厘	**课**一两、羡一钱二分，共一百又五两三钱三分六厘，闰月照增。一引羡一钱二分七厘六毫，共三百一十六两四钱四分八厘	**截**免征	共一千九百七十五两一钱三分六厘课未计闰

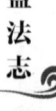

乐山	**井**无课榷锅 **锅**凡中锅二、下锅四百三十六。一中锅四两、一下锅二两共八百八十两	**陆**一千一百三十三引，税三百八两六钱二分九厘二毫	**课**一两，羡二钱八分，共二百四十六两四钱 **税**一陆引羡一钱七分一厘六毫，共一百九十四两四钱二分二厘八毫，凡配乐山陆引羡同一水引羡二两一钱四分五厘	**截**共五十四两三钱八分四厘	共一千六百八十三两八钱三分六厘
犍为	**井**无课榷锅 **锅**凡上锅二、中国十二、下锅一千七百一十三；一上锅五两、中锅四两、一下锅二两共三钱四百八十四两	**水**本县无水引。惟行、黔边四千三百八十一引，黔商认销邻水一百二十引。销石砫四百九十二引、销纳溪五十引、销忠州一百四十八引、销珙县一百引、销潼属、三台、射洪、蓬溪、中江一千二百三十七引；认销长乐三百一十引皆由犍为纳税二万三千二百八十三两三钱九分 **陆**本县二千四百九十七引；又行滇边二万五千一百五十四引。行滇边八十三引；行马边四百引，皆由犍为纳税七千六百六十三两七钱又一厘六毫	**课**一两，羡二钱八分，共九百七十五两五钱二分 **税**水引一、羡二两二钱九分五厘；陆引一、羡一钱八分三厘六毫。代销各引惟三台、射洪、蓬溪、中江四县外，羡如其厂例，余皆如犍厂例，共二万三千三百四十两三钱六分七厘四毫	**截**内黔边潼属四县并长乐照边截，余照计截，共八千六百三十二两又一分六厘	共六万七千三百七十八两九钱九分五厘

荣县	**井**无课榷锅 **锅**凡中锅一百二十、下锅三百七十；一中锅四两、下锅二两，共一千二百二十两	**水**二千又八十六引，税七千一百又二两八钱三分 **陆**六百九十八引，税一百九十两一钱三分五厘二毫	**课**一两，羡一钱二分，共一百四十六两四钱 **税**一水引羡五两五钱九分五厘，一陆引羡四钱四分七厘六毫，共一万一千九百八十三两五钱九分四厘八毫	**截**水引如边引例，陆引如计共二千一百一十九五钱四厘	共二万二千七百六十二两四钱六分四厘
威远	**井**无课榷锅 **锅**凡三，一锅二两，共六两	**陆**十二引外配荣县一百九十五引，税五十六两三钱八分六厘八毫	**课**一两，羡一钱二分，共七钱二分 **税**一陆引，羡四钱四分七厘六毫，外配荣县同，共九十二两六钱五分三厘二毫	**截**共九两九钱三分三厘	共一百六十五两六钱九分六厘
三台	**井**凡上井三、中井八、下井二、下下井二百五十五；一上井八钱、一中井六钱、一下井五钱、下下井四钱，共一百一十两又二钱	**陆**三百八十五引，税一百又四两八钱七分四厘	**课**一两，羡一钱二分，共十三两二钱二分四厘 **税**一陆引羡四钱二分七厘六毫，共一百六十四两六钱二分六厘。凡配三台陆引羡如例，水引一羡五两五钱九分五厘	**截**共一十八两四钱八分	共四百一十两又四钱又四厘 归丁

射洪	**井**凡二千九百九十九，一井三钱，共八百九十九两七钱	**陆**一千一百三十九引，税三百一十两二钱六分三厘六毫	**课**一两、羡五钱，共四百四十九两八钱五分 **税**一陆引羡三钱九分一厘六毫，共四百四十六两三分二厘四毫，凡配射洪陆引羡如例，水引一羡四两八钱九分五厘	**截**共五十四两六钱七分二厘	共二千一百六十两五钱一分八厘归丁
盐亭	**井**凡中井三、下井一、下下井一百九十二；一中井二两一钱，一下井九钱五分，一下下井六钱，共一百二十二两四钱五分	**陆**五百又七引，税一百三十八两一钱又六厘八毫	**课**一两、羡一钱二分，共一十四两六钱九分四厘 **税**一陆引，羡三钱二分七厘六毫，共一百六十六两九分三厘二毫，凡配盐亭陆引羡如例	**截**共二十四两三钱三分六厘	共四百六十五两六钱八分归丁
中江	**井**凡一百二十又五，一井四钱共五十两	**陆**一千又五十六引，税二百八十七两六钱五分四厘四毫	**课**一两，羡五钱，共二十五两 **税**一陆引羡四钱七分七厘六毫，共五百又四两三钱四分五厘六毫，凡配中江陆引羡如例，水引一羡四两又九分五厘	**羡**共五十两六钱八分八厘	共九百一十七两六钱八分八厘归丁

遂宁	**井**凡八，一井一钱六分三厘八毫六丝，共一两三钱一分八毫八丝	**水**一十九引，水六十四两六钱九分五厘。陆一百三十二引，外配蓬溪一百引，税六十三两一钱九分六厘八毫	**课**一井羡一钱五分六厘一毫四丝，共一两二钱四分九厘一毫二丝 税一陆引羡四钱四分七厘六毫，蓬溪水引一羡四两四钱六分，陆引一羡四钱四分七厘六毫，共一百八十八两五钱八分三分二毫	**截**共二十五两五钱三分六厘	共三百四十一两五钱七分一厘
蓬溪	**井**凡一千二百六十又一，一井一钱六分三厘八毫六丝，共二百又六两六钱二分七厘四毫六丝	**陆**五百九十一引，税一百六十两九钱八分八厘四毫	**课**一井羡一钱五分六厘一毫四丝，共一百九十六八钱九分二厘五厘四丝 **税**一陆引羡四钱四分七厘六毫共二百六十四两五钱三分一厘六毫，凡配蓬溪陆引羡如例，水引一羡四两四钱六分	**截**共二十八两三钱六分八厘	共八百五十七两四钱又八厘
安岳	**井**凡三，一井一钱六分三厘八毫六丝，共四钱九分一厘五毫八丝	**陆**一千一百七十三引，税三百一十九两五钱二分五厘二毫	**课**一两、羡一钱二分，共五分八厘九毫八丝九忽六微 **税**一陆引，羡三钱六分七厘六毫，共四百三十一两一钱九分四厘八毫	**截**共五十六两三钱又四厘	共八百又七两五钱七分四厘五毫六丝九忽六微归丁

乐至	**井**凡一百八十又六，一井一钱六分三厘八毫六丝，共三十两四钱七分七厘九毫六丝	**水**一十引，税三十四两又五分；陆一千二百四十一引，税三百三十八两又四分八厘四毫	**课**一两、羡一钱二分，共三两六钱五分七厘三毫五丝五忽二微 **税**一水引羡一两七钱九分五厘，一陆引羡三钱六分七厘六毫，共四百七十四两一钱四分一厘六毫	**截**共六十九两五钱六分八厘，水引截如边引例	共九百四十九两九钱四分三厘三毫一丝五忽二微
资州	**井**凡中井二、下井二百三十五，一中井四两，一下井二两，共四百七十八两	**水**三引，税十两二钱一分五厘；陆二千九百二十七引，税七百九十七两三钱一分四厘八毫	**课**一两、羡一钱二分，共五十七两三钱六分 **税**一水引羡一两五钱九分五钱，一陆引羡一钱二分七厘六毫，共三百七十八两二钱七分又二毫，凡配资州水陆引羡如例	**截**一百四十一两二钱九分六厘	共一千八百六十三两四钱五分六厘
资阳	**井**凡五，一井二两共十两	**陆**四十九引，外配资州三百二十三引，简州五十三引，共一百一十五两七钱七分	**课**一两、羡一钱二分，共一两二钱 **税**一陆引羡一钱二分七厘六毫，资州、简州引羡如其厂例，共六十一两六钱五分	**截**共二十两又四钱	共二百又九两又二分

内江	**井**凡中井一、下井三，一中井四两、一下井一两二钱，共七两六钱	**水**七引，水二十三两八钱三分五厘 **陆**二百三十六引，外配荣县三百二十引，税一百五十一两四钱五分四厘四毫	**课**一两、羡一钱二分，共九钱一分二厘 **税**一水引羡一两五钱九分五厘；一陆引羡一钱二分七厘六毫。荣县陆引羡如其厂例，共一百八十四两五钱一分又六毫	**截**共三十三两六钱八分八厘	共四百又二两归丁
仁寿	**井**凡三，一井一两二钱，共三两六钱	**陆**一十五引，外配资州一千三百八十四引，犍为二百六十二引，税四百五十二两四钱五分六厘四毫	**课**一两，羡一钱二分，共四钱三分二厘 **税**一陆引羡一钱二分七厘六毫，资州、犍为引羡如其厂例，共二百二十六两六钱一分五厘六毫	**截**共七十九两七钱二分八厘	共七百六十二两八钱三分二厘
井研	**井**凡上井十二、中井六、下井九十五，一上井四两、一中井三两、一下井一两四钱，共一百九十九两	**陆**一百七十九引，税四十八两七钱五分九厘六毫	**课**一两，羡一钱二分，共二十三两八钱八分 **税**一陆引羡一钱二分七厘六毫，共二十二两八钱四分又四毫，凡配井研陆引羡如例，水引一羡一两五钱九分五厘	**截**共八两五钱九分二厘	共三百又三两又七分二厘归丁

绵州	**井**凡中井一十九、下井一百四十一，中井六钱七分、下井四钱三分，共七十二两九钱三分	**陆**九百二十六引，税二百五十二两二钱四分二厘四毫	**课**一两，羡一钱二分，共八两七钱五分一厘六毫 **税**一陆引羡二钱六分七厘六毫，共二百四十七两七钱九分七厘六毫	**截**共四十四两四钱四分八厘	共六百二十六两一钱六分九厘六毫归丁
彭水 官运	**井**无课榷锅 **锅**凡上锅八、上中锅二十一、中锅三十七、中下锅四十五、下锅五十五、下下锅；一上锅六两二分八厘四丝，一上中锅四两一钱五分，一中锅二两六钱一分八毫一丝，一中下锅二两四钱五分八厘六毫四丝，一下锅二两四钱四分三毫六丝，一下下锅二两四钱三分二厘，共四百五十六两九钱四分四厘九丝	**水**借配犍为行本县五十引，税一百七十两又二钱五分 **陆**三千三百六十一引，外借配犍为行本县三百七十五引，又本县配行黔江一百五十七引，又行酉阳六百四十引，皆由彭水纳税一千二百三十四两七钱八分九钱二毫	**课**一两，羡二钱二分，共一百两又五钱又七厘八毫六丝 **税**一陆引羡一钱二分七厘六毫，犍为水陆引羡如犍为例，共七百一十四两一钱六分又八毫	**截**二百一十六两八钱六分四厘，行酉阳引免征截角	共二千八百九十三两五钱三分五厘九毫五丝

忠州 官运	**井**凡上井一、上中井一、中井一、下井一、下下井三十；一上井三十七两四钱四钱四分，一上中井二十六两六钱，一中井二十三两又四分，一下井五两七钱六分，一下下井二两八钱八分，共一百七十九两二钱四分	**水**蓬溪五引、犍为二百四十七引；税八百五十八两六分 **陆**六百一十九引，税一百六十八两六钱一分五厘六毫	**课**一两，羡一钱二分，共二十一两五钱又八厘八毫 **税**一陆引羡一钱二分七厘六毫，蓬溪、犍为水引如其厂例，共六百六十八两一钱四分九厘四毫	**截**共一百八十两又九钱一分二厘	共二千又七十六两四钱八分五厘八毫
城口	**井**无课榷锅，锅凡上锅八、下锅四；一上锅九两八钱八分，一下锅三两，共九十一两又四分	**陆**三百引，税八十一两七钱二分	**课**一两，羡一钱二分，共十两又九钱二分四厘八毫 **税**一陆引、羡一钱二分七厘六毫，共三十八两二钱八分	**截**共一十四两四钱	共二百三十六两三钱六分四厘八毫
江安 官运	**井**凡一，井二十六两	**水**犍为七十引，税二百三十八两三钱五分 **陆**六十七引，外配犍为九百九十八引，税二百九十两一钱又一厘	**课**一两，羡一钱二分 **税**一陆引羡一钱二分七厘六毫；犍为水陆引如其厂例，共三百五十二两四钱三分二厘	**截**共九十三两一钱二分	共一千又三两一钱二分八厘
右有盐之地井引兼榷者凡四十厅州县，黔滇边引榷即具所配引各县内					

州县	水 引税 陆	**引税羡**所配何厂，如何厂羡例，检前有盐州县，不提书	引 截角纸朱脚力	总领
成都	**水**犍为一百四十一引，又认销犍为增行宣恩六十引，税六百八十四两四钱又五厘 **陆**简州二钱一百七十五引，射洪二百五十引，税六百六十两五钱七分	**水**共四百六十一两二钱九分五厘 **陆**共六百七十九两九钱三分	**截**共二百六十一两	共二千七百四十七两二钱
华阳	**水**犍为一百七十一引，又认代犍为增销宣恩九十引，税八百八十八两七钱五厘 **陆**简州二千一百又六引，射洪二百五十引，税六百四十一两七钱七分四厘四毫	**水**共五百九十八两九钱九分五厘 **陆**共六百六十一两四钱六分五厘六毫	**截**共三百又五两六钱八分八厘	共三千又九十六两六钱二分八厘
双流	**水**犍为三十六引、乐山四引，税一百三十六两二钱 **陆**简州八百一十二引，税二百二十一两一钱八分八厘八毫	**水**共九十一两二钱 **陆**共二百一十七两二钱九分一厘二毫	**截**共六十二两九钱七分六厘	共七百二十八两八钱五分六厘

温江	**水**井研十七引、犍为一百五十九引，税五百九十九两二钱八分 **陆**简州八百六十一引、犍为六百三十九引、乐山三十三引，税四百四十一两二钱八分八厘。	**水**共三百九十二两又二分 **陆**共三百六十四两四钱八分八厘	**截**共一百八十三两三钱六分	共一千九百八十两又四钱三分六厘
新繁	**水**犍为二十五引，税八十五两一钱二分五厘 **陆**三台八百二十四引，税二百二十四两四钱五分七厘六毫	**水**共五十七两三钱七分五厘 **陆**共三百五十二两三钱四分二厘四毫	**截**共五十四两五钱五分二厘	共七百七十三两八钱五分二厘
金堂	**陆**简州一千三百六十五引，税三百七十一两八钱二分六厘	**陆**共三百六十五两二钱七分四厘	**截**共六十五两五钱二分	共八百又二两六钱二分
新都	**水**犍为四十引，税一百三十六两二钱 **陆**三台八百五十二引，税二百三十二两又八分四厘八毫	**水**共九十一两八钱 **陆**共三百六十四两三钱一分五厘二毫	**截**共六十四两八钱九分六厘	共八百八十九两二钱九分六厘

郫县	**水**犍为二十引，税六十八两一钱 **陆**三台一百九十四引、中江一百三十七引、犍为三百七十五引、射洪六百六十三引，税四百二十九两三钱又二厘四毫	**水**共四十五两九钱 **陆**共五百三十二两二钱五分九厘六毫	**截**共六十四两八钱九分六厘	共八百八十九两二钱九分六厘
崇宁	**陆**三台一百八十九引、中江一百二十六引、射洪七百三十七引，税二百八十六两五钱六分四厘八毫	**陆**共四百二十九两六钱又三厘二毫	**截**共五十两又四钱九分六厘	共七百六十六两六钱六分四厘
灌县	**水**井研四十二引、犍为一百四十二引，税六百二十六两五钱二分 **水**井研六十三引、犍为二百七十五引、三台一百五十八引、简州五百五十二引，税二百八十五两四钱七分五厘二毫	**水**共三百九十二两八钱八分 **陆**共二百七十三两八钱又四厘八毫	**截**共一百六十两又七钱又四厘	共一千七百三十九两三钱八分四厘

彭县	**水**犍为七十四引，税二百五十一两九钱七分 **陆**三台一千六百一十一引，税四百三十八两八钱三分六厘四毫	**水**共一百六十九两八钱三分 **陆**共六百八十八两八钱六分三厘六毫	**截**共一百二十一两七钱二分八厘	共一千六百七十一两二钱二分八厘
崇庆	**水**井研五十三引、乐山一百四十四引、犍为八十七引，税九百六十七两又二分 **陆**犍为八百九十二引，税二百四十二两九钱八分又八毫	**水**共五百九十三两又八分 **陆**共一百六十三两七钱七分一厘二毫	**截**共二百一十三两二钱一分六厘	共二千一百八十两又六分八厘
新津	**水**井研十一引、乐山五十引、犍为四十九引，税三百七十四两五钱五分 **陆**犍为三百三十引，税八十九两八钱九分二厘	**水**共二百三十七两二钱五分 **陆**共六十两又五钱八分八厘	**截**共八十一两八钱四分	共八百四十四两一钱二分
汉州	**陆**三台一千一百又五引、射洪二百三十八引、中江一百三十六引，税四百又二两八钱七分九厘六毫	**陆**共六百三十两又六钱五分二厘四毫	**截**共七十里又九钱九分二厘	共一千一百又四两五钱二分四厘归丁

什邡	**陆**三台一千又八十八引、射洪四百六十三引，税四百二十二两四钱九分二厘四毫	**陆**共六百四十六两五钱三分九厘六毫	**截**共七十四两四钱四分八厘	共一千一百四十三两四钱八分归丁
江北 官运	**水**犍为一百二十引、射洪一百五十一引、富顺五十引、蓬溪三十四引，税一千二百一十五两五钱八分五厘	**水**共一千四百五十三两五钱二分五厘	**截**共二百一十四两二钱	共二千八百八十三两三钱一分
巴县 官运	**水**犍为二百引、射洪二百又六引、三台七引、蓬溪八十二引、富顺五十引，税一千八百五十五两七钱二分五厘 **陆**射洪六百五十引、税一百七十七两又六分	**水**共二千一百三十九两四钱又五厘 **陆**共二百五十四两五钱四分	**截**共三百五十八两二钱	共四千七百八十四两九钱三分
江津 官运	**水**富顺三百六十引，税一千二百二十五两八钱	**水**共二千又一十四两二钱	**截**共二百一十六两	共三千四百五十六两

长寿 官运	**水**射洪二百二十九引、蓬溪七十引、犍为三十引、税一千一百二十两又二钱四分五厘 **陆**蓬溪三百五十引，税九十五两三钱四分	**水**共一千五百又二两又五厘 **陆**共一百五十六两六钱六分	**截**共二百一十四两二钱	共三千又八十八两四钱五分
永川	**水**富顺一百六十二引，税五百五十一两六钱一分	**水**共九百又六两三钱九分	**截**共九十七两二钱	共一千五百五十五两二钱归丁
壁山	**水**富顺三十一引、射洪七十五引、犍为十五引、蓬溪十引、三台一引，税四百四十九两四钱六分	**水**共六百二十三两三钱九分	**截**共七十九两二钱	共一千一百五十二两又五分归丁
綦江 官运	**水**蓬溪二十二引、三台十二引、富顺一百四十六引、射洪五引，税六百二十九两九钱二分五厘	**水**共九百八十五两又五厘	**截**共一百一十一两	共一千七百二十五两九钱三分
南川 官运	**水**犍为四十四引、射洪四十七引，税三百又九两八钱五分五厘	**水**共三百三十一两又四分五厘	**截**共五十四两六钱	共六百九十五两五钱

定远	**水**犍为三十引、射洪六十六引、蓬溪六引，税三百四十七两三钱一分	**水**共四百一十八两六钱八分	**截**共六十一两二钱	共八百二十七两一钱九分归丁
苍溪	**陆**南部三百五十七引，税九十七两二钱四分六厘八毫	**陆**共七十四两一钱一分三厘二毫	**截**共一十七两一钱三分六厘	共一百八十八两四钱九分六厘归丁
广元	**水**南部六十五引，税二百二十一两三钱二分五厘	**水**共一百六十八两六钱七分五厘	**截**共三十九两	共四百二十九两
昭化	**水**南部二十六引，税八十八两五钱三分 **陆**南部三十引，税八两一钱七分二厘	**水**共六十七两四钱七分 **陆**共六两二钱二分八厘	**截**共十七两又四分	共一百八十七两四钱四分
巴州	**陆**南部一千又十六引，税二百七十六两七钱五分八厘四毫	**陆**共二百一十两又九钱二分一厘六毫	**截**共四十八两七钱六分八厘	共五百三十六两四钱四分八厘归丁
通江	**陆**南部三百七十九引，税一百又三两二钱三分九厘六毫	**陆**共七十八两六钱八分又四毫	**截**共一十八两一钱九分二厘	共二百两又一钱一分二厘归丁
南江	**陆**南部一百六十五引，税四十四两九钱四分六厘	**陆**共三十四两二钱五分四厘	**截**共七两九钱二分	共八十七两一钱二分归丁

剑州	**陆**南部四百二十四引、三台一百引，税一百四十二两七钱三分七厘六毫	**陆**共一百三十两又七钱八分二厘二毫	**截**共二十五两一钱五分二厘	共二百九十八两六钱七分二厘归丁
营山	**陆**南部五百又一引、西充七十引，税一百五十五两五钱四分又四毫	**陆**共一百一十二两九钱三分九厘六毫	**截**共二十七两四钱又八厘	共二百九十五两八钱八分八厘
仪陇	**陆**南部三百五十七引，税九十七两二钱四分六厘八毫	**陆**共七十四两一钱一分三厘二毫	**截**共一十七两一钱三分六厘	共一百八十八两四钱九分六厘归丁
广安	**水**蓬溪六十引、射洪一百八十引、犍为四十引，税九百五十三两四钱	**水**共一千二百四十两又五钱	**截**共一百六十八两	共二千三百六十二两九钱
岳池	**水**蓬溪四十二引、税一百四十三两又一分 **陆**蓬溪五百一十七引、西充一百引，税一百六十八两又七分又八毫	**水**共一百八十七两三钱二分 **陆**共二百四十四两一钱六分九厘二毫	**截**共五十四两八钱一分六厘	共七百九十七两八钱六分
渠县	**水**南部六十引，税二百又四两三钱 **陆**南部七百五十二引，税二百又四两八钱四分四厘八毫	**水**共一百五十五两七钱 **陆**共一百五十六两一钱一分五厘二毫	**截**共七十二两又九分六厘	共七百九十三两又五分六厘

邻水	**水**射洪三十引、蓬溪七十二引，税三百四十七两三钱一分 **陆**蓬溪五百引，税一百三十六两二钱	**水**共四百六十七两九钱七分 **陆**共二百二十三两八钱	**截**共八十五两二钱	共一千二百六十两又四钱八分
宜宾 官运	**水**犍为一百九十一引，税六百五十两又三钱五分五厘 **陆**犍为一千三百四十四引、荣县七百引、仁寿二百五十引，税六百二十四两八钱八分五厘六毫	**水**共四百三十八两三钱四分五厘 **陆**共五百九十一两九钱七分八厘四毫	**截**共二百二十四两七钱一分二厘	共二千五百三十两又二钱七分六厘
庆符	**水**犍为二十五引，税八十五两一钱二分五厘 **陆**犍为五百三十引、井研八十八引，税一百六十八两三钱四分三厘二毫	**水**共五十七两三钱七分五厘 **陆**共一百又八两五钱三分八毫	**截**共四十四两六钱六分四厘	共四百六十四两又四分四厘
南溪 官运	**水**犍为一百九十一引，税六百五十两又三钱五分五厘 **陆**犍为七百八十七引、仁寿一百二十五引，税二百四十八两四钱二分八厘八毫	**水**共四百三十八两三钱四分五厘 **陆**共一百六十两又四钱四分三厘二毫	**截**共一百五十八两三钱七分六厘	共一千六百五十两九钱四分八厘

长宁	**水**键为七十二引，税二百四十五两一钱六分 **陆**键为一千二百八十九引、乐山一百引，又由仁寿改配键为一百又七引，税四百又七两五钱一分又四毫	**水**共一百六十五两二钱四分 **陆**共二百六十七两四钱七分三厘六毫	**截**共一百一十五两又八厘	共一千二百两又三钱九分二厘
高县 官运	**水**键为一百六十引，税五百四十四两八钱 **陆**键为一千四百二十六引，税三百八十八两四钱四分二厘四毫	**水**共三百六十七两二钱 **陆**共二百六十一两八钱一分三厘六毫	**截**共一百六十四两四钱四分八厘	共一千七百二十六两七钱又四厘
筠连 官运	**水**键为三十二引，税一百又八两七钱六分 **陆**键为八百一十引、仁寿三百五十引，税三百一十五两九钱八分四厘	**水**共七十三两四钱四分 **陆**共一百九十三两三钱七分六厘	**截**共七十四两八钱八分	共七百六十六两六钱四分
珙县 官运	**水**键为九十一引，税三百又九两八钱五分五厘 **陆**键为一百四十九引、仁寿五十引，税五十四两二钱又七厘六毫	**水**共二百又八两八钱四分五厘 **陆**共三十三两七钱三分六厘四毫	**截**共六十四两一钱五分二厘	共六百七十两又七钱九分六厘

兴文 官运	**水**犍为八十引，税二百七十二两四钱 **陆**犍为四百四十三引、仁寿一百一十引，税一百五十两又六钱三分七厘二毫	**水**共一百八十三两六钱 **陆**共九十五两三钱七分又八毫	**截**共七十四两五钱四分四厘	共七百七十六两五钱五分二厘
隆昌	**水**富顺三十四引，税一百一十五两七钱七分 **陆**富顺五百四十四引，税一百四十八两一钱八分五厘六毫	**水**共一百九十两又二钱三分 **陆**共二百四十三两四钱九分四厘四毫	**截**共四十六两五钱一分二厘	共七百四十四两一钱九分二厘
屏山 官运	**水**犍为八十八引，税二百九十九两六钱四分 **陆**犍为五百六十六引，税一百五十四两一钱七分八厘四毫	**水**共二百又一两九钱六分 **陆**共一百又三两九钱一分七厘六毫	**截**共七十九两九钱六分八厘	共八百三十九两六钱六分四厘
奉节	**水**云阳一百七十引，税六百又二两六钱八分五厘	**羡**免征	**截**共一百又六两二钱，纸朱共七钱又八厘，力共五钱三分一厘	共七百一十两又一钱二分四厘

巫山 官运	**水**云阳二百一十七引、大宁五百七十引，税二千六百七十九两七钱三分五厘	羡免征	**截**云阳引共一百三十两又二钱，大宁引免征；纸朱共三两一钱四分八厘；力共二两三钱六分一厘	共二千八百一十五两四钱四分四厘
平武	**水**三台四引、南部六引，税三十四两又五分 **陆**南部五十引、绵州一百二十五引、三台三百一十一引，税一百三十二两三钱八分六厘四毫	**水**共三十两又七钱五分 **陆**共一百七十六两八钱一分三厘六毫	**截**共二十九两三钱二分八厘	共四百又三两三钱二分八厘归丁
江油	**陆**三台一百七十三引、绵州一百四十八引，税八十七两四钱四分又四毫	**水**共一百一十三两五钱七分九厘六毫	**截**共一十五两四钱又八厘	共二百一十六两四钱二分八厘归丁
石泉	**陆**绵州一百三十五引，税三十六两七钱七分四厘	**陆**共三十六两一钱二分六厘	**截**共六两四钱八分	共七十九两三钱八分归丁
彰明	**陆**绵州三百五十五引，税三十六两七钱七分四厘	**陆**共三十六两一钱二分六厘	**截**共六两四钱八分	共七十九两三钱八分归丁

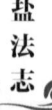

雅安	**水**乐山八十五引、犍为四十六引，税四百四十六两又五分五厘 **陆**乐山一百二十七引、犍为二百六十一引，税一百又五两六钱九分一厘二毫	**水**共二百八十七两八钱九分五厘 **陆**共六十九两七钱一分二厘八毫	**截**共九十七两二钱二分四厘	共一千又六两五钱七分八厘
名山	**水**犍为三十八引，税一百二十九两三钱九分 **陆**乐山四百九十八引、犍为三百六十八引，税二百三十五两八钱九分八厘四毫	**水**共八十七两二钱一分 **陆**共一百五十三两又二分一厘六毫	**截**共六十四两三钱六分八厘	共六百六十九两八钱八分八厘归丁
荥经	**水**乐山七引、犍为六十四引，税二百四十一两七钱五分五厘 **陆**乐山三百六十二引、犍为二百六十三两，税一百七十两又二钱五分	**水**共一百六十一两八钱九分五厘 **陆**共一百一十两又四钱又六厘	**截**共七十二两六钱	共七百五十六两九钱又六厘
芦山	**水**乐山五十六引、犍为十七引，税二百四十八两五钱六分五厘	**水**共一百五十九两一钱三分五厘	**截**四十三两八钱	共四百五十一两五钱

天全	**水**犍为二十九引、乐山二十引，又认销雅安配犍为三引，乐山七引，税二百两又八钱九分五厘 **陆**犍为五百二十四引、乐山六百八十三引，税三百二十八两七钱八分六厘八毫	**水**共一百三十一两三钱五分五厘 **陆**共二百一十三两四钱又九厘二毫	**截**共九十三两三钱三分六厘	共九百六十七两七钱八分二厘
清溪	**水**犍为三十引，税一百又二两一钱五分 **陆**犍为一百六十二引、乐山四百五十引，税一百六十六两七钱又八厘八毫	**水**共六十八两八钱五分 **陆**共一百又六两九钱六分三厘二毫	**截**共四十七两三钱七分六厘	共四百九十二两又四分八厘
峨眉	**陆**乐山三百九十七引，税一百又八两一钱四分二厘八毫	**陆**共六十八两一钱二分五厘二毫	**截**共一十九两又五分六厘	共一百九十五两三钱二分四厘
洪雅	**水**犍为四十八引、乐山一百一十七引，税五百六十一两八钱二分五厘	**水**共三百六十一两一钱二分五厘	**截**共九十九两	共一千又二十一两九钱五分归丁
夹江	**水**乐山三十三引，税一百一十二两三钱六分五厘 **陆**乐山三百一十七引，税八十六两三钱五分又八厘	**水**共七十两又七钱八分五厘 **陆**共五十四两三钱九分七厘二毫	**截**共三十五两又一分六厘	共三百五十八两九钱一分四厘归丁

眉州	**水**乐山八十七引、犍为四十引，税四百三十二两四钱三分五厘	**水**共二百七十八两四钱一分五厘	**截**共七十六两二钱	共七百八十七两又五分
丹稜	**陆**井研一百四十八引、乐山四十二引，税五十一两七钱五分六厘	**陆**共二十六两又九分二厘	**截**共九两一钱二分	共八十六两九钱六分八厘归丁
彭山	**水**乐山四十八引、犍为二十四引，税二百四十五两一钱六分 **陆**乐山三十八引、犍为一百六十引，税五十九两三钱八分三厘二毫	**水**共一百五十八两又四分 **陆**共三十九两五钱六分八厘八毫	**截**共五十三两六钱六分四厘	共五百五十五两八钱一分六厘
青神	**水**乐山三十引，税一百又二两一钱五分 **陆**乐山一百一十引，税二十九两九钱六分四厘	**水**共六十四两三钱五分 **陆**共一十八两八钱七分六厘	**截**共二十三两二钱八分	共二百三十八两六钱二分
邛州	**水**乐山一百八十七引、犍为一百又六引，税九百九十七两六钱六分五厘 **陆**犍为七百七十五引，税二百二十一两一钱一分	**水**共六百四十四两三钱八分五厘 **陆**共一百四十二两二钱九分	**截**共二百一十三两	共二千二百又八两四钱五分

大邑	**水**乐山九十九引、犍为一百引，税六百六百七十七两五钱九分五厘	**水**共四百四十一两八钱五分五厘	**截**共一百一十九两四钱	共一千二百三十八两八钱五分
蒲江	**水**乐山二十二引、犍为四十九引，税二百四十一两七钱五分五厘 **陆**乐山一百六十八引、犍为二百五十引，税一百一十三两八钱六分三厘二毫	**水**共一百五十九两六钱四分五厘 **陆**共七十四两七钱二分八厘八毫	**截**共六十二两六钱六分四厘	共六百五十二两六钱五分六厘
泸州	**水**富顺二百九十二引，税九百九十四两二钱六分	**水**共一千六百三十三两七钱四分	**截**共一百七十五两二钱	共二千八百又三两二钱
纳溪 官运	**水**富顺二十五引，税八十五两一钱二分五厘	**水**共一百三十九两八钱七分五厘	**截**共十五两	共二百四十两
合江 官运	**水**富顺一百六十六引，税五百六十五两二钱三分	**水**共九百二十八两七钱七分	**截**共九十九两六钱	共一千五百九十三两六钱
德阳	**陆**三台五百八十引、射洪一百引，税一百八十五两二钱三分二厘	**陆**共二百八十七两一钱六分八厘	**截**共三十二两六钱四分	共五百又五钱四分 归丁

罗江	**陆**绵州三百五十九引、三台五引、射洪五十引，税一百一十二两七钱七分三厘六毫	**陆**共一百一十七两七钱八分六厘四毫	**截**共一十九两八钱七分二厘	共二百五十两又四钱三分二厘归丁
安县	**陆**绵州九百八十七引，税二百六十八两八钱五分八厘八毫	**陆**共二百六十四两一钱二分一厘二毫	**截**共四十七两三钱七分六厘	共五百八十两又三钱五分六厘
绵竹	**陆**绵州四十引、三台六百五十七引、射洪七百五十引，税三百九十四两一钱六分二厘八毫	**陆**共五百八十五两三钱三分七厘二毫	**截**共六十九两四钱五分六厘	共一千又四十八两九钱五分六厘归丁
梓潼	**陆**三台二百六十三引，税七十一两六钱四分一厘二毫	**陆**共一百一十二两四钱五分八厘八毫	**截**共一十二两六钱二分四厘	一百九十六两七钱二分四厘归丁
茂州	**陆**绵州四百五十一引，税一百二十二两八钱五分二厘四毫	**陆**共一百二十两又六钱八分七厘六毫	**截**共二十一两六钱四分八厘	共二百六十五两一钱八分八厘归丁
汶州	**陆**简州一百六十二引，税四十四两一钱二分八厘八毫	**陆**共四十三两三钱五分一厘二毫	**截**共七两七钱七分六厘	共九十五两二钱五分六厘

达县	**水**云阳五十引、犍为二十引、蓬溪六十引，射洪一百七十三引，税一千又三十一两七钱一分五厘 **陆**云阳一千又七十五引、南部七百五十二引、射洪二百引，税五百五十二两一钱五分四厘八毫	**水**共一千一百六十两又三钱三分五厘，云阳引免征 **陆**共二百三十四两四钱三分五厘二毫	**截**共二百七十九两又九分六厘，纸朱云阳引共四两五钱，力云阳引共三两三钱七分五厘	共三千二百六十五两六钱一分一厘
东乡	**水**云阳六十四引、蓬溪五十四引，税四百又一两七钱九分 **陆**云阳二百二十八引、蓬溪一百五十引，税一百又二两九钱六分七厘二毫	**水**共二百四十两又八钱四分，云阳引免征 **陆**共六十七两一钱四分，云阳引免征	**截**共八十八两九钱四分四厘，纸朱云阳引共一两一钱六分八厘，力云阳引共八钱七分六厘	共九百又三两七钱二分五厘二毫
太平	**水**射洪一百引、税三百四十两又五钱 **陆**射洪一百引、盐亭六十引、南部一百七十引，税八十九两八钱九分二厘	**水**共四百八十九两五钱 **陆**共九十四两一钱又八厘	**截**共七十五两八钱四分	共一千又八十九两八钱四分

新宁	**水**云阳二百八十八引，税九百八十两又六钱四分 **陆**云阳三千二百三十八引，税八百八十二两又三分一厘二毫	**羡**免征	**截**共三百二十八两二钱二分四厘，纸朱共十四两一钱又四厘，力共十两又五钱七分八厘	共二千二百一十五两五钱七分七厘二毫归丁
酆都	**水**射洪一百九十八引、犍为二百二十一引、蓬溪三十九引，税一千五百五十九两四钱九分	**水**共一千六百五十两又三钱四分五厘	**截**共二百七十四两八钱	共三千四百八十四两六钱三分五厘
垫江	**水**射洪一百八蓬溪十六引、犍为二十五引，税七百七十二两九钱三分五厘	**水**共一千又三十九两二钱又五厘	**截**共一百三十六两二钱	共一千九百四十八两三钱四分
梁山	**水**云阳四百四十五引，税一千五百一十五两二钱二分五厘 **陆**云阳一千三百四十九引，税三百六十七两四钱六分七厘六毫	**羡**免征	**截**共三百三十一两七钱五分二厘，纸朱共七两一钱七分六厘，力共五两三钱八分二厘	共二千二百二十七两又二厘六毫

黔江 官运	**水**犍为一百一十二引，税三百八十一两三钱六分 **陆**彭水五百三十九引，税一百四十六两八钱二分三厘六毫	**水**共二百五十七两又四分 **陆**共六十八两七钱七分六厘四毫	**截**共九十三两又七分二厘	共九百四十七两又七分二厘
酉阳 官运	**水**犍为二百九十一引，税九百九十两又八钱五分五厘 **陆**犍为八百五十引，税二百三十一两五钱四分	**水**共六百六十七两八钱四分五厘 **陆**共一百五十六两又六分	**截**共二百一十五两四钱	共二千二百六十一两七钱
秀山 官运	**水**犍为四十引，水一百三十六两二钱	**水**共九十一两八钱	**截**共二十四两	共二百五十二两
叙永 官运	**水**富顺一百四十五引、犍为二百八十引，税一千四百四十七两一钱七分五厘 **陆**江安六百五十引、犍为二千五百引，税八百五十八两又六分	**水**共一千四百五十三两八钱七分五厘 **陆**共五百四十一两九钱四分	**截**共四百又六两二钱	共四千七百又七两二钱
永宁 官运	**水**富顺六十四引、犍为二百引，税八百九十八两九钱二分 **陆**犍为三千三百引，税八百九十八两九钱二分	**水**共八百一十七两又八分 **陆**共六百又五两八钱八分	**截**共三百一十六两八钱	共三千五百三十七两六钱

马边 官运	**陆**键为四百引，税一百又八两九钱六分	**陆**共七十三两四钱四分	**截**共十九两二钱	共二百又一两六钱
雷波 官运	**水**键为五十引，税一百七十两又二钱五分 **陆**键为三百五十三引，税九十六两一钱五分七厘二毫	**水**共一百一十四七钱五分 **陆**共六十四两八钱一分又八毫	**截**共四十六两九钱四分四厘	共四百九十二两九钱一分二厘
石硅 官运	**水**键为一百四十二引、云阳二百又八引，税一千一百九十一两七钱五分	**水**键为引共三百二十五两八钱九分，云阳引免征	**截**键为引共八十五两二钱，云阳引免征；纸朱云阳引共八钱三分二厘，力云阳引共六钱二分四厘	共一千六百又四两二钱九分六厘
松潘	**陆**三台二百九十引税七十八两九钱九分六厘	**陆**共一百二十四两又四厘	**截**共一十三两九钱二分	共二百一十六两九钱二分
峨边	**水**键为二十引、乐山二十九引，税一百六十六两八钱四分五厘 **陆**键为一百二十五引、乐山八十七引，税五十七两七钱四分八厘八毫	**水**共一百又八两一钱又五厘 **陆**共三十七两八钱七分九厘二毫	**截**共三十九两五钱七分六厘	共四百一十两一钱五分四厘
理番	**陆**简州一百三十五引，税三十六两七钱七分四厘	**陆**共三十六两一钱二分六厘	**截**共六两四钱八分	共七十九两三钱八分

鹤峰 官运	**水**云阳二十四引、大宁一百八十一引，税六百九十八两又二分五厘 **陆**云阳六百一十九引、大宁一百引，税一百九十五两八钱五分五厘六毫	**羡**免征	**截**云阳引共四十四两一钱一分二厘，大宁引免征；纸朱共三两六钱九分六厘；力共二两七钱七分二厘	共九百四十四两四钱六分又六毫
长乐 官运	**水**大宁四十九引，税一百六十六两八钱四分五厘 **陆**大宁九十二引，税二十五两又六分又八毫	**羡**免征	**截**免征，纸朱共五钱六分四厘，力共四钱二分三厘	共一百九十二两八钱九分二厘八毫
恩施 官运	**水**云阳二百又三引，税六百九十一两二钱一分五厘	**羡**免征	**截**共一百二十一两八钱，纸朱共八钱一分二厘，力共六钱又九厘	共八百一十四两四钱三分六厘
宣恩 官运	**水**大宁二百四十二引、云阳六十四引，税一千又四十一两九钱三分 **陆**云阳一百八十六引，税五十两又六钱六分六厘四毫	**羡**免征	**截**共四十七两三钱二分八厘，大宁引免征；纸朱共一两九钱六分四厘，力共一两四钱七分六厘	共一千一百四十三两三钱六分八厘四毫

利川 官运	**水**云阳一百三十引，税四百四十二两六钱五分 **陆**云阳六百引，税一百六十三两四钱四分	**羡**免征	**截**共一百又六两八钱，纸朱共二百九钱二分，力共二两一钱九分	共七百一十八两
建始 官运	**水**云阳二百二十六引，税七百六十九两五钱三分	**羡**免征	**截**共一百三十五量六钱，纸朱共九钱又四厘，力共六钱七分八厘	共九百又六两七钱一分二厘
咸丰 官运	**水**犍为八十引，税二百七十二两四钱 **陆**彭水五百九十六引，税一百六十二两三钱五分又四毫	**水**共一百八十三两六钱，陆彭水引免征	**截**共七十六两六钱又八厘，纸朱彭水引共二两三钱八分四厘，力共一两七钱八分八厘	共六百九十九两一钱三分又四毫
来凤 官运	**陆**犍为一千九百四十一引、彭水五百八十一引，税六百八十六两九钱九分二厘八毫	**陆**共三百五十六两三钱六分七厘六毫，彭水印免征	**截**共一百二十一两又五分六厘，纸朱彭水引共二两三钱二分四厘，力彭水引共一两七钱四分三厘	共一千一百六十八两四钱八分三厘四毫
右无井而专榷引之厅州县凡一百有五				
右井课凡一万四千九百六十一两七钱又九毫七丝	右引税凡十四万又四百又九两六钱六分九厘六毫	右井课羡凡三千七百十二两二钱七分一厘八毫八丝四忽六微，引税羡凡十二万六千又七十四两七钱一分三厘八毫	右截角银凡二万九千七百二十五两八钱三分二厘，纸朱、脚力凡一百二十九两八钱五分	右总计凡三十一万五千又六十四两一钱又八厘二毫五丝四忽六微

四川盐法志卷二十二·征榷三

纳解

凡榷课税兼管盐政之总督责成盐道，盐道责成各州县，率以州县官为经征，而各盐官任验放、挂验等事，产盐州县或兼任者亦颇有之。

简州、本州经征兼督催挂验。荣昌县、本县经征兼督催挂验。大足县、本县经征兼督催挂验。合州、本州经征兼督催挂验。铜梁县、本县经征兼督催挂验。涪州、本州经征兼督催挂验。阆中县、本县经征兼督催挂验。南部县、本县经征富村驿县丞验放。南充县、本县经征兼督催挂验。西充县、本县经征兼督催挂验。蓬州、本州经征兼督催挂验。大竹县、本县经征兼督催挂验。富顺县、课税本县经征井灶，自流井县丞稽查引盐，邓井关县丞验放。大宁县、本县经征引盐，盐大使验放。云阳县、本县经征引盐，盐大使验放。万县、本县经征兼督催挂验。开县、本县经征兼督催挂验。乐山县、井灶课税皆本县经征兼稽查。犍为县、本县经征兼稽查，牛华溪大使挂验。荣县、课税本县经征井灶，贡井县丞稽查挂验。三台县、本县经征兼督催挂验。射洪县、本县经征，青堤渡大使验放。盐亭县、本县经征兼督催挂验。中江县、本县经征兼督催挂验。遂宁县、本县经征兼督催挂验。蓬溪县、本县经征，康家渡大使验放。安岳县、本县经征兼督催挂验。乐至县、本县经征兼督催挂验。资州、本县经征兼督催挂验。资阳县、本县经征兼督催挂验。内江县、本县经征兼督催挂验。仁寿县、本县经征兼督催挂验。井研县、本县经征兼督催挂验。绵州、本州经征兼督催挂验。彭水县、本县经征引盐，郁山镇巡按验放。忠州、本州经征兼督催挂验。城口厅、本厅经征兼督催挂验。江安县。本县经征兼督催挂验。以上产盐州县。其不产盐州县惟经征引税。

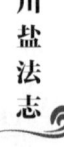

间有一二盐官督催代收商灶课，亦由商灶自封投柜，送州县官折封，纳于盐道库，盐道具以闻于总督，岁由总督般察具奏。次年四月，奏销官运盐务大盈库，则由总督委布政使监察具结入奏，次年二月奏销，先于正月奏呈

清单，备户部考核，奏销时逐款开列，旧管新收，开除实存，四柱清册，以昭核实。于是户部议令，自今盐道奏销，一如官运盐务式。

宪德奏略：再，查井厂遥远繁剧之州县，如资州州判分驻罗泉井，潼川州州同分驻胡卢溪，绵州州判分驻丰谷井，荣县县丞分驻贡井，富顺县县丞分驻自流井，俱应将引税井课就近交与各该员督催，照地丁钱粮之例，令商灶自封投柜，由该管印官折封起解，至督销盐引，仍照定例，责令该州县考成，失察私盐，应照盐场大使之例处分。又嘉定州州同、潼川州州判、忠州州判、奉节县县丞、遂宁县县丞、富顺县主簿、简州龙泉驿巡检、南部县西河巡检、云阳县云安场巡检、蓬溪县蓬莱镇巡检、射洪县大庾渡巡检各员，专司巡缉私盐，倘有失察，亦应照盐场大使之例处分。所有成都等州县各代销盐引数目，以及更换商人花名，相应逐一分晰造册具题，至嗣后如有请增引目，以及更换商名之处，应俟每年报销时另行造册送部。户部议如所请，嗣后资州等州县分驻各井等官催征不力，俱照浙省代征场员例处分，至督销盐引迟延，仍照定例将该州县查参。

旧制经征课税于奏销前完纳者，例获优叙，有司因往往置羡截不纳，移补正课以希课最[①]。乾隆三十六年，四川布政使刘益奏请课羡并完始予议叙，然有司终以与正供有间，率漫视之。至道光三十年仍岁有积欠。总督徐泽醇乃奏请如地丁钱粮例，为之刻期限定分数，期以十月为上忙，以次年三月为下忙，分数则上忙纳六分，下忙全纳。惟羡截许以下忙纳七分，年终全纳，岁以四月由总督奏销，纳不中程者，罪之如例。

刘益奏略：查定例，各省经征盐课各官，能于奏销前催征全完，俱照地丁钱粮例议叙，诚国家激励臣工之盛典。川省每年应征盐课，向来俱于奏销前全数通完尚无挂欠者，皆准照例议叙。惟查州县征收地丁钱粮，其应征火耗原同正项一并交纳，如能催科得宜，年清年款，自当予以议叙。至盐课一项，其额征耗羡向不随正课完纳，臣检查节年奏销均有未完耗羡，不能按年征解而经征督催等官，总以正课已完，即得仰邀议叙，未免太优。臣伏思耗羡与正课虽同，但既系应征之项，则丝毫皆

① 课最：朝廷对官吏定期考核，检查政绩，政绩最好的称“课最”。

关国帑。若不论耗羡之是否全完，概予议叙，亦觉无所区别，且拖欠日久，领引原商不能保无事故，而旧欠新赋一时并征，更恐力难完缴，转滋挪新掩旧之弊。以臣愚见，应请嗣后州县经征盐课银两必须正课、耗羡均于奏销前全数通完方准请叙。倘止完正课如羡余尚有未清者，止应免其处分，不得滥邀叙典。

户部议奏：臣部查其正课数目，系在三百两以上，照例予以议叙，正课已完耗羡未清，不得递行声请议叙，如此则叙典不致滥邀，而考成益昭慎重。乾隆三十六年。

徐泽醇奏略：据盐茶道清安泰详，窃川省盐茶项下羡截银两日渐拖延，欠至二十余万之多，即课税亦逐年开参，虽因商人串弊、私枭充斥，亦未始不由于该地方官因循推诿所致。查向来盐茶课税仅于奏销时核计分数开参，非若地丁钱粮有上、下忙之分，是以各商完纳多有观望；催征之地方官办理一无把握，相率因循，以至奏销期届一时，徒费周章，只得任听开参了事，并以开参后一年方议处分，更不免心存玩忽。除羡截向系次年奏销前完纳七分，年底全完已有定限分数外，嗣后课税一项拟请分定上、下两忙征解，以本年十月为上忙，完解六分为率；次年二月为下忙，十分全完，由道按上、下忙核较。如课税上忙完不及六分，及羡截奏销前完不及七分者，详请记大过一次；课税上忙完不及五分，羡截奏销前完不及六分者，记大过二次；课税上忙完不及四分，羡截奏销前完不及五分以上者，记大过三次；倘分厘不解则立予撤任以示惩儆。以上课税羡截若该厅州县实力催征完解踊跃，亦随时查明请奖，以示鼓励。其有归丁之州县税羡系随地丁征收，总以上忙前一律全完，不准丝毫延欠，如有未完即系侵挪，亦立予撤究。又向来奏销时附参未完职名，总以现任之员干议其前任，不论在任久暂、征收税羡多少，一概置而不论，亦属偏枯，故署事之员自揣数月即行交卸者，每以此项银两为无关紧要。一任商人玩延不解，及至后官到任，为时无几即力为比催，亦难全数清款，旧增新积以致无年不欠。拟请嗣后每年奏销开参必按一年核算，如前官到任不及三月或按忙全解者毋庸议外，若在任日久及将届上、下忙前交卸而税羡未能完解之员，亦即由道查明，分别详请记过、附参，以杜推诿。道光三十年。

归丁

其有州县未能招商，率由小贩持票赴附近盐厂买余盐回给民食，课税由粮户并入地丁纳官者，曰归丁。产盐行省，据《会典》：“惟河东盐池议准课归地丁。”又《皇朝通志》：“雍正八年，山东青、登、莱三府盐商听所属民人领票销卖，课银摊入地粮征收。”此外，甘肃及陕西汉中之西乡、洋县皆有之。四川初行于巴州，继而通江、定远、铜梁、大足皆因之，时以课办民便，权宜暂行，未尽入告也。至嘉庆十七年，总督常明请于他州县照例举行，户部驳诘不许，常明坐是镌级。然各州县有商亡课悬者，皆权宜行之，以待招商。至道光三十年浸增至三十一州县，今先后增至四十二，曰汉州、什邡、永川、璧山、荣昌、大足、合州、铜梁、定远、阆中、苍溪、南部、巴州、通江、南江、剑州、西充、仪陇、隆昌、平武、江油、石泉、彰明、名山、洪雅、夹江、三台、射洪、盐亭、中江、丹棱、安岳、内江、井研、绵州、德阳、罗江、江安、绵竹、梓潼、茂州、新宁，各引自光绪三年总督丁宝桢奏定，不印总督关防，白截存盐茶道库以待招商行引，今率用小贩买票厘余盐济食。旧例不许水运，亦不过四十斤，今宝桢从总办官运盐务唐炯请，为定人许荷八十斤，水运者听民情便之。

常明奏略：窃查川省额引有边引、计引之分，边引以供滇、黔民食，计引以供本省民食，合边、计引共应销水引二万九千零十八张，陆引十三万六千二百三十二张，额征课羡共银三十万六千二十六两零。除边引尚无大弊毋庸计议外，计引系计口授食专供腹地之用，流弊殊深，推原其故则因坐商虚有其名，奸徒得专其利，不惟病民且病法也。川省充商之人当其领引之初，或领引十余张或数十张，至多者百余张，且有朋领者，所需本银有限，故充商者不尽殷实之户，每有将所领之引出典与山陕客民行销，此等人谓之行商，本商则谓之坐商。川省盐井衰旺不一，盐价向系随时长落，行商典引或一二年或三五年，久暂不一，本非世业，无所顾忌，只知抬价求利。小民有食贵之虞，是以各州县民屡有盐课归丁之请。伏思利期公溥法贵便民，彼奸商以官给之引私相授受，本违定例，立应斥革，但弊沿已久，若骤议更张，又恐额引滞销，民虞淡食。查川省地方如巴州、通江、定远、大足、铜梁等处均因行商病民，小民自愿公同照额纳课。另于附近产盐地方自行买食，其存滞商引官为截角申缴，虽未奏咨有案，亦于例不合，但商民相安，于地方尚为有益。现拟将弊窦最重之重庆府属州县内严查行商等一切积弊，于地方尤不相宜者，仿照巴州等处盐课归丁、公同完纳之法从容筹办，则川省盐务不致尽被奸商垄断，穷民得谋生计，私枭不禁自绝，此等背负贫民，力难远贩，于淮商亦无虞浸灌。

又片奏略：川省盐务积习相沿，行商任行盐之事，坐商任缉私之事，坐商缉私不力，则行商不肯典引，坐商无力，立致坐困，是以无聊之坐商又复收养无聊尤甚之匪徒作为该商巡役，出死力以缉私，因之老弱残疾挑负四十斤以下者悉目为枭。虽到官时，官为分剖，而穷民之受害已深，因此穷苦小民痛恨盐商，深入骨髓。川省自教匪平定以来，所有遣散回籍之乡勇，并贼中自投来归之众，为数甚多。此等人不敢公然为匪，往往亦挑卖数十斤盐，聊为糊口之计。窃以重庆一府计之，商人不过数十户，而赖盐以生者，大约不下十余万人，以数十家温饱之故，绝十余万衣食之源，不惟轻重较然，势亦难相安无事。惟盐课归丁，任其民运民销，不使无赖凶徒妄拿滋累，庶川省无告贫民得谋生计。倘蒙圣明洞鉴，以归丁一事尚属可行，先择重庆府最要之州县次第筹办。

户部议略：查办理各省盐务，固可随时调剂，然必须就本省情形与邻省现行事宜通盘筹画，斟酌尽善，两无妨碍，方可永远遵行。该督以封疆大吏有约束抚绥之责，应将行商积弊严行整顿，不准私增盐斤价值，而于私贩多人尤宜严饬各有司时加管束。现在既具附片声称屡有抢夺等案，原不得不速为查办免致酿成事端，但以一时流弊变永久之法，据请将川省盐课改归地丁摊征，而于盐课归丁以后是否可以行之久远、不致别滋弊端之处，未据该督切责陈明。臣等公同悉心酌议，四川与两湖一水可通，若课归地丁，则无课之盐其价必贱，川省所出之盐仅敷川省民食，自不虞其侵越，倘井盐产旺则侵灌湖北襄、郧等处，势所不免，两淮引地必至堕销，于课项大有关系。且边引仍旧行运，计引改归地丁，互异参差，该省大小盐官是否概行裁撤？又引课既已归丁，其煎锅税银是否照旧征收？种种窒碍，殊属难行，事关改易章程，自应详悉筹议，未便只求一省称便，而于邻省私枭不预防其充斥，亦未便因一时权宜补偏救弊，遂将永远遵行之常法轻议纷更所有。该督请将四川计引盐课改归地丁完纳之处，应毋庸议，至所称巴州等处公同照额纳课，附近买盐而食，引系官为截角缴销，既据该督声称并未奏咨，有案亦于例不合。且通省盐课皆由商人销引完纳未便办理两歧，应仍令该督转饬各该州县照例办理，以昭画一。嘉庆十七年。

徐泽醇奏略：再，汉州、茂州、巴州、剑州、蓬州、什邡、射洪、盐亭、平武、江油、彰明、石泉、营山、仪陇、新宁、阆中、通江、安岳、罗江、安县、绵竹、德阳、梓潼、南江、西充、井研、铜梁、大足、定远、荣昌三十一州县计口水、陆引张，查因盐商逃亡、贫困，无人接充领引。民间自在附近场灶买食老少余盐，每年应完税羡久经粮户自行集议，愿归丁灶完纳，年清年款，毫无拖欠。业已历久相安，应请仍循其旧，其每年引张封存道库，随残缴销，俟募有妥商，再饬领引配运。税羡既归丁灶，则该州县之逃亡、贫乏商名，册内即应开除，以昭核实。

又通饬查得汉州、平武、江油、彰明、石泉、茂州、井研、荣昌、大足、定远、铜梁、仪陇、阆中、通江、昭化、巴州、剑州、中江、安岳、罗江、绵竹、梓潼、新宁、什邡等二十四州县盐课向系改归地丁，是课税并不出之引张。其引即属废引，乃各该州县有将前项废引仍令商人领出，奸商因之贩私，书吏从而渔利，以此无课之引改配旺厂，既不纳课，尽饱私囊。在产盐地方州县止知其为部引，并不察有无归地丁与否，不得不任其配销，明目张胆，假公济私，以致正课日形支绌，殊堪痛恨。若不严加整饬，何以肃鹾政而裕帑项？除前已札饬盐道，将盐课归丁之各州县本年未领引张一体停给，其已领者立即撤回，并现又札饬将历年未缴归丁盐引全数催缴截销外，第恐该奸商执引在手，延不遵缴，仍前配盐行销；合再札饬为此。札仰该府厅州县即便转饬产盐各厅州县，如有商人仍将前项改归地丁之引赴厂配盐，即将引张扣留，一面将该商人管押惩办，其余课不归丁之各厅州县，如有融代历年未完税羡积引，亦即取具某厅州县商人代销某厅州县某年之引若干张，赴某处通商口岸行销，并声明某厅州县盐务并非归丁切结方准配销，为此札仰该道，即便通饬一体遵照；一面由道查明历年未截归丁引张，勒限追缴截销，以杜弊端，其余未缴各残引亦一律上紧催缴。道光三十年。

丁宝桢禁止书役商巡留难阻措票贩示：照得[1]川省富、荣、犍、乐等厂，业经奏明，撤去盐垣，改设官引、票厘两局，派员管理。官引局专验潼计各引，票厘局专收票盐厘金。票盐每挑定以八十斤为准，不准加多，每挑给予护票一张，随挑收取厘钱，准其运赴归丁州县发卖，沿途关卡验票放行，兵役不准妄拿。诚以肩挑，贫民藉此谋生，而归丁地方得免淡食。且票盐应有行销之地，自不能搀越计岸，洵于商贩贫民均有裨益，一举而数善备焉。现经札饬盐道，将通省归丁州县例应白截之引张悉数追缴，俾票盐畅销。归丁地面，其有陆路可通之处则归陆运，其无陆路可通之处既经给票查验抽收厘金，即与引盐无异，自应准归水运，以示体恤而便民食。除射、蓬等厂票盐运至遂宁，合州改归陆运，不准再由水路运赴江、巴、涪、南等处充塞计岸外，其余犍、富各厂票盐运赴归丁州县，水载陆运应听其便，不准书差、兵役、商巡藉口留难阻措，致拂舆情，自干重咎。至边计引岸并未归丁之处，票盐只准过道，不准零星搀卖，以清口岸而符定制。光绪三年。

[1] 照得：查察而得。旧时下行公文和布告中常用语。

四川盐法志卷二十三·征榷四

积欠

其课税卒有未纳者，州县委之商人，井商则委之井衰，引商则委之岸滞，于是常有以改代、改配为补苴法，实则弊滋多而积欠仍在。积欠之数率在羡、截，其弊有二：一、引商无力，辄赁代商，羡、截例由本商自纳，则往往侵蚀，不以时上，此积欠在商；一、州县以其期缓得咎且轻，辄备以补课税之短，羡、截则置之，此其欠在官。自盐道以下因缘为奸利，或自顾考成，用相徇隐，往往更数十年累数十百万而一发举其最甚者，大率自雍正初年盐法厘正后，至乾隆四十六年户部诘察总督文绶始，廉得积欠、羡余二十八万有奇，寻令补纳十万有奇，余数奏请令各商分年带征，商疲者令他商代销，为纳欠数焉。

户部尚书和珅等奏略：盐务为国课攸关，臣部乃办理总汇，固在乎实力奉行，尤贵于防微杜渐。臣等留心详查盐务，除云南近经该督抚筹办，业已就绪，其余各省尚属妥善。惟四川一省虽正课无亏而办法稍宽不及，谨分款酌议：一历年之积欠宜清厘也。查各省盐课每年正额应征之外，其杂项银两例应征按年随正交纳，四川一省正课虽俱按年完交，而羡余一项自三十九年至四十四年共欠二十八万七千一百余两之多，缘该省每年应征盐引羡余银十四万八千九百余两，茶引羡余银二万八千四百余两，二共十七万七千四百余两，统共于每年六月内咨部报销。臣部于乾隆四十五年六月内据该省报销四十四年已未完数目新课，只完银五万五千八百余两，尚未完银十二万一千五百余两。三十九年至四十三年旧欠虽已完过银九万三千六百余两，仍有未完银十六万五千五百余两，共未完银二十八万七千一百余两。臣部以积欠过多，行令该督迅饬各属将新旧积款银两设法筹画，仍将现在作何筹办之处先行报部。去后迄今已半年有余，尚未咨覆。而转瞬六月，又届四十五年报销之期。若不及早整顿，似此完少欠多，将来月积日深，何所底止？如云南盐务积欠，停煎过多，几经筹画，几费通融，近日始能就绪。与其拮据于难以措手之后，不若绸缪于易以完局之前，应请敕下四川总督将盐茶羡余积欠一项，或仿照滇省之例，每年新课全完，旧欠带交，酌定年限渐次清厘；或另筹办法，务使新旧两无拖欠，迅速清楚之处通盘计算，详为筹画，奏明报部查核。

文绶奏略：伏查川省水陆盐引应征正课税银俱经年清年款，惟羡、截二项各商向于正课清完赴厂配运之后次第呈缴，配引有先后之殊，故完纳有迟速之别。迨乾隆三十七年至四十一等年正当军兴之际，一切柴薪、食物、运脚、人工无不昂贵，以致商力日行拮据。其自四十二年以后，物价虽平而商困未舒，且羡余轻重不等，其羡轻引少之商尚能勉力完纳，惟羡余最重之富顺、射洪二县欠款累积，即经严饬勒限比追，据该道将现已缴到银数陆续详报，并提集各欠商等确查情形妥协酌办。兹查明四十四年报销未完羡、截银二十八万七千一百余两内，现在催缴过新旧羡、截银一十万六百余两，已办有成效，其未完新旧羡、截银一十八万六千余两。查川省行盐最多之处，惟富顺、犍为两县，射洪次之，除正课银数相同外，犍为水引一张羡余银二两二钱九分五厘，富顺县水引一张羡余银五两五钱九分五厘，射洪县水引一张羡余银四两八钱九分五厘，富、射均较犍为加倍有余，是以前项欠银十八万六千余两内，富顺积欠一十三万七千余两，射洪积欠三万二千余两，内尚有富顺积欠二千余张存贮县库尚未领运，并将设法疏通完缴之处议详。前来臣随率同布政使查礼、署盐茶道林俊悉心筹酌，此项银两虽系羡余，亦与正课无异，自应上紧催追，速为归结。除各州县多系全完，即间有未完者，亦为数无多、不难追解外，惟富顺、射洪二县商力既疲，积欠又重，若令富顺各商于新引课羡之外又完旧欠，并赶行积引，一时实难兼顾。且富顺盐井近有报坍，现饬确勘结报开除，似应设法通融，俾得渐就清厘，新旧两无拖欠。查犍为羡截本轻，又井盐较旺，商力亦觉稍裕，如有余盐即将富顺积引二千余张，饬令犍商通融，分年陆续代销，仍照富顺之例完纳羡、截。该商等均情愿遵办，其富顺岁额水引四千四百二十三张，每年每张带征旧欠银三两，岁课带征银一万三千余两；射洪县岁额水引一千四百九十三张，每年每张带征银三两，岁课带征银四千三百八十余两，约计十年之内可以一律缴清。均请以四十六年为始，严饬各照数依限征收，倘有违限，将经征之员分别议处。其四十五年羡截银两，各商行销本有先后，势不能与正课一同完纳，统限本年扫数全解，此后总照此年清年款，不使再加新欠。如此通融代办按引带征，而积欠可以速清，商力亦不致于竭蹶。

户部议略：查该省盐茶羡余一项，历年积欠银共二十八万七千一百余两，为数过多，是以臣部奏令该督设法筹办。今据奏报，已完银一十万六百余两，尚未完银一十八万六千余两，除已完银两，应令即行提解司库报部查核外，所有各州县未完项下内富顺县积欠银一十三万七千余两，射洪积欠银三万二千余两。既据查明：该二县商力既疲，积欠又重，自应如所奏，准其自本年为始，分作十年按引带征，以纾商力。第查滇省堕销盐斤一项，原限八年，现经该督等奏请，加紧疏销，无俟八年之久，趱办完竣。今该省积欠银两筹办二三年后，果有起色，自可不俟十年并限清结。应令该督仿照滇省章程饬属认真查办，并将此项积欠按年计入考成，如有未完，照例查参。该督又称“四十五年羡、截银两，各商行销本有先后，势不能与正课一时同完，统限本年扫数全解，此后总照此年清年款，不使再加新欠”等语。查该省应征四十五年羡、截银两，例应本年四月正课奏销之后报部，今该督虽称不能与正课同完，但造报此项银两，既在正课奏销之后约在五六月内，虽不扫数全完，若漫无节制，又恐仍前致有积欠，应令该督于五月咨销时实力严催，总完在七分以上，其余未完者统限本年内扫数全完，专案咨报，仍令年清年款，毋得再有新欠。倘仍有短欠，即将经征官照杂项钱粮未完例议处。乾隆四十六年。

又议略：据徐泽醇奏“课归代商完纳以免侵挪”一条，臣等查商人销一引之盐，即纳一引之课，本无轇轕，若引既觅人代运，而课仍交本商完纳，必启挪亏之弊。兹据奏称，川省盐商近多疲敝，每将引张觅代商承认应纳税羡，向交本商自完，以致私挪滥用。历来积欠，职此之由办理，本未允协，嗣后该商等如有觅人代运，应准其饬令地方官责成代商自行纳课，倘再交给本商拖延税羡，即责成代商赔缴，以昭公慎。道光三十年。

其后至道光三十年，总督徐泽醇以盐法疲滞，先察积欠羡截数至三十三有奇外，犍、潼两商积欠又几二十万，奏定期十二年或本商、或他商，略如文绶法，分年弥补。既泽醇旋去，逾期而积欠仍未纳。

徐泽醇奏略：窃查川省盐务每年额行水引三万一百七十八张、陆引十三万八千二百二十九张，每年应征正税银十四万四百九两零，羡、截银十五万五千八百一十三两零。嘉庆二十四年以前皆系年清年款，以后递年拖欠，日甚一日，至上年奏销止，共欠羡、截银三十三万七千余两。从前户口较少而税羡无亏，今户口较前增繁，食盐之人倍于往昔，而积欠转如此之多，其弊不尽在产盐不旺、行销不畅也。虽川省山路丛杂，不无私贩搀越，而其弊尤甚者，莫甚于残引不按年缴销，商人借以影射重配，侵占正引。查上年奏销以前，历年未缴之引共有二十二万六千九百六十七张，为数多于额引。甚有从前已将税羡改归地丁征收之处，而引张仍听商人承领者，假公济私，种种情弊，不一而足。若不澈底查办，是以国家惟正之供，俱任奸商猾吏句串[①]舞弊，暗中侵蚀，实堪痛恨。臣到任后悉心察访，略得梗概，并悉其致弊之由。因思欲兴利必先除弊，未有弊不除而利能兴者，当即札饬各州县先将未缴残引勒限全数缴销，札饬署盐道黄士瀛认真查办，并委熟悉盐务州县随同黄士瀛详细钩稽，将盐茶积弊痛行剔除，再行斟酌情形妥议章程，必期源洁流清。俾盐、茶两项得有起色，至所欠羡截银两应如何分年弥补，务使帑项有著，不致有名无实。

又奏略：窃查川省盐务羡、截积欠累累，残引匿不申缴。前经臣札饬各属将未完羡、截严追完纳，未缴残引勒限缴销，并饬清安泰、黄士瀛等详细稽查澈底清厘，一面将其中积弊及委员查办大概缘由缮折奏报在案。嗣访闻不但羡、截历有拖欠，即课税亦有商欠官垫之处，更有挪移羡、截垫解课税者。若不详察弊源、体察畅滞情形，认真整顿，

① 句串：即“勾串”。

则日引月长，何所底止？复饬令各委员分路往查，去后兹据该委员等查明，川省产盐之地不一，井灶纷沓，枭徒易于贩卖，关隘懈弛，船每多夹带，或一引而行数引之盐，私自加重，或此商而占彼商之岸，任意搀越，且有稽留残引影射重照、觅代正引只图收息拖欠税羡，以及地方官懈于缉捕，致令私充引滞，并奸胥蠹役需索各弊，于盐务大有关碍。其商岸情形惟成都、华阳两县计商及犍为、荣县、富顺等县边商稍为殷实，销案亦甚畅行。泸州、酉阳、彭水、黔江、秀山、开县、宜宾、邛州及犍为增行宣恩计口滇边，并珙县、马边、三台、射洪、蓬溪、中江、盐亭暨湖北咸丰、来凤、宣恩等厅州县盐岸甚疲滞，商力亦多拮据，其余商岸尚可支持等情，陆续由清安泰等查明。积欠银数并已缴、未缴引张数目通盘筹计，斟酌情形，将积滞未销之引拨代行销，分年带征弥补积欠并酌拟章程具详。前来臣查川省每年额行边计水陆盐引一十六万八千四百零七张，应征正税、羡截、朱力连井灶锅课共银三十一万五千一百二十八两零。道光二十八年以前盐羡积久查核，三十年奏销案内除已完外，尚有泸州等厅州县未完银二十三万八千五百五两七钱八分四厘七毫五丝，后又陆续解缴道库银一千二百八十六两六分，现计各属实欠银二十三万七千二百一十九两七钱二分四厘七毫五丝。其二十七年以前水陆盐引合二十八年分未缴引张，查核三十年奏销案内除已缴外，尚未缴水陆盐引二十二万八千五百八十一张。自通饬严行催追后，又据陆续申缴二十二万三千三百零二张，并据巫山县报明：商故无著引九千六张，计未缴之数现止五千一百八十三张，所有缴到引内查未行滞水引一万一千七百七十五张、滞陆引十一万五千二百八十七张，皆系泸州等厅州县滞引，若不设法融销则积欠归补无期。惟以上积欠银两合之积滞引数参差不齐，或商人亏本挪移欠多于引，或商人措资垫解引多于欠，或有认代未行已完正税者，势不能据引计银。必须体察商人之贫富、口岸之畅滞，酌拨代销，展限代征还款，方能有济。经该道等提集各商到岸，饬令量力认代，除泸州、酉阳、黔江、彭水、秀山、开县、宜宾等州县滞水引一千八百八十六张、陆引一万一千五十张，各该商以先因商不敌私，日致赔累，现在力加整饬，盐务已有起色，断不致照前拖延，恳求仍给行销展限带完。应如所请，仍将滞引发给各商具领，填完积欠银一万四千三十七两一钱一厘二毫。又邛州商人积欠银一千九百九十两三钱五分并无滞引，即令该商自行按年随同额引带征还款外，其犍为增行宣恩水引一千一百张，有成、华两县商人永远认代行销，弥补积欠羡、截银三千九百五十四两及未完历年正税银四千八十六两，并认代二十九、三十两年分未行水引三百张，完缴税羡银二千一十两；其犍为县计口滞陆引二万二千五百六十张；荣县边商认代行销弥补积欠银一万二千八百八十二两二钱四分；又犍为县滇边计口两岸并代行马边、珙县、宣恩滞水引二千四百四十张、陆引五万八千三百八十九张；有犍为县黔边商人愿代行销，认完积欠银五万六千七百六十四两四钱二分三厘。又三台、射洪、蓬溪、中江、盐亭滞水引六千一百零九张；有富顺县黔边商人认代行销，弥补积欠银一十三万八千三百一十九两一钱六分五厘五毫五丝，并另行认代二十九年分水引一千八百二十二张，完缴羡、截银一万一千八百五十五张九钱五分二厘；又湖北咸丰、来凤两县滞水引六百四十张、滞陆引二万二百八十八张仍交本商领行，补完积欠银九千二百一十四两八钱三分二厘，并历年未完税银三千三百六十五两二钱二分九厘六毫，统予展限十二年，按年代征还款。俱自咸丰元年起，各按限完银缴引，不许稍有蒂欠，尚有湖北鹤峰州积欠银四十八两六钱一分三厘，税银二百五十两三钱三分五厘六毫，向系楚省委员办运，应咨湖北转饬速解清款，毋庸代为筹补。引欠既已拨代展缓，所有前经附参各职名，应请查销。至此次查办积欠滞引内，惟潼川属之三台、射洪、蓬溪、中江、盐亭五县商人引欠最多，溯查潼商自行边引以来，办引早形竭蹙，前因亏欠日增，积至七万有奇，无力填完，始议潼、犍两商合总行盐边计和衷，自乾隆四十九年起至六十年止，合总期满归还积欠潼商，复以著有成效，呈请续合十二年；又以嘉庆元年为始至嘉庆十二年，二次合总限满年清年款。潼商复掣引自办，甫经一载，遂欠银二万余两，嗣据六属众商合恳，仍归犍商代行二十年，至道光八年，三次代销银两毫无拖欠。饬令潼商撤归本厂自行采办，而该厂柴薪愈贵、工本愈多，仍系按年改配犍、富两厂，并将引张推交犍、富商人代销，以致屡屡亏折，每年仅缴正税不完税、截，年复一年，积至十三万八千余两。在该商办堆行盐后办理不善，遇商亏累即藉人弥补，历有明证，以后引张若再听该商领行，必将以拖欠为得计，别商之代完未清、该商之新亏又起。且委员勘明三台等县盐斤不旺，产盐散多块少，不能敷配边引，该商故配犍盐行边已经一百余载，与其由该商等展转推代，轇輵不清，徒滋延欠，自不如从此分交别厂妥商认行，以便催征，可期于盐务大有裨益。现查犍、富两厂产盐甚旺、边岸畅行，其代销潼引绰有余裕，应将本年潼商额行黔边水引二千五百二十二张拨交犍商一千一百三十七张，给富商一千二百八十五张代行，各运至现定之黔岸销售，俟将来犍、富井厂盐不敷配，再行临时筹酌办理。至犍为增行湖北宣恩水引一百五十张，屡催该县招募，无商来川领办，引税虚悬。现在虽将道光三十年以前滞引积欠设法弥补，而以后仍属无著。不过奏销案内虚列一款，于国课民食两无裨益，应请敕部将此项水引一百五十张，自咸丰元年起停给不发，以免有名无实。又历年缴引册内尚有嘉庆年间未据缴销之引，事远年湮，商人留存亦属无用，询厥由来，不无因水陆运道山危滩险，中途遗失，畏累不敢呈明。现在饬属确查实系无著者，即取具本商及同商切结，另行详请咨销，如此则无不填之欠、亦无不缴之引。惟旧欠虽已筹填，新赋犹当慎重，若不将历年积弊逐予剔除，恐于国课仍无裨益。现今明定章程以昭核实，如稽查井灶以清私贩之源，钤束关隘以除夹带之弊，酌加斤数以纾商力，剖分地界以清黔岸，勒限缴残不使匿留作弊，严缉私贩毋令充塞鹾纲，取课税于代商俾免侵挪之虑，裁糜费于胥役以杜需索之门，皆正本清源、裕课恤商之要务。臣已督饬改道严饬各属实力遵行，不得日久生玩，以期盐法肃清，永无延欠之弊。互见积引。

又奏略：窃臣前将整顿四川盐务、弥补积欠并酌议章程以杜新亏缘由，恭折具奏。嗣经户部逐一核议请旨，饬就旨询各情详悉熟筹妥议等，因奏准行，咨来川除造册咨部外，理合恭折覆奏：一、部议“成都、华阳、荣县、犍为、富顺五县边计各商代行犍为并增行宣恩、马边、珙县、三台、射洪、蓬溪、中江、盐亭各厅县边计水陆滞引弥补积欠，是否身家殷实力能清完，不致借口，代销带课仍属纸上空谈”一节，查上年查办时曾经委员分途往查各属商人中，惟成都、华阳两县计商及犍为、荣县、富顺等边商较为殷实，销岸亦甚畅行，是以将犍为并增行宣恩、马边、珙县、三台、射洪、蓬溪、中江、盐亭各处；道光二十八年以前水陆滞引，并三台等县二十九年分水引，又犍为县增行宣恩二十九、三十两年分水引分拨代销认补，各年欠解羡税截银均系传该商等询明各能代行若干、认欠若干，出于情愿，方予准行，并无丝毫勉强，似无虑其借口代销带课延不完缴。一、部议“限期太宽，是否责成州县督销督征，随同正课分别议叙议处，以及每年实在带完银若干，均未切实声叙。泸州、酉阳、黔江、彭水、秀山、开县、宜宾等州县并邛州及湖北咸丰、来凤两县各处商人系销本商之积引、补本商之积欠，何至展限十二年之久？难保非搪塞目前，预为拖延地步，犍为增行湖北宣恩水引一百五十张，既系查明无商领引，引税虚悬，自应设法招募，妥为筹补，何得递请停给？且前款滞引已有成都、华阳两县商人代销，则此项水引一百五十张何不并令认代”一节，查成都、华阳等五县商人虽力较充裕，然各有额行引税，自当宽予限期，俾商力稍纾，庶得从容完解。其自领滞引带完，湖北咸丰、来凤两县及泸州、酉阳、黔江、彭水、秀山、开县、宜宾并无滞引，代完积欠之邛州等处商人所行口岸虽有起色，而该商等名下每年有应完之额引、税羡，以先俱系积年拖延，现在责令年清年款，若再积欠令其赶紧完交，实属力有不逮。应仍请照前议，俱予展限十二年，以归画一而示体恤。所有各商代销带征课税、羡截银两缴引数目，俱由盐道按限算明，每年实应完缴若干，札饬各州县取具各商甘结申赍在卷。至犍为增行宣恩水引一百五十张，经该道传成都、华阳两县商人到案，询据禀称所领滞引已试行数月，因盐务整饬之后，私敛官畅、引不敷食、尚可增认等情，当即拨定成都县商人永远分认引六十张，完税羡截银四百零二两，华阳县商人永远分认引九十张，完税羡截银六百零三两，自咸丰元年为始，行引完税以上各代商、本商补欠及成、华商人分认引税，俱系责成该州县督销督征，嗣后办理奏销参案时，即请将前项引银随同各州县额引、税羡另立一款，查明已未完缴，分别议叙议处。咸丰元年。

咸丰军兴以来，边计滞销，积欠愈甚，济楚一举时会可乘而无良法，从弊转甚如前。所谓官欠商欠外，其尤者莫如同治十一年盐茶道傅庆贻拨厘填羡之法，就商人应纳盐厘引拨二两作羡截以为完课，盖羡截数有定，厘无定，因得上下其手。而商人用是借口，羡截辄置不纳，五年中凡拨厘银十四万有奇而羡截积欠至三十九万有奇，至光绪三年总督丁宝桢檄候补道唐炯行官运法，发其弊以闻，部议夺庆贻职。乃举自泽醇以后所积欠羡截数至百七十七万有奇，其中积引有著，可补课者凡百二十余万，为设官引局销引征税并征改配、改代公费纳盐道。自三年以来，官运、官引两局带销积引，岁率征还积欠十万有奇，至六年征还四十八万有奇。七年，署盐茶道唐炯言于宝桢，请划七十余万有著之引，仍岁责官运等局代销补课，其余若引失商亡或贫无力者课终无著，凡五十五万五千二百有奇，为奏请豁免，并免各州县处分。宝桢据以入告，得旨允行。自后官吏勿许私索故欠商累，鹾弊为之一清。

丁宝桢奏略：窃查川省盐务，自咸丰初年以来，因滇、黔边岸全失，部引滞销已越二十六七年，此后边计各引牵扯轇轕，迄无考核。虽经前督臣骆秉章、吴棠于同治二年八月两次奏准展限勒销，毫无实济。前经查明，截至光绪二年年底止，边计各引积至八万数千张，积欠羡截银一百三十余万两，较之同治二年原奏积欠羡截银三十六万余两，几增四倍。良由频年边计套搭、引目混淆，奸商巧于营私、贪吏肆其需索，自充商领引、开签以至沿途盘验、到岸开包，处处索费。官取于商不问国计，商取于盐不知畏法，故改包添斤任意加重，配一包而载两包之盐，行一引而夹数引之私。其潼属一处甚至盐船经过盘验，委员不验包重，全系估堆，官则估多以便索钱，商则争少以图减费，但将使费说定，无论包重包轻，即便放行，蔑视典章直同儿戏。关卡贿赂公行，私枭群起争夺，于是官商私贩互相龂龁，沿江列舰排炮，抢劫焚掳，肆无忌惮，莫可收拾。臣到任后将潼属严加整理，又督同唐炯议办官运，定章奏办，力禁官吏之婪索，严杜商人之夹私，包斤改归旧则，为之酌减厘金以救商穷，边计不容搀混，为之划分引岸以清销路。一面饬派营勇实力查拿私枭。由是引岸分明、运路疏通、商贩畅行，挑贩穷民亦得各安生理。

又奏略：再，川省盐务积滞引张之多、积欠羡截之巨，为他省所未有。臣详细体察，在同治七、八年以前犹可借口于滇、黔边岸久未疏通，同治九、十年以后边岸既渐有转机，而济楚引张定为五边一计，销行亦畅，何至引积羡悬转甚于前数倍，且厘金亦逐年递减。推求其故，始知前任四川盐茶道傅庆贻在任时，创为拨厘作羡之法，自此羡厘两项颇多含混，以致收数愈形短绌。随饬清查局、司道督饬委员检查，同治九、十年以后，盐署档案切实核办。兹据详称傅庆贻任内创议拨厘作羡，系于商人应完厘金，项下准其每引一张拨出厘银二两，抵作应完羡截二两注册收库。计自同治十一年三月初一日，傅庆贻定章拨收起，自光绪三年冬间奏改官运停拨止，前后五载有余，仅收过拨厘作羡九七平九九色盐厘银一十四万七千三百七十一两零，折实净收库平色银一十三万八千八百四十五两零。复按引分算，其各任欠收羡截银数，自同治十一年三月初一日起，截至光绪二年年底止，除拨厘填羡外各商实共欠羡截银三十九万二千五百一十九两九钱零，光绪三年十一月以前短欠银三万三千六十六两有零，尚未并计在内。综计自咸丰九年起至光绪四年止，前后共积欠盐羡截银一百四十万一千一百八十五两六钱零。该司道查近年奏销册籍比较各年欠数，同治十一年以前未经拨厘作羡，每年积欠羡截不过四五万两，至同治十二年以后，业经拨厘作羡，每年积欠羡截转多至八九万两，及至光绪三、四两年奏改官运停止拨羡，每年盐道衙门计引积欠又不过三万数千余两，此中得失较然可睹。是傅庆贻创为此法，名为拨厘作羡，实则挪厘减羡耳。且称拨厘之后，余羡务令找清，一似于厘无损，而于羡且有益者，一时朦胧详准，岂知商人趋利，隐坏鹾纲，不但应找羡银不肯找清，且比上年解缴之数多寡悬绝。即如富顺县因商人不完新征羡截、续禀请将本年拨收之厘抵解本年新征之羡一案，经傅庆贻严批申饬，责其抓沙抵水，一面详明严催，谓拨厘之款原为弥补旧欠，不准挪抵新征，今若由羡挪抵，每届新征商人即专恃此项拨厘作抵，新征之羡必难催收，旧欠更何从筹补等语。可见拨厘作羡之弊，傅庆贻早已洞悉，如肯即时核实更正，截然停止，其时亏欠无多，尚可设法弥补。乃因循不改，年复一年，坐使国家数十万之正供，化为乌有，实为可惜。当日如果为恤商起见，但将一切陋规浮费稍加裁减，已足相抵，何至挪减厘羡正款。如谓减羡拨厘实出于万不得已，则与其减羡二两不如减厘二两，盖每引减厘二两不过二两而止，其未减之数犹可照常征收也。乃不减厘而减羡则是本引之羡，既以此厘拨收他引之羡，又以此厘抵报所拨止一引之厘，遂使两引之羡并归无著，此傅庆贻续详时所已虑及者也。至于已减之羡既经拨厘填补而未减之羡亦并藉厘搪塞，拨一引之厘遂使一引之羡全归无著，此则傅庆贻所未虑及者也。夫羡截固属正供而厘银亦关军饷，同一库款原无彼此之分，何必多此周折，遂至得一亡十，数年之内商欠截银积至四十余万，而减收之厘尚不在内。盐务积弊至于无处不坏，向非奏改官运，则此拨厘作羡、亏欠正款，尚不知伊于胡底？今计自开办官运以来，边计税羡均由官运总局核入成本，照数征收，用符先课后盐之意，丝毫不能拖欠。而边引应纳厘金又均涓滴归公，无复挪此填彼之弊，一年之中，一出一入，不下十余万，行之十年，其数不下百十余万，川省库款盈绌，即此一端，已可概见。惟傅庆贻当日既知拨厘之举有碍正供，并不据实更正、停止，以致亏欠羡厘各款如是之多，实难置身事外。现查咸丰元年起至同治十一年，未经拨厘以前，应收羡截欠款，容查明官欠、商欠、引欠分别核追外，至同治十一年三月初一日后划拨填羡之厘一十三万有零，至今亦无从还款，积欠羡截三十九万有零至今亦无从征收。据该司道等造册会详请核，前来臣查傅庆贻创为拨厘填羡之举，名为拨厘，实系挪厘，名为填羡，实系减羡，事后既明知其误，其误又不急为更正，以致频年羡、厘两项短收愈甚，其贻误要需，傅庆贻亦无可置辩。但此时若责令原办商人每引补缴羡截二两，各州县商人必以遵照盐道从前定章办理，并非私自拨填为词藉口不补；且事隔多年，商人歇业、死亡者亦复不少，追呼实觉无益。查上年官运一办边岸之挪抵早停，现在清查已明计岸之挪抵亦从此永禁，以后别无可作弊，合无仰恳天恩，准将各前道拨厘作羡之一十三万八千八百四十余两照数开除，毋庸饬令再补，用恤商力。其历年积欠羡截银两，仍由臣督饬新任盐道另行设法催缴，以重公项。光绪五年。

《官引盐务局配运纳厘章程》：

一、官运税羡厘金既归黔边盐务总局征收，犍、富两厂厘金局只抽收楚岸、计岸厘金，今行潼引并征税羡兼收票厘，应将两厂厘金局改为官引局，并由盐道刊发富、荣、犍、乐官引局关防，以省添设糜费，前用关防备文缴销。

一、改设官引局之后，所有存留道库潼引应由商人赴官引局具禀请领，并将应完税羡截、公费、厂厘一并随呈缴局，官引局即将商人请领引张数目核明，一申督部堂、一申盐道，督部堂于接到申文后，即将某商应领引张若干刻日札饬盐道，将所请引张查封号数，限三日详送督部堂，饬发局员转发该商具领其请引，领引不准局员私索分文使费。如犍盐不敷采配，准该商持引赴富厂配运，应缴税厘各款仍于各本厂局缴纳，此外不准分毫需索改配使费，如有抗违者，准由商人指禀，以凭查办。

一、商人领引一张缴税银三两四钱五厘、羡银四两三钱二分三厘、截银一两、厂厘十八两、盐道改代公费三两、渝厘二十五两、各关签截等费银七钱五分。其税截银与公费、厂厘应由商人交局，即由局核明数目，随同请领引张文书，申解盐道库，兑收其渝厘，仍由商人赴渝城缴纳实银，不准委员按时市银钱价值展转折合，以归简易而昭核实。

一、此次潼引业经奏明全行改楚，应俟潼引销竣，再为行销积滞引，不得复行随时配搭计引，以期画一。至所完计引羡截应照各县科则办理，余仍照此次章程缴纳，所有改配之长乐、鹤峰、建始、恩施引张应勒限年内销竣，渝城应纳厘金亦应照此次议定，每引二十五两章程办理，不准照前议减半，以杜取巧偷漏之弊。

一、川东、川北、永宁道所属州县及湖北长、鹤八州县，向在富厂采配之计岸商人，嗣后凡来厂采配，皆须取具各该地方官文移，声明额引若干纸，赴局照章纳厘扯票，再赴自流井县丞衙门截角配运。经过关县、渝城照例验截纳厘，运盐抵岸限三日内残引呈由各该县申缴盐道衙门，其课羡仍照例由各该县征收申解。

一、成绵道、建昌道所属州县向在犍乐采配之计岸商人，嗣后凡来厂采配，皆须取具各该地方官文移，声明额引若干纸，赴局照章纳厘扯票，再赴牛华溪盐大使衙门截角配运，经过关县照例验截，运盐抵岸，限三日内残引呈由各该县申缴盐道衙门，其课羡仍照例由各该县征收申解。

一、凡来犍、乐、富、荣井厂采配之计岸州县，每年额引不敷民食，应请增配若干引，该商赴官引局呈明，官引局具禀到院，由院饬行盐道限三日内将所请引张查对号数呈送，立即饬发官引局转发商人具领照章纳厘、配运缴残，其增行之引应以光绪二年积滞计引先配，次第按年带销，其课羡即由局代征。光绪三年。

总办官运盐务唐炯详：为查明川省盐务积欠羡截，在引、在商分别带征已有成数，其查追无著羡截，详请专案奏请豁免，并将案内各厅州县处分一律咨请注销，以清款目而省案牍事。窃查光绪三年间开办黔边官运。《奏定盐务章程》"清厘积引"条内开应饬各州县勒限将已销未销、在官在商逐年分晰，据实造具清册，并引申送总局查办，分别追赔、停缓，另行专案奏咨。"酌核代销"条内开总局，自开办之日起，先行新引，历年积引以次带销并将富、荣厘局改为官引局，专行潼引，并带销计积各引，以清界限。各在案又以积引握匿商手，积欠仍属虚悬，欲使欠羡有著，必先责令缴引，办理方有把握。曾蒙通饬示谕，勒限六个月，已行缴残、未行缴引、逾限不缴作为废纸，咨部注销亦在案。兹据各州县遵式分晰造册并引呈缴前来，职道等将州县清册与盐署实征簿据两相核对，分年、分县、分款详细钩稽，自道光三十年起至光绪五年止，共欠税羡银一百五十四万三千七百七十七两六钱一分九毫九丝八忽四微，又欠潼引税羡银二十二万八千一百一两九钱一分二厘一毫一忽六微，两项总欠银一百七十七万一千八百七十九两五钱二分三厘一毫。复查黔滇盐务总局丁、戊、己三纲带销积引二万四千六百四十一道六则八色，富、荣官引局专销潼引并代销计积各引三万二千四百一十道零七则，三年之中已收回积欠银四十八万六千五百二十七两三钱六分五厘三毫八丝，业经前任盐道将官引局代行潼引、已征税羡拨出银二十二万余两填补从前积欠入册具报在案。但销引年分由近及远、奏销年分由远及近，以致册报填补之数与现行引张年分参差不一。又查黔边盐务总局及道署催据各商呈缴水陆积引，以陆折水，共计黔边盐务总局尚存未行水引七万七千二百八十道一则六色，盐署库中尚存未行水引一万五千一百一十道七则八色，两项未行之引将来陆续带销，共可收回银七十三万一百四十八两六钱二分五毫，约计五六年中便可一律销竣。是通省积欠一百七十七万一千余两，除已完之四十八万六千余两，又存引可以收回之七十三万余两，共计已征、未征有著积欠羡截银一百二十一万六千六百七十五两九钱八分五厘八毫八丝，是将无用废纸变为实银，从此官运不停，便可确有把握。至此外尚积欠羡截银五十五万五千二百三两五钱三分二厘七毫二丝，实因从前盐务未经整饬，兼川、滇、黔三省军兴，口岸废弛、厂困商亡，加以咸丰、同治年间创议改楚，更启弊端。自道署以至州县关卡规费日增，大凡领引缴残、开签挂验以及改厂代销，无一而不需费。且犍、富自设厂厘以来，每引收银十八九两，向分商灶号三等摊捐。二十年来，商捐引厘数逾百万，虽引商取之行号，行号取之以盐，仍不外坐扣引商应得引息，良善之商空赔税羡，家计因之日窘；奸猾之商以捐厘为口实，恃规费为护符，肆意侵挪，官亦任其亏欠，虽咎由自取，无足深论，然皆始于官之营私废公，而后商人，从而趋之，以致愈积愈深，竟逾数十万之多。是其情已觉可悯，又其中有十六万余两系道光三十年以前潼商亏欠无著之款，推交该边商等认完者，实系代人受累。自军兴以后，有商已逃亡无凭唤追者、有家产尽绝零丁孤寡谋生无术者，纵使饬传到岸刑比监追，置之死地仍于巨款无补。职道等再四筹思，与其负藉欠之名永无收回之日，徒使款项虚悬展转轇轕，曷若划清界限，斩断葛藤。请将无著之积欠、羡截五十五万五千二百三两五钱三分二厘七毫二丝，仰恳俯念该商等捐厘报效有年，或因代认旧欠，或因规费受累，奏请准予豁免。嗣后积引由局带销按年销引若干、收回积欠若干，从光绪七年为始，另造四柱清册咨报，专归清查积欠案内办理，不准官吏濛混，挪东掩西，再滋轇轕。庶数十年积欠巨款一律截清以后，遵照新章先课后引，年清年款，永无蒂欠矣。再此项积欠巨款，既专归清查案内办理，每年另造清册咨报，则各州县处分应予注销。且查各州县历年既久，有离任者、有亡故者，后来接署并未经征，遽以远年之案同罹参罚，亦觉偏枯。应请将光绪六年以前积欠、案内各厅州县处分一并咨部注销以省案牍。所有积欠羡截分别带征已有成数，其追查无著之款，详请奏恳豁免。并将积欠案内光绪六年以前各厅州县处分一律咨部注销，缘由会同酌议，造具总、散各册具文详请，俯赐查核示遵。再光绪五年设立清查局奏明善后章程六条，内称欠羡一百四十余万者，是于一百七十余万两内，将已征填还积欠二十二万余两开除而言，数目因此不符，合并声明。光绪七年。疏见引票。

谨案：积欠当合积引改配改代，参看改配改代，太多则举其会奏定者。积欠太繁，故举三次清厘之件，详具总数者，余弗著。

四川盐法志卷二十四·征榷五

票厘　引厘　渝厘　夔厘

课税而外，余盐有征，今之票厘殆承其流，溯厥权舆，称名屡变焉。始雍正五年，巡抚宪德廉得简州等十余州县余盐积斤如引之数而暂榷焉，引征银二钱七分二厘四毫，曰纳税。未几即奏请改引增课。疏具引票。乾隆三十年，总督阿尔泰以金川用兵筹饷，取犍为、富顺两厂余盐用票畀引商带销盐一斤征银一厘八毫，以赍从征九姓土兵，曰公费。三十六年仍罢征，奏改引增课。

阿尔泰奏略：查川省犍为、富顺等县盐井，除配引行销外，其灶户扫积零星余盐，既不敷配引增课，又不便任其私销。经臣于乾隆三十年正月奏明，令各属将余盐尽数报官登册，由盐道给发印票交商带销，量征公费，备充夷务赏需。俟试销一二年后，果有成效，另行增引定课在案。计自三十年三月试销起至三十二年底止，共征公费银五万七千二百八十三两一钱，因夷务完竣，复经奏明，将余盐公费拨充添修城垣之用。三十三年分续收公费银三万六百四两八钱，三十四年分续收公费银一万三千八百八十五两四钱四分，三十五年分续收公费银三万二千七百八十一两零六分，通计六年共收公费银一十三万四千五百五十四两四钱，俱经解贮司库。查此项余盐原系灶户零星扫积，虽已试销数载而多寡不齐，岁无定数。今犍、富等厂余盐有因为数渐绌，原领照票不能疏销，请暂开除者；亦因有余盐为数渐增，请改票为引者，当饬行藩司、盐道通行各属确查具报，兹据该司道详成都等二十余州县申覆，可增水陆盐引一千一百余张，现在饬取册结，另请题报，照例增引榷课。其余未覆之州县，俟查覆到日核明，如果尚可酌增，即按原领照票一体酌改引张，以资民食；如或不能行销，即行缴票停办，庶章程永定，于裕课便商两有裨益。至余盐公费一项，前经奏归城工[①]备用，但川省偏僻，城垣业经部议覆准停修，其已经估报各处应需工料银两，现有鼓铸余息足敷支用，所有现在征存公费银一十三万四千五百五十四两四钱，应请拨入充公。其本年及三十年已发照票尚有未完公费，俟催解全完，一并报部拨用。乾隆三十年。初奏具引票。

既所增引外，犹有余盐，于是四十三年总督文绶仍以票畀富顺、犍为两县商代销征银，以代老少贫民易米余盐曰缴息，水票缴银八两，行边者九两，陆票缴银六钱四分，犍为行边者七钱二分，贫民人予银二分，部议银数多弊且不便民，为易钱二十。四十三年，总督李世杰覆奏，请以富厂余盐增设孤贫口粮，四十二名行陆照票，四百八十张征如陆引数。《会典事例》议准一节见引票，贫民易食余盐四十斤以上始纳银，实始康熙十七年张所志奏，见前井课。又《东华续录》乾隆元年甲辰，户部遵旨议奏：各省防范私贩，请照两浙、两淮见行之例，六十岁以上、十五岁以下及年少之有残疾者、妇女年老而孤独无依者，许其负盐四十斤易米度日，于本县报名验实注册给以印烙腰牌木筹，每日赴场买盐一次，不许船装。至因地制宜之处，请令各督抚、盐政悉心妥议，得旨依议速行。

文绶奏略：成都、绵州、潼川、夔州等府属各厂岁获盐斤仅供敷配额引，惟叙州府属富顺县、嘉定府属犍为县产盐较旺，配引之外不无余盐，向有老少贫民易米养赡之例。奸贩因而零星收买，积少成多，私行贩运亦在所不免。乾隆三十年间，曾经前督臣阿尔泰奏明，将所出余盐设立照票交商代运，每斤一厘五丝七毫缴解充公。三十六年，将照票停撤改为部引，近年余盐较少而零盐之不敷配引者，仍不无余剩。老少贫民例得买卖，兹悉心筹酌。仍应饬令产盐各地方官严饬灶户，凡有配引所剩余盐，不拘多少，尽数报官，不许卖给挑负之人。其报出余盐仍照旧时填给照票之例，交商代销缴息归公。在灶户，余盐有商买运，既无虑其他售，而盐悉归商，奸徒无从收买，私贩自可杜绝。至老少买盐之例，原应按名报案注册，每日准买盐不得过四十斤，既在本境售卖核计日获余利不过二三分不等，今既概行禁止，自当仰体皇仁，俾无失所，

① 城工：建筑城池的工程。

应仿照收养孤贫之例，饬令犍为、富顺二县查照旧时报验注册，挑负零盐之老少贫民共有若干名口，每名酌给银二分以资养赡，半月一领即于照票所收息银内核实支销，以后遇有续报请领者，亦必查验确实方许注册详明增给。至于老者病故、少者成丁，俱即查明开除，如有冒滥扣克，按律治罪。倘息银有余，仍报解充公，如此则私贩既可杜绝，穷黎仍沾实惠，于盐务、民生均有裨益。

户部议略：富顺、犍为二县余盐，既为老少贫难养赡之资，民间零星动用俱系钱文给与银两，恐经手胥役人等不无银色低潮、分两轻重之弊，于贫难小民日用诸多未便，令每名照二分之数，改给钱文，按月一领。

文绶咨略：查川省钱价，每库平纹银一两长落牵算，总可易钱一千文，以应交息银一两，令缴钱一千文，改为每名日给制钱二十文，按月一领。于商并无亏累，于贫民甚为便易，使经手胥役人等从中无可侵扣滋弊。

户部议略：查商人代销余盐，每年约有若干此项息银，或系先交后销，或系先销后缴，其所收息银是否归入县库，令老少贫民于应领日期赴县支领，或于他处散给。

文绶咨略：查盐井衰旺靡常，增除无定，井逢水旺则此月余盐较多，井遇水衰则彼月余盐较少，有新井报升而余盐或有加增，有旧井详豁而余盐即行减除，更有本井余盐积有成数又当增配正引，不独上下年比较难以画一，即一年之中亦未能尽同。是商人代销余盐即应缴息银似难悬定，惟有严饬地方官据实查办，将收盐缴息动存各数按月查报岁终汇核，至此项息银从前俱系先缴，此后收买余盐交商给照代销，应请仍令照旧先缴以供支给，而所缴之息即归入县库就近发给，每月酌定于初二日令其赴县当堂具领。

户部议略：查商人解缴息银与富顺、犍为二县，每引应完正税、羡截等项有无减少，行令查报。

文绶咨略：查富顺羡截本重而引多积滞，计水票缴息银八两、陆票六钱四分、行边水票九两、陆票七钱二分，较每引正税、羡截银数稍减；犍为羡本轻而引能销畅，计水票缴息银八两五钱、陆票六钱八分、行边水票九两、陆票七钱二分，较每引羡截银数加增，仍请照旧交纳，于盐政、商民均有裨益。乾隆四十二年。互见引票。

咸丰五年，总督黄宗汉议榷引盐兼榷余盐，盐一斤榷钱四。同治元年，骆秉章复从知府何咸宜请，以余盐多漏私，特于富厂下五垱设垣收盐，就垣纳榷，曰垣厘。他厂余盐少者率由灶绅任意包纳，其弊滋多。

何咸宜等禀略：查富厂余厘向准计商于豆牙湾开设子店，就此设局抽收，于牛腹渡设卡验票，初颇有成效，继则有名无实。访查情形，盖因井灶辽阔、散漫难稽，小贩希图漏厘，绕道潜行以致余盐日见其少。详加审察，井厂地分五垱，若责令概行挑负豆牙湾纳厘，本有不便于民，若专责灶户按锅稽收而井之消长、锅之增减不定，最易滋弊。惟有于五垱之中，每垱设余盐垣，仿过载行栈之法，代客买卖就垣抽厘，拣择公正盐绅经管，嗣后凡灶户煎有余盐，无论多寡，概须归垣发卖。即转手小贩，亦须入垣行销，不准另设盐棚及在灶房私卖。灶房既不私卖，则远来买盐之肩挑背负者，必须入垣明买，纳厘领票。如此变通，小灶户不虑滞销，该小贩亦成正业。并于五垱局绅经收之外，拣派佐贰一员，轮流稽查有无遗漏，每三日督同经收局士会算汇送总局转详。至地方厂员，本有缉私之责，应责成会同委员，协同井厂团总弹压私枭土匪，如有桀骜不驯之徒，即行严拿重办。并查明私贩所买之盐系何灶户所煎，将灶房封禁充公。所有豆牙湾总局及牛腹渡分卡，并各局道差即应一律裁撤，以节糜费，其五垱所收钱文，按市价易银汇交富荣总局办理，以专责成，稽查五垱之副委员亦归总局调度。同治元年。

是时沿江归丁州县皆小贩担荷给食，垣盐无票根不换护票，官绅商缘为奸利，引商又恶小贩多买运他州县逐利，辄结巡丁营卒，增设私卡，名示禁遏，阴为要劫。于是游民因聚群，不逞之徒。十百成群，毁诸巡长，杀伤役卒，盐枭之祸大起，遂有廖四闯王、任韦驮、谭二风、王江大烟竿诸名目，所过劫掠沿江，居民颇受其害。光绪三年，总督丁宝桢檄候补道唐炯举行官运，炯陈盐垣六弊于宝桢，请奏罢之。别定地司榷，又禁诸关卡勿有遮索，于是党羽离散，诸巨枭以次先后就捕伏法。富厂初改票厘局，寻增设公市，始则富、荣、犍、乐，既而井研、潼、绵、资、合、云、开、大宁以次举办，厘则就灶征收，票则设卡察验，换给护票勿令浸灌引地，犍乐小灶煮盐不足引者亦为设店收买，一时私贩为之敛迹。先是富、荣、犍、乐余盐榷厘率分花、巴，巴盐斤榷市钱六、花盐榷钱四，以花盐折耗多也。至是为奏定人许荷八十斤，减为巴盐榷钱四，花盐榷钱三，又十斤外赢二斤勿算以优之。潼属蓬溪等厂咸丰中为榷班口厘，岁定钱八十千缗，由绅收纳官，弊滋甚，所纳又常绌不及半。后宝桢为减钱三十千缗绌如故，乃就负贩计担而榷分上等，近水巴盐担榷钱百二十、花盐九十；下等行陆巴盐担榷钱九十、花盐六十。其他州县初率由绅包纳者，至是皆设局，委员计斤榷之，略如富荣各厂，惟斤榷钱几何则因地制宜，少有参差耳。旧制小贩担负不许船载，不得过四十斤，实则数倍，而榷半入公者，又不及半焉。至是既奏定人许荷八十斤，水陆亦纵不问。盖欲遽增引，则虑厂盐不继，为灶户忧；不增引，则货弃于地，转以纵末作资游惰，票厘则因厂丰歉随时增损，盖承余厘之流而法为最审焉，当时票厘所入岁率二十万云。

丁宝桢片奏略：川省穷民甚众，向有归丁州县俾小贩营生之民，均得赴厂购买余盐挑至该处售卖，从前系设垣经理，派委员绅会同查办，谓之盐垣，按斤抽取厘钱以济饷需。惟该厂委绅亦多系灶户，往往于此项垣盐厘金以多报少，把持干没之弊，兼而有之。委员因其势重亦不敢过问，且盐无票据，所到之处辄被地棍、书役拦阻搕索，穷贩积忿成仇，动辄纠众滋事，实为隐忧。臣与总局道员唐炯熟商，现将各垣裁撤，于富荣、犍乐等厂改设票厘局，派员管理，定以每挑八十斤为准，不准加多，每挑给予护票一张，随挑征收厘钱。准其挑赴归丁州县售卖，沿途关卡验票放行，兵役不得妄拿。此则肩挑穷民谋生有路，不致聚积为枭。从此永远行之，既可借裕饷源，亦可潜销巨患。现在官引、票厘两局一设，商民颇为称便，除他处产盐地方应如何设法查验、整饬之处，由臣随时体察酌办外，所有改设官引、票厘两局以利商民而裕饷需各缘由，谨附片具陈。

总办官运盐务唐炯详：查富厂秋、冬、春三时每日产盐在一百万斤以外，至四、五、六三月牛工轮班停息煎盐较少，然通年合算每日产盐总在八十万斤，边、计、楚三岸正引改配，计每年不过一万四五千张，盐多于引。而厂中牛工、豆草、包篛一切皆需钱文，故无论大小灶户皆卖零贩以资周转，而贩盐几与引盐相埒。八月收获以后，来厂负贩每日不下数千人，此富厂向来产盐、配引、零贩大概情形也。从前设垣抽厘谓之余盐，名实已不相符而立法又复不善，如所议余盐悉归垣卖，不准灶户私售。其实官并无如许之，本收买不过添设棚户数百家，灶户发卖与棚户，棚户转卖与小贩，棚户既经赚利，盐垣又取行用，是徒剥削穷民，其弊一。委员既索陋规，只合听其开设棚户，既出陋规只合就厘取盈，于是串同官绅收多报少，浮秤影射种种侵渔，其弊二。从前只由富荣局发给小票，并无票根，亦不换给护票，一票可照数次，一票可卖数人，收数多寡垣中漫无稽考，其弊三。小贩既无票据，经过地方又为兵差、商巡鱼肉，穷民无告不得不援匪徒为护符，匪徒亦遂挟其众势，为害地方，其弊四。富厂井灶周围八十余里从前设七垣七卡，就各地之盐销、各路之贩而委员止佐杂一人，一日之中稽查难遍，所设巡丁又皆虚报入已，于是不得不听命垣绅，受其挟持，其弊五。从前收解多寡并不张榜晓谕，银钱价值，时市涨落不一，故官绅得以捏报干没，其弊六。其他数钱串底种种弊端尤难悉数立法，既已不善，所用又不得人，无怪余厘日减，私枭日炽。职道自到厂半月以来，博访周咨，悉心筹画，惟有改设票厘局，撤垣归灶，就灶抽厘，局员发票，卡绅验票，其票根一由局员汇缴、一由卡绅径缴，每次数目官绅按票会算，张榜晓谕所收钱文，赴官运局按时价易银报解。卡绅由总绅公举公正殷实粮户，巡丁由总绅、卡绅公募本地身家妥实之人，均出具保结。自贡两井县丞有地方之责，亦责令随时巡查，官绅互相钤制，弊窦可期革除。至于票据，某州、某县、小贩姓名，悉予填注，小贩得此经过地方不受鱼肉，孰肯伙匪犯法自取罪戾，则穷民与啯匪可划而为二而地方可期安帖矣。

《富荣票厘局章程》：

一、总局刊刻双联验票、护票，编列字号，发存厘局，由局员加盖关防登记簿册，发交总绅，分发大小灶户，某某灶若干，开单呈交局员存查，护票发交验卡委绅，小贩到灶买盐，所有斤数、价值多寡于验票中缝正字大书，加盖某灶字号戳记，票根按五日呈缴厘局，厘局按半月汇缴总局。票纸截给小贩收执到前途验卡，委绅点验后收回票纸，按挑换给护票以便小贩售销，其票根照填簿册，按月由验卡委绅径缴总局，以凭核对。

一、柑子坳路通牛腹渡、荣昌、隆昌、内江，应于该处设验卡，兼查仙人石、青崖洞两小路。重滩路通荣县，其旁舒家坳通宜宾、南溪；中溪河通威远，应于重滩设验卡，兼查舒家坳、中溪河两路；观音滩、麻柳湾路通威远、资州，应于观音滩设验卡，兼查麻柳湾一路。仰天窝、内柴口临近厂河，应于仰天窝设验卡，兼查内柴口一路；梁高山、黄葛岭通内江、安岳、资州、威远，应于梁高山设验卡，兼查黄葛岭一路。一设巡丁二十名。重滩、舒家坳、中溪河巡丁六名，梁高山、黄葛岭巡丁四名，观音滩、麻柳湾巡丁四名，柑子坳、仙人石巡丁三名，仰天窝、柴口巡丁三名，仍按五日轮换、互查。所设巡丁，应由总绅委绅就本厂妥实有身家者选募认保，每名每日给口食钱一百二十文，其盐垣向设之四十名，应即裁撤，以省糜费。

一、大小各灶所领厘票，按五日随所抽厘钱，呈缴厘局，每千文准拨十文作为运钱入局脚费，每五日统收某某灶钱若干。总绅到局会同局员查对厘票核算，由局员张榜晓谕。官运局篛包、驮脚一切需用钱文，所收厘钱，局员按照市价于官运局易银，汇缴盐道衙门。

一、小贩皆系穷民，所恃秤斤赢余，藉资生活。今既改归官秤，花盐折耗尤多，若不量为核减，非所以溥惠穷黎。应定以一百二十斤作为百斤，每花盐百斤抽厘钱三百文，巴盐百斤抽厘钱五百文，以示体恤，但不满八十斤不准开秤给票。如验卡查有秤斤加多及无验票，禀送局员，跟究某灶户所卖，勒令如数倍罚，以杜偷漏；其小贩仍与放行，不得留难。

一、定斤减厘，原以溥惠穷民，如有奸商渔利，借口行票运贩济楚，以及沿江各计岸希图漏厘充塞，应饬自流井分县随时查禁盐斤充毁，照例治罪。至威远、宜宾等处计商，均藉改配在厂设店，藉引贩私，希图漏厘充塞边计各岸。应将所设之店一律封禁，内江引盐应令照例水运，不准陆行，以杜取巧舞弊。

一、富厂水火日旺，盐多于引，凡来厂贩卖皆系贫苦无资、安分营生之人，与枭匪不同。所有票据应将某州、某县、贩户姓名填注，以便该贩收执，经过地方查有票据，不准兵役、商巡、土豪留难鱼肉。倘敢故违，准该贩执票赴地方衙门禀究，如无票据，即以私论。

一、验卡委绅六人，此次均由公举选定有身家殷实公正粮户，以后年满更换，仍需公举出具保结，如有舞弊情事，惟公举之人是问。至每日填票记簿、往来稽查，不无微费，应由局每人月给薪水钱十千文以资办公。至总绅皆家道殷富，无庸筹给薪水，果能办理认真，著有成效，总绅均予酌请奖励。

附富厂公市总办官运盐务唐炯详：窃于前月初在富厂据厂绅等面禀，票厘局开办两月，抽收厘钱虽倍于往年，而道路分歧、小灶零星，稽查不易，偷漏仍多。现在编立盐甲，每日产盐约有定数，可以周知。拟请设市修仓整包抽厘，以便买卖而杜偷漏，行之数月需用经费尚可，酌量裁省，并呈递章程。职道核阅尚属简易，与原定章程毫不相悖，谨将章程照缮呈览。

一、设盐市以便商贾也。各垱通衢应准各灶修佃盐仓运盐入市出售，修成仓甲责令互相稽察，盐市两头设栅置官秤。

一、灶户运盐入栅，盘吊每包以天平二百六十斤作为加二制秤，二百一十斤以十斤作折耗，包索每整包应纳厘钱六百三十文，先由灶户将包数填明，缴票载明某灶过盐若干包，应纳厘钱若干，逐日照票缴钱。如盐斤过多者铲出充公，以昭画一。又此项加斤专惠肩贩便于买卖而设，至黔边分局楚计各岸商号配运、包口仍照定章。

一、稽察出栅以昭核实也。既经整包抽厘，各灶抬盐入市已有定数，肩贩卖盐仍由各灶填给验票，载明姓名、斤数，出栅时由栅书盘吊，必须斤票相符，换给护票放行，不得以多报少。半月、一月将各灶进盐之数与出盐之数互相核算，如有进数少、出数多者即行跟究，以杜弊端。

一、巴盐虽与花盐不同，亦应一体归盐市出售，准先行抬入囤仓，以天平二百四十五斤作为加二制秤，二百斤纳厘钱一千文，以五斤准作折耗，包索仍照花盐，于入栅时盘吊，由灶户缴票，注明某灶过盐若干，应纳厘钱若干，肩贩买盐出栅仍由栅书验秤换给护票以别官私。

一、既立公市，无论大小各灶户均不准挂秤开包私售，拟照旧招募巡丁三十名，分扎各市，逐日派出稽查。如有在灶房私自开包，即系漏厘舞弊，查获送局，将灶房封禁，锅口、盐斤变价充公，酌提数成赏给查获之人。倘巡丁与灶户放私漏厘，从重治罪。

一、票厘局仍将验票发交总绅转发，仓首护票发交局士转交栅书，照旧填写发给其验票，票根由委员半月汇缴总局验票，票纸及护票、票根仍由局绅径缴总局，各市所收厘钱仍按五日出榜晓谕。

一、验卡宜留也，现经改设公市由栅门换票，而原长亦未便废弛，致启重照之弊，应请于柑子坳、舒家坳、梁高山三处肩贩最多之卡，各留卡书二人，其余仰天窝、内柴口、黄葛岭、茶堂子、中溪河、重滩、凤凰坝、高峒、麻柳湾、观音滩十余处各留卡书一人，遇有盐挑到卡于护票上加盖某卡验讫，此票不许重照，字样仍交原贩收执。倘有盐无票，暨用已经验讫之票重照者，由卡书将人、盐送票厘局分别究办。

一、人数宜酌定也。择市修仓设立公局，情形稍有不同，应以责任之轻重定薪资之多寡计算，四局共用管理银钱账目四人、管理票据四人、收厘核算三人、写簿三人、栅书二十二人、秤手十六人、数钱十四人、水火夫八人、卡书十六人共需工资钱三百九十三千二百文。各项人等现在会同总绅商酌，量事繁简酌派，以后盐市如有衰旺不同、彼增此减，应由委员协同总绅斟酌调办，以免贻误。

一、脚价亦宜归公也。现在改市设局，仓户与局相距咫尺，毋庸给予脚费，应令各仓户概缴十足钱文，所余底串十文从前拨作脚费，应改留作由公市送交黔边购盐，分局脚资。惟各市距分局路程不甚太远，每千无须十文，四市远近合算所用脚价不过十分之六，应由盐市公局据实支用。除支用外，下存底串若干，按月申报，听候拨用，以重公款。光绪四年。

官运盐务局详：窃查犍、乐两厂推水系用人工，煎炼系用炭火，一切工本倍重于富厂，而通年合计每年产盐亦不下六七十万斤，以引约计当七十余张，其中巴盐之数又倍于花盐。自军兴以来，滇岸废弛，花盐加包商人改配富厂行楚，约计每岁配行黔边之永、涪两岸及成、嘉、眉、邛所属计岸正引不及万张，而地面三四百里井灶散漫、道路纷歧，上游盐贩由虎渡溪出运成、嘉、眉、邛府州所属以灌及于松、茂。又由鹰嘴岩旁出铜、雅两河以达于雅、泸、宁、远等府厅并灌入蛮地。下游盐贩由真溪口出运云南昭通、东川、大关等府厅，以灌及于鲁甸等所，船户、水手夹带充塞，沿江计岸又不在此数内，此十余年来犍、乐两厂产盐、行引、私贩之大概情形也。从前设立五垣、十一局、九卡抽收余盐统归嘉定府管理，而稽查票据责之牛华溪大使、四望关通判、犍为县知县已属倒置，而所设九卡又不扼要，只如犍为县每年放私不下三千引，其他可知。长官贿纵，属吏遂从而效尤，官吏营私，绅灶乃得以包抗，此所以十余年来出盐如此之多，销路如此之广，而每岁所抽余厘乃不及一万两也。职道前月过嘉定，接见署犍为县陈令锡鬯，向之筹商，据称所属绅士钟琦等有酌发官本设店收买之议，职道筹思事属可行，即委员会同陈令及该绅等妥议章程，职道复加斟酌，缮具清折呈览。

合州厘局详：窃于光绪三年九月，接办合州盐厘，抽该州行销与例准运赴归丁之铜梁、壁山、定远、邻水四县行销，花、巴盐引余各盐厘钱秤验抽收商运犍、富、射、蓬等厂花、巴引盐厘银秤出引外，余盐照章补抽厘钱。查合局向以川东道所发联二票，由局自行盖印填用，易滋流弊，因仿照厘金总局颁发货厘局联四票式，详请饬盐道刊刷、盖印、发局填用，仍照货厘报厘章程，将抽收盐厘花名、数目，张榜缴票，汇送盐道榜示，由盐道申详印发下局张贴，俾众咸知，不准隐匿，并将盐厘花名数目移送黔边官运总局查考。

《合州票厘章程》：

一、总局宜择要改设也。查合州之大河坝为蓬、射两厂下游锁钥，过此以后，一由陆路挑运即绕出合卡运赴三峡，搀越江巴计岸，并可运至云门镇壁山等处行销；一由支河行运，可至铜梁属安居乡等处行销，其顺流而下则又沿途洒卖，迨至合州贩卖不过十之二三，从前该局设在合州城外，本非扼要地面，现在大河坝设局试行并无窒碍。应请即将总局移设大河坝，所有水陆各路过往盐厘均于此局抽收分卡，概不重征，仍就近相度地势，另设分卡验票放行以杜绕越、偷漏等弊。所有合州原设之总局、分卡一切应办事宜，即责成百货厘局委员认真稽查，勿庸另行委员，其安居乡、东津沱、南溪镇、铜溪镇、渭沱等处亦勿须另设分卡，但派勇丁梭巡，以节糜费。

一、制秤砝码宜由黔边盐务总局移送也。查从前合卡所用公议针秤，系以二十两为一斤，现在两厂改包均由黔边盐务总局校准四两二库码，合天平秤十六两六钱三分为一斤，边、楚两岸已归一律。合州查验顺水逆水、有引无引之盐，有由富厂配运者，应由黔边盐务总局移送官秤一杆，以昭信守，而归画一。

一、引盐厘金宜画清界限也。查配自犍、富各厂由大河转江逆流而上之太平、东乡、渠县等州县计引系先由渝城经过，所有厘金应即在渝局抽纳，至合州查验放行，免其合州厘金。配自蓬、溪两厂顺流而下之江北巴县、长寿、南川、綦江等厅县，计引系先由大河坝经过，所有厘金应即在大河坝抽纳，至渝城查验放行，免其渝城厘金，他如运楚潼引系渝城专政，当归渝局抽收。合江、璧山、广安、岳池等引向归合卡收纳，当仍由大河坝照章抽收，以免歧异，所有银钱数目仍照向章抽收，勿庸更改。查有情弊亦照向章示罚，秤有余盐，仍照余盐例纳厘，不准减免。

一、余盐包口斤数及抽收钱数均宜核实也。查合局向章照公议二十两针秤，以一百八十八斤为一包，抽制足钱二百五十文，按九折计算实只收钱二百二十五文，名实不符，殊觉无益。今拟照引盐新章，以十六两制秤，除皮索二百二十斤为一包，每包抽钱二百二十文，较之原收数目无甚增损而事归简易，可杜牵混之弊，其不足一包及秤出零星余盐亦照一文一斤抽收，所有从前一支、半支及折减之案，一概删除，不得援以为例。

一、船户食盐宜予限制也。查商人捆运引盐例，以水引六张配盐三百包为一载，《渝局章程》“船户食盐每载不得过百斤”，黔边总局新章“每载准船户带食盐一包”，已足以示体恤，合局亟应照办。惟小河船只大小不齐，且余盐亦无定额，势难限以三百包。应请以三百包为准，食盐一包为准，按包计算，如有不及三百包者以次递减，倘于应给食盐外秤有余盐，仍按每斤一文抽收，不准隐匿偷漏。

一、私盐搀越亟宜巡缉也。查江、巴、合三厅州县交界地方名曰三峡，向为私枭出没之所，然三峡并不产盐，无非从上游私贩而至，应请于上游三峡金子沱、澄江口等扼要之处派勇实力巡缉，以杜其侵灌之路，仍严禁江巴商人不准违例私设炮船妄拿无辜，如违重究。

一、漏规亟宜裁汰也。查合州知州向例在大河坝验引、书巡人等，每包抽钱四十文津贴办公，并有津贴孤贫口粮等费及需索食盐陋习，商人所费甚巨，嗣后永宜革除。惟全行裁撤无以办公，应请查照黔边盐务新章，于抽收厘金外，每引令商人呈缴银一钱五分，由大河坝厘局汇收转发该州分拨办公。

一、局用宜核定也。查合州局用前已禀定遵行外，另有川东道衙门书役津贴每年银十二两、钱七千二百文向于底串内开支，应即删除；仍于厘金解到时，责成委员即日验收，不准延阁。倘书役人等有需索情弊，查出从重惩办。光绪三年。

丁宝桢奏略：查蓬溪产盐地方一为西厂、一为东厂，共计十六处。西厂则行销安岳、遂宁、中江；东厂则行销南充、岳池、广安、铜梁、大竹、合州，亦有分行安岳、遂宁者，而惟合州之销路为尤宽，以其可以下浸江巴、长寿等州县也。乾嘉年间，潼川各属引盐归商采配，盐法至为肃清，嗣道光中年盐务渐坏，私盐渐行充斥、商疲课滞，不得已遂将潼引改归犍、富带销，而蓬溪一县私盐私销各州县如故。至咸丰六年，前督臣黄宗汉见蓬溪私盐充塞太多，乃创设潼属康家渡水路盐厘以资军饷，而该县行水路者不过十分之一，因复行于陆路，各厂议派厘金。而该县屡次滋事，乃设为班口厘钱定纳厘钱八千串，而又归之于绅收官解，亦可见该处民情之狡黠矣。夫所谓班口者，即就井设车推水，二人为一班，一人为半班也。班口之名本属不正，而当时议派之际，苦乐又属不均，是以行之未久，弊窦丛生。有井灶昔多今少而班税仍不能减者，有井灶昔少今多而班税亦不能增者，有愚懦抑勒重派渐至荡产倾家者，有强梁包揽分肥积欠佑霸抗官者，始欠在绅、继欠在官，久之而灶欠亦复不少，甚至官绅日事追求，至有令书差抬垫缴出而责灶民偿以十数倍者。溯自同治以来班口厘八千串，其实解盐道者多不过二三千串，其余大半侵吞，以故愚朴之民受累日深，含愤日久，往往聚而报复，千百成群，时相争斗，实为可虑。且查蓬溪之盐本有额定，井口额行引张，定例系以本县额煎井盐销本县额行引张。自咸丰以后，该县私井日开，近年则几无处不有，历来官不查究，一任将盐私贩纷纷向有引各岸洒卖，以致各岸正商引滞不行，亏本歇业，控告不休，而该县之私盐直若行所无事，殆不知井之为私井、盐之为私盐矣。臣三年到任后，初不知该县之私贩如此其甚，第核其所谓班口厘者收解大相悬殊，乃欲为之更正，始令盐道确查办理，而该县各灶户遂纷纷呈恳减厘。臣以该灶户既属困穷，自应体恤，因为酌减三十千，以为可以如数呈解矣，乃年余仍不行解缴。臣又详加查访，均以为该县人情狡强，已成故习，臣由川北阅伍道过南充等处，沿途所见挑贩成千累万，无非蓬溪私盐，心窃忧之。又因其积习已深，且均系营生小民，未可操之过蹙，仍欲以抽厘之法，作化私为官之举。又缘该县前定班口厘金本属偏枯，因为仿照富、犍办法就灶抽厘，一可以稽其井口之增减，一可以核其私贩之多少而令灶户有盐出卖，始为抽厘，盐未卖出则不抽厘，使井多盐旺之户不得独专厚利，井少盐乏之户不致随从赔亏。现在分别水陆两路以定等则，上等近水，巴盐每挑抽钱一百二十文，花盐每挑九十文；下等行陆，巴盐每挑抽盐九十文，花盐每挑六十文，层层体恤，减之又减，至今灶贩均皆称便。近且有恐昔日班口厘金之复行而票厘之不行者，人心助顺，实非虚语。至南部一事，从前该厂盐秤斤若何迄不可知，惟就同治二年知县黄起元奉札赴该县抽厘，系以九十六两为一斤作秤，每斤抽钱一文，后又定为解厘银六千两，而历年以来收解颇多不实。臣上年饬南部县切实稽查始据禀报，自同治二年起，至十一年止，各首事共亏挪厘银八千两，又自同治十二年起，至光绪三年五月止，四年之间又亏挪厘银一万二千三百两，其同治十三年以前亏挪者无可查究，十三年以后亏挪者现仍饬县著追。臣以此项厘银本为助饷，乃尽供贪绅侵渔肥己抽厘。奚为当即将该县厘局改为委员抽收，不准劣绅包揽。而又以该县从前九十六两作为一斤之秤，实属大违例禁，当饬盐道酌议改办，旋据盐道详请，该县之秤不可为训，应该为十六两天平为一斤，每二斤抽收厘钱三文，并称所定较他属井小之处尚从轻减，臣即批准照办。嗣据抽厘委员又因灶户呈恳求减，复经议明以每斤天平节半秤为一斤，每一斤抽厘钱一文具禀。臣当以该县原秤核计，照从前九十六两作一斤之秤，应合六斤作一斤，今以天平节半秤，每一斤抽钱一文，合计仅只抽厘钱四文，较之盐道原议所定十六两天平秤作一斤，每二斤抽钱三文者又减去五文，实属无可再减。嗣经该委员等又以前议厂秤一斤抽钱四文，固属因地制宜办理，然较原议太觉悬殊，今始议定改为照每包一百八十斤，除去皮耗四十五斤，作为每包一百三十五斤，共抽钱一百三十五文，较之原议减少钱三十文等语。臣以所减之数较原议所减有限，当批饬姑准照行。私意原恐此后尚有必须酌减之处，是以未肯遽为定断，以便委员等随时详查办理，且使各处厘局亦不能藉口观望，以顾饷需。至于抽收之法，则令仍照富荣厘局章程，以除一切抑勒偏私之弊，其酌改厘章以后，所有光绪三年五月后各灶户尚欠余厘银四千九百两，经该灶绅邀恳减免，臣亦允为照办，以示体恤。是臣于南部厘金因去不轻之秤而为一再议减，均经盐道委员通盘酌量比较，通省盐厘大加核删，而臣犹迟徊，审慎批行，亦可谓委曲求尽矣。惟此项酌定厘金反复斟酌，禀详至十数次而后定，故前奏未能一一缕陈，此该将军所言与原奏有不符者，此也。至南部蓬溪之盐行销川北一带，与川东巨岸不同，臣亦知之；惟犍、富均行正引而该二县全系贩私，臣职司盐务，万不能不设钳束，以肃鹾纲。且犍、富厘金每斤照天平秤现收钱五文，蓬溪之盐水路极便，又递减一文，陆路较难者则递减至三倍，此皆因地制宜未敢稍形拘泥，然用意全在恤商，此人人所共知共见，不待臣之强辨也。光绪六年。

谨案：公市今已撤改为富荣票厘，而法实本此，故仍将章程附载，以识缘起，犍、乐设店始因小灶煮盐不能成引，故为之收散成整、转售官局，继而店绅牟利藉以行私，旋撤禁犍厂五店，改由官局设法收售。惟乐厂四店尚留，至票厘之设大要就灶征收、设卡验换，略如富荣等厂章程，可举一以概其余，惟合州大河坝专榷水路，与他局小异，故亦载之。

引厘

引厘又曰厂厘，始咸丰五年，因御史伍辅祥奏请改课归灶丁，事下总督黄宗汉以为弗便，请计斤榷厘设局，犍为、乐山、富顺、荣县、射洪盐井素丰，诸厂凡配引盐为之斤榷银一厘，署总督有凤承而行之，颇资其用。十一年，总督骆秉章从知府何咸宜请，巴盐斤增一厘五毫，引榷十九两五钱，花盐斤增一厘，引榷二十五两，率就引论榷，商人往往加包隐漏。光绪三年，总督丁宝桢从总办官运盐务唐炯请，改定花盐包斤而减其榷数，富、荣花盐一引盐万一千斤，榷银十八两，巴盐如故，犍、乐花盐一引榷十七两五钱，射厂盐远不逮前引，只榷银七两五钱五分五厘，岁率榷银三十余万两。

有凤奏略：查前督臣黄宗汉咸丰五年五月初十日奉上谕，御史伍辅祥奏“四川盐匪肆行，请将盐法变通办理”一折等因。钦此。伏查该御史所奏请将课归灶丁，川省各属井灶星罗棋布，灶户之贫富不一，烧煎之举歇靡常，以向来征商之课一旦责令灶户完纳，匪特零星散漫，无从下手，且穷民累万，众志分歧，易致抗违争竞，难保不别滋事端。而课既归灶商，须裁撤该商等所欠二十余万有奇，羡截又将从何追缴？通盘计算，实觉窒碍难行。惟当此军务未平，需饷孔亟，因思按斤抽厘之法，因利而利，行盐则征，不行则免，于商民无碍而于经费有益。前督臣黄宗汉当檄署盐茶道吴文锡及绵州直隶州知州毛震寿，分诣各盐厂督同该地方官传集商灶人等谆切开导，各愿按照产售正余盐斤，按斤抽纳厘金，以济饷需。议定引盐每斤抽九七平足色纹银一厘，余盐多系零星小贩，碍难一例征银，议定每斤抽钱四文，取具试行认结到案。一面相度地势，在于犍乐交界之区、富荣适中之地并潼川属之射洪地方，各扼要分设总局拣员管理，至资、简、绵等州产盐较少，均酌定厘数分由各地方征解，并颁给钤记砝码、砝秤各就本厂。再派公正商号灶户人等充当首事，轮流派换，随同局员经理，互相稽查，其余道路分歧要隘处所分设卡隘，详委佐杂盘验稽查。各厂盐斤务于配竣正引之后方准售卖余盐，其余盐行销地方只准济楚运边及归丁州县，不准充塞计岸致碍正引。仍责成计岸州县照旧严缉私贩，不得紊乱盐法，经管盐务各员详请定期，以一年更换，酌核功过，分别奖罚，如不得力，随时撤换，旋将议定章程饬令遵办。去后查自五年十二月开局起，至六年十二月底止，核计征收盐厘届满一年，据富荣局员报解银一万九千一百六两二钱七厘五毫五丝，其余潼属暨资、简、绵等处，地方较小，产盐甚微且开局较迟，应俟扣足一年再行核计。所有富荣、犍乐两局已共抽收过正余盐厘九七平足纹银二十八万九千八十四两八钱七厘五毫五丝，均皆陆续凑拨京、楚各饷，随时奏报在案。第盐斤之畅滞靡常，厘金之多寡难必，惟有随时督饬，认真举办。本年应抽盐厘仍由该道严饬局员等照章实力征收报解，并来年再行查看情形办理。咸丰七年。

户部议略：查七年七月调任四川总督吴振棫折内声称，现在川省厂局抽厘湖北借运水引，一律每水引八千斤抽厘银八两。经臣部以川省抽收厘金作何办法，未据报部，奏令该督抚认真筹办，并查明此次厂局抽厘是否每斤加税银一厘，抑照上次商灶认捐成案办理，每年水陆引共应抽银若干，现已收银若干，即行分晰具奏，核办在案。兹据兼署督有凤奏，臣等复思盐产本天地自然之利，正课而外仅止按斤抽厘，榷算少而输将易，商灶靡不踊跃乐从，既无妨于引额，亦多获其羡盈，洵于盐法帑项均有裨益。该省盐厘业经办有起色以后，即应照章实力征收，以期税课源源不竭，藉济饷需，毋得日久稍形松懈。惟查盐税为拨解攸关，必须分晰册报，方昭核实。前项抽收银两，现据奏称，凑拨京、楚各饷，仍令该督将征收拨解等款专案妥造管收，除在清册即行送部，嗣后各局抽收厘银一并造册，按季奏报一次，以凭稽核。至原奏筹拟设卡委员般查、州县严辑私贩以及酌定局员更换、奖罚各事宜均应如所奏办理。

何咸宜等详：富荣各厂加抽厘金，请照定章，有引巴盐每斤加抽银一厘五毫，有引花盐因卤耗太甚，每斤抽银一厘，以包计之，巴盐坚实，每包共一百六十斤，五十包合八千斤共抽银十二两，加前抽之厘共十九两五钱，花盐成色本低，水湿折耗运抵口岸十存六七，每包三百四十斤，五十包共一万七千斤，仍按斤综计共银十七两，加前抽之厘共二十五两，陆引斤数例以此推。咸丰十一年。疏未详。

总办官运盐务唐炯详：查川省饷源以盐厘为大宗，其积弊亦以盐厘为尤甚，除各岸私盐并滇、黔边引重照影射、夹带漏厘不计外，止以每年楚计两岸行销花盐极少而论，配引不下万张而加包则多万引之盐，以厂渝各厘约计，何止透漏税羡盐厘数十万金。当此库藏支绌，奏拨纷纭，支款日见其增，入项日形其短，若不及早厘剔，将何以裕度支？请将花盐包口查照道光年间定则每包二百斤，每引以五十包共重一万斤为正额外，加五包免征课厘，以备商人折耗敌私，此外不准加重丝毫。但包口既归旧则，每引少配花盐七千斤，其同治元年议加厂厘自应递减七两，以开局之日起，凡采配花盐一引，仍按每斤抽收一厘，合五十包计重一万斤，只抽银十两，连前抽厂厘八两，每引共抽银十八两。至重庆抽收盐厘检查，原案系按二百斤一包，每包抽收厘金钱一千二百五十文，应与未加包口之巴盐抽收，厂渝各厘均仍其旧。

丁宝桢行官引局札：查前定疏销潼引章程，议明设立官引局，所有商人请领引张应完之税羡，及厂厘并盐道公费、各关卡验截公费均令于请领引张时一律随引赴局完纳，由局随时解交道库，以符先课后引之义。惟查商人经营生理间有腾挪之时，若遽勒令将各项于请引时全行呈缴，始行发商，恐商人银钱稍为腾挪，一时呈缴不及，必致引张停发，有误捆运。自应权为变通，以示调剂，以后凡商人赴局请引时，应先将税羡截及盐道公费暨各关验截费一律呈缴到局中，一面兑收，一面发引，不准稍涉拖延。至于厂厘一项，查从前定章，系由局定期申解，商人始行缴齐，以凭报解，应仍照旧办理，俾商人稍资周转，以期便利。但局中定期何时申解，即于定期先七八日预为牌示，俾商人得以依期呈缴以凭解兑，若至期拖欠不缴，即加等示罚。总之，官恤商、商亦应体官，斯为官商一体，盐务乃畅旺，公私均属裨益。光绪三年。奏疏录入引票积引。

重庆厘曰渝厘，始咸丰十年，总督曾望颜以夔巫所榷济楚税，仅议无引之盐而边计行商亦有以引盐济楚者，率多改配代销之盐，奏请设局重庆府，凡犍、富各厂济楚引盐花盐一包榷厘钱千二百五十，巴盐一包榷六百五十，各余盐一包榷厘千五百，计引则五六斤榷一钱焉，岁率榷厘二三十万两有奇。

曾望颜奏略：查川省库藏，早因拨解京饷、协济邻省，搜索空虚。而历年两湖、两广捐输，所有在川商绅，业经叠次输纳，其山陕商民虽经前兼署督臣有凤奏请劝捐，无如正值滇匪窜扰川省，商民诸多歇业，故办理颇形掣肘，是以设局多时，至今未见踊跃。所可藉资周转者，惟赖津贴条粮银两，暨盐业药厘金。乃富荣、犍乐产盐最旺之区，复被滇匪窜扰，商灶停煎，各属应征地丁又因办理防堵，民力难舒，纷纷请缓。滇、黔大道每有梗塞，商贩洋药无多抽收，厘金日少，以致司库竭蹷异常。臣于莅川伊始，即闻川省运楚盐斤，两湖自设局卡办理抽厘，频年饷需颇资接济。迨抵任后复详查案卷，楚省之食川盐惟鹤峰、长乐、恩施、宣恩、利川、建始、咸丰、来凤等八州县向设引张，其余两楚地方户口食盐尽属淮纲转运。自东南不靖，淮纲阻塞，两楚人民悉赖川盐接济，叠经筹议，增引行票，均以隔碍中止。咸丰五年前，兼署督臣乐斌奏请于夔巫设立关卡以征贩税，议定济楚无引之盐，每百斤征收税银一钱三分，化私为官，历年征收关税迄尚相安，其济楚水陆边计行商因系有引之盐，并未议及征税。臣查设商行引、计口授盐，各有专岸，两楚食盐本属淮纲，川省商引仅行鹤峰等处，今运楚盐斤大都行商。夫所谓行商者，皆改代配销。并各厂正商且系山陕大贾，是以济楚之名而行全省之引，虽与私贩不同，究与正商有别，未便任其逐利营私，应即设局收厘以济经费。随饬川东道王廷植体察情形酌量办理，先行在于重庆适中之地试行抽收盐厘。惟事属创始，群情疑阻，复经臣谆饬，王廷植务须不避劳怨，排扫群言，悉心筹画，实力举办。去后旋据该道禀称，传集绅商公同妥议，查得重庆经过盐船有边计岸引与大河引盐、小河余盐之分，而各岸引盐又须计包轻重，各起盐船，既不相同，抽收厘金即有区别；况计岸商力久困，论引抽收五六斤不过抽收钱一文。大河行商引盐运楚，利息颇厚，论包抽厘，每斤可抽钱四文；小河余盐运楚零包散装，并无引张未纳课税，每斤可抽钱五文，此乃执中商榷议定厘数，委系有益于国无累于商。惟创办之始，事物丛杂，引盐有计岸、运楚之不同，余盐有大河、小河之各异，抽厘又有论引、论包、论斤之分别，厘金既轻重悬殊，交纳则影射难免。臣当饬该道酌议章程、剔除弊窦，先于重庆城外设立总局试办，有过秤、收银、算账、发票一切局务，选择公正绅商，责成经理，不准官亲、幕友、吏胥、家丁染指，并于下游设卡，委员盘查，以杜偷漏。计自咸丰十年正月十五日设局试办之日起，截自五月底止，总共实收库平、库色银十万零六百一十余两有奇，随时就近添解酉、秀、彭、水、黔防兵饷勇粮外，尚存道库银一万九千三百三十四两零。据川东道先后禀报，前来臣等查现于重庆设局创收盐厘，虽属为数无多，然陆续抽收究可稍资挹注，况两湖肃清，群黎归业，淮纲堵塞，一时尚难疏通，川省济盐定必日行日广。溯查咸丰九年运楚水陆引盐共有一万一千张之谱，以现定厘金计之，每引约折抽银四十两，每年约可抽收厘金四十余万，加以小河余盐每年抽银数万，总共计岁收约可得银五十万两，未始非筹饷理财之一策。惟设局以后，正值富、荣、犍、乐各盐厂多被贼窜，商灶涣散，盐船多有停运，故抽收厘金未见踊跃。现在井灶业经渐次复业，楚盐如能照旧畅销，则抽收盐厘自渐丰旺，实于经费大有裨益。

又奏略：再查川省煮井为盐，东则巫山、大宁、云阳、开县、忠州、彭水，南则盐源，东而北则南部、射洪、三台、蓬溪、绵州，东而南则荣县、富顺、犍为、乐山、井研、资州，附省则简州、乐至。从前设引、行盐、招商、纳课俱有专岸，黔省食盐赖川运，往设有专商。滇省则无专商。向由川省商民运至滇界，交滇商贩运，嗣因私贩充塞，引滞岸疲，遂有改配代销之名，而夹带、影射、浮秤、偷越弊窦丛生，其计岸引盐商力久困，皆因陆地运载工价过重，兼之私贩日甚，官引阻滞，所有边计水引不特行于滇、黔舟楫可通，且有小河由涪州、酉阳可至楚南，以避夔巫关卡征税。现于重庆设局抽厘，其上游一带盐场可以无虞偷漏，而涪州等处尚在重庆以下，既有由黔赴楚之路，难免私贩，由此偷运规避厘税。查彭水为涪州、酉阳总要之路，应即添设厘卡抽收厘金，亦可稍资酉阳彭防之用，其大宁、开县、云阳、忠州、巫山各盐厂俱在夔巫下游，该处运楚盐斤亦应一律抽厘，应在巫山入楚之要道添设子卡，归川东道委员经收，以专责成。至其余滇、黔引盐不由川东道经过，有由叙永厅、宜宾县等处转运出境者，亦应饬令布政司、盐茶道查有头绪，责成各该管道府一律认真抽厘，以济军饷。

《重庆厘章程》：

一、盐厘总局设在重庆城内，委同通州县一员在局总理，各商均赴局完厘领票，另委佐杂二员，在于射、蓬各厂出合州小河、距渝城上游十里之香国寺设卡验船，给单报局。

一、在大小河总汇距渝城下游二十五里之唐家沱设卡，查验放行票据，以杜偷漏。

一、用三联引票编号，盖用川东道印，凡盐船抵渝大河，由重庆府经历递送报单，小河由香国寺卡员递送报单，渝城总局即督率局绅，随时点验商号完厘，即将引数、包数、斤数填写票内，将中尾二联裁给商人，其中联系验票，交给商人持赴重庆府，经历批验。所验引将票呈缴，如无厘票不准验引。所收厘票按月汇缴，盐茶道署其尾联，系执照即给商号存照。其印票分为三起：边计引盐，论引抽厘，用计字为一起；小河运楚票盐，论斤抽厘，用票字为一起；其票根按月由川东道移解盐茶道衙门，以便稽查。

一、放行引票两起，系用二联，亦编号，盖用道印边计引盐，用东字为一起；运楚引票盐，用道字为一起，将盐包数填写，盖因抽收盐厘，已给厘票。惟商号大小不同，大商五七船共数十引为一号，系给厘票一张；小商则小船一二千斤，盐亦为一号，亦应给厘票一张，及至运楚，俱归广载，小商盐少须并数号装船。

一、载大商盐多须分一号装船数载，应给放行印票，议定每船给发一张，以便放行过关。凡有厘票数张，归并共领放行票一张，或厘票分开领放行票数张，俱听其便，仍于票内注明原领几张归并字样以备查考。其本省各厅州县计岸之票即在计岸该厅州县衙门呈缴；湖北边引计盐由夔关下运者，即在夔关呈缴；贵州边引盐由涪州转运者，即在涪关呈缴，至运楚之放行票统归夔关呈缴。如无放行票，不准放行，仍饬夔关、涪州及各厅州县将所有票据按月汇解盐茶道衙门，并报川东道备查。

一、抽收厘钱按照时价易银，易滋流弊，兹定每厘钱一千文折交库平库色银六钱，永远遵行。

一、大河所运富、犍各厂济楚盐斤向有花、巴之分，花盐每包重二百斤，巴盐每包重一百六十斤。初议按斤抽钱，惟按斤数围算，恐经手人等高下其手，致滋流弊。兹定以花盐每包抽收厘钱一千二百五十文，每水引一张配盐五十包，共收厘钱六十二千五百文；巴盐每包抽收厘钱六百五十文，每水引一张配盐五十包，共抽厘钱三十二千五百文，犍、乐、富、荣、蓬射等厂余盐由各厂局按斤抽厘，所发济楚票盐每包抽厘钱一千五百文，俱按照每厘钱一千文折交库平库色银六钱，由总局收交川东道库，按季转解盐茶道库，并移明藩司听候拨用。如川东道属有应拨防剿经费，亦准禀明总督并移藩司盐茶道动用，仍按季汇报一次，分别管收。除在再造四柱清册备文移送盐茶道以便会同夔郡盐关及各局厘金详情奏报一次。

一、小河之盐业已遵照奏案化私为官，惟包口不一，每包或重一二百斤不等，不能按包抽厘，定为每斤抽钱五文，有包者除去包皮及消化盐十斤，以示体恤。

一、大小河所运本省各厅州县计盐，由渝城经过者，自当一律抽收，按照每水引一张抽库平库色银二两，以昭平允。

一、边计与运楚厘金大相悬殊，查验引张如不分别注明，恐有以运楚混入边计者，于厘务大有关系。应于引张上分别盖用戳记，以免弊混，将来缴销，亦可按照引张查核所收厘金银数，以昭核实。

一、渝郡设局收厘，而济楚引盐随商采配行销，多寡不等，惟视盐价长落为衰旺。当川江夏秋盛涨之时，势极汹涌，商船开行甚少。现在自贡两井与五通桥各厂盐俱被贼扰，小河射洪一厂产盐又少，盐色较之富、犍两厂迥有不同，种种情形总难预定。兹渝郡抽厘应照夔郡章程尽收尽解，倘局卡各员以及书役人等敢于征多报少，以及得贿纵放情弊，立予分别参究。咸丰十年。

夔厘又曰夔税，始于咸丰三年专榷济楚无引之盐，总督裕瑞初用连三票代引纳税，然后配盐至夔合契，行近一年，商民弗便，率不应。四年，兼署总督乐斌奏改为联二票，任其所配，凡无引盐至关率百斤榷银一钱三分，一税即为官盐，初岁榷银十二万两有奇。自后包斤率不以实，隐漏颇多，岁榷只一二万两。光绪三年包斤改归旧则，无余可榷，遂撤夔局，改纳官引局。

乐斌奏略：查咸丰三年十二月间，接准户部咨议，覆礼部尚书徐泽醇请，令四川酌增盐引运销两湖以裕民食一片，当经前督臣裕瑞筹议以票代引、先税后票等情奏，奉部议行。令详细讲求约计行票若干，报部查核，其收税若干，限两月奏报一次，并令将薪工等项银两减给等因各在案。讵自四年正月初奏后，设立关卡，委员管理，招募商贩，至九月之久，一票未行。惟是票纸竟无人承领，所定官票几同废物，拟仍照户部初议略加更改，设立关卡，堵遏私贩，抽收税银。查夔州府据川江下游为入楚之门户，私盐船只不能越此飞渡。臣于前次兼署总督任内，饬令升任盐茶道蒋琦龄于四年十二月间驰赴夔州相度地势，设立盐关及验盐埠头，酌定私盐税则。每盐百斤完税银一钱三分，出示晓谕，凡遇运盐到关，除持有部引官票已纳课税者，均免重税。如系并无引票之盐，均令停泊埠头，据实报明所贩盐斤数目，听候盘吊，完税给票，放令出关。所用印票由盐道仿照抽收商税，刊刷连二票纸，钤盖道印，编列号数，报税掣票，盐斤多寡、抽厘若干，于两票内一律填注，一半给贩执据，一半存官备查。此项抽收税银，惟有尽征尽解，暂存夔关库内，按月造册同存官票具禀总督稽核，并报藩司以备提拨。他如夔州以下之大宁厂私盐入江漏楚，亦扼要设关，交该县就近经管，一切均照夔关章程办理，并责成查验夔郡监关之票有无偷漏，所收税银按月解缴夔库批解。至私盐一税之后即为官盐，倘沿江下游胥役人等仍有刁难需索，准其指名控究。俟逆匪全平，淮纲复旧，即行停止。所有委员、书识、缉役薪水之资均照从前，照票案内奉部议减定章程，在于关税项下支给造报。第夔巫以上井灶关卡各员仍应照旧禁缉私贩，不得借口现立盐关，畅放私盐，违者参处。自五年正月初一日夔郡设关起，各商贩尚知感惧，咸就约束，经前督臣黄宗汉饬令司道严定章程，督同委员认真办理，并将原议济楚照票停止，试行一年，未及具奏移交。前来臣覆加体察，所办尚属允协，裕瑞前奏举行票盐，其法不行，与其株守无策，曷若因势利导，计五年分统共收过银十二万两有奇，均经陆续奏拨京饷咨部有案，私贩输忱情形极为踊跃，于经费不无裨益，其原议济楚照票，应请仍如前督臣所议停止，以免两歧。

户部议略：查该省设关专收私贩盐税，原属额课之外，增得此项赢余，于正引并无妨碍，惟在经理得力方可行之无弊，而于饷项亦有裨益。应请旨饬下该督责成各关员实心办理，凡私盐过关按照定则抽收，此外不准丝毫需索，致商贩有所借口稍滋事端，亦不准征多报少，隐匿侵挪，如查有前项情弊，立即从严参办。仍令将征收税银遵照前奏，限两月奏报一次，以凭稽核而肃税务。咸丰五年。

总办官运盐务唐炯详：查大江自灌县流经眉、嘉、叙、泸、涪、忠、万以达夔门，古所谓外水；沱水自绵竹流经汉、资、简、内江、富顺以达泸州入大江，古所谓中水；潜水自甘肃两当县流经广元、阆中、顺庆，合、涪、巴、渠诸水以出合州达重庆入大江，古所谓内水。犍为、富顺两厂改代济楚之引，顺流而下不能飞越泸州，是泸州为上流扼要之区；蓬溪、射洪、中江、盐亭无引之盐偷漏济楚，顺流而下不能飞越合州，是合州为旁支扼要之区，而总汇于夔门。从前蓬、射、盐亭、中江井枯灶疲，潼引不行，遂改课归丁，而拨潼引令边商永远认代。迨军兴后，井灶渐旺，透漏济楚充塞巴南等县，计岸私枭遂起。咸丰九年，川东王道始于重庆，抽犍、富两厂济楚有引盐厘于合州，抽射、蓬等县无引盐厘，又于重庆下流三十里唐家沱设卡盘验，以杜漏厘。同治元年，省局创办厘金，又于合州上流扼要之康家渡抽收盐厘，而以康家渡上之青堤渡盐大使、康家渡下梓潼镇县丞互相稽查，无论有引无引，均以二百斤为一包，按斤按包抽收。创办之始委员得人，实事求是，是于军饷大有裨益。嗣后私贩尽改重包，船到康家渡，每包重至四五百斤，到合州又加至六七百斤不等，过此至重庆之木洞肩背沱一带，停泊屯积，以待犍、富两厂济楚商人接买，并充塞南川计岸。济楚商人亦藉以漏免两厂、重庆厘金。今南川改归边岸，两厂济楚引盐包口改归旧则，由泸州总局盘验，是康家渡、合州、夔门亦应整顿，始能呼吸一气，共著实效。否则上流泸州认真，下流合州、夔门松劲，商人仍得积买私盐，停阁正引，是两厂改定包口仍属有名无实。所有合州、康家渡、夔门各盐厘局应请饬员会商，川东道认真整顿，如此通力合作，一齐整顿，庶于盐法、饷源两有裨益。光绪三年。

又详：查夔郡设立盐关，原定章程，引由通判批验，夹带私盐概归盐关抽税，以制秤十八两八钱为一斤，每盐百斤加卤耗皮索共十五斤免其完纳。嗣后不知何时改准二百八十斤一包，除二百斤不税，外八十斤作为余盐，通船合计每百斤抽税银一钱三分。委员、奸商遂得通同舞弊，每年仅解二万六七千之谱，商人复握引不交，以是重照、影射、夹私、重包种种弊端，不可穷诘。去秋仰蒙示谕，改包减厘，泸州、渝城认真盘验，夔郡盐卡勒令缴残。半年以来商人咸皆遵守，是夔郡盐厘局事务简少，局费一切似应酌减。然如易守所拟，又觉过刻，后难为继。若仍原定数目每年需银近二千两，未免开支过多。职道再四筹商，惟有请将夔郡盐厘局饬归夔州府通判兼管，每年酌予薪水银二十两，该衙门书役可供差遣，巡拦无庸另募，应津贴银十两，以示体恤。其在事火食、薪红、纸张、油烛等项应津贴银十两以资办公，每月四十两计足敷用。查该通判本有专司盐务、盐引、缴残之责，兹另给予薪水津贴，必更感奋。如此办理，非涉更张，而一切糜费节省不少。如蒙允准，应请札饬盐道及夔州通判遵照，嗣后盘吊盐斤、验引缴残专责该通判官吏，盘过盐斤若干，收缴残引若干，按月造册申报宪台衙门及盐道备查，其每月薪水、津贴即就近在夔州货厘局请领。除批候酌拟详办外，所有职道等议，请饬将夔州关盐厘局改归夔州府通判监管，以复旧章而节糜费，缘由是否有当，理合具文，详请俯赐察核饬遵。光绪四年。

黔边官运既行则又有代榷厘税之举，盖以黔省厘税无则，为代榷而纳诸黔。奏疏见官运。其法由黔边四岸分局于发商盐时引榷税十两、榷厘四两纳于总局，由总局转运黔省，厘税两款岁可十八万两，盐入黔境即不得再榷，公私便焉。

《总征黔省厘税章程》：

查永宁、合江、綦江、涪州四岸为川盐入黔必经之地，川省于四岸设立分局收发盐斤，复于扼要之区设立分卡验换票据，立法周密无从偷越。今议于此四岸总收税厘，每边引一张征税银十两、厘银四两，一体征收，一税之后无论经过黔省何关卡均不准重验重征，以归画一而利行销。光绪五年。有川黔会奏一疏录入官运。

谨案：滇边亦归官运，然由云南设局于川滇交界之安边场、罗星渡验票，自榷两省议定盐一包榷厘三钱，入境亦不得再征，非如贵州由川代榷，故不著。

《户部则例·贵州包课盐税》：

一、贵州省民间日食盐斤准该处民人贩运四川、两淮官盐赴各州零星散卖，官征落地税银内贵阳府、征川盐税银二千九百六两一钱六厘，遇闰加征银二百四十二两一钱七分五厘五毫。安顺府、府城征川盐税银二百四十二两五钱七分九厘二毫，遇闰加征银二十两三钱八分一厘六毫。清镇县、征川盐税银七百一十二两一钱八分，遇闰加征银五十九两三钱四分八厘三毫。兴义府、征川盐税银八百六十四两，遇闰加征银七十二两。镇远府、征淮盐税银三百二十八两二钱三分九厘五毫，遇闰加征银三十七两三钱五分三厘三毫。思南府、府城征川盐税银四百四十八两三钱，遇闰加征三十七两三钱五分八厘三毫。婺川县、征川盐税银九百一十五两九钱一分六厘，遇闰加征银七十六两三钱二分六厘三毫。铜仁府、征淮盐税银一百七十四两二钱五分一厘，遇闰加征一十四两五钱二分一厘。大定府、府城征川盐税银一百一十一两三钱三分八厘，遇闰加征银九两二钱七分七厘三毫。威宁州、征川盐税银二百四十二两九钱八分，遇闰加征银二十两二钱四分八厘三毫。平远州、征川盐税银七十二两三钱六分九厘，遇闰加征银六两三分八毫。黔西州、征川盐税银二百八十八两五钱八分二厘，遇闰加征银二十四两四分八厘五毫。毕节县征川盐税银三百六两五钱九分八厘，遇闰加征银二十五两五钱四分九厘八毫。岁额共征银七千六百一十五两四钱三分九厘有奇。遇闰加征银六百三十四两六钱一分八厘有奇。其平越、都匀、石阡、遵义、思州、黎平等六府不征盐税。

四川盐法志卷二十五·征榷六

商捐商籍

军兴帑绌，始有商捐。

朝廷屡下蠲恤之诏，一旦有事，则输将恐后焉，亦平日深仁厚泽所由致也。先是，咸丰四年，总督裕瑞议加盐税，斤增一厘。商人或虑沿为故事，请改税为捐。一水引捐银八两，陆引以次减。属盐方盛[①]，时乐山、犍为、荣县、富顺、资州、井研、简州、绵州、南部、三台、射洪、蓬溪、中江、乐至、遂宁、盐亭商、灶、号三分任纳，他僻远州县不与，凡捐银三十一万一千两。光绪四年，河南大饥，刑部侍郎袁保恒奉命往赈，奏令四川暂缓停济楚盐以复淮岸，先增盐厘，斤增市钱或十或八以待赈。丁宝桢奏不便，而令计、边、济楚诸商踵咸丰时故事，集银五万两助赈焉。

裕瑞奏略：再，各省军务未竣，需费浩繁，库款支绌，筹饷惟艰。川省地处边隅，在无事之时，每岁所入不敷所出，向赖邻省协济。前因贼匪复窜武昌，川省派兵防堵。现在贼匪尚聚黄州，本省防兵未便遽行撤退，行装口食，需费浩繁。值此库藏不充，不特邻省协济难期，且迭奉部拨接济外省，是以度支益形竭蹶，亟应广为筹备，以免匮乏之虞。第迩年以来，筹饷捐输，粜变仓谷，及举行团练，修建堡寨城工，在在借资民力。现复办理按粮津贴[②]，供亿已觉其繁。此外，欲求挹注之方，几至一筹莫展。臣督同司道各官及熟悉盐务之员，再四

① 属盐方盛："属"疑应为"蜀"。

② 按粮津贴：清代后期的田赋附加税名。咸丰四年，四川省在田赋正税之外，每两加征津贴一两，后各省仿行，遂为国家常赋。

筹商，惟有盐务尚可设法办理。溯查嘉庆年间川省盐价，每斤需银二分有余。今因厂价日昂，而各岸市价亦因之加价。目下以银计之，每斤价值虽不及二分，而以钱计算，则较嘉庆年间已增一半，是盐务之利，尽归于商、灶。今须先平厂价，再令各商按引加税。在商人成本既轻，自必乐从。而民间食用无多，亦不致有妨碍。且税从引出，可以按籍而稽，办理亦较有把握。查川省原额，水引二万九千八百六十八张，陆引十三万八千二百二十九张。除盐课归丁州县三十一处，计水引一千二百八张，陆引二万六百二十四张。应征税银，向随地丁完纳，有引无商。此时正办津贴，应请免议以纾民力外，其余水陆引张，拟自咸丰四年为始，每盐一斤责令商人加完税银一厘，按引计斤。先于由单内注明加税银数，饬发地方官，随同正税征解。所有地方官经征，并盐茶道督催，一切完欠奖罚章程，悉照正税之例办理，仍同正税一律奏销，约计全年共可征银三十万两有零。以之供应本省之不足，于经费不无裨益。容试行一年，期满再行察看情形，奏明办理。至川省盐价，随时长落，例无一定，即各厂价值亦不画一。今引既加税，难保奸商不于售价多取，必须将市厂各价豫为核定，应按上年未行楚运时市价厂价为准。市价之外，再按加税银数合钱，每斤加价若干，明示于民。倘商人敢于多取，立予究办。黔滇边引暨湖北引岸，亦知会该省一律办理，以杜多增。如此，庶商灶不致作奸，而民无困竭之虞。

部议如所奏。

裕瑞奏略：窃臣前以各省军务未竣，筹饷惟艰，附片奏请按引计税。先经臣于具奏后，即檄委署成绵龙茂道俞文诏等驰往各州县，详察地方情形，饬商遵照。旋据各商人佥称"该商人等承领引张，多系转交号商配运行销，比年完纳课税，本已日形疲累。上年楚省因淮运不通，借用川盐，厂价骤贵。本年虽因武汉梗塞，楚运不能东下，厂价稍平，而盐价较前增昂。该商等完缴课税，赴厂买盐俱系用银两，所卖概系钱文。现在市价复蒙限定，巴盐每斤止准卖钱三十五文，花盐每斤止准卖钱二十七文，以钱合银，每价银不过一分四厘。核计成本运脚，已多亏折。若再按引加税，实属力难赔累。倘勉强遵依，将来课羡拖欠，转恐有误要需。惟现在需饷孔殷，该商等食毛践土[1]，自应力图报效，情愿会同号商、灶户两项人等，分认捐输。庶力非独任，而事较易集”等语，委员等查系实在情形，随即分投驰赴产盐各州县，督同地方官传集号商、灶户等，谕以前情。该号商、灶户等情愿公同捐输一次。众议每水引花、巴盐一张，捐银八两，由商、号、灶三股分认。灶户认捐银二两七钱五分，商、号共认捐银五两二钱五分。陆引亦照水引如数摊算统计。川省产盐各州县，除忠州、开县、大宁、云阳、彭水五处地处边隅，应从缓劝办外，其乐山、犍为、荣县、富顺、资州、井研、简州、绵州、南部、三台、射洪、蓬溪、中江、乐至、遂宁、盐亭十六州县，各商、号、灶户共结，认捐库平库色银三十一万一千两。其银各就地方情形，乐、犍、荣、富等处，定于本年六月为始，其余则自七月起，或按三月完纳，或分四月呈缴。总以一年为度，由各州县收解藩库报拨。第恐商、号、灶户等藉有捐输，售盐抬价，议定厂价每斤较商售盐价减三分之一。若引商运赴各岸售销，驮载装运道途远近不一，银值时有低昂，势难准以一律，议照现定花盐每斤卖钱二十七文，巴盐每斤卖钱三十五文为准。近厂地面尚可减少一二，距厂窎远处所，又须照此添增，均由各地方酌定价值，禀请示谕遵行。臣复加体察，尚属可行。且现捐银数，核与额行引张及原议每盐一斤加税一厘之数，有盈无绌，当即批准如议办理，免其按引加税。所有该商、号、灶户等，认捐银三十一万一千两。由臣饬令该司道转饬各地方官，依限收解藩库，报部拨用。仍饬该商、号、灶户等遵照议定厂价销售。其市肆盐价，由各该地方官核其距厂道里远近，明定价值，出示晓谕。仍将所定各价，报由盐茶道汇详呈请，咨部备查。

户部议略：查该督前奏，按引加税，名为征收于商，实则取之于民。盖每盐一斤加税银一厘，势必取偿于市价。非但病及闾阎，且恐有官滞私充之弊。兹既据该督委员驰赴产盐各州县，会同地方官传集商、号、灶户人等，情愿公同捐输银三十一万一千两，分股任交，分期完

① 食毛践土：居其地而食其土之所产。

纳。在引商既无独赔之累，在民间亦无食贵之虞。虽与前奏未符，而变通尚能核实，应如该督所奏办理。所捐银两，饬令该司道等转饬各地方官，仍限催收解交藩库，报部拨用。至议定厂价，每斤较商售盐价减少三分之一，系恐商、号、灶户等藉词抬价起见，应准照办。其引商运赴各岸售销，道途远近不一，银价时有低昂，势难准以一律。该督请由各该地方官，核其距厂道里远近，明定价值，出示晓谕之处，自是正办。应请旨饬下该督转饬盐茶道，督同各州县，将引商盐价核实酌定，详由该督咨部查核，以清弊源而肃鹾务。咸丰四年。

丁宝桢奏略：窃臣准户部咨，据帮办河南赈务刑部侍郎袁保恒咨，"豫省灾广民众，需款浩繁，拟借各省富商银两，即请暂缓停止川盐济楚，加抽厘钱以备归还。如还清之后，川盐仍然畅销，即将加收厘钱拨抵淮课，定为常则。经部臣议，以两楚例多食淮盐口岸，法变则弊愈生，不必轻更成宪。至于向章之外，加收济楚川厘，以还豫省欠款。骤议加增于饷源，有无窒碍？并近年川销畅滞情形，及川商是否获利较厚，应由臣赶紧查明，奏覆办理"等因，当即督同盐茶道蔡逢年悉心查议。兹据该道详称：遵即传集在省商人，告以豫省饥馑情形，勉以大义，饬议加抽济楚盐厘，以济灾赈。旋据该商等沥陈"近来运销楚盐，每引一张完税银九两零，需盐本银一百二三十两，运费银五六十两，川省减成厘银四十六两，楚省按斤抽厘，以钱合银约一百二十余两，加以商号人工费用，共需银三百七八十两。而川江险阻，历年商运船只搕损，沈溺盐包多少难计，此项成本尚不在内。以楚省现售盐价，计之已虞亏折。兼以楚岸划分，销路甚窄。又川盐销岸复准淮盐行销，楚岸民食不能再加一文之价，商等凭何加纳厘金？务求怜察，以免歇业"等语，该道查系实在情形，万难抑勒从事。复以救灾恤邻之意，反复劝导，始据边计楚各商共认，勉力捐银五万两。仍请陆续凑缴，一时力难全交等情，详据前来。臣查川省从前地丁税课，入不敷出。其京协各饷指拨之款甚巨，全赖厘捐以资拨济，而厘金以盐为重，尤以济楚为大宗。济楚盐厘之衰旺，实关川饷之盈绌。自淮盐上运，楚岸划分以来，川盐销路甚窄，销数日滞。商人观望不前，议欲停运。前两年，因恐厘金无出，贻误饷糈，又恐济楚一停，商灶失业，变乱滋大。不得已将厂渝各处厘金一再核减，每引一张，共收厘银四十六两，稍期补救。无如川盐成本甚重，楚岸盐价日落，商困终不能苏。臣去秋因力为规复黔岸之举，以救商穷而顾全局。又以川盐引张积至一百余万，课税欠至一百数十万，无从弥补。乃为力清其弊，始知引积课悬之故，由于加斤。因查明川省从前奏定科则，每水引一张，配花盐五十包，每包重二百斤。自同治元年以后，商人因各处厘金过重，每包私加至三百余斤，暗资贴补。臣维天地生财，原止此数，此有所盈，彼即有所绌。盐斤加重，引积课悬，势所必然。乃将盐斤改归旧则，而为之酌加卤耗绳索二十斤，以恤商情。定为每盐一包，只以二百二十斤为准，永禁私加之弊。该商等又以包轻厘重，更虞折本，纷纷呈恳减厘以救商困。而体察情形，似尚不能不量从末减。是川省现收之厘，方议量减，何能再议加增？且臣去岁开办黔边盐务，成本毫无，妙手空空，无从设措。彼时济楚之厘可以稍加，已早为设法奏明办理，俾资挹注，何至亟亟告贷于东鄂两省？今袁保恒乃请每斤加抽厘钱八文或十文，是每引一张应加厘钱一百余串，合银约七八十两，较川省厘数加倍。固知豫省待赈孔殷，始为此不得已之请。第此时川中情形，销路之窄若彼，商力之疲若此，欲议加增，实有万难之势。夫商人惟利是图，纵不能多所赢余，亦必稍有沾润。兹若必取尽锱铢，则商人势将停运，盐运一停，厘即中止。不但于豫省无所裨益，即秦、陇、滇、黔、新疆各军饷之待协于川鄂者，均一旦同归于尽，贻误实非浅鲜。如云楚运一停，则淮岸可复，岂非幸事？不知楚运停后，厂盐即无处出销，井灶必因之歇业。则目前川省数十万贫民托此为业者，一旦生机顿绝，后患尤不堪设想。是商运一停，关系时局者尤大，正不独厘金无出之为可虑也。部臣谓赈款固当豫筹，而饷项尤宜兼顾，极为切要之论。臣连日揆度商情，参以时势，如必勉强加抽，既有碍于各省饷需，并有关于川鄂大局，殊未敢轻为尝试。惟是豫省灾黎，待哺情殷，际此情势万分吃紧，何敢稍分畛域。因为公捐协助之议，劝谕商人。兹既经承认捐赈银五万两，是该商等尚能深明大义。惟据称捐款一时难缴，若必待其缴齐再行解豫，诚恐缓不济急。计惟有在于司盐两库应解各省协饷内，先行匀拨垫解，以应要需。一俟将来捐项收齐，再行拨还原款。庶可济豫省目前之急，而于川鄂饷源、时局，亦无大碍。光绪四年。

商籍商学 商贡

商籍初有商学，始咸丰八年，以犍、乐、富、荣四县，征收厂厘银六十九万有奇，总督王庆云奏请为设商籍科。岁试时，犍、乐两县取进文童四人、武童二人，富、荣两县取进文童四人、武童二人。凡配运四厂盐商及灶户弟侄子孙，皆许与试。

王庆云奏略：川省犍乐、富荣两局，共征收过盐厘银六十九万两有奇。拟援照"办理津贴，加增学额"[①]成案，请于犍为、乐山两县合设商学，定额取进商籍文童四名、武童二名，由犍为县录送。富顺县、荣县两县合设商学，定额取进商籍文童四名、武童二名，由富顺县录送。凡采配犍、乐、富、荣厂盐边计各商行、号、灶户之子孙弟侄，准其一体考试，以二十名取进一名。如应试人多，不得过于定额。倘人数不敷，实有文理通达者，亦准取进一名，归并犍为、富顺两县学教官训课。

礼部议略：查例载，商人在别省充商，领有盐引行盐，其亲族子孙弟侄，不能回籍应试，准其在行盐地方应试。于结内注明现行何地引盐及住居地方，以凭查核。其疏族及商伙子弟，一概不准冒考。又载，商学童生，先由该地方盐运分司及运使考核录取，造册申送院试。又，灶户由该场大使三年编审一次，造册移送各州县官，于考试时照册核对。如归州县管辖，征解者有册籍可稽，即勿庸编审各等语。今该督请以采配犍、乐、富、荣厂盐边计各商行、号、灶户之子孙弟侄，悉准取入商学。核与商学童生由盐运分司及运使录送之例，本有未符。惟据声称，该商人等捐厘助饷，至六七十万两之多。请援照津贴加额成案，添设该省商学。当兹需饷孔亟，该商人等踊跃输将，数逾巨万，自未便稍涉拘泥，致阻其急公好义之忱。臣等公同商酌，应比照灶户由各州县录取之例，准其于该省犍为、

① 办理津贴，加增学额：《清实录·文宗显皇帝实录》卷之二百四十二："川省按粮津贴一款，办理已阅数年。民情踊跃，殊堪嘉尚。……此项津贴银两，俟收解完竣，即由该督核计多寡，奏请加增学额中额，用昭激劝而顺舆情。"

乐山两县，合设商学。定额取进商籍文童四名，由犍为县录送。于富顺、荣县合设商学，定额取进商籍文童四名，由富顺县录送。均以二十名取进一名。如应试人多，不得浮于现设定额。倘人数不敷，如实有文理通达者，亦准取进一名，归于犍为、富顺两学教官训课，以示鼓励。又称，三年之后，各量设廪生五名、增生五名，勿庸酌给廪饩。未设廪生以前，由该四县廪生认保，遇拔贡之年，照县学之例考拔应试，其籍隶他省童生，预先呈明原籍。取进后，并准改归原籍。亦以各省商籍事例相符，应如所拟办理。至称十年以后，三岁一贡，核与小学例贡之期不符，仍照五年一贡，以符定制。其请添设商籍武童之处，兵部查核该督奏称"该商等捐厘助饷六七十万之多，请援照津贴加额成案，添设该省商学。于该省犍为、乐山两县合设商学，定额取进武童二名。凡采配犍、乐、富、荣厂盐边计各该商行、号、灶户之子孙弟侄，准其一体考试"等语，自应比拟文学一律办理，准其该省犍、乐、富、荣四县添设商学，由犍为、富顺两县录送，均以二十名取进一名。如应试人多，不得浮于现设定额。若人数不敷，实有弓马娴熟者，亦准其取进一名，以示限制。再，现办各省绅民捐输请加学额奏准章程，凡一厅一州一县，捐银一万两者，准加定额一名。所余银两，仍准归入续捐，并计核办。今该督以向无商学，地方援照津贴成案，奏请添设商籍学额，于奖励捐输之案，系属从优，自未便仍照津贴成案，与各厅、州、县捐输加银数章程概行比较，庶足以杜浮滥而示区别。咸丰八年。

商贡在同治十二年。总督吴棠、学政夏子鐊奏，以癸酉科始，犍乐商学拔取贡生一名，富荣商学拔取贡生一名，著为令。

吴棠、夏子鐊奏略：咸丰八年，准礼部议奏，川省犍乐、富荣两厂，共征收过盐厘银六十九万两有奇。照"办理津贴，加增学额"成案，请于犍、乐两县合设商学，定额取进商籍文童四名，富荣两县合设商学，定额取进商籍文童四名。遇拔贡之年，照县学之例考拔。奉旨允准在案。兹查各该商籍自设学额、拔额以来，已历十六年之久，合计每学取进生员本年四十余名，除报捐等项外，现在犍乐商学实有文生二十二名，富荣商学实有文生二十六名。该生等争自濯磨，文风均有可观，尤不乏敦品励节之士。若照各州县成例，须生满百人，再行选拔，以每考取进四名计之，历年久远，终难定数，未免向隅。兹据各该学教官公请，按照咸丰八年礼部奏准原案，分别考拔当选。得犍乐增生一名：古尚贤；富荣商学廪生一名：李鸿猷。文行俱优，堪以拟拔。惟系初次举行，未敢擅便，因先行会奏，恳恩俯准：自本年癸酉科为始，犍乐商学拔取一名，富荣商学拔取一名。

礼部议略：查咸丰八年四川总督王庆云查明川省盐务厘捐，恳添设商学一折，经臣部以“当时需饷孔亟，该商人等踊跃输将，数逾巨万，未便阻其急公好义之忱，因议于该省犍为、乐山两县，合设商学，定额取进文童四名，富顺、荣县两县合设商学，定额取进文童四名，遇拔贡之年，照县学之例考拔应试”等因具奏，奉旨依议，钦此钦遵，知照在案。本年癸酉科，系居考拔之年。该省所设商学，考取拔贡之处，自应遵照咸丰八年奏准成案办理，以符定章。惟该省商学，自设立拔贡定额以来，本年系初次考试，应由该学政按照定例，秉公甄拔。如不得文行兼优之士，任缺无滥。至拔取后，复令该督会同覆试验看，尤宜认真考核，庶于奖励之中，仍寓慎重之意。奉旨依议。

四川盐法志卷二十六·征榷七

经费

国家以天下财为天下用，特为之筦其枢机、制其出入而已。

圣清始定，全蜀取民既寡，又令东南协济之。咸同军兴，而后京师及各省乃转而取济于蜀鹾政，向无裨国计，济楚一举，官运再行，少资其用。今蜀岁入，大率五百万有奇，而鹾计居十四五。旧制盐库款转运藩库以待应副，官运局亦然。然自盐官养廉委员薪水以下，岁有常费，录此殿征榷后，以见既开其源必节其流，尤在计臣[①]加之意而已。

岁纳户部盐引纸朱、五百五两二钱二分一厘。余引纸朱、十五两。余引脚力、二十两。饭食，七两八钱三厘三毫一丝五忽。又山东司饭食四十两。共五百八十八两二分四厘三毫一丝五忽。外缴残引，每一万张纳饭食银五钱，视残引数，皆于先一年奏销时解部领引，自雍正十二年始。

户部咨略：山东司案呈[②]二月初七日准办理饭银处[③]付称，本部奏定特应留饭食银两，行知各该处照例批解，其应革除各款，亦应行文各该处，严行禁革，照付开单。行文各该管督抚、盐政，一体遵照施行可也。计开四川应解领引饭食银四十两，应革各省解部饭银等项纸张笔墨银四两至二十四两不等。雍正十二年。

岁支各盐官廉俸，除总督所兼之盐政无专俸外，盐茶道，养廉二千五百两、俸薪一百有五两。盐库大使，养廉八十两、俸薪三十两五钱二分。夔州府、犍为县、

① 计臣：掌管国家财赋的大臣。

② 案呈：清代部文装套呈堂稿的领述词。部文例由各司司员起草，当面向部长官（称堂官）宣读并解释，供审定，称为说堂，其稿称呈堂稿。

③ 饭银处：机构名。清代户部内部机构之一。

射洪县各督捕盐务通判，养廉各五百两。绵州、资州、忠州、简州各州判，养廉各一百八十两。射洪、蓬溪、犍为、云阳、大宁各盐课司大使，嘉定、重庆、泸州、遂宁各兼批验大使，养廉各一百二十两。蓬溪县县丞，富顺邓井关、自流井、荣县贡井各县丞，养廉各一百二十两。彭水县郁山镇巡检，养廉九十两。盐源县典史养廉八十两。共六千六百六十五两五钱二分，四季由藩库支领。

岁扣支各厅、州、县养廉：成都县、五百八十九两九钱八分八厘。华阳县、六十一两六分，双流县一十九两七钱八分八厘。新繁县、二百五十四两八钱七分二厘。新都县、三百九十九两二钱四分七厘。崇宁县、三百二十九两五钱九分四厘。新津县、九十五两九钱六分四厘。巴县、三百六十二两八钱四分四厘。长寿县、二百二十五两七钱一分九厘。永川县、三百一十四两六钱七分五厘。壁山县、二百八十七两六钱一分四厘。荣昌县、二百一十四两七钱二分三厘。大足县、六十五两五钱一分三厘。綦江县、二百八十五两三分六厘。南川县、二百七十四两九钱八分六厘。定远县、三十八两六钱五分一厘。涪州、一千二百一两三钱一分四厘。阆中县、一百一十四两五钱八分五厘。苍溪县、八十八两七钱五分。南部县、六钱四分一厘。昭化县、八十二两八钱八分八厘。巴州、二百三十两八钱七分。通江县、一十八两六钱一分六厘。南江县、四十二两一钱七分四厘。剑州、一百五十二两二钱六分六厘。西充县、一十七两四钱八分。仪陇县、九十两九钱八分一厘。庆符县、一百四十五两四钱二分七厘。富顺县、二百四十两。长宁县、一百四十九两四钱九分二厘。高县、二百四十七两九钱三分九厘。筠连县、二百一十九两四钱四分二厘。珙县、一百二十五两六钱四分七厘。兴文县、二百六十八两七钱九分六厘。屏山县、一百八十九两九钱八分八厘。奉节县、四十七两四钱。巫山县、二十九两四钱。云阳县、四十一两七分六厘。万县、二百一十七两九钱四分六厘。开县、二百九十四两二钱八分四厘。平武县、二百三十四两一钱九分七厘。江油县、一百二十六两七钱四分一厘。石泉县、三十六两六钱六厘。彰明县、一百九两五钱五分三厘。松潘厅、一百一十七两八钱九分四厘。盐源县、三百八十六两四钱二分四厘。芦山县、一百六十一两二钱二分。清溪县、一百二十五两七分一厘。威远县、七十七两八钱六分。射洪县、三百二十五两八钱三分七厘。盐亭县、二百二十两五钱二分四厘。丹棱县、三十五两二钱一分二厘。彭山县、二十八两二钱五分四厘。青神县、一百五两五钱二分六厘。纳溪县、一百五十四两七钱。江安县、八十四两七钱二分。资州、三百六十三两二钱八分六厘。梓潼县、一百二十三两二钱四分二厘。茂州、一百二十四两三钱三分六厘。汶川县、三十七两九钱九分三厘。东乡县、二百三十二两八钱六分九厘。城口厅、二十七两九钱九分五厘。新宁县、一百四十三两四钱二分四厘。忠州、三百四十两一钱八分九厘。丰都县、三百六两一钱二分三厘。垫江县、二百八十四两三钱一分九厘。黔江县、七十二两八钱七分五厘。彭水县、三百八十九两三钱八分五厘。叙永厅、四百七十两四钱八分一厘。永宁县、五百四十八两五钱四分四厘。雷波厅、七十九两二钱八分四厘、理番厅四十一两六钱六分一厘。共一万三千九百九十四两二分一厘。外茶养廉二千五百三十三两七钱四分四厘，不具载。岁由各厅、州、县盐税课内扣领，仍具领字投藩库存案。其先因藩库帑绌，暂由盐税扣领，后遂循以为例也。

岁支总督衙门书吏口粮五百二十两，旧只三百二十两，内有二百两为巡抚书吏口粮，巡抚裁后并入总督衙门照支。由盐茶羡余内拨解。又盐茶奏销赍本路费四十两，除扣平[①]、搭票[②]外，实银三十一两六钱。由脚力内拨解。共银五百六十两。

岁支盐茶道衙门书吏口粮、纸张笔墨，六百两。书吏旧只七名，于雍正八年“役少事繁”案内增设十三名，为二十名，十二年“请归职守”案内拨归臬司典吏二名，为十八名。岁支各盐官及各厅、州、县般验盐茶书吏、巡役工食，一名岁六两。计夔州府盐捕通判、一百二十两。犍为县盐捕通判、一百三十二两。射洪县盐捕通判、一百三十二两。绵州州判、六十两。资州州判、六十两。忠州州判、四十八两。简州州判、七十二两。射洪县盐大使、一百八十两。蓬溪县盐大使、一百五十六两。犍为县盐大使、九十六两。云阳县盐大使、九十六两。大宁县盐大使、六十两。嘉定府批验大使、九十六两。重庆府批验大使、八十四两。泸州批验大使、八十四两。遂宁县批验大使、八十四两。富顺县自流井县丞，九十六两。又邓井关县丞、一百八两。荣县贡井县丞、七十二两。彭水县郁山镇巡检、七十二两。盐源县典史、十八两。南部县新镇坝县丞、三十六两。三台县胡卢溪盐大使、八十四两。中江县胖子店巡检、三十两。按：南部、三台大使，中江巡检三盐官，今已改设书巡如故。以上盐官、书巡费。崇庆州、十二两。江津县、十二两。荣昌县、二十四两。大足县、二十四两。綦江县、十八两。保宁府、六十两。阆中县、十八两。广元县、十八两。通江县、十八两。南充县、二十四两。西充县、四十八两。蓬州、三十六两。大竹县、二十四两。富顺县、九十六两。长宁县、二十四两。隆昌县、二十四两。屏山县、十八两。奉节县、三十两。巫山县、二十四两。大宁县、五十七两二钱五分七厘。万县、二十四两。开

---

① 扣平：清代盐税之一。将盐务机构各职员的薪水按比例缴扣，存于运库，作为盐务贫困病故人员的补贴费。

② 搭票：搭放银票。

县、二十四两。石泉县、六两。松潘厅、十八两。雅安县、二十八两。乐山县、四十八两。洪雅县、十八两。犍为县、五十四两。犍为县县门关、三十六两。威远县、十八两。三台县、七十二两。盐亭县、三十六两。遂宁县、六十两。安岳县、三十六两。乐至县、七十二两。合江县、二十四两。江安县、二十四两。资阳县、三十两。内江县、三十两。仁寿县、三十六两。仁寿县核桃坝、二十四两。井研县、七十二两。绵竹县、十二两。茂州、十八两。汶川县、十二两。汶川县贰道桥、十二两。城口厅、二十四两。丰都县、二十四两。黔江县、十八两。永宁县，十八两。以上厅、州、县书巡费。岁共支工食银三千五百三十一两二钱五分七厘。外茶、书、巡四百七十两七钱四分三厘，不具载。例由羡截银内，按一水引提银三钱五分，一陆引提银一分八厘，约一万有奇。支销此项及书吏工食，余银移解藩库充公。此据盐法略议，未见案。

岁支犍为、富顺孤贫口粮，无定额。先是人给银三分，后改二分，又改折钱二十，按月二日由地方有司发给，就余盐息银支放。始乾隆，至嘉庆间犹行之，今废久矣。

犍为县知县张官五禀略：查盐商等请领乾隆四十三年水照票五百五十张，每张应缴息银八两五钱，共应缴息银四千六百七十五两。业蒙将照票檄发下县，现在饬商照例缴息给票，配销余盐。查犍为县肩挑背负余盐之老少贫民，向来不下数百余名，今按名查验，此等贫民其中尚有亲属可依，且年力未衰，尚可自食其力者一概删除，不准给领外，现据首报，老少贫民一百六十七名，虽核其年岁亦有未尽合例之人，但均系鳏寡孤独，身带残疾，既不能自食其力，亦并无亲属可依，殊属可悯，似应准其首报，以资养赡。如有开除新收，按月造报，遵奉议定章程。自乾隆四十四年正月初一日起，每名每日领钱二十文，统于每月初二日，按名当堂给领，不致胥役经手滋弊。所缴息银有无赢余，统俟年底核实造册，报查所有老少贫民年岁籍贯，并正月分支，给其每年陆续新收老少贫民一二三百名不等，照数按月给领。除小建[①]不支外，统俟年底核实报销。尚有余剩钱文，易银批解藩库充公。总督文绶奏及户部覆富顺、犍为两县始末，见前《票厘》。

以上经费，岁由盐茶道主之。

① 小建：夏历的小月，也称“小尽”。“建”谓斗柄所指，如甲子、乙丑等。清代时宪历每月下例载“某月大（或小），建某某”，后来误将建字连读，因有“大建”“小建”之称。

岁支官运局总办以下各分局子卡委员薪水、总办月二百两，帮办月一百两，四所及各厂岸分局正委员月五十两，副委员及各子卡并押运听差、各委员月三十两。各所局卡司事、月人十二两或八两，勤慎者岁终有奖赏。经书、月人四两。清书、月人三两。称手月人四两。及健步巡丁工食，并各所局卡公费，局繁者月百两。简者五十两或三十两。岁约十三四万两不齐，遇闰照增。于发商时由额引内，一引摊征银五两给用。

岁支奏裁将军、都统及道府以下陋规，代各州县分垫公费银十九万五千四百五十六两，由总局平余内扣拨。

丁宝桢奏略：伏查川省臬司、道府向来除养廉外别无津贴之款，而养廉项下例有扣平、搭票折钱，及本省应行摊捐各款，层层减折，所剩无几。从前收受节寿规礼，非此无以办公赡家，故二百余年相沿未改，中外共知，实有不得已之势，然终非正办。去年秋间，臣以川省臬司向来亦受规费，名义尤为不正当。经饬令删裁，而删裁之后办公竭蹶，因奏明于本省筹备公费项下，酌量匀摊帮贴，俾资办公。其成、华两县，地处省会，一切应办公事尤为繁冗，动形拮据，亦经奏明酌量筹给津贴，以免苦累在案。当时即拟裁定各道府公费，惟因款项一无所出，若遽将从前陋规一律裁革，实难责令枵腹从公。然终任其相沿旧习，亦无以表率属吏。查川省全年正额丁粮共只六十余万，历无粮折漕费等项，与江西、安徽各省可以取资于漕羡者情形不同。省库实无闲款可筹，惟自去冬开办黔边盐务以来，各岸局于购盐售盐之际，照商行收扣平余，铢积黍累，凑少渐多，原以备各该局一切公费。兹据总办局务候补道唐炯禀称，各该委员等，均能实事求是，共矢清白，力求节省，咸赖将此项余积办公银两，拟俟积有成数，即以提拨各道府每年办公之用等情。查此项收扣平余，既非课税羡截正项所入，且又系各局员节省所积，并非另取之公家。且视别省漕折公费取自民间者，更有区别。以之提拨道府公费，实为名正言顺。臣现拟自光绪五年正月起，即于黔边盐局收积平余备公项下，酌提成数，审定各道府缺分繁简，均匀分拨。准其备文赴局领回，作为办公经费。各该道府既有此领款，办公不致掣肘。即明定禁令严饬，自光绪五年正月起，将从前一切节寿规礼永远裁革，不准再收分毫，以励廉隅而资表率。如查有私受规礼情弊，即将该道府指明严参，并将私自馈送之州县一并参处，用昭兢惕[①]，在上官无须取给于属员，自不难破除情面，整躬率属，使属员无从求媚于上司，不敢不恪遵公令，共肃官方，以期大法小廉，吏治日有起色。

又片奏略：查成都将军统辖旗营，公事较简，第有兼辖松、建各属地方之责，应办要事亦多。而署中办公之需，除廉俸外，亦无所出，每遇公事，动形掣肘。臣目击其竭蹶，亦代焦急。即成都副都统例定廉俸，更属无多，赡家时虞不继，办公更属为难。兹臣亦拟于盐局扣收平余提拨道府公费项下，再行匀拨数成，酌给该将军、副都统按季备领，藉资津贴，俾办公一切不致赔累。庶期整顿地方，实于公事有裨。光绪四年十一月。

岁支各盐官签验费一万两有奇。因裁革盐关陋规，各关为定每引费一钱五分。按岁销引数，由官运局摊收拨发。条奏见“转运”部“官运”。

岁支总督衙门抚兵房书吏承办奏销箱物三十六两八钱四分，饭食钱三十千文。

岁支安定五营防勇饷十四万两有奇，遇闰照增。大建月支银一万二千三百二十八两二钱，小建月支一万一千九百一十七两二钱六分，由发商时于额引内，按一引摊征五两给用。

丁宝桢奏略：安定营勇防边口粮，本应由司库动支正款给发，因现在京协各饷指拨纷繁，司库入不敷出，筹拨万分拮据，营勇时虞枵腹。唐炯目击艰难，乃详请由局自行设法筹备，不动地丁、津捐、厘金正款，以顾大局。其支发勇粮各项，每年仍照动支司库，各营按月册报筹饷局，归该局按年造报，俾资考核而昭清晰。光绪五年。

岁支沿江巡缉炮船十四支，又总局常船一支。九千六百两有奇，遇闰照增。管带炮船营官一员，月支薪水五十两；每船哨官一员，月支银九两；头工、舵工各一名，月支三两六钱；水勇十一名，月支三十三两。小建月照扣，惟营官不扣。外每船月支油船换缆费二两。外旗帜、帐棚一年一换，号褂两年一换，不计。以上计大建月支银八百一十八两，小建月支银七百九十三两四钱，由局中公费动支。奏疏及部议，见“缉私”部“炮船”。

岁支商人引底，视销引多寡，约二万两有奇，或三万之数。一水引给银一

① 兢惕：戒惧。

两，陆引以十二张半折给银一两。由官运成本扣出，年终令坐商按名领取。初奏经户部议驳，光绪五年，宝桢再请，始准。

丁宝桢奏略：再查官运定章内，前奏明摊收引底一款，经部议驳，本应遵办，惟查此项引底，系因各岸商人向多领引，入手不思认真行运，私相售卖，或呈请改代，展转牵混，故引张缴残，一切流弊滋多。前筹办官运，以各该商此等弊混，相习成风。惟念其自咸丰以来，屡次捐输，亦多报效，今若遽令失其坐享之利，殊觉不情。是以奏明酌留引底，以示体恤。迨经部驳后，该商等闻引底不给，纷纷恳求，殊形迫切。臣查其情实可悯。因令唐炯确核成本，即加引底一层，亦属轻减，民食仍贱。似可仍准酌留，用昭公允。

户部奏略：查前项引底，前经本部议，以黔边盐务定章，引归局配，课由局解，总、坐各商绝无干预，何得再支津贴？奏令裁免，勿庸给领，原为减轻成本起见。今该督既称摊收引底一款，亦于成本、民食无碍，应即准其照数摊征。查照前奏章程，分给旧商支领，以示优恤世业之意。

总办官运盐务唐炯通饬：照得黔滇边计坐商引底一案，叠经通饬厂岸分局，并檄催各厅州县造赍[①]商名引数清册，以凭给发。惟查该商等贫弱安分者固多，而把持刁健[②]者亦复不少，凡平日遇事兴讼种种费用，不无浮开账目，预派于众。欲于请领引底时，一力包揽代领，以图营私。若不详加查核，将恐弱者向隅[③]，强者中饱，未免苦乐不均。除饬知各该地方官遵照外，合行札饬。为此，札仰该局查照前申商册底案，先期牌示全列商名引数，届期齐集，会同该地方官按名点给，不准一名代领，以杜诈冒而昭核实。如有距局较远之各厅州县，势难会同办理者，即由该局将引底银两照数移送，一面出榜分晰晓谕：现于某日将某名下应领银若干，移由某衙门当堂给发，俾众咸知，庶令均沾实惠。光绪五年。

---

① 造赍：造册赍送。

② 刁健：犹狡悍，刁悍。

③ 向隅：面对着屋子的一个角落。汉刘向《说苑·贵德》：“今有满堂饮酒者，有一人独索然向隅而泣，则一堂之人皆不乐矣。”后遂以比喻孤独失意或不得机遇而失望。

岁备护本银，为官运盐船覆溺，无力赔偿，则拨此款为之补配。内分三之一，作公济堂孤贫口粮，皆无定额。总局由发商时照额引一摊收银一两五钱，以一两作护本，拨五钱归公济堂。

丁宝桢奏略：至杂款内护本一款，系因官运盐包均系船运，自厂至岸，江流奔激，节节皆有险滩，石齿森磷，船只触碰，时虞沈溺。而仁、涪、綦入黔河道，滩尤险恶，向来商人每年触石，沈溺船只，淹毙水手，不一而足，且因此亏折歇业者亦多。是以商规向有获本一层[1]，以备不虞。今官运成本攸关，帑项尤宜格外慎重。因仿照商规，仍于成本内摊收护本一款，以为船只疏失沈溺，另行补运之费。惟加此一款，核之成本，仍较商运犹多轻减，于民食毫无加增，商人皆乐于从事。光绪五年。

岁解云南省协饷、六万两。抵捐二万五千两。共八万五千两。

岁解贵州省协饷、十二万六千两。抵捐、四万两。代征税厘十八万两。共三十四万六千两。

丁宝桢奏略：窃臣前据总办官运盐务局唐炯详"黔边开办，引张畅销，收数甚旺。本年加办滇岸，若使办理得手，则销引征银当可冀有起色。现值部库支绌之际，官运既获赢余，自应兼顾内库，以重根本。兹拟自戊寅纲冬季起，每年提拨官运盐务征收项下银二十万两，每季分解银五万两，按时解交部库以备要需，如有延欠，即将总办之员奏请严议"等情前来，臣查该道所详，实为内外兼筹、力顾根本起见，正拟批准照办，间适准户部咨"光绪四年十二月十四日奉上谕，停止捐输，咨明赶紧设法筹抵，奏明办理"等因前来，伏思捐纳本系万不得已之举，计自开办以来，捐局林立，流品日杂，吏治日隳，几于无可整顿。今蒙宸衷独断，饬下部臣及各疆臣通筹捐项，筹款相抵，即行停止。仰见圣主澄叙官方，莫名钦服。查近日捐输一款，自京捐为大宗。现既停捐，则京师为根本重地，部库支发，一切需款，尤为紧要。现在川省滇黔两岸，均经开办，旧制渐可规复。该道唐炯办理得法，每年收数必能集成

[1] 获本一层："获"疑应为"护"。

巨款。部库亟应兼顾所有京捐抵拨一项，应请即如唐炯原议，自戊寅纲冬季为始，每年在于官运局征收项下提拨银二十万两，按季分解部库，即以抵京捐支项，并另筹备银六千两，随解交部，以作停捐后一切办公之用。此后务当年清年款，如总办局员稍涉诿延，或解不足数，即由臣奏请严加议处，以为贻误军饷者戒。至藩盐两库，有此格外挹注，已觉宽舒，其户部指拨当年京饷，仍应责成该司道尽力筹解足额，不得于官运局筹抵二十万数内抵拨牵混，以昭核实。至滇黔捐局，既奉谕旨饬令筹抵停止，臣等亟应竭力筹措抵补，庶该两省军饷有资，而后我圣主之良法美意刻期可行。惟藩盐两库实无可筹，兹仍饬唐炯将官运妥为办理，俾便商利民，销数日增通畅，除解部款外，再于各项下筹拨银六万五千两，以四万两解黔，以二万五千两解滇，亦自戊寅纲冬季为始，按季分解，俾抵川省捐款。

户部奏略：据丁宝桢奏，以唐炯督办黔边局务，一年期满，大著成效，并请接办滇边。兹该督臣复以京捐停止，请自本年冬季办理戊寅纲奏销之日始，每年于边盐局征收项下提银二十万两，分季解部用抵京捐支款，并筹银六千两，一并解部，作为停捐后及一切办公经费。又筹备银六万五千两，以四万两按季解黔，以二万五千两解滇，亦自戊寅纲冬季起解，俾抵捐项。在该督臣，中外兼筹，自系为维持全局起见。就臣等通盘计画，现时部库出入相权，虽仅资敷衍，然较之穷边瘠壤进项奇绌者，其缓急似稍有间。现据署贵州抚臣林肇元以“黔省瘠苦向甲天下，承平时岁需犹待各省协拨，况值此烽烟甫靖，户减田荒，商贾不通，莫支危局，奏请饬筹协济”前来，臣等公同商酌，拟将丁宝桢奏解部库之款，全数协拨滇黔，俾资实济。相应请旨饬下丁宝桢督率办理滇黔边盐各局委员实力征收，毋稍短绌。即在各该局征收项下，按年提银十八万两，以十二万两解黔，以六万两解滇，并丁宝桢原拟按年解交黔省抵捐银四万两、滇省抵捐银二万五千两。又丁宝桢前奏，有解部办公银每年六千两。查臣部自裁撤京捐局后，书役人等亦均裁撤。此项办公银两，应令一并汇解黔省凑作协饷，毋庸再行解部。统计前项，每年应解黔省共银十六万六千两，应解滇省八万五千两。川省地与滇黔接壤，拨解较易，且刻期可到，似此移缓就急，较为妥便。应令该督臣仍照前奏，如有诿延及解不足数，即将该局员指名奏请严加议处，以为贻误军饷者戒。光绪五年。又六年，会同贵州巡抚岑毓英奏任税厘一疏，见“转运”部“官运”。

岁解云南边防协饷银二十万两。

户部奏略：据总理各国事务衙门咨称：遵议云贵总督等奏“细审边情预为防制”一折内称“各省应协滇饷，及请于川省现协各款外，另行增拨若干，按月筹解以充军实”一节，“滇省本属瘠区，现又添练防军，亟应宽筹饷项，应由户部酌量筹拨有著的饷，俾资接济”等因。臣等复查指拨京协各饷，必须量入为出。此时各省情形核计，实无余款，若再添拨，亦属无米为炊。惟查四川官运局近来销运甚旺，收款日增，尚能力筹兼顾。臣等公同商酌，拟由四川官运局每年拨银二十万两，以济滇省添练防军之需。应请饬下四川总督，转饬官运局督办委员遵照。即自光绪八年为始，按年协拨，源源接济，不得稍有延欠，致误大局。光绪八年。

附：光绪七年，官运盐务拨解北洋添购铁甲轮船银三十万两。按：此非经费，以现拨巨款，为录附后。

丁宝桢奏略：再，臣接准部咨“直隶督臣李鸿章奏请购买外洋钢面轮船，以资防备。议于川省官运盐务局筹拨银三十万两接济。业经奏奉谕旨，准在于官运盐局征收税厘等项下，如数筹拨，分批委解北洋，以补船价不足”等因。臣查此次奉拨银三十万两，系奏准购造钢面铁甲船只，为沿海防务之用，关系中外大局，亟应迅速筹款接济，俾年终解齐，以期兼顾而免迟误。当即行知官运总局筹解去后。兹据官运总局详称，即督饬委员赶紧筹拨，惟款项过巨，必须分批起解。核定于本年闰七月拨解头批银十万两，十一月续拨二批银二十万两，共足三十万两。依限委员分批汇解至湖北省，兑交淮军粮台弹收，转解北洋大臣衙门购买铁甲轮船之用。光绪七年。

四川盐法志卷二十七·职官一

《周礼》："盐人：掌盐之政令。"特主祭祀、宾客之用而已。然如皮角珠贝所入，犹有主者，矧国计民生所系如盐，而遗之或不著尔？自秦吏有市官，汉吏多贾人，其时盐铁往往并置。唐宋以来，漕计[①]兼综[②]，随事立名，建置不常。元明之际，职任稍专。然蜀鹺兴革，鹾计[③]卓著，约略指数代不数人，岂故籍多阙，抑大利未兴欤？夫周官弊吏[④]，不外一廉，矧在计臣，非是何辨，开略有术[⑤]，抑其次也。善乎唐志所言，得其人则有裨于国家，非其才则贻患于黎庶。惟贤惟能，可弗慎旃？今举隶蜀盐官，断自□□。以事系人，以人系官，勒为一表。无事迹者，略取名氏，附著于后。官运局员，名氏则略，然铜符载颁，职守并重，有司执事，亦共懔焉。叙职官。

① 漕计：这里指漕运官员。

② 兼综：犹兼理，综合。

③ 鹾计：这里指盐业官员。

④ 周官弊吏：《周礼·天官·冢宰》："以听官府之六计，弊群吏之治：一曰廉善，二曰廉能，三曰廉敬，四曰廉正，五曰廉法，六曰廉辨。"弊：指考核。

⑤ 开略有术：北齐颜之推《颜氏家训·涉务》："六则兴造之臣，取其程功节费，开略有术。"开略：开创经营。

盐官表一

世次	沿革	名氏	事迹
秦	**盐铁市官** 成都县本治赤里街，若张若徙置少城，内城营广府舍，置盐铁市官。《华阳国志·蜀志》。	无考 附凡非盐官而官蜀有盐事者，附。	
		李冰 蜀守	江水东径广都县，李冰识察水脉，穿县盐井。《水经注·江水一》。江水又东南,径南安县，西，悬溉[①]有滩，名垒坻，一曰盐溉，李冰所平也。同上。秦孝王[②]以李冰为蜀守，冰能知天文地理，又识齐水脉，穿广都盐井。《华阳国志·蜀志》。
汉	**盐铁丞** 按：此非蜀盐官，以“乘传举行天下盐铁”语度之，蜀亦必与，故并著。	孔仅 东郭咸阳	使仅、咸阳乘传，举行天下盐铁，作官府。《史记·平准书》。《通典·食货》引，注云：“举，皆也，普天下皆行之”。
	临邛盐官、南安盐官、朐䏰盐官、南广盐官、蒲江盐官	无考	

① 悬溉：任乃强《华阳国志校补图注》：“‘县溉’者，邑名。今乐山县与青神县交界处，岷江水横穿一背斜层……构成一段浅峡，通称汉阳峡。中间江水曲绕一大河原，曰汉阳坝，即古县溉邑也……江水决为二滩，一曰雷垣，一曰盐溉。雷状其声，垣状其形。水跌流曰溉。盐亦状其水花白沫耳。悬溉犹盐溉，因即以为邑名也。《水经注》误为一滩。”

② 秦孝王：应为秦昭王，见《史记·汉集书第七》张守节《正义》引应劭《俗通》。

世次	沿革	名氏	事迹
汉	郡国盐官、铁官，本属司农，中兴皆属郡县，《后汉书·百官志》本注。凡郡县出盐多者，置盐官，主盐税。同上。盐官掊坑而得盐，或有凿井煮海水而以得之者。《后汉书·百官志》胡广注。临江县，枳东四百里，接朐忍，有盐官，在监、涂二溪。《华阳国志·巴志》。孝宣帝地节三年，穿临邛、蒲江二十所，增置盐铁官。又《蜀志》。南广县，太元初年置盐官。又《南中志》。蜀郡临邛、犍为郡南安、巴郡朐忍皆有盐官。《汉书·地理志》。武帝元狩元年冬置，初元五年六月罢，永光三年冬复[1]。王应麟《地理通释》二引《通鉴》。或曰：天下有盐官二十九。洪氏曰：以史考之，盐铁置官多布于西北，而东南之郡不多有。据《玉海》百八十一“注”。	附 但望	永兴二年，望上疏曰：“巴郡[2]境界，南北四千，东西五千，周万余里，敢欲分为二郡：一治临江，一治安汉。各有桑麻、丹漆、布帛、鱼池、盐铁。”《华阳国志·巴志》。
	令长丞　丞史 其郡有盐官、铁官，随事广狭，置令长及丞。《后汉书·百官志》。永兴二年，巴郡太守但望疏，略曰：巴郡属县十四，盐铁五，官各有丞史[3]。《华阳国志·巴志》。	无考	

① 元狩元年：应为元狩四年。宋王应麟《通鉴地理通释卷二·历代州域总叙中》“汉郡国盐铁官条”作：“《通鉴》：武帝元狩四年冬，置盐铁官。”

② 巴郡：原作“谨按《巴郡图经》”。

③ 丞史：丞及史。秦汉时中央和地方官吏的助理官。汉时，丞相有两长史，御史有两丞，合称丞史。太守以下的郡丞、长史等佐官，亦总称丞史。

世次	沿革	名氏	事迹
汉	**临邛监　云安监** 云安监，汉置盐官。《一统志》。临邛有盐官，莽曰监邛。《汉书·地理志》。王莽之监邛也。县有火井、盐水。《水经注·江水一》。乃分遣御史、廷尉、正监分曹往，往即治郡国缗钱。《汉书·食货志》。卫觊议：夫盐，国之大宝也。自乱来放散，宜如旧置使者监卖。始遣谒者仆射[①]置盐官。《三国·魏志·卫觊传》，后汉□□一□□□□□□□而治民事者，如《汉书·百官志》："民有善事恶事，以告监官"。又有专监铁者，皆与此异。	无考	
蜀汉	**盐府校尉　司盐校尉** 初，先主定益州，置盐府校尉，较盐铁之利。《蜀志·吕乂传》。	王连	字文仪，南阳人也。先主时，迁司盐校尉，较盐铁之利，利入甚多，有裨国用。迁蜀郡太守，领盐府如故。《蜀志》本传。校尉王连请乂及南阳杜祺、南乡刘干并为典曹都尉。《蜀志·吕乂传》。
		岑述	张裔与司盐校尉岑述不和，至于忿恨。《蜀志·杨洪传》。按：《蜀典》引作《张裔传》，误。
		附： 张嶷 越巂太守	字伯岐，巴西郡南充国人也。定莋、台登、卑水三县，旧出盐铁，而夷徼久自固食。嶷率所领夺取，署长吏焉。收致定莋率豪狼岑，挞杀之[②]，种类咸面缚谢过，遂获盐铁，器用周赡。《蜀志》本传，又见《元和郡县志》及《寰宇记》，略同。

① 谒者仆射：官名，谒者的长官。

② 原作：嶷之到定莋，定莋率豪狼岑，盘木王舅，甚为蛮夷所信任，忿嶷自侵，不自来诣。嶷使壮士数十直往收致，挞而杀之。

世次	沿革	名氏	事迹
晋	按：晋惟《晋书·列传》：杜预拜度支尚书，较盐运，制调课；王允之除钱唐令，领司盐尉。四川盐官不详。	附：邓艾	字士载，义阳棘阳人也。平蜀后，艾言司马文王：“留陇右兵二万人，蜀兵二万人，煮盐兴冶，为军农要用。”《魏志》本传。
		毛璩 益州刺史	晋孝武太元中，益州刺史毛璩益西域戍以防盐井。陵井者，本沛国张道陵所开。璩乃于东西两山筑城，置主将防卫之。《元和郡县志·剑南道下》。
隋	按：隋惟《隋书·食货志》：盐池有总、副监丞，四面监丞。四川盐官不详。		
唐	**诸道盐铁转运使，关内、河东、三川转运常平盐铁使，三川盐铁转运使** 自兵兴，上元以后，天下出盐，各置盐司，节级[1]权利。《通典·食货十》注。开元已前，事归尚书省，开元已后，由是有转运使、盐铁使、度支盐铁转运使、水陆运盐铁租庸等使，随事立名，沿革不一。《旧唐书·食货志》。转运使，天宝以后皆以宰相充使，而诸道分置巡院，皆统于此。五代罢巡院，始置转运使。《通考·职官十五》。永泰二年，以户部尚书刘晏充东都京畿、河南、淮南、江南东西道、湖南、荆南、山南东道转运、常平、铸钱、盐铁等使，以户部侍郎第五琦充京	第五琦	乾元元年，为盐铁使。于是大变盐法，就山海井灶收榷其盐，立监院官吏。其旧户泊浮人欲以为业者[2]，免其杂役，隶盐铁使。《旧唐书·食货志》。诸道盐铁名使，自琦始。《新唐书》本传。
		刘晏	夔州有大昌县，县有盐官。刘晏为盐铁使，以嘉兴及大昌为十监[3]，岁得钱百万缗，以当百余州之赋。《舆地纪胜·夔州·大宁监·沿革》。
		李巽	元和二年，李巽为盐铁使，奏：“江淮、河南、峡内、兖郓、岭南盐法监院，去年收盐价缗钱七百二十七万。”《旧唐书·食货志》。

① 节级：唐宋时低级武职官员。
② 其旧户泊浮人欲以为业者：原作“其旧业户泊浮人欲以盐为业者”。
③ 以嘉兴及大昌为十监：原作“以嘉兴及大昌等为十监”。

世次	沿革	名氏	事迹
唐	畿、关内、河东、剑南西道转运、常平、铸钱、盐铁等使。自是天下财赋，始分理焉。《旧唐书·本纪》《通鉴·唐大历元年》。大历五年，诏停关内、河东、三川转运、常平、盐铁使，自此晏与户部侍郎韩滉分领。至十四年，天下财赋皆以晏掌之。《旧唐书·食货志》。贞元八年，诏：东南两税财赋自河南、江淮、岭南东道至于渭桥，以户部侍郎张滂主之；河南、剑南、山南西道，以户部尚书度支使班宏主之。今户部所领三川盐铁转运使，自此始也。其后宏、滂互有短长。由是遵大历故事如刘晏、韩滉所分焉。同上。转运使在唐宋利权无所不属，并兼刑名。汪砢玉《古今鹾略》。唐世盐铁转运使在扬州，尽斡利权，判官多至数十人，商贾如织。故谚称"扬一益二"，谓天下之盛，扬为一，而蜀次之也。洪迈《容斋随笔》九。	王播	元和五年，王播奏：江淮、河南、岭南、峡中、兖郓等盐利钱六百九十八万贯，比改法以前旧盐利,时价四倍虚估，此钱当为一千七百四十余贯，请付度支。从之。七年，播奏：去年盐利，除割峡内盐，收钱六百八十五万，从实估也。《玉海·百八十·盐铁》注，《唐书》本纪、食货志略同。
		关内、河东、三川等使无考	

世次	沿革	名氏	事迹
唐	**度支使、山南西道巡院官、剑南西道巡院官、剑南东道巡院官** 盐铁法，就山海井灶收榷其盐，立监院官吏。《通鉴》二百二十六胡注。晏刘晏。自淮北列置巡院，搜择能吏以主之。《新唐书·食货志》[1]。唐有盐井六百四十一[2]，皆隶度支使。黔州、成州、巂州、果、阆、开、通井，山南西院领之，梓、遂、绵、合、昌、渝、泸、荣、陵、简，剑南东川院领之，皆随月督课。同上。乾元二年，置巡院官。贞元初，废诸道巡院。《通考·职官》[3]。二年，诸道有盐铁处，复置巡院。《旧唐书·食货志》[4]。按：志无年，据《玉海》百八十一注。元和四年，度支山南西道分巡院官宜兼充剑南东西川、山南西道两税使。《通考·职官十五》。五年，诏："度支山南西道分巡院官充三川两税使。峡内煎盐五监，先属盐铁使，今宜割属度支，便委山南西道两税使兼知粜卖。"峡内盐属度支，自此始也。《旧唐书·食货志》。按，度支使无所专授，多京朝官	第五琦	至德元年，加琦山南等五道度支使。胡注：度支使始此。琦作榷盐法，用以饶。胡注：琦变盐法，尽榷天下盐，就山海井灶置监院，使吏出粜。旧业盐户并游民愿业者为亭户，免其杂徭，盗煮、私市者论以法。百姓除租庸外，无得横赋，人不益税而上用以饶。《资治通鉴》二百十九。
		卢坦	元和六年，度支使卢坦奏："臣移牒勘责，得山南西道观察使报，其果、阆两州盐，本土户人及巴南诸郡市粜，又供当军士马，尚有悬欠，若兼数州，自然阙绝。又得兴元府诸耆老状申诉，河中盐请放入六州界粜货。"从之。《旧唐书·食货志》。字保衡，河南洛阳人。坦治东川，尽蠲山泽盐井榷率之籍。《新唐书》本传。

① 《新唐书·食货志》：应为"《旧唐书·食货志》"。

② 井六百四十一：这段引文出自《新唐书·食货志》，原作"井六百四十"，"一"为衍文。

③ 这段引文不见于《文献通考·职官》，《文献通考·职官》作"天宝以韦坚充句当转运使，第五琦充诸色转运使，刘晏充诸路转运使。其後韩滉、杜悰、杜让能、崔昭纬皆以宰相充使，而诸道分置巡院，皆统于此。五代罢巡院，始置转运使。"也不见于《皇朝文献通考》。

④ "二年……诸道有盐铁处复置巡院"，此段引文不见于《旧唐书·食货志》，《旧唐书·崔造传》有类似的记载："诸道有盐铁处，依旧置巡院勾当。"此文见于《新唐书·崔造传》："贞元二年……诸道有盐铁处，仍置巡院。"《新唐书》已经明确注明为"贞元二年"，不存在所谓"志无年"。

世次	沿革	名氏	事迹
唐	遥领。巡院官，据《旧唐书》□刘晏署度支转运使，又为知院官。《通鉴》二百二十六：“晏诸道各置知院官。”胡注：“知院官，掌诸道巡院者也。”《元和郡县志》三十“彭水县”：“左右盐泉，令本道官收其课。”“本道官”或即此□□□督员亦符。[①]《舆地纪胜·黔州·景物》引作“有左右盐官收其课”，似误。	皇甫镈	元和十年七月，度支使皇甫镈奏加峡内四盐，剑南东西川，山南西道盐侣，以利供军。从之。《旧唐书·食货志》。按：盐侣，《新唐书》《玉海》《通考》皆作盐估；四盐，《玉海》做四监；《通考》云镈与程皆聚敛小人，以进羡余有宠，而镈加盐估、峻榷法，尤靡不至。[②]
		各道巡院官无考	
	剑南按察使、山南西道观察使 开元元年，令姜师度等俱摄御史中丞，与诸道按察使检责海内盐铁之误。《旧唐书·食货志》。贞元二年，造崔造。疾钱谷诸使罔上之弊，奏罢水陆运使、度支巡院，诸道租赋悉委观察使、刺史遣官部送诣京师。《通鉴》二百三十二。元和中，皇甫镈奏节度观察使以判官，州以司录、录事参军察私盐。《新唐书·食货志》。开成末，诏：私盐月再犯者，易县令，罚刺史俸；十犯，则罚观察判官课料[③]。	苏颋	字廷硕，武功人。开元八年，颋为剑南按察节度使[④]。时蜀雕劾，人流亡，诏颋收剑南山泽盐铁自赡，颋尚简静，重兴力役，即募戍人，输雇直，开井置炉，量入计出。《新唐书·苏瓌传》。

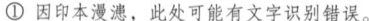

① 因印本漫漶，此处可能有文字识别错误。
② 此引文底本似为《四库全书》本，文字有不通处，宜从别本。
③ 课料：计算，发给禄料。
④ “开元八年，颋为剑南按察节度使”：《新唐书·苏颋传》作：“八年，罢为礼部尚书。俄检校益州大都督长史，按察节度剑南诸州。”

世次	沿革	名氏	事迹
唐	宣宗即位，茶盐之法益密，粜盐少、私盗多者，谪观察判官，不计十犯。同上。诸道置按察使，后改为采访处置使，又改为观察兵甲财赋民俗之事，无所不领。韩愈《送许郢州序》云：为观察使者，常急于其赋。财已竭而敛不休，人已穷而赋愈急。《容斋三笔》七，按：各道按察使景云年置，乾元元年改观察使□□□为巡察使。史无盐事可据，故不著。剑南按察使据《苏颋传》，山南西道观察使据卢坦事迹，□使大率节度使兼者居多。		
	峡内五监 元和六年，诏峡内盐五监属度支。《玉海》八百十一《盐法》注。按：前皇镈事迹作“四监”。	无考	
	云安、渔阳、涂漕三监 顺宗时，增云安、涣阳、涂漕三监。《新唐书·食货志》。南浦中有涂漕监、渔阳监，盐官二。又《地理志》。按：“涣阳”，据明监本□是“渔阳”之误。“涂漕”，《通考》引作“涂济”。据明万历《会典》有“涂付井盐课司令”，《忠州志》只有“涂井”。盖井名俗多加“甘”字于下，疑本“涂井”二字，“井”讹“甘”，连写为一字，因增“涂”为二字；“□”字当□“漕”字之讹。或又曰“涂漕”，“漕”□□读若“淦”，疑又即《华阳国志》“监、涂二溪”之“监”，以音近讹。	无考	

世次	沿革	名氏	事迹
唐	**大昌监** 大昌与嘉兴、海陵、盐城、新亭、临平、兰亭、永嘉、侯官、富都为十监①。据《新唐书·食货志》。	无考	
	永安井盐官 在奉节。据《新唐书·地理志》。按："盐官"当即"监"。	无考	
	云安监官 万户城西三十里，有监官。《旧唐书·地理志》。按：《元和郡县图志》引作"盐官"。《郡县志》旧阙，《舆地纪胜·云安军·景物》注引，云"郡有橘官、盐官"，疑即《郡县志》未阙元文也。	无考	
	场务官 按：此见《仁寿县题名碑》，他不著。惟《唐书》言：元和中，右拾遗独孤朗建言："宜用观察等使领本道盐铁，罢场盐管榷吏，除百姓之患。"不听。或即此。②	无考	

① 此引文原作"嘉兴、海陵、盐城、新亭、临平、兰亭、永嘉、大昌、侯官、富都十监"。

② 此文引自《新唐书·独孤及传》所附录《独孤朗传》："朗，字用晦，由处士辟署江西、宣歙、浙东三府。元和中，擢右拾遗。建言：'宜用观察使领本道盐铁，罢场监管榷吏，除百姓之患。'不听。"据此，底本"盐"当为"监"。

世次	沿革	名氏	事迹
后唐	**三川都制置转运使** 天成元年，遣盐铁判官、太仆卿赵季良兼三川都制置转运使，制置两川[①]。《通鉴》二百七十五。季良，字德彰，济阴人也。累迁盐铁判官，太仆卿。明宗天成元年为三川制置使。《十国春秋》本传。按：此惟季良一人，季良旋事蜀。		
	云安十三监 长兴元年五月，孟知祥累表请割云安等十三盐监隶西川，以盐直赡江宁屯兵。辛卯，许之。《通鉴》二百七十七，《十国春秋》作"下三监"。	无考	

方州志职官名氏，如厅壁题名，例得详载。四川盐官，唐以来鲜有专设，其兼者亦或权或罢，非如守土官职任之确。表中以事迹相附丽，盖纪实也。然虑见闻希尠，搜采不无遗佚，用取载籍可见者，附著名氏于后，以备参考。其各转运使、巡院官，各监无考者，从阙。至度支使多属京朝官，都转运使远驻维扬，见于《玉海》及《两淮盐志》者颇详，兹不悉具。

按察使

毕　构　河南偃师人，充剑南道，景云中。

陆象先　苏州吴县人，任剑南道，先天二年。

李　浚　唐疏族，摄剑南道，开元中。

观察使

崔光远　滑州灵昌人，充剑南道，上元二年。

---

① 制置两川：《资治通鉴》卷二百七十五无此四字。

李　勉　郑王元懿曾孙，川南西道。

张献诚　陕州平陆人，充山南西道兼剑南东川道，广德中。

张献恭　充山南西道，大历中。

张延赏　嘉贞子，剑南西川道，大历中。

李叔明　剑南东川道，大历末。

王叔邕　代叔明。

严　震　盐亭人，兼山南西道，建中三年。

严　砺　震宗人，贞元五年。

高崇文　渤海人，充剑南西川道，永贞中。

赵宗儒　山南西道，元和七年。

郑余庆　荥阳人，充山南西道，元和九年。

崔慎由　清河武城人，山南西道，元和中。

李德裕　赵郡人，宝历四年。

郑　瀚　余庆子，山南西道，太和中。

李　绛　赵郡赞皇人，山南西道，太和二年。

李载义　山南西道，太和四年。

杨嗣复　剑南东川，太和七年。

萧　邺　梁后。

席　俦　利阆观察使。

场务官

张□□

龚　琢　知井研场务。

按：场务官，史不著。此见《仁寿县题名碑》，在咸通十二年正月七日，其一人名已漫漶。又有场押司官数人，为胡□、喻咸、陈矩、陈渭、潘德阳、喻□□、杨□，疑亦管榷吏之属也。

世次	沿革	名氏	事迹
前蜀	井监使　陵井监	马全义	乾德三年，井监使马全义复开陵州焰阳洞。《十国春秋·前蜀·本纪》。
前蜀	井监使　陵井监	任元吉	乾德五年，伪蜀知陵井监任元吉始请凿五井煮盐，是岁得八十万斤。擢元吉永清令，是后浸增其数。《通考·征榷》注。
前蜀	井监使　陵井监	附 罗元楚	武成三年，檄淯井土刺史罗元楚申饬盐务。《十国春秋·前蜀·本纪》。
后蜀	**判盐铁使** 广政三年，命母昭裔判盐铁。《十国春秋·后蜀·本纪》。	母昭裔	后晋天福五年夏四月，蜀王命昭裔判盐铁。《通鉴》二百八十二。河中龙门人，拜中书侍郎同平章事，又改门下侍郎。广政三年，分判盐铁。《十国春秋》本传。
后蜀	**判盐铁使** 广政三年，命母昭裔判盐铁。《十国春秋·后蜀·本纪》。	母守素	昭裔子也，出为云安榷盐使。广政二十年，昭裔判盐铁，衰老不任事，遂委其务于判官李匡远，出入多留滞不发。后主命守素代判使务。父子相代，世颇荣之。俄改判度支，又判盐铁。《十国春秋》本传。
后蜀	**盐铁判官**	李匡远	事后主，为盐亭令。已而迁盐铁判官代宰相母昭裔理使务。《十国春秋》本传。
后蜀	**云安榷盐使** 广政十四年以前，云安榷盐使伊审征为通奏使。《十国春秋·后蜀·本纪》。	母守素	具前本传
后蜀	**云安榷盐使** 广政十四年以前，云安榷盐使伊审征为通奏使。《十国春秋·后蜀·本纪》。	伊审征	后周广顺元年四月丁未，蜀前云安榷盐使太原伊审征为通奏使，知枢密院事。元注：云安，汉巴郡之朐䏰县地。周武帝置云安县，唐属夔州，以其产盐，置云安监。《通鉴》二百九十。字申图，太原人，历蜀州刺史、云安榷盐使。《十国春秋》本传。

世次	沿革	名氏	事迹
后蜀	**陵井监** 陵州有陵井，伪蜀置监。《续通鉴长编》八。	无考	

后蜀云安榷盐使

张匡翊

见云阳县龙脊滩石刻隶书，云：蜀广政癸亥岁二月十日，云安榷盐使、守右骁卫大将军、前守眉州刺史、驸马都尉张匡翊与宾寮同届此。

四川盐法志卷二十八·职官二

盐官表二[1]

世次	沿革	名氏	事迹
宋	**茶盐制置使** 本朝制置使始于杨允恭，太宗命为“江淮、两浙都大[2]发运[3]，擘画茶盐捕贼事”。先是，三路上供米不过三百万石，允恭行之一岁，上供者六百万，即命允恭为“发运制置使”。吴曾《能改斋漫录》一。 淳化四年七月，始置诸路茶盐制置使。乾道六年三月，罢四川制置司归宣抚司。嘉定七年十一月，罢四川制置大使司所开盐井。《宋史·本纪》。 制置大使古无有，绍兴三年，赵忠兰始为江西制置大使，其后席大光益在成都得旨，位宣抚副使上。八年，以忧去。胡承公世将代之，始去“大”字，至今不改。《朝野杂记》甲集十一。	胡元质	孝宗淳熙四年，诏令胡元质与李繁同往蜀郡，相度盐法。王圻《续通考》二十三。 淳熙六年，四川制置胡元质、总领程价言：“推排四路盐井二千三百七十五，场四百五；除井一千一百七十四，场一百五十。依旧额煎输，其自陈或纠决增额者，井一百二十五，场二十四，并令渲淘旧井亦愿入籍者，四百七十[4]。其无盐之井，即与铲除，不敷而抱输者，即与量减，共减钱引四十万九千八百八十八道，而增收钱引十三万七千三百四十九道，庶井户免困重额。”七年，元质又言：“盐井推排，所以增有余补不足。有司务求赢余，盈者过取，涸者略减，尽出私心。今后凡遇推排，以增补亏，不得踰已减之数”。《宋史·食货志》。

① 表头据上表补。

② 都大：官名。宋置，主管铸钱贸易之事。《正字通·大部》：“都大，官名。宋制有两都大：一、提举茶马；一、提点坑冶铸钱与提刑序官。”

③ 发运：官名。指水陆发运使，即转运使。

④ 四百七十：《宋史》原作“四百七十九”。

世次	沿革	名氏	事迹
宋	制置使掌兵事。建炎末，议者令帅臣悉带制置使。张达明为江浙帅，以便宜竭取属郡之财。上闻之，诏除用兵听依便宜，余悉禁止。其他刑狱财赋，则归之监司。四年，遂罢制置使之名。自休兵后，成都守臣带四川安抚制置使其权略视宣抚司，惟财计、茶马不与。同上。淳熙二年辛酉，罢四川宣抚，复制置使。毕沅《续通鉴》一百四十四。 各路其后尽省，惟四川、沿海有焉。元注：四川系成都府，沿海系明州。《通考·职官十六》。按：据□□及事记，则《朝野杂记》云“古无有”，殆未深考，特淳化所置，据《玉海》引□□，皆无四川。云“嘉祐中即发运司置官专领运盐事”，似自嘉祐中即罢者，自后都无“茶盐”字，据《朝野杂记》，则并不与财计。然如嘉定七年一条，则明与盐井事矣，如元质等，虽无“盐茶”字，亦主盐事矣。盖制置使加“盐茶”字，虽损益无常，究未尝不与其事也。	胡元质	按《李繁传》[1]：“徙仓部郎中[2]，总领四川赋财、军马钱粮。淳熙三年，廷臣上言‘四川和籴，实科籴’，诏制置使范成大同繁相度。”无与元质相度盐法事，王圻《续通考》载有元质疏，见《纪事》，余互见后韩晪事迹。 江见礼撰《制置胡公生祠记》云：凡蜀之井，其名存实亡者，淳熙六年，有旨简之。郡产盐惟最，虚额尤多，每岁计豁除折估钱五万四千九百五十余道，皆胡公奏蠲免。《舆地纪胜·成都府路·简州·风俗形胜》注。
		赵汝愚	字子直，制置四川兼知成都府。《宋史》本传。 光宗绍兴[3]三年，吏部尚书赵汝愚言：“绍兴间赵开所议盐法，诸井皆不立额，惟禁私卖，而诸州县镇皆置合同场，以招商贩。其盐之斤重、远近皆平准之，使彼此均一而无相倾夺，贵贱以时而为之翕张。今其法尽废，宜下四川总所视旧法施行。”《食货志》。
		杨辅	事迹具后总领

① 李繁：《宋史》原作“李蘩”，本书“李繁”字样，皆应作“李蘩”，后文不再出校。
② 仓部郎中：《宋史》原作“仓部员外郎”，李蘩后升任郎中。
③ 绍兴：《宋史》原作“绍熙”。

世次	沿革	名氏	事迹
宋		吴猎	字德夫，潭之醴陵人。开禧三年十二月，授四川安抚制置使，兼知成都府，请蠲赋役以幸蜀民。略曰“蜀之利病，莫盛于赋敛。姑以养兵言之，岁有二千万之供，取民百端，未易毛举。盐课之在建炎，总为缗八十万，后改行引法，递增至四百万。今虽数数宽减，尚存二百余万[1]缗”云云。其言虽不果用，人以为知本。《鹤山文钞》三十《吴公行状》。
		安丙	嘉定五年九月，四川复榷石脚井盐。先是，石脚井卤[2]已闭，民有犯法私炼者，制置大使安丙因复榷之。然盐既苦恶，率以抑售土人，而私贩肆行，民间不以为便。毕沅《续通鉴》一百五十九。七年，诏四川盐井专隶总所，既而宣抚使安丙言防秋，藉此以助军兴，乃复夺之。《宋史·食货志》。
		刘甲	字师文，其先东光人。权四川制置事[3]，凡安丙所立茶盐柴邸，悉废之。《宋史》本传。
		萧振	绍兴二十八年，尚书省检会[4]节次行下[5]四川制置等司措置条具[6]“减盐酒课息钱”：前制置使萧振等陈乞损蜀中盐井虚额。《系年要录》一百八十。

① 二百余万：《鹤山先生大全文集》卷八十九原作“三百余万”。
② 石脚井卤：毕沅《续资治通鉴》一百五十九作“石脚井盐”。
③ 四川制置事：《宋史》原作“四川制置司事”。
④ 检会：犹查考。宋苏轼《应诏论四事状》：“寻检会元丰四年五月二十一日敕，酒务留当产业，依盐钱例拘收，以其盐与酒事同体一故也。”
⑤ 行下：行文下达。
⑥ 条具：犹条陈，指公文。宋李纲《乞修边备添置参谋编修官札子》：“仍添置编修官二员，共措画条具，以时推行。”

世次	沿革	名氏	事迹
宋		附 张浚 宣抚使	建炎四年，言者乞罢四川榷盐榷酤，以安远民。自同主管川陕茶马兼宣抚司随军转运使赵开变茶酒法，怨詈四起。至是开复，议更盐法，言者[1]遂奏其不便，且曰，如谓大臣建请，务全事体，必须更制，即乞札与张浚，照会施行。诏以其章示浚，时盐法未行，事得暂止。而酒课已为军食所仰，浚讫不为之变也。元注：“日历云：言者乞罢四川榷盐榷酤。按改盐法在绍兴二年九月，此时尚未行，当是方有此议，或者浚请于朝，言者遽及之而暂止耳。”《系年要录》三十二。 二年，自吕颐浩再相，用堂后官张纯为榷货务场使，更盐法，故独重其职焉。初，宣抚处置使张浚以淮盐未通，乃通大宁盐于京西、湖北。至是，秦桧闻其事，下堂帖禁之。其后，复通蜀盐于荆南，诏不许。又五十四。 三年，知枢密院事张浚言：“荆南屯驻大军，窃虑阙乏。臣已于随行赡军盐内支十万斤付解，榷为军费。”诏浚毋得更携蜀盐过界，有害盐法。又七十一。

① 言者：指谏官。

世次	沿革	名氏	事迹
宋		赵子琇 制置司主管机宜文字	绍兴七年，左朝奉郎四川制置大使司主管机宜文字赵子琇，再入对，言："四川财赋自茶盐榷酤与夫常赋之外可以供公上之求者，经营措置，因[①]已曲尽，在今无复理财之术，但有惜财之术尔。望明诏主兵者念民力之已殚，应泛滥不急之费，当自有以蠲减；典计者，知戍兵之久劳，凡大军经费之须，务求所以赡给。如此则两司相通，皆能赡军恤民，同济国事。"诏川陕宣抚使吴玠、都转运使李迨措置。后五日，擢子琇提举荆湖北路常平茶盐公事。时川陕赡军钱阙，迨遣官属分行三路，召三等井户量增贴纳[②]钱。上等每百斤增千钱，中等七百钱，下等三百钱，自是为例，而子琇未知也。《系年要录》一百十一。
		郑刚中 宣抚副使	绍兴十五年，四川宣抚副使郑刚中以利州山林多，铁炭易集，乃命本路转运判官王陟董其事，置监官、检[③]、监门、物料[④]、库官等六员,军匠五百人。后增铸至十五万缗。大钱千重十二斤，小钱千重七斤有半，岁用盐官钱七万缗、三路称提钱二十四万为本，率费钱二千而去千钱云。《系年要录》一百五十四。

① 因：《建炎以来系年要录》作"固"。

② 贴纳：谓补贴交纳（息钱）。《宋史·食货志下五》："是时数年间，有司以京师切须钱，商人旧执交引至场务即付物，时或特给程限，逾限未至者，每十分复令别输二分见缗，谓之贴纳。"

③ 检：《建炎以来系年要录》作"检勘"。

④ 物料：物品，材料。

世次	沿革	名氏	事迹
宋		郑刚中 宣抚副使	先是，上命刚中与总领司参酌措置，刚中言："四川财赋利源大者无过盐酒，曾不知盐酒之法已是穷尽，惟有扶持讲究，随事救助，尚可枝梧。傥更增添，其法立坏。盐与酒既不可更改，其余言利便者，皆蔽守一端，不尽见四川久远利害。惟有取用度名色，更行撙节，及军中可以裁减事件，随宜措置，庶几便见实效。"又二百五十六 初，郑刚中改四川宣抚[①]之岁，始命三路茶盐酒课及租佃官田应输钱引者，每千别输三十钱为铸本，又得其羸十八万缗有奇，至是以备军费。又一百五十七
	总领 国朝真宗咸平四年，分西蜀为益、梓、利、夔四路，又以知益州。宋太初，兼川陕西路都转运使，此则总领四川财赋之本原也。中兴建炎三年，张魏公浚为川陕宣抚使，以赵开为随军转运，总领四川财赋。按：《系年要录》三十五作："建炎四年，诏总领四川财赋举官，如陕西转运使例，用张浚请也。"此"总领四川财赋"之得名也。《中兴小历》绍兴十五年，按：《本纪》亦云："十五年十月，置四川宣抚司总领钱粮官"，《通考》：设官在"十六年"[②]，小异。侍御史汪勃请置四川	赵开	字应祥，普州安居人。张浚素知开善理财，即以开随军转运使，专一总领四川财赋。开曰："蜀之民力尽矣！锱铢不可加，独榷货稍存赢余，而贪猾认为己有，互相隐匿。惟不恤怨詈，断而敢行，庶可救一时之急。"浚锐意兴复，信任不疑。于是大变酒法钱引。最后又变盐法。其法实视大观东南、东北盐钞条约，置合同场，盐市与茶法大抵相类。盐引每一斤纳钱二十五，土产税及增添等共纳九钱四分，所过每斤征钱七分，住征一钱五分，若以钱引折纳，别输称提、勘合钱共六十。初变榷法，怨詈四起。至是，开复议更盐法，言者

① 四川宣抚：《建炎以来系年要录》作"四川宣副"。

② 《通考》设官在十六年：即《文献通考·职官考十六·总领》载："十六年，四川总司以总领四川宣抚司钱粮所为名。十八年，诏罢宣抚司，始改为四川总领。"

世次	沿革	名氏	事迹
宋	总领，以“总领四川宣抚司钱粮”为名，时尚隶宣抚司也。后当汪召嗣为总领时，始削去“宣抚司”字，直名为“四川总领”。《本纪》云“十八年”罢[①]，《通考》亦作是年。因得报发御前军马文字，此则“四川总领”之定名也。自是以后，定名不改，今置司利州。《舆地纪胜·利州路》。 三十一年七月诏：“四川财赋，自当专任总领所。如遇警急调发，不及申奏，则令宣、制司随宜措置，先举后闻。”乾道六年[②]诏侍从台谏，各举可任湖广及四川总领者一人。《宋史·本纪》。 嘉定三年冬十月乙丑，诏四川总领所毋受宣抚司节制。刘时举《续通鉴》十四。 总领，掌措置移运应办诸军钱粮。《宋史·职官志》。 东南三总领皆仰朝廷科拨，独四川总领专制利源，故赵应祥榷盐酒而王瞻叔括田契，以佐军需。据《朝野杂记》甲集十一。按：《朝野杂记》云：“仙井水[③]产盐二百余斤，隶盐运司，蒲江亚之，隶总	赵开	遂奏其不便，便乞罢之，以安远民。诏以其章示浚，浚不为变。时浚治兵秦州，费用不赀，尽取办于开。开悉知虑于食货，算无遗策，虽支费不可计，而赢资若有余。《宋史》本传。 其后，又增贴纳等钱。蜀中盐课最盛者莫如简州，旧为课利钱才千三百缗、绢千九百匹、银百两。引法初行，岁课至四十八万余缗。他州仿此。自是岁益增加，合三路折输至四百余万缗。而夔路十三州及隆、荣、邛、岷诸州官煎者不与焉。《系年要录》五十八。 绍兴十一年春，正月壬寅，右文殿修撰、提举江州太平观赵开卒，年七十六。自金人侵陕、蜀，开职馈饷者十年，军用得以毋乏，一时赖之。开既绌，主计之臣率三四易，于开修画，毫发无敢变更者，人伟其能。然议者咎开竭泽而渔，使后来者无所施其智巧。凡茶、盐、榷酤、激赏、零畸绢布之征，遂为西蜀常赋。故虽屡经减放，而害终不去焉。毕沅《续通鉴》百二十四。

① 所谓“十八年罢”：指《宋史·高宗本纪》所载“十八年……五月……甲申，罢四川宣抚司，以李璆为四川安抚制置使”。

② 所谓“乾道六年”，似应为绍兴十六年。《宋史·光宗本纪》载：“三月……丙申，遣沈揆等使金贺即位。诏侍从、两省、台谏，各举可任湖广及四川总领者一人。”《文献通考·职官考十六·总领》载：“孝宗乾道六年，诏淮东总领并归淮西总领所（中书门下省言：勘会淮东总领所废并司名合行并司诏，以总领两淮、浙西、江东财赋军马钱粮所为名，仍铸印，缴纳两司元印）。”此引文可能因此致误。

③ 水：《建炎以来朝野杂记》作“岁”。

世次	沿革	名氏	事迹
宋	领所。”颇疑总领与运司分治。后又云：“财赋旧以都转运使领之，然大抵皆隶宣抚司。宣抚司罢，又改为总领四川财赋钱粮。”盖自为一目。又魏鹤山《重建四川总领所记》云：“赵应祥，为随军转运使，总领四川财赋。虽云‘总赋’，未以官名也。”后应祥言“当正其名，知有统属”[1]云云。然则总领虚而运使实，总领无所不兼，运使则以漕计为主，兼领盐事，仍隶总领耳。宣抚司使无盐事可据，故不著。	李迨	绍兴五年，都转运使李迨言：“盐酒息钱最增，然以支数增多，终是应副不足。岁收钱物因有上供、进奉、土贡三路纲，坑冶课利等窠名[2]钱物，共计一千五百九十九万，系四川旧额所管岁入之数；其劝谕激赏增敷役钱、助军头子钱、免支移米脚钱、秋税上出纳地理脚钱、盐酒增息钱等课名，钱物共计二千六十万，系军兴后来所增岁入之数。臣尝读《刘晏传》，史臣称晏理财，谓亚管萧。是时天下岁入缗钱千二百万，而管榷居其半。今四川区区一隅之地，榷盐榷酒岁入一千九十一万，过于刘晏所榷之数多矣。并诸窠名钱，已三倍刘晏岁入之数。”《系年要录》一百十一。按：迨增井户贴纳钱事，见前赵子琇事迹。
		李繁	字清叔，崇庆人。总领四川财赋。《宋史》本传。 邛之蒲江盐井，岁欠百三十余万，往者都转运司榷之以制低昂，课有定入，民不知也。自郡守增岁课，归井于州，以资少府私用，而民始病。公并请于宣抚司，更法平贾。厥后公总蜀赋，遣官核其事，日输不过六十石，为六十斤，十有四千[3]，凡减盐十万八千余斤，为缗

① 当正其名，知有统属：此文引自《建炎以来朝野杂记·甲集·官制二·都转运使》，原作“应祥言，总领财赋于四路，漕计或不相关，当正其名，使知有所统属”。

② 窠名：款目，条项。

③ 日输不过六十石，为六十斤，十有四千：出自《鹤山先生大全文集》卷七十八，原作“日输不过六十檐，檐为六十斤，价十有四千”。此“檐”即“担”。

世次	沿革	名氏	事迹
宋		李繁	钱七万五千。牢盆之糈[①]与隆、简无异，总所自榷，则不与焉[②]。公之勇于为善类此。《鹤山文钞》二十五《李公墓志》。
		程价	淳熙六年，四川总领程价与制置胡元质奏[③]："推排四路盐井，其无盐之井即与划除，不敷而抱输者即与量减，共减钱引四十万九千八百八十八道，井户免困重额。"《宋史·食货志》。
		杨辅	字嗣勋，遂宁人。总领四川财赋。《宋史》本传。 绍兴三年，杨辅为总计，去虚额，闭废井，申严合同场法，禁斤重之踰格者，而重私贩之罚，盐直于是顿昂。辅又请罢利州东路宣抚司[④]所置盐店六，及津渡所收盐钱，与西路兴州盐店。后总领晔又尽除官井所增之额焉。《食货志》。按：辅所行，盖因赵汝愚之奏。《文献通考》《朝野杂记》所载少简。
		陈晔	绍兴中，总领晔尽除官井所增之额。《宋史·食货志》。按：《朝野杂记·甲集十四》作"嘉泰二年"。

① 牢盆之糈：《鹤山先生大全文集》卷七十八原作"牢盆之精"。
② 则不与焉：《鹤山先生大全文集》卷七十八原作"州不与焉"。
③ 四川总领程价与制置胡元质奏：《宋史》原作"四川制置胡元质、总领程价言"。
④ 利州东路宣抚司：《宋史》原作"利州东路安抚司"。

世次	沿革	名氏	事迹
		附 高定子 知长宁军	字瞻叔，蒲江人。寻差知长宁军。长宁地接夷獠，公家百需皆仰淯井盐利，来者往往因以自封殖，制置使又榷入其半。定子至，争于制置使，得蠲重赋。《宋史》本传。
	都转运使　成都路转运使　峡路转运使　夔峡路转运使　益州路转运使　梓州路转运使	聂泳	太平兴国五年七月己酉，诏西川诸州民：比者但犯盐禁，皆部送京师；自今不满十斤，委所在州府依法区分。十斤以上，并依旧部送赴阙。从转运使聂泳所奏也。《续通鉴长编》二十一。
宋	**利州路转运使　西川转运使　西川东路转运使　各路转运副使** 艺祖开基，惩五代藩臣擅有财赋，不归王府，始置诸道转运使，以总利权。国初，但曰勾当某路水陆计度转运事，官高者则曰某路计度转运使。太平兴国初皆①，有使两省以上则为都转运使。又置副使与诸路判官焉。《通考·职官十五》。 都转运使，建炎间所置，以遂宁为治所，绍兴八年又移利。今总领财赋，盖其职也。元按："《图经》：大观二年，除赵遹为都转运使。则大观间已置司于遂，非始于绍兴也。"《舆地纪胜·遂宁府·沿革》注。	张咏	字复之，濮州人。真宗复命知益州，仍加转运使②。《宋史》本传。 咏镇蜀日，春粜米，秋粜盐，官给券以惠贫弱。又《韩绛传》。 先是，峡西③课民运粮以给蜀师，相属于路。咏亟问城中所屯兵数，凡三万人，而无半月之食。咏访知民间旧苦盐，而私廪尚有余积，乃下盐价，听民得以米易盐。民争趋之，未逾月得米数十万斛。《续通鉴长编》三十六。
		马亮	咸平四年，上召西川转运使、兵部员外郎马亮入朝，问以蜀事。时诸州盐井，岁久泉涸，而官督所负课，系捕者州数百人。亮尽释之，而废其井；又除蜀部④旧逋官物二百余万。《续通鉴长编》四十八。

① 此处应为"太平兴国初皆曰使"，"曰使"二字脱，据《文献通考·职官十五》补。

② 转运使：《宋史·张咏传》作："仍加刑部侍郎、枢密直学士，就迁吏部侍郎。转运使黄观上其治状，有诏褒美。""转运使"为黄观的官职。《宋史·陈若拙传》作："往有黄观者，或称其能，选为西川转运使，辄诉免，当时黜守远郡。"《宋史·董俨传》亦载："时黄观罢西川转运归阙，俨与知杂御史王济姻家，因托济言于观，求荐己知益州。"

③ 峡西：《续通鉴长编》三十六作"陕西"。

④ 蜀部：《续通鉴长编》四十八作"属部"。

世次	沿革	名氏	事迹
宋	都转使[①]，渡江后，惟四川有之。建炎[②]元年三月，始以黄右司概为四川水陆制置发运使，置司遂宁府，未行而反[③]。明年，张魏公出使川峡，遂以赵应祥为随军转运使，专一总领财赋。应祥言："总领财赋，于四路漕计或不相关，当正其名，使知有所统属。"绍兴六年冬，《本纪》作五年十一月。遂除应祥都转运使。后又置副使或判官。十五年省，《系年要录》百五十六作："十四年四月庚子，省，以其事归宣抚司。"又："四川都转运使之废，用宣抚副使郑刚中请也。"又余尧弼论刚中，"四川有都转运司，盖总四路财计，以赡军需。归并宣司，则是制军给食通而为一。总领司建置，盖与诸路一体。刚中怒形于色，不容总司举职"云云。复置总领。《朝野杂记》甲集十一。 故事，置四川都转运使以掌军储，而四路漕司各领经费，都漕司盖不得与。《系年要录》一百二十五。 国朝沿唐置转运司，初平剑南，惟西川一路而已。《舆地纪胜·利州路》。 太平兴国元年，川、峡分路置转运使，峡盐悉趋荆南，西川民乏食。太祖遣使劾两路转运使罪，及上即位，	寇瑊	字次公，汝州临汝人。施州蛮叛，转运使移瑊权领施州。先是，戍兵仰他州馈粮。瑊至，请募人入米，偿以盐，军食遂足而民力纾。为梓州路转运使。晏州多刚县酋斗望。烧淯井监，杀官吏。瑊趋富顺监，诱致夷人，给盐及酒食，讨破之，遂降。因籍勇悍千人，隶禁军，为宁远指挥，使守淯井。《宋史》本传。 大中祥符七年八月，梓州转运使寇瑊言："本使公宇在梓、遂州，去戎泸地远，或戎人缓急寇边，难于照应，请置资州。"诏从之。以此知转运司总边防之事也。《通考·职官十五》。 祥符六年，泸戎蛮酋斗望寇淯井监，夺盐井，寇瑊缘淯井溪十一战，大破之。《方舆纪要》七十《四川五》。 瑊破夷，后夷人相率来附。瑊又置戍守，建砦栅，浚三壕环淯井。《明一统志》六十九。

① 都转使：《朝野杂记》甲集十一作"都转运使"。
② 建炎：《朝野杂记》甲集十一作"明受"。
③ 未行而反：《朝野杂记》甲集十一作"未行而反正"。

世次	沿革	名氏	事迹
宋	皆释之。于是命西川转运使申文纬遥兼[①]，峡路转运副使韩可玭兼西川路，使盐策流通也。《续通鉴长编》十七。 丙午，始分西川为东、西两路，各置转运使、副使。《舆地纪胜·利州路》作："太平兴国三年，分西川东道，各置转运副使"。兵部郎中许仲宜为西路转运使，考功员外郎滕中正为东路转运使。又十八。 六年，张宏出为峡路副使、会省副使，知遂州。《宋史·张宏传》。 七年，废东川转运使，并属四川。《本纪》[②]。 咸平四年三月，分川峡转运使为益、利、梓、夔四路。元注：某州路各有一转运使。同上[③]。 转运使掌经度[④]一路财赋，或诸路事体当合一，则置都转运使以总之。废置不常，而正使不废。《宋史·职官志》。	丁谓	咸平五年，施州屯兵备溪蛮，岁仰它州馈饷。峡民甚苦之，权知州事临汝寇瑊请行和籴[⑤]之法，而偿以盐，兵食遂足。转运使丁谓因言："溪蛮入粟实缘边寨栅，顿息夔万诸州馈饷之弊。臣观自昔和戎安边，未有境外运粮给我戎兵者，请以其事付史馆。"先是蛮人数扰边，上召问巡检使侯延赏曰："蛮人何欲？"延赏曰："蛮无他求，所欲唯盐耳。"上曰："此亦常人所需[⑥]也，何以不与之。"乃召谕谓，谓即取诏传告陬落。群蛮感悦，因相与盟约曰："自今有入寇者，众杀之。"且曰："天子济我以盐，我愿输以兵食。"自是边谷有三年之积焉。其谋盖自瑊发之。《续通鉴长编》五十二。 景德二年戊辰，权三司使丁谓言：往者川峡诸州屯兵，调发资粮颇扰，而积盐甚多，募南人输粟，平其价，偿之以盐；今储粟渐充，请以盐易丝帛。诏：诸军粮及二年，溪洞州及三年，从其请。又卷六十，《宋史·食货志》略同。 峡路蛮扰边，命往体量，还奏称旨，领峡路转运使。初，王均叛，

① 此处应为"申文纬遥兼峡路"，"峡路"二字原缺，据《续通鉴长编》十七补。
② 《本纪》：此则引文不出自《宋史·本纪》，出自李焘《续资治通鉴长编》："于是废东川转运使并属西川。"
③ 同上：此则引文出自《宋史·本纪第六·真宗》。
④ 经度：筹划，经营规划。
⑤ 和籴：古时官府以议价交易为名向民间强制征购粮食。
⑥ 需：《续通鉴长编》五十二作"须"。

世次	沿革	名氏	事迹
宋		丁谓	朝廷调施、黔、高、溪州蛮子弟以捍贼，既而反为寇。谓至，召其种酋开谕之。蛮地饶粟而常乏盐，谓听以粟易盐，蛮人大悦。《宋史》本传。 峡之诸州，施尤近蛮，食尝不足，而道峡难馈。有盐井之利，而亦难致，故售者少。谓乃度巫山县，每三十里置铺，铺置卒三十人，使往者负粟以次达施州，迓者负盐以次达巫山。凡商人之得盐巫山者，比得之他州减劳费半，乃令欲巫山盐者皆入粟于施州，于是施州得粟与他州等。毕沅《续通鉴》二十三。
宋		刁湛	天圣二年六月丁丑，夔州路转运使刁湛言："云安军所管盐井，岁课甚多，而武臣知军，失于钩考簿书，积有所负，请自今选朝臣为知军。"从之。《续通鉴长编》一百二。
宋		蒋贲	初[①]，西方用兵，军食不足。又诏入刍粟并边，俟有备而止。刍粟虚高[②]，盐直贱，商贾利之，西方既无事，犹入中如故。夔州转运使蒋贲以为入中十余年，虚费夔盐计直二十余万缗。令[③]陕西用池盐之利，军储有备，请如初。诏许之。《宋史·食货志》。《一统志》[④]作"黄"。

① 初：《宋史·食货志》作"会"。
② 虚高：《宋史·食货志》作"虚估高"。
③ 令：《宋史·食货志》作"今"。
④ 底本为"统志"，据文意改。

世次	沿革	名氏	事迹
宋		王举元	字懿臣，镇定人。治平中，又徙知成都府①。卭井盐岁入二百五十万，为丹棱卓箇所侵，积不售，下令止之，盐登于旧。《宋史·王化基传》。《明一统志》六十七作“成都路转运使”，按：“卭”疑“邛”，“箇”疑“筒”之讹。
		程□	咸泉在武龙县，距白马津东三十余里，江岸有咸泉。初，康定间有程运使舟次鹳岸，闻有硫黄气，谓此必有咸泉。召工开之，果得咸脉。是时，民未知烹煎之法，乃于忠州迁井灶户十余家，教以煮盐之法，未几有四百余灶。《舆地纪胜·夔州路·涪州·景物》注。
		王宗望	元丰七年，夔州路转运使王宗望乞就成都府置榷盐司，即两蜀产盐之地置场。其井尽榷于官，然后售之于民，收无过一分五厘，岁入无虑三十万缗。乃乞量损蒲江盐直，庶几兴利除害，以惠远民。成都府、梓州路并为榷盐禁地，煎盐户赴官入中，不得私买卖。陵井监之井研、荣州之应灵专置场，各差监官。其余州县盐井少处，就差税务官兼，无税务处，委令佐置场。成都府置转般都盐务，受诸场运盐。

① 知成都府：《宋史·王化基传》仅作“成都”。中华书局本《宋史·王化基传》校记：卭井盐岁入二百五十万为丹棱卓箇所侵：按宋无“卭井盐”，据本书卷八九地理志，成都府路邛州蒲江县有盐井，《朝野杂记》甲集卷一四“蜀州官盐”条谓为大井，疑此“卭井”为“邛井”之误。又据《宋会要·食货二三之一一》，眉州有卓筒井盐七井。卓筒系民间小井采用的取盐之法，见文同《丹渊集》卷三四和同上《朝野杂记》。丹棱为眉州属县，此处之“丹棱卓箇”疑当为“丹棱卓筒”。熙宁前，成都府曾闭卓筒井以保障官盐，见本书卷一八三《食货志》，亦同举元此事相类。

世次	沿革	名氏	事迹
宋		王宗望	先留息钱一分为元买场课额，令都务增脚税约时价卖，渐抑兼并，常平盐价。略计两路共六百井，大井日煎盐千斤，小井二百，计日收十八万斤，岁得盐六千三百七十二万。约百斤之价为四千钱，为二百五十四万八千八百缗。每缗收息一分五厘，岁收息三十八万二千三百二十缗。乞降度僧牒五百、银十万两，借两路转运提举司钱四十缗为本，候三年拨还。其本钱虽当用二百五十四万有奇，若以法支移，止用今所乞数可足。诏下逐路转运司详具可否利害以闻。《续通鉴长编》三百四十七。 黄履翁论盐法曰：祖宗以庸蜀僻远，恩泽鲜及，贡入常多，故不忍以盐重困之,邛州一旦减井课至一百万。此王尧臣力言蜀井之不可榷也。夫何王宗望小人，以商贾之利而损国家之体，蜀之盐始榷矣。汪砢玉《古今鹾略》。按：“砢”，《明诗综》作“珂”。
		赵开	事迹具前。
		李迨	事迹具前。

世次	沿革	名氏	事迹
宋		喻汝砺	绍兴十一年，御史中丞何铸言直秘阁潼川[①]转运副使喻汝砺轻锐妄为，诏罢之。先是，宣抚司取对籴[②]米于四川民户，而潼、遂、果、合诸郡绝少稻田，自军兴[③]听输以粟。至是，都漕司责令输粳，其已津运者皆却还之。汝砺力争，言其不便者五。东川盐旧行于剑外，近岁阶、成盐通入利路，而客贩始衰。都漕司又置通货场于兴元府及阆州，凡商人以盐至二郡者皆拘入之，必尽鬻于官，乃偿其直。商人不能伺，则每百斤令输通货钱三引或二引，然后听其它之，货日以壅。汝砺为世将胡世将。言，四川一家，潼、利一民，本路岁发折估钱五百五十万缗，以阶、成盐税及通货所取言之，算计见效，恐未足以当本路盐井折估之直，著通而一之，取其大而略其小可也。又言盐鹾榷酤之利，此二物者，今日四川之司命知所以张之而不知所以驰之，所以用其利而不知所以救其弊，诛求不已，无以为持久之策矣。《系年要录》一百四十一。
		任布	字应之，河南人。为梓州路转运使。富顺监盐井，岁久卤薄，而课存，主者至破产，或鬻子孙不能偿。布奏除之。《宋史》本传。

① 潼川：《建炎以来系年要录》卷一百四十一作“潼川府路”。
② 对籴：向民户征购与其应缴赋税等额的粮食。
③ 军兴：“兴”字原脱，据《建炎以来系年要录》卷一百四十一补。

世次	沿革	名氏	事迹
宋		附 赵希馆	字君锡，调主管夔州路转运司帐司，疏大宁盐井利病，使者上诸朝，民便之。后召对次论大宁盐井本末，宁宗嘉纳之。《宋史》本传。 大宁盐井弊端如猬，积负至九十余万斤。公往视之，旬月偿及半，踰月则告羡矣。既归，疏利病十条，上诸朝，民至今便之。又商人请官盐率不及数，而官粜商米必求赢，公悉为厘正。《鹤山文钞》二十《赵公神道碑》①。
	各路转运判官 开宝六年，广南平，除徐泽为判官，盖转运判官始此。后判官与转运使争权而罢②。《通考·职官十五》。 天圣七年六月，置益、梓、广南路转运判官，与转运使分部按巡，位诸州同判上。别给印，分巡即用之。议者以为自罢诸路提点刑狱，而益、梓、广南只一转运使，不能周知民事故也。毕沅《续通鉴》三十七。 益、广东西运判，其后阙不除。李焘云，庆历三年十月甲寅复置。同上四十六③。	宋构	元丰七年，夔州路转运判官宋构言，本路盐井未尝榷课，利不均及，乞榷买达州茶，许商人出引行梓州路。诏转运及榷茶司详度。《续通鉴长编》三百五十。

① 赵公神道碑：魏了翁《鹤山先生大全文集》卷七十三题为“安德军节度使赠少保郡王赵公希馆神道碑”。

② 后判官与转运使争权而罢：《文献通考·职官十五》作“先是，判官与转运争权而罢”。

③ 此则引文，并非出自“同上”之“毕沅《续通鉴》”，而是出自李焘的《续资治通鉴长编》卷一百四十四注文：“天圣七年，初置益、梓、广东西运判，其后缺不除，故此云复置。”所谓“李焘云：庆历三年十月甲寅复置”，即《续资治通鉴长编》卷一百四十四正文：“甲寅，复置诸路转运判官，仍诏中书、枢密院同选用。”

世次	沿革	名氏	事迹
宋	嘉祐五年八月，罢诸同提点刑狱使臣，置成都、梓、利、夔路转运判官。同上五十九①。 中兴以来，逐路都转运使除授不常，惟使、副官常置。绍熙以来，使副、运不双除②。《通考·职官十五》。	黄廉	元祐初，《本纪》及《续长编》皆在“元年”。上封事者言：《长编》云“陵井监进士黄迁言”。“有司于税课外，岁令井输五十缗，谓之‘官溪钱’。”诏付黄廉蠲之，诏：自今溪有盐井输课利盐税外，毋得更增以租。《宋史·食货志》。 户部言：“黄廉奏：准敕体量民庶上书，陵井监盐井于课利盐税外，使一井岁输五十缗，谓之‘官溪钱’，愿悉蠲除之。欲乞今后溪内开兴盐井，除合输课利盐税外，不许别收租赁溪钱，见管六井并行蠲放。其井研县五井有见欠数，亦乞除放。”从之。《续通鉴长编》三百九十二，按：廉尝为利路转运判官。
		程之邵	字懿叔，眉山人，元祐初为夔路转运判官。大宁井盐为利博，前议者辄储其半供公上，余鬻于民，使先输钱，盐不足给，民以病告。之邵尽发所储与之，商贾既通，关征增数倍。《宋史》本传。
		韦骧	元祐五年，户部言：“前任利州路转运判官韦骧奏：元丰中，梓州转运司请止绝阆州栈闭盐井及创开井，恐侵本路盐课，致本州亏减课额。乞验实，如委咸脉变淡，许栈闭及创开别井煎输。”从之。《续通鉴长编》四百三十七。

① 此则引文，并非出自“同上”之“毕沅《续通鉴》”，而是出自李焘的《续资治通鉴长编》卷一百九十二。

② 此则引文原作：“中兴以来，逐路都转运使除授不常，惟使、副、判官常置……光宗绍熙以来，使副、运判不双除。”

世次	沿革	名氏	事迹
宋		赵开	宣和七年，除成都路转运判官，奏减蒲江六井元符至宣和所增盐额，列其次第，谓之“鼠尾帐”。揭示乡户，乡胥不得隐匿窜寄。《宋史》本传，余详前。
		王溉	绍兴元年十一月，潼川转运判官王溉撙节漕计代输井户重额钱十六万缗，诏奖之。《宋史·本纪》。
		王陟	绍兴十七年，利州路转运判官。事迹互见前郑刚中。
		费行之	绍兴二十九年，左朝请大夫知邛州费行之为夔州路转运判官。邛州岁以盐市民绢四万二千有奇。一绢之直，为盐十五斤，吏相承为奸。行之增其二，尽以予民，且除其负四万五千缗。朝廷知其材，复进用之。《系年要录》二百八十三。
		赵不息	字仁仲，知开州。郡有盐井，旧长吏必遣所亲监之，私其利。不息罢遣，盐利倍入，郡计用饶，以羡余代民输夏秋两税。转夔州转运判官，夔民病上供银。时部使以亲故摄大宁盐场，专其利。不息斥去，而盐获羡余。乃出钱市羡盐数十万斤，易米得三万余斛，运抵湖北市银以归代诸郡纳上供银，省缗钱十五余万。改成都转运判官。未几，除成都提刑，改四西路[①]转运判官。《宋史·宗室》本传。

① 四西路：《宋史·赵不息传》作“江西路”。

世次	沿革	名氏	事迹
宋		韩晚	淳熙六年，四川制置胡元质、夔路运判韩晚奏："夔路之民最贫，而诸州科买[1]上供金、银、绢三色，民力重困。所有大宁监盐课委有增羡，臣今与总领所及本路转运司公共措置，已将盐课趱剩之钱买金、银，发纳总领所及茶马司，尽蠲免九州民间岁买之弊。外有余剩钱，可尽免今年夔路诸州一年今科民间买绢之数，余钱又可与民间每岁贴助之费，民力可以少苏。"帝曰："监司郡守，兴利除害，实惠及民，要当如此。"并从之。赵雄曰："韩晚为漕臣，措置此钱，以免科扰，宣力甚多。"帝曰："不可不赏。"寻加晚直秘阁。毕沅《续通鉴》一百四十六。
宋		魏了翁	嘉定四年，擢潼川路提点刑狱公事。八年，兼提举常平等事，迁转运判官，戢吏奸，询民瘼。《宋史·儒林》本传。 《上吴宣抚猎书》[2]曰：蜀中赋[3]繁重，久为民病者，如折帛之害、盐酒之害，皆中兴以来军兴一切之需[4]，名号纷纷，未易悉数，逾八十年而未得驰焉。《鹤山文钞》七。
宋		贾昌衡	字子平，真定获鹿人。为梓州路转运判官。贾人请富顺井盐，吏视贿多寡为先后，昌衡一随月日给之。《宋史·贾昌朝传》。

① 科买：征购。
② 上吴宣抚猎书：魏了翁《鹤山先生大全文集》卷三十二题为"上吴宣抚猎论布估书"。
③ 赋：魏了翁《鹤山先生大全文集》卷三十二作"赋敛"。
④ 需：魏了翁《鹤山先生大全文集》卷三十二作"须"。

世次	沿革	名氏	事迹
宋		徐瑄	字纯中，永嘉人。夔州路转运判官，直秘阁，夔路安抚。公在夔，夔漕司故以盐利之羡献于朝。公念施、黔、珍民贫地硗，移其羡以代民输，为缗十有二万，又岁捐盐若干，以充其赋。民为立碑绘像而祠焉。《鹤山文钞》二十九《徐公墓志铭》。
	四川提点刑狱兼领提举茶盐司 提举常平官，熙宁初置，元祐、绍圣间，罢复不常。《朝野杂记》甲集十一。 政和改元，诏江、淮、荆、浙六路共置提举一员①，既而诸路皆置。中兴后，通置提举常平茶盐司。《宋史·职官志》。 建炎元年复罢，九年复置。《朝野杂记》同上。 至绍兴五年，常平、茶盐并为一司，而后提举之职定矣。《事文类聚·遗书十二》。 绍兴十五年八月，改诸路提举茶盐官为提举常平茶盐公事，川、广以宪臣②兼领。《宋史》本纪。 如四川无茶盐去处，仍以提刑兼充。《食货志》。按：毕沅《续通鉴》：此因王鈇言故③。	郭概	元祐元年，诏委成都提点刑狱郭概体量盐事。右司监苏辙劾概观望阿附，奏不以实诏遂罢概，令黄廉体量以闻。《宋史·食货志》。 苏辙言："臣窃见，朝廷近日察知蜀中卖盐、榷茶及市易比较收息，为远人所苦，委成都提点刑狱郭概体量事实。臣观此三事利害易见，甚于黑白，凡有耳目，莫不闻知。而郭概观望阿附，公行欺罔，其所奏闻，并不指言实弊。见今西川数州，卖邛州蒲江井官盐，每斤一百二十文，为近年咸泉减耗，多夹杂沙土。而梓、夔诸路客盐及民间小井白盐贩入逐州，其价止七八十，以官中须至抑配④，深为民害。概不念民间朝夕食此贵盐，出钱不易，却言限内难以报应。只此一事，已见情弊。乞降圣旨，先行罢黜郭概所有卖盐、榷茶、市易等事，伏乞委官体量

① 诏江、淮、荆、浙六路共置提举一员：《宋史·职官志》无"提举"二字。
② 宪臣：宋代指提点刑狱，即后之按察使。清钱大昕《廿二史考异·宋史五·职官志七》："宋人称转运为漕司，安抚为帅司，提点刑狱为宪司，提举、常平为仓司，故有漕臣、帅臣、宪臣之目。"
③ 王鈇言故：指《续资治通鉴》卷第一百二十七所载"至是王鈇言：'常平一司，钱谷敛散，宜专使领之，请复置诸路提举官。'九月，诏以诸路提举茶盐官为提举茶盐常平公事，川、广以宪臣兼领。"
④ 抑配：强行摊派。

世次	沿革	名氏	事迹
宋		郭概	施行。诏郭概特差替，其卖盐、市易之事，令黄廉先次体量诣实以闻。”元注：“新录依旧录，止略载辙言，今详出之。旧录云：‘先帝立均输以平物价，抑兼并以利小民，榷茶盐以走商贾，辙谓为民疾苦。’新录辨曰：‘均输茶盐之政，已见当时指挥及前后臣僚章疏，论之详矣。不当于此言，直书其事可也。’自‘先帝均输’至‘为民疾苦’二十九字，并删去。”《续资治通鉴长编》三百六十九。按：此与《宋史》略同而较详，故节彼录此。
		盛京	天圣三年八月戊午，夔州路提点刑狱盛京言：忠州盐井岁增课，为民害。诏除之。毕沅《续通鉴》三十六。
		何悫	绍兴三年，诏四川诸州犯私茶盐人，并不用赦荫原免[①]。初，吕颐浩因通州盐画旨[②]，而榷货务张纯又请批状行之东南诸路。至是左朝请大夫成都府路提点刑狱公事何悫言，所降指挥，为专置提举茶盐司路分，本路即非专司去处。总领四川财赋赵开以白宣抚司，且言恐官吏观望，全不禁戢。宣抚处置副使王似、卢法原以便宜从之言于朝，故有是命。自是天下茶盐皆用重法矣。悫，资阳人也。《系年要录》七十一。

① 原免：赦免。宋孔平仲《续世说·德行》：“崔行师治青州逆狱，惟坐魁首十余人，余皆原免。”

② 画旨：在圣旨上书字判行。《宋史·职官志一》：“（中书省）皆承制画旨，以授门下省，令宣之，侍郎奉之，舍人行之。”《宋史·职官志二》：“（枢密院）面得旨者为录白，批奏得画者为画旨，并留为底。”

世次	沿革	名氏	事迹
宋		赵不恴	事迹具前。
		魏了翁	事迹具前。
	仙井监亦曰陵井监　**大宁监　富国监　富顺监　淯井监　南井监　云安监　渔阳盐官** 鬻井为盐，曰益、梓、夔、利四路。益州路一监，梓州路二监，夔州路三监。大为监，小为井。监则官掌，井则土民干鬻，如其数输课。《宋史·食货志》。 监当官，掌茶、盐、酒税场务征输及冶铸之事。又《职官志》。 仙井监，皇朝熙宁五年废为陵井监，政和三年改为仙井。《舆地广记》三十《成都府路》。按《宋史·本纪》作“大观四年闰月癸卯改”①，《地理志》又作“宣和四年，改”②。 开宝六年，有旨于县境边盐井泉十七里置大宁监。《舆地纪胜·大宁监·沿革》注。 大宁盐井旧隶监，淳熙甲辰，王公辅变法③，归之漕司，监不复置。《舆地纪胜·大宁监·风俗形胜》注。	雷说	淳化中，知监雷说见人户汲泉，强弱相凌④，多抵于讼。乃于穴旁创为石池以潴之，外设横板三十窍，承以修竹，谓之笕筒。所谓盐有七色⑤。嘉定中，岁久弊滋，事闻诸朝，乃遣荣州资官令孔嗣宗措置。有不便于民者，悉除之，止存垄户租盐三色，除去四色。民以为便，多为立祠，号孔长官祠。今凡有盐出津四分，官取一，谓之抽分。尚孔长官三七分之余意也。《舆地纪胜·大宁监·官吏》注。
		孔嗣宗	嘉祐中，署大宁监事，于盐泉南北立长以司其平，又立宝源祠以祀井神。后授夔州路转运使司判官。嘉庆《通志》引旧通志，详见前雷说事迹。
		虞祺	仁寿人。绍兴中，知大宁监，时盐利多重征，祺悉蠲放。嘉庆《通志》百五十一。

① 大观四年闰月癸卯改：《宋史·本纪》载：“癸卯，改陵井监为仙井监。”

② “宣和四年，改”：《宋史·地理志》载：“仙井监，同下州。本陵州。至道三年，升为团练。咸平四年，废始建县。熙宁五年，废为陵井监。宣和四年，改为仙井监。”

③ 王公辅变法：《舆地纪胜》原作“王公辅更法”。

④ 凌：《舆地纪胜》原作“陵”。

⑤ 七色：《舆地纪胜》原作“九色”。

世次	沿革	名氏	事迹
宋	富顺监，本泸州之富义县，掌煎盐。淯井监，熙宁八年置，政和四年，又有南井监。[1]荣德，旧名旭川。熙宁四年省公井县为镇入焉。有盐监一，端平三年废。云安监[2]，熙宁四年，析置安义县，八年，复为监。《宋史·地理志》。 富国监者，本梓州郪县富国镇新井煎盐之场也，皇朝置盐监以董其事，兼领通泉、飞鸟等盐井。《太平寰宇记》八十二。 淳熙十二年，置万州南浦县渔阳井盐官一员，并岁收盐十四万六千三百余斤。初以主簿兼监，于是始专置官。王圻《续通考》二十三。	郭知达	字充之，成都人。监旧以盐移赡遂宁生徒，为镪八十万省[3]。公以公养[4]不丰，请于漕台，俾归之监学，自是岁获二十三万五千。《舆地纪胜·富顺监》。据《通志》云“知富顺监”。
		杜德充	初仕卢山，部使者才之，檄摄隆州盐官，剔弊窒渗，井收沛然。暨丞涪城，榷盐不尽利。《鹤山文钞》二十七《杜君墓志铭》。
		家炎	字文甫，眉州人[5]。知富顺监。起知资州，置内江井，增隶于学以养士。《鹤山文钞》二十八《家炎墓志铭》[6]。

① 《宋史·地理志》载：“熙宁八年，夷人得箇祥献长宁、晏、奉、高、薛、巩、淯、思峨等十州，因置淯井监隶泸州。政和四年……”“泸州……监一：南井。”

② 云安监：《宋史·地理志》作“监一：云安”。

③ 省，疑应为“缗”。《四川通志》载：“郭知达，知富顺监。富顺旧以盐移赡遂宁生徒，岁为镪八十万缗。知达以公养不丰，请于漕运使，又岁岁获五十三万二千缗。”

④ 公养：谓古代国君以养贤之礼奉养贤者。《孟子·万章下》：“孔子有见行可之仕，有际可之仕，有公养之仕。于季桓子，见行可之仕也；于卫灵公，际可之仕也；于卫孝公，公养之仕也。”朱熹集注：“公养，国君养贤之礼也。”

⑤ 字文甫，眉州人：魏了翁《鹤山先生大全文集》卷八十四作“余蚤识家侯季文甫，吉士也。假守眉山”。“侯讳炎，季文甫其字也”，因此，家炎其字应为“季文”。家炎仅仅“假守”眉山，墓志铭并没有明确其籍贯为眉山。

⑥ 《家炎墓志铭》：魏了翁《鹤山先生大全文集》卷八十四题作“知富顺监致仕家侯炎墓志铭”。

世次	沿革	名氏	事迹
宋	陵井监之井研、荣州之应灵专置场，各差监官。其余州县盐井少处，就差税务官兼。无税务处，委令、佐置场。成都府置转般都盐务，受诸场运盐。《续通鉴长编》三百四十七，互见王宗望事迹。按：宋置监，有钱有盐，所谓三路六监者，考《宋史·地理志》，益州路则仙井监，亦为陵井监。梓州路则富顺监，亦为富义监。及淯井监，为今长宁县。南井监为今泸州属。夔州路则大宁监、云安监。似梓州三监，夔州二监，只五监，略与志异。其地如嘉定之丰远监，邛之惠民监，皆铸铁钱，又不与此数云。	附 侍其曙	字景升，为内班崇班[①]。祥符二年，黎州夷人为乱，诏曙乘驿往招抚。其酋首纳款，曙按行盐井，夷人复叛，曙率部兵擒首领三人，斩数十级。《宋史》本传。
		许奕 知遂宁府	字成之[②]，简州人。知遂宁府，捐缗钱数十万以代民输，复盐策之利。《宋史》本传。
		文彦博 知益州	先是，益、利盐入最薄，故并食大宁监、解池盐，商贾转贩给之。庆历中，命商人[③]入钱货益州以射大宁监盐者，万斤增小钱千缗，小钱十当大钱一。贩者滋少，蜀中盐踊贵，斤为小钱二千二百。知益州文彦博以为言，诏皆复故。《宋史·食货志》。
		单煦 知合州	字孟阳，平原人。知合州[④]赤水县盐井涸，奏蠲其赋。《宋史》本传。
		赵尚宽	字济之，河南人。知忠州转运使持盐数十万斤，课民易白金，期会促，尚宽发官帑所储副其须，徐与民为市，不扰而集。《宋史·循吏》本传。

① 内班崇班：《宋史》本传为"内殿崇班"。
② 字成之：《宋史》本传为"许奕字成子，简州人"。
③ 命商人：《宋史·食货志》作"令商人"。
④ 知合州：《宋史》本传为"知濮、合二州"。

世次	沿革	名氏	事迹
宋		文同 知陵州	熙宁四年，为守，尝奏盐井为民害，乞从买扑。《舆地纪胜·隆州·官吏》注。 与可，梓州盐亭人。元丰中，知陵州，奏革盐井之弊，邑蒙其利。《仁寿县志》引通志。嘉庆《通志》引旧通志，作“任仁寿令”①。
		宋昌宗 知荣、资二州	成都人。尝典荣、资二州，将漕东蜀，会盐酒法弊，坐籍没者所在系捕充斥。独论列为不可，法为是改，犹申言不已，由是罢归。嘉庆《通志》引“氏族谱”。
		冯时行 知万州	绍兴十一年，左承议郎知万州冯时行罢，仍疾速取勘。以夔路转运判官李垧言“时行招置刺虎一军五百人以为自卫之计，显属跋扈”故也。垧暴起新视事，方谋痛征属州，诡为羡财以献于朝，市恩宠。闻知万州有积钱，风取之。时行独不可，曰：州之地不宜稻，而官出盐为直，俾岁籴六千斛输之夔。岂忍如异时吏，私其直而敛于民，鬻盐为钱而自为籴，令将以是奉上官乎？垧大怒，劾于朝，故黜。《系年要录》一百四十二。

① 任仁寿令：《四川通志》作“文同，任仁寿令，奏革盐井之弊，名山古迹题咏最多”。

世次	沿革	名氏	事迹
宋		朱昌裔 知嘉州	绍兴十六年，左朝散大夫知嘉州朱昌裔言："四川盐酒场务，自建炎中总领财赋官变法以尽一时之利，应副川陕军食，盖势有不得已者。自后累政惟务增添，逮今每岁共收盐酒课息钱一千一百余万缗，比之旧额，几四五倍，遂至趁办不及，积欠数多。乃者朝廷遣使裕民，岁减七十万，虽未能尽去重额，民亦少宽。惟旧欠未除，追催严峻，官吏贫民俱被其害。破产举债，终难补足。望将未减额以前旧欠，如非侵欺盗用，并行除放。"诏萧振等相度以闻。《系年要录》一百七十五。
		贾梿 陵州通判	陵州有陵井，伪蜀置监，岁炼盐入十万斤。广政二十三年，井口摧圮，毒气上如烟雾，炼匠缒入者皆死。后井益塞，民艰食盐，通判、右赞善大夫真定贾梿始建议开浚。刺史王奇谓浚之犯井龙，役夫不肯进。梿亲执锸兴役，逾年而至泉脉。是井本深五十四丈，皆凿石而入，其半曰小罂口，小罂上皆以楠柏旁叠。初炼盐日三百斤，稍增日三千六百斤。梿上其事，即诏梿知州事。梿后卒官，州人画像祀之。元注："据耆旧传，贾梿通判陵州，实与刺史王奇同在三年二月，而五年四月奇乃责官[1]，梿知陵州，当是继奇。今取修井事，附见奇责官后。"《续通鉴长编》八。

① 责官：贬官。

世次	沿革	名氏	事迹
宋		贾梿 陵州通判	陵州盐井旧深五十余丈，凿石而入。其井上土下石，石之上凡二十余丈，以楩楠木四面锁叠，用障其土。土下即盐脉，自石而出。伪蜀置监，岁炼八十万斤。显德中，一白龙自井随霹雳而出，村旁一父老泣曰："井龙已去，咸泉将竭，吾蜀亦将衰矣。"乃孟昶即国之二十三年也。自兹石脉淤塞，"淤"一作"烟"。毒烟上蒸，以絙縋炼匠下视，缒者皆死，不复开浚，民食大馑。"馑"一作"艰"。太祖即位，建隆中，除贾琰赞善大夫，通判陵州，专干浚井。琰至井，斋戒虔祷，引锸徒数百人，祝其井曰："圣主临御，深念远民。井果有灵，随浚而通。"再拜而入，役徒惮不肯下，琰执锸先之。数旬不见泉眼。初炼数百斤，日稍增数千斤。郡人绘琰像祀于井旁。《玉壶清话》。按：梿、琰事相类，官阶事迹相同。蜀孟昶广政二十三年，是年即太祖建隆三年，以"圣主临御"语论之纪胜。乾德三年，是岁蜀已平，贾当仍其官，琰、梿或以声近讹，当即一人。元书从玉从连，此敬避，从《舆地纪胜》引，改作"梿"。
		刘立之 泸州通判	吉州刘立之，通判泸州。州有盐井，蜀人王蒙正者，谓[1]岁倍输以自占。蒙正与章献明肃太后连姻，转运使等皆不敢予夺。君曰："倍输于国家，犹秋毫耳，奈何使贫民失业。"遂执不与。《郡国利病书·四川二》。

① 谓：原作"请"。

世次	沿革	名氏	事迹
宋		张子瑾 梓州通判	先是，淯井监夷贼劫敚客船钱银及掳掠人兵三十余人，而梓夔路都监孙仲达等会兵讨，贼杀伤官军子弟，于是承祐等继往。都官郎中、通判梓州张子瑾言：“晏州六县种夷约二千人，自井溪来驻思、晏等处，令罗箇募村夷人斗设言‘十州五囤旧纳盐井柴茆煎盐，自官中卖井，我失卖茆之业；又令我纳米折茆，所以结集夷众，劫人船并与官军战。’乞赦其罪，许以招安。”《续通鉴长编》二百五十四，在熙宁中。
		臧丙 大宁通判	字梦寿，大名人。太平兴国初，通判大宁监。官课民煮井为盐，丙职兼总其事。先是，官给钱市薪，吏多侵牟，致岁课不充。丙至，召井户面付以钱，既而市薪积山，岁盐致有羡数。《宋史》本传。
		王叔简 潼川通判	渠县人，判潼川，痛洗盐策之弊。嘉庆《通志》引旧通志。
		杨佐 陵州推官	字公仪，为陵州推官。州有盐井深五十丈，皆石也，底用柏木为干，上出井口，垂绠而下，方能及水。岁久，干摧败，欲易之，而阴气腾上，入者辄死。惟天有雨，则气随以下，稍能施工，晴则亟止。佐教工人以木盘贮水，穴窍洒之，如雨滴然，谓之“雨盘”。如是屡月，井干一新，利复其旧。《宋史》本传。

世次	沿革	名氏	事迹
宋		何息 荣州推官	陵州人[①]，为荣州军事推官、郡盐官。咸源他徙，而岁额仍在。公请计利源赢缩，立增亏之法。尝有书事诗云："海脉终冥漠，司存费辩论。若非蠲积欠，何以示宽恩。"《舆地纪胜·荣州·官吏》注。
		张简 雅州推官	字行可，邛大邑思安人也。雅安司理、摄州学教授[②]，百丈故通鹾蒲井，岁输为三千缗。厥后鹾移于黎，而邑输如故，郡岁征辄均于民以偿。君白郡，除其籍，吏民思之[③]。《鹤山文钞》二十二[④]。
		李焘 雅州推官	绍兴二十一年，符行中尝欲增简州盐策，以其事属雅州军事推官李焘，焘力拒之。张浚谓有台谏风。焘丹棱人。《系年要录》一百六十二。
		李周 知云安县	字纯之，冯翊人。知云安县，蠲云安盐井之征且百万[⑤]。《宋史》本传。

① 陵州人：《舆地纪胜》原作"邻州人"。

② 雅安司理、摄州学教授：魏了翁《鹤山先生大全文集》卷七十一作"反书至雅安，吏民汹惧，有以厉害怵郡假守者。司理张君简摄州学教授……"

③ 除其籍，吏民思之：魏了翁《鹤山先生大全文集》卷七十一作"悉除其籍，吏民思之"。

④ 魏了翁《鹤山先生大全文集》卷七十一题作"通直郎致仕张君简墓志铭"。

⑤ 蠲云安盐井之征且百万：《宋史》本传无"云安"二字。

世次	沿革	名氏	事迹
宋		常有开 知荣德县	字子先，泸州人[①]。调荣德县。公井盐为吏里减[②]，行旅不通，则抑配齐民。君捡扼[③]吏奸而除其害。通判重庆府。先是，黔以盐籴米，久之，而盐弗给，更以免役钱之半。米既入，而役之敛如故[④]。君受台檄覆视，请并以夏秋役钱对给，且减蠲籴十之三，著为定式。《鹤山文钞》二十八《常君墓志铭》[⑤]。
		崔升 井研令	李心传《东岳庙记》："崔侯为邦，敏而信，节用而爱人。邑既近监，而掌盐者[⑥]岁以官鹾数万赋于民，味恶而直倍。自绍兴以来，监泉之货易者，邑民具算以补之[⑦]，而每岁总赋者始征之，于是公私俱病。侯请于部使者，减鬻盐之半以算民所输。逮征赋将兴，则比先事而为邑人谋者，无不用其至。"侯，济南人。《井研志》。

① 泸州人：魏了翁《常君有开墓志铭》称："予守泸而君寓是邦……徙名数于富义"，故常有开应为富义人，即今富顺人。宋代富义县曾是泸州的属县，清末，富顺已不是泸州辖区。

② 里减：魏了翁《常君有开墓志铭》作"裒减"。

③ 捡扼：魏了翁《常君有开墓志铭》作"检扼"。

④ 盐弗给，更以免役钱之半。米既入，而役之敛如故：魏了翁《常君有开墓志铭》作"弗给盐，更以免钱役之半。米既入，而役钱之敛如故"。

⑤ 魏了翁《鹤山先生大全文集》卷八十三题作"朝奉大夫知巴州常君有开墓志铭"。

⑥ 掌盐者：一作"掌监者"。

⑦ 补之：一作"补乏"。

世次	沿革	名氏	事迹
宋		宋蕴 应灵主簿	字元发，彭山人。君主应灵县簿，县仰给鬻井[①]，民有逋课莫能偿。君摄令，问故，则曰："井堙已久，徒系我于此，故积负益多。"君纵遣，听自为约，皆如期毕输。《鹤山文钞》二十六《宋君墓志铭》[②]。
		彭运成 长宁教授	字子远，丹棱人。教授长宁。郡有淯井监，旧以卤水币余资养士之费，郡将掩以自封[③]，子远白诸提举学事司，复归于学。《鹤山文钞》二十二《彭君墓志铭》[④]。
		王维节	至道二年六月，黔州言蛮寇盐井，巡检使王维节战死。《宋史》本纪。
	管勾官 元祐元年，诏诸路转运司，成都、利、梓、夔路管勾文字、管勾帐司官：逐路各留一员[⑤]。《续通鉴长编》三百六十七。 元符二年，工部侍郎张商英乞就差成都府、梓州路讲书官，句仲甫专切管勾东西两川盐井。[⑥]从之。同上五百十七。	惟上句仲甫一人，余无考。	

① 鬻井：《宋史·食货下五》："鬻井为盐，曰益、梓、夔、利，凡四路。"
② 魏了翁《鹤山先生大全文集》卷八十题作"果州流溪县令通直郎致仕宋君墓志铭"。
③ 自封：使自己富厚。
④ 魏了翁《鹤山先生大全文集》卷七十题作"教授彭君子远墓志铭"。
⑤ 这段引文，《续资治通鉴长编》卷三百六十七作"成都府路、利州路、梓州路、夔州路管勾文字，管勾帐司：逐路各留管勾文字、管勾帐司官各一员"。
⑥ 讲书：即"讲画"之误。"句仲甫专切管勾东西两川盐井"，原书作"句仲甫专切管勾兴煎东西两川盐井"。

世次	沿革	名氏	事迹
	甲申，诏发运使勾当[①]公事三人专切措置盐事，内扬绍荆湖北路、夔州路，从商英奏请也。[②]同上五百十八。 三年秋七月，罢夔、梓、成都路管勾措置盐事官。《宋史》本纪。		

茶盐制置 副使，按：钱大昕《养新录》所考稍略，又兼载京湖制置大使，今节。

张　深　双流人，绍兴元年。

席　益　大光，绍兴五年十月除，十一月以忧去。

胡世将　承公，晋陵人。绍兴八年除，九年迁。

张　焘　子公，德兴人。绍兴九年除，十年三月始至。

李　璆　西美，汴人。绍兴十八年五月除，二十一年卒。

罗必元　亨父，进贤人。副使。

曹　筠　绍兴二十一年七月除，二十三年□。

萧　振　德起，温州平阳人。绍兴二十三年五月除。

符行中　南城人。绍兴二十四年除，二十五年罢。

萧　振　绍兴二十六年再任，二十七年卒。

李文会　绍兴二十七年除，二十八年卒。

王刚中　时亨，乐平人。绍兴二十八年除。

汪应辰　圣锡，玉山人。乾道三年除。

晁公武　子止。乾道四年三月除，六年罢。

留　正　仲至，泉州永春人。乾道六年除，三月罢。

薛良朋　淳熙元年以安抚使兼。

范成大　至能，吴郡人。淳熙元年十二月除，四年五月罢。

① 勾当：主管，料理。这里是职衔名，指主管办理某种公务的官员。宋时称各路属官为勾当公事，后因避宋高宗赵构名讳而改为"干办公事"或"干当"。

② 三人：应为"二人"之误，指扬绍、李炎二人。"从商英奏请也"，原书作"从中书舍人张商英奏请也"。

胡元质　淳熙四年二月除安抚制置使。
袁说友　起岩，建安人。
禄东之　淳熙七年以成都路提刑权。
陈　岘　淳熙八年除。
留　正　淳熙十二年知成都府制置使，十二月以病去。
赵汝愚　淳熙十二年除知成都府制置使。
京　镗　仲远，豫章人。绍熙三年除。
邱　崇　宗卿，江阴军人。绍熙三年四月除。
赵彦逾　德老。绍熙五年十二月除。
程　松　冬老，青阳人。开禧元年除，二月进宣抚使。
杨　辅　嗣勋，遂宁人。开禧二年二月除，三月进宣抚使。
吴　猎　德夫，潭州醴陵人。开禧三年四月除，寻以辅代。
杨　辅　开禧三年五月复代猎。
安　丙　嘉定二年四月除，七年三月召。
刘　甲　师文，东光人。辅举甲代丙。
张　方　义方，资阳人。
董居谊　仁甫。嘉定七年三月，自知成都府除。
聂子述　嘉定十二年正月除，五月召。
安　丙　嘉定十二年五月再除。
崔与之　正子，广州人。嘉定十四年十一月自知成都府除，十七年召。
桂如渊　富川人。绍定元年除。
郑　损　嘉定十七年三月除，宝庆三年弃三关遁。
赵彦呐　敏若，彭州人。绍定四年除副使，寻进制置使。
李　𡌴　叔廑[①]，丹棱人。绍定四年十月除，嘉熙元年进宣抚使。
黄伯固　眉州人。
杨　恢　嘉熙元年除，寻改参赞宣抚司。
丁　黼　嘉熙元年除，三年死难成都。
陈隆之　淳祐元年除，十一月死难。

① 李𡌴：字季允。其弟李𡑞，字叔廑，著有《校补华阳国志》。

彭大雅　东川人。淳祐末除副使。

余　玠　义夫，蕲州人。淳祐二年十二月除安抚制置使，宝祐元年召。

余　晦　宝祐元年八月除安抚制置使，二年召。

蒲择之　宝祐二年闰月权，八月除副使，四年三月除制置使。

吕文德　开庆元年除副使。

俞　兴　景定初除，二年罢。

刘雄飞　景定二年十一月除副使，四年除制置使。

夏　贵　景定五年四月除安抚制置使，咸淳四年改。

朱祀孙　咸淳六年二月除，十月改。

昝万寿　咸淳八年除。

张　珏　德祐元年除副使，二年除制置使。

总领　按：赵开、李迨为总领，尚未置官。至郑刚中请罢都转运使，秦桧及刚中专□□，赵不弃总领宣抚司钱粮，始有专官矣。

赵　开　应祥，普州安居人。建炎三年。

李　迨　及之，东平人。

赵不弃　德夫。绍兴十五年十一月除。

符行中　南城人，绍兴十七年二月除。

汪召嗣　绍兴十七年五月除。

郑　霭　玉山人。

汤允恭　绍兴二十五年十二月除。

许　尹　绍兴二十九年三月除。

王之望　瞻叔，谷城人。绍兴三十一年除。

赵彦逾

李　蘩　清叔，崇庆人。乾道五年除。

程　价　淳熙六年除。

冯　宪　淳熙十一年除。

杨　辅　绍熙三年除。

陈　晔

任处厚　嘉定四年除。

杨九鼎　嘉定十二年除。

余　玠　淳祐二年除。

都转运使　副使

宋太初　咸平四年知益州兼川陕西路。

黄　概　建炎三年，专以四川名使始此，谓之都漕。

赵　开　绍兴五年十一月除。

李　迨　绍兴七年正月除。

张　深　绍兴八年三月除副使。

梁汝嘉　绍兴九年除副使。

陈远猷　绍兴九年除副使。

李唐儒　绍兴九年十一月除副使。

井　度　绍兴十年闰月除副使，十二年七月再任。

成都路转运使　副使

侯　陟　审言，平棘人[①]。太平兴国三年除。

范纯仁　尧夫，吴郡人。熙宁二年八月除。

俞　充　公达，鄞人。熙宁中除。

李之纯　瑞伯，无棣人。熙宁中除。

宇文时中　绍兴元年由判官进副使。

张时中　浚弟，绵州人。绍兴中副使。

陈　古　绍兴四年八月除副使。

阎　旦　绍兴四年九月除副使。

吴　垌　绍兴二十二年副使。

王之望　绍兴二十八年副使。

宋复圭　以下年月未详。

章　粢　质夫，浦城人。

① 侯陟　审言，平棘人：《宋史》载："侯陟，淄州长山人……太平兴国初，迁户部郎中。俄而选人有妄冒，事发，词涉于陟。南曹雷德骧将奏劾之，陟造便殿自首，出为河北转运使。征太原，为太原东路转运使。"不载其任成都路转运使事，殆非同一人，或者此处记载有误。

查　篇
吕　陶　元钧，成都人。副使。
何　常　德固，京兆人。副使。
苏元老　眉州人。副使。
蒲东卯　副使。
来之邵　祖德，咸平人。副使。

益州路转运使　副使
马知节　蓟人。咸平中。
张　咏　复之，濮州人。真宗朝。
明　镐　化基，安邱人。宝元二年除。
薛　田　希稷，河东人。以下年月未详。
赵　贺　余庆，封邱人。
袁　抗　立之，南昌人。
周　渭　得臣。
曹颖叔　秀之，谯人。
彭思永　季长，卢陵人。
赵　稹　表微，宣城人。
赵　抃　阅道，衢州人。
杨　曮　垂训，河南人。
高　觌
陈　纬

西川路转运使　副使
李　铉　开宝二年除。
申文纬　太平兴国中。
张　谔　太平兴国中，副使。
韩可玭　太平兴国中。
宋　珰　宝臣，渭南人。端拱初。
张　佶　燕人。端拱三年除副使。

樊知古　仲师，长安人。太宗朝。
张　雍　德州安德人。淳化三年。
袁逢吉　延之，鄢陵人。淳化五年除。
陈若拙　淳化除副使，进转运使。
张　适　咸平三年除。
马　亮　叔明，合肥人。咸平四年三月除。
薛　田　大中祥符末。
李唐孺　绍兴十一年除副使。
井　度　淮宁人。绍兴十二年除副使。
许仲宣　青州人。

以下年月未详。按：太宗即位，授滕中正四川东路转运使，仲宣西路转运使，当即是时。

许　骧　允升，蓟人。
陈　纬
黄　观
张若谷　南剑人。
魏了翁

利州路转运使　副使

张　佶　燕人，咸平初。
李　昉　天禧三年除。
李　瑜　熙宁初。
鲜于侁　熙宁四年除副使。
井　度　淮宁人，建炎四年除副使。
张　澄　荥阳人，绍兴二年四月除副使。
贾若谷　绍兴四年，除副使。
郭大中　绍兴四年，除副使。
句光祖　绍兴八年，除副使。
赵　沂　绍兴三十一年，除副使。
曹彦约　嘉定中。
王　价　理宗朝。

李　宥　青州人。

以下年月未详。

李　昉　内黄人。

苏　寀　隆阳人。

陈　贯　河阳人。

司马池

梓州路转运使　副使

寇　瑊　临汝人。大中祥符七年除。

傅　求　考城人。庆历末。

苗时中　子居。熙宁中副使。

赵　遹　开封人。政和五年除。

薛嗣昌　崇宁中，副使。

邵伯温　子文，洛阳人。建炎初，副使。

卢知原　行之，德清人。绍兴中，副使。

李　纮　楚邱人。

以下年月未详。

王博文　济阴人。

袁　抗

魏　瓘

李　昉

韩　璹　汲人。

任　布　河南人。

赵　抃　衢州人。

吕　陶　副使。

上官均　彦衡，邵武人。副使。

夔峡路转运使　副使

申文纬　太平兴国中。

朱　昂　太平兴国二年，除峡路副使。

张　宏　巨卿，益都人。太平兴国六年，除峡路副使。

宋　珰　太宗初，峡路副使。

刘忠顺　皇祐元年，见涪州石鱼题名。

孙　构　熙宁四年除。

王宗望　磻叟，固始人。元丰七年，先除夔路副使。

程之元　眉州人。元祐中。

刘　镃　绍兴中，除夔路副使。

刘民瞻　绍兴二年，除峡路副使。

韩　固　绍兴五年，罢夔州路。

喻汝砺　绍兴中，一年罢。

徐　暄　光宗朝。

余　玠　淳祐二年除。

朱　昂　举之，京兆人。

以下年月未详。

孔宗翰　周汉。

彭　乘　利见，华阳人。夔州路。

丁　谓　夔路副使。

周　湛　文渊，穰人。

薛　颜　河中万泉人。

楚建中　正叔，洛阳人。

卢士宏　子高，新郑人。

朱寿隆　仲山，诸城人。

蒋　蕡

刁　湛

马仲甫　子山，卢江人。

孙　珪　夔路副使。

李　防　峡内副使。

王公仪　夔路，见《苏文忠集》。

四川东路转运使一人

滕中正　太宗初。

四川西路转运使一人

许仲宣　太宗初，与滕中正并除。

四川东西两路转运使二人

李　琮

蒲宗闵

剑门转运使一人

刘　锡

潼川路转运使三人

吴　革　绍兴元年七月，自置宣抚司后，四川监司以敕除者始此。

张　深　绍兴三年六月除。

喻汝砺　仁寿人，绍兴十年二月除，十一年九月罢。

成都路转运判官

韩宗道　熙宁中。

赵　开　宣和七年。

靳博文　建炎二年三月除。

宇文时中　双流人，绍兴元年八月除。

安　郁　新明人，绍兴五年除。

□茂世　绍兴十四年，见王复斋《钟鼎款识》荣芑记，姓佚。

荣　嶷　绍兴十二年除。

王扬英　绍兴二十七年除。

许　尹　绍兴二十八年除。

王　弗　绍兴二十八年除，寻改提点。

路允修　绍兴二十八年除。

何逢源　绍兴三十年除。
樊汝霖　金堂人，绍兴三十一年除。
王　溉　绍兴三十二年除。
李　观　夹江人。
以下年月未详。
来之邵　咸平人。
赵不戹

梓州路转运判官

董敦逸　永丰人，年月未详。
赵　遹　开封人。
郭　劝　须城人。
贾昌衡　获鹿人。

利州路转运判官

鲜于侁　阆州人。熙宁初。
黄　廉　分宁人。元祐初。
王　瓘　元祐五年除，绍兴四年复权。
郭游卿　绍兴十一年除。
王　陟　绍兴十五年。
程敦临　眉山人。绍兴十七年十月。
苏　钦　绍兴三十年。
计有功　绍兴三十一年除。
赵不愚　绍兴三十一年除。
孙松寿　郫人，淳熙三年除。
王　靖
以下年月未详。
温　益　泉州人。
来之邵　又作程之邵。
韦　骧

梁　介
陈　咸
曹彦约

夔峡路转运判官

张　说　□城人。熙宁四年除。
宋　构　元丰七年除。
程之邵　眉州人。元祐初。
姚　祐　长兴人，徽宗朝。
杨仲先　绍兴三年，除夔路。
杨　晨　绍兴六年，除夔路。
丁　则　绍兴九年除。
李　埛　绍兴十一年除。
贾思诚　绍兴十二年除夔路，五月改官。
虞　祺　绍兴十二年除夔路。
郑　霭　绍兴十七年五月除。
史　聿　绍兴二十三年除。
赵不悫　孝宗朝。
韩　晪　邛州人，淳熙六年除。
魏了翁　邛州人，嘉定八年除。
曹颖叔

以下年月未详。

孔嗣宗
陈安石
张　深
查　籥
徐　暄　永嘉人。
董　钺
游　似　南充人。
王观之

程　高　夔路。见《苏文忠集》。

潼川路转运判官

宋　构　元丰七年。

宋苍舒　昌元人。绍兴十四年十一月除。

杨　椿　绍兴十四年除。

虞　祺　绍兴十五年十月除。

史　聿　绍兴二十三年除。

王之望　绍兴二十五年四月除。

晁公武　绍兴二十七年除。

李　焘　丹棱人。隆兴二年除。

岳　林　淳熙十三年除。

刘光祖　绍熙元年除。

王　溉　绍熙元年除。

范　荪　开禧中。

应懋之　遂宁人。宝庆元年除。

宋德之　眉州人。

以下年月未详。

赵善誉

四川转运判官二人

高士瑰　绍兴八年除。

李　观　绍兴十二年除。

榷盐院判官

宋　湜　开封人。太平兴国五年除。

谢　涛　富阳人。

赵安仁　洛阳人。雍熙二年除。

黄伯图　未详何路，姑附此。

成都提举刑狱兼常平

郭　概　元祐元年除。

邵伯温　建炎元年。

苏　觉　建炎四年三月。

何　憼　资阳人。绍兴三年。

杨仲先　绍兴四年六月。

师　骥　绍兴四年九月。

李授之　开封人。绍兴八年六月。

王利用　绍兴九年七月。

何　抡　绍兴十年九月。

冯忠恕　汝州人。绍兴十八年十月。

周　绾　绍兴二十三年。

汤允恭　绍兴二十三年。

钱　堪　绍兴二十八年。

王　弗　绍兴二十八年。

李　蘩　崇庆人。孝宗朝。

郭正孙　兴祖。宝庆间。

赵不悳

以下年月未详。

郑　霨

王　濯

益州路提举刑狱兼常平

傅　求　年月未详。

孙长卿　扬州人。

利州路提举刑狱兼常平

张上行　建炎元年。

苏　觉　建炎四年九月。

杨　斌　绍兴元年。

冯　楫　绍兴元年七月。
开南公　绍兴四年十一月。
宋万年　绍兴九年九月。
史　炜　绍兴十年四月。
李志行　绍兴十四年三月。
路　彬　绍兴二十年。
富元衡　绍兴三十年。
杨虞仲　绍熙三年。
韩　璹

以下年月未详。

魏了翁
虞刚简　仲易，允文子。

梓州路提点刑狱兼常平

郭知章　明叔，吉州龙泉人。年月未详。

夔州路提点刑狱兼常平

盛　京　天圣三年。
王祖道　若愚，福州人。元丰中，提举荆湖、夔州等路香盐事。
刘民瞻　长社人。绍兴二年五月。
苏　符　绍兴五年。
喻汝砺　绍兴九年八月。
何　麒　青城人。绍兴十一年九月。
杨　椿　绍兴十七年。
蒋汝功　绍兴三十一年。
虞刚简

以下年月未详。

王居卿　寿明，蓬莱人。为提点刑狱盐铁判官。

潼川路提点刑狱兼常平

陈　右　绍兴二年二月。

计有功　绍兴七年五月。

宇文刚　绍兴十二年七月。

杨　椿　绍兴十四年正月。

刘　环　绍兴二十四年。

王之望　绍兴二十七年。

续　觱　绍兴二十九年。

何　骥　绍兴三十一年。

魏了翁　嘉定四年。

刘光祖　简州人。年月未详。

都监

卢　鉴　金陵人。利川路。年月未详。

王　宣　梓夔路。

孙仲达　梓夔路。

富顺监 盐官

张茂直　瑕邱人，开宝中徙梓州富国监。

周延俊　景祐中。

张齐古　嘉祐中。

冯　楫　建炎三年六月。

李　霞　绍兴二年。

程　骧　绍兴中。

张宗诲　习之，冤句人。

以下年月未详。

李英恪　富顺人。

郭知达

杨泰之　青神人。

王纯仁　眉山人。

杨　骞　眉山人。

家　炎　眉山人。

虞易简

杜德充　摄隆州盐官。

仙井监

杨　绍　绍兴间知陵州监。

李　中　丹棱人。

以下年月未详。

任元吉

马金章

大宁监

雷　说　淳化中。

孔嗣宗　嘉祐中。

虞　祺　绍兴中。

曾　开　天游，河南府人。

以下年月未详。

程之邵

赵不悳

元　克

黄　中

王子申

崔希范

薛　纯

彭景行

蒲江监一人

何克忠

附

蜀转运判官制 西南之地，延袤万余里，外临殊俗，内杂溪谷。诸蛮列州成县，以保安吾民。境大人众，故属部为四，而利居其一，最远且险。参于使事，其选其高，求于在廷，是用属尔。夫保民以仁，而怀远以德，兹朕所向，其往钦哉 。《曾文定公集》三。

王公仪夔州路转运判官敕 敕具官某等，设法既复，民知息肩矣。然在官者，皆农末也。三峡之民，刀耕火耘，与鹿豕杂居，正赖良使者察其侵冤，使政烦而吏贪，则此等岂能远诉乎？朕以大臣荐，故擢用汝，若不勉哉。《东坡集》三十六。

强至代都运赵待制谢上表 小材而临大计，不知经画之所从。薄量以函厚恩，唯有恩勤而可补。窃以今之北道，重曰外台，边宿劲兵，境控强虏。岁支洪河之备，而民力几屈，所以艰于赋输；地列数镇之师，而吏员益繁，所以要在刺举。宜择精明强干之器，以付转给澄清之权。若臣空孱，于事迂拙，向引两川之漕，遂贰大农之司。率粗竭于愚衷，讫罕通于利术，敢期烦使，乃委孤臣。此盖伏遇皇帝陛下，廓天地之容，收涓埃之细，特加不次之命，而欲劝来者；弗责已试之效，而俾怀后图，得不夙夜以思，始终乃职？岂敢颛聚敛之最，以上累于君仁；亦当拊凋残之余，庶下苏于民瘼。《事文类聚》。

四川盐法志卷二十九·职官三

盐官表三[1]

世次	沿革	名氏	事迹
元	**兴元四川转运司、陕西四川转运司、四川茶盐转运司** 至元二年，置兴元四川转运司，专掌煎熬办课之事。《元史·百官志》，《钦定续通考》十九作"盐运司"[2]。 修理盐井，仍禁解盐，不许过界。又《食货志》。 至元八年，罢诸路转运司入总管府。又《本纪》。 八年，罢四川茶盐运司。十六年复立。十八年，并盐课入四川道宣慰司。十九年，复立陕西四川转运司，通办盐课。三十二年《百官志》作"二十二年"。改立四川盐茶运司，分京兆运司为二。又《食货志》。	附 吉当普 佥四川廉访司	元统中，请罢盐运司，正盐法，抚流寓，使安耕凿。嘉庆《通志》引《一统志》。
		李德辉	字仲实，通州潞县人。世祖潜藩，择廷臣能理财赋者，俾调军食，以德辉为使。时汪世显宿兵利州以规进取。德辉乃募民入粟绵州，散钱帛、给盐券为直，陆挽兴元，水漕嘉陵。《元史》本传。
		瞻思 分巡云南监察御史	字得之。襄汉流民，聚居宋之绍熙府故地，至数千户，私开盐井，往往劫囚徒，假巡卒[3]。瞻思擒其魁而释其党，奏，即其地置绍熙宣抚司[4]。《元史》本传。按：绍熙府，今荣县地。

① 表头据卷二十八补。

② "盐运司"：《钦定续通考》十九载："至元二年，立兴元四川盐运司"。

③ 假巡卒：《元史·瞻思传》作"杀巡卒"。

④ 奏即其地置绍熙宣抚司：《元史·瞻思传》作"诏即其地置绍熙宣抚司"。瞻思上言，仅称"宜设官府以抚定之"。

<table>
<tr><th>世次</th><th>沿革</th><th>名氏</th><th>事迹</th></tr>
<tr><td rowspan="4">元</td><td>秩从三品[1]。又《百官志》。按：兴元，今汉中府；京兆，今陕西西安府，盖兼理也。又转运司元以前皆主漕而兼盐茶，至是始为盐茶专官。又《本纪》："至元二十年，许按察司纠察盐司。"</td><td></td><td rowspan="4"></td></tr>
<tr><td>转运同知、转运副使、转运判
同知、副使、运判各一员。《元史·百官志》。</td><td>无考</td></tr>
<tr><td>经历、知事、照磨
经历、知事、照磨各一员。《元史·百官志》。</td><td>无考</td></tr>
<tr><td>司令 司丞 管勾
元贞元年，各处盐使司盐场，改设司令、司丞。《元史·本纪》。
四川盐场一十二所，每所司令一员，从七品；司丞一员，从八品；管勾一员，从九品。又《百官志》。</td><td>无考</td></tr>
<tr><td rowspan="2">明</td><td rowspan="2">巡盐御史
正德五年，诏两淮、四川未经开中额数拖欠或存积年久拖折、风雨消折等项，巡按御史勘实，一体蠲免。据嘉靖《两淮盐法志》。按：此非常制，或不数遣，故《明史·食货志》惟言"洪、永时，尝一再命御史视盐课"。淮、浙、闽至时遣风宪大臣，而四川独不著。</td><td>陈贞</td><td>正统元年十月，遣大理少卿陈贞巡视四川私盐。王圻《续通考》二十五。</td></tr>
<tr><td>汪回显</td><td>字汝光，正统戊辰进士。使蜀,核盐井之久堙者减其额,新开者增之。又奏除冗课十余万。《江南通志》。</td></tr>
</table>

① 秩从三品：《元史·百官志》作"二十二年，置四川茶盐运司，秩从三品"。

世次	沿革	名氏	事迹
明		汪回显	景泰间，户部遣户部主事汪回显增榷，广贮盐仓，以待中米、中银等商持引支给。然湿卤易耗，商至[①]，数多不敷，赔者苦之。兼以开煎既久，泉老山童，不复如洪武、永乐间水广柴近，易于煎办，故私井察榷[②]虽增，课反难完，数多缩额。户部乃遣屯田佥事兼理盐法。嘉庆《通志》六十八。
		附 潘鉴 四川巡抚	嘉靖十五年，巡抚潘鉴题[③]“盐井废坏，盐课累民包赔”。嘉庆《通志》。
		朱廷立 四川巡抚	字子礼，号两崖。嘉靖癸未进士。巡按四川，著有《盐政志》《马政志》。嘉庆《通志》引湖北《通山县志》。按：《四库书提要》八十四，“廷立奉使清理两淮盐政，因博考古今盐政以成此书”，此云“巡按四川”，互异。又《马政志》作遂宁陈讲撰，亦与此异。
		孙代 四川巡按	万历三年，四川巡抚曾省吾、巡按孙代会题，请减课额银两。户部覆：依议[④]，岁征四万七千五百二十一两四钱，减少旧额银二万三千九百四十二两七钱。嘉庆《通志》六十八。

① 商至：嘉庆《四川通志》作“追其商至”。
② 察榷：嘉庆《四川通志》作“查榷”。
③ 题：嘉庆《四川通志》作“题称”。
④ 依议：嘉庆《四川通志》作“依奏议”。

世次	沿革	名氏	事迹
明	**茶盐都转运司** 洪武五年二月，置四川茶盐都转运司于成都。《钦定续通考》二十。 设官如都转运盐使司。《明史·职官志》注。 十年十一月，罢四川盐茶[①]运司。《钦定续通考》引《明实录》。 十三年，定都转运司正四品，后改从三品。王圻《续通考》九十七《职官》。 都转运使掌鹾事，以听于户部。同知、副使、判官为之贰，凡常股存积之盐，以时征而贮之，以待商人种支，以供边储、京帑之用。凡分司、盐课司、盐仓批验所，各以僚属分佐其事，而都转运使总理之，纠察私煎、私买、卖窝、买窝诸奸弊，受巡盐御史之令而申励焉。经历典出纳文移，知事佐之。同上。	无考	
	同知、副使、判官、经历、知事、库大使、副使。**批验所大使、**副使。**盐仓大使**副使 都转运使一人、同知一人、副使一人、判官无定员。其属，经历司，经历一人、知事一人，库大使一人、副使一人。所属衙门：盐课司、批验所、盐仓，各大使一人、副使一人。王圻《续通考》九十七，《明史·职官志》同。	杜诗	明茶盐副使杜诗条奏：画一货税，盐引填注小票行贩。后以云、太等发卖处所易至混淆，有一票照五百斤、千斤者，乃定严例，每张止照盐一百斤。《云阳县志》。按：诗尚有条款录入《纪事》。

① 四川盐茶：《钦定续通考》作“四川茶盐”。

世次	沿革	名氏	事迹
明	同知一人，从四品。副使一人，从五品。判官。从六品。经历，从七品。知事，从八品。各大使、副使俱未入流。《明史·职官志》。按：此皆隶转运使，各省盐务分司运同并副使，国初犹沿此例，康熙十六年始裁。见《会典事例》。		
	屯盐水利茶法道 按察司巡官兼督盐课 隆庆三年十一月，吏部议覆，四川抚按严清等奉请以四川按察司屯盐水利、茶法二道合为一道，从之。王圻《续通考》九十九。 景泰七年，令四川按察司各道分巡官兼督盐课。万历《会典》三十四。按：景泰间，始以屯田佥事兼理盐法，当是屯盐水利所自始。又据下“万历间，始移盐课提举司于遂宁”，或因成都有屯盐道故。盖有明一代，先设转运司，转运司省而设提举司，又设屯盐道，而移提举司于遂宁。国初，盐茶道常兼水利，与按察使兼盐事，皆沿此制。	陆时雍	嘉靖二十年，屯盐佥事陆时雍条议稽灶丁、宽新井、酌归并，凡数款，民甚便之。但自奏改折色，主事钟文杰等议分上、中、下三等场分计引，定银七万一千四百六十四两三钱，与原额二万七十两大相悬绝。由是丁逃井塌，每年灶户代赔，虚额存而实征减，公私两竭矣。嘉庆《通志》六十八。
		附 武绍祖 保宁府知府	字克光，泾阳人，万历壬午举人。盐课故榷井，井有枯、有实、有鬻，按井而榷，无得免者，而新井以供他费。绍祖独以新井应榷，商困大苏。《陕西通志》。
		郭棐 夔州府知府	云安盐课溢额，民甚病之，夔州府知府郭棐请罢之。嘉庆《四川通志》。
		许奇 顺庆同知	贵阳人，在任多异绩，督通省木政，议盐井课租，治行颇著。嘉庆《通志》引旧通志。 嘉靖时为顺庆同知，盐课无征者，院议均摊于粮，奇曰：“课生于井，粮生于田，齐民无井而使代盐课，是甲疽而乙困也。”大忤，免官归。《贵州通志》。

世次	沿革	名氏	事迹
明	**盐课提举司** 四川盐提举司，洪武初置。万历《会典》三十三。 署在成都府城迎晖门外，洪武二十年建。《明一统志》六十七。 万历间自省城移置遂宁，为黄市井盐课提举司，署在城内东街，提举司一员，吏目一员，江边有秤盘厅，废。《遂宁县志》。	郑安民	字心民，贵州思南人。盐课提举司提举，巡抚委察射洪盐井，苞苴不染，井无隐漏。后死张献忠之难，祠名宦。《遂宁县志》。
	广福等三井盐课司 按：在遂宁西八十里广福井。	苏整	苏整，云安大使，修盐灶，疏通积滞。民忆之，立祠祀焉。《云阳县志》引府志，旧志作“蓟整”，入元朝。
	仙泉井盐课司 按：在今仁寿南半里。	余无考	
	郁山井盐课司 按：《涪州志》云，武隆县东百五十里，有郁山盐课司。		
	涂甘井盐课司 按：在忠州。		
	华池等三井盐课司 按：在潼川西三十里。		
	通海等三井盐课司 按：在金堂东五十里。		
	永通等七井盐课司 按：在犍为西十里。		
	罗泉等五井盐课司 未详。		
	黄市等二井盐课司 按：在内江西南二十里。		
	上流等九井盐课司 按：在简州北十里。		
	大宁县大宁场盐课司 按：在大宁北二十里。		

世次	沿革	名氏	事迹
	福兴等六井盐课司 未详。		
	新罗等二井盐课司 按：在荣县南八十里。		
	云安场等五井盐课司 按：志云，明置云安盐课司，即故盐坡。		
	富义等十三井盐课司 按：在富顺南。		
明	**黑盐井盐课司　白盐井盐课司** 在卫治东。又有盐井递运所在卫东百里。《方舆纪要》。 盐课提举司七，曰：广东、海北、四川、云南①。《明史·食货志》。 洪武二十年二月，设四川提举司等官，凡辖盐井五十一。二十六年正月，置建昌白、黑二盐井课司。《钦定续通考》引《明实录》。 四川所辖盐课提举司一，凡盐井课司十五。《钦定续通考》二十。 盐课提举司，提举一人，同提举一人，副提举无定员，其属吏目一人，库大使、副使一人。所辖各盐仓大使、副使，各场、各井盐课司大使、副使并一人。《明史职官志》。		

① 此则引文，中华书局本《明史·职官志》作："提举司凡七：曰四川，曰广东海北廉州，曰黑盐井楚雄，曰白盐井姚安，曰安宁，曰五井大理，曰察罕脑儿。"

世次	沿革	名氏	事迹
明	提举掌盐课之事，以听于户部，其职如都转运使，僚属亦如之。王圻《续通考》九十七。按：提举司职如转运使，故洪武十年罢转运使。二十年，请设提举司，盖彼废此置，未并设也。同提举略如转运同知，副提举如副使，吏目如经历，余皆略同，故云“僚属亦如之”也。		
	纳溪、白渡二盐马司顺龙盐马司 洪武中，于四川置纳溪、白渡二盐马司，后并革，又置顺龙盐马司，亦革。《明史·职官志》。按：元注“洪武五年置，以常选官为司令，内使为司丞。十五年罢，寻复置。十五年，改设大使、副使各一人”。	附 李奇英 安岳知县	字涵万，云南蒙化人。曾请除盐课干赔与额外征派之累。岳井久废，俱系干赔，明正统间，每年赔课三百二十四两有奇。又因通省失额，以岳粮加增银三百八十两零，以补逋额，遂致灶丁逃亡。知县李奇英详豁飞增之银，止征原额。苏二百余年穷灶之积困，奇英之功特伟云。《安岳县志》。其请免摊课议，录入《井厂·沿革》。
		张惟任 巫山知县	山谷民多开盐茶为食，黠驵往往以禁令恫喝之，辄弃走。惟任取驵论如劫，民大欢。嘉庆《通志》。
		李时芳 长宁知县	湖广黄州人。嘉靖间，敦士习、陈盐政，民祠于邑之两渡水西岸。《长宁县志》。
		陈常道 富顺知县	字子中，嘉靖进士。在任蠲盐课、赈荒民。《云南通志》。

世次	沿革	名氏	事迹
明		吴伯锜 遂宁知县	广福场大安井上塑有前明吴伯锜像，建祠未详所始，读祠《吴公减课碑记》，云：遂邑实征盐课银九百九十六两零，内详免无井干赔老灶朱茂盈等一百六名课银四百三十四两零。小井七百九十七眼，课银五百六十二两，内详免坍塌故绝无煎赵谥等银一百九十五两零。此万历四十七年所立碑也。再查前明全书载：盐课银九百九十六两零，内除干赔老课并坍塌小井共银六百三十两三钱，于万历四十三年摊派民粮。则前项干赔老课与坍塌小井银，先于万历四十三年摊派民粮，后经吴公于四十七年详免，则民灶戴德必深，疑即当时为公立祠塑像之由来也。乾隆十年，令田朝鼎因事过广福，询场民，云：大安井开则他井无水，吴公封井，民德之，塑公像坐井上。此或兵燹后讹传，记以备考。《遂宁县志》。

盐课提举司 后改黄市井大使

徐文礼　黄市井大使。

方一盛　黄市井。

施天经　黄市井。

三人皆见《遂宁县志》，云见百福寺后梁楼。

李　屿

裘自谦　杭州人。

曾以肇　江西人。

仙泉井盐大使

黄兰书　《仁寿县志》云见光禄坊题名。

秦拱北　《仁寿县志》云见解元坊题名。

上流井盐大使

马　浩　《简州志》云见北崖寺钟。

周　荣　同上。

雷　钠　上流井盐副使。

四川盐法志卷三十·职官四[①]

盐官表四[②]

世次	沿革	名氏	事迹
国朝	**总督兼盐政** 顺治初，四川盐法旧隶巡按，后改隶巡抚[③]。据《大清会典事例·户部·盐法》。 四川盐务《会典》作“盐法”以四川总督[④]管理。《会典》作“总理”，《户部则例·盐法四》。 又巡视盐政，四川以总督兼理，各省以督抚兼管者，皆因地制宜，永为恒式焉。《皇朝通典》三十五《职官》。 总督兼盐政，四川一人。据《会典》五《吏部》注，并见《事例》二十九《吏部》。 盐政：凡盐政[⑤]之奏课与盐法之宜更者，以闻。《皇朝通典》三十四《职官》。	赵班玺	顺治六年，以四川未定，免征商民盐课，从巡抚赵班玺请也。《皇朝通典·食货十二》。
		张德地	汉军镶蓝旗人。康熙三年巡抚四川，请定夔关总税，裁宁番、越嶲、会川盐井，梅岭、安宁、大坝诸所杂税。嘉庆《四川通志·政迹》。 六年，德地以难行大引咨部，部议以在外给票行盐，无考成稽核。德地复议，具题。同上“盐法”。

① 底本脱“卷”字，据文意补。

② 表头据卷二十八补。

③ 巡抚：谓巡察安抚。这里是官名，为清代省级地方政府长官，总揽全省军事、吏治、刑狱、民政等，职权甚重。《清史稿·职官志三》：“巡抚，掌宣布德意，抚安齐民，修明政刑，兴革利弊，考核群吏，会总督以诏废置。”

④ 总督：谓总管督率。这里是官名。清代以总督为地方最高长官，辖一省或二三省，综理军民要政，例兼兵部尚书及都察院右都御史衔。另有主管河道及漕运事务者称河道总督、漕运总督。

⑤ 盐政：《皇朝通典》卷三十五作“盐赋”。

世次	沿革	名氏	事迹
国朝	总督、巡抚所兼之盐政，有题奏事则列总督、巡抚衔[①]，非总督、巡抚兼者，关系钱粮之案，皆由总督巡抚会衔题奏。《会典》五《吏部》注。	贝和诺	满州正黄旗人。康熙三十九年调四川巡抚。四十三年正月，疏言川省行盐，潼川、中江山路崎岖，艰于陆运，额引壅滞难销，惟滨江小溪水运可通，请增给水引，商民交便。下部议行。国史本传二十五，《东华录》同。
		宪德	蒙古正白旗人。雍正四年巡抚四川，先后疏请增设驿盐道及盐茶大使。嘉庆《四川通志》。 先是，夔州府知府程如丝自贩私盐，而捕楚民之贩私者，枪毙甚众。川陕总督年羹尧劾之，适四川巡抚蔡珽、甘肃巡抚石文焯皆言其冤抑，如丝遂免逮，擢四川按察使。至羹尧败，上阅其党汪景祺逆书，备载如丝贪残不法、珽受如丝重贿及文焯妄断状，于是命侍郎黄炳赴川覆案其事，且谕宪德将楚民被害者查带往鞫。已而鞫实，如丝、珽拟斩决，文焯永停给俸。宪德寻调抚四川，疏言川省驿、盐、茶三项向皆臬司兼管，稽核未周，请增设驿盐道专司其事，诏如所请。寻请设盐茶大使，从之。十一月，奏程如丝在监自缢。上严饬之。雍正六年，请令清查地亩之员搜查盐茶积弊，事未行。十一年，请移保宁府同知驻南部县，铸给茶盐同知关防，从之。又奏参盐道曹源邠混发引目，以累商民。国史本传。

① 列衔：谓签署职衔。

世次	沿革	名氏	事迹
国朝		硕色	乾隆七年十一月，巡抚硕色以蓬溪等县盐引积滞，请酌量改拨于德阳等处，就近行销。《皇朝通典·食货》。
		文绶	乾隆三十九年，四川总督文绶奏请犍为县开淘盐井，照例征收课银。《皇朝通考》二十九。
		附 张所志 四川巡按	顺治十七年，准四川巡按[①]张所志疏请，新凿盐井，仍照开荒事例三年起课，其贫民易食盐斤在四十斤以上者，始令按数纳课。《皇朝通典·食货十二》，疏见《征榷》部。
	通省盐茶道 国初，各省行销地方盐法，多由守巡道兼理。《会典事例》二十九《吏部》。 康熙十三年，添设四川督粮道，兼管理盐务。《皇朝通典》十二《盐法》。 二十五年，改归按察司兼理。《会典事例·户部·盐法》注。元注：顺治年间，四川布政使司照部引式刊票，申送巡抚挂号，印发盐法道，转行各属，照井支盐，按盐征税。康熙二十五年，令宝泉局铸造铜版刷刊给发，后改归按察使司兼理。雍正五年，设驿盐道。	李兴祖	奉天铁岭镶白旗人。康熙四十一年，任按察司兼理盐茶，通商利民。嘉庆《四川通志》。
		刘德芳	直隶文安人。康熙四十三年，任按察司。时臬司兼榷茶盐，西炉甫定，积引未疏，德芳尽力征收，岁无停滞。嘉庆《四川通志》。

① 巡按：《皇朝通典·十二》作“巡抚”。

<table>
<tr><th>世次</th><th>沿革</th><th>名氏</th><th>事迹</th></tr>
<tr><td rowspan="3">国朝</td><td rowspan="3">雍正五年，以川省驿、盐、茶三项，臬司兼管，稽核未周，增设驿盐道专司其事。据国史宪德本传。按：臬司兼管盐事，始唐开元元年，诸道按察使检责海内盐铁之课，如有落帐欺没，仍委按察使纠觉，见《唐书·本纪》；宋以提刑兼盐茶，见前；元至元二十年，许按察司纠察盐司，见《元史·本纪》；明正德二年，令四川按察司分巡官并督盐课。皇朝国初沿此制，公牍均臬司巡道会衔。雍正五年，四川驿盐道□臬司犹会衔如故。
设四川驿盐道一人。《会典事例》二十九《吏部》。
四川盐务以驿盐道专理。《会典事例·户部盐法》。
驿盐道、松茂道因时裁设，衔额无定[1]。《皇朝通志》。
乾隆二十九年，分松茂道成都、绵州二属归驿盐道兼巡，据《阿文成年谱》卷三。兼管水利。四十四年，改通省盐茶道。嘉庆《通志》。按：是年以前公牍署衔犹称按察使司副使。
驿传仍归按察司管，成绵、水利并归松茂道管。据档案。按：是时盐道印，仍带“驿传”“水利”等字。道光元年始颁敕书，换铸印文。
盐道掌督察民生之计[2]与商之行息，而平其盐价。水陆挽运，必计其道里时其往来平其贵贱，俾商无滞引民免淡食，以听于盐政及兼理盐政之督抚。《皇朝通典》三十五《职官》。</td><td>卜宁一</td><td>山东日照人。乾隆二十六年，任盐驿道。清操自励，剔厘盐策，引课并畅，而商民益便。嘉庆《四川通志》。</td></tr>
<tr><td>林儁</td><td>顺天大兴人。调盐茶道时，富顺、射洪诸县负帑银二十余万，奏限十年归纳。俊为设法，甫及九年而积欠悉完。嘉庆《四川通志》。
又富顺等县井锅，乾隆四十八年以图均分上、中、下三等榷课。因各灶户连年积欠不清，颇有坍除，亦有开凿。俊除盐茶道，躬至厂地按验，详请奏明：一律坍报下锅，以新填旧，均摊纳课。自是井锅均下等矣。《富顺县志》。按：奏案未见。</td></tr>
<tr><td></td><td></td></tr>
</table>

① 此则引文，似不见于《皇朝通志》。
② 民生之计：《皇朝通典·职官十二》作“民之生计”。

世次	沿革	名氏	事迹
	盐则、盐政分其治于盐法道，凡专设盐政者，皆设有运使。以总督、巡抚兼盐政事者，惟两广设运使，余省则以盐法道兼都转盐运司事。其不兼都转盐运司事之盐法道，则专掌缉私疏引之事。运使分其治于场、于井、于池，盐场、盐井、盐池皆司以大使，又四川省青堤渡场、康家渡场、牛华溪场、云安场、大宁场各一人。分司督之运同、运副、运判皆为分司，以分督各盐课大使。以治课，所官则任其掣验，监掣同知、批验大使及巡检，皆管盘验掣巡之事。又批验大使：四川省府经历兼者，重庆府、嘉定府，二人；县丞兼者，遂宁县，一人。首领给差委焉。《会典》五《吏部》并注。		
国朝	**盐茶道库大使** 山西、福建、四川、云南盐道库大使各一人。《会典事例》十九《吏部》。 库大使掌盐课之收纳而监理其库贮。《皇朝通典》三十五《职官》。 盐茶道库大使掌道库藏出入之事①，四川一人。《皇朝通志》。按：库大使始设无考，今关防尚仍“驿盐”字，疑为雍正间与驿盐道同设。		
	夔州府督捕盐务通判 先以夔州府同知管理云安、大宁盐厂。乾隆八年，《会典事例》为“元年”。移驻云阳县。十八年，改治石砫厅，始以通判管理。《云阳县志》及档册。按：通判兼管湖北八州县计岸盐引验掣等事，光绪四年，撤夔州厘局并归通判管理。		

① 库大使掌道库藏出入之事：《皇朝通志》作“库大使，掌司库藏之出入”。

世次	沿革	名氏	事迹
国朝	**犍为县督捕盐务通判** 乾隆元年，改嘉定府通判移驻犍为县马踏井。《会典事例》二十九《吏部》。 初，雍正十二年，因盐务章程未备，案内以通判驻马踏井太和场，居中总理嘉定、犍为并川西井研等州县盐务督捕事。乾隆元年，颁给嘉定府分驻马踏井通判关防。十八年，改驻黄角井。黄角井一名四望关，去马踏井十余里。凡出厂引盐船只到关，听其验引截角，盘吊放行。《犍为县志》。		
	射洪县督捕盐务通判 乾隆元年，改潼川府通判，移射洪县。《会典事例》二十九《吏部》。 驻太和镇，兼管三台、射洪、遂宁、蓬溪、盐亭等县盐井，各盐大使属之。《蓬溪县志》。		
	简州石桥井州判 乾隆元年，改嘉定议撤之州判移驻简州石桥井。《会典事例》二十九《吏部》。		
	资州直隶州州判 雍正五年，升县为直隶州，分防通判驻罗泉井。《一统志》。 去井三里，有碑记坎。凡采买官盐配引若干，例给朱印号签，驮运至关缴签，查验有无夹带私盐，地最紧要。《资州直隶州志》。		
	绵州直隶州州判 雍正五年，升直隶州。盐捕通判驻丰谷井。《一统志》。		

世次	沿革	名氏	事迹
国朝	**忠州直隶州州判** 雍正十二年，升直隶州。分防州判驻石桥井。《一统志》。 乾隆元年，改忠州敦里八甲州判，移驻湔井。改岳池县黎梓卫巡检，移驻敦里八甲。《会典事例》。按：州志，石桥井即淯井，在州东二十五里。无“湔井”，疑“湔”“淯”属字误。		
	大宁县盐课司大使 乾隆元年添设。《会典事例》二十九《吏部》，又见《一统志》。 盐课司大使四川凡七人，掌盐场及池井之务。凡直省有池之地，听民辟地为场，置灶开畦为盐，而授之商，或官出帑收盐，授之商而行之。以盐课大使掌其池场之政令与场地之征收。其有井者，分掌其政令，皆治其交易，审其权衡而平准之。日稽其所出之数，以杜私贩之源。国初，设大使之职，酌场地池井之多寡而为之额。嗣后，因时分并增设如今额焉。《皇朝通典》三十五《职官》。按：今裁并，实只五人。		
	云阳县盐课司大使 雍正七年，设巡检司，后裁。《云阳县志》。 乾隆元年，添设盐大使。《会典事例》二十九《吏部》，又见《一统志》。		

世次	沿革	名氏	事迹
国朝	**犍为县盐课司大使** 县旧设巡检二员，国初裁。雍正九年复设一员，驻牛华溪。乾隆元年，改盐大使管理乐、犍两县盐务，添设王邨场大使一员，七年裁。《犍为县志》。 乾隆元年，添设犍为、井研二场盐课司大使各一员。《会典事例》二十九《吏部》。七年，裁王邨场大使。《会典事例》。		
	射洪县盐课司大使 乾隆元年，添设射洪之黄磉濠、一作“浩”。青堤渡二大使。二十年，改黄磉濠盐大使为巡检，移驻阳桃溪，其盐场事务归青堤渡大使兼管。《会典事例》二十九《吏部》。		
	蓬溪县盐课司大使 乾隆元年，添设并蓬溪县之蓬莱镇、康家渡二大使。又二十年，改蓬莱镇盐大使为县丞，盐场事务归康家渡大使兼管。《会典事例》二十九《吏部》。		
	富顺县自流井县丞 县丞旧在县城，雍正八年，移驻自流井，专司盐务。《富顺县志》。		
	富顺县邓井关县丞 乾隆元年，改叙州府建武厅通判移驻邓井关总理盐务。《会典事例》二十九《吏部》，县志作“四年”，误。 二十三年裁，改设县丞，专司般验。自流井、贡井盐舟出关，于此查验。《富顺县志》。		

世次	沿革	名氏	事迹
国朝	**荣县贡井县丞** 雍正七年，分富义厂为两厂，各设县丞一。以贡井分隶荣县，裁白沙、荣县东。桐麻荣县南四十里。两巡检。《荣县志》。 荣县有贡井、新罗、来苏、赖牟四镇，县丞驻贡井。《一统志》。		
	蓬溪县县丞 雍正八年，添设巡检，后裁。《蓬溪县志》。 乾隆元年，添设盐大使。又二十年，改盐大使为县丞。盐场事务归康家渡盐大使兼管。《会典事例》。按：县志又作“移盐大使于康家渡，设县丞”。		
	彭水县郁山镇巡检 乾隆元年，以郁山镇巡检兼司郁州“州”字疑原本误。盐务。《会典事例》二十九《吏部》。 二年，知州耿寿平、知县李光埉请招商，设立巡检，专司盐务，始于郁山镇立盐课巡司。《彭水县志》。按：“元年”“二年”互异，当是元年议准，二年始设。		
	盐源县典史兼收盐税 县有盐课大使。《一统志》。 雍正八年，巡抚宪德奏言，该县典史驻札白盐井地方任，于各属居民买盐时抽收税银。按：大使仍明设，不详何时裁。		

世次	沿革	名氏	事迹
国朝	**泸州直隶州知州兼批验所大使** 雍正八年，复设州判一员，兼管盐茶批验所。《泸州志》。档册作“十二年”。 乾隆元年，议准于泸州江口设批验所，以州判兼管。《会典事例》。 道光十二年奉旨裁去闲员，移州判九姓乡，批验事以知州兼管。十九年，知州黄鲁溪请以吏目经管，用州印。二十五年，署知州王仲选仍请归知州管理。档册。 凡监掣同知、批验大使及巡检，皆分管盘验掣巡之事。《会典》。 各批验所大使掌批验盐引之出入。四川以佐杂兼管者四人。嘉庆《四川通志》。按：《会典事例》二十九及《会典》五载，四川初兼批验大使者，惟重庆、嘉定经历，遂宁县县丞，然泸州至乾隆元年始有之。		
	嘉定府经历兼批验所大使 雍正十二年，原设批验所。据档册。 乾隆元年，议准于嘉定府江口设批验所，即以经历兼管。《会典事例》。		
	重庆府经历兼批验所大使 雍正十二年，原设批验所。据档册。 乾隆元年，议准于重庆府江口设批验所，即以经历兼管。会典事例。		

世次	沿革	名氏	事迹
国朝	**遂宁县县丞兼批验所大使** 雍正十二年，原设批验所。据档册。 乾隆元年，议准遂宁县上马头设批验所，以县丞兼管。又于遂宁阑江河[①]添设盐场大使一。二十二年，裁大使，于巴州江口镇[②]改设巡检一员，盐场事务归知县管理。改遂宁县丞移驻梓潼宫。《会典事例》二十九《吏部》。 县丞于雍正八年添设城内，乾隆二十年，移驻梓潼宫，分辖上安、中安、下安三里地，仍设盐关管盘验。又，乾隆元年所建批验厅在上马头，以水刷崩岸及厅，十一年改迁西北十丈许，今裁。《遂宁县志》。		
	附 **南部县富邨驿县丞** 按：乾隆三十二年裁西河口盐大使改，今改驻新镇坝，书巡犹在。	潘之彪 蓬溪知县	江南丹阳人。康熙七年，任蓬溪县知县，详请行销水陆盐引，俾无壅塞，兵民称便。《蓬溪县志》。
	三台县胡卢溪盐捕县丞 按：乾隆五十五年，由胡卢溪盐大使改。	邓元贞 射洪知县	湖广汉阳人。康熙二十七年，任射洪县知县，设塘铺严察私盐，以通商引。嘉庆《四川通志》。
	中江县胖子店巡检 按：乾隆三十二年，由盛家池盐大使改。以上原管盐务者。	陶文彬 彭水知县	浙江会稽人。彭水县东有伏牛山，盐井四出，其卤淡甚，民煮之三宿始成一煎，劳力费薪，自昔已然，民困久。陶为之祀而水忽加咸，劳费差减。《彭水县志》。
	富荣通判 按：雍正十二年设，今裁。		

① 阑江河："阑"通"拦"，"拦江河"即今遂宁安居区拦江镇，因地处琼江河弯处而得名。后"遂宁县阑河盐大使"所谓"阑河"，亦应指"拦江河"。

② 巴州江口镇：今巴中市平昌县江口镇。

世次	沿革	名氏	事迹
国朝	**富顺县邓井关总理盐务通判** 按：乾隆元年，改叙州府建武厅通判移驻富顺县邓井关总理盐务，而改建武归兴文县辖，以宜宾县属之横县镇巡检移驻其地，改新镇归屏山县辖，以石角营巡检兼管。二十三年，改设县丞。	李光谦 荣昌知县	直隶任邱人。嘉庆二十二年，任荣昌县知县，盐商疲弊，为请改课归地丁，亩输钱二，除岁纳盐课外，积有赢余，买田为久远计。《荣昌县志》。
	马踏井同知 按：雍正十二年设，今裁。	毛会抡 云阳知县	调云阳县知县时，云为盐厂，故设大使，所产盐配附近十五州县商人行销。嘉庆十七年，厂毁于教匪，经云阳新、宁、开、达四州县商修复，因私其利，而余十一州县之商改配他厂盐。久之，盐浮于引，商灶交病，遂讦讼。君至，请撤四十二州县商之改配他厂者，惟掣引时先四州县，其余轮次以及，讼乃解。李兆洛《养一斋文集·毛君墓志铭》。
	射洪县同知 按：雍正十二年设，今裁。		
	保宁府同知 按：雍正十一年，移驻南部县，铸给茶盐同知关防，今裁。		
	犍为县王村场盐大使 按：雍正九年设，乾隆七年裁。	江锡麒 云阳知县	安徽全椒人，咸丰元年署云阳县知县。盐场工作，每滋事争讼，为之经画平允，立章程，刊碑，著为令，井户乂安。《云阳县志》。
	顺庆府东观场盐大使 按：始设无考，疑在雍正初。乾隆五十一年裁归南充县兼管。	张谦 珙县知县	字子吉，武昌人。康熙进士，知珙县，县谷贱盐贵。谦请民得以谷易盐，于是益勤开垦。《湖北通志》。

世次	沿革	名氏	事迹
国朝	**三台县胡卢溪盐大使** 按：乾隆元年添设，五十六年裁，改设盐捕县丞。		
	三台县石板滩盐大使 按：乾隆元年添设，七年裁。		
	中江县盛家池盐大使 按：乾隆元年添设，三十二年裁，改设胖子店巡检。		
	遂宁县阑河盐大使 按：乾隆元年添设，二十年裁，于巴州江口镇改设巡检盐务，归知县管。		
	南部县西河口盐大使 按：乾隆元年添设，三十二年裁，改设富邨驿县丞。		
	南充县盐大使 按：乾隆元年添设，今裁。		
	西充县仙林桥盐大使 按：乾隆元年添设，七年裁。		
	井研县盐井湾盐大使 按：乾隆元年设，七年裁。		
	蓬溪县盐大使 按：乾隆元年添设，二十年改。		
	云阳县巡检司 按：雍正七年设。		
	新都县太平场巡检 按：乾隆二十年由本县弥牟镇移驻，今裁。		
	乐至县管盐务县丞 按：乾隆元年置，七年裁。 以上原管盐务，今裁者。		

滇黔边计盐务委员。并票厘委员。

总办滇黔边计盐务一人。

帮办滇黔边计盐务一人。

总办自前候补道唐炯始，帮办后设，初用木质关防。光绪五年，总督丁宝桢奏请部颁铜质关防，以为总办款巨任重，非如藩盐各库有成法可守，全在审度时势、因地制宜，非得操守谨严、条理精密而又明足以察奸贪、毅足以除瞻徇者不能胜任，自后更换总办，请于通省候补道员简择得人，先出具切实考语，奏明委办，不准视为调剂差使。户部以向无成案议驳。及七年三纲奏销，宝桢复为奏请，始得如议。前后两疏具“官运”部。

文案所委员三人。

收支所委员三人。

引目所委员三人。

票据所委员三人。

按：四所皆在总局内，以丞倅州县领之。外文案所司档册盐房二，每房典吏二名、经书七名、清书二名；票据所经书共六名。

司大盈库委员一人。

按：库在总局内，以收支所委员兼领之。外设库书二名，管平经书、核算经书各一名，库丁六名，巡役更夫一名。

犍厂委员二人。

富厂委员二人。

射厂委员二人。

云厂委员二人。

宁厂委员二人。

郁厂委员二人。

按：厂局皆司采配，以丞倅州县领之。外每局设司事三人，一管银钱、一管帐目、一管杂务；清书一人；秤手二人。边计岸各分局皆如之。

泸州分局委员二人。兼司裕济仓。

按：分局司计岸转运，以丞倅州县领之。

永岸局委员二人。

仁岸局委员二人。

綦岸局委员二人。

涪岸局委员二人。

按：四岸局皆转运黔边盐，以丞倅州县领之。

清溪岸局委员二人。

张窝岸局委员二人。

真溪岸局委员二人。

南广岸局委员二人。

李庄岸局委员二人。

江安岸局委员二人。

按：六岸局皆转运滇边盐，以丞倅州县领之。

江津岸局委员二人。

南川岸局委员二人。

江巴岸局委员二人。

按：三岸局皆转运计盐，以丞倅州县领之。

纳溪岸局委员二人。

按：局兼转运边、计盐，以丞倅州县领之。

万县岸局委员三人。

按：局转运湖北八州县计盐，兼巫、万计盐，以丞倅州县领之。

永岸卡委员一人。

仁岸卡委员一人。

綦岸卡委员一人。

涪岸卡委员一人。

安边场卡委员一人。

罗星渡卡委员一人。

大溪口卡委员一人。

上羊平卡委员一人。

万户沱卡委员一人。

按：各卡皆填换边、计盐票，以佐杂领之。外每卡设经书一名，各验卡皆如之。

云阳提拨卡委员一人。

巫山提拨长委员一人。

邓井关提拨卡委员二人。管船务。

大河坝提拨卡委员一人。管船务。

纳溪提拨卡委员一人。

江口提拨卡委员一人。

江门提拨卡委员一人。

按：卡局皆提过载官盐，邓井关兼管船务并购下五垱盐，皆丞倅州县领之，外每卡设秤手二名，经书一名。

内江盘验卡委员一人。

外江盘验卡委员一人。

按：卡以佐贰领之。

分驻贵州兴义府辑私委员一人。

分驻贵州都匀府验卡委员一人。

分驻湖北利川县验卡委员一人。

分驻贵州沿河司验卡委员一人。

按：为查禁私盐、防护引道，以丞倅州县领之。

富厂押运委员一人。兼沿滩押运。

邓井关押运委员一人。兼怀德镇。

犍厂押运委员三人。

叙州府押运委员二人。

重庆府押运委员二人。

射厂押运委员三人。

江口、纳溪、江门押运委员各一人。

按：押运犍厂盐，运叙州至泸州，中间由纳溪分道，运永岸；富厂盐，运怀德镇、邓井关至泸州，又由泸州运合江，经江津入江口至綦江；射厂盐，运至重庆，合犍、富等盐，由重庆运涪。皆各委员逐段以次递运，丞倅州县佐贰无定。

富荣官引局委员一人。

按：局清厘官引发商，征收潼计积引税羡截厘，以知府领之。

潼川府属票厘局委员二人。

简州票厘局委员一人。

犍乐票厘局委员二人。

富荣票厘局委员二人。

井研票厘局委员一人。
资州票厘局委员一人。
云厂票厘局委员二人。
宁厂票厘局委员二人。
开县票厘局委员一人。

按：各局皆司余盐，照票收息，以丞倅州县领之。内犍乐、富荣两局隶官运总局，余隶盐道，外设经书二名。

总督兼盐政

孟乔芳　汉军镶红旗人，顺治三年。
李国英　汉军正红旗人，顺治十四年总督川陕，至十八年总督四川。
金　砺　康熙元年。
苗　澄　满洲籍任县人，康熙六年。
刘兆麒　直隶宝坻人，康熙七年。
蔡毓荣　辽东锦县人，为川湖总督，驻重庆，康熙九年。
周有德　康熙十三年。
杨茂勋　汉军镶红旗人，仍为四川总督，康熙十九年。
赵良栋　陕西安边卫人，康熙十九年。
希　福　满洲人，川陕总督，康熙二十二年。
哈　占　满洲人，康熙二十二年。
噶尔泰　康熙二十二年。
佛　伦　满洲人，康熙三十年。
吴　赫　康熙三十一年。
图　纳　满洲人，康熙三十六年。
葛思泰　康熙三十八年。
锡勒达　满洲镶红旗人，康熙三十九年。
觉罗华显　满洲人，康熙四十年。
齐世武　满洲人，康熙四十五年。
音　泰　满洲镶红旗人，康熙四十八年。
永　泰　满洲人，康熙五十年。

鄂　海　康熙五十年。
年羹尧　满洲镶白旗人，康熙六十年。
岳钟琪　甘肃庄浪人，川陕总督，雍正三年。
查郎河　满洲镶白旗人，雍正七年。
黄廷桂　汉军镶红旗人，川陕总督，雍正九年。
尹继善　满洲镶黄旗人，川陕总督，乾隆五年。
庆　复　以大学士管川陕总督，乾隆十一年。
张广泗　汉军镶红旗人，乾隆十二年。
傅　恒　满洲镶黄旗人，川陕总督，乾隆十三年。
尹继善　乾隆十三年再任。
班　第　蒙古镶黄旗人。
策　楞　满洲镶黄旗人，四川总督，管巡抚事，乾隆十三年。
黄廷桂　乾隆十八年再任。
开　泰　满洲正黄旗人，乾隆二十年。
阿尔泰　满洲正黄旗人，乾隆二十七年。
阿　桂　满洲正白旗人，乾隆二十九年署。
德　福　满洲正白旗人，乾隆三十五年署。
桂　林　满洲镶蓝旗人，乾隆三十六年。
德　福　乾隆三十六年任。
文　绶　满洲镶白旗人，乾隆三十六年。
阿　桂　乾隆三十六年任。
刘秉恬　山西洪洞人，乾隆三十七年。
富勒浑　满洲正蓝旗人，乾隆三十八年。
文　绶　乾隆四十一年再任。
福康安　满洲镶黄旗人，乾隆四十六年。
李士杰[1]　贵州黔西人，乾隆四十八年。
保　宁　蒙古正白旗人，乾隆五十一年。
鄂　辉　乾隆五十二年署。
李世杰　乾隆五十三年再任。

① 李士杰：应为“李世杰”。

孙士毅　浙江仁和人，乾隆五十五年。
鄂　辉　乾隆五十五年。
惠　龄　蒙古正白旗人，乾隆五十六年。
福康安　乾隆五十八年再任。
和　琳　蒙古镶黄旗人，乾隆六十年。
勒　保　满洲镶红旗人，嘉庆三年。
德楞泰　蒙古正黄旗人，嘉庆十年。
勒　保　满洲镶红旗人，嘉庆十一年。
特清额　满洲镶黄旗人，嘉庆十二年。
勒　保　嘉庆十三年。
常　明　满洲镶红旗人，嘉庆十四年。
丰　绅　满洲镶黄旗人，嘉庆十七年。
常　明　嘉庆十七年。
德楞泰　嘉庆二十四年。
蒋攸铦　汉军镶蓝旗人，道光元年。
戴三锡　顺天大兴人，道光四年。
瑚松额　满洲正黄旗人，道光七年。
戴三锡　道光八年。
琦　善　满洲正黄旗人，道光九年。
那念宝　满洲正白旗人，道光十一年。
鄂　山　满洲正蓝旗人，道光十一年。
觉罗宝兴　满洲镶黄旗人，道光十六年。
鄂　山　道光十七年。
凯音布　满洲镶蓝旗人，道光十八年。
觉罗宝兴　道光十九年。
廉　敬　满洲镶黄旗人，道光二十六年。
琦　善　道光二十七年。
裕　瑞　满洲镶黄旗人，道光二十九年。
琦　善　道光二十九年。
裕　瑞　道光二十九年。

徐泽醇　汉军正蓝旗人，道光二十九年。
裕　瑞　咸丰二年。
觉罗乐斌　满洲正黄旗人，咸丰四年。
黄宗汉　福建晋江人，咸丰五年。
觉罗乐斌　咸丰六年。
吴振棫　浙江钱塘人，咸丰六年。
祥　奎　满洲镶红旗人，咸丰七年。
宗室有凤　满洲镶红旗人，咸丰七年。
王庆云　福建侯官人，咸丰七年。
宗室有凤　咸丰九年。
曾望颜　广东连州人，咸丰九年。
崇　实　满洲镶黄旗人，咸丰十年。
骆秉章　广东花县人，咸丰十一年。
崇　实　同治六年。
吴　棠　安徽盱眙人，同治七年。
文　格　满洲正黄旗人，光绪二年。
丁宝桢　贵州平远人，光绪三年。

巡抚兼盐政

王遵坦　山东人，顺治三年。
李国英　顺治五年。
赵班玺　顺治六年。
高民瞻　满洲人，顺治十五年。
佟凤彩　汉军正蓝旗人，康熙元年。
张德地　汉军镶蓝旗人，康熙三年。
杭　爱　满洲正白旗人，康熙十九年。
韩士奇　满洲正黄旗人，康熙二十二年。
姚缔虞　湖广黄陂人，康熙二十五年。
噶尔图　满洲人，康熙二十九年。
于养志　奉天辽阳人，康熙二十九年。

贝和诺　满洲人，康熙三十九年。
能　泰　满洲镶白旗人，康熙四十三年。
年羹尧　满洲镶白旗人，康熙四十八年。
塞尔图　满洲人，康熙五十八年。
蔡　珽　奉天正白旗人，康熙六十年。
王景灏　镶黄旗人，雍正二年。
法　敏　满洲人，雍正三年。
马会伯　陕西宁夏人，雍正四年。
宪　德　蒙古正白旗人，雍正五年。
鄂　昌　满洲镶蓝旗人，雍正十二年。
杨　馝　奉天正黄旗人，雍正十三年。
王士俊　贵州平越人，乾隆元年。
纪　山　正黄旗改镶红旗人，乾隆八年。
硕　色　满洲正黄旗人，乾隆三年。
班　第　蒙古镶黄旗人。罢巡抚归总督兼管。乾隆十三年。

通省盐茶道　先系按察使兼。
杨道淳　陕西洋县人，顺治四年。
以下按察使兼理盐务。
徐永正　辽东广宁人，顺治十一年。
高士俊　辽东广宁人，顺治十二年。
白秉真　辽东杏山人，顺治十三年。
李棠馥　山西高平人，顺治十四年。
王　庭　浙江嘉兴人，顺治十六年。
于鹏举　江南金坛人，顺治十七年。
金　铉　顺天宛平人，康熙元年。
朱之瑶　江西安福人，康熙二年。
李翀霄　山西绛州人，康熙三年。
宋可发　山东胶州人，康熙八年。
宋　琬　山东莱阳人，康熙十二年。

胡升猷　康熙二十年。
王业兴　辽东辽阳人，康熙二十三年。
赵良璧　奉天开元人，康熙三十四年。
祖文明　奉天人，康熙三十七年。
李兴祖　奉天铁岭人，康熙四十一年。
刘德芳　直隶文安人，康熙四十三年。
侯居广　奉天人，康熙四十五年。
沙木哈　满洲正白旗人，康熙五十二年。
许兆麟　满洲正红旗人，康熙五十二年。
包太隆　满洲正黄旗人，康熙五十三年。
李育德　满洲镶黄旗人，康熙五十三年。
高其佩　满洲镶白旗人，康熙五十九年。
刘世奇　满洲正黄旗人，雍正元年。
程如丝　浙江人，雍正三年。
葛斗南　山东单县人，按察使。雍正五年。
尤　清　雍正五年。始设盐茶驿道。
吕耀曾　河南人，按察使，雍正七年。
刘应鼎　贵州贵筑人，按察使，雍正八年。

按：驿盐道五年始设，而宪德当时整饬盐法，各详牍皆具刘应鼎、曹源邠名，故断至此止，下只列盐茶驿道。

曹源邠　以下盐茶驿道。雍正九年。
武洪绪　山西大同人，乾隆十一年。
卜宁一　山东日照人，乾隆二十六年。
李世杰　贵州黔西人，乾隆三十六年。
杜玉林　江苏金匮人，乾隆三十六年。
李　本　汉军正蓝旗人，乾隆四十年。
林　儁　顺天大兴人，乾隆四十一年。

按：四十四年，传驿字驿传，仍归按察使管。以下盐茶道。

王启焜　浙江嘉善人，乾隆五十八年。
姚令仪　江苏娄县人，嘉庆三年署，五年任。

黎学锦　湖南龙阳人，嘉庆十年署，十一年任。
方　积　安徽定远人，嘉庆十一年。
梁敦怀　浙江新昌人，嘉庆十二年。
陈若霖　福建闽县人，嘉庆十三年。
瞿曾辑　江苏武进人，嘉庆十三年。
奇成额　嘉庆二十年。
周□□　道光元年。
尹　济　道光六年。
花　杰　道光六年。
陈□□　道光九年。
花　杰　道光九年。
陈□□　道光九年。
李逢辰　道光九年。
李□□　道光十一年。
李逢辰　道光十一年。
李宗传　道光十三年。
周贻徽　道光十四年。
谢兴峣　道光十八年。
周贻徽　道光十八年。
王庭兰　道光十九年。
周贻徽　道光二十年。
张□□　道光二十年。
吴　珩　浙江仁和人，道光二十三年。
张聘三　道光二十八年。
清安泰　道光二十九年。
黄士瀛　道光二十九年。
清安泰　道光三十年。
马秀儒　咸丰三年。
蒋琦淳　咸丰四年。
吴文锡　咸丰五年。

张思镗　咸丰五年。
吴文锡　咸丰六年。
张思镗　咸丰七年。
翁祖烈　咸丰七年。
韩锦云　咸丰八年。
文　良　满洲人，咸丰十一年。
启　芳　咸丰十一年。
吴　镐　同治二年。
钟　峻　浙江海宁人，同治五年。
传庆贻　直隶清苑人，同治七年。
孙　濂　贵州人，同治八年。
传庆贻　同治八年。
延　祜　满州正红旗人，同治九年。
传庆贻　同治九年。
黄云鹄　湖北蕲州人，同治十三年。
传庆贻　同治十三年。
谢膺禧　顺天大兴人，光绪元年。
彭毓棻　江苏吴县人，光绪二年。
蔡逢年　江苏丹徒人，光绪二年。
董　润　汉军镶白旗人，光绪五年。
崧　蕃　满洲镶蓝旗人，光绪五年。
唐　炯　贵州遵义人，光绪六年。
崧　蕃　光绪七年。

夔州府盐督捕通判

王名世　辽东人，康熙三年。
薛人凤　浙江人，康熙十九年。
胡裕才　山西人，康熙二十一年。
王来宾　汉军正黄旗人，康熙二十二年。
徐本立　直隶人，康熙三十九年。

阎　焯　直隶人，康熙四十年。
孙士贞　山东人，康熙四十四年。
许　炳　直隶人，康熙四十八年。
张坦让　湖广人，康熙五十四年。
边鸿烈　汉军镶红旗人，康熙五十五年。
谢　昊　江南人，康熙五十九年。
刘　槩　山东人，雍正二年。
汪志敏　江南人，雍正六年。
滕兆棨　汉军正白旗人，乾隆十五年。
陈天德　山西长子人，乾隆十五年。
王　桂　山东人，乾隆十六年护。
李景淳　汉军人，乾隆十九年兼。
王念会　顺天宛平人，乾隆二十一年署。
林斗魁　福建海澄人，乾隆二十二年署。
传树耆　山东高密人，乾隆二十五年。
胡奕昌　湖北荆门人，乾隆二十七年署。
敬登瀛　直隶天津人，乾隆二十七年。
詹　仰　江西余干人，乾隆二十八年。
李　治　浙江山阴人，乾隆二十九年。
陈学宽　广东海阳人，乾隆二十九年。
郭　迈　福建人，乾隆三十年署。
叶树滋　江苏长州人，乾隆三十年署。
李　琳　安徽休宁人，乾隆三十年。
潘和邦　浙江仁和人，乾隆三十三年。
李复发　福建安溪人，乾隆三十五年兼。
德克进布　满州人，乾隆三十七年兼。
戴际昌　奉天镶红旗人，乾隆四十一年。
李作梅　湖北大冶人，乾隆四十一年。
明安图　蒙古镶白旗人，乾隆四十一年。
赵由俠　江西建昌人，乾隆四十三年。

田大观　河南河内人，署，乾隆四十五年。
明安图　乾隆四十五年再任。
李重福　山西解州人，乾隆四十六年。
福昌阿　蒙古镶蓝旗人，乾隆四十六年。
墙　嵾　贵州开州人，乾隆四十七年。
福昌阿　乾隆四十七年再任。
魏履中　河南遂平人，乾隆五十一年。
福昌阿　乾隆五十一年再任。
张炎魁　陕西华阴人，乾隆五十二年。
张绍绪　汉军正黄旗人，乾隆五十三年。
张承武　甘肃宁朔人，署，嘉庆四年。
钟人杰　云南云南县人，嘉庆五年。
殷　辂　江苏阳湖人，嘉庆五年。
王如琦　江西卢陵人，嘉庆七年。
钟翔凤　江西高安人，署，嘉庆九年。
谭光祐　江西南丰人，嘉庆十年。
德　成　蒙古镶黄旗人，署，嘉庆十一年。
贺福生　湖北钟祥人，署，嘉庆十四年。
谭光祐　嘉庆十五年再任。
邓　璜　江西新城人，兼，嘉庆十七年。
戴三锡　顺天大兴人，兼，嘉庆十七年。
李在文　汉军，兼，嘉庆十七年。
英　贵　满洲人，兼，嘉庆十八年。
玛隆阿　满洲人，兼，嘉庆十八年。
余永宁　顺天大兴人，兼，嘉庆十九年。
杨世英　湖北云梦人，兼，嘉庆十九年。
贺福生　嘉庆二十年。
王　祥　满州人，嘉庆二十年。
吕伟仪　安徽旌德人，署，嘉庆二十四年。
李　铎　汉军，嘉庆二十四年。

朱俊溥　湖北人，署，嘉庆二十五年。[①]
李　铎　道光元年再任。
张　枝　安徽宿州人，署，道光三年。
李　铎　道光四年再任。
福　隆　满洲人，署，道光六年。
蒯德模　安徽合肥人，兼，光绪元年。
盛锡龄　浙江秀水人，光绪二年。
林宝光　福建侯官人，署，光绪四年。
於启麟　浙江萧山人，署，光绪五年。
彭祖厚　江苏人，署，光绪六年。

犍为县督捕通判

叶学聪
黄廷铣
崔浴德　江西南城人。
戴世浩　浙江开化人。
海　林　满洲人，署。
程泾英　陕西韩城人，署。
陈肇奎　顺天大兴人。
曾日瑞　江西南昌人。
韦驮宝　署。
孙□□　署。
王世爵　署。
吴　瑄　署。
崔宏勋　直隶沧州人。
王汝恂　顺天枣强人，任。
宫去斋
吴元澄　江苏吴县人。
顾世瑞　江苏宿迁人，署。

① 底本为“嘉庆庆二十五年”，据文意改。

吴　栋　江苏江阴人，署。
李若愚　山西解州人，署。
杨崇鼎　安徽怀宁人。
张　鉴　汉军正黄旗人，署。
吴文煌
汪松承　安徽休宁人。
罗国维　广西临桂人，署。
穆　丹
刘成蛟　山西汾阳人。
承　勋　满洲正白旗人，署。
德　清　满洲正蓝旗人，署。
王廷取　安徽婺源人，署。
盛世臣　直隶宛平人，署。
果尔敏　满洲镶白旗人，署。
张官五　浙江萧山人。
姚令仪　江苏娄县人，署。
尤　时　江苏太仓人。
瑺　贵　蒙古正白旗人。
张建勋　奉天镶黄旗人。
杨崇鼎　署。
谢肇洙
鲁华祝　江西新城人，署。
汤健业　江苏武进人。
李在文　汉军人，乾隆四十六年。

按：以上照录县志，纪年未详。

姚建业　浙江山阴人代，嘉庆元年。
张心敬　湖北江夏人，嘉庆二年。
周伟业　浙江萧山人，署，嘉庆二年。
连彭年　浙江上虞人，嘉庆三年。
万　春　汉军镶白旗人，署，嘉庆四年。

常　连　蒙古正白旗人，署，嘉庆五年。
连彭年　嘉庆五年。
按：以下至道光朝，阙。
觉罗庆兴　满洲人，咸丰三年。
琦　龄　满洲人，署，咸丰十年。
周锡龄　陕西褒城人，署，同治元年。
王　煌　山西荣河人，署，同治元年。
吴文嘉　江苏阳湖人，署，同治元年。
舒　龄　汉军，署，同治四年。
豫　鼎　汉军，署，同治七年。
张开甲　贵州贵筑人，同治八年。
吕烈嘉　安徽旌德人，署，同治十三年。
张开甲　光绪元年复任。
长　春　汉军人，署，光绪五年。

射洪县督捕通判

觉罗庆兴　满洲人，署，同治元年。
按：以前阙。
乔用遴　湖北孝感人，署，同治元年。
胡　圻　浙江会稽人，署，同治三年。
宋玉瑞　河南祥符人，署，同治四年。
徐　照　顺天大兴人，署，同治五年。
严清荣　浙江余姚人，同治六年。
张保龄　安徽桐城人，同治十年。
严清荣　同治十二年复任。

绵州州判

金敬俨　顺天大兴人，雍正九年。
林良景　广东平远人，署，乾隆十一年。
胡凤羽　湖南安乡人，署，乾隆二十一年。

易　咸　湖南宁乡人，署，乾隆三十年。
刘佳琦　江西新淦人，乾隆三十七年。
龚元汉　浙江仁和人，乾隆四十一年。
张应均　江苏元和人，乾隆四十三年。
龚贻谷　浙江会稽人，乾隆四十五年。
窦玉枢　河南人，乾隆四十五年。
赵由恕　江西人，乾隆四十五年。
林秉毅　江苏山阴人，署，乾隆四十六年。
邱　璘　江西丰城人，乾隆四十六年。
张建勋　奉天人，乾隆四十八年。
许凝文　河南彰德人，乾隆五十年。
李培贤　广东嘉应人，乾隆五十二年。
徐念高　广东德庆人，乾隆五十四年。
王日璘　湖南湘潭人，乾隆五十五年。
黄日荣　广东阳春人，乾隆五十五年。
毛冠群　贵州余庆人，乾隆五十八年。
刘廷枢　山东清平人，乾隆六十年。
蔡光绪　江苏吴县人，嘉庆三年。
杨凤翔　云南河阳人，嘉庆四年。
潘　相　安徽桐城人，嘉庆六年。
郑俊墉　广西郁林人，嘉庆八年。
潘　相　嘉庆九年再任。
冯玉连　广东恩平人，嘉庆十年。
潘　相　嘉庆十三年复任。
张廷相　河南太康人，嘉庆十四年。
李　琳　顺天大兴人，嘉庆十五年。
王　洲　汉军，嘉庆十七年。
王　溦　江西新城人，嘉庆二十二年。
王　洲　嘉庆二十四年复任。
盛　善　浙江秀水人，道光五年。

王　洲　道光六年复任。
孔传秀　江苏句容人，道光七年。
杨玉培　云南恩安人，道光八年。
章湘洲　浙江人，署，道光十二年。
刘　钦　安徽霍邱人，道光十三年。
李荣溪　湖北蕲水人，道光十七年。
娄　钟　云南沾益人，道光十九年。
沈炜光　江苏元和人，署，道光二十四年。
娄　钟　道光二十五年再任。
马传业　浙江会稽人，署，咸丰二年。
李从简　甘肃秦安人，咸丰三年。
席　荣　甘肃皋兰人，咸丰四年。
赵　栋　顺天宛平人，兼，咸丰四年。
王　谟　安徽卢江人，咸丰五年。
沙藻生　江苏通州人，署，咸丰十一年。
强　湘　陕西韩城人，咸丰十一年。
何庆墉　浙江萧山人，署，同治五年。
强　湘　同治六年复任。
庆　良　蒙古人，署，同治十年。
萧升梧　直隶静海人，署，同治十二年。
钱炳垲　浙江秀水人，署，同治十三年。
强　湘　光绪二年复任。
胡文璇　浙江山阴人，署，光绪二年。
稽汝蔡　顺天大兴人，署，光绪三年。
李苑林　山西大同人，光绪三年。

简州州判

温继明　江西人，乾隆五年。
冯振元　山西人，乾隆五年。
邵　霖　乾隆五年。

孔毓芳　山东人，乾隆五年。
焦廷芝　直隶人，乾隆九年。
黄步辰　江西龙泉人，署，乾隆十七年。
顾庆曾　江苏人，乾隆十八年。
李万青　山东人，署，乾隆三十二年。
白步云　陕西人，署，乾隆三十二年。
潘敬若　浙江人，乾隆三十四年。
吴世培　乾隆三十九年。
车　煌　乾隆四十年。
徐圣讳　乾隆四十一年。
蒋士椿　安徽人，乾隆四十二年。
陆士璜　署，乾隆四十三年。
董克昌　江苏人，乾隆四十四年。
姚灿江　江苏人，乾隆四十五年。
吴怡质　安徽人，署，乾隆四十八年。
范元沛　浙江人，署，乾隆五十二年。
杨凤集　云南人，署，乾隆五十三年。
金维熙　江苏人，署，乾隆五十四年。
沈文玉　江苏人，署，乾隆五十四年。
李　勖　山东人，署，乾隆五十五年。
马腾蛟　山西人，署，乾隆五十六年。
慕湘文　江苏人，署，乾隆五十七年。
费恩纶　浙江人，署，乾隆五十七年。
邢凤竹　浙江人，署，乾隆五十八年。
张道渥　嘉庆元年。
胡之富　嘉庆二年。
韩明璇　顺天宛平人，署，嘉庆二年。
杜　端　江西人，嘉庆十年。
费恩纶　嘉庆十二年又署。
林　英　顺天人，署，嘉庆十五年。

茂　藻　山西寿阳人，嘉庆十八年。
潘廷凤　陕西人，嘉庆十九年。
孙　清　浙江人，署，嘉庆二十一年。
武　镇　陕西人，署，嘉庆二十二年。
宝　庆　署，道光三年。
许　桂　浙江人，道光四年。
李云骧　云南人，署，道光八年。
楙　昌　署，道光十二年。
杨念慈　浙江人，道光十三年。
赵秉贻　江西人，道光十七年。
张　勤　云南人，署，道光十九年。
方咸熙　署，道光十九年。
袁祖惠　浙江钱塘人，署，道光二十年。
柴　瑞　河南人，道光二十年。
宝　恒　署，道光二十二年。
陈文锦　直隶人，署，道光二十四年。
潘铸恩　顺天人，署，道光二十五年。
王　铭　浙江人，署，道光二十六年。
曹绍樾　安徽歙县人，署，道光三十年。
王　铭　咸丰元年再任。
安恒泰　贵州思南人，咸丰二年。
史致铭　江苏吴江人，咸丰三年。
祝　椿　顺天大兴人，署，同治三年。
刘光吉　陕西咸阳人，署，同治四年。
孙汝言　顺天大兴人，同治五年。
何树森　江苏丹徒人，署，同治七年。
孙恒春　浙江山阴人，同治八年。
周光耀　顺天宛平人，署，同治十二年。
董文蔚　浙江会稽人，同治十三年。
黄家炘　贵州贵筑人，光绪元年。

孙恒春　光绪二年复任。
王福诚　湖北云梦人，署，光绪二年。
刘兆亨　陕西三原人，署，光绪四年。

资州州判

李孟延　河南襄城人，雍正九年。
孙　矿　贵州人，乾隆十年。
郭伟人　山西人，乾隆二十年。
蔡济才　江西人，乾隆二十八年。
徐时敏　浙江人，乾隆三十五年。
唐　景　江苏人，乾隆三十九年。
章学海　江西人，乾隆四十五年。
曾世棠　湖广人，乾隆五十一年。
李钟岳　顺天人，乾隆五十四年。
马腾蛟　山西人，乾隆五十七年。
马鸣銮　山西人，嘉庆二年。
吴增美　顺天宛平人，署，嘉庆三年。
张中和　顺天人，嘉庆十年。
汪　诚　顺天人，嘉庆十六年。
江润辉　安徽颍上人，嘉庆十九年。
李　湘　浙江乌程人，咸丰十年。
刘　玉　甘肃贵德人，署，同治三年。
饶宣昭　湖南城步人，同治四年。
何树森　江苏丹徒人，署，同治五年。
许鸿宾　浙江海宁人，署，同治七年。
赵云书　直隶玉田人，同治八年。
文　熙　满州人，署，同治十三年。
王应甲[①]　光绪元年。

① 王应甲：光绪《资州直隶州志》作“王应申”。

忠州州判

杨名远　浙江杭州人。

徐　坦　浙江山阴人。

彭　阼

王封旦　盂津人。

王石渠　顺天人，署。

李　挚　安福人。

魏高仪　直隶人。

李重福　山西人。

刑凤仪

范源沛　浙江人。

曾世棠　湖南人。

杨凤集　云南人。

吴学周　广东人。

黄其荣　广东人。

李　埙　云南人。

邱万全　湖南人。

李　勖　山东人。

陈承曾　浙江人。

王　州　汉军。

吕子瑗　江苏人。

何际会　江南人。

李　铸　江南人。

毛会抡　江苏人。

袁诗燕　江西人。

王见龙　安徽人。

钱乔云　江苏人。

武　镇　陕西人。

龚照琪　安徽人。

闻　金　浙江钱塘人，道光十二年。

按：以上照录旧志，纪年未详。

陈凤喈　道光二十年。
张文照　山西宁武人，道光二十六年。
李从简　道光三十年。
余启益　浙江遂安人，咸丰元年。
黄之骥　贵州人，咸丰十一年。
赵选秀　山西人，同治十一年。

按：以下未详。

盐茶道库大使

朱映辰　浙江上虞人，乾隆二十六年。
宋鸣岐　安徽旌德人，乾隆三十九年。
李师曾　浙江山阴人，署，乾隆五十七年。
祈　瀚　河南叶县人，乾隆五十八年。
慕湘文　乾隆六十年。
周辅清　山东茌平人，嘉庆元年。
沈大本　江苏吴县人，署，嘉庆二年。
沈宗澄　署，嘉庆三年。
徐廷仪　浙江会稽人，署，嘉庆五年。
钱　浩　署，嘉庆六年。
慕湘文　嘉庆七年再任。
沈秉铨　江苏元和人，嘉庆十二年。
李茂祖　顺天大兴人，署，嘉庆十三年。
赵　铨　浙江定海人，嘉庆十四年。
陆　诘　署，道光三年。
徐锡金　署，道光四年。
王天彪
沈孚吉　浙江丽水人，道光九年。
陈兰培　浙江钱塘人，署，道光二十七年。
梁彰明　江西万安人，道光二十八年。
孙兆蕙　江苏昆山人，咸丰七年。

沈廷辉　浙江山阴人，署，咸丰十一年。
高元亮　江苏武进人，署，咸丰十一年。
吴宝贤　湖北汉阳人，署，同治元年。
王同溥　浙江仁和人，署，同治二年。
周如玺　山东历城人，署，同治三年。
潘廷灏　浙江山阴人，同治四年。
李盛卿　湖北宣恩人，署，光绪六年。

射洪县盐大使

胥良相　顺天大兴人，乾隆元年。
陈舜裔　贵州贵阳人，乾隆二年。
席绍元　江苏吴县人，乾隆十二年。
赵毅业　顺天大兴人，乾隆十三年。
贺鸣华　江西永新人，乾隆二十年。
黄敬信　广西人，乾隆二十四年。
罗士华　江西人，乾隆二十七年。
张西江　山西人，乾隆四十二年。
吕敏敬　广东陆川人，乾隆四十三年。
金　玉　浙江山阴人，乾隆四十六年。
徐　鼎　浙江会稽人，乾隆五十年。
张锡谷　山东历城人，嘉庆元年。
谢时雍　直隶丰宁人，嘉庆十四年。
宋　泰　江西雩都人，嘉庆十五年。
刘　钦　安徽霍邱人，署，嘉庆二十三年。
李文熙　浙江嘉兴人，嘉庆二十四年。
杨福畴　江西德兴人，署，道光十一年。
刘肇堂　顺天大兴人，道光十一年。
杨裕本　贵州遵义人，署，同治五年。
赵之烈　浙江兰溪人，同治六年。
刘肇堂　同治六年复任。

王荣庆　顺天大兴人，署，同治六年。
王履亨　浙江山阴人，署，同治八年。
高云翔　顺天大兴人，同治十年。
祝鹤年　顺天宛平人，署，光绪元年。
高云翔　光绪元年复任。
高光照　江苏丹徒人，署，光绪四年。
文　楙　汉军正白旗人，署，光绪五年。
文世棠　湖南桃源人，署，光绪六年。

蓬溪县盐大使

张存仁　浙江绍兴人，乾隆元年。
罗国炳　浙江山阴人，乾隆五年。
程万里　湖北钟祥人，乾隆八年。
张勤咨　遂宁人，乾隆十年。
姚文斌　湖南临湘人，乾隆十二年。
赵　涛　顺天大兴人，乾隆十三年。
璩士适　河南济源人，乾隆十三年。
张启蛟　江苏丹阳人，乾隆十四年。

按：以上驻蓬莱镇，后始移驻康家渡。

陈登元　福建古山人，乾隆二十年。
卫　璋　江苏人，乾隆二十四年。
朱泰尊　山东人，乾隆二十六年。
廖廷佐　江西上高人，乾隆三十三年。
魏以澄　湖北人，乾隆三十七年。
何寅亮　河南嵩县人，乾隆三十九年。
杨宗宸　山东新城人，乾隆四十年。
金　玉　浙江山阴人，乾隆四十一年。
姜蟠甲　安徽贵池人，乾隆四十四年。
岳　昂　双流人，乾隆四十五年。
张五伦　陕西泾阳人，署，乾隆四十六年。

曾自柏　江西长宁人，署，乾隆五十二年。
蒋　浚　江苏长洲人，乾隆五十二年。
彭永芬　江西上高人，署，乾隆五十三年。
蒋　浚　乾隆五十四年再任。
马文耀　浙江会稽人，署，乾隆五十四年。
蒋　浚　乾隆五十五年再任。
沈昭诚　浙江秀水人，署，乾隆五十七年。
蒋　浚　乾隆五十八年再任。
黄登阶　顺天大兴人，署，乾隆六十年。
王尔炽　安徽桐城人，署，乾隆六十年。
张天禄　顺天大兴人，署，嘉庆三年。
陆光宗　浙江海盐人，署，嘉庆三年。
蒋　浚　嘉庆四年又任。
原光鹤　山西榆次人，署，嘉庆六年。
蒋　浚　嘉庆六年又任。
王殊泽　顺天宝坻人，嘉庆九年。
徐　璋　江苏吴县人，嘉庆十二年。
王殊泽　嘉庆十二年再任。
胡起瑞　江南甘泉人，署，嘉庆十五年。
达　泰　汉军正蓝旗人，嘉庆十六年。
吴文楷　汉军正蓝旗人，嘉庆十八年。
谢时雍　直隶丰宁人，嘉庆十九年。
杨常瑸　湖北天门人，署，嘉庆十九年。
曾孟卿　广东博罗人，嘉庆二十年。
张　涵　直隶天津人，嘉庆二十三年。
王寿天　山西灵石人，署，道光元年。
玉　振　汉军正黄旗人，道光二年。
曾大纶　贵州贞丰人，署，道光三年。
玉　振　道光三年再任。
汤贻湄　江苏武进人，署，道光五年。

玉　振　道光六年再任。
张文照　江西宁武人，署，道光八年。
玉　振　道光八年再任。
王　增　浙江嘉善人，署，道光十一年。
冯澧兰　山西代州人，道光十二年。
彭光华　江西宁都人，署，道光十四年。
张文照　道光十五年又署。
高培荣　顺天大兴人，署，道光十六年。
王钟符　山东诸诚人，署，道光十八年。
冯澧兰　道光十八年再任。
万光显　顺天宛平人，署，道光十九年。
冯澧兰　道光十九年再任。
张文照　道光二十一年又署。
冯澧兰　道光二十二年再任。
梁嵩年　福建归化人，署，道光二十三年。
冯澧兰　道光二十三年再任。
席　荣　甘肃皋兰人，道光二十五年。
张景龄　陕西醴泉人，道光二十六年。
夏霈田　浙江山阴人，署，道光二十八年。
张景龄　咸丰元年再任。
鲁学源　顺天大兴人，署，咸丰五年。
黄大桢　江西人，署，咸丰六年。
王秉正　浙江人，咸丰九年。
徐　英　江苏荆溪人，咸丰九年。
王　恂　浙江仁和人，署，同治二年。
屠天培　湖北孝感人，同治三年。
平　元　顺天通州人，同治四年。
蒋兼龠　陕西长安人，署，光绪元年。
平　元　光绪二年再任。

犍为县盐大使

徐　谦

魏　根　直隶柏乡人，署。

赵毅业　顺天大兴人。

郑　相　山西定襄人。

张兆麟　云南赵州人，署。

张任艺　湖北汉阳人。

黄敬信　广西临桂人，署。

冯覞锦　山西代州人，署。

邓日连　湖北荆门州人。

万士斌　贵州贵筑人。

朱映辰　浙江上虞人，署。

谢于绍　江西信丰人，署。

钱日思　顺天大兴人，署。

王开业　顺天宛平人，署。

吴　槢　贵州安顺人，署。

王尔炽　安徽桐城人，署。

董克昌　江苏荆溪人，署。

郭　文　山西兴县人，署。

杨凤苞　云南石屏人。

沈念兹　浙江归安人，署。

冀士隆　山西介休人，署。

陈　铨　顺天宛平人，署。

项为楷　安徽歙县人。

唐炳文　浙江嘉兴人，署。

姚　灿　江苏娄县人，署。

钟祥凤　江西高安人，署。

陆　滋　江苏吴县人。

吕圣宗　安徽贵池人。

戴廷纶　浙江德清人，署。

蔡天锦　云南建水人，署。
毛冠群　贵州余庆人。
张五伦　陕西泾阳人，署。
关学敏　广西永安人，署。
曹六兴　江西新建人，署。
盛世绮　浙江嘉兴人，署。
姚建业　浙江山阴人，署。
王开业　顺天宛平人，署。
沈咸宾　浙江归安人，署。
陆光宗　浙江海盐人。
钱国瑞　江苏元和人。
刘应蕃　浙江仁和人，署。
邓元勋　江西新城人。
吴文楷　汉军正红旗人，署。
王　榘　湖北江陵人。
顾玉栋　顺天大兴人。

按：以上照录县志，纪年未详。

周　霖　顺天大兴人，署，同治二年。
姚培基　山西大同人，同治三年。
许鸿宾　浙江海宁人，署，同治四年。
孙溶金　浙江归安人，同治五年。
杨其浩　浙江武康人，署，同治十二年。
孙溶金　同治十三年复任。
张毓崧　山西人，署，光绪二年。
葛光煦　陕西朝邑人，署，光绪三年。
孙溶金　光绪四年复任。
达　贵　满洲正黄旗人，署，光绪四年。
王　珍　江苏长州人，署，光绪五年。
杨以德　江西新城人，署，光绪六年。

云阳县盐大使

孙乘龙　江西人，乾隆元年。

稽　坊　浙江人，乾隆五年。

马兆正　浙江人，乾隆十一年。

曾敏传　江西龙南人。

吴　均　浙江绍兴人。

胡顺溶　浙江绍兴人。

李继善

龚元汉　湖北人。

花　彬　河南人。

蔡　星　直隶人。

刘大经　陕西人。

邹　翰　江西人。

按：曾敏传以下九人照录原志，年未详。

李　埙　云南太和人，署，嘉庆二年。

张东宏　浙江山阴人，嘉庆三年。

孙守恒　山西安邑人，署，嘉庆五年。

胡　钟　顺天大兴人，署，嘉庆六年。

虞廷斡　江苏金坛人，嘉庆七年。

吴　筹　江苏江阴人，署，嘉庆十六年。

蔡　沅　山西阳曲人，署，嘉庆十七年。

赵本德　江西新城人，署，嘉庆十八年。

王　筌　贵州绥阳人，署，嘉庆十九年。

高　封　汉军镶黄旗人，署，嘉庆二十年。

杨联鼎　顺天大兴人，嘉庆二十年。

厉德舆　湖北襄阳人，署，道光元年。

姚光绶　浙江仁和人，署，道光元年。

徐如湛　贵州铜仁人，署，道光元年。

杨联鼎

张登泰　汉军镶红旗人，道光元年。

汪金芝　顺天宛平人，署，道光十七年。
王　铭　浙江仁和人，道光十八年。
濮贻孙　浙江钱塘人，署，道光十九年。
黄天培　广东怀集人，道光十九年。
玉　振　汉军正黄旗人，道光二十年。
王映奎　安徽凤台人，署，道光二十年。
李攀桂　顺天大兴人，道光二十三年。
王　炳　湖南江华人，署，道光二十七年。
李茂先　贵州兴义人，署，道光二十八年。
姚　漳　江苏江宁人，道光二十八年。
陈廷安　湖广蕲水人，署，咸丰五年。
彭克俨　江西南昌人，署，咸丰七年。
万汝麟　山西吉州人，咸丰七年。
沈同会　浙江桐乡人，署，同治二年。
崇　禧　满洲镶蓝旗人，署，同治三年。
承　龄　蒙古镶白旗人，同治四年。

大宁县盐大使

黄纲中　江西金溪人，乾隆二年。
王起龙　江西乐平人，乾隆十一年。
陈在镐　江西长洲人，署，乾隆十二年。
闵　遴　江西浮梁人，乾隆十二年。
王广宇　山东诸城人，署，道光十八年。
王　仲　山东诸城人，署，乾隆十九年。
王凤临　奉天宁远人，兼署，乾隆十九年。
钱景易　乾隆二十年。
顾庆范　江南吴县人，乾隆二十年。
林起述　福建沙县人，署，乾隆二十一年。
黄敬信　广西临桂人，乾隆二十二年。
黄毓玙　广西临桂人，乾隆三十一年。

赵由俟　江西南丰人，乾隆三十二年。
徐文魁　浙江会稽人，署，乾隆二十九年。
梁起鸣　安徽怀宁人，署，乾隆四十三年。
吴　刚　顺天宛平人，署，乾隆四十四年。
刘佳琦　江西新淦人，署，乾隆四十四年。
李基善　江南阜阳人，乾隆四十五年。
魏守曾　江西广昌人，署，乾隆四十六年。
张　科　甘肃镇源人，乾隆四十六年。
赵由恕　江西南丰人，乾隆四十七年。
王　炎　江西浮梁人，署，乾隆五十年。
徐士林　顺天通州人，任，乾隆五十年。
施　鉴　江苏元和人，署，乾隆五十二年。
邓世录　顺天大兴人，署，乾隆五十二年。
李培贤　广东嘉应人，署，乾隆五十三年。
徐抡元　江苏沭阳人，署，乾隆五十四年。
费恩纶　浙江仁和人，署，乾隆五十八年。
王　溥　顺天大兴人，乾隆五十八年。
马鸣銮　山西稷山人，署，乾隆六十年。
吴国鸿　河南光州人，署，嘉庆二年。
米乔龄　顺天宛平人，嘉庆四年。
汤日连　浙江象山人，嘉庆六年。
张廷桐　河南太康人，署，嘉庆十八年。
赵　璧　顺天大兴人，署，嘉庆十八年。
赵　洽　江苏吴县人，署，嘉庆二十年。
姚光绶　浙江仁和人，署，嘉庆二十年。
戴天恩　顺天宛平人，嘉庆二十一年。
王汝翼　陕西岐山人，嘉庆二十二年。
王立中　顺天宛平人，署，嘉庆二十四年。
王汝翼　嘉庆二十四年再任。
王福生　江苏江都人，署，道光二年。

倪元溥　江苏金匮人，道光三年。

王汝翼　道光四年再任。

董　谊　河南固始人，署，道光五年。

赵　璧　道光五年复任。

赵永春　云南弥勒人，署，道光六年。

魏　峰　署，道光十一年。

杨如浩　顺天大兴人，署，道光十二年。

钱　堉　浙江嘉善人，道光十二年。

罗文辅　湖南人，署，道光十七年。

武芳扬　山西人，署，道光十九年。

赵步瀛　陕西米脂人，署，道光二十年。

李宝璩　顺天宛平人，道光二十年。

恩特克　汉军镶白旗人，署，道光二十二年。

沈锡祺　顺天昌平人，署，咸丰元年。

恩特克　咸丰三年再任。

平　元　顺天通州人，署，同治三年。

张世规　湖南永绥人，署，同治四年。

谢锡昌　顺天大兴人，同治五年。

齐　治　陕西华州人，署，同治十年。

黄绪沂　浙江海盐人，同治十一年。

蓬溪县县丞

赵荣本　顺天大兴人，乾隆二十一年。

高　瑛　镶黄旗人，乾隆四十年。

高大业　浙江钱塘人，乾隆四十一年。

王　藻　江苏江宁人，乾隆四十六年。

姚建业　浙江山阴人，乾隆四十九年。

章　谦　浙江会稽人，乾隆四十九年。

施　鉴　江苏元和人，乾隆五十年。

杨凤集　云南人，署，乾隆五十年。

叶观扬　广东人，署，乾隆五十一年。
徐如浩　贵州铜仁人，署，乾隆五十一年。
谢鸿谋　广东人，乾隆五十二年。
徐　炎　江苏如皋人，署，乾隆五十二年。
刘铨常　山东诸城人，乾隆五十四年。
杨凤集　再署。
徐抡元　江苏沐阳人，乾隆五十五年。
徐念高　广东德化人，署，乾隆五十五年。
沈昭诚　浙江秀水人，署，乾隆五十六年。
刘大经　顺天宛平人，乾隆五十八年。
沈　宾　浙江归安人，署，乾隆五十九年。
周景福　河南祥符人，乾隆六十年。
张　醇　浙江钱塘人，署，嘉庆元年。
刘天锡　陕西咸阳人，署，嘉庆元年。
杨　浩　江苏阳湖人，署，嘉庆四年。
邹　光　直隶通州人，嘉庆四年。
顾大年　浙江山阴人，署，嘉庆五年。
倪元溥　江苏金匮人，署，嘉庆七年。
黄大受　广东长乐人，署，嘉庆九年。
吴炳文　河南固始人，署，嘉庆十一年。
邓　昂　安徽怀宁人，嘉庆十三年。
吴凤鸣　江苏长洲人，署，嘉庆十四年。
孙培元[①]　云南人，嘉庆十四年。
李宗第　湖南黔阳人，署，嘉庆十八年。
孙培远　嘉庆十八年复任。
仇　昱　嘉庆二十年代。
孙培远　嘉庆二十一年复任。
张兆铎　江苏人，署，嘉庆二十一年。
张兆业　嘉庆二十二年代。

① 孙培元：应为“孙培远”。

李宗第　嘉庆二十四年。
孔传隽　江苏句容人，署，嘉庆二十四年。
孙培远　嘉庆二十四年复任。
许　贵　嘉庆二十五年代。
顾　谨　江苏丹徒人，嘉庆二十五年。
徐之爵　浙江嘉善人，道光元年。
程绍先　顺天大兴人，署，道光二年。
顾　瑛　顺天大兴人，署，道光四年。
陈　铉　福建连城人，道光四年。
邹廷敫　江苏人，署，道光四年。
钱　堉　浙江嘉善人，署，道光五年。
盛依祖　顺天宛平人，道光五年。
保　庆　汉军，署，道光八年。
盛依祖　道光八年复任。
徐如湛　贵州铜仁人，署，道光九年。
顾　照　江苏吴县人，道光九年。
李云骧　云南人，署，道光十二年。
顾　照　道光十三年复任。
王允斌　顺天宛平人，道光十五年。
顾　照　道光十五年复任。
傅麟昭　浙江人，道光十九年代。
顾　照　道光十九年复任。
钟叶莞　福建武平人，署，道光二十年。
王元潮　顺天宛平人，代，道光二十一年。
张麟征　顺天大兴人，代，道光二十三年。
顾　照　道光二十三年复任。
端　秀　满洲人，光绪六年。

富顺县自流井县丞

温尔度　广东兴宁人，雍正八年。

陈廷严　浙江鄞县人，雍正十年。
叶世绪　浙江仁和人，雍正十二年。
柴泽翰　直隶固城人，雍正十二年。
傅廷钧　浙江山阴人，乾隆七年。
袁廷桂　顺天大兴人，乾隆十九年。
孙　豫　浙江上虞人，乾隆二十二年。
曾日瑞　江西南昌人，署，乾隆二十二年。
倪　鹏　直隶临榆人，署，乾隆二十七年。
马日璞　山东安邱人，署，乾隆二十九年。
王启焜　浙江嘉善人，乾隆二十九年。
刘昌蔚　广西全州人，乾隆三十一年。
冯靚锦　山西代州人，署，乾隆三十三年。
杨礼行　江苏阳湖人，乾隆三十四年。
王之价　江苏太仓人，署，乾隆三十七年。
董克昌　江苏人，署，乾隆四十一年。
周书升　浙江仁和人，乾隆四十二年。
吴正伦　江西德化人，乾隆四十二年。
章　倬　浙江会稽人，乾隆四十二年。
曾自伊　江西长宁人，署，乾隆四十四年。
王锡圭　江苏太仓人，署，乾隆四十五年。
卢士熊　浙江仁和人，署，乾隆四十五年。
张永忠　汉军人，署，乾隆四十七年。
金　玉　浙江山阴人，署，乾隆四十八年。
王　谕　汉军，署，乾隆四十八年。
陆　滋　江苏吴县人，署，乾隆四十八年。
张　桐　江苏上元人，署，乾隆四十九年。
李培贤　广东人，署，乾隆五十一年。
冯克巩　浙江嘉兴人，署，乾隆五十一年。
马承烈　浙江会稽人，署，乾隆五十三年。
沈文玉　江苏元和人，署，乾隆五十三年。

徐世经　湖北汉阳人，署，乾隆五十三年。
王　镇　山西浮山人，署，乾隆五十四年。
戚祖夔　湖北江夏人，署，乾隆五十四年。
刘佳琦　新德人[1]，乾隆五十四年。
慕湘文　江苏吴县人，乾隆五十五年。
庄承籛[2]　江苏元和人，乾隆五十四年。
徐　鼎　浙江会稽人，署，乾隆五十六年。
潘之濂　江苏长洲人，署，乾隆五十六年。
王廷材　浙江慈溪人，乾隆五十七年。
关学闵　广西永安人，署，乾隆五十八年。
余　钰　江苏武进人，署，乾隆五十八年。
王开业　顺天宛平人，署，乾隆五十九年。
余永宁　嘉庆三年。
顾绍先　江苏吴县人，署，嘉庆四年。
李太清　河南武安人，嘉庆五年。
邹新积　湖北枝江人，署，嘉庆六年。
祝　炳　浙江仁和人，署，嘉庆七年。
缪开宁　顺天大兴人，署，嘉庆九年。
李太清　嘉庆十年复任。
余任凤　嘉庆十二年署。
陈叙硕　湖南衡山人，署，嘉庆十三年。
徐　柱　江苏阳湖人，嘉庆十四年。
段逢藻　江西南昌人，嘉庆十五年。
袁诗燕　江西人，署，嘉庆十六年。
孙培远　云南人，署，嘉庆十八年。
段逢藻　嘉庆十八年复任。
朱　鼎　湖北人，署，嘉庆十九年。

① 新德人：应为“新淦人”。

② 庄承籛：查《富顺县志》，有“庄承簪”而无“庄承籛”，也未见关于“庄承籛”的文献。故疑为“簪”的刻写错误，同一人辗转为官。下同。

杨国栋　浙江人，署，嘉庆十九年。
郑善长　江苏人，嘉庆十九年。
黄大受　嘉庆二十一年署。
郑善长　嘉庆二十二年复任。
沈炜光　嘉庆二十四年，署。
郑善长　嘉庆二十四年复任。
查世盛　浙江人，署，嘉庆二十五年。
孙　清　浙江人，署，道光元年。
王椿源　山西人，署，道光二年。
郑善长　道光三年复任。
刘辅廷　道光四年署。
郑善长　道光五年复任。
程继先　道光六年署。
郑善长　道光九年复任。
李国钧　湖北云梦人，道光二十一年。
李　道　道光二十三年。
王　钧　浙江仁和人，咸丰元年。
吉　升　成都驻防，同治二年。
陆汝衔　浙江海盐人，署，同治十一年。
张守谦　安徽人，署，同治十三年。
曾彦藩　江西人，署，光绪元年。
姜葆恒　安徽怀宁人，光绪元年。
庄　楷　江苏人代，光绪五年。
姜葆恒　光绪六年复任。

富顺县邓井关县丞

盛　暹　江苏昆山人。乾隆四年，始设通判。
梁日临　山西介休人，乾隆八年。
祝致纶　镶红旗人，乾隆十一年。
戴世浩　浙江开化人，乾隆十六年。

吉大昌　陕西韩城人，乾隆十八年。

陈元震　镶黄旗人，乾隆二十年。

尹均霖　湖北嘉鱼县人，乾隆二十二年。

按：罢通判，改设巡检，二十五年。

张　栋　署，乾隆五十九年。

庄承籛　嘉庆六年。

杨经纬　甘肃秦州人，署，嘉庆十年。

聂笃忠　福建永安人，署，嘉庆十一年。

王见龙　安徽亳州人，署，嘉庆十三年。

王定恒　顺天正定人，嘉庆十三年。

曾大纶　署，嘉庆十七年。

王定恒　嘉庆十七年复任。

王　增　署，嘉庆十八年。

方　璋　安徽桐城人，嘉庆十九年。

应锡价　署，嘉庆十九年。

方　璋　嘉庆十九年复任。

张振镛　署，嘉庆二十三年。

樊　泰　署，嘉庆二十三年。

赵　铨　嘉庆二十四年署。

方　璋　嘉庆二十四年复任。

陆世潮　江苏人，道光三年。

吴　庆　道光五年署。

陆世潮　道光五年复任。

袁志镛　湖北江夏人，道光二十四年。

余天鹏　道光二十九年署。

袁志镛　道光二十九年复任。

刘东岩　河南人，署，咸丰二年。

梅元珩　顺天人，署，咸丰三年。

程　岩　顺天宛平人，咸丰四年。

吴云程　湖北人，署，咸丰六年。

顾　模　顺天人，署，咸丰七年。
王承华　江苏华亭人，咸丰八年。
项荫棠　湖北人代，咸丰十一年。
汤世揖　顺天大兴人，署，咸丰十一年。
黄际飞　广东人，署，同治元年。
丁芳兰　湖北人，署，同治二年。
王承华　同治三年复任。
亢如堉　江苏人，署，同治四年。
王必选　江西吉水人，署，同治六年。
陈炳壮　江西人，代，同治八年。
鲍　庆　顺天大兴人，署，同治八年。
祥　麟　汉军，署，同治九年。
章从煦　浙江会稽人，同治十年。
许鸿宾　浙江海宁人，署，光绪元年。
章从煦　光绪元年复任。
吉　升　成都驻防，署，光绪元年。
徐振纲　顺天大兴人，光绪三年。

荣县贡井县丞

黄永纯　雍正八年。
胡霖生　直隶南乐县人，雍正十年。
吴思源　江苏泰州人，乾隆元年。
张　海　浙江钱塘人，署，乾隆二年。
刘大麓　山东济宁州人，兼，乾隆四年。
徐德龙　兼，乾隆五年。
葛立经　江苏昆山人，署，乾隆十二年。
刘度英　汉军，署，乾隆十四年。
杨耀曾　江苏阳湖人，署，乾隆十四年。
郑　言　江苏人，署，乾隆十五年。
黎常淇　广东广州人，署，乾隆十六年。

丁　泗　乾隆十八年，署。
林良景　贵州平远人，署，乾隆十九年。
王世显　浙江仁和人，乾隆二十年。
倪　鹏　直隶临榆人，署，乾隆二十年。
吴　敬　浙江钱塘人，署，乾隆二十七年。
史绍雍　陕西洛川人，乾隆二十七年。
蒋尚任　贵州贵筑人，署，乾隆三十一年。
高　瑛　汉军，署，乾隆三十三年。
林　俊　摄，乾隆三十四年。
曾承谟　摄，乾隆三十四年。
蔡倬立　广东广宁人，署，乾隆三十五年。
徐世经　湖北汉阳人，署，乾隆三十五年。
陈宝田　浙江山阴人，署，乾隆三十六年。
徐宗仁　摄，乾隆三十六年。
潘士名　浙江德清人，乾隆三十九年。
徐麟趾　直隶永清人，署，乾隆四十年。
沈士镒　江苏吴县人，署，乾隆四十年。
吴　楷　贵州安顺人，乾隆四十一年。
王尔昌　安徽桐城人，乾隆四十三年。
蒲滋馨　陕西临潼县人，署，乾隆四十四年。
许凝文　河南安阳人，署，乾隆四十五年。
王尔炽　安徽桐城人，署，乾隆四十六年。
万宗浚　云南昆明人，署，乾隆四十九年。
姜　雯　江苏吴县人，署，乾隆五十年。
彭良简　江西南昌人，署，乾隆五十二年。
张熙赓　福建闽县人，署，乾隆五十二年。
关学闵　广西永安州人，署，乾隆五十六年。
周朝元　顺天大兴人，署，乾隆五十七年。
朱法祖　江苏江宁人，署，乾隆五十八年。
江镇西　江苏武进人，乾隆五十八年。

李太清　河南武安人，署，乾隆五十九年。
俞　燕　顺天大兴人，乾隆六十年。
童升阳　浙江德清人，嘉庆元年。
邹　光　直隶通州人，署，嘉庆五年。
王钟钫　浙江嘉善人，署，嘉庆七年。
陆世潮　江苏元和人，署，嘉庆十一年。
张敬书　江苏阳湖人，嘉庆十二年。
钱乔云　江苏长洲人，道光元年。
孙家蓝　直隶清苑人，署，道光二年。
王　增　浙江嘉善人，署，道光五年。
俞显德　浙江海宁人，道光六年。
武芳扬　山西人，署，道光八年。
蒋立铣　湖北天门人，署，道光九年。
吴逢盛　安徽人，署，道光十二年。
叶锡宾　浙江龙游人，道光十二年。
鲁　瑜　顺天大兴人，代，道光十六年。
万光显　顺天宛平人，代，道光十六年。
赵之烈　浙江兰溪人，署，道光十七年。
吴　堉　江苏吴县人，署，道光十八年。
章熊光　浙江钱塘人，署，道光十九年。
张文照　山西宁武人，署，道光二十三年。
张　棻　江苏江都人，署，道光二十四年。
黄大桢　江西南丰人，道光二十五年。
曾彦藩　江西人，署，咸丰八年。

彭水县郁山镇巡检

金　璋　顺天宛平人，乾隆二年。
王允恭　乾隆五年署。
胡自敬　浙江山阴人，乾隆五年。
符照熊　河南宁陵人，乾隆二十九年。

练冠军　直隶大兴人，乾隆三十九年。
蔡逢恩　浙江仁和人，署，乾隆四十一年。
王辅长　山东福山人，署，乾隆四十三年。
韩福昌　江苏长洲人，署，乾隆四十四年。
黄　铣　顺天大兴人，乾隆四十四年。
顾　墉　浙江嘉兴人，乾隆四十五年。
蔡元彬　湖广湘潭人，乾隆四十八年。
顾　墉　乾隆四十八年再任。
谢维良　浙江会稽人，乾隆五十年。
蒋楙堂　江苏吴县人，乾隆五十二年。
吴凤鸣　江苏长洲人，署，乾隆五十三年。
刘　璜　顺天大兴人，署，乾隆五十四年。
赵廷栋　直隶磁州人，乾隆五十五年。
王兆麟　山东诸城人，乾隆五十六年。
邬　湘　江西南昌人，乾隆五十七年。
刘天笃　山西绛县人，乾隆六十年。
周洛琛　湖南宁乡人，嘉庆八年。
吕宗垣　浙江乌程人，嘉庆八年。
朱　坦　顺天宛平人，署，嘉庆十七年。
朱　坤　顺天大兴人，道光五年。
顾　溶　江苏人，代，道光七年。
李作湘　湖南永州人，署，道光八年。
任　依　陕西三原人，道光九年。
孙　成　浙江归安人，署，道光十三年。
任思周　浙江会稽人，道光十三年。
许念修　浙江人，代，道光十七年。
刘　杰　江西南丰人，署，道光十七年。
许承豫　道光十七年。
陈绍熹　广东人，兼，道光二十一年。
谢同文　顺天大兴人，署，道光二十七年。

柴树榕　河南鄢城人，道光二十八年。
王槐生　江苏元和人，署，道光三十年。
萧元亮　江西高安人，署，道光三十年。
许觐光　顺天宛平人，咸丰元年。
王　炳　湖南人，署，咸丰五年。
陈思源　浙江人，署，咸丰六年。
朱文辉　福建建宁人，咸丰八年。
毛锡麟　江西人，署，咸丰十年。
金汝谦　直隶人，署，咸丰十年。
欧阳天成　贵州天柱人，咸丰十一年。
何其杰　甘肃人，代，同治四年。
吴辉钟　安徽人，署，同治四年。
胡　林　顺天宛平人，同治四年。
宋大炽　湖北人代，同治十年。
邹国璠　广东人代，光绪元年。
陈典礼　江西人，署，光绪三年。
张训燽　安徽桐城人，光绪六年。

泸州批验盐大使，知州兼

刘　鐈　河南尉氏人，雍正九年。
王廷侃　江西安福人，雍正十三年。
吴超英　福建德化人，乾隆元年。
朱声援　江西安福人，乾隆六年。
朱文灿　云南新兴人，乾隆十八年任。
张临嘉　陕西阶州人，乾隆二十年。
阮　树　贵州大定人，乾隆二十六年。
刘　翀　顺天固安人，乾隆四十一年。
郑松龄　山西乡宁人，乾隆四十二年。
郭文玉　山西兴县人，乾隆四十四年。
郑命新　福建永定人，乾隆五十年。

路云瞻　直隶东光人，乾隆五十二年。
吕仕祺　浙江山阴人，乾隆五十八年。
许　第　浙江钱塘人，嘉庆九年。
徐如浩　贵州铜仁人，嘉庆十三年。
汪应镛　安徽歙县人，嘉庆十五年。

按：以上州判兼管批验，始雍正八年，迄道光十二年，移归知州。

朱锡谷　福建侯官人，道光十二年。
黄鲁溪　江苏吴县人，道光十七年。
福珠朗阿　满洲正白旗人，道光十八年。
黄鲁溪　道光十九年。
邹　镇　浙江余杭人，道光二十年。
陈耀庚　浙江仁和人，道光二十一年。
黄鲁溪　道光二十五年。
王仲选　汉军镶白旗人，道光二十五年。
恒　裕　汉军正白旗人，道光二十六年。
王槐龄　甘肃礼县人，道光二十七年。
黄鲁溪　道光二十八年。
李卿谷　河南光州人，咸丰元年。
李世彬　安徽太湖人，咸丰二年。
桂　延　满洲镶黄旗人，咸丰四年。
李世彬　咸丰五年。
觉罗恒保　满洲正蓝旗人，咸丰十年。
徐锡金　浙江钱塘人，咸丰十年。
胡兴倬　湖南保靖人，咸丰十一年。
许培身　浙江钱塘人，同治元年。
周锡龄　陕西褒城人，同治元年。
许培身　同治二年。
陈　琠　广西临桂人，同治七年。
李玉宣　河南祥符人，同治八年。
张轴新　贵州贵筑人，同治九年。

刘钟璟　云南镇南人，同治十年。
彭毓棻　江苏吴县人，同治十二年。
余隆廷　湖北郧阳人，同治十三年。
刘钟璟　光绪元年。
罗廷权　云南昆明人，光绪二年。
田秀栗　陕西城固人，光绪三年。
李玉宣　光绪五年。
邓　林　江西宜黄人，光绪七年。

重庆批验大使，府经历兼

曾　鷴　湖南善化人，任，咸丰八年。
姚德昌　江西建昌人，署，同治三年。
周兆庆　山东历城人，署，同治十二年。
来祖鲲　浙江萧山人，署，光绪三年。
王绍勋　贵州瓮安人，署，光绪三年。
李铭恩　湖北钟祥人，任，光绪七年。

遂宁批验大使，县丞兼

姚德文　任，乾隆二年。
王封岐　湖北黄冈人，任，乾隆六年。
陈觐光　浙江海宁人，任，乾隆十一年。
黄敬信　广西临桂人，任，乾隆十七年。

按：以上为盐大使，二十年始裁并，县丞兼。

姜　雯　任，乾隆二十年。
王　锡　顺天宛平人，任，乾隆二十五年。
孙　嶍　陕西渭阳人，任，乾隆二十七年。
李武厚　浙江钱塘人，任，乾隆三十五年。
张　洪　顺天大兴人，任，乾隆四十年。
魏守曾　江西广昌人，任，乾隆五十五年。
吴　巩　顺天大兴人，署，乾隆五十八年。

邵　良　顺天大兴人，任，乾隆六十年。
杨经纬　江南泰州人，任，嘉庆七年。
庄承簪　江苏元和人，任，嘉庆十年。
温家桂　湖南衡山人，署，嘉庆十七年。
许　桂　浙江仁和人，任，嘉庆十九年。
赵宜谟　顺天大兴人，署，嘉庆十九年。
刘大伟　湖北江夏人，署，道光元年。
应锡价　浙江永康人，署，道光三年。
王椿源　山西灵石人，任，道光三年。
胡锡琼　广东顺德人，署，道光五年。
贺登举　甘肃徽县人，署，道光六年。
张振镛　江苏金山人，署，道光六年。
廖文镇　广西全州人，署，道光七年。
王中立　顺天宛平人，署，道光八年。
陈廷璧　贵州贵定人，署，道光十年。
章　藩　浙江归安人，署，道光十二年。
董谊谟　河南固始人，任，道光十三年。
程良浩　安徽歙县人，署，道光十五年。
袁凤翔　顺天大兴人，代理，道光十五年。
刘辅廷　安徽旌德人，署，道光十五年。
张　楷　浙江钱塘人，署，道光十五年。
赵秉瑢　江西丰城人，任，道光十七年。
沈庆安　浙江海宁人，署，道光二十二年。
陈奉楷　山东潍县人，署，道光二十四年。
章湘洲　浙江山阴人，署，道光二十五年。
卢锡琛　浙江仁和人，署，道光二十五年。
康澍年　陕西城固人，任，道光二十七年。
张　勤　江西奉和人，署，道光二十九年。
盛恩泽　顺天大兴人，署，咸丰五年。
王承华　江苏华亭人，署，咸丰六年。

苏积崧　浙江钱塘人，署，咸丰七年。
陈朝钦　福建建宁人，署，咸丰八年。
沈廷辉　浙江山阴人，署，咸丰九年。
陈元煜　顺天昌平人，署，咸丰十年。
邵维桢　顺天宛平人，署，咸丰十一年。
吉　升　驻防正黄旗人，署，咸丰十一年。
沙藻生　顺天通州人，署，同治元年。
任鹤龄　湖南巴陵人，署，同治五年。
章宗成　浙江会稽人，任，同治九年。
丁逢熙　福建闽县人，同治十三年。
李绍徽　江西南城人，署，光绪元年。
邱保泰　江西南丰人，署，光绪二年。
於启珪　浙江萧山人，任，光绪三年。

嘉定批验大使，府经历兼

金　藩　顺天宛平人，乾隆元年。
张巨川　顺天大兴人，乾隆九年。
章　麟　浙江钱塘人，署，乾隆十年。
陆　绪　江苏上元人，署，乾隆十三年。
杨耀曾　江苏阳湖人，署，乾隆十六年。
丁　垧　浙江山阴人，乾隆十八年。
陈天德　顺天宛平人，署，乾隆二十一年。
刘　霖　顺天宛平人，署，乾隆二十二年。
陈　纲　浙江山阴人，乾隆二十二年。
李得兴　安徽石埭人，乾隆二十四年。
杨宗武　会同人，署，乾隆三十一年。
吕金台　湖北兴国人，署，乾隆三十一年。
朱映辰　浙江上虞人，署，乾隆三十三年。
李　绵　江苏阳湖人，乾隆三十五年。
沈士镃　江苏吴县人，乾隆三十八年。

卫临园　山西猗氏人，乾隆四十一年。
陈　铨　顺天宛平人，乾隆四十七年。
钱　衍　云南昆明人，乾隆四十七年。
姚建业　浙江山阴人，署，乾隆四十八年。
刘佳琦　江西新淦人，署，乾隆四十九年。
高仕杰　江苏武进人，乾隆四十九年。
郑兆兰　浙江钱塘人，署，乾隆五十一年。
叶万楷　福建晋江人，乾隆五十一年。
王开业　顺天宛平人，署，乾隆五十一年。
徐伦元　江苏沭阳人，署，乾隆五十二年。
关学闵　永安州人，乾隆五十三年。
刘　清　贵州广顺人，署，乾隆五十三年。
陈宝鼎　江西吉水人，署，乾隆五十四年
王　铨　山西浮山人，署，乾隆五十五年。
邹新积　湖北枝江人，署，乾隆五十九年。
胡夔廷　贵州施秉人，署，嘉庆三年。
花君弼　江西宜黄人，嘉庆七年。
朱法祖　江苏江宁人，署，嘉庆七年。
许　第　浙江钱塘人，署，嘉庆八年。
陈钦义　福建上杭人，署，嘉庆九年。
刘家驹　福建沙县人，嘉庆十年。
李振泰　直隶怀来人，署，嘉庆十二年。
华炳耀　江苏无锡人，署，嘉庆十五年。
吴占魁　湖北广济人，署，嘉庆十七年。
何　裕　顺天人，嘉庆二十一年。
徐大伦　江苏昭文人，署，嘉庆二十三年。
钱乔云　江苏长洲人，署，嘉庆二十五年。
盛善沆　浙江秀水人，署，道光元年。
钱　堉　浙江嘉善人，署，道光二年。
袁凤翔　顺天大兴人，署，道光六年。

蔡　沅　道光八年署。
谢履智　贵州安顺人，署，道光九年。
白荣宰　陕西神木人，道光十年。
洪文谦　镶黄旗人，署，道光十二年。
周　倬　顺天宛平人，署，道光十二年。
刘寿南　江西安福人，署，道光十六年。
施　楷　顺天大兴人，署，道光十七年。
顾　模　顺天人，署，道光十九年。
张为霖　山东平原人，署，道光二十年。
卢锡琛　浙江仁和人，署，道光二十二年。
盛　濂　浙江秀水人，署，道光二十四年。
陈　镛　江苏阳湖人，署，道光二十五年。
梅锦堂　陕西长安人，署，道光二十六年。
陈文锦　浙江海宁人，署，道光二十九年。
谭振清　湖南鄢县人，署，咸丰二年。
卫　愿　山西赵城人，咸丰二年。
卢　钧　浙江钱塘人，署，咸丰五年。
钱　淮　咸丰六年，兼署。
司徒熊　广东开平人，署，咸丰六年。
苗本植　湖北江夏人，咸丰八年。
汤臣鸠　江西南丰人，署，咸丰十一年。
宋文杰　浙江钱塘人，署，同治六年。
张益鋆　贵州仁怀人，署，同治八年。
任　俊　顺天大兴人，署，光绪二年。
朱建勋　江苏宝应人，署，光绪四年。
德　麟　满洲镶黄旗人，署，光绪七年。

四川盐法志卷三十一·职官五[1]

公廨

国家设官，既给以廪禄，又予以居处，凡以治官事、奠身家，胥于是乎在。在官者，毋以为爽垲而安之，毋以为传舍而忽之，其庶几乎？局卡亦治事之所，建设在后，亦并著焉。昔宋安北望建四川总领所，颜其堂曰“通济”[2]。魏鹤山为之记，而勉以“信期会、节浮蠹、登余财……毋从便文，惟实德是践；毋事苟免，惟经久是图”。朝斯夕斯者，其知此义已。

总督兼盐政署，在成都省南城内。旧在重庆府西，雍正九年，移建今地。

按：顺治初，设四川巡抚。三年，设四川总督，旋改川陕三边总督。康熙元年，复四川总督。七年，改川湖总督，驻重庆。十九年，复四川总督。二十二年，改川陕总督，驻西安。雍正九年，复四川总督，驻成都今署。乾隆元年，改川陕总督，巡抚如故。十三年，始裁巡抚，专设四川总督，管巡抚事。

盐茶道署，在成都省南城内，始建未详。乾隆四十九年，毁于火，盐茶道自捐赀培修。总督李世杰奏略：四川省城三义庙失火，延烧官民衙署房屋。内盐道署据该道自行培修，惟盐道库贮部颁四十九年盐茶引张，除已颁发及现在检出外，所有填发引张、号簿已被火毁。声请另备字号，量给盐引三万张、茶引三万张，颁发来川，赶办课食，依限题拟。其缴到四十八年积引，均已被烧，势难随同盐茶银两奏销，应请展限半年，统于本年十月内汇奏咨部。

---

① 底本脱“五”字，据文意补。

② 安兆望，即安癸仲，字北望，《宋史·安丙传》述及。《安丙墓志铭》载，安丙有三男：长曰癸仲，次曰寅仲，三子乙仲。宋魏了翁《鹤山集》卷四十四《重建四川总领所记》：“北望，沂公之冢嗣也，才器开伟，甚似其先人云。”又称：“太府少卿四川总领财赋安北望自益昌以书邸某……乃即旧址更治寺之门，西乡而为堂楼以镇之……昔天子之命我也，曰‘将指给饷，上下通情，当勿乏兴，济我戎事’。癸仲敬共夙夜，无敢失队。今名堂曰‘通济’，以识弗忘。……牧之信期会、节浮蠹、登于财……毋从便文，惟实德是践；毋事苟充，惟经久是图。”

盐茶库大使署，在道署旁，始建未详。

夔州府通判署，在府署右，始建未详。

犍为县通判署，在县北七十里四望关，乾隆十八年建。

射洪县通判署，在县南四十里太和镇，即旧州巡检署。乾隆六年，三台县知县庄大椿建。镇为水陆之冲，商贾云集。雍正十二年设。

绵州州判署，分驻丰谷井，在州南三十里，雍正七年建。乾隆三十六年，移知州于罗江县署，移州判于旧州署。嘉庆七年，州复旧治，州判仍回丰谷井。新建大门三间，二门三间，大堂三间，左右科房各二间，二堂三门，东书房三间，三堂三间，俱灶户捐修。

简州州判署，在州北七里大江畔石桥井。雁江绕其左，舟楫往来，为引盐批验要地。

资州州判署，驻州西罗泉井，兼理盐务。距州一百二十里。大门三间，二门三间，上房三间。雍正七年建，乾隆四十三年州判徐时敏补修。

忠州州判署，在州东二十五里石桥井，即㴩井。雍正八年州判杨名远建，乾隆十九年州判李挚补修，嘉庆四年毁于贼。十七年、二十四年，州判毛会抡、王见龙及咸丰十年州判黄之骥先后补修。

按：《一统志》：雍正十二年始升州判，驻石桥井——此云署建于八年，疑误。

射洪县盐大使署，旧设黄磉浩并清提渡各一，乾隆二十年并归清平渡。县东南八十里亦日青堤渡署，为乾隆元年领帑修补。

蓬溪县盐大使署，驻县西九十里康家渡，大门三间，仪门三间，大堂三间，二堂三间，左穿堂三间。又盐关场，去署里许，有官厅三间，左右书役房各一间。

犍为县盐大使署，在县北一百里牛华溪，旧在王郙场。乾隆九年，牛华溪巡检裁，以王郙盐大使改设于此，即以前雍正九年巡检徐谦领帑所修巡检署为大使署，旧有明永通盐课司署，今废。

云阳县云安厂盐大使署，大门一间，大堂三间，二堂三间，住房三间。又乾隆八年夔州府同知移驻云阳县东北三十里云安厂，建同知衙署一所，后于乾隆十八年移驻石砫厅，同知署废，基址尚存。

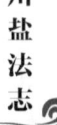

大宁县盐大使署，在县北三十五里大金沟，雍正七年大使黄刚中建。

富顺县自流井县丞署，旧在县署后堂东，明末圮。雍正八年移驻县西[1]九十里自流井，专司盐务，在井厂正街后山。

富顺县邓井关县丞署，在县南[2]十五里邓井关，旧系通判署，乾隆四年建，二十三年裁，改设县丞，即为县丞署。

荣县贡井县丞署，雍正七年建，在贡井，去富顺自流井十里。

蓬溪县县丞署，在县西一百五十里蓬莱镇，即旧巡检、盐大使署。雍正八年初设巡检，建署，乾隆元年裁，改设盐大使，即以巡检署作盐大使署。二十年，以盐大使移驻康家渡，添设蓬莱镇县丞，即以旧盐大使署作县丞署。道光二十三年，县丞顾照捐俸重葺大门三间，仪门三间，大堂三间，二堂三间，穿堂二间。大堂左为刑房，右为礼房，又左为衙神祠。

彭水县郁山镇巡检署，在县东北百二十里郁山镇。乾隆六年，嘉庆《通志》作“十二年”。巡检胡自敬创建大堂、二堂、头门、科房、衙神祠。五十二年，巡检蒋懋堂增建三堂两厢。道光二十六年，巡检许承豫培修二堂，增客厅。同治六年，巡检胡林重修三堂，改头门外衙道。

盐源县典史署，在白盐井，距县四十里，雍正八年建。

泸州直隶州署，在州城西南韩家坝，旧管批验州判署，初在州城南，康熙三十八年裁，改陈公祠，雍正八年复设，署在大观台下大街，今废。

重庆府经历署，旧在府署右，乾隆二十四年，改司狱为江北厅照磨，以经历兼司狱事，移驻司狱署。嗣经历徐绍镛以监舍逼近民居，虞火患，复迁于通判署右。

嘉定府经历署，在府署右，旧为通判署，雍正十三年改建。

遂宁县县丞署，在梓潼宫，雍正八年先建于县城内小西街废分司署基，乾隆二十年移驻今地。

局卡盐仓附

官运总局，在泸州南关外三里。光绪三年，总督丁宝桢奏设，转运黔、

---

① 驻县西：应该是县西北。

② 在县南：应该是县西南。

滇、楚边计各岸盐。

文案所，在总局内。

收支所，在总局内。

引目所，在总局内。

票据所，在总局内。

泸州计岸分局，在州北关外三里小市宜民乡。

裕济盐仓四廒七十六间，距局里许。

内江般验卡[①]，在泸州北关外三里小市，自富厂运盐至泸州，曰内江。

外江般验卡，在泸州南关外二里澄溪口，自犍厂运盐入泸州，曰外江。

犍厂分局，兼乐山厂。在犍为县西北七十里五通桥。

大河坝子局，兼管提拨船务。在犍为县十里竹根滩。

富厂分局，在富顺县西北九十里自流井。

邓井关子局，兼管下五垱购盐票厘并提拨船务。在富顺县十五里[②]。

射厂分局，在射洪县七十里阳桃溪。

云厂分局，在云阳县三十里云安厂。

宁厂分局，在大宁县三十里大宁厂。

郁厂分局，在彭水县东北百二十里郁山镇。

黔边永岸分局，在叙永厅城内。

盐仓二十四间，在局内。

永岸官运提拨卡，在纳溪县东关外，距叙永厅二百二十五里。

永岸分卡，在永宁县五里镇南桥。

黔边仁岸分局，在合江县北关外中街、羊鞘街口。

盐仓十二间，在局内，盈则赁屋贮之。

仁岸分卡，在贵州仁怀厅东关外，距合江九十里。

黔边綦岸分局，在綦江县南关外三里永济乡。

盐仓二十四间，距局里许。

綦岸官盐提拨卡，在江津县四十里江口，距綦江县百八十里。

① 般验卡：即盘验卡。

② 在富顺县十五里：疑为“在富顺县西南十五里”。

綦岸分卡，在綦江县三十里三溪，先设石角镇、赶水两卡，后并为一。

黔边涪岸分局，兼彭水县计岸。在涪州西关外二里龙王觜。

盐仓八十一间，距局里许。

涪岸分卡，在州北二十里羊角碛。

黔边计岸江津分局，在县属九十里中北沙镇[1]。

盐仓未得地，暂赁屋贮。

黔边计岸南川分局，兼长寿岸。在巴县九十里木洞镇，距南川县二百二十里、长寿县九十里。

盐仓六间。

黔边计岸纳溪分局，在本县北关外古街子。

盐仓五间，在局内。

黔边计岸江巴分局，在江北厅城内。

盐仓十一间，距局半里。

驻贵州兴义府查滇私分卡，在兴义县东关外黄草坝。

驻贵州都匀府查粤私分卡，在独山州城内。

驻贵州思南府防护引路分卡，在府属沿河司，距府三百十里。

滇边岸张窝分局，在宜宾县城内，先设百六十里张窝，后移此。

盐仓未得地，暂赁屋贮。

张窝分卡，在宜宾县九十里安边场。

滇边岸南广分局，在庆符县百四十里南广镇，距宜宾县十五里。

盐仓一间，局对过。

南广分卡，在珙县百二十里罗星渡，距南广二百九十里。

滇边岸清溪分局，在犍为县西关外三里黄旗坝。

盐仓三间，在局内。

滇边计岸真溪分局，在宜宾县百一十里真溪口。

盐仓四间，距局五里，盈则赁屋贮之。

滇边岸李庄分局，在南溪县六十里李庄坝。

盐仓未得地，暂赁屋贮。

---

① 北沙镇：疑即今“白沙镇”。

滇边岸江安分局，在江安县城内，先设长宁县七十里安宁桥，后移此。

盐仓三间，在局内。

楚计岸万县分局，在县城外二里昙华寺。

盐仓两所，五十一间，距局二里。

万县分卡三：一在奉节县三十里大溪口，一在巫山县八十里上洋平，一在湖北巴东县十里万户沱。

云阳官盐提拨卡，在云阳县东关外。

大宁官盐提拨卡，在巫山县城内。

驻湖北利川县防护引路分卡，在县城内。

富荣官引局，在富顺县九十里自流井[①]。

犍乐官引局，在犍为县一百里牛华溪[②]。

潼川府票厘总局，在射洪县七十里阳桃溪，先为盐厘局，设康家渡，后改票厘，移此。

犍乐票厘局。与官引局并为一。

犍乐票厘分卡二：一在乐山县西南十五里鹰背岩，一在青神县东二十里虎渡溪。

富荣票厘局二：一在富顺县九十里自流井；一在荣县九十五里席草田，距自流井二十里。

井研票厘局，在井研县北关外二十里胡家店。

资州票厘局二：一在州百二十里罗泉井，一在州六十里金李井。

云阳票厘局，在云阳县三十里云安厂。

大宁票厘局，在大宁县三十里大宁厂。

开县票厘局，在开县六十里温汤井。

合州票厘局，在州城七十里大河坝，先为盐厘局，在城内，后改票厘，移此。

合州票厘卡二：一在金子沱，去城七十里，稽察蓬厂陆票厘；一在澄江口，去城六十里。

① 在富顺县九十里：自流井在富顺县西北。

② 在犍为县一百里牛华溪：牛华溪在犍为县西北。

夔州府盐厘局，在府城。咸丰四年设，专榷济楚盐厘税。光绪四年办官运，裁并夔州通判，专收引，其厘税归官运总局。

望空沱盐厘卡，在巫山县，咸丰四年设，专察济楚盐厘。

重庆府三厂盐厘局，在府城，咸丰十年设。

唐家沱盐厘卡，在巴县，咸丰十年设。

香国寺盐厘卡，在巴县，咸丰十年设。

澄江寺盐厘卡，在巴县，咸丰十年设。

四川盐法志卷三十二·缉私一

汉法：敢私鬻盐者，釱左趾，没入其器物。盖昔之私一而已。今则有井灶之私，有商贾之私，有船户之私。转运数省，水陆数千里，小为贩，大为枭，不怵法，不畏威，惟利是竞，所在而有。

国家务缉之之意，亦非为遗利也。盐之有私，若苗之有莠、粟之有秕。莠秕不芟，苗粟不蕃；私盐不清，正盐不行，故为编保甲、谨关隘、严截验、设书巡、置炮船。凡以清其源，遏其流，防其变，期于民免侥幸、道路无壅而已。志缉私。

编甲

盐灶之有保甲，始唐元和中，度支使皇甫镈奏："鬻两池盐者，坊市居邸主人皆论坐，盗，州县团保相察。"[①]此行于河东者。宋熙宁五年，以卢秉提举两浙，秉因定伏火盘数以绝私鬻，自三灶至十灶为一甲，而鬻盐地十五，其民以相讥察。此行于两浙者。四川故无之。始雍正七年，驿传盐茶道刘应鼎言于巡抚宪德，以私井日增，盐出不实，详请编联灶户，责以井灶所出，无有私漏，通饬凡府州县有井灶者。

刘应鼎详：查川省盐井、茶园，多产于深山密菁，人迹罕至，官吏莫能稽察，是以奸民任意行私，匿不报课增引。现经檄行各州县，于境内有井灶者，按灶户编为盐保甲，每十家为一甲，每甲立诚实甲长一名，责令逐户细查。保甲将甲内井眼若干、该灶若干、每日煎盐斤若干

① 鬻两池盐者，坊市居邸主人皆论坐，盗，州县团保相察：《新唐书》志第四十四《食货四》作"鬻两池盐者，坊市居邸主人、市侩皆论坐；盗刮碱土一斗，比盐一升。州县团保相察，比于贞元加酷矣"。

据实首报，概免从前隐匿之罪。如编保甲以后，仍复欺隐，以多报少，图利私售等弊，一家有犯，九家连坐。但地方官因循日久，诚恐始勤终怠，应请严定处分。嗣后如地方官不实稽察，保甲内仍有隐匿，一经发觉，将地方官照徇庇失察例详请参处。则官民知所儆惧，实心奉行，而盐茶可无隐漏之弊矣。

又通饬：照得井灶产盐数目弊窦多端，不得不立法严查，以清盐源，为此牌仰官吏，照得牌内事理，文到即便查明该管地方城乡市镇内有井灶者，即按乡村附近等处，编为盐保甲。十家编为一牌，一牌内立诚实牌长一名，责令逐井细查各井灶日产盐斤数目，按日据实报官。其有盐井枯干，无妨报明封闭，另开井眼榷课，不许以"帮井"为名，影射私开。饬令灶户卖与引商行销，不得任意卖与私贩。该州县务必亲身查勘，如有仍蹈前辙、欺隐行私者，先将牌首从重治罪，其九家均以通同徇庇情罪重处。并令十家互相稽查，如有欺隐行私等弊，听其首告，即将首告之人免罪。如该州县不实力奉行，定行揭参。雍正七年。

谨按：编保甲疏未见，据十二年户部覆黄廷桂"仍旧编甲"一语，当时必已奏行，或年远疏佚耳。通饬内"帮井"之弊明即有之，盖新开之井藉口于旧井枯竭用以帮纳井课不报者。后林儁所行颇类是。见《职官·事迹》。

雍正十二年，川陕总督黄廷桂、巡抚宪德条陈八事。复以灶户宜另编保甲，就应鼎前议加严，责成灶户自相举发。事下户部，议以为以井查井，犹以私查私，虑多朋比，议驳，不果行。

黄廷桂、宪德疏略：查川省灶户，或一井而一户煎烧，或一井而数户轮流。更有将井灶典与流寓人民，或收盐斤，或收典值。奸匪混杂，惟灶丁为甚。应责成场员照保甲之法，将十井或十家编为一牌，轮充牌头，互相稽查。如有私煎私卖等弊，能据实首明场员者，照律充赏。如通同徇隐，一经发觉，除本灶照律治罪外，并将值日牌头照地方甲邻知而不举律[1]治罪。倘该场员奉行不力，藉端滋扰，查实严参议处，则源洁流清，而私盐无从偷漏。

①《大清律例》卷十三："经过官司纵放，及地方甲邻里老知而不举，各治以罪。"

户部议略：煎盐灶户按井煎烧，其井或在山中，或在平地，或在水边，大约各井相隔非比居民稠密可以编作保甲也。若或十井或十家编甲，其中一井同煎者，已在旧编保甲之中，固不须纷更。设十井相隔窎远，即编为一甲，岂能遥相稽查？而且以井查井，是以私查私，适开朋比为奸之端。似应仍旧编甲，如有私煎私卖等弊，准里邻举首，其扶同者治罪；应将该督等另编保甲之处，毋庸议。雍正十二年。

谨按：此疏虽议驳未行，而后鄂山、徐泽醇之议，实承其流，故仍录入。

乾隆十六年，驿盐道武洪绪以锅多隐匿、灶有余赢、盐浮于引、易滋奸商贩私诸弊，请令厂员躬自煎验，确核正余实数，悉籍以报，不实者，罪之。

武洪绪详略：川省重引影射、商船夹带等弊，皆由于场灶之售私。查场灶岁产盐斤，俱按数配引，似无余盐可为重引夹带之配买。乃各属奸灶，或产多报少，或隐匿锅口，地方官以及厂员并不实力稽察，遂至各灶尽有余盐配卖重引并商船夹带。应请饬各州县，将所属之井灶锅口逐一清查。凡有现在隐匿之锅口，督令厂员亲为煎验。每年实可产盐若干，除配额引外可得余盐若干，责令增引行销。地方官同厂员出具并无隐漏印结，造册具报。本道再行遴选贤员，详请檄委前往察查。倘该州县查报不实，仍有隐匿，即行详揭请参。俾井灶既无隐漏之余盐，而商人船户即欲重引影射、夹带行私，已无盐可配，其弊自除。乾隆十六年。

道光十八年，因御史袁文祥奏私盐充斥，上谕：弊盐出于场灶，着设法清厘。恭录首卷。于是总督鄂山复请编联保甲，日煮盐几何，仍由甲首闻于厂员，厂员复往躬验虚实以报，地方有司同具结以报盐道，私漏者罪之。奏上，奉朱批：实心实力为之，若徒以一奏了事，何益之有？

鄂山奏略：查川省盐务定于雍正年间，一切领配章程，本极周密，是以向来行销盐引，尚不致如他省之积滞，而盐引额课，历系年清年款，并无短绌。惟厂灶煎卖盐斤，实为私盐之所自出，枭徒牟利兴贩，固属有碍官盐，而商人舞弊夹私，更易滞销正引。节经臣督同盐道严饬各属设法查拿究办，尚恐此风未能尽绝。兹复经专饬查办去后，据盐茶道审度地方情形，酌议章程，详请具奏。臣悉心察核，产盐井灶，衰旺靡常。在井灶无多之厂，出盐甚少，且系竹筒小井，仅供本地民及配各属额引外，尚不至于透漏；其盐井丰旺之区，难保无存剩余盐私，销透漏。是欲禁止私贩，必先遏绝私煎。应责成各该地方官协同各厂员，凡有井灶之处，务须严行稽查。并饬仿照编联保甲之例，以十井为一牌，立一牌头，十牌为一甲，立一甲长，令其互相稽察，兼可清厘地方。该牌头、甲长督令各灶户按引煎盐，以供商配，并将每日盐斤所出据实报明厂员，毋稍隐匿。该厂员验明各灶户报盐数目相符，按旬出具各灶户并无煎多报少切结，具报该管地方官存查。每月底由地方官确查，委无私煎捏报情弊，加具印结，详报盐道查考。倘查出有煎多报少、偷卖私贩以及牌头人等串通舞弊，将灶户、煎贩、牌头、甲长一并惩办。该厂员与地方官查办不实或扶同捏饰，从严参处。道光十八年。

道光三十年，总督徐泽醇复请稽查井灶，以杜漏私，如前行保甲法。部议报可。于是檄盐道率委员分道四出。犍为知县杨柄锃请，自后宜以时委员密查，不宜辄委地方有司，徒为行贿售私之地。

徐泽醇奏略：查各处私贩充斥，由于井灶卖私。若能严密查禁，则私盐无从透漏。现令产盐州县会同厂员，仿照保甲章程，实力编查每牌某户有井、灶、锅口若干数，煎盐若干斤，配引若干张，设立循环号簿。州县每月造册申赍，仍不时委员抽查，倘有册报不符及灶户私售者，严行查参究办。

户部议略：臣等查四川盐井共计八千八百三十二处，锅灶纷繁，即为私盐所从出。该管官果能洁己奉公，认真堵缉，则其源既清，私贩自可渐绝。道光三十年。

杨柄锃条陈：去年四月会同委员毛令，前往五通桥牛华溪一带查勘井灶，谕令编联盐甲，按户造具井号、灶号清册，申赍在案。综核册内现开井眼、现煎锅口，较之旧卷已增十分之五。皆因从前地方官漫不经心，毫无限制，以致各灶户任意私凿、私煎，产盐愈多，则卖私买私之弊愈炽。经此次编造清册、有案可查之后，恳仍不时密委贤员，改装易服，到厂照册抽查数户。如有犯者，同牌之人自必攻发。除将井灶立行填封外，治以应得之罪，则惩一可以警百。庶各知自爱身家，不敢以身试法。此事断不能委之地方官，徒为索贿卖法之地。至委员查出后，交地方官办理可也。咸丰元年。

及光绪三年，总督丁宝桢檄候补道唐炯，改行官运法。炯首请于富厂自流井、荣厂贡井核实锅口大小、日出盐几何，为设十户一盐牌、五十户一灶首、百户一盐甲，以备稽查。然惟富顺、荣县行之，以两厂井锅最夥，且边盐所从出也。

唐炯详：查自流、贡井为井灶荟萃之区，惟井水衰旺无常，锅口大小不一，产盐多寡不等，均应委员前往富顺、荣县，会同该县亲赴自流、贡井，将锅口大小若干、每日煎盐若干逐一确切查明，以十家立一盐牌、五十家立一灶首、一百家立一盐甲，选择殷实灶户充当，发给门牌，分造清册，会同禀报，以凭稽查收买配运。

四川盐法志卷三十三·缉私二

关隘

古者关市皆讥而不征①，今盐关例不与课税事，犹具遗意。吏胥私取，或不免焉，在良有司以身率之而已。四川关隘讥察计、楚、滇、黔商鹾，水陆兼权，耳目难周，弊至道光间而极。虽以总督徐泽醇发奸摘伏②，力革之而不能止。光绪四年，变官运、革陋规，定给签验费，弊稍稍戢矣。

嘉定府盐关凡二：一在涵春门，一在雅河南岸鹰觜岩。嘉庆《四川通志》。

绵州濛阳隘，州东一百三十里濛阳寺，西毗三台县界。州北太平场南一里许河干废寺，有断碑，载“濛阳县尉巡拿私盐茶砚处”字样，年月无考。大垭口，州东五十里。龙门坝，州西三十里。旧志作“楼门坝”。石桥铺，州西南四十里。永与场，即辛店。州西三十里。以上皆设巡盐隘口。

茂州索桥关，州属汶川县北门外索桥头，疑即二道桥。距城一里许，乾隆二十五年设，稽察盐茶影射及汉羌番民出入。嘉庆《四川通志》。

合州涪江岸，州城外西南。大河坝，去州城七十里。

犍为县县门关，县北一里施家渡口，雍正四年设，乾隆元年增造官厅，二十七年坍于水，今迁县东一里黄旗坝。

三台县罗家渡，县东北八十里。黄垭寺，县东北一百里。马康桥，县北一百二十里。佛耳岩，县西一百二十里。

井研县千佛寺，县南。乌抛湾，县西六十里。分水岭，县西北四十里。胡家店，县北二十里。

① 讥而不征：语出《孟子·梁惠王下》，指在关卡、市场等处只稽查而不征税。

② 发奸摘伏：一作“发奸擿伏”，揭露隐蔽的坏人坏事。

仁寿县核桃坝，乾隆二十六年设。

德阳县斜湾河，县东四十里。茶店子，县东南三十里。

右据各志搜录，多属雍正七年奏设，十二年改设。凡产盐州县皆有之，全案遗佚，末由著录，虑多疏漏，今或沿或否。

眉州石佛关，州三十里。姜家关。

青神县正阳关，县五十里。

犍为县铁蛇关，县北七十里。玉津关，县北六十里。隋玉津县，江中出璧故也。

右据道光三十年徐泽醇通饬录入，当即其疏内所言酌量增设者。

简州石桥井州判掣配所，州北七里。

绵州丰谷井州判掣配所，州南三十里。

富顺县自流井县丞掣配所，县西九十里。邓井关县丞截验所，县南十五里。

犍为县四望关通判截角般吊所，县北七十里。牛华溪大使挂验所，县北百里。

江安县般吊所。

叙州府经历般验所。

资州罗泉井州判挂验所，州西一百二十里。

大宁县大宁场大使挂验所，县北三十五里。

云阳县云安场大使挂验所，县东北三十里。

盐源县典史挂验所。

彭水县郁山镇巡检挂验所，县东北三十里。

三台县胡卢溪县丞挂验所，县北八十里。

泸州直隶州批验所，州北小市厢资江岸。

重庆府经历批验所。

嘉定府经历批验所。

遂宁县梓潼镇县丞批验所。

射洪县青堤渡大使批验所，县东南八十里。

蓬溪县康家渡大使批验所，县西九十里。

凡成都、华阳、双流、温江、新繁、新都、郫县、灌县、彭县、崇庆、新津、雅安、名山、荥经、芦山、天全、清溪、峨眉、洪雅、夹江、眉州、丹棱、彭山、青神、邛州、大邑、蒲江、峨边等各州县，属嘉定府上游配盐于犍乐两厂者，由四望关通判般吊截角，嘉定府经历批验，牛华溪大使挂验放行。

凡江北、巴县、长寿、璧山、涪州、定远、大竹、三台、射洪、中江、蓬溪、达县、宜宾、庆符、南溪、长宁、高县、筠连、珙县、兴文、屏山、丰都、南川、黔江、酉阳、秀山、石砫、叙水、永宁、马边、雷波、垫江、广安、彭水各厅州县，属配盐于犍为厂者，亦由四望关通判犍为县县门关般吊放行。

凡江北、巴县、长寿、璧山、南川、合州、铜梁、定远、广安、涪州、岳池、渠县、邻水、达县、东乡、太平、丰都各厅州县，配盐于蓬、射两厂者，由射洪青堤渡、蓬溪康家渡两盐大使，遂宁梓潼镇县丞批验放行。

凡江北、巴县、江津、永川、璧山、荣昌、綦江、涪州、隆昌、纳溪、合江、叙永、永宁各厅州县，配盐于荣、富两厂者，由泸州批验放行，配犍为厂者，由江安县般吊放行。

凡江北、巴县、江津、永川、璧山、荣昌、綦江、涪州、隆昌、富顺、纳溪、合江、叙永、永宁各厅州县，专配富厂盐者，由富顺县自流井县丞掣配，邓井关县丞挂验兼理截角放行。

凡成都、华阳、双流、温江、金堂、郫县、灌县、资阳、汶川、理番等各厅州县配简厂盐者，由简州州判掣配放行。

凡资州、资阳、仁寿配罗泉井厂盐者，由资州州判挂验放行。

凡渠县、奉节、巫山、云阳、万县、开县、东乡、新宁、梁山、石砫及湖北鹤峰、恩施、宣恩、利川、建始各州县配云阳厂盐者，由云阳县盐大使挂验放行。

凡德阳县配盐于三台，由胡芦溪县丞挂验放行。

凡本省黔江、彭水、酉阳、秀山及湖北咸丰、来凤配彭水月溅厂盐者，由彭水县郁山镇巡检截角、挂验放行。

凡大宁、巫山、鹤峰、长乐、宣恩等州县，配大宁厂盐者，由大宁县盐大使挂验放行。

凡宜宾、庆符、高县、珙县、兴文、屏山并滇边采配犍厂盐行滇边者，由叙州府经历般验放行。

凡盐源县配本厂盐者，由盐源县典史挂验放行。

凡边商配犍厂、富厂、射厂各州县盐行黔岸者，由重庆府经历批验放行。按：黔岸惟涪岸由重庆批验，他岸皆由泸州批验，以盐不经重庆也。

右各关所皆有官司专主截验事，据道光三十年徐泽醇通饬录入。

徐泽醇奏略：查川省产盐州县甚多，凡附近厂灶地方，往往有谋利之徒相率贩私，以致浸灌充斥，正引滞销。现饬该地方官认真盘诘，如遇大伙私枭人盐并获，先行禀报，照例惩办，不得仍前指为贫苦穷民，含糊完结。并在运盐各隘口扼要处所，酌量增设巡卡，以资堵给。其书役饭食，由官筹给。倘有疏纵刁难及藉端需索等弊，查出立予惩究。若他地方官奉行不力，致滋漏越，即查明参处。又，川省盐船夹私，向有带手盐、赤膊盐、丁包盐各名色。各关书役往往私收钱文，含混验放，最为正引之害。现在责成关隘各员认真盘查，如遇前项盐斤，立行拿交地方官，照例究办。并饬将逐日验放船只、商名、引号、配厂、销岸、包口、斤数，五日据实禀报一次，以凭核对。若有互相歧异，即澈底根究，将疏纵隐匿之员撤参。部议如所请。

户部奏略：查盐务冗费，几于无处蔑有，绝不为怪。该省文武大小衙门官吏，业经该督细为察访，尚无索取规费情事。而厂关书巡各费，业已裁革示禁，应勿庸议。惟据声称，如有复踵故辙及另设别项名目，或各衙门有未经查出之款，许商人据实呈明，以凭裁除净尽，严惩参处。防弊固为周密，殊不知规费之勒索，由于遇事之刁难，商人方恐不遂所欲，层层掣肘，又何敢据实呈明、自取拖累？应令该督责成盐道洁己奉公，随时访察。凡遇商人领引、运盐、交课各事，宜速行速结。勿任压阁迁延，暗滋弊窦，别开需索之门。务使猾吏奸胥无所施其伎俩，庶不致空言无补。

徐泽醇通饬：川省盐务之弊，甲于各省。不惟胥吏暗中侵蚀，即各处关隘设立官员，明为稽察，暗则私放。只知自饱囊橐，私盐则贪贿纵放，引盐复多勒索陋规。其间种种名目，不一而足，行同市侩。以查弊之官作弊，甚于私枭，国家安用此等劣员为乎？本部堂早稔知此中情形，故上年到任后，即札饬认真查办。并饬各管盐之员，将盐务弊端陋规据实禀明，以凭核办。盖欲兴利必先除弊，欲除弊必先清陋规。恤商在此，裕课亦在此，实为盐务紧关要键。前此未将川省盐务积弊一一指出者，欲看所禀实不实耳！今观各处来禀，虽不能一概隐匿，而其大有害于税课，大有利于私橐，尚未尽情吐露。即如牛华溪以下四望关以上，均有批验之员。上河则牛华溪至青神正阳关、眉州石佛关、姜家庙关、四望关、玉津关，皆水运必经之路，如管关之员果能认真稽查，不私行卖放，盐斤何能偷过？是关隘不能严查，断不能绝私盐之路。为此酌拟数条，仰该道即会同候补黄道督饬委员悉心核议，并将所指各情弊，严饬盐员再行详悉禀复。一、夹私之弊，水路最甚。何处为盐船必经之所？如何设立总卡稽查？至设立盐垣，尤为要务。其何州县可行，其何州县难行，亦应一并议覆。一、上游牛华溪，水运有引之盐，又复夹带私盐者，名为有引夹带。除正引外，每私盐一百包估作四十包，每包取银一钱。如纯系私盐，每一百包估作三十包，每包取银一钱。一、嘉定批验所，运有引夹带，每私盐一百包估作四十包，每包取银一钱二分。如纯系私盐，每一百包估作三十包，每包取银一钱二分。一、正阳关，运有引夹带，每引一张约取银一两四五钱。如纯系私盐，每五十包取银多则一两、少则八钱。一、石佛关、姜家关，运有引夹带，每引一张取银或一两或八钱。如纯系私盐，视所载轻重取银或三两五两、钱或四千五千不等。一、雅关，设立铜河之侧，离嘉定郡城十里，亦系府经历所管。遇有引夹带，每引一张约取银二两。如纯系私盐亦然。一、下河之大河坝，所产私盐必由四望关经过，一百包估作六十包，每包取银一钱二分。一、铁蛇坝，所产私盐必由铁蛇关经过，每一百包取钱四千文。一、玉津关，运有大河坝、铁蛇坝所来之私盐，每一百包约取银二两八九钱。以上各条，是正引夹带，取银反多，而纯系私盐，取银反少。明示人以运私之便，以图自饱囊橐。即有船只装载纯系引盐，每引一张亦勒算重秤，加包盐五包取银三钱。是又装载正引者之反受勒索，不如夹带私盐者之反能图利也。以致私盐日充而正引滞销。且熬盐之锅旁边，旧有小温锅二口。近日灶户以小温锅亦改为大锅，是一锅变为三锅，其课仍照一锅缴纳。所熬之盐，每年可供十张引，熬盐愈多，故私行愈甚。应如何酌量妥善，一并妥议。

又通饬：查川省盐务疲敝已极，经本督部堂访出积弊，檄该盐茶道并添派委员查办在案。查官盐之滞销由于私盐之充斥。川省并无大伙私枭，不过无业贫民藉贩私以资糊口，而肩挑背负能有几何？总因奸商假公行私，以一引而夹带数引之盐，或将废引影射配销。私盐之多实由于此。但厂灶之掣配，沿途关隘之般吊、批验、挂验，均有专员经理其事，究竟该员如何办理，致使私盐透漏若此，是否丁役人等受贿纵放，抑系别有情弊，亟应饬查明确，剔除弊端，以肃鹾政。为此檄行各府州县，饬令掣配、般吊、批验、挂验各员查明积弊。应如何查缉，限文到十日内，据实禀报。

又通饬：查盐务大弊，不外厂灶之卖私、关隘之卖放，屡经札饬在案。惟因循日久，官吏营私，未必尽能痛知改悔。为此，札饬场灶、关隘正佐各员，以后场灶每于出盐之日，专立号簿两本，登记某处商人某名，持引若干，是否改代配销，实在斤重数目。登记号簿自留一本存案，以一本于五日内报明本厅州县，各厅州县于十日内将所报号簿禀明本督部堂查核。如场灶、关隘离府不远，即照前径行禀明，该府于十日内禀复。其所过关隘处亦照前将某日挂验某厅州县某商运往何处销售盐斤，是否改代并若干包数、每包斤数，亦用用印号簿切实登记。自留一本备案，以一本报明本厅州县或就近之知府转禀。其关隘各员，亦于五日内具禀一次。候由省专委廉干州县不时前往上下两河盐船经过地方抽查，倘查有出盐处及所过关隘有以多报少、私行卖放情弊，即将该管盐场、盐关之员从重参处。除径行札饬外，仰该道一并饬遵，该员等即以接到此次札知日期，认真办理。道光三十年。

内江般验卡，自荣县至泸州为内江。

外江般验卡，自嘉定府至夔州府为外江。

总办官运盐务唐炯详：窃查泸州为上流内、外两江交汇之区，犍、富两厂运盐必由之道。前经详请，将花盐包口改归旧则，诚恐奸商阳奉阴违，仍复偷漏。应由总局认真般验，以收实效在案。职道于八月十八日抵泸查看情形，犍厂商运行经外江，惟澄溪口可以停泊般验。富厂商运行经内江，惟小河口可以停泊般验。富厂商运十倍犍厂，而般验尤宜认真。该处向设有货厘局分卡，若另行设卡，转多糜费，不如并卡般验，一切多所节省。光绪三年。

鹰觜崖验卡，见前。

虎渡溪验卡，今并入上牛市，以虎渡溪为子卡。

真溪口验卡，今改为滇黔分局。

青神县验卡。

上牛市验卡。

总办官运盐务唐炯详：窃查青神之上牛市验卡，系从前设立。向止查验商运引张，迨开办票厘，始兼查票盐。虎渡溪验卡，系办理犍乐票厘时由总局议设，查验马踏井、河洱坎、戈盘井等处出运票盐。两卡相距不远，所办事体亦同，未便重复设立，致滋烦扰而多糜费。体查形势，上牛市较虎渡溪尤为扼要，自当斟酌归并一处，当饬犍乐官引票厘局虎渡溪验卡委员会同妥议。兹据禀称"查上牛市距虎渡溪路止八里，在青神县城外河干，为犍、乐、井三邑私贩出没要路。拟请将二卡归并，设于上牛市，止留一员。凡引余两盐饬令一并查验，收换票据。即以上牛市为正卡，其委员薪水等项，仍照虎渡溪原数，在引厘项下支给。改虎渡溪为子卡，酌留清书一名、巡役六名、水手二名；连房租、油烛、纸张等费，共月需银二十四两，在票厘项下支给。二卡均向有巡船，去来一水之便。一切弹压稽查，责成正卡委员管束。即偶有枭贩聚众闯卡过渡，该役不难截出上游飞报。卡员登时会县添差，迎头阑缉。如此办理，似较得力"等情，据此职道覆查，所议尚属周妥。应恳饬下盐道将上牛市验卡委员撤裁，即将虎渡溪验卡移设该处，一切悉照旧章办理。改虎渡溪为子卡，止用书巡，仍归委员兼管。如此办理，路径无虞绕越，经费亦可节省。且声势联络，稽查更觉严密。惟事权较重，必须遴委正印之员经理，始足以资控制。光绪五年。

谨按：前鹰嘴、虎渡、真溪三卡，为查犍乐票厘私盐要地。犍乐上游私盐多由虎渡溪出运成、眉、邛属，浸灌松茂。又由鹰嘴崖旁出铜、雅两河以达雅、泸、宁远，浸灌蛮地。下游私盐，则由真溪口出运云南东川、大关，浸灌鲁甸。后增上牛市验卡，故改虎渡溪为子卡，以真溪为局，私盐自不至，故不别设卡。

纳溪县转江查验所。

合江县转江查验所。

江津县江口转江查验所。

涪州转江查验所。

右为黔岸转江查验处。旧例四岸边引盐皆由各批验所验过，移送转江州县照文查验，缴引挂号。今官运既行，罢批验所，勿庸移送缴引，一切悉归四岸分局矣。

书巡

《周官》小史胥徒，纤悉必具。书巡，亦有司耳目也。然得其道，则为用，失其道，则因以为弊，可不慎欤？书巡之设，盖为专查陆路私贩计，始于雍正七年。巡抚宪德从驿盐道刘应鼎请，奏设通省书巡九百四十名，分置一百七州县隘口，岁给工食银五千六百四十两。十二年，总督黄廷桂复同宪德奏，以巡隘太繁，转扰商民，请专设于产盐各州县，惟挂号放行，不必掣般。他州县皆罢，为省其数过半焉。

简州石桥井州判、书役四，巡役八。崇庆州。书役一，巡役一。以上成都府府属。重庆府经历批验所、书役四，巡役十。江津县、书役一，巡役一。荣昌县、书役一，巡役三。大足县、书役二，巡役二。綦江县。书役一，巡役二。以上重庆府属。保宁府、书役二，巡役八。南部县县丞、先驻富村驿，移驻新镇坝，书役二，巡役四。阆中县、书役一，巡役二。广元县、书役一，巡役二。通江县。书役一，巡役二。以上保宁府属。南充县、书役二，巡役四。西充县、书役二，巡役六。蓬州、书役二，巡役四。大竹县。书役一，巡役三。以上顺庆府属。富顺县邓井关县丞、书役六，巡役十二。自流井县丞、书役六，巡役十。本县、书役六，巡役十。长宁县、书役一，巡役三。隆昌县、书役一，巡役三。屏山县。书役一，巡役二。以上叙州府属。夔州府通判、书役六，巡役十四。云阳县云安厂盐大使、书役六，巡役十。大宁县大宁厂盐大使、书役二，巡役八。奉节县、书役一，巡役四。巫山县、书役一，巡役三。万县、书役一，巡役三。开县。书役二，巡役二。以上夔州府属。石泉县。书役一，巡役一，龙安府属。盐源县。书役一，巡役二，宁远府属。雅安县、书役三，巡役六，雅州府属。嘉定府经历批验所、书役四，巡役十二。荣县贡井县丞、书役四，巡役八。犍为县通判、书役六，巡役十六。牛华溪盐大使、书役六，巡役十。县门关、书役一，巡役五。本县、书役三，巡役六。洪雅县、书役二，巡役四。威远县。书役一，巡役二。以上嘉定府属。三台县胡卢溪大使、书役四，巡役十。本县、书役四，巡役八。射洪县通判、书役六，巡役十六。青堤渡盐大使、书役十，巡役二十。蓬溪县康家渡大使、书役八，巡役十八。中江县胖子店巡检、书役一，巡役四。遂宁县典史批验所、书役四，巡役十。本县、书役四，巡役六。盐亭县、书役一，巡役五。安岳县、书役二，巡役四。乐至县。书役四，巡役八。以上潼川府属。泸州知州批验所、书役四，巡役十。合江县、书役一，巡役三。江安县。书役一，巡役三。以上泸州直隶州属。资州罗泉井州判、书役二，巡役八。资阳县、书役一，巡役四。内江县、书役一，巡役四。仁寿县核桃坝、书役二，巡役二。本县、书役二，巡役四。井研县。书役四，巡役八。以上资州直隶州属。绵州丰谷井州判、书役二，巡役八。绵竹县。书役一，巡役三。以上绵州直隶州属。茂州、书役一，巡役二。汶川县。书役一，巡役一。以上茂州直隶州属。忠州州判、书役二，巡役六。丰都县、书役一，巡役三。梁山县。书役三，巡役五。以上忠州直隶州属。彭水县郁山镇巡检、书役四，巡役八。黔江县。书役一，巡役二。以上酉阳直隶州属。叙永属永宁县、书役一，巡役二。松潘厅、书役一，巡役二。城口厅。书役二，巡役三。

谨按：此为产盐州县隘口巡役，隶于地方有司，岁给工食若干，于所纳课内扣销。凡专巡缉私茶者，不载。其兼巡盐茶者，仍之。缘中有一巡一书之处，未便分晰，惟经费内工食划清。详经费。其各关隘局卡巡役，不尽此数。

驿盐道刘应鼎详：查长芦、河东等处，凡盐茶经过关隘、渡口，俱设巡役稽查、般验、秤掣，所以杜私贩、防夹带也。川省北接汉中，南通滇黔，东流水路下楚，西抵西藏松炉，关隘甚多，而设般验之处甚少，是以私贩夹带肆行无忌。应请于各州县水陆关隘，酌量安设巡役，颁发秤掣，专司般验经过盐茶。按官引之数目秤掣放行。如有私贩夹带，立即拿获报官，依律究拟。雍正七年。

宪德奏略：查川省幅幁辽阔，凡产盐、产茶州县与行销盐、茶州县，或隔三处五处。现今各州县各设般验隘口。若引商到隘，处处般验，未免耽延苦累。应只于产盐、产茶州县紧要隘口及远隔之州县隘口，俱饬书巡人等严缉私贩，无许疏纵透漏。若遇引商到隘验引挂号，立刻放行，不必掣般。从前各般验地方截角、挂号俱有陋规，应请一概革除。户部议如所请。雍正九年，全疏见《征榷·余盐》。

炮船

炮船始光绪三年，总督丁宝桢檄候补道唐炯设黔边盐务总局于泸州，置炮船十。沿江扼隘，各分地段巡缉。六年，兼办楚计官运后，增设四。上起嘉定，下讫巴东，联络相应，一以卫局，一以缉私，法为密焉。

丁宝桢奏略：再，滇边盐务，臣已将明春开办一切情形陈奏在案。惟查滇岸距厂寥远，从前承平之时，运盐已属不易，自二十余年荒废之后，商力疲敝，川滇两省皆系私枭充塞盘踞，而运道所经，沿江一路，尤为艰险。官运开行之时，银、盐往来，倍关紧要。臣与总办局务候补道唐炯再四熟商，非得师船阑截巡护，恐多疏失。现已饬该道在于重庆购料制造舢板炮船十号，选募得力水勇。一切工料、日粮应归盐务公费内撙节支销，不动正款。如此办理，庶运盐经行各处可免他虞，而私贩敛迹，官引乃期畅行，实于盐务有裨。除咨部查照外，谨附片具奏。部议准行。光绪四年。

总办官运盐务唐炯详：窃本年五月内，详请将万县、巫山及湖北八州县计岸提归官运，蒙具奏遵办在案。查巫山之上羊坪、大溪口，巴东之万户沱各要隘，皆系川盐入楚关键，而又逼近云、大两厂，诚恐私贩充斥，有碍引盐销路。援照滇岸各局添设炮船，沿江巡缉防护，始足以资弹压而固藩篱。当经饬管带安定左营办理。万县分局委员于丞德楷就近在渝铸造铜炮八尊、舢板船四号，招募水勇、舵工操演熟习，以备调遣。兹据该丞禀称，业将安定营第十一号炮船起至十四号炮船止共计炮船四号均已制造齐全，开具各项经费清折及弁勇花名清册，呈送前来。职道查验炮船，均属工坚料实，弁勇操练亦颇纯熟。当将第十一号炮船调泊巴东之万户沱，第十二号炮船调泊巫山之上羊坪，第十三号炮船调泊巫山之大溪口，第十四号炮船调泊万县，饬其逐日沿江上下来往梭巡，防护官局，堵截私路。复核所开，均系实支实销，委无浮冒，自应将各项细数清折及弁勇花名清册一并缮呈查核，并恳分别奏咨立案。再，此项制造炮船经费，仍照滇岸炮船原案，归入局费项下开支。五月十八日调拨以后，各炮船每月弁勇口粮，仍归入筹备防边经费项下开支。于奏销册内分别造报，均不动用正款。光绪六年。

四川盐法志卷三十四·缉私三

各岸缉私

盐运所至，私即随之。四川乾隆中，夔州府走私，至议夺总督职，盖其严也。咸同军兴后，私枭大张至沿江，为民患。及光绪初举行官运，始去其害。黔滇盐到岸，即归本省商人运销，虽有厘税之私，蜀不与闻。至官运一举代任厘税，化私为官，胥无之矣。楚计属川商运行，其灌荆宜、侵淮岸之案，不可殚纪。详见“楚计岸”中。商贾售私亦较夥焉。

夔关走私

李世杰奏略：据夔州府知府穆克登布禀，五月初三日昏暮，有船只停泊河干。因值大雨，拟俟次早往查。讵该船均各乘夜偷越，当经于川境追拿私盐船一只，又会楚省兵役在湖北宜都县地方拿获私盐船二只，留楚审办。

吏部奏略：查私贩盐枭，地方各官理应立时严拿究办，勿使偷越邻省。此案私盐三船停泊府属河干，该府穆克登布并不速即拿获，以致乘夜偷越，及至楚省地方始行拿获。应将夔州府知府穆克登布照不实力稽查降三级调用。虽有加级，不准抵销。四川总督李世杰应照不据实查办降一级调用，任内有革职留任[①]，又革职注册之案，无级可降，应行革任。至私盐入境不行查拿之地方各官，并该犯偷越关隘沿

① 任内有革职留任：李世杰曾于乾隆四十七年（一七八二）四月在四川臬司任上，因漏给屯练各兵月饷降二级从宽留任；于乾隆四十七年（一七八二）十一月，在河南巡抚任上因告顶生员李一等编造逆词不实心稽查降二级留任；于乾隆四十九年（一七八四）四月，在河南巡抚任上因不实力查办焚杀抢劫重案降三级从宽留任。

途经过地方各职名，应核咨四川、湖广各总督查明，咨送臣部，再行核议。乾隆四十九年。

夔州府设关卡专察济楚私盐

裕瑞奏略：查设卡必须扼要处所，方无偷越之虞。现查夔州府城并巫山县之空望沱，皆属要隘，应在夔城设立大关，巫山空望沱设立卡关。拣委廉明之员二员，为一正、一副。正员驻关，副员驻卡，按半年一换。以票之畅滞，定委员之功过。期满之后，由外分别奖惩。其驻关人役少派，难期得力。现在关卡新设，恐有不法枭徒恃众闯越，准其轰击至毙勿论。若枭徒过多，并准移营派兵，一体截拿，以肃盐务。咸丰四年。

缉诛沿江私枭

丁宝桢奏略：再，川省川东一带，水陆冲烦，私枭最夥。近年以来勾结益众，到处横行。又复烧香结盟，与各路会匪通气，抗官拒捕，其势渐不可制，亟须及早歼除，以遏后患。查著名巨枭，重庆以下以江大烟杆、罗贵兴、谭登心、杨海亭为最。泸州以下以谭二疯亡，任韦驮、任长蛮为最。而谭二疯亡、江大烟杆又系著名会匪，该匪等纠众贩私已十余年。谭、任各匪则盘踞于泸、合、江、永一带，江、罗各匪则出没于巴、江、涪、合、夔、万一带，动辄号召一二千人或数百人，均置有枪炮、器械、炮船拒敌[①]官兵。从前劫抢杀人，官几不敢过问，即有团保[②]呈诉，辄肆杀害，以致乡民畏不敢言，踪迹叵测。叠经前督臣饬派兵勇查办，七八年来，迄无弋获。臣查该匪一日不除，川省后患滋大。第其凶狡异常，实难遽获。当经严饬永宁道延祜督饬泸州、合江、富顺等州县，各派勇团会合营勇，四路围拿，并严定赏罚，以期必获。三年十一月，署合江县知县杨作霖、泸州知州田秀栗等，将该匪谭二疯亡等生擒，解省讯办。讵谭匪解至资阳县，在监病故。即经委验明确，批饬戮尸，传首枭示。其任韦驮一匪，自合江白云场击败后，逃至黔省。复饬田秀栗于四年正月在贵州丹江地方会合该处团练，将该匪拿获，解省

① 拒敌：抵挡，抵抗。

② 团保：编组民户，使相互监督、担保。《资治通鉴·唐穆宗长庆二年》：“又乞检责所在实户，据口团保。”胡三省注：“团保者，团结户口，使之互相保识。”

审办。至江大烟杆一匪，占踞重庆小三峡。三年三月，该匪纠众数百人潜窜万县之武陵场，抢劫盐商文子英盐店，并掳去店伙文宏宽等，拒伤汛兵邓崇武身死，并伤夔州副将吉桓带领往捕之兵共十四名，驶船顺流东下。当即飞饬副将张廷芳会同巴县李玉宣会缉。江大烟杆仍复逃窜汉中府城。李玉宣又派练目萧贵带领勇役兼程潜往，将江大烟杆即时擒获，递解来川。讯据[1]供认纠众贩私多年，抢店杀人、拒毙官兵，不记次数。随于讯明后正法，传首重庆各处枭示，用昭炯戒。此先后拿获重庆、泸州两路巨枭及歼除凶党之实在情形也。臣查历来私枭最酿大患，该匪谭二疯亡、任韦驮、江大烟杆、任长蛮等，系著名巨枭，又系著名会匪，结党日多，凶焰益炽，已成鸱张之势。若不及早歼除，流毒将不可收拾。今幸按名擒获，一无漏网，即匪党亦殄灭无遗，实为川省翦除大患。现在川东各处匪迹渐净，江路、陆路一律肃清。光绪三年。

右本省缉私

禁川船食盐带私

伊拉齐咨略：查川船下水，许带食盐，即开侵越之门。据川省司道议以“川江下水船只，每人许带食盐十斤，不许兵役阻勒”等语，夫计口授盐，每人日食盐三钱，是终岁不过七斤。今乃许人带十斤，是人带一岁有半之盐也。计川船每载容三四十人或五六十人不等，则合计每船带盐五六百斤矣。每日川船数十百只不等，则合计每日带盐数万斤矣。积少成多，聚零成趸，是必川私遍满，兵役不敢稽查，楚盐日壅，楚课日绌。朝廷每岁二百余万两之正供何以转输承办？困商病课，万难奉行。嗣后，凡下水川船既属顺流，一路岂无可以停泊之所？当令其随地买盐供食，不许存积余盐。倘川船一入楚界，搜查有存盐二十斤以上者，即系食盐亦以私盐治罪。雍正九年。

湖北宜昌府设卡，以遏归州、巴东、兴山、长阳川私

史贻直奏略：臣上年接大学士张廷玉寄札，奉旨将尹会一所奏盐务一折，抄寄到臣。内称“楚省例销淮盐，因幅幁广阔，与川粤接壤之

① 讯据：指审讯笔录和人证物证。

处多被邻私侵越，其最甚者，湖南衡、永、宝三府及湖北巴东等处。盖缘彼处水商，止知就易销处发卖，而地方有司不筹遏私疏引之方，以致纲地日蹙。请饬湖广督抚，将不销官引之州县彻底清查。或招募水商转运，或令官运官销，或酌设公店，详悉定议”等因，经臣檄行，分晰详查。据湖北盐道程世绥、湖南盐道马灵阿将纲地被侵之处彻底查报前来。臣查楚省地方，除湖北新辟疆土及川省改隶之建始县向食川盐，现在查办另议。又湖南衡州府属之酃县及郴、桂二州属共十一州县例食粤盐外，其余俱销淮盐。由淮商运赴汉口，小贩领执水程[①]转运各口岸行销。内有距汉窎远而接壤川粤之湖北巴东、归州、兴山、长阳，湖南道州、宁远、永明、江华、新田共九州县，名为淮南纲地，仍食川粤盐斤。因商贩不肯赔本运盐，民情万难舍贱买贵，非尽地方官缉私之不力，有不得不通融筹办者。查道州、巴东等属地处万山，自汉口至彼，水陆间关二千余里，合算脚价，每斤非三四分莫办，而本地盐价至贵不过一分，商贩安肯运赴折阅之地？此招募水商转运之难也。淮盐既难运到该地，居民相距川粤行盐地面，近或数十里，远或数百里，皆就趁墟之便，将米谷等物换盐以食，其价甚平，亦不乐更食淮盐也。若论官运官销，势必照本发卖，是欲强民舍贱买贵。如照邻近之价发卖，则必致运销之员贴赔脚价，此官运官销之难也。至盐臣前奏之酌设公店与续奏之议设总埠，其说大略相仿。臣查道州、巴东等属地方瘠薄，人户畸零，每年额销之引，纵使家家尽食淮盐，为数有限。一经清理，势必议设商店，减价行销。是欲淮商舍现获之厚赀而清无益之纲地，鲜有不阳奉阴违者。即如道州等五州县商设总埠，每斤一分七厘，系各商议定之价，今又据该道禀称，淮商以前定一分七厘，不敷商本，请改照一分九厘零定价。以淮商享通省之厚利，即照原议，每年所贴不过八千余金，尚且旋议旋悔，而令地瘠民贫之数州县，每年顿加十余万金之盐价，欲其不趋利而冒法也，得乎？似此官运商贩均属难行。议设总埠，又以商本不敷；请暂且试行，又为异日阳奉阴违之地计。惟有就近改食川粤之盐，庶几民情称便。然两淮数百万引课，楚省约居其半，道州、巴东等

① 水程：填明引数、盐商姓名和运销地区的运盐凭证。

属为通省之上游，下此路渐平坦。若议改食川粤之盐，未免淮盐地界失其藩篱，将见邻私充斥官引，不能畅销，国课商膏均有关系。是以楚省盐斤向例截长补短，通融销售，虽间有数州县零星买食邻私，而每岁额引有增无减。数十年来，从未议及清理纲地，惟于宜昌、衡州二府地方，专设川粤两卡，足以杜绝私枭，勿庸另筹别策。请嗣后湖北之巴东等四州县、湖南之道州等五州县，引盐仍照往例通销，勿庸议设总埠、公店。一面密谕该地方官，如遇淮盐不能接济，准其遵“零星食盐……免其缉捕”之恩旨[①]，听从民便，但不得过十斤以上，亦不许转相货卖，致开私贩之端。并饬料理川粤两卡之府佐各员，严督商役，加紧巡查，以杜侵越。部议如所奏。乾隆二年。

铜船带川盐入楚，只许十斤

户部奏略：查得湖广总督舒常、湖北巡抚郑大进奏称：楚省为两淮行盐纲地，必须私盐敛迹，官盐始得畅销。查湖北界连川省，由长江而下即属宜昌、巴东一带。虽于该处设有盐卡，并派有专管之通判一员及兵弁就地查缉，第陆路贩运，兵役易于侦巡，不难及时拿获，其由水路隐载来楚，或乘江水涨急顺流直下，或倚势装载铜铅，公然藉差偷漏，如现审滇省委员李治铜船载私之案，可为明验。臣等愚以为，欲塞其流，必清其源，查各省盐价低昂，或有不同，而官店卖盐亦难择人而售，现准咨行，令船户人等随地买食，不得藉词多卖，如有夹带，官店商丁一并治罪。杜私已属周密，但开张官店之户乐于多销，藉买食盐恣意卖给，是私贩与盐店两有贪图，难保无旋犯之事。臣等检查旧案，留心询访，如楚北向因巴东等处与川省行盐地面毗连，居民趁墟赶集，每以米谷等物易换零盐，以资日用。经前督臣史贻直奏请，听民易食，但不得过十斤以上致开私贩之端。经臣部议覆准行，迄今数十年遵循无弊。是居民之偶易零盐，且有限制；而川盐之卖给入楚船户，似未便因系食盐转无禁防。应请饬行重庆一带，嗣后卖盐官店，凡卖给入楚船只

① 零星食盐……免其缉捕：《清实录·高宗纯皇帝实录》卷之八百七十三：“再，巴东、归州、兴山、长阳等县，地连蜀道，岭峻滩高，溯流非易。盐船当夏秋封峡之际，既不能运行；秋冬水落，挽运亦难速捷。请照旧例：如遇不能接济时，零星食盐，十斤以上，免其缉捕。得旨，著照所请行。”

零星食盐，仍照巴东等人民易食零盐之例，每船至多不得过十斤以上。倘有任意售卖过数，一经发觉，除买盐越贩者照例究拟外，其卖给多盐之铺，应请即以通同货卖治罪。此酌定在川船入楚顺流迅速，遵随地买食之例，既无茹淡，并杜夹带，而卖盐铺户亦各顾身家，不敢希图出脱，私盐似可敛迹。至场灶透漏，责成产盐地方场所各官巡察周密，自无济私之事。乾隆四十六年。

川私侵淮，严察井灶，并运足宜昌敌私淮盐十万包

蒋攸铦奏略：查楚省宜昌府属鹤峰、长乐并施南府属恩施、宣恩、来凤、利川、咸丰、建始六县，均例食川盐。每年额行水陆引共五千九百一十四张，于云阳、大宁、彭水、犍为等县盐厂分配运销。经过各关隘，向系船验盐引相符，方始放行。其沿途查缉章程，向于川江最为厄要之瞿塘峡口，安设兵房两处，派拨兵役各十名，昼夜巡逻。又于上游之四贤沱地方，捐设哨船二只，于江面往来查缉，以遏私盐由大江直下之路。其陆路与楚省交界各隘口，亦经饬地方员弁随时巡辑，立法尚为周备。惟因楚省有例食川盐之地面，川省只能在境内稽查。其到楚后，是否不致运赴别境私销，事难逆料。兼之川东一带，处处与楚省毗连，其山僻小径亦处处可通楚省。虽缉私之兵役棋布星罗，而走险牟利之徒乘间偷越出境，阑入淮纲地面，亦情事所不免。且查淮盐皆由汉口分销，宜昌、归州等处距汉口过远，如遇淮盐不能接济，旧有准其零星买食川盐免其缉捕之例，邻私藉此影射，更以为例所不禁。此历年以来，川省查缉虽严，而淮纲仍不免侵灌之实在情形也。兹特奉谕旨查禁。并准两江督臣孙玉庭等咨称：御史吴杰以“巫山、大宁盐埠口岸，奸商私造引张，由水路侵入荆、宜等处；陆路则由灶户卖与竹溪、房县居民，贩往赴楚界乡邨售卖”等语，奏奉谕旨咨川查办。臣查川省商人引张，各有口岸。若私造引张，提载赴楚，岂不虑及被人拿获，自取败露？该御史所奏，细访现无其事。惟私盐透漏，非场灶人等私相售卖，则奸商何从接买，偷越出境？是欲绝贩私之流，必先清济私之源。现已严饬产盐之州县并管厂之大使、巡检等官，加意稽查灶户人等。务令恪守章程，盐归引配。倘有不照引配盐贩运出场者，即将该管各官严行参处，灶户人等照例治罪。其由川入楚之水陆要隘以及一切山径小路，凡可以过越之处，逐一查出，添派兵役，循照历来巡缉成规，分投堵捕枭贩，不得将零星挑负穷民妄拿塞责，以期裕课安民。至巫山、大宁两县，尤为川私入楚要隘，应责成夔州协副将会同地方官，督饬兵役，认真查缉。诚如圣明指示，匪徒结党成群，本应严拿惩办，务使划清地限，除官引之盐，一概不许出境，以肃鹾政而靖闾阎。再，准盐因运脚过重，其价值本数倍于川盐，每有不能接济之时，川盐更得遂其搀越之计。查乾隆五十五年楚省咨称：曾经议定于宜昌府城拨贮淮盐十万包，减价敌私，以利民食，诚为杜私之良策。应请旨饬下湖广督臣谕令汉口商人，每年务须额贮之盐陆续运足，并饬严禁水贩中途出售不运赴口岸之弊。川私查禁既严，而奸徒闻知官盐充足，价不过昂，楚民得以买食，即偷越亦不能竞售获利，其弊更易杜绝，于淮纲实有裨益。嘉庆二十三年。

禁铜船入楚带私，令卡员委员会查

嵩孚咨略：照得淮引滞销，皆因私盐充斥，急须设法稽查，以冀畅销裕课。回空粮船夹带私盐，已经奏明查禁在案。惟查四川省铜铅船只每月一起，每起大船二十四只，向系顺流而下，并不拢卡盘查。闻得该船中舱皆带私盐，跟随大小船数十只至百余只不等，指称豫备起拨及沉溺救护等事，其实尽载私盐。一过官渡口等卡之后，在江口董市、沙市、太平口分散售卖。卡员不敢过问，地方官因系铜船，亦不办理。本年以来，更无忌惮。实属有占官引，自应一体严查，俾免川私浸灌，以期淮引畅销。嗣后严饬押运委员，于管解铜铅至重庆换船后，不准在云阳、巫山一带任听船户水手停泊私买装载，并禁止包带跟船私盐。经过楚省盐卡，押令各船一律停泊，听候卡员会同解员挨船查看，按起具报。如有私盐，惟解员是问，由卡员禀听参处。倘卡员徇隐，别经查出，一并撤参。如解员不肯会查或不肯停泊，即由该卡委员查明解员名衔，据实驰禀，以凭参办。道光九年。

禁云贵铜铅船运员带私并船户水手私买厂盐

林则徐奏略：窃查淮盐销路，惟楚省引额最重。而邻私浸灌，亦惟楚省路径最多。其尤甚者，四川江船顺流直下，船舱夹带，视陆路不啻什倍。而滇黔铜铅，皆由川船装载，藉差夹带，视他船又不啻什倍。

是以嘉庆二十三年奏准，于湖北巴东县之官渡口一带设立总卡，川盐经过皆须查验放行。嗣因铜铅船只不听稽查，道光十五年六月间，前督臣讷尔经额奏奉上谕，历经钦遵查验无夹带者，立即放行。乃本年三月间据禀，贵州龙泉县知县童翚，领运铅船二十六只过官渡口，并不泊岸，顺流直下。经巴东县知县饶拱辰派役随同卡员追赴下游之新滩，交护宜昌镇倭仁布，就彼验放。又于四月间据禀，有署云南大关同知彭衍墀，领运铜船二十四只过官渡口，亦不拢卡。兵役追至斗山沱，经倭仁布等起获水手所带私盐七百九十三斤。当即换雇水手，仍护送开行前进等情。臣查彭衍墀所管铜船既有起获私盐，虽系水手夹带，而该运员失于觉察，且任听越卡不泊，咎实难辞。至童翚所管铅船，虽无起获私盐，而该船越过官渡口卡而至新滩，已历一百七十五里，该处路路可以通私，安知非于越卡之后将盐卖完始听验放？其船户冒越避查，亦有失察之咎。当此疏引杜私之际，诚恐相率效尤，大妨盐务。相应请旨，将云南运铜委员署大关同知事、晋宁州知州彭衍墀，贵州运铅委员、龙泉县知县童翚，交部分别议处，以示惩儆。至护宜昌镇总兵倭仁布，理应钦遵谕旨，亲督卡运各员查验。若该船不听搜查，即应禀揭，乃该护镇仅以“赶往新滩截验”一语含糊具禀，并不将该船越卡情形明白声叙。迨阅巴东县知县饶拱辰禀，内始有该船并不泊岸，顺流直下，派役尾追之语。饬查属实。是倭仁布前禀显系意存迁就，亦应请旨将宜昌镇中军游击倭仁布一并交部议处。臣已饬该卡文武，嗣后有船即验、既验即放，不得听其飞越，不许稍有耽延，庶于盐务、铜运两无妨碍。抑臣更有请者：向来铜铅船只在川卖私诸弊，久荷圣明洞鉴，是以特蒙勅谕云、贵、四川各省，禁运员之短发水脚，惩沿途之卖给船盐。圣谕煌煌，咸宜恪遵查办。臣访闻，近来铜铅船只多于川省泸州马头及丰都县之离沱子，忠州之洋渡溪，云阳县之城河口，巫山县之江东觜、青石峡、跳石一带，装买厂店川盐。其经过夔州关口，亦因书役得规，听其透漏，实为淮纲之害。合无仰恳敕下四川总督转饬夔州府，于各船过关查税之便，将所带私盐一并认真查取。并饬泸州、丰都、忠州、云阳、巫各州县钦遵。前奉谕旨加意稽查，如厂店私将川盐卖给船户，即行严拿惩治。倘任意膜视，再经楚省获私，除失察偷私之州县咨会川省查参外，其纵漏之夔关，一并查取职名，照例议处。俾各顾考成，不分畛域，以清川私来源。道光十七年。

右川楚缉私

川滇委员察私

文绶奏略：查四川省素产盐斤，界连滇省。自雍正七年至乾隆三年，以滇盐不敷民食，先后奏定，令昭通、东川、镇雄、宣威、沾益、平彝、南宁等府改食川盐。即招商承领边引，拨配犍为厂盐，由兴文、长宁、屏山、高拱等五县运至川滇交界各口岸发卖行销。并以运道崎岖，脚费昂贵，经滇省开修河道，酌令办铜回船接运。川盐乃得畅行，滇民始免食淡。迨后道路开通，商民情熟，或以川地计口之盐搀杂混销，或于行滇引盐之内夹带偷卖，因利乘便，积少成多，原非如连车盈舰枭贩公行，查拿转易。从前屡经两省移会，在于川滇交界地方设法稽查。议以宜宾之张窝、拱县之罗星渡、兴文之梅岭镇为引盐自川入滇总汇要隘，设关盘验；在滇则于昭通之副官邨、水脑塘，大关厅之盐井渡，镇雄州之落垓塘、罗坎关等处，按数核对接销。立法非不周备，而水陆口岸歧出纷投，各地方官稍不经心，仍不免影射透漏等弊。诚所谓有治人、无治法也。兹奉谕旨，臣现与司道悉心筹酌，专委明干能事之员，于川滇交界各隘口，会同该地方文武设立卡隘，分路轮流盘查，严禁影射夹带，并移会滇省例食川盐之各州县，一体清查。务使私贩绝迹，引运肃清。如差员及地方官怠玩因循，虚应故事，即行分别撤回参处。其余川滇连界各州县，虽非滇引经由运道，而接壤毗、连路径可通者，一并加意稽查。乾隆四十五年。

滇商由川厂带私影射

江兰咨略：查滇省东川、昭通二府，属民食盐斤，向系由川省按额给引，运滇销售。因前长宁等县，例有给商引纸，并不随盐到滇，以致奸贩任意运私，搀越滇界，漫无稽考，滇盐壅滞难销。于乾隆四十五年间，经前总督福康安、巡抚刘藻于遵旨查禁川私案内奏明咨川，饬令长宁、珙县、筠连、屏山等属盘验相符，给与引纸。令其随盐带至滇省，呈缴东川、昭通二府属行盐地方官，汇报盐道，勿许于引纸外夹带影射。其川盐入滇要隘，如镇雄州之落垓塘，大关厅同知所管之盐井渡、豆沙关，永善县之水脑塘、黄草平、副官邨等处，均系川滇交界，该处向设有县丞、巡检、吏目等官。即责成该员等遇川盐到口岸般验，引盐符合，方准放行，倘有不符，即行根究，查办在案。今查滇省界连川黔，宣威、罗平、平彝、师宗等州县，所有年销额盐，每年堕积，揆厥其由，总因川私充斥。而经过之长宁、屏山等属，亦漫不查察，遂致散漫于行销滇盐州县。虽节经饬行川盐入滇之沿边县丞、巡检等官严拿查禁，此不过塞其流，究未能清其源，是以终无实济。复查东、昭二郡，原定拨销川盐仅止一百四十一万一千斤，今增至六百九十三万之多。若再任配引地方额外浮增，奸商引外夹带，不为查禁、般验，则行销滇盐州县，必致尽食川私，而滇盐愈堕愈多，盐壅课逋，所关匪细。嗣后运滇引盐，务须严饬井厂按额给商，不许额外浮增。其经过地方之长宁、珙县、筠连、高县、屏山、永宁等属，务必按引般验。如引盐数目不符及奸商藉引影射夹带，无论盐数多寡，即行查拿，根究严办。并请将每年行滇额引确数按季咨滇，以凭饬行川盐入滇之各地方文武员弁，查照引额，认真般验，如有引盐不符，即将奸商拿究治罪。嘉庆三年。

右川滇缉私

贵州向无私盐

图思德奏略：黔省僻处边疆，素乏产盐之处，从无场灶。官民食用需盐，向系川省商民在富顺、犍为、云阳等县出盐井灶配买。行黔边引盐斤，由旱道陆续运至贵州各府厅州县地方，零星发卖，以资食用。沿途俱有关隘般验截角，无许盐引两离及重照影射。非第奸枭不能越境夥贩，即该商亦难行夹带私盐情弊，且川黔虽系接壤邻封，而于有盐之富顺等处，相距程途甚远，往返盘费浩繁，贫民赴彼挑买余盐，获利无几，转不若就近佣工趁食。是以黔省历久相安，并无私盐，商民称便，似可无须设法筹办。乾隆四十三年。

四川盐法志卷三十五·禁令一

利之所在，弊即伏焉。无法以维之，是致乱之道也。昔管子行盐策，“下令曰：孟春既至，农事且起……北海之众毋得聚庸而煮盐”[①]。说者谓其意在禁人煮盐，托以妨农，“欲人不知其机，斯为权术”。汉乃明著“釱左趾，没入器物”[②]之令。自是以来，历代加密，无渐不防，无微不至。大公大法，尽人共晓。凡欲以大畏民志，俾知之而不敢犯之而已。昔子产铸刑书，叔向规之[③]。窃谓子产之意，忠厚之至也。辟犹为阱于此，将蒙之而使民陷而不觉耶？抑将暴之而使民知而不入也？今取官民共守诸条律分著于篇，刑赏宜遵王制。前代悉屏不录，抑在明察之官、忠信之长、慈惠之师，有以善体我国家立法之意而已。叙《禁令》。

吏部处分例

盐课奏销

康熙三年，题准：巡抚管理通省粮饷，其盐课考成欠一分者罚俸三月、欠二分者罚俸六月、欠三分者罚俸九月、欠四分者罚俸一年、欠五分者降俸一级、欠六分者降俸二级、欠七分者降职一级、欠八分者降职二级、欠九分

① 此句引自《通典》卷十《食货十》：“下令曰：孟春既至，农事且起。大夫无得缮冢墓，理宫室，立台榭，筑墙垣。北海之众，无得聚庸（庸，功也）而煮盐（北海之众，谓北海煮盐之人。本意禁人煮盐，下令托以农事，虑有妨夺，先自大夫起，欲人不知其机，斯为权术）。”亦见《文献通考》卷十五《征榷考二》。《管子·地数第七十七》：“管子曰：阳春农事方作，令民毋得筑垣墙，毋得缮冢墓；丈夫毋得治宫室，毋得立台榭；北海之众毋得聚庸而煮盐。”

②《史记·平准书第八》《汉书·食货志第四下》《资治通鉴》卷第十九作“钛左趾，没入其器物”。

③《魏书·景穆十二王》：“郑子产铸刑书，而晋叔向非之。”《春秋左传正义》卷四十三：“正义曰：子产铸刑书，而叔向责之。”亦见《北史·景穆十二王下》《资治通鉴》卷第一百四十九等。

者降职三级、欠十分者降职四级，皆令戴罪督催，停其升转。运司、提举司、分司、大使等官[①]，系专管盐课之官，欠不及一分者停其升转[②]、罚俸六月，欠一分者罚俸一年，欠二分者降职一级，欠三分者降职二级，欠四分者降职三级，欠五分者降职四级，皆令戴罪督催今增为完日开复，欠六分以上者，皆革职。兼管盐务之知县、知州、知府、布政使、各道，欠不及一分者停其升转，欠一分以上者降俸一级，欠二分、三分者降职一级，欠四分、五分者降职三级，欠六分、七分者降职四级，皆令戴罪督催，停其升转，完日开复，欠八分以上者革职。署运司、提举司、分司、大使等官，欠不及一分者罚俸三月，欠一分者罚俸六月，欠二分者罚俸九月，欠三分者罚俸一年，欠四分、五分者降一级调用，欠六分、七分者降二级调用，欠八分以上者革职，署印不及一月者免议。署司、道、府、州、县事兼理官员，欠一分、二分者罚俸三月，欠三分、四分者罚俸六月，欠五分、六分者罚俸九月，欠七分、八分者罚俸一年，欠九分、十分者降一级调用，署印不及一月者免议。今改为署任催征、督催、处分俱照正官例议处。

又题准：盐课被参后，州县大使等官限一年全完，其年限内不完，不复作分数，照原参分数处分。

州县官欠不及一分，一年内不全完者降一级留任，再限一年戴罪催完，如再不完，照依所降一级调用。欠一分、二分一年内不全完者，降三级调用。欠三分、四分，一年内不全完者，降四级调用。欠五分、六分，一年内不全完者，降五级调用。欠七分以上，年内不全完者，革职。

运使、提举、分司被参后，限年半全完。至运使、提举系专管盐课之官，应照布政使地丁钱粮例处分；分司、大使照州县官地丁钱粮例处分。如年限盐课，系原被参之官限内不完者，不复作分数，仍照原参分数题参。

如系接征、接催官员，以到任之日为始。接征州县大使等官，限一年。接催布政使、道、府、直隶州、知州、运使等官，限年半。接催巡抚限二年。如不能完，题参之日，照现在未完分数，以初参例处分。

---

① 运司、提举司、分司、大使等官：清代在主要省级产盐区设立都转运盐使司，简称运司。运司下辖分司，以都转运使同知、副使分司治事，督各场仓盐课司。盐课司之主官为盐课司大使。普通省级盐区设立盐课提举司。

② 升转：称官职的提升与调动。官阶自下而上叫升，同级平调叫转。亦偏指提升。

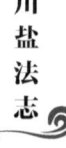

兼管盐法之布政使、各道，并知府、直隶州知州被参后，限一年半全完。如欠不及一分，年限内不全完者，降职一级，停其升转。欠一分、二分年限内不全完者，降三级调用。欠三分、四分，年限内不全完者，降四级调用。欠五分、六分，年限内不全完者，降五级调用。欠七分以上年限内不全完者，革职。

各省兼管盐法之巡抚，限二年全完。如欠不及一分，二年内不全完者，停其升转。欠一分、二分，二年内不全完者，降职一级。欠三分、四分，二年内不全完者，降职二级。欠五分、六分，二年内不全完者，降职三级。欠七分、八分，二年内不全完者，降职四级。欠九分、十分，二年内不全完者，降职五级。皆令戴罪督催，完日开复。

十二年，题准：销引欠一分者停其升转、欠二分者降俸一级，欠三分者降俸二级，欠四分者降职一级，欠五分者降职二级，欠六分者降职三级，欠七分者降职四级，皆令戴罪督销。今改为欠五分者降二级调用、欠六分者降三级调用，欠七分者降四级调用，不准抵销开复，任内有军功、钱粮加级、纪录者，准其议抵。欠八分以上者革职。其带罪督销者，限一年销完，如年限内不完，照徐淮等仓钱粮年限内未完例处分。如行盐地方各官有私派户口勒买销引者，州县官革职，未经察报之司、道、府等官，各降三级调用。巡盐御史今改为盐政。暨兼理盐法巡抚，不行查参者，将御史今改为盐政降一级调用，巡抚降一级留任。

又题准：盐引不行，题明私自挪拨者，该管官降一级调用，巡盐御史今改为盐政降一级留任，兼管巡抚罚俸一年。其前官已完销引不行送部者及题报盐引迟延者，或申报盐引前后矛盾者，将该管官罚俸一年，巡盐御史今改为督催转报之盐政、运使、盐道。暨兼管巡抚，各罚俸六月。

又雍正七年，议准：各运使带征拖欠正杂盐课完至五万两以上者，纪录一次；十万以上者，纪录二次；十五万以上者，加一级；二十万以上者，加一级，纪录一次；二十五万以上者，不论俸满即升。

乾隆六年，奏准：各省经征盐课、督销盐引、催征各官，能于奏销前催征全完，或前官并未征解，接任官于奏销前催征全完，总以一官全完一年课引者，无论正署，均照地丁钱粮全完例议叙。其两浙代征场官处分本属减轻，全完五万两以上者，准其纪录一次；五万两以下，奏销前全数通完者，统计两年合算，将两年应征之数征收全完，亦准其纪录一次。通融销售地方，不准议叙。正课虽完今增耗羡未完。并本年带销之项未完者，亦不准议叙。令该督抚、盐政，于题销疏内分晰声明，以凭查核。如有未完捏报全完者，照地丁钱粮捏报全完例议处。

三十七年，奏准：此县之引卖与别县者，未经查报之府厅官，罚俸一年，道员罚俸九月，布政使、按察使罚俸六月。

五十九年，奏准：各省盐务项下，如云南盈积、四川羡截、长芦告领、山东公费、两淮耗规、浙江引规、广东场羡各项银两，经征各员有不按年征完者，该督抚查参，照杂项钱粮未完例议处。

查禁私盐

康熙十五年，题准：官员该管界内，有本官衙役私行煎贩或私卖者，本官不能觉察，别经发觉者，革职。其军民人等，在伊界内私行煎盐或私卖者，不能觉察，别经发觉，降三级调用，兼辖官降一级，罚俸一年。如该管官自行拿获者，免议。

又题准：凡旗人兵民，聚众十人以上，带有军器兴贩私盐，失于觉察者，将失事地方专管官革职，兼辖官降二级，皆留任，限一年缉拿。获一半以上者，复还官级，若不获者，照此例革职降级。该督抚、巡盐御史如有失察官员，徇庇不行题参，照徇庇例议处。

专管官一年内拿获十人以上、带有军器、大伙私贩一次者，纪录一次；二次者，纪录二次；三次者，加一级；四次者，加二级；五次者，不论俸满即升。

兼辖官一年内拿获三次者，纪录一次；六次者，纪录二次；九次者，加一级。拿获次数多者，均照次数纪录加级。今改为拿获十二次者加一级，纪录一次，再有多获，每三次照此递加。

三十年，覆准：十人以上、带有军器兴贩私盐，失察各官，系本处拿获一半者，免其处分外，其本处虽未拿获，被别处全获者，亦免其处分。若别处虽拿获，少一二人者，仍照例分别革职、降级留任缉拿处分。至限年缉拿之后，计未获人数。拿获一半以上者，将拿获各官原参降级、革职留任之案，准其开复；未经拿获，各官仍照二参例处分；已经全获者，不论何处拿获，将原参各官降革留任之案，准其一例开复。

三十九年，议准：私枭党众，官兵不能拿获或止获一二名及兵丁被杀伤者，专管官、兼辖官皆免其处分，限一年缉拿。如不获，仍照旧例处分。照失察大伙私盐例处分。

又议准：大伙兴贩，聚众拒捕及执持器械杀伤巡拿人等脱逃之枭徒，照缉拿强盗例，勒限严缉务获，按律拟罪。倘有不行擒拿、故为疏纵情弊，将该地方专管官革职，兼辖官降二级调用。如上司容隐不参，将上司照徇庇例议处。

四十四年，题准：小伙兴贩私盐，该管吏目、典史、知州、知县等官，失察一次者降职二级，失察二次者降职四级，皆留任戴罪缉拿。一年限满无获，罚俸一年，各带所降之级缉拿。如又年限已满不获，仍罚俸一年，各带所降之级缉拿。拿获私盐之日，皆准其开复。失察三次者，革职。道、府、直隶州知州等官，失察一次者降职一级，失察二次者降职二级，失察三次者降职三级，皆留任戴罪缉拿。一年限满无获，罚俸六月，各带原降之级缉拿。如又年限已满不获，仍罚俸六月，各带所降之级缉拿。拿获私盐之日，皆准其开复。失察四次者降三级调用。至上司因属官失察，带所降之级缉拿，自行拿获者固应开复。若原参案内所辖属官降级之案，因拿获私盐开复，其本案之上司亦准其开复。

又议准：小伙盐徒[①]拒捕、杀伤兵丁，不能擒获者，仍照例处分。照失察小伙私盐例，分别议处。全获者，免议。拿获一半者，专、兼、统辖官免其处分，余贼限一年缉拿。如一年内不获，将专管官罚俸一年，兼辖官罚俸六月，统辖官罚俸三月，余贼照案缉拿。

五十六年，题准：地方各官失察外省棍徒来境私贩，仍照定例，按次处分。有能拿获私贩千斤以上者，将该管官核实，题请纪录。如有不肖官员贪图纪录，将贫难军民肩挑背负、易米度日之人及外省来贸易之平民滥作私贩查拿，私用非刑害人致死者，将该员照诬良为盗例革职。如未经致死者，将该员降一级调用。

雍正二年，议准：贩私盐枭由他处入境，巡役缉拿，拒捕杀伤，或当场人盐并获，或于疏防限内拿获过半以上者，将事由据实呈报咨部，免其疏防处分。余犯照案缉拿。其有大伙兴贩隐讳不报及人盐并获轻为开脱者，将专

① 盐徒：指因贩卖私盐受罚的刑徒。

管官革职、兼辖官降二级调用。今增为：上司循庇不参，降三级调用。不知情者，各照失察私盐例处分。

乾隆元年，覆准：奸徒抢夺盐店及哄闹场灶等事，地方文武官弁即行拿获，究出主使同伙。如获犯过半并获首犯者，仍参疏防，照依盗案之例，免其处分。如获犯不及一半或不获首犯者，照依盗案例参处，限年缉拿，限满不获，亦照盗案例处分。如平时漫无约束、临事不即擒拿、有意姑息致长刁风者，即将该管官弁题参，照溺职例革职。各犯交与接任官照案缉拿，该管巡、道、府、厅、直隶州知州等，不行揭报，一并查参。今增为：照给照贩私上司例处分。如地方官弁整饬有方，盐引疏销，私贩敛迹，一年之内并无应参之案者，准其纪录一次。三年之内整饬有方、盐引疏销、私贩敛迹、并无应参之案，准其加一级。若有司希图议叙，隐匿不报，或将大伙之案捏作偶然凑合，巧为开脱者，照失出例处分。

七年，奏准：衙役私行煎贩，该管官自行拿获者，免议。或自行查出未经拿获详报通缉者，皆照例革职、降级留任，限一年缉拿，逾限不获，仍照例革职，其兼辖之上司免议。如旗人私盐事发，其主系官罚俸两月，如本官自行拿获者，免议。至官员行盐无术以致商贩不前，或不遵行食盐旧例，借端不行盐者，皆罚俸一年。若苦累需索，以致商贩不前者，降一级调用。

二十八年，覆准：收卖私盐，船载、车装、马驮络绎，应照“无引私盐”律治罪。不得借口买自店家、本属官盐曲为开脱，地方官拿获私盐如作官盐，杖责完案，照“故出人罪”律参处。

三十年，奏准：运使、运同、运判、盐场大使，系专管盐务之员。如灶丁贩卖私盐，大使失于觉察者革职，知情者革职，交部治罪。运同、运判失察一次者降职二级，失察二次者降职四级，俱留任戴罪缉拿；一年限满无获，将运同、运判等官罚俸一年，各带原降之级缉拿；如又年限已满不获，运同、运判仍罚俸一年，各带所降之级缉拿。今增为：拿获之日，准其开复。或拿获别案私盐，亦准其抵销开复。无获，按限开复。失察三者革职。运使失察一次者降职一级，失察二次者降职二级，失察三次者降职三级，俱留任戴罪缉拿；一年限满无获，罚俸六月，带原降之级缉拿；如又年限已满不获，仍罚俸六月，带所降之级缉拿。今增为：拿获之日，准其开复。或拿获别案私盐，亦准其抵销开复。无获，按限开复。失察四次者降三级调用。

又奏准：盐船失风失火，责成州县官会同营员查勘确实，限一月内出结通详。盐道于详到日起，限半月内核转，以凭饬商补运。限三个月过所运岸，仍令沿途督抚及该管盐道、知府、直隶州随时查察。如实系失风失火，而有勒索捺搁及受贿扶同捏报情弊，即将该员指名题参治罪。如将淹消火毁之案勘訊[1]不实即行揭报、后经发觉者，将揭报不实之员照不行查明给结例，罚俸一年。

又奏准：官员不能拿获私煎，反给印照私贩者，革职提问。上司知情故纵者，亦革职，一并审究。失察者，降一级留任，再罚俸一年。

又奏准：已抚盐枭复行贩私，审实者，将本犯解部发遣，其出结之地方专汛、兼辖及该管各官俱照失察卦子例议处。

又奏准：地方官拿获私贩，务将人盐实数详报，私盐例应入官，不得一毫隐讳。如将所获私盐侵蚀分肥，并大伙拒捕之案从中渔利，将人盐数目以多报少者，该管官弁题参革职，计赃，照枉法律治罪。其未侵匿[2]者，照徇隐例议处。上司知情故纵者，照徇庇劣员例议处。虽不知情，而未揭参者，照不揭参劣员例议处。

四十三年，覆准：拿获私盐承审各官，务先究明买自何人何地，系何场灶透漏，有无窝顿[3]之家，运往何处囤卖，并买盐月日、盐斤数目。提集犯证，并密提灶户煎盐火伏簿扇[4]，审无诬攀确据，按照律例治罪。该管地方官并场员，分别何员失察，将何员议处。不得听该犯指供，含糊参处。倘承审各官不将诬攀情由审出，即照不能审出盗贼诬攀良民例，分别议处。如任犯狡供，仍以买自不知姓名率混具详，不能究出私盐来历及运往何处囤卖实情者，革职。或听共指供，含糊请参，草率完结者，照不取紧要口供例，分别议处。

四十五年，奏准：贩私盐枭由他处入境，人盐并获或拿获过半者，免其处分，余犯照案缉拿。其有经由地方并无贩卖情事，经别处发觉者，系大伙，将地方专管官罚俸一年，小伙，罚俸六月。

---

① 訊，应为“讯”。

② 侵匿：侵吞，侵没。

③ 窝顿：即窝藏寄顿。

④ 簿扇：即折子。一种用纸折叠而成的册子，多用于记账。

五十三年，覆准：湖北宜昌府属之归州、巴东、兴山、长阳四州县，例准买食川盐，每人不得过十斤以上。如有汇总承买并藉端转相货卖，及他州县民人影射越买者，俱照兴贩例从重治罪。失察之地方官，照失察兴贩私盐例议处。仍于东湖县属之平善坝、南津关等处设卡巡查，派委员弁严行侦缉。地方官有馈送委员银两者，严参，从重治罪。今改为革职治罪。失察之该管上司一并查明，送部议处。今增为：照失察属员与上司子侄交结例议处。

嘉庆五年，奏准：小伙私盐不及十人为小伙。出境及邻邑私盐入境贩卖，不能擒获，州县、吏目、典史等官[1]照窃案满贯例查参。若拒捕杀伤人者，按次数查参。同日出境同日入境为一次。失察一次者降职二级、失察二次者降职四级，俱留任戴罪，勒限一年缉拿。限满不获，罚俸一年，各带原降之级辑拿。如又年限已满不获，仍罚俸一年，各带所降之级缉拿。拿获之日，准其开复。或拿获别案私盐，亦准其抵销开复。无获，按限开复。失察三次者革职。道、府、直隶州知州等官，失察一次者降职一级，失察二次者降职二级，失察三次者降职三级，俱留任戴罪缉拿。限满不获，罚俸六月，各带所降之级辑拿。如又年限已满，仍罚俸六月，带所降之级缉拿。拿获之日，准其开复。或拿获别案私盐，亦准其抵销开复。无获，按限开复。失察四次者降三级调用。道府就一属核计次数，不通属核计。

又奏准：枭徒贩私，聚众十人以上、带有军器、拒捕杀伤人者，州县印捕官[2]降二级留任，道员[3]、府、州罚俸一年，俱限一年缉拿。限满不获，专管官照所降之级调用，兼辖官降一级留任。至失察大伙私贩拒捕，限内拿获及半者，专管官罚俸一年，兼辖官罚俸六月，余犯再限一年缉拿。限满不获，专管官降一级留任，按限开复，兼辖官罚俸一年，余犯俱照案缉拿。邻境全行拿获者，照例减等议结；邻境拿获未全者，仍照例处分。

九年，奏准：盐场大使失察灶丁透私，如能立时自行拿获者，免议。或自行查出未经拿获详报通缉者，革职留任，限一年缉拿。限内全获并拿获过

---

① 州县、吏目、典史等官：即后文的“州县印捕官”。

② 印捕官：指印官与捕官。印官：明清制度，从布政使到知州、知县等各级地方官皆用正方印，故称“正印官”或“印官”。其他临时差委以及非正规系统官员，则用长方印。捕官：州县吏目、典史、巡检等缉拿盗贼的佐贰官。

③ 道员：即道台，清代省以下、府以上一级的官员。主管范围有按地区分者如济东道，有按职务分者如盐法道。

半兼获首犯者，准其开复。逾限不获，仍革职。如犯被邻境拿获，将革职留任之案按年开复。此等自行查出详报通缉者，兼辖之上司俱准免议。若并非自行查出详报通缉者，盐场大使仍照例革职，无庸限缉[1]，兼辖之运同、运判、运使等官，仍按其次数照例核办。至盐场各官果能留心巡缉，拿获邻境别场贩私，应即照地方官拿获邻境私盐之例，按其次数分别议叙。

又议定：地方有奸徒抢夺盐店及哄闹场灶等事，文武官弁即行拿获，究出主使、同伙，如获犯过半并获首犯者，免其处分。如不能获犯与获犯不及一半者，照盗案例题参议处，限年缉拿。限满不获，亦照盗案例处分。如获犯过半未获首犯者，照务获盗首例参处限缉。如平时漫无约束，临时不即擒拿，有意姑息致长刁风者，将该管官弁革职，各犯交与接任官照案缉拿。该巡、道、府、厅、直隶州等不行揭报，一并查参，照给照贩私上司例处分。

失察私盐、私茶，因公出境，免议

乾隆二年覆准：私茶、私盐经过境内，如有实系因公出境之员，即于核参案内据实确核，将专管、兼辖各官声明到部，准其免议。如并非因公出境，滥行详请者，降一级调用。该管上司并未确核代请免议者，罚俸一年。并《会典事例》八十三。

揭参劣员

一、盐场贪劣官员被督抚、科道纠参审实者，将不参之盐政照督抚例议处，不揭之运使等官照司道例议处。

交代议处

一、盐运使交代，照布政使之例。运同、运判、提举、大使等官交代，照州县官之例。广东运使、运同，广西盐道，各准展限三个月。

一、盐课钱粮交代案内遇有处分，盐政照督抚例、运使盐道照藩司例议处。

盐课初参

一、盐运使、提举司、分司、场大使等官，系专管盐务之员。欠不及一分者，停其升转，罚俸六个月；欠一分者罚俸一年；欠二分者降职一级；欠三分者降职二级；欠四分者降职三级；欠五分者降职四级。俱令戴罪督催，

---

① 限缉：限年缉拿。

完日开复。欠六分以上者革职。以上俱公罪。

一、盐政合计所属初参。欠不及一分者停其升转、罚俸三个月，欠一分者罚俸一年，欠二分者降俸二级，欠三分者降职一级，欠四分者降职二级，欠五分者降职三级，欠六分者降职四级。俱令戴罪督催，完日开复。欠七分以上者革职。以上俱公罪。

一、兼管盐务之知县、知州、知府、直隶州知州、道员、布政使，欠不及一分者停其升转，欠一分以上者降俸一级，欠二分、三分者降职一级，欠四分、五分者降职三级，欠六分、七分者降职四级。俱令戴罪督催，停其升转，完日开复。欠八分以上者革职。以上俱公罪。

一、督抚兼管通省粮饷。其盐课考成，欠一分者罚俸三个月，欠二分者罚俸六个月，欠三分者罚俸九个月，欠四分者罚俸一年，欠五分者降俸一级，欠六分者降俸二级，欠七分者降职一级，欠八分者降职二级，欠九分者降职三级，欠十分者降职四级。俱停其升转，戴罪督催，完日开复。以上俱公罪。

盐课复参

一、盐场大使被参后，限一年全完。如限满不完，不复作分数，仍照原参分数题参。照州县官地丁钱粮例：原欠不及一分、年限内不全完者，降一级留任，再限一年催征，如又不能完，照所降之级调用；公罪。原欠一分、年限内不全完者，降三级调用；公罪。若年限内果能上紧催征，现止一二厘未完者，议以降三级留任，再限一年催征，如又不能完，照所降之级调用；公罪。原欠二分、年限内不能全完者，降四级调用；原欠三分、年限内不能全完者，降五级调用；原欠四分以上、年限内不能全完者，革职。俱公罪。

一、分司被参后，限年半全完。如限满不完，照场大使例议处。

一、盐运使提举司被参后，限年半全完。原欠不及一分、年限内不全完者，降一级，戴罪督催；再限内不全完者，降二级，戴罪督催；三限内仍不全完，降三级调用。公罪。原欠一分至四分以上、年限内不全完者，俱照大使例处分。

一、盐政被参后，限二年全完。如限满不完：原欠不及一分者罚俸一年，一分以上者降俸二级，二分以上者降职一级留任，三分以上者降职二级留任、完日开复；原欠四分以上者降三级调用，五分以上者降四级调用，六分以上者降五级调用，七分以上者革职。俱公罪。

一、兼管盐务之州县官被参后，限一年全完。如年限内不完，不复作分数，照原参分数处分。原欠不及一分、一年内不全完者，降一级留任，再限一年带罪催完，如再不完，照所降之级调用；公罪。欠一分、二分，年限内不全完者，降二级调用；三分、四分年限内不全完者，降四级调用；五分、六分年限内不全完者，降五级调用；七分以上年限内不全完者，革职。以上俱公罪。

一、兼管盐法之知府、直隶州知州并布政使、各道被参后，限一年半全完。原欠不及一分、年限内不全完者，降职一级，停其升转，完日开复；一分、二分，年限内不全完者，降三级调用；三分、四分，年限内不全完者，降四级调用；五分、六分年限内不全完者，降五级调用；七分以上，年限内不全完者，革职。以上俱公罪。

一、兼管盐法之督抚被参后，限二年全完。原欠不及一分，二年内不全完者，停其升转；一分、二分，二年内不全完者，降职一级；三分、四分，二年内不全完者，降职二级；五分、六分，二年内不全完者，降职三级；七分、八分，二年内不全完者，降职四级；九分、十分，二年内不全完者，降职五级。以上俱公罪。俱令戴罪督催，完日开复。

盐课接征接催

一、接征接催官员以到任之日为始，州县大使等官，限一年接征，布政使、道员、知府、直隶州知州、运使等官，限一年半接催。如限满不完，题参之日，照现在未完分数，依初参例处。

一、署事官经征督催处分，俱照现任官例议处。署印不及一月者，免议。

征解包课银两

一、直省各州县应解包课银两，如有未完，核计分数，照兼管盐务之州县未完分数例议处。

盐务杂款银两

一、各省应征盐务杂款银两，如四川之羡余，俱系年额应征之项，如奏销时有不年清年款者，将经征官照杂款钱粮未完例议处。例载“催征”门。

督销盐引

一、各省官员堕销盐引，失欠一分者停其升转，欠二分者降俸一级，欠三分者降俸二级，欠四分者降职一级，俱令戴罪督销。欠五分者降二级调用，欠六分者降三级调用，欠七分者降四级调用，只准以军功钱粮加级纪录抵销，不准以融销开复及别项级纪议抵。欠八分以上者，革职。以上俱公罪。

一、盐道统计所属作为十分，如盐引缺销，照地方官未完分数处分。

一、凡戴罪督销之员，限一年内销完。逾限不完，照徐淮等仓钱粮未完例处分。例载“催征”门。

一、督销盐引未完被参之后，嗣经奏准停运疏销，原参官已无承销之责，应照钱粮续奉蠲缓之例，将原参处分一律改议完结。

一、行盐地方州县官有私派户口、勒买销引者，革职。私罪。该上司失于查参，府州降三级调用，司道降二级调用，盐道降一级调用，兼理盐法之督抚降一级留任。俱公罪。

一、盐引不行，题明擅自挪拨者，该管官降一级调用私罪。盐政降一级留任，兼管之督抚罚俸一年。俱公罪。

一、此县之引卖与别县者，未经查报之府厅官罚俸一年，道员罚俸九个月，布政使罚俸六个月。俱公罪。

一、前官已完盐引，不行送部查销及保题盐引迟延或申报盐引前后矛盾者，将该管官罚俸一年公罪。督催转报之盐政、运使、盐道及兼管盐法之督抚，俱罚俸六个月。俱公罪。

课引全完

一、各省经征盐课、督销盐引各官，能于奏销前征销全完，或前官任内并未征销，接任官于奏销前经征全完者，总以一官全完一年课引为断，无论正署，俱照地丁钱粮例议叙。例载“催征”门。

一、盐课正项虽完，耗羡未完，及引票系通融销售，并现年之课虽完而带征之课未完者，均不准议叙。该督抚、盐政于题销疏内分晰声明，以凭查核。

一、官员征销课引未完捏报全完者，照地丁钱粮捏报例议处。例载“催征”门。

行盐不如法

一、地方官行盐无术以致商贩不前者，罚俸一年。公罪。或不遵行盐旧例，借端不行盐者，亦罚俸一年。私罪。若地方官苦累需索以致商贩不前者，降一级调用。私罪。

一、此县之引卖与别县者，未经查报之府厅官罚俸一年，道员罚俸九个月，布政使罚俸六个月。俱公罪。

盐斤搀和沙土

一、灶户将官盐搀和沙土，照例治罪，勒令改煎。督煎之提举、大使等官系纵容者革职，私罪。失察者降一级调用，公罪。若知情受贿者革职治罪，著落煎赔。私罪。其府州县官有兼管督煎者，亦照此分别议处。

一、运销各属官盐，有搀和沙土者，许承销之州县呈报参究。如州县官明知徇隐，革职，一体著赔。私罪。

盐船失风失火

一、盐船失风失火，责成州县官会同营员查勘确实，限一月内出揭通详。盐道于详到之日起，限半个月内核转，以凭饬商补运。限三个月过所运岸，仍令沿途督抚及该管盐道、府州随时查察。如官弁等有勒索捺搁及受贿扶同捏报情弊，即指名题参，革职治罪。公罪。如不详悉勘讯辄行结报，后经查有不实者，罚俸一年。公罪。

场灶漏私

一、灶丁透漏私盐，专管场大使知情纵容者，革职治罪，私罪。失于觉察一次者革职；公罪。运同、运判失察一次者降职二级留任，二次者降职四级留任，三次者革职；俱公罪。运使失察一次者降职一级留任，二次者降职二级留任，三次者降职三级留任，四次者降三级调用。俱公罪。

一、灶丁透漏私盐，该管场大使自行查出，立时拿究者，免议。其或虽经查出，犯已在逃，未能拿获，仅止详报通辑者，将该大使革职留任，限一年缉拿。公罪。限内全获或获犯过半兼获首犯者，准其开复。限满不获，即行革职。公罪。如年限内，犯被邻境拿获，将革留之案扣限四年，无过开复。

一、灶丁透漏私盐，经场大使自行查出详报通缉者，兼辖之上司俱准其免议。若并非自行查出详报通缉，除该大使照例革职、无庸限缉外，将兼辖之运同、运判降二级留任，限一年缉拿。公罪。限满无获，罚俸一年，再限一年缉拿。公罪。再限不获，仍罚俸一年，逃犯照案缉拿。公罪。运使降一级留任，限一年督缉。公罪。限满无获，罚俸六个月，再限一年督缉。公罪。再限不获，仍罚俸六个月，逃犯照案督缉。公罪。以上运使、运同、运判降留之案，限内获犯，准其开复。或拿获别案私盐，亦准其抵销。无获，扣限三年，无过开复。

一、盐场各官果能留心巡缉，拿获别场透漏私盐，准照邻境地方官拿获私盐之例，按其次数，分别议叙。

私煎

一、凡军民人等私煎私贩，该管地方官失于觉察，降三级调用，公罪。兼辖官降一级调用。公罪。自行访拿究办者，免议。若虽经查出，详报通缉，而未能获犯，将该管官降三级留任，限一年缉拿；公罪。逾限不获，照所降之级调用。公罪。兼辖官免议。

一、衙役私煎私贩，本管官失于觉察，革职；公罪。兼辖官隆一级调用。公罪。自行访拿究办者，免议。若虽经查出，详报通缉，而未能获犯，将本管官革职留任，限一年缉拿；公罪。逾限不获，即行革任。公罪。兼辖官免议。

一、旗下家人私煎事发，其主系官罚俸两个月。公罪。自行查出送究者，免议。

一、官员不能拿获私煎，反给与印照兴贩者，革职提问。私罪。上司知情故纵者，亦革职，一并审究。私罪。失察者降一级留任，再罚俸一年。公罪。

整饬盐务

一、地方文武员弁整饬有方，能使官引疏销、私贩敛迹，一年无应参之案，准其纪录一次；二年无应参之案，准其纪录二次；三年无应参之案，准其加一级。

湖广缉私

一、湖北宜昌府属之归州、巴东、兴山、长阳四州县，例准买食川盐，每人不得过十斤以上。如有汇总承买并藉端转相货卖及他州县民人影射越买者，失察之地方官照失察私盐例议处。仍于东湖县属之平善坝、南津关、西坝、白洋河等处设立卡巡，令宜昌府通判督率兵役侦缉，如有失察，亦照地方官失察私盐例议处。

拿获私盐议叙

一、专管地方之印捕官，一年内能拿获小伙私盐二起者，纪录一次；四起者纪录二次；六起者加一级。每按二起照此递加。兼辖之道员府州，一年内统计所属拿获小伙私盐五起者，纪录一次；十起者，加一级。每按五起照此递加。

一、专管官一年内能拿获大伙私盐一起者，纪录一次；二起者，纪录二次；三起者，加一级；四起者，加二级；五起者，不论俸满，即升。兼辖官一年内统计所属拿获大伙私盐三起者，纪录一次；六起者，纪录二次；九起者，加一级；十二起者，加二级。每按三起，照此递加。

私盐出镜、过境、入境

一、本地私盐兴贩出境及邻邑私盐入境贩卖，该管之州县、吏目、典史等官不能擒获，扣限六个月查参。系小伙私盐，不及十人为小伙。将该管官罚俸一年，再限一年缉拿；公罪。限满不获，罚俸二年，盐犯照案缉拿。公罪。系大伙私盐，十人以上及带有军器者为大伙。将该管官罚俸一年，再限一年缉拿；公罪。限满不获，降一级留任，盐犯照案缉拿。公罪。

一、私盐经由过境并无在境贩买情事，后经别处发觉，系小伙，将失察过境之印捕官罚俸六个月；公罪。系大伙，将失察过境之印捕官，罚俸一年。公罪。

一、私盐出境、过境、入境，经武职汛员及交界处所之州县，能将人盐并获者，概免本境官失察处分。如本境印捕官仅获盐斤而人犯未获、仅获人犯而盐斤未获者，将失察处分减等议结。应降一级留任及罚俸二年者，均减为罚俸一年。应罚俸一年者，减为六个月。应罚俸六个月者，减为三个月。

一、私盐出境、过境、入境，该管印捕官明知故纵，不即擒拿，或首犯潜匿在境隐讳不报，或将大伙捏作小伙，或人盐并获曲为开脱者，俱革职。私罪。兼辖之府州降二级调用，公罪。如徇庇不参，降三级调用。私罪。

一、地方官拿获私贩，务将人盐数目据实详报。如具报失实，其盐斤并未入己者，降二级调用；公罪。若将所获盐斤侵入己橐或与各役分肥者，俱革职治罪。公罪。府、州、道员知情者，降三级调用；私罪。不知情者，照不揭参劣员例议处。例载“举劾”门。

一、私盐经过境内，如有实系因公出境之员，即于参案内据实声明，准其免议。如知县等官混行捏报者，降一级调用；私罪。该上司并未确查即为请免者，罚俸一年。公罪。

私盐拒捕

一、小伙私盐拒捕伤人之案，州县官失察一次者降职一级，二次者降职二级。俱戴罪勒限一年缉拿。限满不获，罚俸一年，仍带降职处分缉拿。如又限满不获，各照所降之级留任。俱公罪。拿获及半准其开复，或拿获别案私盐，亦准其抵销。无获，按限开复。失察三次者，降三级调用。公罪。道员、知府、直隶州知州等官，无庸以通属州县并计，失察二次者降职一级，三次者降职二级，俱戴罪督缉。限满不获，罚俸六个月，仍带降职处分督缉。如又限满不获，各照所降之级留任。俱公罪。拿获及半，准其开复。或拿获别案私盐，亦准其抵销。无获，按限开复。失察四次者，降二级调用。公罪。

一、大伙私盐，聚众十人以上拒捕伤人者，州县印捕官降一级留任，道员、府、州等官罚俸一年。俱限一年缉拿。俱公罪。限满不获，专管官照所降之级调用，兼辖官降一级留任。俱公罪。

一、私枭拒捕之案，无论大伙小伙，地方官于限内拿获及半者，免议。文职拿获，武职准其免议。武职拿获，文职亦准其免议。交界之所，此州县获犯，即免彼州县处分。彼州县获犯，即免此州县处分。此指出境、过境、入境，彼此地界交接。若犯由别处拿获，即照例减等议结。非私枭出入经由之州县为“别处”，例载“公式”门。凡属员应减免处分者，兼辖之上司亦一体减免。

一、私枭在过境、入境时拒捕，其失察出境之员，仍照贩私出境例议处；在入境时拒捕，其失察过境之员，仍照贩私过境例议处。

一、私枭拒捕，州县官讳匿不报或将数起报作一起者，俱革职。私罪。兼辖之府州降二级调用、道员降一级调用。俱公罪。如上司徇庇不参，降三级调用。私罪。

奸徒抢夺哄闹

一、地方奸徒有抢夺盐店及哄闹场灶等事，文武员弁即行协拿，究出主使、同伙。能获犯过半兼获首犯者，免其处分。如不能获犯与获不及半，照盗案例题参议处，限年缉拿。限满不获，亦照盗案例处分。如获犯过半未获首犯，亦照盗首不获例参处限缉。例俱载“盗贼”门。傥平时既无约束、临事不即擒拿、有意姑息致长刁风，将该管员弁革职，私罪。各犯交与接任官照案缉拿。该管道、府、州、厅不行揭报，照失察给照贩私例降一级留任，再罚俸一年。公罪。

已抚盐枭，复行贩私

一、已抚盐枭复行贩私，将原出结官及约束不严之地方官照失察抚绥人丁为盗例，降一级调用。公罪。

承审盐犯

一、承审私盐，务先究明买自何人何处、系何场灶透漏、有无窝顿之家、运往何处囤卖并买盐月日、盐斤数目，并密提灶户煎盐火伏簿扇，查核系何员失察，将何盐议处，不得听该犯指供，含糊参处。傥承审官不查究私盐来历及运往何处囤卖实情，照故出人罪律参处；或听信妄供，含糊请参，草率完结，照不取紧要口供例议处。例载“审断”门。

一、承审私盐，不得以买自盐店、本系官盐曲为开脱。如将私盐审作官盐，仅以杖责完案，照故出人罪律参处。

一、盐犯诬扳[①]，承审官不能审出，照不能审出盗贼诬良例议处。例载“审断”门。

妄拿贫民作私贩

一、地方各官，将贫难军民肩挑背负以盐易米度日之人及外来贸易平民指为私贩，诬拿拷审，拖累致死者，照诬良为盗例革职；私罪。未致死者，降一级调用。私罪。以上见《处分则例》。

落地税银

一、直省征收落地税银，其在府、州、县城内者，照旧征收，不得于额外苛索，重复收税；若在乡镇村落，则全行禁革，不得假借名色巧取一文，违者革职治罪。私罪。

直省起解京饷

一、直省应解地丁正项银两，以元宝解交；其关税、盐课、漕项等款及一切杂项银两，悉以散银解交。如银匠于银内搀和铅砂，该藩司未经查出，遽行起解者，降三级调用，公罪。巡抚罚俸一年。公罪。如并无搀和情弊，止于银不足色者，该藩司降一级调用，公罪。巡抚罚俸六个月。公罪。

解员沿途查验

一、各省领帑采买办运如盐斤、铜铅、颜料等类。之委员，于办齐领解之日，将所解包篓、锭件、数目、斤两一面申报原委督抚，一面申报沿途督抚。凡所过州县地方，入境时即报明地方官查验。至出境时，该地方官验明无事，

① 诬扳：亦作“诬攀”，招供的时候凭空牵扯别人。

即出具出境印结，申报该管上司，并知会交界地方官一体查验。如有在境盗卖捏报遭风守水情事，该地方官立即申报本省督抚题参，不得以邻省差官致滋疏纵。倘有瞻徇隐匿，不行申报，经该督抚查出，即将地方官革职。私罪。若地方官已经申报，而督抚不行参奏者，降三级调用。私罪。倘系该地方官藉端留难，故为勒掯，以致委解官出境迟滞者，该督抚亦应严参，将该地方官降二级调用。私罪。失察之该管官罚俸一年。公罪。谨案：道光二十三年十二月二十日，四川准户部咨略：嗣后各督抚、盐政，凡解交部库银两，于未经起解之先，务将批差员役某人定于某日起程、限某日到部之处，遵照定例预行备文知会。库大使接到此项报文，即于次日呈堂签到后，将原文付知银库登记档册，以凭查核。

盘查道库、府库

一、直省粮盐道库钱粮，责成同城督抚及盐政盘查，出结具题，悉照盘查藩库之例。比系专指粮道兼管盐务者而言。

司道侵挪，许库官揭报

一、布政使、盐道银库匙钥自行掌管，库大使止令看守封识，遇有钱粮出入，禀明司道，方许开库。倘该司道有侵欺挪移、抑勒库官者，许库官径行揭报。该督抚、盐政查核属实，将库官题请议叙，以应升之缺即用。其或通同隐匿，事发一体治罪。如库官已经揭报，而督抚、盐政不行题参，降三级调用。私罪。

州县亏空，勒借商民

一、州县官因亏空库项，向所属盐当富民人等威逼勒借，许该商民赴上司首告，将州县官照勒诈财物例革职治罪，私罪。该管各上司照不揭参劣员例议处。例载“举劾”门。以上《吏部处分则例》。

四川盐法志卷三十六·禁令二

户部盐法

考成

顺治初年，定直省盐课，每年巡盐御史及兼理盐法巡抚开列属官职名、分数具奏，其州县原额并完欠细数，运使及管盐法司道汇造清册送部察核。

康熙三年，题准：州县、卫所官销引，欠一分者停其升转，二分者降俸一级，三分者降俸二级，四分者降职一级，五分者降职二级，六分者降职三级，七分者降职四级。皆戴罪催销，完日开复。

又题准：御史差满，交代离任，将经征带征盐课总作十分，未完不及一分者，罚俸一年，一分以上降俸二级，二分以上降职一级，三分以上降职二级，皆留任。四分以上降职三级调用。五分以上四级，六分以上五级，皆调用。七分以上革职。广东、广西、福建、四川、云南、贵州兼管盐法巡抚，盐课初参未完一分者罚俸三月，二分六月，三分九月，四分一年，五分降俸一级，六分二级，七分降职一级，八分二级，九分三级，十分四级。皆戴罪督催，停其升转。运、提、分司、大使，未完不及一分者，停升，罚俸六月；一分罚俸一年；二分降职一级；三分二级；四分三级；五分四级。皆戴罪催征，六分以上者革职。经管盐法司、道、府、州、县官，盐课初参未完不及一分者停升，一分以上降俸一级，二分三分降职一级，四分五分三级，六分七分四级。皆戴罪催征，完日开复。八分以上革职。署运、提、分司、大使，未完不及一分者罚俸三月，一分六月，二分九月，三分一年，四、五分降职一级，六、七分降职二级。皆调用，八分以上革职。署理不及一月者，免议。署管盐法司、道、府、州、县、卫、所官，未完一、二分者罚俸三月，三、四分六月，五、六分九月，七、八分一年，九、十分者降职一级调用。署理不及一月者免议。接征接催官不必各作十分，以本年盐课总作十分扣算议处。参后，大使限一年全完，分司限年半全完，限内不完，照州县官地丁钱粮例处分。运使、提举限年半全完，限内不完，照布政司地丁钱粮例处分。管盐法州、县、卫、所官，限一年全完，限内不完，原参不及一分者降职一级，一、二分三级，三、四分四级，五、六分五级。皆调用。七分以上革职。兼管盐法司、道、府、直隶知州限年半全完，限内不完，原参不及一分者，降职一级，停其升转，一、二分降三级，三、四分四级，五、六分五级。皆调用。七分以上革职。兼管盐法巡抚，限二年全完，限内不完，原参不及一分者停升，一、二分者降一级，三、四分二级，五、六分三级，七、八分四级，九、十分五级。皆戴罪督催。凡降俸降级等官，均候交代，有能于离任之先将盐课全完者，即准开复。如年限盐课接征接催官原参无名者，接算前官，总作十分，限半年全完，如不完照初参分数参处。

四年，题准：经管盐课官报明巡盐御史察核完欠，方许离任，如有未完即准其离任，将御史降二级调用。

十二年，题准：各官任内盐课未完，别案降调、丁忧离任者，罚俸一年；盐池墙垣倒坏、行盐无术、商贩不行或食盐不遵旧例、借口不行盐者，皆议罚俸一年。

又题准：各省销引未完八分以上者革职。其戴罪督销者，限一年销完。如未完，一、二分者降三级，三、四分四级，五、六分五级。皆调用。七分以上革职。

又题准：前官已完销引，责成后官一年内缴部，如不行送部及题报盐引迟延、或申报盐引前后不符者，该管官罚俸，巡盐御史、兼管盐法巡抚照例议处。

又题准：盐引未经题明，私自挪拨者，该管官降一级调用，巡盐御史降一级留任，兼管盐法巡抚罚俸一年。或将此县引卖与别州县未经申报者，府厅官罚俸一年，布政使、按察使罚俸六月。

十四年，题准：巡盐御史盐课未完二、三分者，照旧例降级，仍留任。兼管盐法巡抚，参后不完应降级者，皆留任督催，完日开复。至接管官半年期限太迫，州、县、大使改限一年，司、道、府、直隶州知州、运使等官年半，巡抚二年，如不能完，照初参例处分。署司、道、府、州、县等官，不及一月者免议。分司、大使、州、县等官，原参不及一分，年限内不完者，降一级留任，再限一年催征，如再不完，照所降之级调用。

十七年，题准：各官查出灶地升科，均照查出地丁钱粮例议叙。

二十七年，题准：云南土商小贩赴井支配，令将行盐各府州县定完欠考成处分，令其领运行销，先行盐后纳课。

四十五年，覆准：嗣后有商人告领帑银者，坐商，责令巡盐御史等官，运商，责令督抚、州县官，确查行盐地方广狭、盐本家产厚薄，出具印结，并诸商连名互结，送部察核。

五十年，覆准：运司交代照藩司交代之例，造具册结，详巡盐御史具题察核，如有迟延、徇隐等弊，照例题参，交该部照藩司交代之例议处。至甘肃、四川、云南、贵州等省未设运使，其管理盐课钱粮官交代之时，亦照此例。其运同、运判、提举等官，均有催征钱粮之责，亦照州县交代之例，令该御史备具册结，呈报部科。

雍正二年，覆准：嗣后各省直隶州督销盐引、巡缉私盐，原系府同知经管者，改归州同；原系通判兼管，无州判者，交与州同管理。如销引不完及巡缉私盐不力，该抚即照例参处。

六年，覆准：起解盐课协饷，该盐政督抚、巡盐御史豫先移会前途督抚，饬拨官弁护送交代，严饬解官由大路挨站而行。如有疏虞，该管督抚即将经过之文武官弁照例题参，著落分赔。倘该督抚、御史不移会督抚，解官不知会地方，仍潜行小路，一有疏失，各官照疏防例议处。其不移会之督抚、御史，照签差不慎例议处。私行小路之解官，照枉道例处分，所失饷银，着落解官名下追赔，如不能完，即著落原差委之上司赔补。至解官欲就小道，该地方官详报题参，倘地方官听其由小路行走者，一并题参。

又议准：盐课未完，经征各官，均按分数议处，而欠课商人从未有处分之例，是以各商固结陋习，视欠课为泛常。嗣后未完盐课钱粮经征各官，仍按照分数议处，外将各商名下应完钱课，作为十分，未完不及一分者责二十板，未完一分者枷一月、责二十板，二分者枷四十五日、责二十五板，三分者枷两月、责三十板，四分者枷七十五日、责三十五板，五分者枷三月、责四十板。以上欠课各商，题参之日扣限一月，全完者免处，逾限不完即照此例枷责。如能于枷限内照数全完，立时释放免责。若枷限满日仍不完纳，除杖责外，即将该商咨参革退，所欠课项以引窝变抵。未完六分者杖六十、徒一年、限四月全完，七分者杖七十、徒一年半、限六月全完，八分者杖八十、徒二年、限八月全完，九分者杖九十、徒二年半、限十月全完，十分者杖一百、徒三年、限一年全完。以上自六分至十分，皆将该商锁禁，能于限内全完，革退不许充商，免其杖徒之罪；倘逾限不完，除将该商发配外，其名下所欠课项均著落引窝、家产变抵。如额征钱粮果能岁终如数全完，令盐政按其课项多寡量给花红扁额，以别优劣。

七年，覆准：两浙各场盐课钱粮，令场员就近设柜征收，原封解交各县折并。是代征之场员，非专管官可比。嗣后除兼管、专管各官仍照旧例处分外，其代征场员如旧例初参未完不及一分罚俸六月者，今应免其处分；一分罚俸一年者，罚俸三月；二分降职一级者，罚俸六月；三分降职二级者，罚俸九月；四分、五分降职三级、四级者，罚俸一年。皆免其停升催征。再旧例未完六分以上者，皆革职，今未完六分应降职一级，未完七分降职二级。仍令戴罪催征。至八分以上者革职。再初参处分既已改轻，则原参各官亦不便仍照旧例议处，嗣后代县催比之场员，旧例原参不及一分、年限内不全完、降一级留任者，罚俸六月；原参一分、年限内不全完、降一级调用者，罚俸一年；原参二分三分、年限内不全完、降四级五级调用者，皆降一级留任，再限一年催征，如再不完，照所降之级调用；原参四分五分、年限内不全完革职者，降一级调用；至原参六分以上、年限内不全完者革职；若有一场坐落两县者，其场员两地未完分数合算，并案议处。

乾隆六年，题准：各省经征盐课、督销盐引、催征各官，能于奏销前催征全完或前官并未征解、接任官于奏销前催征全完，总以一官全完一年课引者，无论正署，均照地丁钱粮全完例议叙。其两浙代征场员，处分本属减轻，不便与经征官一例议叙。嗣后两浙代征场员全完五万两以上者，准其议叙；五万两以下，奏销前全数通完，统计两年合算，若将两年应征之数征收全完，亦准其议叙。通融销售地方，不准议叙。正课虽完，本年代销之项未完者，亦不准议叙。

二十九年，议准：湖北宜昌通判巡缉私盐，地方应准其在于宜昌镇标派拨弁兵、东湖县派拨捕役，各就本汛巡查。如有川私透越，协力追捕查拿，照例给赏。倘有怠忽、贿纵情事，分别查究该管文武员弁，照例详参。

四十一年，议准：商人领运引票，在内河失水，呈明地方官，详查确实，结报盐政、运使，盐政印给照票，饬商补运盐斤；在大江失水，州县官会同营员查勘确实，限一月内通详盐道，于州县详到日起，限半月内核转，盐政印给照票，饬商补运，限三个月过所运岸。若系残引残票失火失水，所有遗失引票数目，由营汛地方官出结，盐道加结，申报督抚、盐政，核实送部，仍于奏销册内声明题销。至补给印票，同残引一并交部。傥有奸商捏报，查究治罪。营汛、地方官或有藉端勒索及通同捏报，一并查参，分别究拟。

四十三年，覆准：各省堕销盐引各官，未完在四分以上者仍照旧办理；自五分至七分以上旧例降职者，均改为实降，只准以军功钱粮加级纪录抵销，不准以融销开复及别项加级纪录议抵。

又奏准：凡有引地方，将各卡责成州县及兼管盐务佐杂官分段管理，即以该处盐引之销滞核对私贩之有无，将该管官役分别劝惩。

又覆准：拿获私盐，承审官如仍以买自不知姓名人率混具详，并不究问私盐来历及运往何处囤卖实情，即照故纵例议处。

又奏准：凡私盐要隘处所，派委候补千总前往巡缉，半年更换。如有获私至四千斤以上者，准其留巡一次。如半年期内能缉获大伙私盐、久惯窝顿并积算盐斤在一万斤以上者，遇缺先应补用，兵役加倍赏给。如半年期内疏纵漏私，数至四千斤者降一级留任，四千斤以上者降一级调用，一万斤以上者革职，兵役严行究处。

四十六年，奏准：各省盐务应完杂项、应缴残引，如有历欠堕积并未勒限完解者，每届五年由部汇查一次，开单具奏，以示清厘。

又覆准：盐羡银两，以四十六年为始依限征收，年清年款。傥有短欠，将经征官照杂项钱粮未完例议处。

四十九年，议准：各省盐务人员部借养廉银两，由盐库按限扣解，藩库造报酌拨。傥本任扣不足数及有事故未扣者，仍由该管运司、盐道查核已未完数目，年终汇册报部，以凭稽核。

五十一年，奏准：各省商人领引卖盐后，各该管盐督抚、盐政将盐引截角，于本年奏销后解部缴销。如缴引迟延，除将经销州县送部议处外，并将督销运使、盐道各职名一并查参，分别议处。

五十九年，覆准：各场折价正项即有一年一官全完，若不与应征规耗同时奏报，并有年额蠲缓分数钱粮未经照额全完者，毋庸附疏声明议叙，以昭核实。

禁例

顺治元年，覆准：场灶照额煎盐，大使亲验，按月开报运使，如有隐匿以通同治罪。其商人不许滥委杂役行盐，水程填明卖销地方，完日同引缴查，不得告改。或盐引焚溺，取具地方官印结，查实补买。

十六年，题准：商人载盐，不论大小船，均用火烙印记船头，不许滥行封捉。

又议准：将领、卫所官弁纵兵私贩，该州县官缉拿揭报参处。

十七年，题准：盐场设立公垣[①]，场官专司启闭。凡灶户煎盐，均令堆贮垣中与商交易。如藏私室及垣外者，即以私盐论。商人领引赴场，亦在垣中买筑[②]，场官验明放行。傥有私贩夹带等弊，该场官役一并重处。

又题准：盐船过关，止纳船料[③]，如有藉端盘验、额外苛求者，以枉法治罪。

又题准：凡获大伙私盐，必究讯窝家、经纪所过地方有无徇纵，管盐司道扶同不举者，一并参究，不许以肩担背负奇零小贩塞责。

又议准：贫民食盐四十斤以下者，免税；四十斤以上者，仍令纳课。

又覆准：灶丁不许充当衙役。

康熙七年，题准：州、县、卫、所官勒令百姓买引、私派户口销盐者，革职。司、道、府、都司不查报，巡盐御史、管盐巡抚失于觉察，照例议处。

九年，题准：凡旗人贩卖私盐，照例治罪外，其主系官，罚俸；系平人，鞭责；佐领、内管领[④]、骁骑校，罚俸；领催、屯长，鞭责。其马场牧人有贩私盐者，领去之营总、参领等，皆罚俸；领催等各鞭责。

十五年，题准：各官该管界内有私煎贩卖者，系所管衙役，革职；系军

① 公垣：清盐场统一收贮或发卖存盐的仓库。

② 筑：指“筑包”，“买筑”即为“买筑打包”，指买盐后装填捆绑成盐包。

③ 船料：向内河商船所征的税。

④ 内管领：指清代内务府满洲镶黄旗、正黄旗、正白旗三旗管理包衣的头目，以别下五旗管领。

民人等，降调。如旗人私煎贩卖，本主自行拿获者，免议。

十七年，题准：兴贩私盐、文武失于缉捕者，如不及十人或十人以上不带军器，仍照例议处；十人以上带有军器者，专管官革职，兼辖官降级留任，限一年内①，缉获一半以上者，还职，不能缉获者，照例革职。该督抚、巡盐御史、提督、总兵官不题参者，照徇庇例议处。若专管官一年内能获大伙私贩一次至五次者，分别议叙。兼辖官亦照例议叙。

二十一年，题准：凡私盐经沿途官兵捕快盘获者，徇纵场官及失察官一并议处。

二十七年，覆准：各场折课等银，令灶总分催，各灶自封投柜。如劣衿②蠹役营充灶总，包揽收纳，照包揽州县钱粮例治罪。

二十八年，议准：私枭全获，沿途失察武职免议。

又议准：武职拿获别汛③私枭者，准予议叙。

又题准：盐店设立小票、私畜盐丁，概行禁止。有擅用者，照违禁例治罪。

三十年，覆准：十人以上带有军器兴贩私盐，本汛获贼一半以上，失察各官免其处分；本汛未获，别汛全获者，亦免其处分；别汛拿获少一二人者，仍照例处分。

三十四年，题准：嗣后兴贩私盐事发，该管吏目、典史、知州、知县、守备、千把总等官，失察一次至三次者，照例议处。道、府、直隶州、副将、参将、游击等官，失察一次至四次者，照例议处。运使、运同、运判、盐场大使均系专管盐务之员，以后灶丁贩卖私盐，大使失于觉察及知情者，分别处分；运同、运判照该管州县官例处分；运使照府道例处分。至关津过往回空粮船、官坐船，如有夹带私盐在船者，将夹带私盐之人照兴贩私盐例治罪，管船同知、通判、守备、千总、文武官弁，知情、不知情分别处分。

四十六年，覆准：私贩致碍官引，皆系积枭巨囤所致。嗣后盐法衙门将私贩之徒，准其用刑考讯，除正罪外，其余不得滥用刑讯。

四十七年，覆准：私盐之充斥，皆由总商不革、官自为私，各卖己盐，

① 限一年内：疑后脱“缉拿”二字。

② 劣衿：品行恶劣的生员。

③ 别汛：汛同“讯”。别汛指别人的巡防之地。下同。

以图一时之利。令将总商革去，违者该督抚即行指参。

雍正元年，议准：杜绝粮船私贩，将为首旗丁[①]按法重处。

二年，议准：贩卖私盐，交与地方官不时严加查缉。除奇零肩卖者不必缉拿，傥有大伙私枭，督抚会同将军拨旗兵协捕。其私贩为首之人与装载私盐之船户，拿获一同治罪。拿获及出首之人照盐数议叙。

又议准：嗣后如有积枭藉称贫民，将私盐潜行窝囤兴贩贸易者，令地方官弁及盐政衙门一同稽查。

又覆准：令各省管盐督抚、巡盐御史将商人每年应完钱粮务于奏销限内照数完纳，如有拖欠，即将该商革退，引窝别募殷实商人承领，所欠钱粮著落该商家产追赔，其原出结各官，交该部严加议处。如有通同徇隐、以欠作完等弊，于发觉之日将该管各官一并从重治罪。

六年，议准：拿获私贩，本犯脱逃者，即将装盐之脚夫、水手拘获到案，详究本犯踪迹，勒限务获。照例于私贩上加治逃罪，售与之人亦照私贩例治罪。其脚夫水手，分别惩治。若大伙兴贩，照强盗例勒限严缉，地方文武官弁照溺职例议处。

又议准：拿获私盐，务将人盐数目据实详报。如有将私盐入己或与各役分肥、不行据实详报，并大伙拒捕之案以多报少者，即将该管官弁指名题参，计赃治罪。其有未经侵匿者，照徇隐例处分。上司知情故纵及虽不知情，未经揭参，或于别处发觉者，将该上司照失察例分别议处。

又题准：拿获私盐，必详究其买自何地、卖与何人，一并取具确供，照兴贩私盐例治罪。若买自场灶，将该管场司并沿途失察各官题参议处。其不行首报之灶丁，照贩卖私盐例治罪。傥承审官不究私盐之来由，草率完结，亦照例参处。

又议准：嗣后拿获私盐，计其斤数之多寡，定罪名之轻重。如三千斤以下者，仍照例拟以杖、徒。三千斤以上者，即照越境贩盐例问，发边卫[②]充军。

乾隆元年，题准：六十岁以上十五岁以下及少年之有残疾者、其妇女亦

① 旗丁：漕运的兵丁。《六部成语注·户部》“旗丁”：“运船之水手人丁皆世袭其业，官给田粮，如八旗兵丁，故谓之旗丁。各船有一定之旗号。”

② 边卫：明清边境地区的卫所。

止老年而孤独无依者，许其背负盐四十斤易米度日，如不合例之人，概不许藉端兴贩。其稽查之法，令于本县报明验实注册，给以印烙腰牌木筹，每日卯辰一时赴场买盐担卖，一日止许一次，并止许行陆路，不许船载。

又覆准：沿河文武官弁，凡粮船经过在于河干，竭力稽查，除留食盐外，其余夹带之盐，照私盐例入官。

二十八年，议准：各场商运盐斤，船户句通[①]枭贩盗卖爬抢等事，呈报地方官，详报盐政，详查确实，准其与淹消盐斤一例补运，所失盐斤于各犯名下追变，解部充饷。如商人自行串卖捏报抢窃，照私盐例从重治罪。至商厮[②]呈报，地方官抑勒不行准理，一经查出，指名参处。

二十九年，覆准：粮船每只准带食盐四十斤，至经过查验处所，将食盐摆列船头，听官查验。零星秤出余多之盐，每船不得过二三斤。如有多带，入官变价充公，不得以私盐混报，致滋扰累。

三十四年，议准：州县官拿获私盐，概照本地官盐价值，悉令遵照定例交商，一律变价入官，毋任胥役领卖滋弊。至拿获牲畜，价值今昔不同，每等酌加银二两，如有延挨不管以致倒毙者，著落州县官照现定之中等价值赔补。至车船等项，务按新旧大小，照依实价，据实报解。

四十三年，奏准：大伙枭徒拒捕伤差之案，一经审究得实，将得赃包庇之兵役问拟斩候，私售之灶丁及窝囤之匪犯，一体拟发伊犁、乌鲁木齐为奴。

四十六年，议准：四川重庆一带入楚船只零星食盐，仿照巴东易食零盐之例，每船不得过十斤以上。傥有任意售卖过数，除买盐越贩者照例究拟外，其卖给多盐之铺，即以通同货卖例治罪。

嘉庆五年，奏准：云南各井盐斤，督饬井员查禁灶私之偷漏，并严饬迤东[③]之曲靖、开化、临安等府文武，派拨兵役，于各要隘认真巡缉，如有川粤私贩侵越入境，即行擒拿报解，傥敢懈纵，严参究处。

---

① 句通：即“勾通”。

② 商厮：《清实录·乾隆朝实录》卷之三百九十八注称：盐船开行，商人遣人押运，名曰商厮。

③ 迤东：地区、道名。明时称云南昆明市以东地区为迤东。清雍正八年（一七三〇）置迤东道，驻寻甸州城（今云南寻甸），后徙曲靖府城（今曲靖市）。

引目由单

顺治元年，定宝泉局刊铸铜版，刷印盐引，每引纳纸朱银三厘，附同正课交都转盐运使司，按年解部以供刷印。

六年，铸户部盐引印，以钤盐引。

康熙十一年，铸户部盐茶银印二颗，钤盐茶各引。

二十八年，议准：场灶向无全书，刊刻易知由单，易于稽核，不必造赋役全书。

三十年，覆准：铸户部山东司盐引之印二颗，钤各盐引。

六十一年，覆准：令宝泉局照旧式铸造新版六十四块，其模糊旧版即交销毁。

乾隆六年，题准：铸换盐引新版六十四块，其旧版即缴销。

十三年，定各省由单，均解交户部，以备稽查。

又题准：新铸盐引铜版，四川一块，旧版交与宝泉局销毁。

又定例：各省盐引，每于岁终，各该督抚、盐政差委官役赴部请领，部按其请领之数，刷印给发。

五十三年，题准：换铸铜版六十八块，四川二块，旧版交宝泉局销毁。

五十八年，题准：换铸山东司盐引铜印二颗，旧印缴销。

六十年，题准：换铸两淮、长芦、山东、两浙、广东、福建、四川、花马小池、漳县西河等九处铜版六十块，旧版交宝泉局销毁。

嘉庆三年，题准：换铸户部盐茶银印二颗，山东司盐引铜印二颗，旧印缴销。以上见《会典事例》卷百八十二。

正余引票

一、四川省正引视上年已销之数请领，盐井坍废，准豁引课，此外照领销竣。仍备领余引五千道。新开盐井，即以余引配运，有剩缴部。

四川引根

一、四川盐引，行销贵州省之贵阳、安顺、平越、都匀、思南、石阡、大定、遵义，云南省之昭通等府州县。四川省之酉阳州石砫，明正、木坪、瓦寺、金川、阿日、杂谷九姓司等各土司，并黄螂、雷波等处，该沿边州县，于商运到日，将部引截角挂验，另用盐道印发双联引根引纸，照部引字号张数逐一填注于引根引纸中缝，大书运盐斤数，将引纸给商转运，引根同已经截角部引申送盐道查核缴部。所给引纸由前途照例截验放行，免其缴销。

引票奏销

一、各省引票于奏销前全完者，经督各官照例议叙。有通融代销及现年之引虽完而代销之引未完者，均不准议叙。未完引票各按分数分别查参。

一、四川省正余引目，于次年四月奏销。

按引配盐

一、四川省盐引，水引每引配盐五千斤，陆引配盐四百斤。

行盐地界

一、商人起运有引官盐，不于例定应行地面发卖、转于别境货卖者，照例治罪，其盐入官。内归州、巴东、兴山、长阳等四州县，如遇淮盐不能接济，听民零买川盐，不得过十斤以上，亦不许转相货卖。

一、四川省盐引行四川省，湖北省宜昌府属之鹤峰、长乐等二州县，施南府属之恩施、宣恩、咸丰、来凤、利川、建始等六县。

额定盐价

一、凡商人运盐，有定价者，照额发卖，不准加增；无定价者，不得高价病民，违者治罪。

一、四川、甘肃二省，盐价随时长落，并无定价。

盐政考成

一、各省盐课奏销，如有未完，除将经征之运使等官照例议处外，并将督征之盐政及兼管盐务之督抚随案开送职名，一并议处。

运盐加耗

一、四川省引盐，每正盐一百斤加耗盐一十五斤。

额征引课

一、四川省水引每道征银三两四钱五厘，陆引每道征银二钱七分二厘四毫。

额征杂课

一、四川省每年应征盐羡银一十四万余两。查与另征茶羡银二万八千余两并案咨销。

征解银款

一、各省正余引票，每道商输纸朱银三厘解交部库，以供刷引纸张、工食等用。

课款奏销

一、各省经征引灶正课、耗羡，均于奏销前全完者，将经征督催各官照例议叙。其有耗羡未完及引票通融代销并现年之课虽完而带征之课未完者，均不准议叙。未完课银各按分数分别查参。

一、四川省引课、井课于次年四月奏销。

各省盐政职掌

一、四川盐务，四川总督管理。

汇奏盐务期限

一、各省盐务应完杂项、应缴残引，如有历久堕积并未勒限完解者，每届五年，由部汇查一次，开单具奏，以示清厘。

查较掣盐法马

一、掣盐法马。十六两为一斤。工部如式铸造，会同户部眼同委员照依库存祖法三面较准，给发该委员领回，仍取具领结存查。

各官引课考成

一、各省引课经销经征各官，均令该管盐督抚、盐政于按年奏销时将各员引课未完分数确核，造报查参，其运司、盐道等官统计各属未完并计分数，一并开送职名，照例议处。仍俟补销补征足数，再行开复。盐引融销，不准开复。

一、各省征收盐课正项，一年一官全完，其随征规耗并年额带征蠲缓钱粮未经照额全完者，毋庸附疏声明议叙。其引课未完各官被参后，续经奏准，将引目停运统销以及蠲缓课项者，俱照例声明改议。

杂款缴引考成

一、各省应征盐务杂款银两，如四川之羡余，俱系限额应征之项，宜年清年款，奏销时如有未完，将经征官均照杂项钱粮未完例议处。

一、各省商人领引卖盐后，各该管盐督抚、盐政将盐引截角，于本年奏销后解部缴销。如销引迟延，除将经销州县送部议处外，并将督催运司、盐道各职名一并查参，分别议处。

搀和官盐考成

一、官盐搀和沙土，查系管盐提举、大使纵容者，照搀和漕粮运弁不行查禁例议处；如止失察，量减一等；若知情受贿，照枉法赃[①]从重治罪。官盐著令经管官煎赔。

一、各省盐斤每年开煎时，管盐官将盐样呈送盐政衙门，验发盐道收储。如分发各属行销，有夹带泥沙者，承销州县呈报究参[②]。倘明知搀和，不行呈报，将瞻徇容隐之员一并题参。

稽查遗失引票

一、商人领运引票，在内河失水，呈明地方官详查确实，结报盐政、运司，盐政印给照票，饬商补运盐斤；在大江失水，州县官会同营员查勘确实，限一月内通详盐道，于州县详到日起，限半月内核转盐政，印给照票，饬商补运，限三个月过所运岸。若系残引残票失火失水，所有遗失引票数目，由营汛地方官出结，盐道加结申报督抚、盐政，核实送部，仍于奏销册内声明题销。至补给印票，同残引一并缴部。倘有奸商捏报，查究治罪。营汛地方官或有藉端勒索及通同捏报，一并查参，分别究拟。

稽查贫难贩盐给钱附

四川省所属之富顺、犍为等二县贫难，每名每日给制钱二十文。在于余盐息银项下支给。

稽查盐船事例

一、各省商运盐斤，如船户实有句串私枭盗卖爬抢情事，准呈明地方官，将船户等查拿治罪；一面详报该盐政，核实所失盐数，补配行运。失去原盐，在各犯名下勒追，变价充饷。若地方官于商人呈报时不予准理，故行抑勒者，指名题参。倘查系商人串通船户盗卖，捏报抢窃者，照私盐例治罪。

一、四川重庆一带入楚船只，每船准买零星食盐，不得过十斤以外。倘有购买过数者，即将买盐船户及售盐铺家均各照越贩通同之例治罪。

稽查商盐事例

一、官吏及内外权势之人，诡立商名，领引行盐，侵夺民利者，查参治罪，追缴引票，盐斤入官。

① 枉法赃：刑律名，即清律六赃之一的受财枉法赃，指官吏收受贿赂，为行贿人做出歪曲法律的处断。

② 究参：即“参究”，查参究办，弹劾查究。

一、商人运盐，不准盐引相离，违者同私盐法。

一、商人运盐经过批验所，依数掣盘，有夹带余盐者，同私盐法。若私越批验所不经掣盘者，亦按律治罪，押回掣盘。

一、商人将官盐搀和沙土货卖者，查究治罪。

一、商人卖盐已毕，十日内不缴残引者，按律治罪。将残引重复行盐者，同私盐法。

一、商人未完盐课，于奏销时题参日起扣限一个月，再不能完，按所欠分数治罪：欠不及一分者、笞五十。欠一分者、枷号一个月，笞五十。欠二分者、枷号一个月半，杖七十。欠三分者、枷号两个月，杖八十。欠四分者、枷号两个月半，杖九十。欠五分者，枷号三个月，杖一百。所欠于枷限内全完，即予释放免责，限满全不完纳，折责之外，仍革退商名，所欠以引窝变抵；欠至六分者，杖六十，徒一年。限四个月全完；欠七分者，杖七十，徒一年半。限六个月全完；欠八分者，杖八十，徒二年。限八个月全完；欠九分者，杖九十，徒二年半。限十个月全完；欠十分者，杖一百，徒三年。限一年全完。自欠六分至十分，均将该商即行锁禁，严查家产，限内全完，革退商名，免其杖徒。限外不完，该商发配，所欠以引窝、家产变抵。

巡缉私盐事例

一、凡拿缉私盐，必人盐并获，始准究治，若获人不获盐、获盐不获人者，不坐。

一、凡有引地方，将各卡责成州县及兼管盐务佐杂官分段管理，按照该处引盐销滞分别劝惩。

一、引地交界处所邻商盐店，只准开设数处，余俱移至三十里外，以杜侵越。

一、凡关津过往回空粮船，如有夹带私盐货卖，管船同知、通判等官分别议处。

一、凡各省要隘处所，获私至四千斤以上者，派委候补员弁，准其留巡一次。如半年期内能缉获大伙私盐、久惯窝顿并积算盐斤至一万斤以上者，遇缺先行补用，兵役加倍赏给。如半年期内疏纵漏私，数至四千斤者，照例分别议处，兵役严行究治。

一、凡拿获私盐数在三百斤以上者，将买自何人何地及窝顿之人讯明确据，关提审究，按律惩治。若审出买自场灶，将该管场员并沿途失察各官一并题参，灶丁按私贩例治罪，承审官率混详结者，并予参处。

一、缉私巡兵，准携带鸟枪，编列字号，官为给发，如无官编字号即属私带。俟枭贩稍戢，即行停止。若零星小贩及大伙非持械拒捕者，该巡兵混行枪毙，仍照例治罪。

巡缉私盐公费

一、各省缉私，除专汛及邻汛额缺员弁，经管者不得另派候补人员。其营汛辽阔，本汛相距遥远，又无附近邻汛可委，势须派员巡查者，所派额缺千把[①]以及经制外委[②]，准按照委弁品级并巡查地方远近、日期久暂，于盐规银内酌给盘费银两，以资办公。以上见《户部则例》"盐法"门。

---

① 千把：清代对武官千总、把总的并称。

② 外委：清代武官名。初为额外委派，后成定制。外委千总，正八品；外委把总，正九品；额外外委，从九品。

四川盐法志卷三十七·禁令三

兵部绿营处分例

缉私

康熙十七年，题准：大伙卖贩私盐，至十人以上带有军器，专汛官徇纵不拿者革职，兼辖官降二级调用；失察者，专汛官革职留任，兼辖官降二级留任。皆限一年，缉拿获半即准开复；限满不获，专汛官革任，兼辖官降二级调用；其本汛虽未拿获，经别汛全获，亦免议，不全获者仍照例议处。

又议准：官弁一年内拿获十人以上、带有军器、大伙私盐者一起，纪录一次，二起纪录二次，三起加一级，四起加二级，至五起者，不论俸满即升。兼辖官视其所属，一年内有拿获三起者纪录一次，六起者纪录二次，九起者加一级，再有多者照此递加。

三十九年，覆准：私盐拒捕，能全获者，各官皆免议。若伙党众多，不能全获，或获二三名及兵被杀伤，专兼各官初参免其处分，限一年缉拿。限满不获，专汛官罚俸一年，兼辖官罚俸六月，统辖官罚俸三月，盐犯照案缉获。

四十四年，议准：小伙贩卖私盐，不及十人及十人以上不带军器者，专汛官失察一次降二级，二次降四级，皆留任，至三次者革职。兼辖官一次降一级，二次降二级，三次降三级，皆留任，至四次者降三级调用。

乾隆六年，议准：失察小伙私盐降级留任各官，限一年缉拿。限满无获，专汛官罚俸一年，兼辖官罚俸六月，各带所降之级，再限一年缉拿。限满无获，专汛官再罚俸一年，兼辖官再罚俸六月，各带所降之级。盐犯照案缉拿。

十六年，议准：各省武职官弁，经上司委办盐务，即有缉私疏引之责。

遇失察大小私盐，将承办官照专汛例议处，总办官照兼辖例议处，如拿获大伙私盐，照所获起数分别议叙。

二十九年，奏准：小伙兴贩私盐，不及十人及十人以上不带军器者，专汛官失察一次降职一级，二次降职二级，三次降职三级，俱留任，戴罪缉拿。一年限满无获，罚俸六月，各带所降之级缉拿。限满不获，仍罚俸六月，各带所降之级缉拿。拿获之日，俱准其开复。失察四次，降三级调用。兼辖官失察一次，罚俸一年，二次降职一级，三次降职二级，俱留任，戴罪缉拿。一年限满不获，罚俸三月，各带所降之级缉拿。限满不获，仍罚俸三月，各带所降之级缉拿。拿获之日，俱准其开复。失察四次，降一级调用。如止失察经由，并无窝留贩卖情事者，专汛官罚俸六月。

又奏准：盐徒拒捕，不及十人及十人以上不带军器，致伤兵丁，不能擒获者，专汛官降二级留任，兼辖官降一级留任，统辖官罚俸六月，俱带罪缉拿，拿获之日开复。一年限满不获，专汛官罚俸一年，兼辖官罚俸六月，仍带所降之级缉拿，统辖官罚俸一年，再限一年缉拿。限满不获，专兼各官俱照所降之级调用，统辖官罚俸二年。

又奏准：兴贩私盐，十人以上带有军器，失于觉察者，专汛官革职留任，兼辖官降二级留任，俱限一年缉拿。拿获一半者准其开复；不获，革职留任者革任，降级留任者照所降之级调用。该督抚、提镇于失察官员不行题参者，照徇庇例议处。

又奏准：十人以上带有军器兴贩私盐，失察武职各官，系本汛若已拿获一半者，免议。其本汛并未拿获，被别汛全获者，专汛官仍革职留任，四年无过，开复。兼辖官仍降二级，留任三年，无过开复。若别汛拿获，虽少一二人者，仍照失察大伙私盐例议处，至限年缉拿之后，计未获人数：拿获一半以上者，将拿获各官原参降级革职留任之案，准其开复；未经拿获各官，仍照二参例议处。若系别汛拿获，仍照别汛拿获例议处。

又奏准：私枭党众十人以上带有军器，官兵不能拿获或获二三名及兵被杀伤，专兼各官照失察兴贩大伙私盐例议处，统辖官降一级留任。

又奏准：十人以上带有军器兴贩私盐，纵放不行擒拿者，专汛官革职，兼辖官降二级调用，该管上司容隐不参，照徇庇例议处。

又奏准：贩私盐枭，由他处入境，督兵缉拿，拒捕杀伤或当场人盐并获，或于疏防限内拿获过半者，该地方武职免其疏防处分，余犯照案缉拿。隐讳不报者，照故纵盐枭例议处。不知情者，照失察大伙私盐例议处。

四十四年，奏准：私枭过境，并未有在境贩卖情事，于犯案之时供出从何处兴贩、向何处私卖，仅止经由该处者，地方武职失于查察。系大伙经由，专管官每起罚俸一年；小伙经由，专管官每起罚俸六月。若经由该汛处所，遇有兵役追缉，盐枭拒捕伤人，除失察出境，仍查取兴贩地方专兼职名外，其失察拒捕、不能协力擒拿，即将经由之地方专管、兼辖、统辖职名开送。系大伙拒捕者，照大伙拒捕之例办理；系小伙拒捕者，照小伙拒捕之例办理。

又奏准：大伙私盐拒捕，如于限内自行拿获过半者，专汛官降二级留任，兼辖官降一级留任，统辖官罚俸一年完结。小伙私盐拒捕，限内自行拿获过半，专汛官降一级留任，兼辖、统辖官俱罚俸一年完结。若犯由别汛全获者，亦照此例办理。其非自行拿获过半者，仍照本例议处。

嘉庆六年，奏准：地方有小伙兴贩私盐出境或贩卖入境，在十人以下者，每一起专管官住俸[1]，兼辖官罚俸三月，俱限一年缉拿。限满不获，专管官罚俸一年，兼辖官罚俸六月，再限一年缉拿。如仍不获，专管官降一级留任，兼辖官罚俸一年，盐犯照案缉拿。如于限内拿获过半者，免议；如被他人拿获者，仍照例酌减议处。

又奏准：小伙兴贩，一案之内讯明同时或三起、四起各贩各私者，专管官降一级留任，兼辖官罚俸六月，俱限一年缉拿。限满不获，专管官降一级仍留任，兼辖官罚俸一年，再限一年缉拿。如仍不获，专管官降一级调用，兼辖官降一级留任，盐犯照案缉拿。

又奏准：小伙兴贩，并未带有军器，临时拒捕伤人者，该地方武职不能擒拿，专管各官仍照例议处，俱限一年缉拿。全获开复，不能拿获，专管官降二级，兼辖官降一级，仍留任。

又奏准：地方有大伙兴贩，十人以上带有军器兴贩私盐出境及入境贩卖者，该地方专管官降二级留任，兼辖官降一级留任，俱限一年缉拿。全获开复，如限内不获，专管官降二级调用，逸犯交与接任官缉拿，兼辖官降一级

---

① 住俸：停给俸银。

调用，逸犯交与接任官照案缉拿。于限内拿获过半者，专管官减为降一级留任，兼辖官减为罚俸一年。如系他人缉获者，该管官仍照例议处。

又奏准：大伙私枭，伙众至十人以上，带有军器者，及二十人以上，虽未带有军器而拒捕致伤兵役者，无论案内人犯系一二起或三四起同时拒捕，均以大伙拒捕论。地方武职不能擒拿，专管官革职留任，兼辖官降二级，统辖官降一级，俱留任戴罪，限一年缉拿。全获开复，如限内不获，革职者即行革任，降级者俱照所降之级调用，逸犯交接管各官缉拿。如于限内拿获过半者，专管官减为降二级留任，兼辖、统辖各官俱改为降一级留任。如系他人拿获，该管官仍照例议处。

又奏准：地方武职，遇盐枭入境兴贩及有拒捕情事，故为疏纵不即擒拿者，专管官革职，兼、统各官均降二级调用。督抚、提镇不行题参，照徇庇例降三级调用。

又奏准：地方武职专汛官，一年内拿获过境十人以上不带军器小伙私枭，每二起纪录一次。兼辖官一年内统计所属拿获小伙五起者，纪录一次；十起者，加一级。

又奏准：湖北宜昌府巡缉川盐，凡经由要隘汇归总要之处，令该管文武员弁派拨兵役督率巡缉，遇有川省私贩偷越，协力追捕查拿。倘怠忽贿纵，分别查参究办，将该管文武员弁题参。

又奏准：云南省巡缉邻境私盐，凡经由津隘汇归总要处，分设员弁酌带兵役驻札，专司缉捕。傥该管员弁缉捕玩弛者，分别究参。

又奏准：湖北归州、巴东、兴山、长阳等州县民户买食川盐，每人不得过十斤。如有汇总承买并藉端转相货卖，及别州县民人越境影射私买者，失察之地方官均照失察兴贩私盐例议处。

又议定：民人兴贩私盐，失察之兼、统各官尚有处分，至营兵煎贩私盐，情节更重，失察之该管官，原例既经议以革职，亦应将兼辖官议以降一级留任、统辖官议以罚俸一年。

又议定：官盐承缉盗案，初参例有限期，其承缉兴贩私盐及贩私拒捕之案，初参亦应一律酌给四月为限，至承缉官未经限满离任，接缉官自应勒限严缉，酌予处分，以重缉捕。嗣后凡兴贩私盐及贩私拒捕之案，接任官如于初参限内到任，接缉者一年限满不获，罚俸一年，再限一年缉拿。限满不获，再罚俸一年，盐犯照案缉拿。如于初参限外到任接缉者，一年限满不获，罚俸一年，盐犯照案缉拿。以上见《会典事例》卷四百九十八。

小伙兴贩私盐

一、地方有小伙兴贩私盐出境或贩卖入境，在十人以下，或小伙兴贩一案之内讯明同时或三起四起各贩各私者，限满不获，将专管、兼辖各官照例按限分别议处。例载《处分则例》“缉私”门。如于出境入境时文职将人盐并获，毋论获犯名数，武职均予免议。交界处所此汛拿获，即免彼汛处分；彼汛拿获，即免此汛处分。邻境获犯，本境并未协拿者，仍照例酌减议处。若出境地方仅获私盐而人犯无获，或仅获人犯而私盐未获，均照例酌减议处。其入境地方仅获盐斤或只获盐犯，酌减议处者，失察出境各官，仍照例议处、限缉。能于限内续获余犯者，准其酌减议处。

大伙兴贩私盐

一、地方有大伙兴贩，十人以上带有军器兴贩私盐出境及入境贩卖者，限满不获，将专管、兼辖各官照例按限分别议处。例载《处分则例》“缉私”门。如能于出境、入境时拿获者，其免议酌减之处，悉照小伙私盐一律办理。

小伙私盐拒捕

一、小伙兴贩，不及十人或十人以上并未带有军器，临时拒捕伤人者，限满不获，将专管、兼辖、统辖各官照例按限分别议处。例载《处分则例》“缉私”门。如限内将拒捕凶犯拿获，免议。若文职拿获凶犯，武职亦准免议。交界处所，此汛拿获，即免彼汛处分；彼讯拿获，即免此汛处分。邻境获犯，本境并未协拿者，仍照例酌减议处。若凶犯脱逃，将盐斤、余犯拿获，照例酌减议处。其失察出境各官，仍照小伙兴贩之例办理。

大伙私盐拒捕

一、大伙私枭，伙众至十人以上带有军器，及二十人以上虽未带有军器而拒捕致伤兵役者，无论案内人犯系一二起及三四起同时拒捕，均已[①]大伙拒捕论。限满不获，将专管、兼辖、统辖各官照例按限分别议处。例载《处分则例》“缉私”门。如限内拿获拒捕凶犯者，免议。若文职拿获凶犯，武职亦准免议。交界处所，此汛拿获，即免彼汛处分；彼抵拿获，即免此汛处分。

① 已：疑应作“以”。

邻境获犯，本境并未协拿者，仍照例酌减议处。若凶犯脱逃，将盐斤余犯拿获，照例酌减议处。其失察出境各官，仍照大伙私盐之例办理。

接缉盐犯

一、兴贩私盐及贩私拒捕之案，承缉官未经限满离任者，逸犯交与接任官勒限缉拿，限满不获，按其到任接缉在初参限内、限外，照例分别议处。例载《处分则例》“缉私”门。

私盐经由地方

一、私枭过境，并未有在境贩卖情事，于犯案之时供出从何处兴贩、向何处私卖，仅止经由该处者，地方武职并无讳饰情事，实系失察者，将专管官分别小伙、大伙，照例议处。若经由地方该管各官故为疏纵，一味讳饰，即照故纵私枭、隐讳不报例议处。例载《处分则例》“缉私”门。其经由地方该官兵等，如能实力擒捕，将私枭拿获，不计名数，照拿获私盐例，按其小伙、大伙，分别给予议叙。若因枭犯众多，力不能办者，准其移会邻汛协力擒拿。其有兵役因捕格[①]受伤者，该管各官均免其议处。

故纵私枭

一、地方武职，遇盐枭入境兴贩及有拒捕情事，专管官故为疏纵不即擒拿者，照例议处；兼辖、统辖各官失于查察，或徇庇不行揭报，或已经揭报而督抚、提镇徇庇不行题参者，均各照例分别核议；例载《处分则例》“缉私”门。总督、巡抚交吏部议处。

盐枭过境隐讳不报

一、贩私盐枭由他处入境，督兵缉拿，人盐并获，该地方武职免其失察处分，仍照大伙、小伙名数议叙。倘在该处有拒捕情事、隐讳不报者，照故纵盐枭例议处。例载《处分则例》“缉私”门。

拿获私盐议叙

一、地方武职各官，一年内拿获过境十人以上不带军器小伙私枭，每二起纪录一次；拿获十人以上带有军器大伙私枭，每一起纪录一次；拿获大伙至三起者加一级；四起者加二级；五起者，不论俸满即行升用。兼辖官一年内统计所属拿获小伙五起者，纪录一次，十起者加一级；拿获大伙三起者，

① 捕格：追捕搏击，捕杀。

纪录一次，六起者加一级。

巡缉私盐

一、湖北宜昌府巡缉川私，凡经由要隘汇归总路之处，令该管文武员弁派拨兵役督率巡缉，遇有川省私贩偷越，协力追捕查拿。倘怠忽贿纵，分别查参究办，该管文武员弁题参。

揽买川盐

一、湖北归州、巴东、兴山、长阳等州县民户买食川盐，每人不得过十斤。如有汇总承买并藉端转相货卖，及别州别县民人越境影射私买者，失察之地方官均照失察兴贩私盐例议处。例载《处分则例》“缉私”门。以上见《中枢政考》卷二十五。

四川盐法志卷三十八·禁令四

刑部律例

凡犯无引私盐凡有确货即是，不必盐之多少。者杖一百，徒三年。若带有军器者，加一等。流二千里。盐徒诬指平人者，加三等。流三千里。拒捕者，斩。监候。盐货、车船、头匹并入官。道途引领、秤手牙人及窝藏盐犯寄顿盐货[1]者，杖九十，徒二年半。受雇挑担驮载者，与例所谓"肩挑背负"者不同。杖八十，徒二年。非应捕人告获者，就将所获私盐给付告人充赏。同贩中有一人能自首者，免罪，一体给赏。若一人自犯而自首，止免罪，不赏，仍追原赃。若私盐事发，止理见获人盐，若获盐不获人者，不追；获人不获盐者，不坐。当该官司不许听其展转攀指，违者官吏以故入人罪论。谓如人盐同获，止理见发；有确货无犯人者，其盐没官，不须追究。

凡盐场灶丁人等除岁办正额盐外，夹带余盐出场及私煎盐货卖者，同私盐法。该管总催知情故纵及通同货卖者，与犯人同罪。

凡妇人有犯私盐，若夫在家，或子知情，罪坐夫男。其虽有夫而远出，或有子幼弱，罪坐本妇。决杖一百，余罪收赎。

凡买食私盐者，杖一百；因而货卖者，杖一百，徒三年。

凡守御官司及盐运巡检司巡获私盐，即发有司归勘。原获各衙门不许擅问，若有司官吏通同原获各衙门脱放者，与犯人同罪，受财者计赃，以枉法从其罪之重论。

凡守御官司及有司巡检司设法差人于该管地面并附场紧关去处常川巡禁私盐，若有透漏者，关津把截官及所委巡盐人员，初犯笞四十，再犯笞五十，三犯杖六十，公罪。并留职役。若知情故纵及容令军兵随同贩卖者，

① 窝藏寄顿：清李鹏年等编《六部成语》称："窝，藏也；顿，寄放也。客店主人私代盐徒寄藏私盐也。"

与犯人同罪。私罪。受财者计赃，以枉法从重论。其巡获私盐，入已不解官者，杖一百，徒三年。若装诬[1]平人者，加三等。杖一百，流三千里。

凡起运官盐，每引照额定斤数为一袋，并带额定耗盐，经过批验所，依引目[2]数掣挚秤盘。随手取袋，挚其轻重。但有夹带余盐者，同私盐法。若客盐越过批验所，不经掣挚及引上不使关防者，杖九十，押回逐一盘验。尽盘盐而验之，有余盐以夹带论罪。

凡客商贩卖有引官盐，当照引发盐。不许盐与引相离，违者同私盐法。其卖盐了毕，十日之内不缴退引者，笞四十。若将旧引不缴影射盐货者，同私盐法。

凡起运官盐并灶户运盐上仓，将带[3]军器及不用官船起运者，同私盐法。

凡客商将验过有引官盐插和[4]沙土货卖者，杖八十。

凡将有引官盐不于拘定应该行盐地面发卖，转于别境犯界货卖者，杖一百。知而买食者，杖六十，不知者不坐，其盐入官。

附条例

一、凡豪强盐徒聚众至十人以上，撑驾大船，张挂旗号，擅用兵仗响器，拒敌官兵，若杀伤三人以上者，比照强盗已行得财律，皆斩，为首者仍枭首示众；伤二人者，为首斩决，为从绞监候；伤一人者，为首斩监候，为从发云贵、两广极边、烟瘴充军。凡得赃包庇之兵役，俱拟斩监候。私售之灶丁及窝顿之匪犯，俱发伊犁、乌鲁木齐等处为奴。其虽拒敌，不曾杀伤人，为首绞监候，为从流三千里。若贫难军民将私盐肩挑背负易米度日者，不必禁捕。谨按：此条系嘉庆六年修，并十九年、道光十年复修，二十五年又修。

一、越境如淮盐越过浙盐地方之类。兴贩官司引盐至三千斤以上者，问发附近地方充军。其客商收买余盐，买求掣挚至三千斤以上者，亦照前例发遣。掣验官吏受财及经过官司纵放，并地方甲邻里老知而不举，各治以罪。掣验官吏受财，依枉法；经过官司里老、地方火甲，依知罪人不捕；邻右，依违制。巡捕官员乘机兴贩至三千斤以上，亦照前例问发。须至三千斤。不及三千斤，在本行盐地方，虽越府省，仍

---

① 装诬：捏造诬陷。

② 引目：古时获准销售的货物凭单。这里指盐引开列的品种、份量等。

③ 将带：率领；携带。

④ 插和：疑即“掺和”。

依本律。谨按：此条嘉庆六年改定。

一、凡伪造盐引、印信，贿嘱运司吏书人等，将已故并远年商人名籍中盐来历填写在引转卖，诓骗财物，为首者依律处斩外，其为从并经纪、牙行、店户、运司书吏一应知情人等，但计赃满数应流者，不拘曾否支盐出场，俱发边卫充军。谨案：此条系原例，"计赃满数"下"应流"二字，雍正三年增。

一、各盐运司总催名下该管盐课纳完者，方许照名填给通关，若不曾纳课总催买嘱[①]关吏并覆盘委官假指课已上仓指上囤，扶同作弊者，俱问发近边充军。谨案：此条系原例。

一、各处盐场无籍之徒，号称"长布衫""赶船虎""好汉"等项名色，把持官府，诈害客商，犯该徒罪以上及再犯杖罪以下者，俱发近边充军。谨案：此条系原例，咸丰二年修改。

一、凡兵民聚众十人以上，带有军器兴犯私盐，拒捕杀人及伤三人以上之案，为首并杀人之犯，斩决；伤人之犯，斩监候；未曾下手杀伤人者，发近边充军。伤二人者，为首斩，下手者绞，俱监候。伤一人者，为首绞监候，下手者实发云贵、两广极边、烟瘴充军，为从，俱满流[②]。若拒捕不曾伤人者，为首实发云贵、两广极边、烟瘴充军，为从满流。其虽带有军器，不曾拒捕者，为首发近边充军，为从流二千里。若十人以下，拒捕杀人，不论有无军器，为首者斩，下手者绞，俱监候。不曾下手者，发近边充军。伤至二人以上者，为首斩监候，下手之人绞监候。止伤一人者，为首绞监候，下手之犯，杖一百，流三千里。其不曾下手者，俱仍照私盐律杖一百，徒三年。若拒捕不曾伤人者，为首杖一百，流三千里，为从照私盐本律拟徒。其不带军器不曾拒捕，不分十人上下，仍照私盐律杖一百、徒三年。若十人以下带有军器不曾拒捕者，为首照私盐拟徒本罪加一等律，杖一百，流二千里，为从杖一百，徒三年。其失察文武各官，交部议处，有拿获大伙私贩者，交部议叙。谨案：此条嘉庆六年改定，十九年议准，例内应发黑龙江之犯改发云贵、两广极边、烟瘴充军。

一、凡灶丁贩卖私盐，大使失察者，革职。知情者枷号一个月发落，不

---

① 买嘱：亦作"买属"。谓给人钱财，请托办事。

② 满流：指最高的流刑，清制，流三千里为满流。

准折赎。该管上司官俱交该部议处。谨案：此条雍正五年定。

一、凡回空粮船，如有夹带私盐闯闸闯关，不服盘查，聚至十人以上持械拒捕杀伤人及拒捕不曾杀伤人，并聚众十人以下拒捕杀伤人及不曾杀伤人者，俱照兵民聚众十人上下例，分别治罪。头船旗丁、头舵人等，虽无夹带私盐，但闯闸闯关者，枷号两个月，发近边充军。随同之旗丁、头舵，照为从例，枷号一个月，杖一百，徒三年，不知情不坐。卖私之人及灶丁将盐私卖与粮船者，各杖一百，流二千里。窝藏寄顿者，杖一百，徒三年。其虽不闯闸闯关但夹带私盐，亦照贩私加一等，流二千里。兵役受贿纵放者，计赃，以枉法从重论；未受贿者，杖一百，革退。贩私地方之专管官、兼辖官及押运官并交部议处，随帮[①]革退。其虽无夹带私盐，倚恃粮船闯闸闯关者，押运等官革职，随帮责三十板，革退。不服盘查、持械伤人者，押运等官革职，随帮责四十板，革退。倘关闸各官勒索留难运官，呈明督抚参处。谨案：此条嘉庆六年改定。

一、拿获贩私盐犯，承审官务须先将买自何人、何地以及买盐月日、数目究明，提集犯证，并密提灶户煎盐火伏簿扇，查审确实，将卖盐及窝顿之人均与本犯按照律例一体治罪。若查审无据，即属虚诬，将本犯依律加三等治罪。如承审官不能审出诬扳者，交部分别议处。若审出买自场灶，即将该管盐场大使并沿途失察各员题参议处。其不行首报之灶丁，均照贩私例治罪。谨案：乾隆三十二年将二十八年定例并入改定。

一、凡大伙兴贩，聚众拒捕及执持器械杀伤巡役人等脱逃之枭徒，照强盗例勒缉。地方文武各官疏纵，及上司容隐不参，交部议处。谨案：此条乾隆五年删改。

一、拿获私盐，限四个月完结。如人盐并获者，将所获盐货、车船、头匹等项全行赏给。如获盐而不获人，确查盐犯实系脱逃者，以一半赏给、一半充公。傥有故纵情事，无论巡役兵丁，受贿者计赃，以枉法从重论；未

---

① 随帮：清代掌漕运的武职官员，职位在千总之下。《清史稿·食货三》："江浙两省运白粮船，原定苏州、太仓为一帮，松江、常州各为一帮，嘉兴、湖州各一帮，领运千总每帮二，随帮武举一。改行官运后，以府通判为总部，县丞、典史为协部，吏典为押运。旋裁押运。后白粮改令漕船带运，复裁总、协二部。苏、松、常每府增设千总二，更番领运，每帮设随帮百总一，押趱回空。浙江增设千总四、随帮二，苏州、太仓仓运白粮船，原定百十八艘，船多军众，分为前后两帮，增设千总二、随帮一。白粮减征后，并两帮为一，其千总、随帮悉予裁减。"

受贿者杖一百，革退。所获盐货等项，一概充公，不准给赏。私盐交与本处盐商，照官盐价值立即变价。骡马牛驴如延挨不变以致倒毙，著落该州县官照中等价值赔补。车船等物亦照依时价，据实变价，报部查核。傥有侵渔捏报情弊，并逾限不行完结，及不即变价报解者，将该州县分别议处治罪。谨案：此条嘉庆十一年改定。

一、盐船在大江失风失火者，查明准其装盐复运。傥有假捏情弊，以贩私律治罪。谨案：此条雍正十年定。

一、除行盐地方大伙私贩严加缉究外，其贫难小民，年六十以上十五岁以下，及年虽少壮身有残疾，并妇女年老孤独无依者，于本州县报明验实注册，每日赴场买盐四十斤挑卖。只许陆路，不许船装并越境至别处地方及一日数次出入。如有违犯，仍分别治罪。谨案：此条系乾隆元年遵旨定例。

一、巡盐兵捕，自行夹带私贩及通同他人运贩者，照私盐加一等治罪。谨案：此条系乾隆五年定。

一、凡收买肩贩官盐越境货卖，审明实非私枭者，除无拒捕情形仍照律例问拟外，其拒捕者照罪人拒捕律加罪二等。如兴贩本罪应问充军者，仍从重论。如拒捕殴人至折伤以上者，绞；杀人者，斩；俱监候。为从各减一等。谨案：此条系乾隆七年定。

一、盐商雇募巡役，如遇私枭大贩，即飞报营汛，协同擒拿。其雇募巡役，不许私带鸟枪，违者照私藏军器[①]律治罪。失察之地方官，交部照例议处。谨案：此条系乾隆八年定。

一、凡运盐船户偷窃商盐整包售卖者，照船户行窃商民例，分别首从，计赃科罪，各加枷号两个月，仍尽本法[②]刺字。所卖之赃，照追给主。如追不足数，将船变抵。其押运商厮起意，通同盗卖者，依奴仆句引[③]外人同盗家长财物计赃，递加窃盗一等[④]例治罪。如非起意，止通同偷卖分赃者，依

① 私藏军器：刑律名，《大清律例》有“私藏应禁军器”刑名。

② 尽本法：即各尽本法，谓一人犯数罪，各尽本法拟断。《大清会典》：“如枉法、不枉法赃，合入官；毁伤器物，合陪偿；窃盗合刺字；职官私罪，杖一百以上，合罢职；不枉法赃一百两以上，罪止杖一百、流三千里之类，各尽本法拟断。

③ 句引：即勾引。

④《大清律例·刑律·贼盗下之一》：“凡奴仆偷盗家长财物者，照窃盗律计赃治罪；若起意勾引外人同盗家长财物者，将起意之奴仆计赃，递加窃盗一等治罪。”

奴仆盗家长财物，照窃盗例计赃科断[①]。若商厮稽察不到，被船户乘机盗卖者，照不应重律[②]，杖八十。如押运之人或系该商亲族，仍分别有服无服，照亲属相盗[③]律例科断。

一、埠头明知船户不良，朦混揽装，及任意扣克水脚，致船户途间乏用，盗卖商盐者，照写船、保载等行恃强代揽，勒索使用，扰害客商例治罪外，加枷号一个月，船户变赔。不足之赃，并令代补。如无前项情弊，止于保雇不实者，照不应重律，杖八十。谨案：此二条均系乾隆十六年定例。

一、贩卖私盐数至三百斤以上，及盘获粮船夹带，讯系大伙兴贩，均即究明买自何处，按律治罪。如不将卖盐人姓名据实供出者，即将该犯于应得本罪上加一等定拟[④]。若向老幼孤独零星收买，数在三百斤以下，实不能供出卖盐人姓名者，仍以本罪科断。如承审各员有心庇纵，含混完结，该管上司不行详揭，一并题参议处。

一、拿获船载、车装、马驮私盐，该地方官如不按律治罪，曲为开脱者，该管上司查出，即照故出人罪律，从重参处。

一、引盐淹消，具报到官，该地方州县官即会同营员查勘确实，限一月内通详盐道。该道于详到之日起，限半月内核转，以凭饬商补运。限三月内过所运口岸，该盐政仍将淹消补运盐斤数目报部，其沿途督抚及该管盐道、知府随时查察，如有州县营员扶同商人捏报及勒索捺搁情弊，即行指名题参。商人照例治罪。谨案：以上三条均系乾隆三十二年定例。

一、凡贩私盐徒，如有略置货物，装点[⑤]客商，被官兵格伤后，挟制控告者，除聚众贩私杀人罪犯应死，无可复加外，余依巡获私盐装诬平人满流律[⑥]上加一等，发附近充军。若兴贩本罪已至充军，复行挟制控告者，于犯事地方加枷号一个月，满日发配。道光五年续纂。

---

① 科断：论处，判决。

② 不应重律：指《大清律例·刑律·杂犯》“不应为”律文中关于“事理重者，杖八十”的规定。

③ 亲属相盗：刑律名，《大清律例》有“亲属相盗”刑名。

④ 定拟：定案拟罪，作出判决。

⑤ 装点：“装”，亦作“妆”，装饰点缀，这里指假扮。

⑥《大清律例》：“其巡获私盐入已不解官者，杖一百、徒三年；若装诬平人者，加三等杖一百，流三千里。”“流三千里”即“满流”。

一、凡盐商雇募巡役，令将姓名报明运司，造册送部。如因缉私被盐匪杀伤，或杀伤盐匪者，依贩私拒捕杀伤及擅杀伤罪人，各本律例，分别科断。若仅止报县有名，并未详司造册报部者，各以凡斗杀伤及兴贩私盐本律例从其重者论。道光五年续纂。谨案：此二条不载《会典事例》，就《大清律例》增入。

监临势要中盐

凡监临[①]盐法官吏诡立伪名及内外权势之人中纳钱粮，于各仓库请买盐引勘合[②]，支领官盐货卖。侵夺民利者，杖一百，徒三年，盐货入官。盐引勘合追缴。

阻坏盐法

凡客商赴官中买盐引勘合，不亲赴场支盐，中途增价转卖以致转卖日多，中买日少，且诡冒易滋，因而，阻坏盐法者，买主、卖主各杖八十，牙保[③]减一等。买主转支之盐货卖主转卖之价钱并入官。其各行盐地方铺户转买本主之盐而折卖者不用此律。

历年事例康熙二十八年，议准：盐店小票、商店盐丁，概行禁止。若仍擅用，照违禁律治罪。

舶商匿货

附律条例一、川省米船到夔关之时，即令该府查察，除夹带私盐及违禁等物按律拟究外，其船只大小，悉照淮关尺寸则例抽报科税。如有别项货物，仍照淮关旧例收纳，统归正项。令该管上司不时稽察，傥有纵容胥吏额外需索留难等弊，及米船出川，川省地方有不肖官吏借给票稽察名色勒索稽留者，俱著该督抚指名题参，从重治罪。谨案：此条雍正五年定，乾隆五年奏准。各关收税量头，皆有榷税则例，统不入律，至纵役勒索等弊不止，米船一项亦不止夔关一处，无庸设立条款，谨删。

人户亏兑课程

凡民间周岁额办[④]茶盐商税诸色课程，年终不纳齐足者，计不足之数，以十分为率，一分笞四十，每一分加一等，罪止杖八十，追课纳官。若茶

---

① 监临：负有监察临视责任的官吏。

② 勘合：古时符契文书。上盖印信，分为两半，当事双方各执一半。用时将二符契相并，验对骑缝印信，作为凭证。这里指商人请买盐引时官府填写的合同文书，发给商人的即是“引纸”，持之赴场买盐。

③ 牙保：立契的中介人和保人。

④ 额办：规定承办（之事）。

盐运司、盐场、茶局及税务、河泊所等官，不行用心催办课程，年终比附上年课额，亏欠兑缺者，亦以十分论，一分笞五十，每一分加一等，罪止杖一百。所亏课程著落追补还官。若人户已纳而官吏、人役有隐瞒、不附簿，因而侵欺、借用者，并计赃，以监守自盗论。

附律条例一、盐课钱粮不完者，将经督各官照分数议处外，其各商名下应完盐课作为十分，欠不及一分者，责二十板；欠一分者，枷号一月，责二十板；欠二分者，枷号一月半，责二十五板；欠三分者，枷号两月，责三十板；欠四分者，枷号两月半，责三十五板；欠五分者，枷号三月，责四十板。以上欠课，各商题参之日，扣限一个月。全完者免处。如逾限不完，照此例枷责。如于枷限内全完者，释放免责。如枷限满日，仍全不完纳，除杖责外，将该商咨参革退，并带征等项俱以引窝变抵。欠六分者，将该商杖六十，徒一年，所欠课项限四个月全完；欠七分者，杖七十，徒一年半，限六个月全完；欠八分者，杖八十，徒二年，限八个月全完；欠九分者，杖九十，徒二年半，限十个月全完；欠十分者，杖一百，徒三年，限一年全完。以上自六分至十分，将该商锁禁，严查家产。如限内全完，革退商人，免其杖徒。傥逾限不完，即将该商发配。所欠新课带征等项，著落引窝、家产变抵。其额征钱粮果能于岁内如数全完，该御史按其课项多寡，量给花红匾额，以别优劣。谨案：此条旧载“盐法”律内，乾隆五年移附此律，删去“岁内全完，量给花红”等语。

一、管收税课钱粮，傥有隐匿，加倍著追。如接收官不行清查，上司不行转报题参，俱著落分赔。谨案：此条雍正六年定。

一、在京在外官员眷口船只过关，除无货物，照常验放，胥吏人等毋得任意需索外，如有奸牙地棍假称京员科道名帖或京员子弟执持父兄名帖讨关[①]，夹带货物，希图免税者，该管关员即行查拿究治。如该管关员不行详查及明知瞻徇，照例议处。谨按：此条乾隆五年定。以上见《会典事例》卷六百八，并参《大清律例》。

① 讨关：求关卡或拦路者让路放行，常用贿赂的方式求免关税。

四川盐法志卷三十九·纪遗

国史有“纪”，所以为一书之经，而表、志、传其纬。今方志诏谕冠首，虽不标名，实“纪”义也。亦有“分识事言，统名以纪”[①]，盖自朝廷民事与夫山川人物，亦庸有足“备外史之是正者”矣。鹾计虽方志中之一事，然一代之政要系焉。其间文献可征，搜猎所及，分入部居，用识缘起外，或言不能详，详不能尽，亦为捃摭，以次录入。虽非时王[②]之制，要为后事之师，参观互见，本末粲焉。至若琐闻佚事，如班史所谓“闾里小知”[③]，亦使“缀而弗忘”，别为外纪，以附其后。叙纪遗。

纪事上

秦惠文始[④]克定六国，辄徙其豪侠于蜀，资我丰土[⑤]，家有盐铜之利。《华阳国志·蜀志》。

汉成、哀间，成都罗裒擅盐井之利，期年所得自倍，遂殖其货。《汉书·货殖传》。

蜀郡功曹李熊曰：“蜀地沃野千里，土壤膏腴，又有鱼盐银铜之利。”《东观汉纪·公孙述传》。

其地东至鱼复，西至僰道，北接汉中，南极黔涪，土植五谷，牲具六

---

①《文史通义》卷七外篇二：“方志纪载，则分别事言，统名以纪，盖所以备外史之是正，初无师法《春秋》之义例，以是不可议更张耳。”

② 时王：当代的君主。

③《汉书·艺文志》云：“孔子曰：‘虽小道，必有可观者焉。致远恐泥，是以君子弗为也。’然亦弗灭也，闾里小知者之所及，亦使缀而不忘。”

④ 始：《华阳国志·蜀志》作“始皇”。

⑤ 丰土：指富饶的地方。

畜，桑、蚕、麻、纻，鱼、盐、铜、铁，丹、漆、茶……皆纳贡之[①]。《华阳国志·巴志》。

益州总管梁睿上疏请讨南宁，曰："二河有骏马明珠，益宁出盐井、犀角。"《隋书·本传》。

隋文帝开皇三年，先是，尚依周末之弊，盐池、盐井皆禁百姓采用。至是，通盐池、盐井与百姓共之。《通考·征榷》。

剑南西川盐出于井。《唐会要》。

元稹奏状言："自领以南，以金银为货币；自巴以外，以盐帛为交易。"

大历中，榷盐使钱义方撰《盐宗神祠记》云："若阴阳调和，鬼神趋造，不劳人而擅利，与凿泉煮海，不相为谋。"《玉海·食货·盐铁》[②]。

《十道志》：巴蜀土地肥美，家有盐泉之井。《元和郡县志》[③]。

元[④]宗幸巴蜀，郑昉使剑南，请于江陵税盐麻以资国，官置吏以督之。《旧唐书·食货志》。

中和三年，云安、淯井路不通，民间乏盐。胡注："云安县，汉朐䏰县地，后周改曰云安县，唐属夔州，有盐官。《九域志》：在州西一百三十三里，盐监又在县西三十里。淯井在泸州西南二百六十三里。史炤曰：淯井，汉犍为郡之汉阳县地，唐置长宁州。按：'汉阳'当作'江阳'。"《资治通鉴》二百三十五[⑤]。

云安榷盐，本隶盐铁，汭成汭。擅取之，故能畜兵五万。白居易、孔传《六帖·盐部》[⑥]。按：汭于昭宗时为荆南节度使，领荆、澧、朗、郢、复、夔、峡、忠、万十州。

天成三年三月，孟知祥屡与董璋争盐利。胡注："蜀中井盐，东西川巡属[⑦]之内皆有之，各欲障固[⑧]以专其利，故争。按：唐盛时，邛、嘉、眉有井十三，剑南西川院领之；梓、

---

①《华阳国志·巴志》作："鱼盐铜铁，丹漆茶蜜，灵龟巨犀，山鸡白雉，黄润鲜粉，皆纳贡之。"

② 此则引文不见于四库全书本《玉海》，欧阳修《文忠集·集古录跋尾卷》有载。

③ 此则引文不见于《元和郡县志》。"巴蜀土地肥美"见于《汉书·地理志》"巴蜀……土地肥美"，《文选·蜀都赋》引注；"家有盐泉之井"出自《蜀都赋》。

④《旧唐书·食货志》作"玄"，应为避讳改。

⑤ 二百三十五：应为"二百五十五"。

⑥ 此则引文见于《新唐书·三刘成杜钟张王传》。

⑦ 巡属：指统属的地方。

⑧ 障固：围堵。

遂、绵、合、昌、渝、泸、资、荣、陵、简有井四百六十，剑南东川院领之，东川盐利多于西川矣。"璋诱商旅贩东川盐入西川，知祥患之，乃于汉州置三场重征之，胡注：汉州东南与东川接界，故列置三场以征盐商。岁得钱七万缗，商旅至是不复之东川。《通鉴》二百七十六。

乾德三年正月，诏减西川盐价。《玉海》。按：因王全斌等初平蜀故。见毕沅《续通鉴》。

三年，成都民食盐斤为钱百六十，减六十，诸州盐减三之一。《续通鉴长编》六。按：此与《玉海》即一事。

开宝六年，初，蜀民所输两税，皆以匹帛[①]充折。其后市价愈高，而官所收止依旧例。上虑其伤民，壬寅诏：西川诸州，凡以匹帛折税，并准市价。《续通鉴长编》十四。

六年，以夔州大昌县盐井镇治大宁监，治距宝山十有七里，距大昌六十九里。其上多石，刚裂，不受陶冶。官民屋宇，多覆茅竹及板，以瓦者无几。突小，不谨辄火。饮食便给，不忧冻馁，不织不耕，恃盐以易衣食[②]。《郡国利病书》。

七年七月，诏减成都盐钱[③]。《宋史·本纪》。按：此与后《长编》当即一事。

七年，川峡盐初承伪制，官鬻之。诏斤减十钱以惠远民。《续通鉴长编》十五。按：《宋史·食货志》作"斤十钱以惠远民"，下云"又令幹鬻，其羡利[④]者但输十之九"。

太平兴国三年，右拾遗郭泌上言："剑南诸州官粜盐，斤为钱七十。盐井浚深，煮盐极苦，樵薪益贵，辇置弥艰，加以风水之虞，或至漂丧；而豪民黠吏，相与为奸，贱籴于官，贵粜于民，至有斤获钱数百者，有司亏失岁额，而民间不得贱盐。望稍增旧价为百五十文，则豪猾无以规利，民有望以

---

① 匹帛：泛指纺织品。

② 饮食便给：《天下郡国利病书》作"饮食旋给"。抄本句读为"多覆茅竹，及板以瓦者无几"，疑误。民间有以木板、石板代瓦者，《使琉球录》载"凡屋地多板……然以板代瓦"，《职方外纪》载"有山出石，蓝色质脆，可锯为板，当瓦覆屋"。

③ 诏减成都盐钱：《宋史·本纪》作"诏减成都府盐钱"。

④ 羡利：盈利。

给食矣。”从之[1]。《宋史·食货志》。《长编》同，稍略。

三年二月甲子，罢昌州盐井虚额。《玉海》。按：此即因后李佩掊敛故。

有司言：“昌州岁收虚额盐一万八千五百余斤，乃开宝中知州李佩率意掊敛以希课最，废诸井薪钱，于岁额外别课部民煮盐。民不习其事，甚以为苦，虽破产不能偿其数，多移徙它郡，户口日减。转运使以闻，而积年之征不可遽免，欲均于诸州作两税钱米输官。”上曰：“若此，为患一也。”甲子，诏悉除之。其二井旧额二万七千七百六十斤，仍勒井户煮焉。《续通鉴长编》十九。按：《食货志》同，稍略。又毕沅《续通鉴》九注《考异》：“《宝训》言，转运使请均于民，作两税，太宗尽令罢之。与此所载不同。考《食货志》亦无此语，意有司与转运使所言各不同，而帝但从除虚额盐不从均两税耶？抑有司即指转运使，而所记有详略耶？但均作两税于民，则昌井盐法全异。即更除虚额，《食货志》亦必载明，不应但如是而已。又考《本纪》，亦止书‘甲子，罢昌州七井虚额盐’，则知必无均作两税之事矣。今从之。”

端拱元年秋七月，除西川诸州盐禁。《宋史·本纪》。

七月，以西川食盐不足，许商人贩阶、文州青白盐，峡路井盐，永康军崖盐入川，勿收算。《宋史·食货志》。按：此与前《本纪》即一事，据《梁周翰传》云：“西川患在盐少，请于益州置榷院，入物交易，则公私济矣。”或因此故。

至道三年，八月丙申，罢盐井役。《宋史·本纪》。

咸平中，施蛮尝入寇，诏以盐与之，且许其以粟转易。蛮大悦，自是不为边患。《郡国利病书》。按：此五年事，因寇瑊故，见《职官·事迹》。

景德三年，六月戊寅，诏“东西两川商税、盐酒课利所纳一分金[2]，宜罢之，其愿纳者听”。先是，计司请令半输银帛外，其二分入金。上闻其地或不产，故有是命。《续通鉴长编》六十三。

三年，十一月乙巳，增陵州陵井监工役人月给钱米，闻其劳苦故也。《续通鉴长编》六十四。

四年，四月庚寅，诏四川盐井户，先因逋欠课程籍其庐舍，并合赐之。《续通鉴长编》六十五。

---

① 《宋史·食货志》作：“剑南诸州官粜盐，斤为钱七十，盐井浚深，煮盐极苦，樵薪益贵，辇之甚艰，加之风水之虞，或至漂丧；豪民黠吏，相与为奸，贱市于官，贵粜于民，至有斤获钱数百，官亏岁额，民食贵盐。望稍增旧价为百五十文，则豪猾无以规利，民有以给食。”

② “一分金”：《宋会要·食货一七》及文渊阁四库全书本作“二分金”。下文亦有“其二分入金”之语。

大中祥符元年，十二月乙未，诏泸州南井煎盐灶户，自今遇正、至、寒食，各给假三日，所收日额仍除之。《续通鉴长编》七十。按：《食货志》作“除放三年”①。

三年，正月乙亥，减泸州淯井监盐课三之一。《续通鉴长编》七十三。

四年，十二月壬寅，夔州路转运使言，近置暗利寨，有为恶蛮人能率属归投者，署其首领职名，月给食盐。诏可。《续通鉴长编》七十六。

六年，七月丁未，诏诸煎盐井役夫，遇天庆等四节，并给假。《续通鉴长编》八十一。

天禧四年，钱惟演女弟为马军都虞候②刘美妻，时上不豫，艰于语言，政事多中宫所决，谓丁谓等交通诡秘，其党日固。刘氏宗人横于蜀，夺民盐井。上以皇后故，欲赦其罪，准寇准必请行法，重失皇后意，谓等因媒孽③之。又监察御史章频尝受诏鞠邛州牙校讼盐井事，刘美依倚后家受赇，使人市其狱，频请捕系。上以后故不问，出频知宣州。《续通鉴长编》九十五。

天圣二年，八月戊午，以忠州盐井岁增课为民害，诏悉除之。《宋史·本纪》。

八年，又禁商盐私入蜀，置折博务于永兴、凤翔，听人入钱若蜀货，易盐趋蜀中以售。自禁榷之后，量民资厚薄，役令挽车转致诸郡，道路糜费，役人竭产不能偿，往往亡匿。关内骚然，所得盐利不足以佐县官④之急。并边诱人入中刍粟，皆为虚估，腾踊至数倍，岁费京师钱币不可胜数，帑藏愈虚。太常博士范祥乃请旧禁盐地一切通商，盐入蜀者亦恣不问。《文献通考》。按：范祥事在庆历八年，又见《食货志》及毕沅《续通鉴》五十。

明道二年，二月壬子，除富顺监井户所欠烧煎藉⑤盐篅课利。《续通鉴长编》一百十二。

仁宗时，成都、梓、夔三路六监，与宋初同。而成都增井三十九，岁

---

① 除放三年：应是对《宋史》的误读。《宋史·食货志》作：“大中祥符元年，诏泸州南井灶户遇正、至、寒食各给假三日，所收日额，仍与除放。三年，减泸州淯井监课盐三之一。”

② 候：当作“侯”。

③ 媒孽：酒母。比喻借端诬罔构陷，酿成其罪。

④ 县官：朝廷、官府。

⑤ 藉：文渊阁《四库全书》史部《续资治通鉴长篇》卷一百十二作“籍”。

课减五万六千五百九十七石；梓州路增井二十八，岁课减十一万一十九石；利州路井增十四，岁课减四百九十二石三斗有奇；夔州路井增十五，岁课减三千一百八十四石。各以给一路，夔州则并给诸蛮。计所入盐直，岁输缗钱五分，银、绸绢五分。又募人入钱货诸州，即产盐厚处取盐，而施、黔、并边诸州，并募人入米。《宋史·食货志》。

康定元年，淮南提点刑狱郭维言："川峡素不产盐①，而募人以银易盐，又盐酒场主者亦以银折岁课，故贩者趋京师及陕西市银以归，而官得银复辇至京师，公私劳费。请听入银京师榷货务或陕西并边州军，给券受盐于川陕，或以折盐酒岁课，愿入钱，二千当银一两。"诏行之。既而入银陕西者少，议盐百斤加二十斤予之，并募入中凤翔、永兴。会西方用兵，军食不足，又诏入刍粟并边，俟有备而止。刍粟虚估高，盐直贱，商贾利之。西方既无事，犹入中如故。夔州转运使蒋贲以为入中十余年，虚费夔盐计直二十余万缗。令陕西用池盐之利，军需有备，请如初。诏许之。《宋史·食货志》。

庆历六年，春正月戊子，翰林学士兼龙图阁学士、户部郎中、知制诰王尧臣罢三司，使为翰林学士承旨兼端明殿学士、群牧使。尧臣主计凡三年，前使姚仲孙借内藏钱数百万，久不能偿，尧臣悉按籍偿之。而军国之费沛然有余，盖未尝加赋于民也。益、梓、夔三路转运使皆乞增盐井课，岁可为钱十余万。尧臣固不从。上问其说，对曰："庸蜀僻远，恩泽鲜及，而贡入常倍，民力由此困。朝廷既未有以恤之，而又牟利焉，是重困也。虽小有益，将必大损矣。"上善其对。然权幸因缘多见裁抑，京师数为蜚语，及上之左右往往谗其短者。上一切不问，而尧臣为之自若。已而言于上曰："臣之术止于是矣，且臣母老，愿解烦剧。"既罢，上慰劳之。尧臣顿首曰："非臣之能，惟陛下信用臣尔"。《续通鉴长编》一百五十八。

减邛州盐井岁额缗钱一百万。按：《玉海》在庆历六年五月十一日戊子。川陕西路盐课，县官之所仰给。然井源或发或微，而责课如旧。任事者多务增课以为功，往往贻患于后人。朝廷切于除民疾苦，尤以远人为意。有司上言，辄为蠲减，前后不可悉数；至下赦书，亦每及之。初，盐课听以五分折银、绸、绢，盐一斤计钱二十至三十，银一两、绸绢一匹折钱九百《食货志》作

① 川峡素不产盐：《宋史·食货志》作："川峡素不产银"。此"盐"当为"银"之误。

"六百"。至一千二百。后尝诏以课利折金帛者，从时估。于是梓州路转运司请增银、绸、绢之直，下三司议，以为银、绸、绢直视旧虽增至三千以上，然盐直亦非旧比，鬻于市，斤为钱百四十，则于民未尝见其害。不听。后邛州亦以为言，三司亦以此折之。于是邛州听减银、绸、绢一分，论者为岁损县官钱二万余缗。《续通鉴长编》。

皇祐五年，遣盐铁判官、都官员外郎燕度往陵、渠等州，定夺监井利害以闻。时言者谓，前后甲午，蜀再乱，忧明年复有变故，特遣度往治盐策，因预为之防。度至蜀，察其民俗，还奏曰：今甲午必无事，已而果然。《续通鉴长编》一百七十五。

荣州有盐井，籍民煎输[①]，惟有禄家得免。州人王伯琪请于朝，均之，为官户所诬，赍恨以没。子梦易登皇祐进士，为朝奉郎，欲成父志，言于三司，得上闻，还籍没[②]者三百余家，蠲岁额三十万。部刺史以他事中之，罢归。《明一统志》七十一。

嘉祐三年，荣州鬻盐凡十井[③]，岁久澹竭。有司折课如初，民破产籍没者三百余家。陈希亮为言，还其所籍，岁蠲三十余万斤。《宋史·陈希亮传》。

荆湖之归、峡二州，州二井，岁课二千八百二十石，亦各以给本州。《宋史·食货志》。

宋神宗熙宁初，苏辙《论茶五弊状》其一略曰："川茶本法[④]止于官自贩茶，其法已陋。今官吏缘法为奸，遂又贩布、贩大宁盐、贩瓷器等物。并因贩茶还脚贩解盐入蜀，所贩解盐仍分配州县多方变价[⑤]及折博[⑥]杂物货，为害不一。"《续通鉴长编》三百三十六。

熙宁三年，十一月二十二日，诏陕西漕司，以西川四路物帛变见钱二十万缗，充制置解盐司钞场本钱。《玉海》。

盐之品至多。前史所载，夷狄间自有十余种。中国所出，亦不减数十

---

① 煎输：煎盐、交税，这里专指煎盐的课税。

② 籍没：谓登记所有的财产，加以没收。

③ 凡十井：《宋史·陈希亮传》作"凡十八井"。

④ 本法：原来的有关法律条款。

⑤ 多方变价："价"，其他各本作"卖"。

⑥ 折博：谓以金银折换实物或物与物相折换。

种。今公私通行者四种：末盐、课盐[①]、井盐、崖盐是也。沈括《梦溪笔谈》。

熙宁中，《续通鉴长编》在七年。蜀盐私贩者众，禁不能止。欲尽实私井，运解盐以足之。议未决，神宗以问修起居注沈括，对曰："私井既容其扑买[②]，则不得无私易。一切实之而运解盐，使一出于官售，此亦省刑罚、笼遗利之一端。然忠、万、戎、泸间夷界小井尤多，止之实难。若列候加警，恐所得不酬所费。"议遂寝。《宋史·食货志》。

九年，十一月己卯，侍御史周尹言："成都路州县户口蕃息，所产盐食常不足，梓、夔等路产盐多而人食有余，自来不禁贩易，官私两利。闻昨成都府路转运司以相度卖陵井盐场，遂止绝东川路盐不入本路及闭本路卓筒井，因闭井而失业者众。盖欲盐价增长，令民愿买陵井盐场。又因言利之臣奏请募人运解盐入蜀卖之，自陕西至成都二千里，道险不能续运，致成都路盐踊贵，斤为钱二百五六十，米二斗才得盐一斤。而东川路盐斤止七十，境上小民持入西路，即为禁地，辄冒重刑。嗜利苟活之人，至以兵仗裹送贩易。驱人冒法，如设陷阱。嗷嗷众口，赴告无所。岂宜圣世有此怨嗟？臣欲乞放东川路盐依旧入成都府路，转运司不得止绝。勿闭卓筒井，但禁此后毋得创开。罢官运解盐，商贩入川听如旧。所贵远民饮食之间亦知朝廷仁恤。"诏三司速相度以闻。其后，诏官般解盐依客人例出卖，不得抑配。商贩听如旧。《续通鉴长编》二百七十九。

刘佐入蜀经度茶事，尝岁运解盐十万席。侍御史周尹奏："成都府路素仰东川产盐，昨转运司商度[③]卖陵井场，遂止东盐及闭卓筒井，失业者众。言利之臣复运解盐。道险，续运甚艰。成都盐踊贵，东川盐贱，驱民冒法。乞东川盐仍入成都，勿闭卓筒井，罢官运解盐。"诏商贩仍旧卖解盐，依客商例，禁抑配于民。未几，官运解盐竟罢。《宋史·食货志》。按：此与上《长编》即一事。

元祐元年十一月庚辰，蠲盐井官溪钱。《宋史·本纪》，详见《职官·事迹》。

六年，夔州路转运司言："本路军监所产盐，有诏立定分数，应副支还

① 课盐：疑为"颗盐"之误。

② 扑买：宋元的一种包税制度。宋代对酒、醋、陂塘、墟市、渡口等税收，由官府核计应征数额，招商承包。承包者按定额向官府纳税，超额的归承包人。元沿宋制，但包税范围更扩大。

③ 商度：商讨。

熙河路入中钞凭。缘逐处[1]自来别无见盐依入中先后支还，其商贾常候三五年间方得请盐。伏见熙河入中射请大宁监盐系立限十年，请将三路、熙河路等处入纳钱银粮草，射请本路开、达、忠、万、涪州，云安军六处盐钞，并依大宁监年限施行。”从之。《续通鉴长编》四百五十五。

崇宁二年，川峡利、洋、兴、剑、蓬、阆、巴、绵、汉、兴元府等州，并通行东北盐。四年，梓、遂、夔路[2]、绵、汉州、大宁监等盐，仍鬻于蜀，惟禁侵解盐地。《文献通考》，又见《宋史·食货志》。

四川总制司争鬻盐井。三路官井，旧法令人承煎。自军兴后，总领所已依官田法召人投买，得钱数十万缗。大使司以为未及价，复卖之，又得钱百万缗，入制司激赏库。王子益以为失信，檄止之。大使司乃以计所负制司广惠仓米三十万石言于朝，子益议遂格。《朝野杂记》。

建炎二年，合东南产盐之州二十二，总为二万七千八百一十六万余斤，通收盐息钱一千七百三十余万缗，后增至二千四百万缗。而四川三十州，岁产盐约六千四百余万斤，隶总领财赋所赡军。毕沅《续通鉴》一百二。

自建炎兵兴，赵应祥榷盐酒之课，折绢布之估，科激赏之费，倍籴本之输，商贾农民，征率殆尽。辛巳之役，王瞻叔无以为计，遂大括白契[3]以赡军。朝廷知其扰民，而不容其止也。自应祥、瞻叔为善理财后，近岁赵德老、杨嗣勋、权少卿相继总赋，皆以减放为急，蜀人幸之。德老常减盐酒折估钱，一月凡七十万缗。然今计司所取钱犹有无艺者，如淳熙六年蠲免盐酒重课，而所减虚额钱，至今遇闰月财不减，谓之“加闰”，通不过二万缗。《朝野杂记》甲集十七。

绍兴元年，六月甲戌，言者论诸路转运司类省试[4]，举人多讼其不公，若仍令宪臣差官，虑有私请。欲于帅臣部使者中，择文学之臣领其事。诏川陕路，令张浚于帅臣、监司内选差有出身人，分镇路分令茶盐司选官如前诏。《系年要录》四十五。

---

① 逐处：到处，处处。

② 夔路：“夔”下“路”字为衍文。宋代四川无路州，《文献通考》卷一六《征榷考》此处无“路”字。

③ 白契：旧指未向官府纳税加盖官印的房地产等文契。

④ 类省试：宋代科举制度的名称。相当于省试的考试。宋陆游《老学庵笔记》卷六：“自建炎军兴，蜀士以险远，许就制置司类试，与省试同。间有愿赴行在省试者，亦听之。”

二年九月，总领四川财赋赵开初变四川盐法，尽榷之。《宋史·本纪》。

蜀盐自祖宗以来，皆民间自煮之，岁输课利钱、银、绢总为八十万缗。绍兴二年秋，赵应祥总计，始变盐法，尽榷之。仿蔡京东南、东北钞盐条约，置合同场以讥其出入。每斤纳引钱二十五，土产税及增添约九钱四分，所过税[①]钱七分，住税[②]一钱有半。每引别输提勘钱六十，其后又增贴纳等钱。凡四川二十州四千九百余井，岁产盐约六十余万斤。引法初行，每百斤为一担，又许增十斤勿算以优之。其后递增至四百余万缗。休兵后，数减之，今就存三百余万。始赵应祥之立榷法也，令商人入钱请引，井户但如额煮盐，赴官输土产税而已。然咸脉盈缩不常，久之，井户月额不敷，则官但以虚钞付之而收其算，引法由是坏。井户既为商人所要，因增其斤重以予之，每担有增至百六十斤者。又有逃废绝没之井，许人增其额以承认，小民利于得井，每界递增，盐课既益多，遂不可售，而引息、土产之输无所从出，由是刎缢相寻，公私皆病。绍兴三年夏，赵子直为吏部尚书，奏言：赵开盐法最为精密，今井户多凿私井，务以斤重多寡相尚，故盐日多，价日贱，而其法大坏。乞下总领所参照旧法施行。从之。时杨嗣勋总计，因是遣官核去虚额，栈闭助筒二千有奇，申严合同场旧法，禁斤重之逾格者，而重私贩之罚，盐直由是顿昂。嘉泰二年，陈郎中晔总计，又禁除官井所增之额焉。自庆元后，州县及井户稍舒，而民始食贵盐矣。《朝野杂记》甲集十四。按：赵开、赵汝愚、陈晔事皆详见《职官表》。

四年，按：《本纪》在“四月”，令赵开再任总领四川财赋。直龙图阁都大同主管川陕茶马公事兼宣抚处置司随军转运使专一总领四川财赋赵开令再任用。王似等奏曰：初，张浚既召归，开亦亟白王似、卢法原求罢，自辨疏曰：开既兼宣抚处置使司随军转运使，专一总领四川财赋，窃谓应副军期，费用不赀，若加敛于民，即民愈不堪，寻措置改修茶、盐、酒已坏之法，不惟广收息钱，兼岁入有常，不误措准。自建炎三年至绍兴二年终，茶、盐、酒息增额钱，并卖抵拟绝户田产等钱，共收一千五百三十五万余贯，兼随军秦州，应副过陕西茶驮，及于陕西创行印造铜钱引纽，计川钱八百三十四万余贯。此

① 过税：宋代向行商贩运货物征收的一种商税。《宋史·食货志下八》：“行者赍货，谓之‘过税’，每千钱算二十；居者市鬻，谓之‘住税’，每千钱算三十，大约如此。”

② 住税：古代按坐商进货数量所征收的税。

外，未尝创立名目科抑民间。所榷茶、盐、酒，并系祖宗旧法，置合同场卖引。及置官盐务，亦系朝廷已尝行者。其犯人断罪刑名，未尝辄有删定，但增添告捕赏钱，意欲犯法者少。惟是营私官吏恶其不便于己，怀异忌疾者共兴谤讟，谓改修弊法为生事扰民，口舌沸腾，必相陷害。况开年垂七十，心力凋耗，若叨冒无耻，重致烦言，岂惟有辱士风，决然上误国事。似等察开雅非辞难畏谤讟者，而军事方急，果不可无开，乃奏言：川陕屯驻大军，费用浩瀚，漕司所入止充常赋，诸司钱物见在不多，累年经费委是赵开悉力措置茶、盐、酒息之类，通计约二千万贯，资助调度，搜革宿弊，增广课息，于民无科率骚扰。今来，若令本官罢任，缘目即正当边事之际，财用急阙，全藉赵开措画应办，深恐别差官主管不知首尾，措置乖方，有误赡养大军，利害至重。故有是旨。《系年要录》七十五。

七年辛亥，右迪功郎李时雨特循二资，时雨献《玉垒忠书》三十篇，其间有《盐铁论》，欲罢四川官卖盐引，而征民间盐货三分之一；又欲尽榷天下铜铁而输之官云。《朝野杂记》一百十七。

二十二年，十有二月辛酉朔，诏岁减夔路及蒲江、淯井两监盐钱《本纪》作“盐铁钱”。八万二千缗有奇。元注：夔路盐每斤减二十钱，共为二万七千余缗；事初已见十七年，蒲江减四万四千余缗；淯井元额八万七千余缗，今减八分之一。《系年要录》一百六十三。

二十五年，七月，减四川绢估、税斛、盐酒等钱，岁百六十余万缗，蠲州县积欠二百九十余万缗。《宋史·本纪》。按：《系年要录》百六十九云，内盐酒重额钱为七十四万缗。

二十六年，尚书吏部郎中孙道夫试太常少卿，道夫入对，论蜀中州县，税绢之外，有和买①、有预俵、又有激赏，而蜀民尤以激赏绢为苦；税米之外，有远仓②、有和籴、又有对籴，而蜀民尤以对籴米为患。今边鄙无虞，甲兵不用，总司但给诸屯衣粮耳。而诸州军犹有激犒钱，各不下一二万引，此非横敛乎？以至咸钱退缩，盐额顿亏，使井户虚纳土产、引钱，则破产者十室而九；酒徒零落，课息欠少；使漕户空纳石钱，则失业者比比皆是。

① 和买：宋代，政府于春季贷款给农民，至夏秋时令农民以绢偿还，谓之和买。

② 远仓：支移新边，即规定民户将税粮运到指定的新边仓库，谓之远仓。《宋史·食货上二》：“三年，言者论西蜀折科之弊，其略谓：‘西蜀初税钱三百折绢一匹，草十围计钱二十。今本路绢不用本色，匹折草百五十围，围估钱百五十，税钱三百输至二十三千。东蜀如之。仍支移新边，谓之远仓，民破产者众。’”

有司不恤园户[1]，务增茶额以求羡余。合同场计无所出，禁系山氓，使输虚息。蜀民被牢盆酒茗之害有年矣，今欲通其变以革其弊，虽救焚拯溺，不足以喻其急也。《系年要录》一百七十五。

二十九年，军器监主薄马骐言：陛下加惠蜀民，日者命有司除放州县虚额钱，此举所系利害甚重。凡所谓虚额者，皆出于盐酒之课。盖盐泉有盈缩，则煎煮之数不能无多寡；人烟有稀稠，则估卖之数不能无通塞。向者有司但持目前一定之额而课其息，将新盖旧，用实填虚，卒以无偿，徒费督责。望下四路监司，取见盐酒课利三年内所收实数，以酌中一年为额，使之趁办。其目前虚额之数尽与蠲除，诏总领所相度申省。《系年要录》一百八十二。

乾道三年初，臣僚极言盐法之弊，诏令前漕臣沈度、陈弥详察以闻。未几，沈度入对。帝曰：前日观卿所奏盐事，已尽蠲十五万缗，以宽民力。且曰：朕意欲使天下尽蠲无名之赋，悉还祖宗之旧，未能如朕志耳。又言：四川有钞盐纲，有岁计盐纲。钞盐纲者，为抱纳钞盐钱窠名；岁计盐纲者，每斤除分隶增盐钱、盐本等钱外，其余系州县所行市利钱，即以充纳上供银钱等用。今钞盐窠名已尽行除放，州县只是般卖一色。岁计纲须今置场出卖，不得科抑于民。毕沅《续通鉴》一百四十。

淳熙六年，正月，胡元质奏夔州上供金、银、绢三色，乞将大宁监盐课增羡措置，蠲免九州民间科买，以苏民力。上从之。刘时举《续宋编年资治通鉴》九。

六年，五月，蠲四川盐课十万缗。十月，再蠲四川盐课十七万余缗。《宋史·本纪》。案：此或因胡元质奏故。

十三年，汀州提举应孟明等言："上四州军有去产盐之地甚迩者，官不卖盐则私禁不严，民食私盐则客钞不售，既无翻钞之地则客卖销折，所以钞法屡行而屡罢。四川阔远，犹不可翻钞，汀州将何所往？"《宋史·食货志》。

① 园户：指唐宋时种植、制作茶叶的民家。

十四年，四月，四川应起经、总制钱[①]存留三年代输盐酒重额。《宋史·本纪》。

十二月乙酉，制司言："夔路大宁监四分盐[②]，递年科在恭、涪等八州，委实扰民，请据运司措置，止就夔州以时变卖，诚为利便。"从之。毕沅《续通鉴》一百五十一。

绍熙三年，正月，蠲四川盐酒重额钱九十万缗。《宋史·本纪》。按：刘时举《续通鉴》作"七月"。

三年，蜀盐复旧法，听从民间自煮盐，岁输课利。刘时举《续通鉴》十一。

四年，十二月，复四川盐旧法合同场。《宋史·本纪》。按：此与"三年"即一事，盖因赵汝愚言故，汝愚言实在三年。

五年，户部言："潼川府盐、酒为蜀重害，盐既收其土产钱给卖官引，又从而征之。"于是申禁成都、潼川、利路诸司。《宋史·食货志》。

嘉定五年，九月，四川复榷石脚井盐。刘时举《续通鉴》十四。按：因安丙故。见《职官表》。

七年十一月，罢四川制置大使司所开盐井。《宋史·本纪》。

嘉熙二年十二月，诏：四川诸州县盐酒榷额，自明年始更减免二年，其四路合发总所纲运者亦免。《宋史·本纪》。

景定三年十月，蠲四川制总、州县盐酒榷额。《宋史·本纪》。

咸淳元年十月，减四川州县盐酒课。《宋史·本纪》。

四年十月己亥，照四川州县盐酒课再免征三年。毕沅《续通鉴》一百七十九。

七年九月癸未，蒙古主以四川民力困敝，诏免茶盐等课，以军民田租给

---

① 经、总制钱：即经制钱与总制钱，宋代附加税之一种。宣和中，军政费支出浩繁，总揽东南地区财赋的发运兼经制使，建议增收卖酒钱、印契钱、头子钱等以充经费。因系经制使建议，故称"经制钱"。总制钱，《宋史·食货下一》："所谓经、总制钱者，宣和末，陈亨伯以发运兼经制使，因以为名。建炎二年，高宗在扬州，四方贡赋不以期至，户部尚书吕颐浩、翰林学士叶梦得等言：'亨伯以东南用兵，尝设经制司，取量添酒钱及增一分税钱，头子、卖契等钱，敛之于细，而积之甚众。及为河北转运使，又行于京东西，一岁得钱近二百万缗，所补不细。今若行于诸路州军，岁入无虑数百万计。边事未宁，苟不出此，缓急必致暴敛。与其敛于仓卒，曷若积于细微。'于是以添酒钱、添卖糟钱、典卖田宅增牙税钱、官员等请给头子钱、楼店务增三分房钱，令两浙、江东西、荆湖南北、福建、二广收充经制钱，以宪臣领之，通判敛之，季终输送。绍兴五年，参政孟庾提领措置财用，请以总制司为名，又因经制之额增析而为总制钱，而总制钱自此始矣。"

② 四分盐：《舆地纪胜·大宁监·官吏·孔长官》注："今凡有盐出津，四分，官取一，谓之抽分。"

军。仍敕有司：有言茶盐之利者，以违制论。毕沅《续通鉴》一百七十九。

四川总领所以绍兴休兵之初计之，一岁大约费二千六百六十缗。其三百七十五万缗盐课，今减为三百余万。盖自乾道再和，军中大请受[1]人益少，由是计司犹有羡财。每过盐，放盐酒、绢布、激赏之属，计所司抱[2]多至数十万缗，少亦不下二十万缗。绍兴三年至庆元三年，杨少卿辅抱盐酒钱三十万缗。《朝野杂记》。

初，胡元质奏云："蜀盐之为害，尤甚于酒。蜀盐取之于井，山谷之民相地凿井，深五毕沅《续通鉴》作"至"。六七十丈，幸而果得盐泉，然后募工以[3]甃砌，以牛革为囊，数十人牵大绳以汲取之。至午《续通鉴》作"自子自午"。则泉脉渐竭，乃缒人于绳，令下，以手汲取，投之于囊，然后引绳而上。得水入灶，以柴茆煎煮，乃得成盐。又有小井，谓之卓筒，大不过数寸，深亦数十丈，以竹筒设机抽水[4]，尽日之力，所得无几。又有凿地不得盐泉或得泉而水味淡薄，煎数十斛之泉不能得斤两之盐。其间或有开凿既久，井老泉枯，旧额犹在，无由蠲减；或有大井损坏，《续通鉴》作"井大井损"。无力修葺，数十年间空抱重课；或井筒剥落，土石堙塞，弥旬累月，计不得取；或夏冬涨潦，淡水入井，不可烧煎；或贫乏无力，柴茆不继，虚失泉利；或假贷资财以为盐本，费多利少，官课未偿，私债已重。如此之类不可胜计。臣欲择能吏前往，逐州考核[5]盐井的实盈亏之数，先与推排等第，随其盈亏多寡而增损之。必[6]上不重亏国计，下可以纾民力。"诏令元质与李蘩同往，相度措置，条具奏闻。元质又言："简州最为盐额重大，《续通鉴》作"重大盐额"。近蒙蠲减折估钱五万四千余缗，但官司一时逐井除减，使实惠未及下户。富厚之家动煎数十井，有每岁煎七十《续通鉴》作"减七千"。缗者。下等之家不过一二十井，货则无人承当，额徒虚欠。官司督责，不免望委制置司再将向来已减之数重行均减，其上户至多者，每岁《续

---

① 请受：官俸，薪饷。

② 计所司抱：应为"计司所抱"。

③ 募工以：王圻《续文献通考》原作"募工以石"。

④ 抽水：王圻《续文献通考》原作"抽泉"。

⑤ 考核：王圻《续文献通考》原作"考覆"。

⑥ 必：王圻《续文献通考》原作"必使"。

通鉴》作“数”。不得减过二千贯，其余类推，均及下户。”王圻《续文献通考》。

蕃部蛮夷混杂之地，元无市肆。每汉人与蕃人博易[1]，不使钱。汉用绸、绢、茶、布，蕃用红椒、盐马。《寰宇记》七十七《黎州》。

宋何郯《夫子殿记》云：夔州民家子弟，壮则逐鱼盐之利，富有余资，辄以奉祀鬼神，他则不暇知耳。《郡国利病书·四川二》引。

宋上行曰：“此郡昔有四利，今有四害，曰‘茶’、曰‘盐’、曰‘铁’、曰‘酒’。他郡或有其一，或有其二，而吾邛独全。昔以为利，国竞豪富；今以为害，民皆贫薄矣。”《郡国利病书·四川二》。

元太宗二年，始行盐法。元初以酒醋、盐税、河泊、金、银、铁冶六色取课于民，岁定白银万锭。至是太宗庚寅年，始行盐法，每盐一引重四百斤，其价银一十两。世祖中统二年，减银为七两。至元十三年既取宋，而江南之盐所入尤广，每引改为中统钞[2]九贯。二十六年三月，诏依旧制，凡盐一引四百斤，价银十两，以折今钞为二十贯。二十六年，增为五十贯。成宗元贞二年，又增为六十五贯。武宗至大二年至仁宗延祐二年，凡七年间，累增为一百五十贯。钦定《续通考》十九。

中统二年，诏谕十路宣抚司并管民官，定盐酒课税等法。《元史·本纪》。

三年，大渊欲于利州大安军以盐易军粮，从之。《元史·杨大渊传》。

至元元年，以四川茶、盐、商、酒、竹课充军粮。《元史·本纪》。

元年闰十二月乙酉，诏：四川盐运司于盐井仍旧造盐，余井听民煮造，收其课十之三。《元史·本纪》。

二年，复四川盐井之禁。《元史·本纪》。

二年，修理盐井，仍禁解盐，不许过界。王圻《续通考》。

八年，申严东川井盐之禁。《元史·本纪》。

十八年，并盐课入四川道宣慰司。钦定《续通考》十九。

十九年，议设盐运司[3]卖盐引法，择利民者行之。《元史·本纪》。

---

① 博易：交易，贸易。

② 中统钞：元中统年间颁行的钞票。有“交钞”“元宝钞”二种。《元史·食货志一》：“世祖中统元年，始造交钞，以丝为本。每银五十两易丝钞一千两，诸物之直，并从丝例。是年十月，又造中统元宝钞……然元宝、交钞行之既久，物重钞轻。二十四年，遂改造至元钞，自二贯至五文，凡十有一等，与中统钞通行。”

③ 设盐运司：《元史·世祖九》作“设盐使司”。

十九年，复立陕西四川转运司，通办盐课[①]。钦定《续通考》十九。

二十二年，改立四川盐茶运司，岁煎盐一万四百五十一引。二十六年，一万七千一百五十二引。皇庆元年，以灶户艰辛，减煎盐五十引。钦定《续通考》十九作“五千”。天历二年，办盐二万八千九百一十引，计钞八万六千七百三十锭。附考。元统三年，四川行省据盐茶转运使司申：“至顺四年，中书省坐到添办余盐一万引外，又带办两浙运司五千引，与正额盐递行煎办[②]，已后支用不缺，再行议拟。卑司为各场别无煎出余盐，不免勒令灶户承认规画，幸已足备。以后年分若不申覆，诚恐灶户逃窜，有妨正课。如蒙怜悯，于所办余盐一万引内量减带办两浙之数。”又准分司运官所言云：“四川盐井俱在万山之间，比之腹里、两淮不同，又行带办余盐，灶户由此而疲矣。”行省咨呈中书省，上奏得旨，权以带办余盐五千引停阁[③]之。王圻《续通考》。

大德元年九月，御史台承奉中书省札付[④]：四川省咨：四川盐茶转运司申：重庆路录判乞石烈等捉获船户景绍华等私盐三千二百二十六斤，追到私盐财产等没官钱中统钞一百定二十一两五钱。本路牒发西蜀四川道廉访司，以赃罚通类[⑤]起解陕西行省了当[⑥]。看详[⑦]断没私盐茶等钱，例合运司结课。今廉访司却作追到赃罚，赴陕西行省交纳，恐有差池。咨请明降送户部。照得应犯私盐茶课，各处转运司追断结课，即系通例。前项钞数既至元二十九年重庆路牒发西蜀四川道廉访司，作赃罚起解陕西省收讫。又四川盐茶运司本年课程，已经造册，别难变改。参详[⑧]合咨陕西省照勘上项钱物，如已到官，照例支持，就咨四川省照会。如蒙准呈，札付御史台行下合属，今后应犯私盐茶课等，追到没官钱数，依例令运司作横收结课。相应具呈照详[⑨]，

---

① 通办盐课：《钦定续文献通考》作“通辖诸课程事”。

② 递行煎办：《元史·食货五》作“通行煎办”。

③ 停阁：《元史·食货五》作“倚阁”。倚阁：搁置，暂停。

④ 札付：刺著为书曰札，以文相与曰付。《廿二史札记》：“札付者，上行下之檄也。”

⑤ 通类：犹总共、全部。

⑥ 了当：办理、处理。

⑦ 看详：审阅研究。《吏学指南》称：“看详：谓审视辞理，善为处决者。”

⑧ 参详：谓仔细寻究。

⑨ 照详：常用作公文结句套话，《吏学指南》称：“照详：谓义明于前，乞加裁决也。”

都省准呈。《元典章·户部八》。

至大元年，增盐课。四川盐仍旧。钦定《续通考》十九。

皇庆二年，免大宁路今岁盐课。《元史·本纪》。

延祐六年十月，江浙行省准中书省咨：湖广行省咨：归州申：同知孙承事于巴东县万津把隘，盘获客人李子顺等二项越界盐货。责得李子顺状招：随州应山县住坐，于涪州管下杨北市何道士地土[1]耕作。延祐四年正月十九日，用中统钞一两于[2]涪州文把头处买到蜀盐一斤四两。除在船食用，将余剩盐一十一两包藏裙腰，意图食用。越过巴东县界，致被盘获，秤计蜀盐七两，招状是实。湖北道廉访分司所委审囚官照拟：李子顺先犯偷羊切盗，刺断[3]贼人，今又将食用蜀盐犯界，押发涪州收管，依例施行。又，延祐四年闰正月十一日，盘获王执祖犯界蜀盐。责得本人状招：延祐四年正月十一日，相合王阿孙收买被毡[4]，驾船前来江陵，到西川夔路巫山县，用中统钞五钱买到大宁蜀盐一斤，除食用外，剩下约有一十两五钱重，到于巴东县界越过，盘捉到官。廉访分司所委审囚官议得：若比依犯界兴贩盐货等例论罪，似涉太重，量情决四十七下。当年五月初四日，巴东县申：谭应兴首告祝元广、妻阿黄将带蜀盐一小包博换葛面。得此，责得祝元广状招：延祐四年二月二十三日，因变卖牛只，前到西川夔路巫山县信田村，将木盆二个送与白庆、刘文禄作土仪[5]，各人共将蜀盐一斤一十二两作回礼。元广除食用外，将盐四两与外甥谭应兴食用，首告到官罪犯。议得：祝元广即系犯界盐货，依例杖六十，将犯界蜀盐发付巫山县收管发落。据刘文禄、白庆不应将蜀盐与祝元广回礼，以致犯界罪犯就便施行通责[6]，得提调官秭归县达鲁花赤忽都禄巡警不严，致有私盐犯界招伏[7]。本省参详：李子顺、王执祖用钞一两五钱，买到蜀盐共重一十七两五钱；祝元广用木盆二个于白庆等处作

---

① 土：《元典章·户部八》“犯界食余盐货”条作“上”。

② 于：底本无，据文意补。

③ 刺断：刺字定罪。

④ 毡：疑为“褥”字。

⑤ 土仪：作为馈赠礼物的土产品。

⑥ 责：《元典章·户部八》“犯界食余盐货”条作“卖”。

⑦ 招伏：招认。

土仪，得到回礼蜀盐一斤一十二两。各人沿途食用不尽，因而将带越过巴东县界，盘捉到官。原其各人所犯，正是元买食用不尽零盐，即非兴贩盐货。令[①]归州照依犯界盐货例，已将各人杖断，似涉太重。提点官禁治不严罪责，亦系一体。缘元降条例内，别无定到食盐犯界罪名，事干通例，咨请照验，令合干[②]部分[③]定拟，希咨回示。准此，送据刑部与户部官讲议回呈。照得：大德四年九月奉省札：河南省准河南府：蒙古军人明里不花躯口[④]吴敢子等，元买沧盐一斤六两，除食用外，有些小至登封县，不知解盐地面，将带过界，被本县官搜获到官，断讫[⑤]牛只等物。本部议得：吴敢子等捋不将[⑥]沧盐带于解盐界内食用，合将已没牛只等物回给本主所有。吴敢子不知禁例误犯，量情拟决二十七下。仍偏行合属，于各管盐界首要路村店安立碑额，大字真书"私盐不得犯界"，使民易避。今后若有客旅将带食盐一斤之下误而过犯，减买食私盐罪三等；二斤之上者，减买食私盐一等科断。相应。都省准拟。又照得：大德二年十一月，奉省判，元呈：河间运司申：巡盐官柴兴祖呈：巡禁私盐到完州，庵泰[⑦]家内安下张八贩卖山西盐货，取到本州知州耿智禁治不严招伏。本部参详，耿智提调私盐，若以不为用心依条科罪，却缘当时别有公差。据本官不牒本州别行委官，转委司吏[⑧]下村巡禁私盐，致有犯界盐货情犯，量拟罚俸一月，标附。若以禁治不严、纵令百姓买食科罪，似涉太重。呈奉都堂，钧旨准呈，送刑部依上施行。奉此，本部与户部官严奉议，议得：李子顺、王执祖等，元于西川涪州等处买到蜀盐，沿途食用不尽，各不及斤，误而将带过界，即与吴敢子所犯一体。其归州失于申禀，将各人比依买食私盐全科，事违枉[⑨]。缘前例不曾偏行，既已断讫，别

① 令：疑应为"今"。

② 合干：谓共同做某事。

③ 部分：裁决、处理。

④ 躯口：金元时以被俘为奴的汉人。亦简称"躯"。躯，通"驱"。

⑤ 断讫：谓审理处刑结束。

⑥ 捋不将：此处文字有误，应为"将不尽"。《元典章·户部八》"提调课程"条也称："亦为此事送户部议，拟得：不尽沧盐带于解盐界内食用。"

⑦ 泰：《沈刻元典章：附陈氏校补校例》（《大元圣政国朝典章•典章二十二》）作"参"。

⑧ 司吏：负责办理文书的小吏。

⑨ 事违枉：《元典章·户部八》作"事涉违枉"。违枉：背理枉曲。

无定夺。今后似此有犯，拟合照依吴敢子例科断。外据秭归县达鲁花赤忽都禄止为李子顺等买食蜀盐，淯用不尽，些小零数将带过界，虽有取到巡警不严招伏，与完州知州耿智任内张八贩卖过界事例不同，拟合革拨[①]。相应。具呈照详。得此，都省准呈，咨请依上施行。《元典章·户部八》。

天历二年正月，复盐制。每四百斤为引，引为钞三锭。时一岁总办盐二百五十六万四千余引，课钞七百六十六万一千余锭。钦定《续通考》十九。

二年八月，焚四川伪造盐引。《元史·本纪》。按：四川囊加台等乱初定故。

二年，预贷四川明年盐课钞五万锭，给行枢密院军需。《元史·本纪》。

至顺元年，赐四川行省左丞孛罗金虎符，以盐课钞二十万锭供云南军需。又命四川行省于明年茶盐引内，给钞八万锭增军需，以讨云南，赈木隣[②]、札里。《元史·本纪》。

至正三年，监察御史黄思诚、侯思礼等建言：京师自大德七年设官卖盐，法久弊生。其起盐[③]，在船则有侵盗渗溺之患，到局则有和杂灰土之弊。官盐起运，凡运司所遣之人擅作威福。南抵临清，北自通州，所至索截河道[④]，舟楫往来，无不被扰。又其舟小而不固，渗漏侵盗，弊病多端。当时设局置官，但为民食贵盐，殊不料官卖之弊，反不如商贩之贱。宜当[⑤]元设盐局，合准革罢，听从客旅兴贩。奏上，如所议行。其余各路行盐之处，如河间、山东、陕西、河东、辽阳、两淮、两浙、福建、广东、广海、四川诸路，俱商贩而办其课，至岁额多寡，往往随时酌定，或以运司领其事，或辖于行御史台及行中书省，皆无定制，只以合时宜也。钦定《续通典》十三。

明太祖辛丑岁二月，始立盐法。置局设官，令二十取一，以资军饷，既而倍征之。用处州守胡深言，复初制。钦定《续通考》二十。

洪武三年，始募商纳米中盐。十五年二月，以大军征南，定输米。云南：六斗给淮盐，五斗给浙盐，一石给川盐；普安：六斗给淮、浙盐，二斗

---

① 革拨：取消、废除。

② 赈木邻、札里：《元史·文宗三》作“赈木隣、扎里至苦盐泊等九驿，每驿钞五百锭”。

③ 起盐：起运食盐。《宋会要辑稿·食货二七》：“且每场必有巡检以为警察，并起盐之时，监董入监。”《清实录·乾隆朝实录》卷之一百三十七：“商给领水程，赴船起盐。”《宦游偶记》：“场商运盐船泊内河，起盐存栈，挂号轮售。”

④ 所至索截河道：《元史·食货五》作：“所至以索截河道”。

⑤ 宜当：表示情理上必须如此。犹应当。

五升给川盐；普定：五斗给淮盐，四斗给浙盐；乌撒：二斗给淮、浙盐。皆以二百斤为则。二十年十一月，命募商于云南毕节卫纳米，每引二斗给浙盐、三斗给川盐。二十四年九月，命减云南纳米旧例，每引淮、浙盐一斗五升，川盐一石五斗，安宁盐二石，黑井如川盐之数。二十五年九月，又令四川建昌卫，每引输米八斗给浙盐者减为五斗，一石五斗给川盐者减为一石。十一月景川侯曹震奏：四川盐井五十七处，请依普安例，召商输粟备军储，而给盐偿之。又商人输粟于云南、建昌、乌撒诸处，给以川盐，及重庆府綦江县买马官盐。二十六年正月，定云南、乌撒纳米中盐，每引一斗五升给浙盐，二斗给川盐，一石八斗给安宁盐、一石六斗给黑井盐。钦定《续通考》二十。

五年时，置盐马司。四川纳溪、白渡二盐马司至十三年十月罢，仍以二司盐易绵布，遣人入西羌市马。钦定《续通考》二十。

明初按王圻《续通考》在“洪武十七年”。仍宋元旧制，所以优恤灶户者甚厚，给草场以供樵采，堪耕者许开垦，仍免其杂役，又给工本米，引一石。置仓于场，岁拨附近州县仓储又[①]兑军余米以待给，兼支钱钞，以米价为准。寻定钞数，淮、浙引二贯五百文，河间、广东、海北、山东、福建、四川引二贯。灶户杂犯死罪以上，止予杖，计日煎盐以赎。后设总催，多朘削灶户。《明史·食货志》。

洪武间，四川开中一十万六千八百引，盐井卫、龙州司、雅州所折米二千四百引，每一百二十斤折米麦一石。王圻《续通考》。

惠帝建文四年八月，时成祖已即位。命云南金齿卫、楚雄府，四川盐井卫，陕西甘州卫开中如故，余悉罢之。帝以北平各卫粮乏，命户部悉停天下中盐，专于京卫开中，每引米淮浙三斗、河东二斗、四川一斗五升，听大小官员军民人等皆中，不拘次支给。既而户部侍郎夏原吉具天下中盐处所以闻，乃止命云南、四川、陕西数处如旧开中，余并停之。自后大军征安南多费，甘肃军粮不敷，百姓疲于转运。迨安南新附，饷益难继，于是诸所复召商中盐，他边地亦以渐及矣。钦定《续通考》二十。

永乐十年二月，上以甘肃官军所用粮多，百姓转运繁劳，令户部减凉

① 又：《明史·食货志》作“及”。

州盐粮则例，召商中纳，以供军饷，待粮用充足则仍其旧。于是定纳凉州盐粮，准淮浙盐每引三斗五升、河东每引二斗、四川每引一斗五升。薛应旗《宪章录》十八。

洪熙元年[1]，令追销过限未缴盐引，各运司、提举司查勘过限未缴之引及客商贯趾，造册送部，行巡按御史及按察司追究销缴。至正统二年，令中盐卫分造具客商名数缴部，盐运司仍将额办盐数申报，每年终支过引盐及客商姓名，另具数申部注销。三年，又令长芦商盐愿发他处者，听所在官司告验，转给文凭，其退引、水程仍照例告缴。景泰元年，令商人支盐卖毕，截角退引，过期不缴者行巡盐御史、按察司查提。三年，淮浙、山东、长芦运司，收到客商退引，按季类解[2]，福建、河东、陕西运司并四川、云南、广东、灵州小盐池等提举司，年终类解。四年，令盐场凡客商引目支盐出场，即为截角。仍具商名引数，申缴总司收照。钦定《续通考》二十。

正统元年七月，命四川以钞偿盐课。成都府奏，各井给军盐课累岁逋负[3]，若尽追输，破家者众。请令宣德五年以前逋负者，每盐一斤偿钞一贯；以后者，追盐[4]，仍令诸卫所差官关领[5]给军为便。从之。钦定《续通考》二十。

三年，宁夏总兵官史照[6]以边军缺马，而延庆、平凉官吏军民多养马，乃奏请纳马中盐。上马一匹与盐百引，次马八十引，既而定边诸卫递增二十引。其后，河州中纳者上马二十五引，中减五引；松潘中纳者上马三十五引，中减十引。久之，复如初。《明史·食货志》。

三年，又令各运司给客商引目，每引纳中夹纸一张，至关领之时类解户部倒引。又令四川、陕西、云南中盐客商免纳引纸。明万历《会典》，又陈仁锡《世法录》略同，后同。

---

① 洪熙元年：《钦定续文献通考》作“十年”。

② 类解：按类提解。

③ 逋负：拖欠，短少。

④ 追盐：追输食盐。

⑤ 关领：领取。关，旧指发给或支领薪饷。

⑥ 史照：《明史·食货志》作“史昭”。

六年，贵州奏：军卫乏粮，乞运龙江仓①及两淮盐于镇远易米。南京户部侍郎张凤以龙江盐杂泥沙，不堪易米给军，尽以淮盐与之。陈鹤《明纪》十三。

七年五月，以四川兵粮仰给于盐，有司因循，课以亏，命按察司兼督盐课，并课其殿最。钦定《续通考》二十。

景泰三年，奏准：淮浙、山东、长芦运司收到客商退引，按季类解。福建、河东、陕西运司并四川、云南、广东、灵州小盐池等盐课提举司，年终类解。俱开客商某于某年月日支出官盐若干、发卖某行盐地方，及某月日缴到，及已缴若干、未缴若干。其有沈匿在库、通同库役人等转卖、影射私盐者，照私盐榜例②问罪。万历《会典》。

四川行盐地方，成都府、叙州府、顺庆府、保宁府、夔州府、潼川州、嘉定州、雅州。万历《会典》。《明史·食货志》尚有广安、广元。

三年，王来言，近因黔楚用兵，暂行鬻爵之例。今寇贼稍宁，惟平越、都匀等四卫乏饷，宜召商中盐，罢纳米例。从之。《明纪》十五。

四年，令四川盐课提举司于每年三月以前，具上、中、下三等盐课司并商名、引盐数目，挨次挨号扣课均派，开报布、按二司并巡盐官处。定于三月初一日会同照引唱名给散，以引目连各商通帖、散帖封发各盐课司收贮，分派各井逐月支盐，随时批讫。退引给付各商，限次年三月终，送提举司类总转达布、按二司并巡盐官，比对相同，照数完造岁报。若遇急用边粮开中，务亦先年出榜，次年三月唱名支盐。万历《会典·课程》。

成化十六年，重定给年远守支商资本钞及兑支例。令正统以前客商中盐未全支者，各造册送部，于原籍有司关给资本钞每引三十锭。景泰元年以后，愿关资本钞者亦听；愿守支兑换者，两淮兑山东、福建，两浙兑广东，俱每引加半引；不愿者仍听守支。至十九年，又令正统以前中盐未支者，每引淮盐给资本钞三十锭，两浙、广东、四川、云南二十五锭。《钦定续通考》二十。

十九年，奏准：正统十四年以前，客商中盐未支者，淮盐每引给资本钞

① 龙江仓：当时南京龙江盐仓。

② 榜例：榜样，示范。

三十锭，两浙、广东、四川、云南每引二十五锭，河东、长芦、福建、山东每引二十锭。其景泰元年以后，愿关资本钞者及今告代支故商引盐者，亦照此例。又令各盐运司、提举司征解商人引纸，每一百张收银三钱，委官运南京户部，转发应天府官库。凡遇本部缺纸，先期会计，行令该府拘集铺行收买送用，积有余银，准折官军俸粮。万历《会典》。

弘治二年，令各处岁报盐课册内，务开写某运司、提举司每岁额办盐课存积常股数目，该本色若干或布米者折货若干，某场盐课岁办若干，办完若干。每项各立行款，开写官攒[①]某人、总催某人办过盐课，或布、或米、或货收入某字号仓囤，某年月日完足，出给某字号通关送缴，查算无差各款后，空立前件。长芦、山东、河东运司于次年三月终，两淮、两浙运司于次年四月终，福建、广东、云南、四川运司提举司于次年六月终，差吏亲赍奏缴，仍造清册二本，一本送户科注销，一本送本部查考，若有过期并数目不清及虚出捏造者，查究问罪。万历《会典》。

正德元年，奏准：四川大宁课少场分，不拘年月久近，俱征银二两。其余井场定立上、中、下三等，年分远近亦作二等。弘治十五年至十八年未开中者，每引上场征银一两五钱、中场一两二钱、下场九钱。弘治十四年以前未开中者，上场一两二钱、中场一两、下场六钱。商人有愿为代纳陆续支盐者，照井场年分，就于数内每钱减去三分，以作商人之利。灶户还盐或银，不许过所定之数，商人亦不得自行选择。其有干淡坍塌等项，许以私开小井帮补煎办，不再征课。万历《会典·课程》。

二年，令四川万县等处抽掣[②]盐银。自本年为始，每年会算，类解户部。仍将一年收过银数造册，送部查考。万历《会典》。

二年，令四川、云南盐井，遇有商人支盐过期不与支者，提该管官吏人等问罪。若灶户勒措该商，将余盐货卖，事发，即同私盐尽数入官，犯人依律究治，总催枷号一个月发落。万历《会典》。

二年，令云南、四川盐井官吏，各井盐课务要逐年完纳。一年不完者革去冠带，住俸；三年俱不完者，本衙门递降一级，吏革役[③]为民；受财作

---

① 官攒：官员与攒典。

② 抽掣：抽取。

③ 革役：革除差使。

弊者，以枉法从重论。俱责成布、按二司，管盐官员，比较查理。万历《会典》。

四年，奏准：四川大宁场灶丁止令办纳原课，其逃民私煎加增之数，另行召人并各灶余丁顶补，勿[①]致负累人难。万历《会典·课程》。

嘉靖四年，议准：将四川盐井卫实在旗军[②]一千二百名，分为四班，二年一换。每班军[③]三百名同民灶五十名，各与官房[④]住坐，日逐煎办盐斤，听其自行贸易，以为衣粮之资。每军该支月粮扣留在仓，准前项盐课。各军有事，仍听调用，拘各余丁更替煎烧，无事随班操练。其民灶该纳盐课仍旧收仓，每年给作合卫官员折俸钞贯，并旗军三等人户[⑤]九月腌菜盐斤。止委指挥一员，管领煎办。万历《会典》。

十年，题准：四川大宁、云安等一十五场额办盐课，俱照弘治十五年则例，征银存留本省，以备接济松、茂运粮脚价之费。每年按季征收，与秋粮一体起解，其小民边粮本色，止征正米价银，不许重派脚价。万历《会典》。

三十七年，议准：四川盐课从引定银，大宁等场照旧每引折银二两，云安等一十四场每引折银七钱五分四厘三毫五丝。绵州等三十四州县丁井渐添，量为增额；仁寿等九县丁井亡耗，量为减额；简州一十六州县丁井额课照旧。通计五十七州县一所一场，共盐八万九千二百六十三引一斤[⑥]，实征银六万九千一百九[⑦]十二两四分六厘，尚少额盐三千三十九引一百一十九斤，该银二千二百九十一两九钱五分四厘。查有布政司岁收商盐小票税银抵补，候查新井新丁照额派补，其闰课原非部额，逋负尚多，各场暂免派征。所少王食府盐，亦于盐税银内支补，其有余剩，与正课一同解。万历《会典》。

---

① 勿：原作“毋”。

② 旗军：这里指盐井卫的军队。

③ “军”前原有“拨”字。

④ 官房：官方提供的房间。

⑤ 三等人户：明朝三等人户法，“凡各处有司，十年一造黄册，分豁上、中、下三等人户，仍开军、民、灶、匠等籍，除排年里甲以次充当外，其大小杂泛差役，各照所分上、中、下三等人户点差。”《大明会典·户部·赋役》

⑥ 一斤：疑“一斤”二字为衍文，《明实录·世宗实录》无“一斤”二字。

⑦ 九：《大明会典》原作“七”。

隆庆二年，题准：许灶丁多开小井，以补塌井逃丁之数，不必加增。其保、宁、重、夔、嘉、潼等处窎远，商人赴提举司告给小票不便，亦令增加引票，酌定张数，分发五府州县，就近告给。万历《会典》。按：此当即因后何起鸣言故。

二年，礼科何起鸣条上四川茶盐二事。谓川中盐场旧定上、中、下三则纳课，迩来井竭户逃，旧者有赔纳之累，新者有增课之扰。宜酌出产厚薄，以定课额。招集灶丁广开小井，以补旧数。而保宁、重庆、嘉定、潼川、夔州等商不利跋涉，宜量增引票，使之就近造给，仍严立禁防，使奸商不得影射，官吏不得诛求。得旨允行。《续文献通考》。

二年，户部尚书马森又奏河东、四川、云南、福建、广东盐课事宜，诏皆如所请。《明纪》三十七。

万历十二年，议准：湖广荆州府属人民买食川盐，乃潜住[①]归夷地方兴贩私盐。严禁革，不许仍前，贩买起税。万历《会典》。

二十四年，始令中官[②]榷税通州，是后[③]皆设税使。邱乘云于四川，凡店租、市舶、珠榷、木税、船税、盐荣、鱼笔[④]及门摊[⑤]、商税、油布杂税，无不领于中使[⑥]。《明纪》四十四。

盐法自古有之，逮管子以是而富国，吴王以是而禁民，法网遂密，小民不得恣其欲矣。然皆以煮海为利，所出无穷，所入亦无穷。若西蜀所煮者，不过一盐井耳。浚之甚难，非二三十丈不可竟业；取之甚苦，非四五六日不可煮盐。且所煮之数不足以偿其所税之数。峨眉旧原无井，即间有一二邻接县境，旧皆竭塞杜涡，今亦于民粮征派干赔。每年纳盐课银三百七十六两零五分三厘。民穷固甚可悯，而国课又难骤蠲，反复筹之，无所措置。有司徒

---

① 潜住：犹躲藏。疑应为“潜往”。

② 中官：宦官。

③ “是后”之后，原有“各省”二字。

④ 盐荣、鱼笔：原作“盐茶鱼苇”。

⑤ 门摊：按户分摊的税。前文所说其它各种税，出现在不同地方，王桐龄《中国史》称：“其后又增设各省税使。天津则店租，广州则珠监，两淮则余盐，闽、浙、粤则市舶，成都则茶盐，重庆则名木，湖口长江则船税，荆州则店税，宝坻则鱼苇等。”其中鱼苇课包括鱼课和苇课，通常被放在一起，统称鱼苇课。

⑥ 中使：宫中派出的使者。这里指宦官。

具热肠，其转移轸恤之权，实自上操也。《郡国利病书·四川一》。按粮摊赔，当是明时事，故附明后。

川属上流、永通、富义、仙泉、黄市、福兴、广福、华池、通海、新罗、罗泉、郁山、滃井[①]、云安、大宁凡一十五盐课司，各设大使、副使分莅之。井灶税课，其法寖密，议者谓宜豁盐课以通商贩。又条处大宁、云安盐课事宜：一严盐禁，二复本色，三减虚课，四设权宜。至于豁绝丁以矜灶户之苦，广兴开以补老井之缺，宜亟行之。副使杜诗款条：一、盐课之设。国初以来，额设二万七千余两，后又增至七万一千有零。额数虽存，实征无几，以致嘉靖年间具题减免，议于小票、引票二项税银凑充。复于万历十三年，前院赫题允实征井课三万六千六百有零。后因有各州县井塌丁逃，难完请豁，未蒙具题，以致屡年盐课拖欠，终无完局。为今之计，或照编审法，三年一次选委廉能府佐官一员，于产盐州县单骑清查，要见旧井出盐者计有若干，倒塌若干，逃故若干，新开产盐若干，逐一清查造册申报，以凭裒益[②]施行。庶罢民[③]少苏赔苦，而奸民亦不得隐矣。一、川省产盐地方与淮盐大不相侔。商人报中[④]引票，止共征税银六两三钱，议于合属井课凑解秦省充饷，四场产盐处所，每月额中三百二十道，计一年该三千八百四十道，约该税银二万四千一百九十二两。奈法久弊生，盐快[⑤]与私贩表里为奸，乘机夹带，越境货卖，无日无之。以致引票空悬额数，而商人报中者稀。自后严行各产盐州县，痛加厘革，每季捕获私盐多者，官加奖励，仍从优叙，捕获少者，或夺俸，或另议，庶人心警惕而奸党潜踪矣。一、征收盐课。在有

---

① 滃：疑为“瀹”之误。

② 裒益：减少和增加。

③ 罢民：疲困之民。罢，通“疲”。

④ 报中：开中制制度下，中盐的商人要以运粮米等军需物资至边远地区后的输票凭证申报配领盐引，称为报中。

⑤ 盐快：护盐的兵丁。

司不肯立法稽核，痛革收头吏书①包侵之弊，调停灶户拖欠之端，以致国课有损，年复一年不得完纳。况今奉有新题事例，自后该管州县额课定要完及八分以外，三年考满，方准给由②。如完不足者，不准给由，仍听参治。则功令明而人思自效矣。一、产盐州县通行货卖，税则画一，然而云阳、大宁发卖之所，犹至混杂。虽经本道填给小票，任其商贩或照盐千斤，或五百斤不等，私行无忌，非法之平。自后每张止填照盐一百斤，不许多填漏税，违者拿究。则法令严，而小票庶可通行矣。一、各商货卖盐斤，俱有定例，每二万三千斤为一引，无容增减。近访四场商人，玩法者不少，或借一引而照四五引之盐。推原其故，因各秤盘衙门沿袭陋规，有官七吏三之谣，不肯尽法秤掣，任凭奸商串同衙役打筑大包，夹带公行故耳。自后严督盘验衙门，痛革陋规，细加秤验，如违定重，参处。庶上下交儆而国课疏通矣。一、川中民贫，所称为盐商者多山陕之民，听其有本自来。近二十年来，引票稀少，欠课二十余万。盖自税监榷税，每引票一道增银五两一钱五分，则二十年来，通得增银四十余万矣。夫正税六两三钱，而盐税又五两一钱五分，商民出本既倍，则取息亦倍，安得不大包夹带，则一引可当二三引矣。又安有余银，以足三千八百四十引之数哉？且此项税银又不系布政司正解之数，曾奉前朱按院③行查究，莫悉其故。若两院明告于上，捐此无名之征，而盐法不清，国课不裕者，未之有也。《四川通志》。

---

① 收头吏书：泛指除知县、佐贰、首领官等所谓的“朝廷命官”之外的基层官府中办理日常行政事务的人员。收头的种类很多，顾炎武《天下郡国利病书》原编第六册《苏松》：“旧以粮长主办京库，而有掌收者谓之折白收头，则有税粮县总总计之；以里长主办里甲，均徭而又有掌收者，谓之均徭收头，则又有均徭县总总计之；又有练兵书手，总练兵之饷。出于民者一也，而其名多端，则多置册籍，可以藏慝，可以长奸。”吏书指秘书之类人员，为吏员与书算的合称。吏员是在吏部注册的公职人员。书算包括书手、算手。书手又有主文、贴书等多种称呼，是辅助吏员办理文书、会计事务的人员。

② 给由：官制名，即“官员给由”。由即经历、简历、履历之意。明清时期，凡官员候升或候选时，其原属上司衙门将其履历及曾否受有处分等情具结行文咨送吏部，官员经铨升或题升后，其该管上司均先行咨文吏部，查核其履历及有无处分等情，吏部应查明缘由咨复，称为给由。

③ 按院：巡按御史的别称。

四川盐法志卷四十·纪遗

纪事下

四川一省请增盐引，岁有陈奏。盖蜀中经明季兵燹之后，招集流亡土著者，仅百分之一二。江楚人民往耕其地，动成村落。我国家休养生息，日见蕃庶[1]，是以户口岁增，食盐者众，请增请给数倍于昔。而盐井所生，流泽孔长，滇黔连界，尽仰食于斯，盖自成都以外各郡邑水陆盐引，悉无壅滞。举此一隅，以见蜀中鹾政之大概云。《皇朝通考》二十九。按：因康熙五十三年巡抚年羹尧请增盐引故，见《引票·增引》。

雍正十三年，两淮盐政高斌疏定盐法四条：一、浙、闽、川、粤及长芦商人与淮盐接界，广开盐店，宜察究治。一、湖广界连川、粤，宜各选勤干府佐一员，督率巡察。一、审盐案，无许避重就轻。一、江广[2]水程与引目无异，请归抚臣就近查核完欠分数，檄行驿盐道勒限严催。俱经部臣议准。《皇朝通典》十二。

松江李雯论："盐之产于场，犹五谷之生于地，宜就场定额，一税之后，不问其所之，则国与民两利。"又曰："天下皆私盐，则天下皆官盐也。"此论凿凿可行。邱仲深《大学衍义补》言复海运，而引杜子美诗"云帆转辽海，粳稻来东吴"为证。余于盐法，亦引子美诗云"蜀麻吴盐自古通"，又曰"风烟渺吴蜀，舟楫通盐麻"，又曰"蜀麻久不来，吴盐拥荆门"。若如今日之法，各有行盐地界，吴盐安得至蜀哉？人人诵杜诗，而不知此故事，所云"诵诗三百，授之以政，不达"者也。顾炎武《日知录》十。

① 蕃庶：滋生，繁衍。

② 江广：指江西、湖广。

四川之货殖，最巨者为盐。川北之南部、西充、射洪、乐至、蓬溪，川南之犍为、富顺、荣县、资州、井研，川东之忠州、云阳、开县、大宁、彭水，川西之简州，上川南之盐源，州县著名产盐者二十余处，而地出咸水可以熬盐、闾阎私井不外卖者，不在此数。大盐厂如犍为等县，灶户、佣作、商贩各项，每厂之人以数十万计。即沿边之大宁、开县等厂，众亦以万计。灶户熬盐，煤户、柴行供井用，商行引张，小行贩肩挑贸易。或出资本取利，或自食其力，各营生计，无所谓事端也。自商贩相争，商占行销口岸，贩趋透漏径路，利之所在，走险如鹜，此拦彼拒，边徼多一防维①矣。

大宁盐运至谭家墩、巫山盐运至巴雾河、奉节盐运至茨竹沟发卖，鹤峰、长乐盐则运至各该地发卖。白龙泉②之水较温汤③、云安清而更咸，无挽曳之劳，泉水四季皆旺，无旁泄旁渗之苦。逼近老林，薪柴甚便。近年来，谭家墩口出有煤洞，煤载小舟，顺流而下，更为便当。天不爱宝，养活无数生命。故大宁商人不须大有工本，亦能开设也。惟巫山、奉节例销云安之盐，则云安相近者，民食尚多。而鹤峰、长乐，商人行销，运本颇艰，只就本处行销，未免有滞积之虞。陕西平利、安康盐课归地丁。房、竹、兴、归山内，重冈叠巘，官盐运行不至。山民之肩挑背负赴厂买盐者，冬春之间，日常数千人。厂中旧例，每盐一背给商引钱六十文。引课不亏，而无拦截拒捕之事，则法之变而得宜者。

川中产盐最盛之区，额设井灶固多，私井亦数倍于官。各井之盐，旧有本地商引配销盐贩一项，贫民自食其力赴井挑负，于就近州县地方零星发卖。从前商人各照定地行销，即有盐贩卖私，与商引无损，不致争竞。

自增引改配之后，始有打盐店、结伙拒捕等案，而川东尤甚。嘉庆十九年夏间，广元、宁羌几酿事端。改配之议，因川北井枯课亏，改配代销，名曰“通融调剂”，嗣即援以为例。各州县旧额，本地之商殷实者少，大半皆西商租引代销，认给引课。然后察地方之光景，改配引张之多寡。本商贪得引利，西商之增引于彼无涉，所配盐斤不特浮于定额，且有重照两三次之弊。大概增引之地皆属水次，以便船载。如重庆以下水次之江北、长寿、涪

① 防维：防备守护。

② 白龙泉：大宁厂的盐泉。

③ 温汤：这里指开县温汤井。

州、丰都、石砫、忠州皆增有引张。就数厅州县本地而论，未必能销，加增之引不过藉在水次，引盐船载而下，可由川江达荆宜，或由石柱至施南、永顺各路销售耳。至私贩所卖之盐，距各厂近者固买自灶户，其途路或相隔数百里，决不能从各灶挑负而来，不过就邻近州县盐店贩买转易，是盐贩所卖仍系商人私盐。论其事，系此邑买引之商与彼邑买商盐之贩争利。乃商人改配之引既多，各欲自顾口岸，即以别县贩子挑至者为私盐，设立巡丁，遇零星盐贩，捕拿到官，辄以“私贩充斥，阻滞官引”为词。地方官课税为重，不得不为禁止。盐贩怀怨于商，遂有打盐店之事。又虑巡丁捕拿，因之结伙成群而行。是贩子日聚日多，肆无忌惮，实商人激之使然也。商人如果照原引定地配盐，则禁私尚为有词。今商人未免挟私而专欲禁贩，是以燕伐燕矣。所患者，盐贩为商人逼迫，既已结伙而行，时存格斗之心，若再加之严法，结怨愈深，势必拒捕，酿成事端。各州县皆有贩子，其中无赖恶少不少，或竟激而蜂起，必先扰害地方。商人弃资本有限，而百姓之受害甚大。其关于边防者，非浅鲜也。

大利所在，害常伏焉。陕西南山，利在木、铁各厂，害在停工歇业。十八年，岐、郿之厢匪[①]，其显征也。然木、铁厂之众，通计不过数十万而已，非如川中盐厂匠作、转运各色之人，至不可纪计也。海滨煎盐，取薪草荡。蜀井开近山林，有煤、有火出自井，其煎熬视海盐为易。潞盐风过而扫，蒙盐[②]水中自捞，其成盐亦易。而西北陆运，以肩挑、以骡驮，行数百里、千余里，而费不资。川盐则处处运以舟，淮盐亦以舟运，而溯流而上，不如川运顺流而下之便当，工本运脚既较省于海盐，故其价常贱而销售甚易。销售既易，业盐之人愈繁。川中沃饶，为各省流徙之所聚，其它陆路来者无论已，即大江拉把手[③]每岁逗留川中者，不下十余万人。岁增一岁，人众不可纪计。岂山中垦荒、平畴佣工所能存活？幸灶井亦岁盛一岁，所用匠作、转运人夫，实繁有徒，转徙逗留之众得食其力，不致流而为匪。故川中近年边腹地之安靖，得力于盐井之盛为多也。但私贩既干例禁，赚销尤功令所严，将来销盐之地隘，盐积于无用，则井灶渐次歇业，而此藉盐营生不可

① 厢匪：当时川陕交界的巴山老林的木材加工厂“木厢”里暴动的民工。

② 蒙盐：蒙古高原盐湖所产的青盐、白盐、红盐的统称。

③ 大江拉把手：即长江水道上的纤夫。

纪计之人，将何所安措？井灶盛则私贩之患生，井灶衰而歇业之患大，是他省之为引课计者，专在盐利，川省之为商贩虑者，尤在边防。通筹合计，俾利存而害不生，殊易易[①]矣。严如熤《三省边防备览》九。按：此从《经世文编》节。

前代多以解盐易蜀茶。嗣后蜀人识泉脉者始渐辟盐井，遍于各州县，设立厂垣，产盐皆运入厂，与引张成交。以犍乐、富荣、射蓬为三大厂，行销各处最多。其余简资等小厂，仅配销本州县，计引行远者少。至转运黔边大商，则全在三大厂配盐，他厂并无边引。惟夔州府之云阳、大宁等厂，逼近楚省，楚引皆配二厂之盐，其盐色味稍差。楚省素称滞岸，凡免征羡截之引，楚引十居八九。鹤峰、长乐二处，续增犍为水引三百一十张，其盐色白味佳，大碍淮纲。至道光十八年，即经奏明，将引扣留存库，应完课银由淮商包纳。该二处往往商倒引悬，由楚省委员办运以济民食。盖当年川盐销楚，特其波及耳。至本省计岸，虽系按丁分引，然畅滞靡常。或以此县代销彼县之引，或以彼商认销此商之盐，互相认代，弊端丛生。久之，即按其认代者著为定额，而私行认代仍所不免。盐井衰旺，亦每数十年而一变。方兴之初，潼川之射洪、蓬溪最旺，犍乐、富荣次之，其余各井又次之。不数十年，射蓬即衰歇，反以犍、富为上。乾隆四十九年，各处盐尽衰歇，历年积欠井课至十余万两，蜀盐大困。林儁官四川盐茶道，听民穿井，永不加课，蜀盐始蹶而复振。今日之井课，犹按原额征解，其实盐井之多寡与册载大不相符矣。惟潼川府属虽另开井眼，卤旺总难如初，且其产盐花多而巴少，煎盐用草而工费。以致黔商日形竭蹶，积欠课银至七万有奇。始议与犍为黔商合总行盐，边计和衷，以十二年为限。至乾隆六十年，合总期满，将历年积欠归还清楚。潼商以著有成效，呈请续合十二年，以嘉庆元年为始，至十二年限满，年清年款，毫无蒂欠。潼商复掣引自办，甫经一载，即欠课银二万余两。又据潼商合恳，仍归犍商代行。至道光八年，三次限满，始饬令潼商掣回自办。而该厂产盐愈少，不敷配引，仍系按年改配犍、富两厂之盐。亦有将引张交犍、富边商代销，屡屡亏折，疲罢[②]愈甚，每年仅完正课，不完羡截，年复一年，拖欠累累。而汉州、茂州、巴州、剑州、蓬州、什邡、射

① 易易：简易，容易。《陕西古代文献集成》4为“殊非易易也”，更合文意。

② 疲罢：疲敝，衰败。

洪、盐亭、平武、江油、彰明、石泉、营山、仪陇、新宁、阆中、通江、安岳、罗江、安县、绵竹、德阳、梓潼、南江、西充、井研、铜梁、大足、定远、荣昌、隆昌三十一州县，亦因卤衰销滞，商倒岸悬，无人接充。民间自在附近灶厂买盐而食，正杂课银，公议归入地丁摊征矣。盖盐商习尚奢靡，加以官吏陋规日增月益，不数十年，大半家资荡然。领引到手，无力运盐，始另觅殷实之户代为运销，而收其租，名曰“号商”。“号商”既出租于引商，而所完课羡又须交引商自行封纳，引商往往私自挪用，延不交库。且蜀盐正课最轻，有商未折引，官顾考成代为垫完正课者，有引未销盐，商力尚可支持，先为预完正课者。此项积引既交正课，不能勒令缴残，商人即藉此影射重照，停阁新引。官吏亦视行销积引为利薮，任其折配，以旧间新，当年之额引销路愈滞。此蜀盐受弊之源也。大概嘉庆二十四年以前，虽时盛时衰，课羡尚皆清完。二十四年以后，即商力日乏，欠项日多。积至道光三十年，几于全纲颓废，岌岌不可终日矣。始彻底清查，共积欠羡截银二十三万七千余两，共未缴残引二十二万八千五百八十一张。传齐众商公同集议，酌量商力之厚薄、口岸之畅滞，分拨认代匀销。统限以十二年弥补全完，不准再行推展。号商既经办盐，即将姓名列入官册，课羡责令自行封匦，勿庸再交行商，以免展转挪亏。其时，惟富、犍两厂边商及成都、华阳两县计商稍为殷实，销岸亦畅。其余各厅州县皆形疲玩，而潼商之疲滞尤甚。故查出通纲积欠银二十三万七千余两之内，潼商即欠十三万有奇。总缘其强行边引，亏累日深。于是将潼商额行黔边水引二千五百二十二张撤出，交犍为边商一千二百三十七张，交富顺边商一千二百八十五张，该二厂产盐甚旺，商亦绰有余力，令其代办运黔行销。惟黔边口岸，虽定有额引数目，并未分晰某州某县引若干张。当初，边商皆在黔蜀交界设店发卖，嗣则渐入黔省腹地，各占口岸，以致互相侵越，讦讼不休。委员查勘运盐道路情形，提集犍、富两商公拟，划清界限，作为定岸。令黔商行黔水引，一由叙永，一由涪州龚滩，分运黔省安顺、大定、兴义、普安、思南、石阡、镇远、思州等府厅销售。其分给代办之潼引，由涪州挽运至龚滩，转运思南、石阡、镇远、铜仁、思州，又由婺川之王家沱转运婺川县销售。富商行黔水引，一由合江，一由綦江，一由涪州，分运黔省贵阳、遵义、都匀、正安等府州销售。其分给代办之潼引，由涪州白马镇陆运正安、水车等处，又由彭水县江口陆运濯水关，直达平越、都匀等府州销售。犍商婺川引盐，从王家沱起运，不得侵富商白马、江口地面。富商由白马进运正安、水车，引盐只许在马头山过道，不准设店洒卖。其由江口进运濯水关，直达平越、都匀，引盐不准在婺川地面开包挂秤。口岸既清，即按其认定某州某县，于边引上另盖墨戳，然后发商捆运。其毗连处所，各自择隘设卡，互相稽察。荣县边商向与富顺共岸，仍循其旧至各厅州县。疲滞情形虽不相同，然大要不外于私充官滞。因定为稽火伏、加斤重、严关隘、勒缴残，以杜私盐之源。蜀场本无场官，灶户自煎自卖，走私者多。委员会同州县将灶户编立保甲，某户井锅若干口，煎盐若干斤，配引若干张，随时稽查。令呈报登籍，按月由州县造册申报一次，则场私净矣。蜀盐每包正盐百斤，加耗盐十五斤，包索二十斤，向以一百三十五斤为一包。商人因银价昂贵，私行加重至二百数十斤不等，相沿既久，骤难裁革。酌定巴盐以一百六十斤成包，花盐以二百斤成包。水引载盐五十包，花盐一万斤为定额、巴盐八千斤为定额；陆引载盐四包花盐八百斤为定额、巴盐六百四十斤为定额。掣出余盐照私盐例治罪，则引私清矣。盐船过关，本有稽查，其夹带私盐，向有带手盐、赤膊盐、漱口盐等名色，关吏得贿放纵，习为固然。现与严定章程，如遇前项私盐，立即拿送治罪。将逐日验放商号船只、引盐、包口、斤数五日申报一次，与场员所报之册互相磨对。如有不符或经委员查出贿纵情弊，官即参撤，吏即重惩，则盐船不得肆其夹带也。盐课奏销以后，即当随缴残引。惟蜀盐相沿奏销之时，课虽垫完而引尚未折，此项积引即按引补运，已属有碍新纲，况商人藉此重复影射，百弊丛生。从前积引既经清厘，以后凡经奏销，勒限一年，即令缴残；如不申缴，作为废纸，不准再行运盐。则残引无所用其影射也。各衙门冗费，原因商人舞弊，始而馈送，继成勒索，每引或至数钱不等。商弊既除，官吏自无从挟制，将上下陋规全行裁革，以纾商力。盖至是而蜀盐之法渐密，蜀盐之弊一清，实力奉行，当可大有起色。

乃不数年，即值淮盐不通，黔边滋事，蜀盐全注于楚，而其局一大变矣。当金陵失陷、长江梗阻也，淮盐片引不到楚岸，盐价踊贵，每斤值钱百余文。虽议借浙盐、借川盐、改运道，迄无成功。而川中枭贩因而乘之，皆千百成队排列，抬枪大炮，连樯东下，官吏无可如何。咸丰四年八月，始辑而柔之。于宜昌府设局抽收厘金，每斤抽银一厘五毫。行之年余，仅抽银二十余万两。嗣于荆州之沙市设立分局，凡川盐入楚，先在宜昌局抽厘二文五毫，其运至荆州沙市发卖，由行店于买户名下抽厘钱四文五毫。一卖一买之中，共抽厘钱七文，合银三厘五毫，每月约收钱七八万串不等。未几，即值川境不靖，井灶半遭蹂躏，不甚畅旺。且楚军围攻安庆，需饷甚殷。又于咸丰十一年，将沙市盐局酌加厘钱二文，宜昌盐局酌加厘钱一文。尔时，银价在制钱二串以外，宜昌应完厘钱三文五毫，令商人交文银二厘，及银价低落，又令商人折交制钱五文，以钱易银。局员颇沾余润。故盐厘报部，宜昌以银计，沙市以钱计，以钱合银，每年总在八十万两上下。迨同治三年克复金陵以后，规复淮纲。又议重抽川厘，以为淮盐进步之计。于沙市盐局酌加厘钱三文，宜昌加厘钱二文，所收加厘，半济楚饷，半拨淮南。收支通计每斤宜昌抽厘钱七文、沙市抽厘钱九文五毫。抽厘之初，宜昌即每斤别抽钱一文，沙市别抽钱五毫，作为局员公费。其抽厘钱十八文，而川盐之畅销如故。惟自宜昌至沙市水程三百六十里，中间如宜都、枝江、洋汉、董市、江口、高家套、太平口、涴市、窑湾九处皆支港纷歧，虽设卡稽查，仍多偷漏。同治六年，将沙市局归并宜昌总局。宜昌为川盐入楚要隘，万难飞越。凡川盐到局，即将应完厘钱十八文一并提取，发给水程，开舱销售。沙市为水陆通衢，般堤过载之盐甚多，但于此设卡稽查，其宜都九处分卡全撤，以节糜费。并于宜都上游之巴东县设卡挂号，于平善坝设掣验厂。江水发时，则改由屯甲沱掣验。盐船先由巴东挂号，报明包口斤数，发给舱单，至厂过掣，然后入局，按数抽厘，颗粒不能走漏。所收数目按季奏报一次，每季约制钱五十万余串文，其一文五毫公费，每年约收钱二十万串，一半提归正款充饷，一半为厘局经费，由外支销。此湖北抽收川厘之源委大略也。

其本省抽厘自咸丰五年始，当蜀盐运楚，额引必不敷用，议设联三照票，凡余盐运楚，皆先照章完课，发给照票，以为凭据。令出再三，商贩置若罔闻，而私运如故。乃于夔关设卡抽厘，凡无引余盐，每百斤抽银一钱三分。大宁一厂在夔关以下，其余盐入楚在于巫山之空望沱设卡，一律抽厘，每年约收银十二万余两。此夔巫厘卡但抽余盐者也。

楚价昂贵，蜀盐获利颇厚，初议酌量加课，商皆观望推诿。委员亲赴各厂劝谕，商愿按引捐银一厘，计水引一张捐银八两，分为三股认交，灶户交银二两七钱五分，引商与号商交银五两二钱五分。除忠州、开县、云阳、大宁边厂及归丁州县不计外，共捐银三十一万一千两，此咸丰四年也。次年，即改为就厂抽厘，于犍为之五通桥，富顺之自流井、豆芽湾，蓬溪之康家渡设总局四处，委正印官经理，仍按每斤一厘之数，水陆引张皆计斤抽厘，余盐每斤抽钱四文。并于乐山之牛华溪、上牛市，富顺之牛佛渡、镇溪口四隘分设巡卡，委佐贰一员，专司验引收票。蓬溪厂产盐较少，不必另设卡员，即委分驻梓潼镇之遂宁县丞就便查验。其余简、资等小场，由地方官一律照办。咸丰十年以后，黔匪外扰，松潘内讧，川饷浩烦，将各厂厘金酌量加增。巴盐每斤加银一厘五毫，花盐每斤加银一厘。归丁之三十一州县向准赴各厂买食余盐，尚多偷漏。又择各厂要隘之所创立盐垣七处，灶户发卖余盐，皆令至垣交易。巴盐每斤加抽钱二文，花盐照旧。拣派公正绅士协同委员会办，稽查严而走私少，始能丰旺。每年约抽银七十五六万两，此厂垣厘卡分抽正余者也。

四川大江经过成都，迤东历眉州、嘉定府、叙州府至泸州、合江，为川南；又东由江津县历重庆府、涪州、忠州至夔州府，为川东。蜀盐三大厂，犍乐、富荣在川南。富荣盐由本厂小河至邓井关，县丞点验放行，至泸州入大江。乐山盐由牛华溪入大江，犍为盐由五通桥入大江，均至四望关，通判点验放行，顺江东运。射蓬厂在川北，其盐由川北小河直至重庆之唐家沱方入大江。故重庆府向为边计引盐运道所总汇，其府经[①]即摄批验所之职。咸丰十年，于府城设立总局，勿论边计，运楚正盐、余盐悉令赴局完厘。运楚有引巴盐每包抽钱六百五十文，花盐每包抽钱一千三百五十文，无引余盐每包抽钱一千五百文。小河所来余盐包口轻重不一，难以按包计算，则每斤抽钱五文。其行销本省计岸利息较薄，按水引一张抽银二两。完厘之后，发给厘票。委正印一员，督率绅士经理局务，另委佐杂二员，一驻府城上游十里之香国寺，小河来盐在此验船点包，送报单于总局，大江之盐即由批验所查验送单。一驻府城下游二十五里江河会流之唐家沱，专司验票放行。局中所收厘钱，按钱一千解库平银六钱，一年约收银二十五六万两。此重庆厘卡分别大河、小河者也。

以上三项，约共抽银一百十余万两。所收银两，皆按每银一万提五百

① 府经：即府经历，又称府经厅。知府的属官，主管出纳文书事。

两，作为局员吏役薪水。数年以来，惟厂垣厘金，报至同治四年止。重庆自奏明定章以后，仅报过一次。夔巫报至同治三年春季，一季收银一万一千余两，收数大为短绌。其上游抽厘发给照票，即与正引无异。余盐少欤？抑未免日久弊生也。然风闻，现在楚运水引一张皆带余盐五千斤，此项余盐完厘与否，不可得而知之矣。此川省抽收盐厘之源委大略也。

川楚厘金畅旺如此，其销盐可知，额引理应全完。乃行之十有余年，惟扣留存库之长乐，添行犍引三百一十张，于同治二年有商认领输课。其历年正引积压至九万余张，拖欠羡截至八九十万余两，其故何也？盖号商行引商之引，先出租息，自抽厘之法行，余盐与正引无异，谁肯复租引乎？故销盐自畅，正引自滞。若非引商把持，当可年清年款。惟引窝，祖父以来，是其世业，一旦裁撤，则数百家皆将流为乞丐。且余盐厘金重于正课，多征一两羡截，即少抽一两厘金，于济饷并无出入，此亦可以存而不论者矣。蜀盐办课，正杂不过三十一万两，常有缺产之虞。今则加至二百数十万两，仍有余盐，此所谓失之于东得之于西。

国家课赋以淮盐为大宗，自长江梗阻，三百余万之正供，尽归子虚。非蜀盐旺产，不但军饷无出，全楚之人不几于淡食乎？天不爱道，地不爱宝，即值蜀井盐卤自生，旺产异常，乃国家洪福所致，非人力所能争也。淮运既通以后，若照旧章整顿淮纲，楚岸盐价必大为跌落，川盐或可不禁自止。当事者意在保价济饷，淮盐每引抽厘至十余两，楚抽川厘已重，淮厘则又倍之，复不讲究养灶、督煎，灶户惟利是图，每搀废滩潮霜以充数，其味苦涩，人不乐食。无怪乎川盐畅销，淮盐反滞也。夫为政者，贵因势利导，若川淮相持，势必至办淮者袒淮、办川者袒川，私盐因而乘之。今以所收川淮之厘数，按斤计引，仍不及当年楚岸额引之半，岂果销盐止此数也？其暗中私盐充斥，当已不少矣。职鹾政者其平心察之。王守基《盐法议略》。按：《议略》于四川盐事颇赅括，惟其中于引证间有不确者与详见各部者，略为节去，余有可参互旁证者，虽复见，亦录以备考。

仁为黔西北门户，乾隆初开赤虺河，盐船直抵茅苔，于是盐价减而盐引增。盐有厚盐、有薄盐。厚盐出叙州府富顺县之自流井，盐色黑多于白，渣重味涩。薄盐出于嘉定府荣县之贡井，盐色白多于黑，渣轻味甘。其值薄盐略昂于厚盐，其来厚盐较多于薄盐。自流井、贡井之盐，皆自沱江经泸州达岷江，至合江县，取道赤虺河入黔境。往者雍正中，由合江县转运之盐，仅富顺县行水引四百二十四张，荣县行水引一千四百五十张。以今视昔，盖将倍焉。田山姜曰：黔人十钟粟不能易一斗盐。今茅苔盐百斤值白银二两内外，享舟楫之利，薄关市之征，非其效欤？《仁怀厅志》。

附外纪

汉廷尉扶嘉，本朐忍人也。初，嘉母于汤溪[1]水侧遇龙，后生嘉。长占吉凶，巧发奇中[2]。常游丰、沛，高祖见而奇之。高祖为汉王，与相遇，嘉复劝定三秦。高祖以嘉志在扶翼，赐姓扶氏，为廷尉，食邑朐忍县。嘉临终有言曰："三牛对马岭，不出贵人出盐井。"嘉既没之后，盐井溢焉。《舆地纪胜·云安军·人物注》。按：《明一统志》七十：马岭山在县北二十九里，与三牛山相对十里，皆近盐井。

巴郡南郡蛮，本有五姓：巴氏、樊氏、瞫氏、相氏、郑氏，皆出于武落钟离山。元注："《代本》[3]：廪君之先，故出巫诞也。"又《十国春秋》引注：即今夷陵郡巴山县。其山有赤、黑二穴，巴氏之子生于赤穴，四姓之子皆生黑穴。未有君长，俱事鬼神。乃共掷剑于石穴，约能中者奉以为君。巴氏子务相乃独中之，众皆叹。又令各乘土船，约能浮者当以为君。余悉沉，惟务相独浮，因共立之，是为廪君。乃乘土船从夷水至盐阳。元注："《荆州图》曰：'副夷县西有温泉，古老相传，此泉元出盐，于今水有盐气。县西一独山，有石穴，有二大石并立穴中，相去可一丈，俗名为阴阳石。阴石常湿，阳石常燥。'盛宏之《荆州记》曰：'昔廪君浮夷水，射盐神于阳石之上。按：今施州清江县水一名盐水，源出清江县西都亭山。'《水经》云：'夷水，巴郡鱼复县。'注云：'水色清照，十丈分沙石。蜀人见澄清，因名清江也。'"刘攽曰："注'夷水，巴郡鱼复县'，按文少一'经'字"。盐水有神女，止廪君曰："此地广大，鱼盐所出，愿留共居。"廪君不许。盐神暮辄来取宿，旦即化为虫，与诸虫群飞，掩蔽日光，天地晦冥，积十余日。廪君思其便，因射杀之，天乃开明。元注："《代本》曰'廪君使人操青缕以遗盐神，曰：婴此即相宜，云与女俱生，宜将去。盐神受缕而

---

① 汤溪：云阳境内的河流，南流入长江。

② 巧发奇中：善于作出奇特的判断，又能应验。

③ 《代本》：唐李贤注《后汉书》引《世本》，因避讳而改，后同。

婴之。廪君即立阳石上，应青缕而射之，中盐神，盐神死，天乃大开'也。"《后汉书·西南夷传》节。按：后《水经注》《晋书·载记》《舆地广记》《郡国利病书》《十六国春秋》所载互有详略，此从明监本《后汉书》。

云安井，自大江溯别派，凡三十里。近井十五里，澄清如镜，舟楫无虞；近江十五里皆滩石，险恶难于沿溯。天师翟乾祐念商贾之劳，于汉城山上结坛考召，追命群龙，凡一十四处，皆化为老人，应召而上。乾祐谕以滩波之险，害物劳人，使皆平之。一夕之间，风雷震击，一十四里，尽为平潭矣。惟一滩仍旧，龙亦不至。乾祐复严敕神吏追之。又三日，一女子至焉。因责其不伏应召之意。女子曰："某所以不来者，欲助天师广济物之功耳。夫富商大贾，力皆有余；而佣力负运者，力皆不足。云安之贫民，自江口负财货至近井潭以给衣食者众矣。今若轻舟利涉，平江无虞，即邑之贫民无佣负之所，绝衣食之路，所困者多矣。余宁险滩波以赡佣负，不可利舟楫以安富商。所以不至者，理在此也。"乾祐善其言，使群龙皆复其故，风雷顷刻，而长滩如旧。《酉阳杂俎》五《怪术》。

邛州火井废县，《一统志》："火井，城在大邑县东四十五里"，误。又《州志》："在州东南八十里。"按：火井今在州西南八十里，其东北有相台山，以袁天纲为火井令，登山相视县治而名。《州志》盖误以"西南"为"东南"也。又相台山在州八十里，即火井令袁天纲登山相视县治处，山之西南即火井也。《方舆纪要》。按：旧志，火井故城在州西南八十里，有袁天纲残碑尚存。

焰阳洞，古老相传，在陵州阳山之上，从来隐蔽，人莫知处。乾德三年《十国春秋》引作"元年"。辛巳正月十六日癸卯，井监使、保义军使、太保马全章按：《十国春秋》，开焰阳洞为马全义。中夜梦一人，紫衣束带，巍冠古服，状若道流。揖之，俱行至岩壁所，告之曰：此焰阳洞也，闭塞多年，能开发护持，可以福利邦国。又指其地近开小径：亦可断之，勿使常人践踏。及旦，全章往寻其所，果见土势微陷，以杖导之，深不可测。即令本军节级侯广之句当人夫劚掘，渐获踪由，相次开掘。见三重石门，其内并是细砂，一无虫蚁他物。其洞自东入西，深三丈九尺，阔五尺三寸。其洞完全是石，洞门第一重高六尺，阔五尺二寸；第二重门高五尺五寸，阔三尺七寸；第三重门高四尺七寸，阔三尺五寸。第三重门内，从顶至尺①，一向高六尺一寸。其门三重相去各只三四尺，镌凿精巧，殆非人功。第三重门内，南畔石房，阔七尺四寸，高四尺八寸，深四尺二寸。其后别有一小洞，元有片石遮掩其门，旁通一缝，以灯烛照之，深不知其底。北畔石房，深四尺二寸，阔七尺三寸，《十国春秋》作“四尺六寸”。高五尺，其房内有石床一所。西畔小石房深二尺，阔三尺五寸，高三尺一寸。西北畔石床长三尺八寸，阔二尺八寸。《十国春秋》作“八尺二寸”。西北畔石灶模长二尺三寸，门额阔七寸，灶深八寸，周围三尺五寸。从洞门向东，一直至盐井面，相去四十一丈八尺，洞门面正东，全章召得当井监天师院②主内大德道士费省真顾问，云天师院见有元和年刺史李正卿著《天师圣德碑》，云：“天师以东汉建安二年，自沛游蜀，占乾为分野。见阳山气象，指门弟子曰：‘此山直下有咸泉焉。’”今验此洞，正当井上，即是焰阳洞也。杜光庭《录异记》六，又《舆地纪胜·隆州景物下》：艳阳洞，在州城至道观之后，昔天师既禁玉女于井，因藏去其衣，念藏之未固，径取 之石室，或谓之藏衣洞。洞在重岩之下，崄岈幽窈，晦明变化，千态万状，虽距阛阓不数武而若与世相绝，盖真人修炼之所。旁有石鼓，叩之有声。地产何首乌最良，东坡有服食之法。

王蜀时，夔州大昌盐井水中往往有龙，或白或黄，鳞鬣光明，搅之不动，惟沮沫而已，彼人不以为异。近者秭归永济井卤槽亦有龙蟠者，与大昌无异。识者曰：龙之为灵瑞也，负图以升天，乃见于卤中，岂能云行雨施乎。《北梦琐言》。按：此见彭注《五代史》六十三下引，考《北梦琐言》雅雨堂、稗海本均无此文。

侯铎，字振道，盘石人，甫冠登第。家旧有盐泉，公既登第，即塞井夷灶，曰：“吾已食禄，岂复与人争利乎？”《舆地纪胜·潼川府路·人物》。

蔡待制之子某，建炎间，自金州□阳令解官，避地入蜀。久之，得监大宁盐井，挈家之任。妻生男五岁、女三岁矣，同处一舟。而蔡私挟外舍妇人别乘一小艇，日往焉。常相距数里，至暮或相失。妻密知之。平旦，遣童持合至蔡所，曰：“孺人送点心来。”启之，则二儿首也。蔡惊痛如痴，止棹以次其至，至已自刎矣。蔡竟与嬖人之官，持身复不谨，为郡守王君所按，

---

① 尺：原本作“底”。

② 天师院：即天师庙，在宋代又称至道观。

其家多资，悉倾倒以献，仅得免，未几亦卒。洪迈《夷坚丁志》十四。

永康军导江县人王某者，以刻核强鸷处官。绍兴五年，为四川都转运司干办公事，被檄榷盐于潼川路躬诣井所，召民强与约，率令倍差认课，当得五千斤者辄取万斤，来岁所输不满额者，籍其资。王心知不能如约，规欲没入之，使官自监煎。既复命，计使以盐额倍增，荐诸宣抚使，得利州路转运判官。未几，死。眉州彭山人杨师锡以合州守待次[1]田间，梦王来谒，公服后穿出牛一尾。方惊怛，侍婢亦魇寤，言见王运使来，衣后有牛尾。相语未了，外报一犊生，遽取火视之，犊仰首泪下。《夷坚甲志》十七。

安师谦[2]幕僚、进士杨鼎夫，富于词章，为时所称。曾游青城山，过皁江河，中流风作，同舟沉没，杨独免。既达岸，有老人以杖接引，且笑曰：原是盐里人，本非水中物。鼎夫未及致谢，已失老人所在。因作诗以记，然终莫解"盐里人"之义。后佐思谦判榷盐院事，遇疾暴亡。男文则以属分料盐百余斤裹束，上蜀郊营葬。"盐里"之词方验。嘉庆《通志》。

大宁监大悲口在郡西十六里，溪心两巨石对峙，故名。行人乞灵之祠也。谚云："船过大悲口，盐方是你有。"又宇文绍节诗曰："过口此舟方属汝，行人何用较锥刀。"《舆地纪胜・大宁监・景物下》。

𪉷，蜀人呼盐。《广韵》"二十七铣"。按：张澍《蜀典》引有"《方言》：蜀盐谓之𪉷"，今检《方言》，无此文。

丙穴鱼，肉白如玉，其味自咸，盖食盐泉也。《明一统志》七十。穴在达州东北明通废县。

陈藏器《本草》[3]：盐麸树，一名叛奴盐，一名天盐，一名木盐，蜀人谓之酸桶。按：《博物志》云，酸桶，七月出穗，蜀人谓之㞷㞷，音穗，其字从"一"从"口"从"土"，与"主客"之"主"不同。又按：《类篇》：欟楠，木名，叶如椿，生蜀山中，子上有盐如霜。当即盐麸树也。《蜀典》九。

绵州皮袋井，州东南四十里罗汉寺麓古井也。口宽径七八尺，上圆，下石棱凸凹，深四五丈。相传井底有神，行人误堕井中，得不死。令每日携皮

---

① 待次：指官吏授职后，等候补缺。

② 安师谦：应为"安思谦"。

③《本草》：陈藏器著有《本草拾遗》。

袋往盛井水斗余，可煎盐百斤。嘱勿泄，其人偶醉后失言，再入则无所见。井邻涪江，有莲花石，天然层瓣若镂成，今存。《绵州志》。

嘉庆初，教匪掠毁云安场。逮范华荣家，其母贺氏恐受贼污，遽赴盐井中，华荣即随赴以殉，其妻蔡氏襁负其子继之。其家畜犬，亦继之。《云阳县志·谭仁识义犬》节。

后　记

弘扬中华优秀传统文化，普及历史文化知识是当代树立民族自信心的时代主题，整理出版汗牛充栋的优秀传世文献，为今人提供一个校对精审、注释允当、便于阅读的文献校注本，是普及历史知识，传承优秀文化，提升民族自信的重要途径。四川井盐生产以其资源丰富、工艺精湛、科技含量高、管理独特在中国盐文化乃至世界盐文化中均独树一帜，非常值得研究经济史、政治史、科技史、法律史、社会史、文化史、文学史、战争史、交通史、民俗史、艺术史、饮食史等方面的专家学者们精心揣摩，仔细研究，进而品味"唯盐史观"在人类进化、社会进步、文化昌明中的特殊作用。四川省哲学社会科学重点研究基地——中国盐文化研究中心，联合省内外专家，开展以四川井盐文化为重点、辐射全国各产盐区文化的研究，15年来面向全国高校科研院所审批立项资助了招标项目、重点项目、一般项目和学位论文（博士、硕士）等各类项目275项，对以井盐文化为重点的中国盐文化进行了卓有成效的研究，在盐业传世文献研究整理方面也立项了一批项目。

“《四川盐法志》整理校注”是中国盐文化研究中心与西南交通大学出版社联合申报的“国家古籍整理出版资助项目”，由曾凡英、李树民、孙祥伟三位教授分工负责，共同完成。具体分工为：卷首至第十一卷为曾凡英教授整理，中心研究人员王红副教授协助整理部分文档；第十二卷至第二十四卷为孙祥伟整理；第二十五卷至第四十卷为李树民教授整理，中心研究人员李锦梅助理研究员协助整理部分文档。曾凡英教授最后统稿并做了适当的修改。

本项目在实施中，得到了国家古籍整理出版资助专家、西南交通大学出版社领导的大力支持与帮助，也得到了相关图书馆、四川轻化工大学人文学院、中国盐文化研究中心的大力支持。本书在出版过程中，西南交通大学出版社的编辑精益求精，付出了辛勤汗水，在此一并深表感谢！

校注者